LES PRÉSIDENTS DE LA CINQUIÈME RÉPUBLIQUE

DU MÊME AUTEUR

Yalta ou Le partage du monde, Robert Laffont, prix Historia, prix Plaisir de lire.
Bandoung, carrefour de l'histoire, Robert Laffont.
L'après Yalta, Plon.
L'aventure européenne, 2 vol., Plon.
Les impitoyables, nouvelles.
Au-delà de la montagne, roman, Le Livre de Paris.
Les oiseaux n'y savent pas chanter, préface de Vincent Auriol, essai sur l'Afrique noire, Julliard.
Les étonnements de Mister Newborn, roman Julliard, prix Georges Courteline 1955.
La vigne sous le rempart, roman, Julliard, prix Sully Olivier de Serres 1957.
La légende de Pablo Casals, Ed. Proa.
La succession, essai, Julliard.
Sire, ils ont voté la mort, essai sur la condamnation de Louis XVI, Robert Laffont.
Un prince cherche un royaume, essai, Hachette.
Sans de Gaulle, essai, Plon.
Lénine et Staline, Plon.
L'épopée mondiale d'un siècle, 5 vol., Hachette.
Les frères Burns, roman, Julliard.
Les hommes libres, essai sur la présidence de l'ORTF, Plon.
Et les coyotes hurleront, roman, Julliard.
Karl Marx et son époque, Nathan.
La Côte-d'Ivoire, les racines de la Sagesse, Jeune Afrique.
Le Premier Janvier 1900 ; Le Premier Janvier 1920 ; Le Premier Janvier 1940 ; Le Premier Janvier 1960 , le Premier Janvier 1980 ; Le Premier Janvier 1983, Plon.
Les dictateurs du xxe siècle, Laffont.

ARTHUR CONTE

LES PRÉSIDENTS DE LA CINQUIÈME RÉPUBLIQUE

Pré aux Clercs

UN LIVRE PRÉSENTÉ PAR
JEAN-CLAUDE SIMOEN

ISBN 2.7144.1829.5

A Philippe

Nous adressons tous nos remerciements à Christian Bailly et à son Musée de la Presse pour leur précieuse collaboration à cet ouvrage.

SOMMAIRE

I

LES PREMIERS PRÉSIDENTS

La Première République française n'aura pas eu de président. Ses fondateurs auront trop redouté que la fonction présidentielle ne facilitât un rapide rétablissement de la monarchie. Ils ne décapitent point que Louis XVI. En quelque sorte, ils veulent aussi « décapiter » le système qui s'installe à la place des rois. Plus de pouvoir personnalisé, telle est la règle. Le pouvoir exécutif est propriété du Comité de Salut public, composé de neuf, puis de douze membres, élus pour un mois par la Convention nationale et rééligibles (d'ailleurs tous constamment réélus jusqu'au 9 Thermidor), et appuyé par un Comité de Sûreté générale, qui est un véritable ministère collectif de la police : aucun président n'est prévu, pour organiser les débats, distribuer les rôles et figurer l'État. Personne, parmi les titans de la Révolution, n'ose proposer d'instituer une présidence de la République, que le général George Washington assume pourtant avec éclat et pleine honnêteté, dans les mêmes saisons (de 1789 à 1797), à la tête de la toute jeune république des États-Unis d'Amérique. La Constitution de l'An I, votée le 24 juin 1793, ratifiée par plébiscite le 9 août (et jamais appliquée) prévoit à la tête de l'État un conseil exécutif de vingt-quatre membres choisis par le Corps législatif sur des listes proposées par les assemblées électorales de chaque département. (Ce conseil exécutif doit être renouvelé par moitié tous les ans : c'est dire si les Montagnards prennent toutes précautions vis-à-vis d'une éventuelle personnalisation du pouvoir.) A la fin de la Terreur, la méfiance reste d'ailleurs si forte à l'égard de tout éventuel « roi masqué » que la Constitution de l'An III, en 1795, attribue le pouvoir exécutif de la république à un « Directoire » de cinq membres, d'où le nom du nouveau régime, et que la Constitution de l'An VIII elle-même, en 1799, préfère mettre en place une république consulaire, à trois consuls, plutôt que de prévoir une république à président. Faut-il que l'anarchie ait été effrayante, que les républicains aient multiplié les fautes, et que Napoléon Bonaparte ait autant de génie que de vigueur pour que les doctrinaires d'une république sans tête se laissent surprendre. Quoi qu'il en soit, telle est bien l'évidence : la Première République n'aura jamais eu de chef d'État en titre.

La Deuxième République n'aura eu qu'un président. Le titre est institué aux termes de la Constitution du 4 novembre 1848. Pour autant, la méfiance des Constituants reste vigilante vis-à-vis d'une trop forte personnalisation du pouvoir. Si le Président est élu, tous les quatre ans, au suffrage universel, il n'est pas immédiatement rééligible. Son pouvoir est strictement balancé par un législatif très fort, représenté par une Chambre unique de 750 députés, eux-mêmes pour la première fois élus au suffrage universel. Le Président ne peut dissoudre l'Assemblée, ni imposer sa volonté à ses ministres. Les Constituants auront du reste hésité à passer outre aux avertissements de nombreux députés qui ne voulaient à aucun prix de l'institution d'une présidence. Un député de la gauche, Audry de Puyraveau, dénonce ce « Président plébiscité » comme *une monstruosité politique*. « Ce pouvoir ne sera qu'une royauté déguisée — s'écrie-t-il — Vous avez vu, citoyens représentants, un consul se faire empereur, une royauté limitée se faire despotique. En avez-vous donc déjà perdu le souvenir ? » Le Montagnard socialiste Félix Pyat, journaliste au *Figaro* et au *Charivari*, rugit : « Un tel Président aura une force immense et presque irrésistible; une telle élection, au suffrage universel, sera un sacre autrement divin que l'huile de Reims. » Un solide député du Jura, lui libéral, nommé Jules Grévy, demande : « Êtes-vous bien sûrs que parmi les personnages qui se succéderont tous les quatre ans au trône de la Présidence il ne se trouvera jamais un ambitieux tenté de s'y perpétuer ? Et si cet ambitieux est le rejeton d'une des familles qui ont régné sur la France et s'il n'a jamais renoncé expressément à ce qu'il appelle ses droits ? Si le commerce languit, si le peuple souffre, s'il est dans l'un de ces moments de crise où la misère et la déception le livrent à ceux qui cachent, sous les promesses, des projets contre sa liberté, répondez-vous que cet ambitieux ne parviendra pas à renverser la République ? » L'un des plus grands sages de l'Assemblée, Odilon Barrot, prévient à son tour contre « cet esprit d'aventure » et préférerait que le Président fût élu par l'Assemblée. De nombreux journaux s'alignent sur des positions identiques, *Le Charivari, L'Ère Nouvelle, Les Débats, Le Crédit, Le Siècle.* « On fonde là une institution monarchique », proclame *le National de l'Ouest. La Réponse* dénonce « cette hérésie contre-révolutionnnaire qu'est un président de la République ». C'est en vain. Les Constituants auront sans doute cru avoir pris assez de précautions, dans les textes, pour « enchaîner » le Président le plus ambitieux et se garder de tout danger de dictature. Le général Cavaignac lui-même, qui, en juin, a « sauvé la France » de la révolution des socialistes, qui se croit porté par un irrésistible mouvement populaire et qui compte se faire aisément plébisciter, se rallie aux partisans d'un Président élu au suffrage universel. Alphonse de Lamartine, le héraut vibrant de la République, et qui lui aussi a des espérances, intervient à son tour de tout son romantisme pour faire voter le texte. « Je sais bien, s'exclame-t-il, qu'il y a des noms qui entraînent la foule comme le mirage entraîne les troupeaux... Mais il faut laisser quelque chose à la Providence... » La suite va comme de soi. Les chefs républicains de la Deuxième ne commettent pas moins d'erreurs que les chefs républicains de la Première. Leur gestion tourne au désastre. Ils s'abîment vite dans l'impopularité. Ils auront également trop oublié que ce peuple est aussi cocardier que libertaire. Il est faux de tenir le peuple français pour un peuple cartésien. C'est bien plutôt un peuple d'humeur. Il est plus inspiré que réfléchi, instinctif que raisonneur. Si, dans le travail, il sait être incomparablement sérieux, attentif, méticuleux, concentré, si, dans l'effort ou la bataille, il peut être tenace et même coriace, il n'en est pas de même en politique. Là, il peut passer soudainement des manifestations les plus désordonnées aux adorations les plus fanatiques. A quelques saisons d'intervalle, il peut abattre une Bastille et aduler un tyran. Dans le même temps, il peut guillotiner des innocents, dits *suspects*, arbitrairement accusés de comploter contre l'État dit de la justice, de la liberté, de l'égalité et de la fraternité, et chercher déjà un nouveau souverain, encore plus despote que le monarque qu'il les accuse de servir. Il est plus prompt que n'importe quel autre peuple à incendier la cité, et une formidable candeur profonde le porte, avec la même soudaineté, à se confier sans la moindre précaution au sauveur qui promettra de rebâtir les murs, fera fuir les anarchistes et rétablira un ordre. Justement, en 1848, il passe par ces deux phases d'exaltation et de dépression. En février, il abat soudain un régime universellement estimé sage et un roi qui, la veille de sa chute encore, ne croit même pas à l'émeute. En décembre, il est si las de ses propres excès qu'il est prêt à plébisciter massivement n'importe quel homme dit fort, fût-il un médiocre. C'est exactement ce qui arrive. La « Providence », qu'évoque imprudemment Lamartine, s'appelle Louis-Napoléon Bonaparte. Il est le neveu de Napoléon le Grand. Les chefs républicains auront eu tort de le tenir pour un prince dérisoire et léger. Il court trop le cotillon : on ne le prend pas au sérieux. Il bafouille à la tribune. Il a un accent trop lourd. Il a une manière trop allemande de confondre les p et les b, les v et les f. « Il n'est pas fort — commente le très orléaniste Monsieur Thiers — on le mènera. » Louis Blanc glisse : « Laissez donc le neveu de l'Empereur s'approcher du soleil de la république et disparaître dans ses rayons. » Ce n'est qu'un médiocre Césarion, juge Félix Pyat. *L'Opinion publique* assure que sa redingote grise n'habille que le vide. Mais les républicains auront vite fait de déchanter. La magie du nom joue à plein. L'élection a lieu le 10 décembre : le résultat dépasse même toutes les espérances du prince. Louis-Napoléon Bonaparte rassemble quelque 5 500 000 voix contre à peine 1 500 000 au général Cavaignac, 370 000 au radical antiprésidentialiste Alexandre Ledru-Rollin, 37 000 au socialiste François Raspail et 17 910 à Lamartine !

Le soir même, il monte dans son landau et, escorté de dragons et de gardes nationaux qui portent des torches, ovationné par une foule en délire, il se rend à l'Élysée — « L'Élysée National », précise le décret de l'Assemblée qui affecte le vieux château de la Pompadour au chef de l'État. Dès le 2 décembre 1851, le « crétin médiocre », que Monsieur Thiers méprisa trop facilement, organise son coup d'État comme en s'amusant. Une nouvelle Constitution, qui fait du *quaternat* un *décennat* et confère au Président les pouvoirs personnels les plus étendus, est plébiscitée le 21 par 7 439 216 oui contre 647 737 non et environ un million et demi d'abstentions. Dès le 2 décembre 1852, le Second Empire est proclamé — à son tour plébiscité par 7 824 189 oui contre 253 145 non.

La IIIe République aura compté, quant à elle, quatorze Présidents. Dans l'ordre : Adolphe Thiers; le maréchal de Mac-Mahon; Jules Grévy; Sadi Carnot; Jean Casimir-Perier; Félix Faure; Émile Loubet; Armand Fallières; Raymond Poincaré; Paul Deschanel; Alexandre Millerand; Gaston Doumergue; Paul Doumer et Albert Lebrun. Mais seuls les deux premiers, élus par l'Assemblée nationale issue de la défaite de 1870-1871, ont des pouvoirs personnels assez considérables. Encore faut-il préciser que l'Assemblée de 1871, qui est à majorité monarchiste, ne les leur confie que pour mieux préparer le rétablissement de la monarchie et en attendant que se soient mises d'accord les deux grandes armées royalistes, les orléanistes, qui tiennent à garder le drapeau tricolore, et les légitimistes, qui, avec le prétendant, le comte de Chambord, « futur » Henri V, veulent rétablir le drapeau blanc, symbole de la monarchie de droit divin. En principe, à leur avènement, Monsieur Thiers, qui est orléaniste, comme le maréchal de Mac-Mahon, qui est légitimiste, ont pour mission primordiale de rouvrir le chemin de la royauté.

Monsieur Thiers tombe, en 1873, aussitôt que les monarchistes le découvrent converti à la République.

Le maréchal de Mac-Mahon doit démissionner en 1879, aux suites d'un orageux conflit avec une Assemblée qui, dans l'intervalle, se sera retrouvée à majorité républicaine. C'est la fameuse crise dite du Seize-Mai. Il faut dire aussi que si, chez le maréchal, tous les signes auront indiqué le soldat heureux d'être soldat, majestueuse stature, lente démarche martiale, torse imposant, lourd regard grave, crâne fort, visage carré, menton haut, front bas, jamais nous ne retrouverons président si pataud, si désorienté, si gaffeur, d'ailleurs s'exprimant mal, trébuchant sur les mots, s'empêtrant dans ses phrases. Tout commence en février 1876, quand les élections législatives consacrent le succès des républicains et quand Mac-Mahon veut imposer un monarchiste comme président du Conseil, soutenant que le chef du gouvernement doit avoir les mêmes opinions que le chef de l'État. En vain gagne-t-on du temps avec le cabinet que forme un pâle septuagénaire, qui n'est de droite ni de gauche, Armand Dufaure.

puis avec Jules Simon, sénateur réputé souple. Le 16 mai 1877, Mac-Mahon, en désaccord avec Jules Simon sur des problèmes de délit de presse, lui fait porter une lettre comminatoire qui revient proprement à le congédier, comme un quelconque fonctionnaire, car, écrit Mac-Mahon à son président du Conseil, « si je ne suis pas responsable comme vous envers le Parlement, j'ai une responsabilité envers la France dont, aujourd'hui plus que jamais, je dois me préoccuper ». Circonstance aggravante : comme Jules Simon donne sans délai sa démission, Mac-Mahon, non sans beaucoup d'atermoiements, appelle comme président du Conseil le duc de Broglie, leader des monarchistes, le chef de l'Ordre moral, l'ennemi numéro un des républicains. Nous voilà avec des chefs républicains qui, Léon Gambetta en tête, crachent feux et flammes. Nouvelle circonstance aggravante : Mac-Mahon dissout l'Assemblée. « La dissolution, c'est la guerre », proclame Gambetta. C'est la guerre en effet. Les 363 membres républicains de la Chambre dissoute signent un manifeste incendiaire contre « la politique de réaction et d'aventure qui remet brutalement en question tout ce qui a été péniblement acquis depuis six ans ». Emile de Girardin, dans *La France*, entreprend une campagne d'une violence inouïe contre « les hommes du 16 mai », en particulier contre le ministre de l'Intérieur, Oscar Bardy de Fourtou, « le mal nommé », partisan de la manière forte, qui, en moins de dix jours, révoque « pour républicanisme » plus de deux cents fonctionnaires. Rarement campagne aussi sauvage. Mac-Mahon aggrave encore son cas en se jetant lui-même à fond dans la bataille, parce que « je ne saurais obéir aux sommations de la démagogie » et que « voici la lutte sacrée entre l'ordre et le désordre ». Du coup, près de 1 500 fonctionnaires sont révoqués durant la campagne, 5 000 déplacés, 600 conseils municipaux dissous, près de 2 000 maires révoqués. Par malheur pour Mac-Mahon, les élections lui sont défavorables. Gambetta le somme de se soumettre ou de se démettre. Vainement le Président fait-il appel à toutes sortes d'astuces, au prix de toutes sortes d'humiliations. Il a affaire à des intraitables. Le 29 janvier 1879, à 1 heure de l'après-midi, il lit sa démission en Conseil des ministres. L'Élysée était devenu invivable. Fin de l'expérience d'un « Président fort ».

Tous les successeurs de Mac-Mahon se contentent du rôle le plus effacé ou ont à s'en satisfaire.

Ils se limitent ou doivent se limiter à un simple rôle de représentation.

Tous les chefs républicains savent y veiller.

Ce n'est certes pas de sitôt, à plus forte raison, que l'on pourra penser à faire élire un Président au suffrage universel.

Jules Grévy — premier républicain à être président de la République — donne le ton, tout à fait décidé à vivre hors tous typhons. Il a beau en imposer à la tribune, — corps monumental, avare de geste, tête solidement plantée sur des épaules carrées, grave regard pénétrant, front puissant, portrait du chêne inébranlable. On dit en souriant : « Une tête de prédicateur méthodiste sur un buste de grenadier. » Un moderne Socrate, dit-on aussi, friand de dialectique, gourmet d'apophtegmes. Il est toujours solennel et infiniment boutonné. Pourtant, en aucun cas, il n'interpréterait la moindre volonté royale. Non que les textes constitutionnels de 1875 ne lui confèrent pas des pouvoirs considérables. A y bien regarder « le président *a l'initiative des lois concurremment avec les deux Chambres*... il promulgue et en assure l'exécution... il communique avec les Chambres par des messages lus à la tribune par un ministre... *il peut sur l'avis conforme du Sénat dissoudre la Chambre des députés* (innovation par rapport au président de la Deuxième République)... *il nomme les ministres*... il nomme à tous les emplois civils et militaires... il dispose de la force armée... il peut demander aux Chambres de déclarer qu'il y a lieu de réviser la Constitution... *il n'est responsable que dans le cas de haute trahison*... il ne peut être mis en accusation que par la Chambre des députés et ne peut être jugé que par le Sénat... » Tout cela constitue un bel arsenal avec quoi régner. Simplement, Jules Grévy interprète les textes dans le sens le plus restrictif. Il tient pour la formule du « Président irresponsable ». Raymond Poincaré définira le système plus clairement que quiconque : « Le président de la République préside et ne gouverne pas; c'est l'A.B.C. de notre régime parlementaire. » Il dira aussi : « Article 1 — Le Président a tous les droits. — Article 2 — Il n'en exerce aucun. » J.-J. Weiss l'énoncera plus cruellement : « Le principe fondamental de la Constitution est et doit être que le Président chasse le lapin et ne gouverne pas. » Georges Clemenceau le dira plus crûment encore : « Il y a deux organes inutiles, la prostate et la présidence de la République. » Jules Grévy ne pèse sur les décisions nationales que par exception et dans la coulisse. Une fois qu'il a désigné un chef de gouvernement et que celui-ci a acquis la confiance des assemblées, il le laisse travailler à sa guise. Il pousse même la passivité systématique jusqu'à approuver en public l'expulsion des congrégations dont il s'indigne en famille. Il n'a que deux coquetteries : une éloquence pompeuse, sententieuse, à en être presque pédante, et les lourds favoris qui encadrent de neige son large visage. Politiquement, son souci principal est bien de se rendre inexistant.

Précisément, plus aucun président de la Troisième République n'ose revenir sur les habitudes que Jules Grévy fait prendre.

Même un Président de robuste caractère et de la plus haute classe comme Raymond Poincaré s'en tient à cette conception extrêmement limitative de la fonction : tout le jeu, très strict, consiste à abandonner le premier rôle au président du Conseil, unique personnage fort du régime — (et dont le titre n'est même pas cité dans la Constitution).

Seul de tous, Alexandre Millerand aura essayé (en 1924) d'accaparer la plénitude du pouvoir. Il est vrai que lui aussi est un homme de tempérament. Déjà, tout le physique l'indique. Charles Péguy n'aura pas été le seul à être impressionné par « ce buste carré, ces épaules carrées, ce front carré, cette volonté carrée... assis comme une lourde table de chêne... cette énergie presque rude et presque comme sommaire ». Le personnage fait immédiatement sensation, avec son corps massif et son mufle de buffle, sa tête énorme grossie par une crinière drue de cheveux en broussaille, ses sourcils et sa moustache hirsutes, ses yeux durs à l'affût derrière des verres épais, ses formules qui se gravent dans le bronze, ses phrases puissamment scandées, prononcées jusqu'à mugissements et rugissements. Il est compact, grognon, diaboliquement précis. Du métal de grand imperator, pour Rome bouillonnante.

Toute la carrière est sur fond d'orage.

Il provient de notre province la plus rude, la Franche-Comté.

Né à Paris en 1859, il est le fils d'un tumultueux négociant en vins, qui vit en ménage avec une jeune femme israélite et ne régularise sa situation que trois ans après la naissance de l'enfant.

Il est un élève peu malléable.

Avocat, vite consacré comme l'un des ténors du barreau de Paris, il défend avec la même vigueur les anarchistes qui se font arrêter et de grosses affaires financières de la place.

Adhérant tout jeune au socialisme, il est catalogué sans délai comme un révolutionnaire dangereux, auteur d'articles incendiaires dans *La Petite République*, qu'il ne tarde pas à diriger.

Il est élu député — sur un programme révolutionnaire — dès ses vingt-six ans.

C'est même lui qui, le 30 mai 1896, prononce à Saint-Mandé, devant le Congrès de ses camarades socialistes révolutionnaires, le grand discours « historique » voué à définir les trois critères d'un socialisme pur et dur (transfert des moyens de production et d'échanges du domaine capitaliste à celui de l'État; conquête des pouvoirs publics par le suffrage universel; réunion de tous les prolétaires du monde entier dans l'Internationale).

Il est le premier socialiste à accepter d'être ministre dans un gouvernement bourgeois, chargé du Commerce et de l'Industrie dans le cabinet de Waldeck-Rousseau, à ce titre mettant en place la fameuse Expo Universelle de 1900.

Il est le premier ministre grand réformateur social, créant le Conseil supérieur du Travail, obtenant la réduction de la durée maximale du travail, premier à mettre en œuvre au plan national les retraites ouvrières.

Il est le tout premier de toute une brillante génération de socialistes — Aristide Briand, René Viviani, Pierre Laval, Joseph Paul-Boncour — qui tournent le dos au marxisme pour adhérer à un patriotisme réaliste.

Il est aussi passionné dans l'antisocialisme qu'il l'aura été dans le socialisme — du coup surnommé « Saint Amendé ».

Il est l'un des députés les plus ardents — et le plus efficace — à mettre en échec le combisme et la république des sectaires. C'est lui qui dénonce avec le plus de hargne le « régime abject ». C'est sur son interpellation que Combes tombe.

Il est plusieurs fois ministre, avec un prodigieux talent d'organisateur et d'animateur, aux Travaux publics dans le premier ministère Briand, à la Guerre dans le premier cabinet Poincaré, encore à la Guerre dans le cabinet Viviani, où il se signale, dans la première année de la Grande Guerre, par une exceptionnelle énergie et le soutien sans défaillance qu'il apporte au général Joffre.

Il est généralissime du Bloc national qui triomphe aux élections législatives de 1919 et aboutit à la Chambre bleu horizon.

Personne ne s'étonne de le voir président du Conseil en 1920 quand Georges Clemenceau démissionne, déployant une puissance de travail qui n'a d'égale que celle de Poincaré — puis président de la République, la même année, en remplacement de Deschanel tombé gravement malade.

Une force de la nature.

Justement, à l'Élysée, il n'entend pas laisser limiter son champ d'action.

Il continue d'y exprimer sa plus débordante autorité.

Il s'y comporte en vrai roi — sans oublier que, de plus, Mme Millerand, née Jeanne Levayes, a une majesté naturelle et révèle, dit la reine de Roumanie elle-même, un « vrai style de reine » dans toutes ses apparitions publiques.

Il s'installe réellement au palais en maître sans partage.

Il en aboutit même à trop en faire.

Il traite en simple secrétaire particulier son premier président du Conseil, son tout aimable ami Georges Leygues.

Il n'agit pas autrement avec Briand.

Même quand il est obligé d'en appeler à Poincaré, il continue de donner directement des ordres aux préfets et aux directeurs des ministères par-dessus la tête des ministres.

A l'occasion, il contrecarre sans la moindre vergogne des décisions du ministre des Affaires étrangères.

Il conduit une véritable politique personnelle avec le Vatican (avec lequel toutes relations diplomatiques sont rompues depuis les temps anticatholiques de Combes) — jusqu'à entrer en relations directes avec Pie XI et donner directement des consignes à notre ambassadeur Jonnart.

Reprenant des idées qui lui sont chères et qu'il défendait d'ailleurs dès avant son élection, il se met à expliquer en public que le président de la République gagnerait en autorité à ne plus être élu par les seuls membres du Parlement.

Il soutient qu'il faudrait au plus tôt procéder à une révision de la Constitution pour renforcer le pouvoir exécutif, que l'Élysée devrait disposer de pouvoirs indiscutables et qu'il faudrait plus souvent utiliser la pratique de la dissolution — ce qui ne va pas sans beaucoup inquiéter les parlementaires de tout bord. « J'entends le tambour de Brumaire », grogne l'un des Sages de la République, Alexandre Ribot, dans les couloirs du Palais-Bourbon.

Quand vient la campagne pour les élections législatives, en 1924, il mène personnellement la bataille du Bloc national comme il le fit en 1919. Il jette carrément tout le poids de ses fonctions dans la lutte. Dans un grand discours à Evreux, il dénonce tout le mal qu'il y a à attendre du Cartel des gauches qui vient de se créer et que conduisent deux tribuns de talent, le radical-socialiste Edouard Herriot et le socialiste S. F. I. O. Léon Blum. Ses propres ministres en sont tout gênés.

Résultat : le Cartel prend Millerand pour principale cible. Blum s'exclame : « C'est la négation du régime parlementaire. » Herriot lance un avertissement sévère : « Le pays répondra comme il le fit au 16 mai, quand il força à se démettre l'homme (Mac-Mahon) qui n'avait pas voulu se soumettre à la loi républicaine. »

Deuxième résultat : le Bloc national se bat sur un mauvais terrain, et Poincaré, alors président du Conseil, ne peut assez librement, ni assez largement, défendre ses atouts.

Troisième résultat : le Cartel bat le Bloc. Il s'adjuge 328 députés sur 582.

Quatrième résultat : Millerand est sa propre victime. Poincaré doit démissionner de la présidence du Conseil. Le Cartel réclame « toutes les places et tout de suite » et exige pour commencer le départ de Millerand lui-même « dont le maintien à l'Élysée serait une insulte à la conscience républicaine ». Peu importe que Millerand ait été élu en 1920 pour sept ans. En vain essaie-t-il de coexister avec le Cartel, ou du moins de gagner du temps. Il appelle ou fait consulter diverses personnalités. Toutes les cartes se cassent dans ses mains, Paul Painlevé, peu attiré par de tels sables mouvants, Poincaré, qui hausse les épaules, Théodore Steeg, radical modéré, qui n'a aucun goût pour les besognes impossibles, le financier Frédéric François-Marsal, un ami personnel et discret sénateur du Cantal, qui tombe le jour même de sa présentation devant la Chambre. Le Cartel fait savoir qu'il n'entrera en contact avec aucun ministre du Président. Alexandre

Millerand n'a plus qu'à démissionner. Il s'y résigne, dès la veille du 14 juillet. Il se réfugie dans une ombre qu'il ne quittera plus, se faisant simplement réélire, plus tard, sénateur de la Seine, puis de l'Orne.

Ainsi se termine — dans l'humiliation — la seule grande tentative, à ciel ouvert, face à toute la nation, avec appel direct au peuple, pour conférer les pleins pouvoirs au chef de l'État.

Tous les successeurs de Millerand reprennent le style « président éteint » de Jules Grévy.

*
**

Pour autant, il s'en faut que les présidents de la Troisième République aient été de simples présidents soliveaux, pour ainsi dire inexistants.

Dans l'ombre, ils auront pu à l'occasion exercer une certaine influence sur la conduite de l'État.

Jules Grévy lui-même, par exemple, veille à de tranquilles relations de bon voisinage de la France avec l'Allemagne. Il joue un rôle majeur pour faire étouffer l'affaire Schnaebelé, du nom du commissaire de police français arrêté sur la frontière par les autorités allemandes, affaire qui donne lieu à d'ardentes polémiques entre presse française et presse allemande. « Je ne veux pas de la guerre, entendez-vous ! » lance-t-il au général Boulanger, ministre des Armées, qui rêve d'en découdre avec les uhlans de Bismarck.

Le tout paisible Émile Loubet, le Président de la Belle Époque, notre premier Président à venir du Midi, dit Mimile, dit le Président à l'ail (parce qu'il l'aime), dit le Président nougat (parce qu'il est de Montélimar), si humble que soit son style bon enfant, sait, à sa place, sans bruit, avec une exceptionnelle finesse, aider à maintenir la prospérité générale, faire éviter les récifs, participer à maîtriser les tourbillons des haines, graciant Dreyfus, présidant à l'Entente Cordiale, sachant faire ami-ami avec toute l'Europe, attachant finalement son nom à toute une belle œuvre de pacification.

Raymond Poincaré, dans l'ombre, sait jouer un rôle fondamental de 1914 à 1918.

Un Armand Fallières, un Gaston Doumergue, dit Gastounet,

sont d'une identique subtilité et peuvent être d'une identique efficacité.

Il n'en reste pas moins que telle se fixe pour toujours l'image du président type de la Troisième : un Président qui se contente de présider des cérémonies.

Point étonnant que le dernier de toute la série, et l'un des plus pâles, Albert Lebrun, élu en 1932, réélu en 1939, s'efface comme une ombre, le plus discrètement possible, quand, le 10 juillet 1940, à Vichy, après la déroute de nos armées, l'Assemblée nationale vote un projet donnant pleins pouvoirs au maréchal Pétain pour modifier la Constitution, texte qui met exactement fin à la Troisième République. Il n'élève pas la moindre protestation. « Quoi faire d'autre ? » soupire-t-il. Dès le lendemain, le maréchal, d'un trait de plume, supprime la présidence de la République et s'attribue le titre de « chef de l'État ». Ce n'est que deux jours plus tard, avec une courtoisie assez ironique, qu'il s'en va confirmer au déchu la fin de ses fonctions, à l'hôtel Sévigné où Lebrun a élu domicile. « Soyez rassuré à mon endroit, lui dit Lebrun. J'ai été toute ma vie un serviteur fidèle de la loi, même quand elle n'avait pas mon adhésion morale. Je n'éprouve aucune gêne à lui obéir une fois de plus. »

Quant aux deux présidents de la Quatrième République, Vincent Auriol et René Coty, ils n'auront pas été moins désarmés que les présidents de la Troisième.

Vainement, à cet égard, les penseurs républicains auront-ils eu un long délai de réflexion, avec d'abord à Vichy le maréchal Pétain, entre 1940 et 1944, puis, après la Libération, avec les deux ans de transition où, successivement, à la tête du « Gouvernement provisoire de la République française », le général de Gaulle, le socialiste Félix Gouin, le démocrate-chrétien Georges Bidault et le socialiste Léon Blum exercent à la fois fonction de chef d'État et fonction de chef de gouvernement. La Constitution, péniblement votée par référendum le 13 septembre 1946, qui crée la Quatrième République, préserve la vieille méfiance historique vis-à-vis d'un pouvoir exécutif trop fort.

A quelques détails près (désormais, ainsi, le président de la République pourra être une femme), le président de la Quatrième

République est calqué sur le modèle du président rituel de la Troisième.

Il faut attendre la Cinquième pour voir les Présidents exercer, de droit et de fait, la plénitude des pouvoirs de l'État — et être de vrais monarques.

Simplement, avant de porter nos regards sur les présidents de la Cinquième République, sans doute est-il utile d'étudier du plus près possible le passage et la personnalité des deux présidents de la Quatrième.

Non seulement ceux-ci aideront à mieux éclairer ceux-là, ne serait-ce que par contraste, mais aussi l'histoire de la Quatrième et celle de la Cinquième sont trop liées l'une à l'autre. Par exemple, il est très difficile de bien comprendre de Gaulle à son retour aux affaires en 1958, de Gaulle II, avant d'avoir bien suivi la chute de ce qu'il appelle dès janvier 1946 le « régime des partis ». Il est non moins difficile de comprendre François Mitterrand, si on le sépare trop arbitrairement d'une Quatrième République dont il aura été profondément marqué.

Avant de faire défiler Charles de Gaulle, Georges Pompidou, Valéry Giscard d'Estaing et François Mitterrand — et évoquer Alain Poher, le Président par intérim —, faisons donc un rappel attentif des bonheurs et des malheurs, des erreurs et des mérites des deux personnages, Vincent Auriol et René Coty, qui les ont immédiatement précédés à l'Élysée.

II

LES DEUX PRÉSIDENTS DE LA QUATRIÈME RÉPUBLIQUE

VINCENT AURIOL

La Quatrième République naît dans l'ennui et le débraillé. A croire que rien n'est plus laborieux que de sortir d'un régime provisoire.

L'élection de l'Assemblée nationale a lieu le 10 novembre 1946. C'est bien le régime des partis. Elle donne lieu à une bataille confuse et pénible des différentes formations où tous les arguments se mêlent. Les gaullistes, René Capitant en tête, et alors que de Gaulle a démissionné du pouvoir dès janvier, dénoncent le M.R.P., qui voulut être « le parti de la fidélité » (à de Gaulle), comme le « parti de l'infidélité ». (Le M.R.P., Mouvement Républicain Populaire, parti démocrate-chrétien fondé à la Libération avec des hommes comme Georges Bidault, Robert Schuman, Maurice Schumann, Pierre-Henri Teitgen, après la démission du Général, est resté allié des communistes et des socialistes au gouvernement dans ce qu'on appelle le *tripartisme.*) De Gaulle en personne dénie au M.R.P. le droit de faire croire « qu'en disant oui quand je dis non, on est d'accord avec moi ». Le communiste Yves Farges, ministre du Ravitaillement, jouant les procureurs, lance un « scandale du vin », qui consiste surtout à faire beaucoup de mal au socialiste Félix Gouin et donc à l'ensemble des socialistes. Les socialistes ripostent en qualifiant le « malotru » de « calamité agricole ». On annonçait après la guerre mondiale des lendemains qui chantent. Ils ne chantent pas. Les prix ont augmenté de 80 % en un an. Le franc s'écroule. Le rationnement des denrées alimentaires reste sévère. A se demander comment le tripartisme arrive à conserver les trois quarts de ses électeurs, même quand le parti socialiste, du 21 octobre 1945 au 10 novembre 1946, aura perdu plus d'un million de voix. Tel est pourtant le cas : parmi tous ces marécages, le tripartisme se maintient majoritaire; le scrutin proportionnel départemental étant utilisé, 28,3 % des voix vont au parti communiste; 25,9 % au M.R.P., 17,8 % à la S.F.I.O. (Le R.G.R., Rassemblement des Gauches Républicaines, qui rassemble le parti radical d'Herriot et de Queuille, et le tout nouveau parti de l'U.D.S.R., Union Démocratique et Socialiste de la Résistance, a 11,1 % des voix; les modérés du P.R.L., Parti Républicain de la Liberté, avec Joseph Laniel et Edmond Barrachin, en ont 12,9 %; la modeste Union Gaulliste en recueille 3 %.)

L'élection des « grands électeurs » qui doivent procéder le 8 décembre à celle du Conseil de la République (nouvelle dénomination de la Seconde Chambre, les sénateurs, membres dudit Conseil, gardant cependant leur titre personnel de sénateur), n'est pas moins pénible.

La désignation du président de l'Assemblée, Vincent Auriol, ne prête pas à drame, mais la désignation d'un président du Conseil donne lieu à tout un jeu de massacre. C'est que soudain le tripartisme, en quelques jours, se disloque. Le M.R.P. aura trop fait campagne pour « Bidault sans Thorez ». Les socialistes ripostent en demandant si le M.R.P. s'est mis à croire au père Noël. Le 4 décembre, le leader communiste Maurice Thorez, dit « Le Fils du Peuple », qui revendique le pouvoir, se le voit refuser : il n'a que 259 voix, alors qu'il en faut obligatoirement 311 pour être investi. Le lendemain, les radicaux font la farce à Bidault de ne pas voter pour lui. Personne n'est capable de trouver une formule quelconque de solution. Le M.R.P. ne veut plus du tripartisme. Les communistes ne veulent pas du quadripartisme (le tripartisme + la droite). Les socialistes récusent le bipartisme (socialistes et communistes sans le M.R.P.). On ne sort de l'impasse, provisoirement, alors que l'inflation devient choléra et que la guerre se déchaîne en Indochine, que par une formule de désespoir, un gouvernement socialiste homogène, que préside le vieux sage Léon Blum, arraché à sa paix de Jouy-en-Josas.

Le 16 janvier 1947, par temps beau mais froid, c'est non sans malaise que se tient le Congrès de Versailles, qui doit élire le premier président de la Quatrième République. La salle du Congrès est mal chauffée. Les couloirs sont sales. Aucune solennité ne préside à cette journée qui se veut « historique ». Au scandale de Jacques Dumaine, chef du protocole, Vincent Auriol préside en veston bleu et cravate grise — et non dans la sacro-sainte jaquette. C'est plus démocratique, a-t-il dit.

La séance est ouverte à quatorze heures. Jules Moch, ministre socialiste des Transports, n'a surtout pas oublié de fréter un avion spécial qui a ramené dare-dare d'Afrique onze parlementaires noirs dont les voix peuvent être d'autant plus précieuses que l'on calcule que la décision au premier tour tient à peine à une dizaine de voix, car les communistes ont décidé de voter d'emblée pour Vincent Auriol et, dès lors, le favori de l'élection ne doit pas être loin du compte.

L'atmosphère est plutôt bon enfant. Kermesse dans la cordialité. On rit beaucoup autour du buffet à sandwiches et vin rouge installé dans la galerie des Batailles.

A 16 h 45, Jacques Duclos, vice-président communiste de l'Assemblée nationale, proclame les résultats.

Il y a 883 votants.

La majorité absolue se fixe à 442 voix.

Vincent Auriol en obtient 452. Les voix des voyageurs de Jules Moch ont été les bienvenues.

242 voix vont au président du Conseil de la République (le Sénat), le démocrate populaire Georges Champetier de Ribes; 60 au modéré Michel Clemenceau, fils du Tigre.

Jacques Duclos, hilare, peut s'en aller congratuler l'heureux élu, qui attend au salon Marengo avec toute sa famille, y compris ses petits-fils, Jean-Paul et Jean-Claude, respectivement âgés de huit et cinq ans.

« Je vous avertis loyalement — prononce le Président, de sa voix rocailleuse qui roule tous les galets des gaves —, je ne resterai pas cloîtré dans la maison où vous allez m'amener. Ayant été en prison, je saurai faire des trous dans les murs. »

Il n'y a plus qu'à regagner l'Élysée, au côté de Léon Blum dans la voiture : au reste, les deux hommes, qui ont milité de si longues années côte à côte, ne peuvent manquer de quelque émotion dans un tel instant de gloire. Il n'y a plus ensuite qu'à désigner un président du Conseil, en la circonstance le socialiste Paul Ramadier, lui aussi vieux lutteur camarade de toujours. Paradoxe, d'ailleurs : quand la Quatrième entre en lice, on réalise que ses quatre Présidents sont tous des hommes de la Troisième, Vincent Auriol à l'Élysée, Paul Ramadier à Matignon, Edouard Herriot, qui remplace Auriol, au Palais-Bourbon et Champetier de Ribes, ancien ministre, au palais du Luxembourg; par la force de l'habitude de la Troisième, Paul Ramadier, en toute sincérité, viole même d'entrée de jeu la toute neuve Constitution quand, après avoir été investi à titre personnel par l'unanimité des 549 députés, il demande sur une déclaration du gouvernement un vote de *confiance* que les textes ne prévoient plus et non sans perdre une trentaine de voix depuis le vote d'investiture. On voit intervenir la « double investiture », alors que rien de tel n'a été prévu par les Constituants de 1946.

Quoi qu'il en soit, voici Vincent Auriol en piste.

En aboutissement d'une vie toute rectiligne.

Il naît à Revel, en 1884, dans la maison d'un boulanger : durant les vacances, il fait la tournée, distribuant le pain de papa dans les maisons et les fermes.

Il porte l'un des noms les plus courants du Languedoc, déformation occitane de loriol, sobriquet formé sur le nom de l'oiseau.

Étudiant à Toulouse, licencié de droit et de philosophie, docteur ès sciences politiques, il adhère très tôt au parti socialiste, accédant vite à des responsabilités dans la fédération de la Haute-Garonne, fondant avec Albert Bedouce le journal *le Midi Socialiste*, ferraillant contre les radicaux de *la Dépêche de Toulouse*, qui tiennent solidement la province.

Il milite, milite... Ainsi, en 1911, chez un grand militant syndicaliste de Carmaux, Michel Aucouturier, ouvrier verrier fondateur de la Verrerie Coopérative d'Albi, fait-il la connaissance de Jean Jaurès et de... Michelle Aucouturier, quinze ans, l'une des filles de son hôte, déjà grave et digne, haute taille et incomparable sourire, qu'il épouse dès l'année suivante, s'installant comme avocat à Paris, rue du Laos.

Il est député dès ses trente ans, élu à Muret en mai 1914.

Il passe plus de vingt ans à travailler au sein du groupe parlementaire socialiste S.F.I.O., insensible à la prédiction d'une gitane dont il a été l'avocat et qui lui prédit « sept ans de prison avec beaucoup d'honneurs ».

Sous le Front populaire, il est ministre des Finances dans le premier cabinet Blum, ministre de la Justice dans un cabinet Chautemps, ministre de la Coordination des services ministériels dans le second cabinet Blum.

Meilleur ami de Léon Blum, tel est le titre dont il est le plus fier.

Il ne fait pas la Grande Guerre, étant réformé, du fait d'un accident qui, enfant, l'a privé de l'œil gauche (pour avoir mal ajusté un pistolet d'amorce que son grand-père lui avait rapporté de la ville.)

Il s'engage à fond en revanche dans la guerre mondiale, jusqu'à devenir l'un des conseillers les plus écoutés du général de Gaulle. Il ne vote pas les pleins pouvoirs à Vichy. Emprisonné à Pellevoisin d'abord, en compagnie de Georges Mandel et de Paul Reynaud, puis à Vals, placé en résidence surveillée à Muret, dans sa propriété de *La Bourdette*, sur les bords de la Longe (où il adore taquiner la truite), il s'en échappe dès octobre 1943 pour, tout barbu par camouflage, rallier par avion clandestin la France Libre.

Il est membre très influent de l'Assemblée consultative qui siège à Alger. Ministre d'État, chargé des relations avec le Parlement, dans le premier gouvernement formé par de Gaulle après la libération de Paris, il tient un rôle de rouage de premier plan dans les moteurs du Gouvernement provisoire. Conciliateur-né, il atténue bien des heurts entre l'homme du 18 juin et les parlementaires de 1945.

Il préside l'Assemblée constituante quand, après la démission du Général, Félix Gouin, promu président du Gouvernement provisoire, lui laisse la place.

Il fixe déjà une populaire figure nationale, très typé, avec son visage un peu rond de brave rentier, des lunettes d'artisan appliqué, peu de cheveux sur un gros crâne qui luit, l'air grognon mais virtuose du bon-garçonnisme, une petite moustache coupée court, un accent qui fait chanter les diphtongues.

Précisément, à l'Elysée, tel il reste durant sept ans : bonhomie souriante, mais fidélité au devoir et autorité ferme.

Peu importent les textes constitutionnels, qui sont très paralysants.

Rapidement, et du fait même de la fragilité des gouvernements, qui se révèlent encore plus faibles que sous la Troisième, le président de la République, quoique avec beaucoup de tact avec chaque président du Conseil, arrive, servi autant par la continuité de son propre pouvoir que par sa tendance personnelle à peser sur les événements, à exercer sa charge avec pleine efficacité.

Passons sur le style que donne le couple présidentiel au palais. Lui confirme sa manière bon enfant, joviale, chaleureuse, ensoleillée, tolérant à l'infini, capable de s'amuser de ses propres travers ou revers, pouvant inviter, autour d'une bouillabaisse ou d'un cassoulet, les caricaturistes les plus mordants, Sennep, Gassier, Effel, « pour que mes caricatures soient encore plus ressemblantes ». Elle, style grande reine, modèle pour Winterhalter, belle avec son grave visage, son regard réfléchi, ses deux mèches blanches de chaque côté du front, sa haute et forte silhouette toute d'élégance, donnant des réceptions éblouissantes, faisant admirer sur elle-même la haute couture, rendant au palais sa noblesse première en abattant la verrière, dite « cage aux singes », qui déparait la façade, et en supprimant, côté jardin, la marquise disgracieuse de Napoléon III, accrochant aux vieux murs des toiles de Rouault, Braque, Dufy, mobilisant toutes cretonnes fleuries pour mieux chasser les draperies trop lugubres, faisant jeter au rebut toutes les potiches dindonnes, faisant ravaler la pierre, reconstituant le Salon doré tel qu'il était au temps d'Eugénie de Montijo... Même la belle-fille du couple y va de toute sa grâce, Jacqueline Auriol, aux grandes réceptions romantique princesse, dans son héroïque vocation première femme pilote d'essais en entrant au centre d'essais de Brétigny, un jour femme la plus rapide du monde (en 1965) en volant sur un Mirage III C à la vitesse de 2 038 kilomètres à l'heure.

Mais le vrai Vincent Auriol s'exprime dans l'action.

D'abord, il incarne, de toute sa simple robustesse, de tout son bon sens, la volonté du pays de revivre.

La reconstruction et le redressement du pays sont plus rapides et mieux conduits que ne le diront les consuls de la Cinquième.

Même si la monnaie et les finances publiques demeurent vulnérables, l'investissement médiocre, les comptes extérieurs aussi tendus que dans les années suivant la fin de la guerre de 14, malgré les formidables chocs à affronter, les vertigineux défis de la décolonisation, un parti communiste qui rassemble entre le quart et le cinquième du corps électoral, les contrecoups de la guerre froide, les déceptions et les rancœurs accumulées à travers des années douloureuses, compte tenu des pétainistes qui boudent et des gaullistes qui tirent à boulets rouges sur le pouvoir, le vieux peuple n'interrompt pas sa marche.

Resté volontaire et travailleur, il ne se laisse pas appauvrir, ni humilier.

Les grèves insurrectionnelles de 1947 sont vigoureusement maîtrisées.

C'est la France de la Quatrième République qui anime toute l'entreprise de construction européenne, qui engage le pays dans l'aventure nucléaire, qui lance et soutient le plan Monnet avec l'ambition d'atteindre dès 1950 le plus haut niveau de production d'avant-guerre, celui de 1929, et qui aura pris conscience de la nécessité primordiale d'une modernisation et d'une industrialisation puissantes.

La production industrielle retrouve dès 1948 son niveau de 1938.

Symboles de rajeunissement et de cette volonté de vivre : le barrage de Génissiat mis en eau; Donzère-Mondragon en construction; les recherches de Lacq qui donnent de nouvelles espérances.

Justement, Vincent Auriol prend un rôle capital dans tout ce renouveau.

On connaît un triomphe mondial avec la 4 CV Renault, « la puce de la route ».

Si on ne peut supprimer le rationnement du pain qu'en 1949, on crée la Sécurité sociale et, dès 1951, le rideau se lève sur la société d'abondance.

Tout cela coïncide avec une période culturelle étincelante, particulièrement illustrée par un théâtre qui voit naître en quelques années *l'Invitation au château* d'Anouilh, *les Mains sales* de Sartre, *Partage de Midi* de Claudel, *les Justes* de Camus, *Toâ* de Guitry, *Clérambard* de Marcel Aymé, *les Caves du Vatican* de Gide, *Lorsque l'enfant paraît* d'André Roussin, qui tient l'affiche plus de trois ans.

Nos chanteurs se portent au firmament de la chanson mondiale et pas seulement ceux que Prévert appelle les « roucouleurs de la mélancolie », Luis Mariano avec son bouquet de violettes, Dassary roi de la montagne, Tino Rossi impérissable, André Claveau « cerisier rose et laurier blanc », Line Renaud en sa cabane au Canada (près d'un million de disques vendus dans le monde), aussi des chanteurs d'un prodigieux réalisme poétique, Yves Montand avec ses *Feuilles mortes,* Trenet offrant *la Mer* au monde entier, Edith Piaf *Pleurez pas milord...*

L'année 1950 voit le lancement du premier microsillon qui va donner à l'industrie du disque une exceptionnelle impulsion.

La science française renaît. La médecine française réapparaît à l'avant-garde de l'Internationale des médecins.

Le cinéma français se retrouve l'un des premiers du monde, avec à l'affiche des acteurs géants, de Jean Gabin à Gérard Philipe, de Françoise Rosay à Simone Signoret, et cent films qui sont autant de chefs-d'œuvre.

L'époque coïncide même avec une ère de prodigieux champions, Marcel Cerdan, Louison Bobet, James Couttet, la pianiste Micheline Ostermeyer qui, virtuose de Beethoven, remporte deux médailles d'or aux Jeux de Londres, le poids et la hauteur, sans oublier que c'est en 1950 que l'équipe Terray-Lachenal-Herzog, réussit au prix d'immenses souffrances à vaincre l'Annapurna.

France pas morte.

Précisément, Vincent Auriol n'aura pas été le dernier à lui redonner confiance en elle-même.

Ensuite, sur le terrain même de la politique pure, il joue un rôle majeur.

Il aide beaucoup au tripartisme quand il le juge, fût-il boiteux, indispensable.

Il joue avec virtuosité, sans jamais perdre son sang-froid, face à une Assemblée qui ne cesse pas d'être incertaine et incohérente (il connaît en sept ans douze crises ministérielles, dont l'une dure 36 jours).

Il sait refuser net la démission de tout président qui n'a pas été mis en minorité selon la procédure constitutionnelle, Schuman en 1948, Pleven en 1950, Queuille en 1951.

Pas du tout « prisonnier d'État », il exerce à l'occasion une pression publique sur les groupes parlementaires par l'usage de communiqués de la Présidence qui constituent de véritables appels à l'opinion.

Par-dessus tout, il est décisif dans deux circonstances vitales.

D'une part, c'est lui, en plein accord avec Paul Ramadier, qui orchestre l'exclusion des ministres communistes du gouvernement, en l'espèce leur secrétaire général Maurice Thorez, ministre d'État, François Billoux, Défense nationale, Charles Tillon, Reconstruction, Ambroise Croizat, Travail. Tout se noue le dimanche 4 mai 1947, au débat de confiance au Palais-Bourbon sur le problème salaires-prix. Par 360 voix contre 186, la confiance est votée au président Ramadier : les députés communistes sans exception, y compris les ministres de Ramadier, votent contre; à ne pas y croire mais vrai, les ministres communistes votent contre le gouvernement même auquel ils appartiennent. (Sous la Quatrième, les ministres, restant députés, n'ont pas à démissionner de leur mandat électif et participent à tous les votes.) « Je fous ce soir les communistes à la porte », lance Vincent Auriol à son chargé de presse, Georges Raynal. Ramadier convoque un conseil extraordinaire de cabinet à Matignon. « Je constate, prononce-t-il, que nos collègues communistes ne sont pas d'accord avec la politique du gouvernement telle qu'elle a été approuvée par l'ensemble des ministres et l'Assemblée nationale. Je voudrais savoir quelle conséquence ils entendent tirer de cette constatation et si, dans ces conditions, ils jugent leur présence au gouvernement possible. » Thorez réplique : « Je n'ai jamais démissionné de ma vie. » Ramadier se réfère alors à l'article 40 de la Constitution : « Je retire donc la délégation de pouvoir que j'avais accordée à nos camarades communistes et je les remplacerai. » Thorez dit : « Je pensais que Ramadier préparait un mauvais coup, mais jamais je n'aurais pensé qu'il irait jusque-là... » Il n'y a plus à régler que le sort de Georges Marrane, ministre de la Santé, qui, lui, étant sénateur, n'a pas pris part au vote de l'Assemblée : il démissionne le lendemain. Il reste que, dans l'opération, Vincent Auriol n'est pas moins déterminant que Ramadier.

D'autre part, c'est lui qui est au premier poste pour faire échec à la victoire des gaullistes. En avril 1947, le général de Gaulle, jaillissant de sa retraite, met en œuvre un puissant mouvement politique, Rassemblement du Peuple Français, R.P.F., qui veut balayer le *régime des partis.* « Le jour va venir, annonce le Général, où, rejetant les jeux stériles et réformant le cadre mal bâti où s'égare la nation et se disqualifie l'État, la masse immense des Français se rassemblera avec la France. » Vincent Auriol est le premier à mobiliser les énergies contre l'entreprise gaulliste. Ne se laissant pas émouvoir par un triomphe du R.P.F. aux élections municipales, il fait voter avec Henri Queuille l'habile loi électorale dite des « apparentements », qui, aux élections législatives de 1951, permet de faire échec aux gaullistes comme aux communistes. Il sait tout à fait ce qu'il va obtenir quand, en 1952, il désigne comme président du Conseil le modéré Antoine Pinay, « le petit chapelier de Saint-Chamond », « le nouveau Poincaré » qui non seulement rétablit une situation économique mal en point, mais, par les sympathies qu'il inspire chez les conservateurs du R.P.F., finit par provoquer chez les gaullistes une scission à laquelle leur mouvement ne survit pas. Autant que Pinay, pour faire échec au Général, Vincent Auriol se confirme comme un redoutable maître de manœuvre. C'est vraiment du haut travail de grande finesse.

Il peut terminer son septennat dans une relative tranquillité.

Il se retire pratiquement de toute vie politique, partageant son temps entre Paris, sa villa de Bormes-les-Mimosas et des voyages à l'étranger.

Il ne se manifeste plus, publiquement, qu'à trois reprises, la première en mai 1958 pour aider René Coty à faire échec à la guerre civile, mais aidant du même coup de Gaulle à reconquérir le pouvoir; la seconde en décembre 1958 pour démissionner de la

S.F.I.O., se disant en désaccord total avec la politique de son secrétaire général Guy Mollet; en mai 1960, pour démissionner du Conseil constitutionnel où il siège en vertu de l'article 56 de la Constitution de 1958 qui permet aux anciens présidents de la République d'en faire partie à vie (en protestation contre la politique générale de de Gaulle).

Il meurt en 1966, dans un appartement du quai Branly, des suites d'une fracture du col du fémur.

Il est inhumé, après de sobres obsèques, au cimetière de Muret.

RENÉ COTY

Tout commence mal.

Jamais Congrès de Versailles n'aura autant traîné.

Pour obtenir un résultat, six jours y sont nécessaires, et 13 tours de scrutin.

Un interminable conclave public.

Entre les tours, les députés errent dans les couloirs, béent devant les tableaux, jouent à la pétanque dans le parc du château. La télévision se met de la partie : à longueur d'heures, elle montre, sous la présidence d'André Le Troquer, députés et sénateurs, à l'appel de leur nom, d'abord amusés, puis las ou boudeurs, défilant à la tribune, où ils votent dans de grosses urnes vertes. Elle ne fait qu'aggraver l'impression irritante d'un régime usé, inadapté à son temps, irréel. Cette Quatrième République, qui aura su pourtant réaliser de si grandes choses et pu exprimer les plus puissants dynamismes, affiche ici, si jeune soit-elle, une image de vieille femme à bout de souffle.

932 votants s'expriment au premier tour. Le socialiste Marcel-Edmond Naegelen, Alsacien élu des Alpes, arrive en tête avec 160 voix, pour 155 au modéré Joseph Laniel, président du Conseil en exercice, 131 au démocrate-chrétien Georges Bidault, 129 au radical Yvon Delbos, 114 à Kalb, 113 au communiste Marcel Cachin, 62 à l'indépendant anti-laniéliste Fourcade, 54 au maire de Nice Jean Médecin, 10 à des divers.

Dix tours passent sans qu'aucun candidat, malgré les désistements, obtienne la majorité absolue. La majorité absolue, qui est requise, est de 452 voix. Au mieux, Laniel en obtient 430. Au mieux, Naegelen, soutenu par les communistes, en réunit 381.

Les partis sont devenus trop raides, trop exclusifs. La machine parlementaire manque d'huile.

Une indescriptible pagaille des esprits règne, où se mêlent une majorité gouvernementale qui est de droite, une majorité de politique scolaire qui fait systématiquement échec au trop laïque Naegelen et une majorité latente de politique étrangère envisagée par tous les non-Européens contre l'Europe.

Joseph Laniel est trop discuté, mis en cause sur le plan personnel, handicapé par un frère sénateur trop voyant qui promène dans les couloirs une silhouette hagarde, plus ridicule que malade, de personnage avide.

Aucun candidat d'union ne s'impose à première vue. Le président de la Chambre, Edouard Herriot, refuse la charge, alléguant son trop grand âge et sa peine à marcher. Le président du Conseil de la République, Gaston Monnerville, est un Guyanais qui s'impose un devoir de discrétion. Le radical Henri Queuille a toutes les qualités d'un puissant homme d'État, malgré sa taille menue et un style très retenu, mais il est malade et tituberait sans canne. Naegelen est unanimement respecté mais l'Assemblée ne veut pas d'une « victoire de Front populaire ».

Laniel a beau se retirer au onzième tour, tandis que les modérés présentent à sa place Louis Jacquinot, député de l'Est. Jacquinot va à un massacre. Il n'obtient que 338 voix contre 372 à Naegelen.

La situation ne se débloque qu'avec un obscur sénateur du Havre, vice-président du Conseil de la République, « un certain M. Coty », « Normand cent pour cent », dit Bidault.

Au onzième tour, celui de Jacquinot, il réunit, sans être candidat, 71 voix.

Au douzième tour, étant candidat, il monte jusqu'à 431.

Au treizième, il est élu, par 477 suffrages à 329 pour l'infortuné Naegelen.

Le vainqueur est lui-même si surpris, qu'il se présente aux caméras en vieux complet bleu fripé et la cravate de travers.

On observe essentiellement qu'il ressemble beaucoup au roi du Danemark Frédéric IX.

Quand les journalistes frappent à la porte de l'appartement de quatre pièces que les Coty habitent déjà depuis dix ans, mais dont ils ne sont propriétaires que depuis trois semaines, au 5 du quai aux Fleurs, la grosse dame qui vient leur ouvrir — Madame Germaine Coty ? C'est moi — se confond en excuses : interrompue dans la confection d'une tarte, elle a les mains pleines de farine. Puis, elle parle du chat Pitou, de ses fleurs, de ses sauces.

C'est pourtant en grande partie grâce à une épouse si « peu fière » que René Coty, le mal élu, va devenir le plus populaire de tous les présidents de la République. « Une bien brave femme, elle ne se monte pas le coup », disent les ménagères en la voyant embrasser sa concierge, puis égarée dans le protocole et son grand palais. Vainement les chansonniers sont-ils diligents, jusqu'à l'excès, à taquiner *Maimaine*. Au début figée, crispée, ne sachant comment sourire ou placer ses mains, voire fagotée, elle affirme vite une extraordinaire dignité, avec son doux et austère visage rond de matrone romaine, son chignon impeccable sur sa nuque, sa gentillesse naturelle, et elle finit par en imposer aux chansonniers les plus cruels. Seuls les vieux laïcs républicains maugréent en aparté. « Voilà la calotte à l'Élysée. » Car Mme Coty, bonne chrétienne, s'empresse de faire réinstaller la chapelle de l'Élysée, qui servait de débarras, puis la chapelle du château de Rambouillet. D'une manière générale, si alourdi soit son pas de vieille dame, elle est rapidement accueillie comme une sorte de grand-maman-gâteau de la nation... Il est trop vrai qu'elle plaque sur les joues des mômes des baisers qui claquent bon.

Et les journaux de nous faire mieux connaître ce nouvel élu tout souriant, si souriant que, d'entrée de jeu, le caricaturiste du *Figaro*, Sennep, l'appelle « le gai aux fleurs ».

René Jules Gustave Coty naît en 1882 au Havre, Normand de très lointaine race.

Le patronyme, anciennement écrit Costy, signifie « l'homme habitant le coteau ».

Les premiers ancêtres connus sont des cultivateurs et des maçons de Criqueville, près d'Isigny, mais aussi, tous sur un modeste registre, un tailleur d'habits, une couturière, une marchande de légumes à Saint-Eustache-la-Forêt, des aubergistes.

Le père, Arthur Coty, est un instituteur qui a pris la suite de son propre père à la tête de la *Pension Coty*, établissement d'enseignement libre non confessionnel que celui-ci fonda près de Caen.

Toute l'enfance se déroule dans la Normandie du XIXe siècle, celle de Barbey d'Aurevilly et de Flaubert, le pays de Caux, si proche, et Le Havre, rues pour la plupart ruelles, cours sombres, fumée que le vent rabat des transatlantiques à vapeur.

Les premières études s'effectuent dans l'institut familial.

Elles se poursuivent à l'université de Caen. René Coty prépare deux licences, droit et philosophie. A l'ombre de l'église Saint-Etienne, il est surtout marqué par un maître, M. Godeleau, professeur de logique, pauvre de ressources et riche d'âme, Socrate normand, dont il apprend à jamais la passion de la lecture et une extrême rigueur morale. C'est déjà un grand gaillard de 1,80 m, carré d'épaules, yeux bleus légèrement bridés d'un descendant de Vikings, voix qui résonne, gestes gauches, adorant autant les longues marches, les impressionnistes et Mozart que le travail et... la politique. Il choisit d'ailleurs vite son camp. A peine une saison, on le voit opter pour un radicalisme plutôt avancé. Mais ce réaliste n'est point né pour être idéologue. Il rallie vite les troupes modérées libérales. De fait, il aime l'action publique à travers les Siegfried, hommes d'ordre autant que de tolérance, les cotonniers protestants, grands bourgeois et grands voyageurs, qui dominent la société havraise.

Une fois en poche ses deux licences, il se fait avocat, spécialisé dans le droit maritime, mais aussi à l'occasion défenseur des syndicalistes dockers.

Deux événements importants marquent son année 1907. Le premier : sous patronage de Jules Siegfried, député du Havre, il conquiert son premier mandat politique, conseiller d'arrondissement. Le second : il rencontre à un mariage la fille d'un armateur, toute rose et souriante, qui s'appelle Germaine Corblet, 21 ans. Elle a le choix entre deux cavaliers : un brillant sociétaire de la Comédie-Française qui récite des vers à ravir, et ce jeune avocat qui se lance dans la politique. Elle opte pour le second, qui l'épouse. Ainsi commence une idylle d'un demi-siècle. « Pour que papa et maman se fâchent — diront les filles — il faudrait un tremblement de terre, et encore ! »

Père de deux filles, Janine et Anne-Marie, conseiller municipal du Havre, exempté du service militaire, il pourrait en 1914 rester à l'abri, chez lui, dans son cabinet d'avocat comblé. Non. Il préfère s'engager. Il est affecté au 129e régiment d'infanterie, « chez Mangin », dans une division de fer. Il est de ces poilus, légendaires avec leurs godillots, bardas, sacs, baïonnettes et gamelles, qui hantent toutes nos routes boueuses de l'Artois et de la Picardie. Seule promotion : soldat de 1re classe, pourtant décoré de la croix de guerre. J'en suis sorti peuple, dira-t-il.

En 1919, il est conseiller général.

En 1924, il est député, dans la circonscription de Jules Siegfried.

En 1930, il est sous-secrétaire d'État à l'Intérieur, dans le ministère Steeg. Il l'est cinq jours. Pour n'avoir pas reçu les assurances qu'il exigeait sur une politique financière de rigueur, il démissionne le jour même de la présentation du gouvernement devant le Parlement.

En 1935, il est sénateur, de la Seine-Inférieure.

En 1948, après avoir siégé aux deux assemblées constituantes, il est ministre de la Reconstruction et de l'Urbanisme, dans trois ministères, le premier cabinet Schuman, le cabinet Marie et le deuxième cabinet Schuman, quoique au total pour pas plus de dix mois.

Le voici donc en première charge de l'État, sans avoir connu une carrière exceptionnelle — parcourant simplement tout le trajet sous le sceau d'une conscience assurée d'elle-même et dans l'estime générale.

Le portrait est à l'image de la biographie : simplicité et tranquillité dans une certaine fermeté.

On découvre au sommet d'une longue silhouette, sur épaules carrées, un visage qui pourrait être rude, taillé à coups de serpe dans un rectangle, sous cheveux raides qui se disciplinent avec peine, front net, nez fort, robuste menton légèrement en galoche, mais il y a les yeux et le sourire, des yeux clairs d'une amabilité à l'infini, dont on se demande s'ils connaissent jamais l'orage, et un sourire lumineux, franc, heureux d'être, même s'il lui arrive parfois d'exister sur commande. La voix prête à un identique contraste. Elle résonne très fort, en longues phrases lentes, avec des cuivres qui pourraient sonner la charge devant des armées, voix pour proconsul romain ou chef de drakkars à l'abordage, mais, si assourdissante puisse-t-elle être, elle ne fait jamais peur, on ne sait quel velours la feutre, peut-être par les voyelles sourdes qui traînent, peut-être du fait de quelque solennité sermonnaire gardée d'une éloquence de la Troisième qui est beaucoup en draperies, peut-être par effet d'une incantation intérieure. La voix en devient rassurante. Telle est bien, immédiatement, l'impression générale : un homme sans vertiges, et de tout repos.

Ainsi peut-on comprendre que, comme sur tout le parcours précédent, il soit vite à l'Élysée à la fois un Président bien-aimé et tout en sagesse.

Bien-aimé, on ne le voit que trop lorsqu'il perd sa femme. Le 11 novembre 1955, Germaine Coty rentre très fatiguée, au château de Rambouillet, d'une visite au Salon de l'enfance. Elle se plaint d'une lassitude inaccoutumée. Dès le lendemain, jour de la Saint-René, elle expire pendant son sommeil, aux premières heures du matin, emportée par une crise cardiaque. Sa disparition subite crée une extraordinaire émotion générale. « Maimaine » avait raison quand, apprenant l'élection de son mari, elle disait : « Eh bien, maintenant, notre famille s'étend à toute la France. » Une vaste foule bouleversée s'amasse pour assister à la messe des obsèques, célébrées à la Madeleine.

Tout en sagesse, on ne le vérifie que trop lorsque la mer est démontée, et c'est souvent.

Ainsi durant cette année 1954, année capitale, dramatique, qui peut sonner le glas de l'Empire et met la Quatrième en survie.

Ça secoue. Comme jamais depuis la guerre mondiale. Lorsque le général Gilles est largué avec cinq mille hommes sur la cuvette de Diên Biên Phu pour remettre la main sur le pays thaï menacé par les Viets, la presse ne crie qu'à l'exploit sportif, une belle manœuvre exécutée comme à la parade, tout à l'honneur du haut commandement et des petits-fils des immortels poilus. Mais les cinquante-sept jours de siège (du 10 mars au 7 mai 54), la mort des héros, les canons de Giap et la capture de quelques-unes de nos plus belles unités sont une révélation d'autant plus bouleversante pour les Français que la dégradation de notre situation militaire au Viêt-nam était systématiquement minimisée depuis longtemps. Le moral national craque d'un coup. Vainement Laniel et Bidault, qui est au Quai, veulent-ils continuer la guerre, en en appelant au besoin à un soutien américain. Les radicaux lâchent le gouvernement. Ils vont jusqu'à dire : « ... Cette guerre est une affaire M.R.P., nous ne tenons plus à nous battre pour les évêchés du Tonkin » (il est trop clair en effet que durant tout le long conflit du Viêt-nam, ce sont des ministres M.R.P. qui auront occupé les principaux postes de responsabilité). Edouard Herriot trouve des accents d'antan lorsqu'il s'écrie : « L'Indochine et la C.E.D. (Communauté européenne de Défense, car nous sommes aussi en pleine bataille de l'armée européenne, que les M.R.P. soutiennent à fond) sont essentiellement affaires du Vatican, il serait temps de séparer l'Église de l'État. » Le cabinet Laniel paie Diên Biên Phu. Les socialistes, qui sont dans l'opposition depuis 1951, redoublent d'agressivité. Laniel tombe le 12 juin. René Coty décide d'appeler le radical Mendès France qui, en cent jours, « arrache » la paix en Indochine et largue l'empire indochinois. (Avec en particulier l'argument que nos vaillantes légions du Tonkin pourraient trop manquer sur d'autres terres, pour sauver le reste de l'Empire français.) Précisément, parmi tout ce drame, et souvent quelque affolement, le Président démontre le plus sûr sang-froid.

Il le manifeste à bien d'autres occasions.

Il voit s'achever la guerre d'Indochine, les liens de la France se relâcher avec la Tunisie et le Maroc, l'Afrique Noire évoluer vers une certaine autonomie, la C.E.D. voler en éclats dans un paroxysme de passions, l'expédition de Suez échouer, les querelles s'exaspérer entre laïcs et défenseurs de l'école libre, et il aura eu à dénouer en moins de cinq ans sept crises ministérielles. Il ne perd pas une once de sa sérénité, ni de son impartialité entre les diverses forces ou les personnalités très contradictoires qui exercent dans la mêlée. « Une absence totale de fanatisme, le respect permanent de la position adverse et, tout au fond, le sentiment que la vérité n'est jamais tout entière du même côté » : ainsi le dépeignait déjà naguère au Havre son ami André Siegfried. « Je vous avertis, René Coty ne sera jamais un simple pot de fleurs », disait Gaston Monnerville, lors du Congrès à treize tours, devant des journalistes qui riaient de l'*Impromptu de Versailles*. Non seulement il continue de respecter les thèses nationales en présence, aussi loyal avec le modéré Laniel qu'ensuite avec le radical Mendès France et le socialiste Guy Mollet, président du Conseil en 1956-1957, mais il sait au besoin faire entendre et valoir une opinion. Il sait agir pour protéger de tous excès.

Resté grand admirateur de Raymond Poincaré et d'André Tardieu, il a même beaucoup de courage à alerter publiquement la Quatrième République contre ses faiblesses. Le jour même de son élection, il déclare tout net que le régime ne saura pas se défendre s'il ne se réforme pas. Dès son premier message au Parlement, il souligne la « nécessité d'affermir, dans la continuité, le gouvernement de la République ». Il ne voit pas sans angoisse les cabinets tomber trop vite, les partis se raidir, les haines monter, le byzantinisme envahir l'État. La nécessité de réformer les institutions devient vite le thème favori des discours présidentiels. Prenez garde, lance-t-il à Nancy, il y a urgence à un *leadership* gouvernemental. Nous nous complaisons à l'excès dans l'instabilité ministérielle, déclare-t-il à Strasbourg. Alors qu'il voyage beaucoup (il est même le premier chef d'État français depuis Charlemagne à se rendre à titre officiel au Vatican où Pie XII lui décerne l'Ordre Suprême du Christ) et qu'il accueille à Paris de multiples chefs d'État, de son sosie Frédéric IX à Elisabeth d'Angleterre, de Tito au Négus, de Paul Ier de Grèce au président Eisenhower, il a de multiples occasions de vérifier à quel point l'avalanche des crises ministérielles, la valse des portefeuilles, le manque de continuité dans la gestion, l'égoïsme des partis font du mal à la France comme à la République. Réussissant à s'imposer comme le « Président de tous les Français » il donne même parfois l'impression de tenir tout seul le pays à bout de bras.

Par malheur, soudain, la tempête de l'Algérie française prend des violences de typhon. Plus rien ni personne ne saurait lui résister, même l'honnête bonhomme au gros bon sens et au clair moral qui est à l'Élysée.

Vient la fatale année 1958.

Pour Coty, film de cauchemar.

15 avril. Le gouvernement du jeune radical Félix Gaillard, constitué le 5 novembre précédent, est renversé par l'habituelle majorité de rencontre qui engage gaullistes, modérés nationalistes, poujadistes, communistes et inévitables francs-tireurs. Les dons éblouissants de Gaillard n'y peuvent mais.

20 avril. L'Élysée pressent Bidault, l'un des leaders de l'Algérie française, mais son propre parti, le M.R.P., qui le juge outrancier dans sa thèse, refuse de le soutenir.

25 avril. René Pleven, chargé d'une mission d'investigation par le Président, s'entend avertir par le général Salan, qui commande en chef à Alger, que jamais l'armée n'acceptera la moindre négociation avec le F.L.N. (Front de Libération Nationale) algérien.

26 avril. René Pleven, mission accomplie, est « désigné » pour former le gouvernement, le jour même où, à Alger, déferle une impressionnante manifestation silencieuse et digne « pour un gouvernement de salut public ».

27 avril. Les autorités militaires d'Alger avertissent l'Élysée, de même que Guy Mollet, qu'il y a à redouter les pires réactions en Algérie de la part des masses attachées à la France, si les socialistes (qui figurent au pouvoir depuis 1956) cessent de participer au gouvernement et si donc le socialiste Robert Lacoste, en qui militaires comme Pieds-Noirs ont toute confiance pour sauver l'Algérie française, doit renoncer à son poste de ministre-résident en Algérie.

5 mai. Le désordre des esprits se généralisant et les socialistes ayant décidé de ne pas avoir de ministres dans le gouvernement Pleven, René Coty décide de prendre langue avec le général de Gaulle, depuis des années « en exil » en son Colombey-les-Deux-Églises. Il mande le chef de sa maison militaire, le général Ganeval, à l'insu de tous les autres membres de l'Élysée, pour rencontrer deux mandataires du général de Gaulle, son aide de camp le colonel Gaston de Bonneval et son chef de cabinet Olivier Guichard. L'entretien a lieu au domicile de Jacques Foccart,

avenue de l'Opéra. Une seule conclusion en résulte : il est trop tôt pour envisager quoi que ce soit. De Gaulle juge trop tôt pour faire connaître ses éventuelles conditions et trop tôt pour envisager des concessions au profit d'un « système » qu'il n'a pas cessé de vouer aux enfers. Coty, par voie de conséquence, estime trop tôt pour aller au-delà de cette simple prise de contact.

8 mai. Trois heures du matin. Pleven réussit péniblement à mettre sur pied une combinaison, sans les socialistes, donc sans Robert Lacoste.

8 mai. 13 heures. Les radicaux décident de retirer leurs ministres.

8 mai. Après-midi. Robert Lacoste fait ses adieux à l'Algérie.

Sombre, son gros rude visage fermé, mâchoires serrées, regard de deuil, il reçoit sur le front des troupes, des mains de Salan, la croix de la valeur militaire, laquelle a valeur de croix de guerre. Il dit : « Méfiez-vous, les gars. N'acceptez rien contre votre honneur. Attention à un Diên Biên Phu diplomatique... »

8 mai. Soir. René Coty en appelle au M.R.P. alsacien Pierre Pflimlin, réputé à la fois comme homme de caractère et partisan d'une solution libérale en Algérie. Il faut préciser que fort peu de gens encore évoquent l'éventualité d'un appel à de Gaulle. Aux élections législatives de 1956, les gaullistes, il est vrai sans l'aval du Général, sous le nom de républicains sociaux, n'ont obtenu que 4,4 % des voix. Les républicains sociaux sont même membres du cabinet Gaillard : avec notamment leur leader, Jacques Chaban-Delmas, comme ministre de la Défense nationale. « Vous êtes ma dernière carte — n'en dit pas moins Coty à Pflimlin — si vous échouez à votre tour, il ne me restera plus qu'une issue : aller à Colombey... »

9 mai. Soir. Tandis que le général de Gaulle se tient informé, heure par heure, de l'évolution de la situation et commence à croire à l'impossible, c'est-à-dire être appelé un jour au secours par la Quatrième République, les plus grands chefs militaires se réunissent à Alger — dont le général Salan, le général Jouhaud, l'amiral Auboyneau et le général Massu, rude baroudeur, chargé avec ses paras du maintien de l'ordre à Alger même. Ils font porter à l'Élysée par le général de Beaufort une lettre comminatoire où ils dénoncent Pflimlin comme un partisan de la négociation à tout prix avec le F.L.N., résigné à la politique de l'abandon. De son côté, le général Ely, chef d'état-major des armées, envoie à l'Élysée une lettre d'un identique éclairage.

9 mai. 22 heures. Il faut réaliser que les gaullistes sont sur le

pied de guerre et entretiennent les plus étroits rapports avec les généraux, d'autant plus que Jacques Chaban-Delmas, toujours ministre de la Défense nationale, a délégué sur place l'un de ses plus proches collaborateurs, Léon Delbecque, qui, avec énergie, développe un extraordinaire savoir-faire pour « gaulliciser » l'ambiance et l'armée. Après avoir rencontré dans une sorte de conseil de guerre les principaux ennemis de Pflimlin, dont le téméraire colonel Thomazo, dit *Nez de Cuir* et Alain de Sérigny, directeur du tout-puissant *Écho d'Alger*, Léon Delbecque télégraphie à Christian de La Malène, collaborateur d'un homme de confiance du Général, Michel Debré, pour lui confirmer que *Bleu* (Ely) a envoyé *Blanc* (Beaufort) à *M. Durand* (Coty) avec le télégramme de *Diem* (Salan), approuvé par *Gaston* (Jouhaud), *Henri* (général Allard), *Félix* (Auboyneau) et *Lapin* (Massu), et qu'il faut maintenant prévenir d'urgence *Gros matou* (Jacques Soustelle), *l'Archange* (Debré), *Tournesol* (Guichard), *Mathurin* (Foccart) et *Négus* (Frey), pour qu'ils rendent compte à *M. Colombe* (de Gaulle). Encore une chance que Delbecque ne s'égare pas dans ce maquis de pseudos... tout de même révélateur de tout un état d'esprit.

10 mai. Tous les gaullistes se mobilisent à fond, depuis l'héroïne de la Résistance Marie-Madeleine Fourcade jusqu'aux pêcheurs de l'île de Sein, premiers à rallier la France Libre en 1940, pour faire pression, par « wagons de télégrammes », en faveur de l'« homme du 18 juin ». Ils ne se déchaînent que davantage contre Pflimlin, présenté tous azimuts comme le lâcheur, le bradeur, le Judas de qui toutes les trahisons sont à attendre. Alain de Sérigny, pourtant de fond plus pétainiste que gaulliste, y va de sa plus ardente plume pour rédiger un appel qui paraîtra le lendemain sur huit colonnes dans son journal : « Parlez, je vous en conjure, parlez vite, mon général... »

11 mai. Silence à Colombey. Mais, tandis que Pflimlin bâtit son cabinet, encore une fois dans les traditions les plus irritantes du régime, et que l'on songe à un modéré, André Mutter, pour remplacer Lacoste à la tête de l'Algérie — « bande de cons », crache Lacoste dans la coulisse —, une terrible nouvelle tombe sur les téléscripteurs. Elle provient du F.L.N. lui-même : à la diligence du gouvernement rebelle, trois jeunes militaires français, prisonniers depuis le 1er novembre 1956, viennent d'être exécutés, « au nom de la justice des libérateurs », précise un journal tunisien. La sensation à Alger est énorme. Volcans qui grondent. Un Comité hâtivement formé décide d'organiser une manifesta-

tion de masse qui sera « écrasante ». Delbecque en fait partie. Il n'oublie pas de conseiller que la manifestation se déroule le jour même où le « bradeur en chef » demandera son investiture. Conseil suivi.

Mardi 13 mai. L'Assemblée tient une pénible séance. Le débat d'investiture traîne en longueur. Sous la verrière de l'hémicycle, rarement discours aussi mornes, las, devant des travées moins garnies que prévu, tandis que maints députés préfèrent lire *le Monde* ou *le Canard enchaîné* que d'écouter des phrases vides. Atmosphère de marais... sauf que, soudainement, tout change. Vers 21 heures, un député mendésiste, Charles Hernu, se lève de son banc, coupe l'orateur à la tribune : « Je vous annonce, prononce-t-il, qu'un comité de salut public est installé à Alger. Il y aurait autre chose à faire qu'à pérorer. » La foudre vient de tomber. La droite crie à l'Algérie française. Le chœur des communistes scande : « Le fascisme ne passera pas. » La séance est suspendue. Les députés se ruent, dans les couloirs, sur les téléscripteurs. Effectivement, un comité de salut public « civil et militaire » vient de se constituer à Alger. Les généraux sont dans le coup. Massu a l'air de présider à l'événement. La manifestation a débordé le service d'ordre, plus ou moins complice. Les émeutiers, conduits par un étudiant du nom de Pierre Lagaillarde, ont pris d'assaut le palais du gouvernement général. C'est la révolte ouverte. Jamais les députés, pour leur part, n'auront connu nuit si folle. Un essaim d'abeilles arraché à un confort trop béat. La flèche est lancée, à qui de ne pas la recevoir, dit un cynique. Appelons de Gaulle, dit Maurice Lemaire, républicain social, ne commettons pas l'erreur des partis égyptiens qui laissèrent Neguib en cadeau à Nasser, ne laissons pas le héros aux mains des aventuriers. Quelques amis demandent à Lacoste s'il est prêt à retourner en Algérie. Il répond : « Mon cul !... » Un député, fumant sa pipe sur une banquette, regardant méditatif le tableau qui représente la scène des *Bourgeois de Calais*, soupire : « Nous ne sommes pas encore en chemise, mais je crois bien que nous avons déjà la corde au cou. » Nous avons trop triché avec la Constitution, remarque curieusement un autre, elle nous pète à la gueule. Problème : faut-il repousser l'ultimatum d'Alger en appuyant massivement Pierre Pflimlin, ou renvoyer la séance d'investiture à une date ultérieure, pour y voir plus clair, ou bien essayer de constituer un gouvernement plus solide, plus équilibré, avec un chef moins « provocateur » ? Pflimlin doit se maintenir, affirment les uns, la loi, c'est la loi républicaine, et non la loi de

Massu. Les communistes voteront pour, les socialistes et les radicaux aussi, la majorité est acquise. Pflimlin doit se retirer, estiment les autres, son gouvernement n'aura jamais l'autorité morale nécessaire, évitons le défi, discutons, ou sinon nous allons provoquer la sécession de l'Algérie, nous aurons alors belle figure. C'est la guerre civile, redoutent d'autres. « Moi, je vous avertis, prononce Bidault de sa voix la plus grinçante, il n'y a qu'une solution; de Gaulle, hélas, est la seule formule; lui seul peut arranger tout ça; nous n'avons plus qu'une toute petite chance de sauver un brin de démocratie; aujourd'hui, nous avons encore quelque apparence de force; nous pouvons encore l'appeler debout; demain, nous l'appellerons à genoux; après-demain, couchés; après après-demain, nous serons tous sous terre... » Jamais de la vie, proteste un jeune radical, votons pour Pflimlin, puis, au besoin, affamons l'Algérie !... (Je revis cette séance comme si j'y étais encore...) Pour autant, les téléscripteurs distribuent d'autres nouvelles : l'état de siège vient d'être proclamé au Liban; M. John Diefenbaker remanie le gouvernement canadien; nos anciens glorieux internationaux Paul Nicolas et Alex Thépot se préoccupent de former l'équipe de France de football qui doit participer en Suède à la Coupe du Monde (à nous Kopa, Piantoni, Jonquet, Marche, Wisnieski...); le chroniqueur du cinéma analyse le tout nouveau film *Sois belle et tais-toi* (on ne saurait mieux dire); le conseil municipal de Paris envisage le grand dessein de reconstruire le pont des Poissonniers... Le destin a de ces ironies : une dépêche nous annonce même qu'un « art élégant las de la grandeur » domine au neuvième Festival artistique de Bordeaux qui est en cours... Cependant, en définitive, la séance reprend. Environ trois heures du matin...

14 mai. A l'aube. L'Assemblée vote. Pour les scrutins d'investiture chaque député doit personnellement monter à la tribune, à l'appel de son nom, pour déposer dans l'urne un bulletin blanc marqué à son nom s'il est pour, bleu s'il est contre. Le défilé se détermine par ordre alphabétique, la première lettre étant tirée au sort. Puis, le votant regagne les couloirs, où règne toujours la même fièvre. Dialogue : « Qu'est-ce que vous faites ? — Je vote blanc. — Pourquoi ? — Mon pauvre ami, c'est pile ou face. — Et un tel ? — Blanc aussi. — Et un tel ? — Bleu, mais c'est tout joué, les communistes votent pour... » On se répète un mot de Bidault, qui adore les mots obscurs : « On ne pourra pas toujours se protéger du tonnerre avec un parapluie... » Le désarroi reste total. Il faut pendre Salan, claironne un socialiste du Nord. Dis-le donc

aux paras qui vont nous tomber du ciel, réplique un autre. La situation ne s'éclaircit pas davantage lorsque Pierre Pflimlin est investi, par 274 voix contre 120 et 137 abstentions, et lorsque l'on apprend que les socialistes sont rappelés au gouvernement, avec Guy Mollet comme ministre d'État, Albert Gazier à l'Information, Max Lejeune au Sahara, et à l'Intérieur l'énergique Jules Moch, l'homme qui mata en 1947 les grèves insurrectionnelles communistes. (On retient surtout que Lacoste n'est pas du nombre.)

Fin mai. Tout se décompose.

Vainement Gazier fait-il rétablir la censure, Moch annonce-t-il les mesures les plus répressives.

Le « système » semble s'écrouler par pans entiers.

Le général Salan, qui n'est pas pendu, prend la haute main sur le comité de salut public. Le général Massu peut impunément déclarer sur le ton le plus péremptoire que le président du Conseil est un aveugle et le ministre de la Défense, Pierre de Chevigné, un baudet à œillères. La marine et l'amiral Auboyneau semblent à leur tour rallier la dissidence. Le président de la République adresse aux troupes d'Algérie un pathétique et noble message qui ne trouve lui-même à l'évidence aucun écho. Bidault proclame dans *Carrefour* que ni la patrie ni l'Algérie ne seront sauvées par des fantômes.

« Messieurs, dit en Conseil des ministres René Pleven, nous représentons indiscutablement le pouvoir légal. Nous sommes le gouvernement. Mais que gouvernons-nous ? »

Il consulte ses notes et poursuit :

« Voilà... le ministre de l'Algérie (il désigne du doigt l'infortuné André Mutter, qui n'a même pas le moindre contact avec Alger) ne peut mettre le pied en Algérie... Voici le ministre du Sahara. Il ne peut aller au Sahara. Le ministre de la Défense nationale ? L'armée ne lui obéit plus. Le ministre de l'Intérieur ? La police lui échappe. Quant au ministre de l'Information, il ne peut que censurer. Moi-même, ministre des Affaires étrangères, j'ai préparé un protocole d'accord avec la Tunisie. Je ne peux le signer. Nous prétendons détenir le pouvoir, mais ce pouvoir, nous ne l'avons pas. »

Je rencontre à l'Assemblée Max Lejeune, dont on connaît le franc-parler et l'ardent patriotisme jacobin, notre plus jeune député en 1936, robuste « gouverneur » de la Somme, œil ironique, moue sceptique, mèche qui danse sur le front : « Tu sais, dit-il fataliste, Chevigné n'a plus un seul planton qui lui obéisse, Jules (Moch) plus une seule dactylo, et moi, le méhariste, même plus un grain de sable... »

Le 15, le général de Gaulle rompt son silence. Il publie une courte déclaration. Du fait de la « dégradation de l'État » qui entraîne « infailliblement l'éloignement des peuples associés, le trouble de l'armée au combat, la dislocation nationale, la perte de l'indépendance » il se déclare « prêt à assurer les pouvoirs de la République ».

Le 19, et alors que dans l'intervalle le général Ely a donné sa démission de chef d'état-major général, le général de Gaulle tient une solennelle conférence de presse au Palais d'Orsay. « Il y aura tantôt trois années que j'ai eu le plaisir de vous voir », lance-t-il d'entrée de scène aux journalistes de sa voix la plus gouailleuse (sa dernière conférence de presse a eu lieu en effet le 30 juin 1955). Il répète qu'au service de la France, il est prêt à nouveau comme en 1940 à être *utile*. « Utile comment ? Eh bien ! si le peuple le veut, comme dans la précédente grande crise nationale, à la tête du gouvernement de la République française. » Il précise, pour un journaliste qui lui demande ce qu'il entend par là : « Les pouvoirs de la République, quand on les assume, ce ne peut être que ceux qu'elle-même aura délégués. » Autrement dit, il n'entend retrouver le pouvoir que dans la légalité. « Je vous l'avais bien dit, commente Chaban, nous ne sommes pas en Amérique du Sud, jamais de Gaulle ne fera de pronunciamento... »

Et le régime de continuer de se disloquer.

Et Jacques Soustelle, avec Roger Frey, de gagner clandestinement l'Algérie, avec l'aide de l'armée, ainsi que Raymond Dronne, député de la Sarthe, qui, capitaine de la Division Leclerc, fut en août 1940, dans sa jeep, le premier des libérateurs à entrer dans Paris.

Et la Corse de se couper à son tour du pouvoir central : elle fait d'ailleurs sécession sans verser une goutte de sang, comme à l'amusement, entre deux apéritifs; un colonel de paras y prend le pouvoir sans avoir à affronter la moindre opposition sérieuse.

Et tous les soirs, sur les Champs-Élysées, tous les automobilistes de klaxonner, « pour de Gaulle ».

Pour autant, la vie continue, « la vie qui n'est pas bête », comme dit Gaston Bonheur : les ballets du Bolchoï triomphent à l'Opéra; il paraît que jamais Oulanova et la Plissetskaïa n'auront dansé tels jetés-battus; le film *le Pont de la rivière Kwaï* bat tous les records de recette sur les boulevards; Dominguin se confirme nouveau Manolete à la corrida de Nîmes; on s'émeut d'une éventuelle augmentation du prix du vin; cent soixante-dix projecteurs sont mis en action pour illuminer la tour Eiffel...

Mais, pour la Quatrième République, trop manifestement, tout est perdu.

Dans la nuit du 27 au 28, Pierre Pflimlin, qui a rencontré la veille le général de Gaulle à Saint-Cloud, rend les armes. Il s'en va remettre sa démission à René Coty, uniquement accompagné de son jeune collaborateur Michel Poniatowski. C'est ouvrir la voie à de Gaulle. Il cite Claudel : « Le pire n'est pas toujours sûr... » Il dit aussi : « Du moins aurons-nous évité la guerre civile... Si je ne démissionnais pas, elle aurait été inévitable... J'en suis d'ailleurs d'accord avec le président de la République, et avec Guy Mollet... » Il ajoute encore : « Mais les gens d'Alger vont avoir des surprises avec de Gaulle. Il les matera, et durement. D'abord parce qu'en bon militaire il ne tolérera pas le désordre, ni l'insubordination, et que l'autorité de l'État n'est pas compatible, à ses yeux, avec les féodalités. Ensuite et surtout parce qu'il ne croit pas à l'Algérie française. Il ira plus loin dans la politique algérienne qu'aucun gouvernement de la Quatrième n'aurait pu le faire, et je parie qu'un jour les Français d'Algérie, après m'avoir pendu en effigie, regretteront de m'avoir renversé. »

Inutilement un défilé de type Front populaire s'organise-t-il du côté de la Bastille. Il est maigre.

Le 29, dans un message au Parlement, René Coty annonce son intention de faire appel « au plus illustre des Français » pour diriger le nouveau gouvernement.

Après avoir rencontré le Général à Colombey — à Canossa, disent les mendésistes, qui déplorent la démission de Pflimlin et l'appel « au chef des factieux » —, Guy Mollet lui-même, entraînant la majorité des députés socialistes, se rallie à l'« homme de la France libre ».

Je croise François Mitterrand dans les couloirs. Il me lance : « Alors, vous votez pour de Gaulle ? — Oui. » Il me dit : « Vous votez pour Pétain. »

Pierre Mendès France est au milieu d'un groupe de journalistes au Palais-Bourbon. Il est comme en deuil. Je passe en compagnie de Jean Montalat, élu socialiste de Tulle. Il nous dit : « Je ne serai jamais du côté d'un coup d'État, et c'est un coup d'État... Les baïonnettes ont raison des bulletins de vote... Obtempérer aux baïonnettes, c'est se disqualifier... Vous rendez-vous donc compte ?... »

Je déjeune avec Guy Mollet, chez *La Pérouse*. Je lui demande s'il n'est pas trop malheureux. Il répond : « Je le suis... »

Je dîne chez Lacoste, dans son appartement tout proche du Palais-Bourbon, en compagnie de quatre ou cinq autres parlementaires. On lui téléphone d'Alger. Massu, croyons-nous entendre. Il dit : « Ils ne comprennent encore pas que nous n'existons plus. » Il s'affale dans un fauteuil : « De Gaulle... de Gaulle... bande de cons, allez donc savoir ce qu'il fera... de Gaulle... Je voterai pour... Que faire d'autre ? Mais de Gaulle, grands dieux, de Gaulle ! !... »

Au Palais-Bourbon, la nuit du 13 mai, c'est du délire.

Cette nuit du 29, il y a plutôt veillée funèbre.

Les mots les plus tristes se croisent, ou les moins attendus.

Maurice Faure, radical du Lot : « Vous croyez qu'on va voir ça, un jour, Ben Bella accompagné au pouvoir, soutenu par des gendarmes français ? »

Pierre Olivier-Lapie : « Quand soufflent les grands vents des sables, les Touareg cessent de marcher, s'accroupissent, et se cachent sous leurs burnous... »

Thorez à Mathilde Peri : « Le Grand nous a eus... »

De Gaulle accepte à 21 h 30 — sous réserve impérative d'obtenir pleins pouvoirs constituants et d'envoyer les députés aux champs pour six mois.

A l'Assemblée, hors les communistes et les mendésistes, il n'y a plus que résignation à l'inéluctable. « La France est amoureuse — ricane Bidault. Elle n'a d'yeux que pour son vieux don Juan. Il peut bastonner à sa guise Tartuffe et le Misanthrope. » Il pourrait répéter ce qu'il disait naguère au lendemain d'une autre crise : « Les tuiles remontent sur le toit. » Il préfère évoquer lui aussi, comme le député de l'autre soir, *les Bourgeois de Calais*... « Nous voilà en chemise... soupire-t-il. Une chance que nous soyons au printemps, et non, en plein hiver... Nous n'avons pas à grelotter. »

Dès le 1er juin, l'Assemblée nationale vote l'investiture de De Gaulle, par 329 voix sur 553 votants.

D'ailleurs, étrangement, beaucoup des leaders de la Quatrième entrent dans le cabinet, tels Guy Mollet ministre d'État, Antoine Pinay aux Finances, Pierre Pflimlin lui-même.

Dès le 2 juin, l'Assemblée accorde au gouvernement de Gaulle les pleins pouvoirs qu'il demande, et vote le projet de loi le chargeant de préparer une révision constitutionnelle qui sera soumise à référendum.

Dès le 3, adoptés par le Conseil de la République, les projets votés la veille par l'Assemblée nationale sont promulgués. La session du Parlement est suspendue.

La Quatrième République est morte.

Elle n'aura duré que 11 ans et 7 mois. Elle aura compté 21 ministères, d'une durée moyenne de 6 mois et 20 jours. (La durée totale des vacances interministérielles est de 256 jours !)

Pour René Coty, il n'y a plus qu'à s'effacer.

Il y pourvoit avec une sobre dignité.

Aussi longtemps que le Général reste président du Conseil, il exerce sa charge avec une telle discrétion qu'il s'en rend quasiment invisible.

Une fois le Général élu président de la République, il lui ouvre l'Élysée le 8 janvier 1959, au cours d'une cérémonie toute simple.

Il se retire au Havre tout en conservant un appartement de fonction à Paris où l'appellent les séances du Conseil constitutionnel.

Il s'éteint en 1962 (des suites d'un refroidissement) dans son appartement de la rue Gabriel-Monod : il n'aura pas le temps de voir élire comme député du Havre (gaulliste) le mari de l'une de ses petites-filles, le docteur Maurice Georges.

Après des funérailles officielles, il est inhumé au cimetière de sa ville natale.

III

LA CINQUIÈME RÉPUBLIQUE

LE GÉNÉRAL DE GAULLE

Le mammouth.

L'éléphant roi de sa brousse, préfère dire Malraux.

Mais il y a quelque chose de préhistorique, d'au-delà les millénaires ordinaires, chez ce personnage si souvent ahurissant, même si on peut soupçonner que, souvent, il joue à ahurir.

Du plus puissant des êtres vivants, tout y est : front bas d'un obstiné qui n'aime pas voir lui résister les arbres les plus géants, amoureux de substantifique sève, cheveux aplatis qui dessinent le crâne en plateau, œil glauque et lourd, nez en trompe qui veut être à lui seul tout le faciès, menton épais, silhouette style monumental, robustes membres aux gestes lents, patience à l'infini, vastes perceptions instinctives, mémoire sans égale, sens sorcier de la tribu, majesté du poids, démarche pesante, écrasante, légèrement balancée.

Il ne fait pas bon s'affronter à ses assauts.

Quand il met son sabot sur un terrain à dominer, inutile de penser à l'en chasser.

Et sans doute, au plus profond de son âme vaste, frémit en secret l'orgueil immense d'être tel quel.

Non qu'il y ait un seul portrait de Charles de Gaulle.

Il y en a deux, comme pour Napoléon Bonaparte.

Le général de Brumaire, sec, vif, olivâtre, longue crinière sur l'uniforme qui sent la poudre, contraste violemment avec l'Empereur du Sacre, silhouette très enveloppée, air concentré, large visage livide, cheveux plats.

Il en est de même ici.

L'homme du 18 juin affiche une longue taille longiligne, deux bras interminables qu'il agite en parlant et qu'il adore dresser en V de la victoire, des mains nerveuses sans cesse à allumer ou à saisir la perpétuelle cigarette, un visage étroit de condottiere maigre, des yeux qui menacent, un nez en éperon, des cheveux teints qu'il tient très noirs, lisses et brillants comme pour composer un casque. Le caricaturiste Effel n'aura aucune peine à le dessiner aussi haut, élancé et métallique que la tour Eiffel.

Le premier président de la Cinquième République s'est épaissi, alourdi et ralenti; il a supprimé la cigarette; les bras se sont assagis; le nez a pris de la largeur; le regard se porte davantage vers les visions intérieures; il n'y a que le front qui garde intégralement sa surface, toujours aussi granit; les cheveux sont acceptés en gris; le visage est devenu si blême que, parfois, on peut lui trouver un blanc de craie.

Mais l'un et l'autre personnages — le général et le souverain — gardent en commun cet aspect mammouthique, ce style assez irréel qui ne peut venir que de terres de légende ou d'un autre temps. Ils sont l'un comme l'autre, ensemble, autres que tous autres. La vérité la plus profonde s'est intégralement transmise de 1940 à 1960.

Au demeurant, la vie n'est pas moins épique que le portrait.

Charles André Joseph Marie de Gaulle naît le 22 novembre 1890 à Lille.

C'est l'année où le jeune Kaiser Guillaume II renvoie le vieux Bismarck. Les anarchistes sèment une telle épouvante sur toute l'Europe, par leurs attentats, que Paris conclut avec Saint-Pétersbourg un accord contre le nihilisme. Sadi Carnot est président de la République. Marey invente le chronophotographe, père du cinéma. Paul Valéry publie *Narcisse*; Émile Zola, *la Bête humaine*. Borodine fait danser *le Prince Igor*. Monet offre *les Meules*. Puvis de Chavannes brosse *les Fresques de la Sorbonne*.

Ce même jour, Sadi Carnot reçoit en visite officielle à Paris le prince et la princesse de Danemark qui, au palais du Luxembourg, assistent à une séance du Sénat, et, le soir, voient *Carmen*. Par arrêté du ministre de l'Intérieur, M. Constans, le journal anarchiste l'*International* est interdit.

La Troisième République n'a pas tout à fait vingt ans et, aux yeux de nombre d'officiers, d'ecclésiastiques, de paysans et de bourgeois, fixe encore le portrait d'une redoutable aventurière, plus ou moins malotrue ou incongrue. Jules Ferry est Néron en tricolore; la République, *l'Infâme* ou *la Gueuse*.

Les « de Gaulle » n'ont aucun rapport avec une famille flamande, les Van De Walle, francisés au cours des ans en de

Waulle, puis en de Gaulle. L'historien Michel Sémentery, après de longues recherches, est formel à ce sujet, dans son livre — passionnant — sur *les Présidents de la République française et leur famille*. Il n'y a pas davantage cousinage avec d'autres de Gaulle qui, eux, sont normands. Admettons que le sobriquet originel, qui sert de racine, doit marquer un homme d'origine franque installé hors des frontières du royaume. Quoi qu'il en soit, voici le début de l'album épique. Le premier de Gaulle, seigneur d'Elbeuf, est écuyer de Philippe Auguste. Un Jehan de Gaulle se bat à Azincourt. Des de Gaulle, résidents à Cuisery, en Bresse louhanaise, sont anoblis par Charles IX. Il est possible que le premier ancêtre réel à être prêté à Charles de Gaulle, Nicolas de Gaulle, mort en 1610, connu comme capitaine châtelain de Cuisery, soit l'héritier de cette famille — auquel cas il ne serait plus utile aux spécialistes de se demander si la famille est noble ou bourgeoise. De toute évidence, les descendants de Nicolas de Gaulle ont vécu dans le style noble. Certes, par la suite, le problème se discute. On retrouve dans les aïeux un conseiller au Parlement (de Dijon), un marchand (de Châlons-sur-Marne), un greffier au Parlement de Paris, qui ne peuvent que difficilement relever de la chevalerie. Depuis Louis XIV, les de Gaulle auraient plutôt la coquetterie de plume : l'un rédige une *Histoire de Paris*; un autre, Charles de Gaulle, handicapé physique, fanatique de culture bretonne, écrit en breton. Mais ne taquinons donc pas la famille sur le blason. Et puis, elles sont si étincelantes, les armes du Général « Tiercé en fasce au I d'argent à 3 pommes de chêne (glands) soutenues de sinople, au II de gueules plein, au III d'azur à trois trèfles d'or posés 2 et 1. »... Ne nous battons pas sur Azincourt.

Et n'oublions pas la famille maternelle, les Maillot. Elle a ses propres titres. Une Joséphine Maillot, auteur prolifique de romans bien-pensants, dont le célèbre *Adhémar de Brescastel*, collaboratrice de nombreuses parutions catholiques, aura laissé un petit nom dans les lettres françaises. C'est même par la source Maillot que le Général a des ancêtres allemands, les Kolb, dont le premier connu est sergent-major au régiment de Reinach, avant de se métamorphoser en régisseur d'une fabrique de tabacs. C'est encore par là que se retrouvent des ancêtres irlandais, les MacCartan, avec beaucoup d'imagination descendants du roi d'Irlande Rodric le Grand. Allez donc savoir, dans la nuit des temps, d'autant plus que tous ces ancêtres « européens » n'auront guère déterminé de foi européenne chez leur fier fils lointain ..

Le père, Henri de Gaulle, est professeur. Docteur ès lettres, docteur ès sciences, docteur en droit, gastronome vorace de connaissances, professeur au collège de l'Immaculée-Conception fondé par les Jésuites rue de Vaugirard à Paris, puis préfet des études dans ce même établissement, puis fondateur, rue du Bac, à l'ombre de Saint-Thomas-d'Aquin, d'une école à laquelle, par admiration pour l'ami de Chateaubriand, grand maître de l'Univers sous l'Empire, autre érudit d'un appétit pantagruélique, il donne le nom de Louis de Fontanes, c'est un humaniste à l'opposé d'un démocrate. Pour autant, il a en répulsion Napoléon Ier, cet « usurpateur » et, Napoléon III, ce « nouveau César ». Il peut enseigner qu'« il n'est point d'exemple qu'un plébiscite n'ait pas réussi à celui qui l'avait provoqué, fût-ce pour ratifier un coup d'État », et que « l'orgueil est un péché capital », puisqu'« il a perdu Lucifer... » Mais il professe aussi que, si tel est le cas, c'est parce que « le plébiscite est la loi du nombre » et « le nombre, c'est la bêtise ». Autant dire, comme il le reconnaît d'ailleurs lui-même, que voici un « monarchiste de regret », évidemment doublé d'un farouche servant de l'Église catholique, apostolique et romaine dans toutes ses splendeurs et rigueurs. Il a en haine Gambetta, ce borgne échevelé. Il entretient d'impérissables rancunes, qu'il ne manque pas de communiquer à ses proches, envers Rousseau, ce rêvasseur anarchiste, terroriste d'idées, Voltaire, ce monument de l'inconscience, les Encyclopédistes, ces fats de la science, les révolutionnaires, les montagnards, les Orléans, ces traîtres, ce Napoléon III qui a laissé prussianiser l'Allemagne...

La mère, née Jeanne Maillot, de son mari cousine issue de germain, venue d'une famille originaire de Bourgogne émigrée en Flandre, est une sainte femme qui a surtout fort à faire avec une nombreuse marmaille, soit Xavier, Marie-Agnès, Charles, Jacques et Pierre.

Charles naît à quatre heures du matin dans la maison de ses grands-parents maternels, 9, rue Princesse, baptisé dès le lendemain en l'église Saint-André, avec un oncle pour parrain, une tante pour marraine.

Curieusement, par la suite, la tribu ne retrouvera pas de professeur, et elle ne s'attachera pas non plus à pratiquer dans le monde des grandes familles à noms étincelants, comme ce sera le cas par exemple pour les Giscard d'Estaing. Xavier sera ingénieur des mines et épousera une Gourdon. Marie-Agnès sera l'épouse d'un Caillau qui sera ingénieur des mines. Jacques sera ingénieur des mines et se mariera avec une Michaud. Pierre, banquier, futur président du Conseil municipal de Paris, s'alliera à une Delepouve. Ils n'imiteront familialement le père que dans sa passion pour les jeux de mémoire, sa foi catholique et son sens de la tribu. Ils seront toujours entre eux remarquablement unis, et aucun n'aura moins de trois enfants, Xavier, quatre (dont, veuf, deux d'un second lit, avec Armelle Chevallier-Chantepie, d'une famille de bourgeoisie bretonne); Marie-Agnès, sept; Jacques, quatre; Pierre, cinq. La suite est aussi généreuse d'enfants; un Bernard de Gaulle, fils de Jacques, directeur de société, en aura six; un Olivier de Gaulle, fils de Pierre, cinq. Chez les de Gaulle, la famille est sainte.

Les premières études s'effectuent au collège de l'Immaculée-Conception. (Plus tard, le fils du Général, l'amiral Philippe de Gaulle, pourra publier dans *Lettres, Notes et Carnets* de son père *entre 1905 et 1908*, l'extraordinaire rédaction où Charles de Gaulle, garçonnet de quinze ans, avec une extrême minutie et le style du plus noble historiographe, décrit la bataille épique où, « en 1930 », l'Europe, « irritée du mauvais vouloir et des insolences du gouvernement, déclare la guerre à la France », où trois armées allemandes franchissent les Vosges, où « de Gaulle commande en chef l'armée qui fait front », où notre 1re division du 9e corps s'affronte pathétiquement sur la route de Strasbourg au 9e corps bavarois ou au 6e corps prussien, où ce de Gaulle imaginaire, que le garçonnet cite comme il citerait Ney ou Davout, multiplie les prouesses géniales, et sauve la patrie.) En matière d'imagination et de conscience d'un puissant génie personnel, que donc citer de plus expressif ?...

Il est vrai qu'à la même époque, un certain Winston Churchill doit lui aussi se sentir prêt à « porter le monde sur ses épaules ».

Il est vrai encore qu'à la maison, les fils de Gaulle ont pour jeu préféré des soldats de plomb, qu'ils se partagent régulièrement l'Europe, que Xavier se coiffe volontiers de la couronne d'Angleterre, que Jacques est plutôt porté à être tsar de toutes les Russies, et qu'invariablement, Charles prend en charge le royaume de France.

Il est vrai encore qu'aux soirées familiales, le père ne fait réciter que de l'épique, *la Légende des Siècles*, l'*Oraison Funèbre du Prince de Condé*, *le Cid*, les poésies militaires et militaristes de Paul Déroulède.

Il est vrai enfin que le garçonnet a l'habitude du sang-froid indispensable à tout généralissime : autant il peut être, au collège, intensément, protecteur des faibles et des souffre-douleur, autant il peut parfois, et volontairement, rester insensible à toute pitié, si froid que ses frères supposent que « Charles a dû tomber dans la glacière ».

A dix-sept ans, élève au collège du Sacré-Cœur à Antoing, en Belgique, une école dirigée par des jésuites expulsés de France deux ans auparavant lors de la séparation de l'Église et de l'État (le père a dû l'abriter là pour le sauver de l'atmosphère pestilentielle du « régime abject » du petit père Combes), il prépare à la fois Centrale et Saint-Cyr. Il travaille « comme il faut ». Il peut préciser dans ses lettres à sa mère que tout se déroule selon les règles : tous les matins, messe du vicaire; le dimanche, grand-messe à 8 h 30, vêpres à 16 h 30, salut à 20 h.

A dix-huit ans, tout combisme disparu à l'horizon, il se retrouve au collège Stanislas, à Paris.

Reçu à Saint-Cyr, il doit, selon le règlement de l'École, d'abord passer un an dans un corps de troupe. C'est ainsi qu'à vingt ans, il rejoint le 33e régiment d'infanterie, cantonné à Arras, où il est promu caporal.

A Saint-Cyr, il a déjà l'âme de son destin : insondable culture, insatiable curiosité, passion de la manœuvre, dur orgueil. Ses camarades le surnomment le Coq ou le Paon. L'un de ses maîtres note qu'« il réagit toujours comme un roi en exil ». Réaction ou complexe d'un timide profond, qui se projette dans les excès de la provocation pour mieux se punir des excès de ses inhibitions ? Manière de se donner une aisance, parce qu'embarrassé, encombré d'une taille trop haute, de ces longs bras si gauches ? Mépris de tout ce qui n'est pas soi ? Héritage d'un père qui ne doit pas être porté aux humilités ? Démon qui fait confondre humilité et humiliation ? Le fait est, en tout cas, que, plus tard, à l'École militaire, il est identiquement noté : « Officier intelligent, cultivé, sérieux; du brillant et de la facilité; beaucoup d'étoffe; gâte malheureusement d'incontestables qualités par son assurance excessive, sa rigueur pour les opinions des autres... » Un garçon peu commode.

Sorti de l'École — 13e de sa promotion — il demande à être affecté au 33e régiment d'infanterie, à Arras, un régiment des Marches, unité d'une implacable discipline, que commande un certain Philippe Pétain lequel, même s'il se dit à 56 ans en fin de carrière, ne plaisante d'ailleurs pas avec les rigueurs du règlement. De fait, il ne s'y initie point qu'aux « ressorts du commandement primaire ». Il y apprend aussi à parler en conférence devant des soldats, donc du peuple. Par exemple, il leur dit que « la France n'a pas seulement à craindre les ennemis de l'étranger », qu'« à l'intérieur même du pays il y a des gens qui ne cherchent qu'une occasion de causer du désordre, d'empêcher les bons citoyens de vivre tranquilles... » Il dit aussi que « la discipline dans l'armée est la chose la plus importante de toutes » et que « si chacun n'en faisait qu'à sa tête, on ne ferait rien du tout ». En passant.

A la Grande Guerre, il se bat dans les armées du Nord-Nord-Est, au 1er bataillon de son régiment. Il est blessé trois fois. La première, c'est, dès le 15 août 1914, au combat de Dinant, « plaie au péroné droit avec paralysie du sciatique par balle » : on le soigne au poste de secours établi au château de Bouvignes, puis à l'hôpital Desgenettes de Lyon. La deuxième, c'est, en mars 1915, au combat de Mesnil-les-Hurlus, dans la Somme, « plaie séton palmo-dorsal main gauche par balle », mais, soigné dans des hôpitaux du front, il rejoint dès juin les premières lignes. La troisième, le 2 mars 1916, c'est à Douaumont, « à la face postérieure de la cuisse gauche, tiers moyen par baïonnette allemande; gazé », « blessé par lance de uhlan », racontera la légende. Sauf que, cette fois, tombé inanimé, il est fait prisonnier, soigné par les Allemands à l'hôpital de Mayence, et porté disparu en France, cité au *Journal officiel*. Le général Pétain peut lui décerner l'une des plus belles citations de toute la guerre : « Le capitaine de Gaulle, commandant de compagnie réputé pour sa haute valeur intellectuelle et morale, alors que son bataillon subissait un effroyable bombardement, était décimé, et que les ennemis atteignaient la compagnie de tous côtés, a enlevé ses hommes dans un assaut furieux et un corps à corps farouche, seule solution qu'il jugeât compatible avec son sentiment de l'honneur militaire. Est tombé dans la mêlée. Officier hors de pair à tous égards. »

Il est captif durant trente mois. Il tente trois fois de s'évader. La première, il s'échappe du fort IX d'Ingolstadt, repris à Pfaffenhofen. La deuxième, il tente la belle au camp de Rosenberg, repris le jour même de sa tentative, puni de soixante jours d'arrêts de rigueur et de trois semaines d'internement à la rude prison militaire de Passau. A la troisième, c'est du camp de Wülzburg, près de Weissenburg, en Bavière, qu'il essaie de fuir, repris le lendemain : il faut dire qu'avec une telle taille, l'exploit doit être du domaine de l'impossible. Ainsi termine-t-il la guerre dans les prisons de Tassau et de Magdebourg. Du moins, entre autres solides camarades, aura-t-il connu durant l'épreuve des prisonniers de qualité — même s'ils le surnomment vite, pour son esprit de domination, *le Connétable* — le journaliste Rémy Roure, le commandant futur général Catroux, l'éditeur Berger-Levrault, l'héroïque Roland Garros, premier aviateur à avoir franchi la Méditerranée, et un officier russe nommé... Toukhatchevski, futur maréchal en chef de l'Armée Rouge.

Après la Grande Guerre, il ne reste pas longtemps en paix. Dès avril 1919, il est détaché près de l'armée polonaise, dans l'armée Weygand, affecté pour ordre au 124e régiment d'infanterie. Il s'agit de sauver la Pologne de Pilsudski de l'assaut des troupes de Lénine qui veulent léniniser toute l'Europe et que commande précisément le dénommé... Toukhatchevski. Il regarde et il dit : « Ce ne sont pas des hordes... Ces gens-là savent commander. »

On pense au mot de Flaubert : « L'indéfinissable splendeur de ceux qui sont destinés aux grandes entreprises. » On en oublierait le mot de Vigny : « Le dédain, basse monnaie pour payer les choses humaines », ou la manie qu'a déjà le jeune officier d'afficher un certain cynisme, par exemple lorsqu'il cite à satiété la fameuse réflexion du général de Latour-Maubourg qui perdit une jambe à Leipzig : comme son ordonnance pleurait à son chevet, il lui lança : « Imbécile ! de quoi te plains-tu ? Tu n'auras plus qu'une botte à cirer... » Car il reste beaucoup de Machiavel, ou du pessimisme de La Rochefoucauld chez le héros. Mais, soudain, le regard se fait ample, témoin l'instant, dès 1919, où, dans une lettre à sa mère, datée de Modlin, il annonce la solitude de la France — vainement victorieuse —, ou bien quand, dans une conférence, il mesure l'indicible défi d'une Pologne qui doit à jamais faire face « à une Prusse affamée, à une Autriche sournoisement hostile, à une Russie inépuisable et maniée par des tsars résolus », ou encore quand il estime que le plus efficace moyen « d'empêcher demain le bolchevisme russe de déferler sur l'Europe Centrale » sera sans doute de constituer une barrière continue depuis la Pologne jusqu'à la Roumanie.

Il n'en reste pas moins combattant avant tout. Encore durant l'été 1920, il s'illustre comme commandant de bataillon au cours d'opérations contre les unités de Boudienny et participe à la prise d'Haubieszauw — même si, dans ses carnets personnels, il médite longuement sur ces deux citations qui en disent long sur l'homme qui tient à les retenir, l'une de Sforza : « Quand on a trois ennemis, on fait la paix avec le premier, une trêve avec le second et l'on attaque le troisième », l'autre de Drouyn de Luynes, ministre des Affaires étrangères de Napoléon III : « La diplomatie est l'art de faire durer indéfiniment les carreaux fêlés. »

1921 : déjà titulaire de la Légion d'honneur pour faits de guerre, il est cité à l'ordre de l'Armée par le ministre de la Guerre pour sa conduite en Pologne, est nommé professeur d'histoire à l'École spéciale militaire et... épouse Yvonne Vendroux, 21 ans, dix ans de moins que lui, fille d'un industriel biscuitier de Calais, non sans, la première fois qu'il la rencontre, par saisissement ou maladresse, renverser sur sa jupe une tasse de thé...

1922 : il effectue des stages successifs « qui ne sauraient être inutiles » au 6e régiment de dragons cantonné à Paris, au 503e régiment de chars à Satory, au 34e régiment d'aviation cantonné au Bourget et au 231e régiment d'artillerie cantonné à Trèves, avant d'être affecté au 104e régiment d'infanterie et d'entrer à l'École supérieure de Guerre.

1924 : il publie son premier livre, *la Discorde chez l'ennemi*, chez son ami de captivité Berger-Levrault. A ne pas oublier la phrase de Scharnhorst parlant de la paix : « Les esprits organisés mécaniquement triomphent alors de tout ce qui a du génie et du sentiment », et celle de La Rochefoucauld, à propos de l'homme d'action : « C'est le pire dérèglement de l'esprit de ne voir les choses que telles qu'on veut qu'elles soient. » Elles sont exactement dans l'esprit du livre, fatalement beaucoup plus politique que militaire.

Dans ses conférences à Saint-Cyr comme dans ses cours à l'École de Guerre, il ne semble là que pour réciter une épopée. Non sans connaître par le menu détail, unité par unité, secteur par secteur, les plus obscures batailles de France et non sans savoir illuminer, d'un coup de phare, les mystères stratégiques les plus épais, il est inlassable à faire surgir toute une parade héroïque, les cavaliers sans selle de Vercingétorix, les hommes de fer des temps de Charlemagne, les régiments royaux dont il connaît par cœur les insignes, les soldats de Valmy, les Aigles de la Grande Armée, les grognards d'Eylau, hussards, dragons, zouaves, chasseurs à dolmans bleus, la Garde qui ne se rend jamais. Tant pis si Clemenceau ricanerait : « Vous battez le tambour avec le tibia des morts. »

Quand il ouvre la première de ses conférences, le maréchal Pétain, déjà beau comme un marbre de David d'Angers, le présente à son auditoire dans ces termes : « Écoutez, messieurs, le capitaine de Gaulle, écoutez-le avec attention, car un jour viendra où la France reconnaissante fera appel à lui. » Cela n'est pas dit sans humour. Le Maréchal ne le prend pas moins à son état-major, pour l'assister dans sa mission de vice-président du Conseil supérieur de la guerre. Au reste, le Maréchal peut ne pas manquer lui-même de cynisme réaliste. Ainsi, il a également dans son service un jeune officier aussi bouillant que de Gaulle est boutonné, nommé Georges Loustanau-Lacau, « Béarnais total, anti-allemand total, anticommuniste total », qui dit descendre d'un bâtard d'Henri IV. Il utilise les deux jeunes hommes comme « nègres » quand une revue lui demande un article ; dès qu'il en reçoit rétribution, il appelle dans son bureau celui qui a fourni la copie, partage la somme en deux parts égales et dit : « Voilà votre dû, pour votre travail; voici le mien, pour ma signature. »

1926-1927. Charles de Gaulle accède au grade de chef de bataillon, promu au commandement du 19e bataillon de chasseurs, en occupation à Trèves, ce qui lui impose de porter un béret, la célèbre *tarte*, qui convient peu à sa superbe et ce qui l'oblige aussi à défiler au pas alpin, court et rapide (140 pas à la minute), rythme dont s'accommode mal cet échassier, mais ce qui lui permet d'approfondir l'Allemagne véritable, et de préparer toute une série de conférences éblouissantes. Plusieurs années avant qu'Adolf Hitler prenne le pouvoir, à propos de l'Allemagne, il peut écrire à son ami le commandant Nachin : « La force des choses abat ce qui domine en Europe de barrières convenues et puissantes. Il faut être convaincu que l'Anschluss est proche, puis la reprise de force ou de gré par l'Allemagne, de ce qui lui fut arraché au profit de la Pologne. Après quoi on nous réclamera l'Alsace. Cela me paraît écrit dans le ciel. » Les conférences — encore plus politiques que militaires — s'intitulent *Du caractère, Du prestige*, et l'une d'elles porte sur un Louvois qui n'est pas que de son siècle : « Obstiné dans le dessein, Louvois fait pourtant preuve de souplesse... Ardent à préparer, il sait attendre son heure. Dépourvu de scrupules quant aux moyens... distant plus qu'accessible, s'éclairant de rapports et jugeant lui-même, provoquant le conseil, mais jaloux de la décision, il a des adversaires, des partisans, et point d'amis... » Charles de Gaulle, très tôt, se sera observé dans beaucoup de miroirs.

Premier janvier 1928. « L'homme qui n'est pas père n'est pas un homme », a dit Hegel. De Gaulle a déjà eu deux enfants, Elisabeth et Philippe. Arrive un troisième enfant, en cadeau de nouvel an, une fille, qu'on baptise Anne. Illumination au modeste foyer de l'officier, tandis que toute l'Allemagne fête dans les chants cette Saint-Sylvestre de paix — pacte Briand-Kellogg; renonciation solennelle à la guerre, sur l'initiative du secrétaire d'État américain et du ministre français des Affaires étrangères; l'Allemagne « libre » adhérant à la Société des Nations qui compte soixante membres, dont même l'Union soviétique (et triomphe des modérés de Raymond Poincaré aux élections législatives en France). Hélas ! La petite Anne se révèle être mongolienne. Une immense épreuve commence pour la famille. Charles de Gaulle ne sera d'ailleurs jamais plus sublime qu'avec cette enfant. Il passera d'interminables heures à ses côtés, à la bercer, à la soigner, à essayer de l'amuser. De fait, il ne sera jamais plus grand.

1930. Il est au Levant, en cet « Orient compliqué » où il dit être arrivé « avec des idées simples ». Il sert près du général qui commande en chef à Beyrouth. Il peut sillonner le Liban, la Syrie, les frontières turques, plonger ses mains dans les eaux du Tigre, « non sans quelque émotion », retrouver d'autres grands fantômes de la gloire française, les Croisés qui « poussèrent jusqu'à Diarbékir », les soldats de Beaufort d'Hautpoul. Il tire vite de sa randonnée « aux sables » sa conclusion : « Le Levant... Voilà dix ans que nous y sommes... mon impression est que nous n'y pénétrons guère et que les gens nous sont aussi étrangers et réciproquement, qu'ils le furent jamais. »

Les premières années 30 sont de réflexion. Il publie aux éditions Berger-Levrault *Le fil de l'épée*, dont l'exemplaire n° 1, sur vélin pur fil Lafuma, est dédié au maréchal Pétain : « Cet essai, monsieur le Maréchal, ne saurait être dédié qu'à vous, car rien ne montre mieux que votre gloire, quelle vertu l'action peut tirer des lumières de la pensée. » Phrases phares du livre : « On ne fait rien de grand sans de grands hommes et ceux-ci le sont pour l'avoir voulu; Disraeli s'accoutumait dès l'adolescence à penser en Premier ministre; dans les leçons de Foch, encore obscur, transparaissait le généralissime. » Décidément, aussi, il est inséparable de miroirs.

Dans la *Revue politique et parlementaire*, en douze pages, il donne un article où, après avoir mesuré, à plein, la nocivité du nazisme et le tragique péril qu'il peut faire courir, il annonce une ardente campagne en faveur de l'organisation de puissantes « divisions cuirassées ». Le précurseur entre en scène, même si le titre lui en sera discuté parfois. Pensées clefs : il faut « désenterrer » l'armée, donner le pas à l'offensive sur l'esprit de fortifications, bâtir la sécurité sur l'assaut et non sur l'affût.

Il publie *Vers l'Armée de métier*, où il reprend ses thèses en faveur d'une stratégie du mouvement et de fortes divisions cuirassées. Il écrit dans des revues sur *Combats de temps de paix*, *Métier militaire*, *le Soldat de l'antiquité*. Il peut acheter, « parce que pas cher », une petite propriété à parcs et à grands arbres, dite *la Boisserie*, au petit village de Colombey-les-Deux-Églises, dans la Haute-Marne, où, sans fanfare, il s'installe le 14 juillet 1934. Il a acquis assez d'entregent pour rencontrer Paul Reynaud, au domicile du ministre, rue Brémontier, réussissant même à le convaincre de ses propres thèses sur la priorité à donner à une armée de chars, et poussant son avantage jusqu'à obtenir de Paul Reynaud, redevenu député, qu'il les défende — avec Philippe Serre — du haut de la tribune de la Chambre.

Il prépare un nouveau livre, toujours dans le même éclairage, *la France et son armée*.

Il peut être affecté comme chargé de cours au Centre des hautes études militaires, publiant le 1er janvier 1936, dans le numéro 520 de la *Revue d'infanterie* un article, qui restera fameux, sur les *Origines de l'armée française*.

1936... c'est l'année où la France prend un nouveau visage. Le Front populaire l'emporte aux élections législatives de mai, avec 149 socialistes, qui constituent le premier parti de la coalition, 72 communistes, 28 « divers gauche », 29 néo-socialistes et 111 républicains radicaux et radicaux-socialistes, qui perdent pour la première fois le contrôle de la gauche, mais sauvegardent un rôle d'arbitrage, au total 386 députés sur 612. Léon Blum est président du Conseil. Trois femmes sont ministres pour la première fois. Les quarante heures et les congés payés prennent force de loi. Joyeusement, pour la première fois, les ouvriers ont droit à quinze jours de vacances gratuites. Aragon reçoit le Renaudot pour son roman-pamphlet, pour la lutte des classes, sur *les Beaux Quartiers*, qu'il incendie. Pour autant, l'optimisme se préserve dans les lettres et les arts. Montherlant commence sa série des *Jeunes filles*. Jouvet monte *l'École des femmes*, en irrésistible Arnolphe sarcastique. Arletty joue *Fric-frac*, de Bourdet. Charlot présente ses *Temps modernes* à lui. Londres offre l'un des plus sensationnels feuilletons d'amour du siècle, avec son nouveau roi, Edouard VIII, qui, proclamé en janvier, abdique dès décembre plutôt que de renoncer à épouser une Américaine divorcée, la toute séduisante Mrs. Simpson. On peut garder quelque confiance : l'an passé, Giraudoux et Jouvet ont connu un triomphe avec *La guerre de Troie n'aura pas lieu* et, dans la course transatlantique au Ruban Bleu, notre incomparable paquebot *Normandie* doit être invincible. Avec son Tino Rossi, Corse de l'Ile d'Amour, toute la France chante *J'ai dansé le plus beau tango du monde*. Mais déjà, trop de nuages noirs montent sur l'horizon. Léon Blum, à peine élu, doit affronter deux mois de troubles sociaux graves, avec occupations d'usines et grèves sur le tas, que ses soi-disant alliés communistes ne cessent d'envenimer souterrainement. Démentant tous les serments du Front populaire, notre grand argentier Vincent Auriol doit dévaluer le franc. Une guerre civile se déclenche en Espagne, légions de Franco contre milices du Frente Popular. Elle donne lieu aux plus redoutables interventions étrangères, fascistes italiens et nazis allemands à l'aide des franquistes, Soviétiques au secours des Brigades internationales communistes. Hitler réoccupe la Rhénanie. Même les jeux Olympiques de Berlin, pour *Dieux du Stade*, si dominés soient-ils par les prouesses de l'athlète noir américain Jesse Owens, fixent tout un spectacle wagnérien. L'axe Rome-Berlin se forge, puis le pacte antikomintern Berlin-Tokyo. Trotski, qui trouve péniblement refuge au Mexique, clame tous azimuts que Staline veut la guerre. La France subit deux grands deuils : le *Croix-du-Sud* de Jean Mermoz, héroïque vainqueur des Andes, s'abîme quelque part dans l'Atlantique et il nous faut déplorer sur les côtes d'Irlande le naufrage du *Pourquoi pas ?* de Charcot. Du moins de Gaulle n'aura-t-il jamais cessé de prévenir son pays contre les tempêtes qui viennent. Le 14 octobre, il parvient même à rencontrer Léon Blum à Matignon — quoique sans résultat — pour le rendre sensible à la nécessité de créer d'urgence une armée blindée. Au cours d'un entretien haché d'appels téléphoniques, de Gaulle pourra du reste se demander si Léon Blum n'aura pas pensé à tout autre chose qu'à l'objet de la rencontre.

Il peut afficher une insupportable suffisance : j'ai vu un aède de lui-même, dira Léon Blum. Aussi bien, il peut être de la plus étonnante courtisanerie, à l'égard du maréchal Pétain comme de Blum, de Reynaud, de Paul-Boncour, de tous les puissants avec lesquels il est en correspondance. Taille raide ou pas, il n'est que courbettes devant le petit Reynaud, et toutes les lettres qu'il lui adresse se terminent par des flatteries d'une peu commune platitude et d'un rare empressement. Ce n'est point ici le lieu d'en traiter, mais il y a beaucoup de louche dans les raisons qui le portent à blesser ou à irriter le maréchal Pétain, sur un lamentable problème de paternité de textes, à publier sous l'un ou sous l'autre nom : un malaise en reste quant à la pureté du sentiment du plus jeune, même si l'intention de l'aîné ne va pas sans beaucoup d'intéressement. Chez le général de Gaulle, la manie de vouloir toujours avoir raison et d'être sûr d'avoir toujours raison, tant il y a sentiment dominateur, peut parfois relever d'une obsession quasiment maladive. Ce connétable, loin d'être élémentaire, est souvent double, Docteur Jekyll et Mister Hyde, grandiose et courtisan, visionnaire et myope, sublime et arriviste terre-à-terre.

De jalon en jalon, il n'en parcourt pas moins une carrière qui peut réellement se dessiner sur le mode le plus héroïque — tant pis si c'est parfois ampoulé.

« Car enfin, s'exclame l'universitaire Gustave Lanson, la chance d'un officier, c'est la guerre ! » Nous l'allons bien voir. Pour de Gaulle, il ne serait que temps : quand vient la drôle de guerre, il approche déjà de la cinquantaine. Il est colonel. Il commande le 507e régiment de chars de combat cantonné à Metz, puis est promu commandant par intérim des chars de la Ve Armée, laquelle est confiée au général Bourret, qui compte dans son état-major deux officiers assez notables, le duc François d'Harcourt, député du Calvados, et un entreprenant lieutenant de chars nommé René Capitant. Le premier janvier 1940 le surprend donc en pleine Lorraine. Il réside à Wangenberg. Il supporte mal l'immobilité qui fige les armées françaises, « l'arme au pied », sur la prétendue ligne Maginot. Il fait exécuter à ses hommes exercices sur exercices, vêtu d'une veste de cuir fauve, coiffé du casque sans visière des troupes motorisées, style aussi impérial que toujours, non moins taciturne que majestueux. C'est qu'il tient également, dès le premier choc, à relever brillamment, sur le terrain, le défi de ce damné ministère de la Guerre, qu'il harcèle depuis des années par sa croisade obstinée en faveur des unités blindées et qui l'a envoyé à Metz avec ce viatique : « Vous nous avez enquiquinés avec le char-métier. Nous allons voir ce que vous allez tirer du char-métal. » Au demeurant, le fier colonel a imposé du coup à ses gens et à son matériel une cadence d'entraînement si forcenée que la Direction du matériel a envisagé de lui décerner un blâme, pour excès d'ardeur. Et il n'en rumine que plus amèrement les mots du généralissime Gamelin à Frédéric-Dupont, que le député de Paris lui a rapportés : « Je ne crois pas aux théories du colonel de Gaulle. Ces théories ne sont pas sages, pas réalistes. Les chars, il en faut, c'est entendu. Mais croire qu'avec les chars, on pourra crever le dispositif ennemi, ce n'est pas sérieux. » Il ne peut se consoler de tant d'immobilisme qu'en écrivant, de toute sa rage glacée, article sur article, lettre sur lettre. Ainsi, ce premier janvier, est-il en train de rédiger un mémorandum — intitulé *l'Avènement de la force mécanique* — qu'il compte adresser sous les huit jours à une centaine de personnalités, dont Daladier, Reynaud, Gamelin, Weygand et Georges : « Le moteur — écrit-il — confère aux moyens de destruction modernes une puissance, une vitesse, un rayon d'action tels que le conflit présent sera, tôt ou tard, marqué par des mouvements, des surprises, des irruptions, des poursuites dont l'ampleur et la rapidité dépasseront infiniment celles des plus fulgurants événements du passé... Ne nous y trompons pas ! Le conflit qui est commencé pourrait bien être le plus étendu, le plus complexe, le plus violent de tous ceux qui ravagèrent la terre... »

« Hélas ! — écrit-il à son ami Jean Auburtin le 3 mai peu après le débarquement des troupes allemandes en Norvège — le Corps militaire, par conformisme inhérent à sa nature, ne se réformera pas tout seul. C'est une affaire d'État — la première de toutes. Il y faut un homme d'État. En France, le grand homme de cette guerre sera Carnot ou ne sera pas... »

A titre strictement militaire, il ne participe à la guerre avec ses chars que quelques jours, au commandement qui vient de lui être confié de la 4e division cuirassée. Il se bat le 17 mai à Montcornet, le 19 à Crécy-sur-Serre, les 19 et 20 au nord de Laon. Il est engagé entre le 27 et le 30, tout frais nommé « général de brigade à titre temporaire », pour bloquer l'avance de l'ennemi débouchant d'Abbeville.

Il est vite projeté sur un autre destin.

Dans la nuit du 5 au 6 juin, en pleine débâcle des armées françaises, parmi une innommable pagaille, il apprend par la radio qu'il est nommé sous-secrétaire d'État à la Défense nationale auprès de Paul Reynaud, qui est président du Conseil depuis mars.

Il a à peine le temps de prendre possession d'un bureau rue Saint-Dominique, non sans avoir à s'en disputer les meubles avec l'un des plus brillants collaborateurs de Paul Reynaud, Dominique Leca, celui-là même qui rédige les principaux discours que prononce le Président.

Dès le 9 juin, à Londres, il rencontre pour la première fois Winston Churchill, déjà campé « comme le grand champion d'une grande entreprise et le grand artiste d'une grande histoire ». Il y a déjà cinq jours qu'aux Communes le vieux lion a prononcé son inoubliable discours. « Nous nous battrons sur les mers et sur les océans; nous nous battrons dans les airs; nous défendrons notre île quel qu'en soit le prix; nous nous battrons sur les plages; nous nous battrons sur les aérodromes; nous nous battrons sur les champs et dans les rues; nous nous battrons dans les collines; nous ne nous rendrons jamais... »

Tout se précipite, follement, et néanmoins comme si une volonté supérieure accompagnait par la main ce béni des dieux. Point étonnant qu'il dise plus tard que la chance fait partie du génie. Au reste, le disant, il se sous-estime. Soyons sûrs qu'il est davantage sur le sujet en accord avec Thomas Edison, le plus grand inventeur de tous les temps, disant : « Le génie, c'est 10 % d'inspiration et 90 % de transpiration », ou avec Louis XIV rappelant que « c'est par le travail qu'on règne ». A la vérité, Charles de Gaulle, lui aussi travailleur énorme et à perpétuité, n'aura mérité de ce carrefour de la gloire qu'à force de lourdes rames, d'énergie, d'entêtement. Pour beaucoup, il s'y est appelé lui-même, simplement avec, de surcroît, une confiance en soi qui peut irriter.

Le temps — une semaine — d'être mêlé aux tribulations, aux tergiversations et aux affolements du dernier gouvernement de la Troisième République, le temps aussi de mesurer la fragilité du vieux régime, ballotté comme tous les ministres sur des routes de douleur et de honte, parmi la cohue des réfugiés et des fuyards, d'Arcis-sur-Aube, quartier général du général Huntziger que Paul Reynaud voudrait faire nommer général en chef, à Briare, quartier général de Weygand qui a remplacé Gamelin au pied levé comme généralissime et qui le reste, de Tours, où se tient un Conseil suprême franco-britannique en présence de Churchill, à Bordeaux, où se replie le pouvoir, repartant pour Londres, téléphonant à Reynaud la proposition solennelle de Churchill qui propose la fusion des deux nations, regagnant Bordeaux, et déjà vient, dans une illumination, la plus importante décision de sa vie : condamnant toute idée d'armistice, résolu à se battre jusqu'à la défaite de l'Allemagne hitlérienne, il ira à Londres se battre aux côtés de Churchill et, au besoin, servir directement ou animer une France Libre.

Il quitte Bordeaux de bon matin le 17 juin. Nanti d'importants fonds secrets par Reynaud, il embarque sur un petit avion en la seule compagnie de son jeune officier d'ordonnance, le lieutenant Geoffroy de Courcel, et du général Spears, qui aura assuré jusqu'au bout la liaison entre Londres et le gouvernement Reynaud, remplacé depuis la veille par un gouvernement que préside le maréchal Pétain. Il n'y a qu'une escale avant Londres, à Jersey, pour faire le plein. A peine le temps de se voir servir un breuvage qui peut être identifié à du thé. J'ai demandé du café, on me sert du thé ! proteste de Gaulle. Spears explique que ce breuvage tiède est servi indifféremment en Angleterre pour l'un ou pour l'autre. « Le martyre du général de Gaulle avait commencé », commentera-t-il plus tard. Thé ou café, l'avion atterrit malgré tout l'après-midi même à Londres, et le Général peut sans délai rencontrer Churchill. Décision est prise, plus ou moins, que le Général adressera un appel à résister par radio.

Et vient le 18 juin.

A Munich, Hitler, triomphant, rencontre Mussolini, aux anges. Il y a quatre jours que Paris est tombé, que les premières estafettes de l'armée allemande sont parvenues en vue de la tour Eiffel, que le général von Stutnitz, premier officier général allemand à franchir les portes avant même les avant-gardes de la Xe Armée, s'est installé à l'hôtel Crillon, place de la Concorde, comme commandant militaire de la ville au lieu et place du général Dentz, gouverneur militaire français. Le général Dentz et son collaborateur le colonel Groussard sont tenus pour prisonniers de guerre, bloqués dans une villa que l'Aga Khan possède près du champ de courses de Maisons-Laffitte. Que faire ? a demandé Groussard. Dentz a répondu qu'une protestation n'aurait pas plus d'importance qu'« un jet d'urine dans l'océan ». William Bullitt lui-même, l'ambassadeur des États-Unis, est resté sur place. La capitale de la France, réduite à moins d'un million d'habitants, étale une tristesse infinie. Tandis que le maréchal Pétain négocie l'armistice, que les armées françaises continuent de se disloquer et que les blindés allemands se ruent sur les Pyrénées, les Parisiens s'installent dans la résignation. Cependant, les premiers cafés rouvrent. Cet été est superbe : chaises et guéridons garnissent à nouveau les terrasses. Les clients sont nombreux, bien que du fait du manque de glace on ne puisse pas boire de bière fraîche. Les Halles retrouvent une certaine activité. Le préfet de police publie ce même jour un arrêté aux termes duquel les menus des restaurants ne devront pas compter plus de trois plats. Un arrêté du préfet de la Seine fixe la ration de pain à 350 grammes par personne. Le tribunal de commerce tient séance. Inimaginable : le journaliste américain William Shirer voit des « touristes », tout naïfs, photographier les Invalides et les tours de Notre-Dame ! La police, comme le fait afficher le préfet de police, « continue à assurer l'ordre et la sécurité de la capitale ». Si le Palais-Bourbon est nécropole, les journaux publient des communiqués de la Société protectrice des animaux, de la Maison des intellectuels, d'une entreprise de pompes funèbres qui dit se charger « des convois de toute nationalité et des cérémonies religieuses de tous cultes » (*sic*). Franchement, ce n'est pas une ambiance à écouter des appels héroïques. Disons que Paris, comme la France, est en état de choc. Knock-out. Les Français ne réalisent que confusément qu'ils viennent de subir la pire catastrophe de toute leur histoire. Ils sont à l'évidence bien davantage enclins à écouter les paroles consolatrices du vieux maréchal qui, « une nouvelle fois, fait don de sa personne à la France », que les appels jusqu'auboutistes des Anglais.

A Londres, vis-à-vis de De Gaulle, on ne peut pas dire que Churchill lui-même soit enthousiaste. « Quelle influence, quel prestige pourra avoir ce général inconnu sur le peuple de France ? demande Churchill à Spears — De Gaulle, un militaire résolu à gagner la guerre à tout prix, proteste Spears, me semble pourtant l'homme que nous cherchons. Un inconnu de qualité. Avec un grand nom. — Un grand nom ! » sursaute Churchill. Spears répond : « Un nom qui résonne comme un coup de trompette ! » C'est peut-être même là-dessus que tout se joue : De Gaulle servi d'abord par le nom de De Gaulle, un nom qui claque comme un drapeau, un nom qui ouvre le ban...

Le premier bureau de la France Libre s'installe modestement 6, Seamore Place, une petite place dans Curzon Street, avec pour unique secrétaire Elisabeth de Miribel, qui quitte pour ce nouveau service la Mission chargée depuis le commencement de la guerre des relations économiques franco-britanniques et que dirige Paul Morand, lequel se rallie à Pétain. C'est elle qui tape sur sa machine le texte de l'appel, voué à être légendaire, l'appel du 18 juin, que le Général, en gants blancs, leggings bruns et grande tenue, en présence de deux journalistes français, Jean Marin et Jean Oberlé, lit au micro de la B.B.C. — appel dont la B.B.C. ne garde même pas trace : « Moi, général de Gaulle, actuellement à Londres, j'invite les officiers et les soldats français qui se trouvent en territoire britannique, ou qui viendraient à s'y trouver, avec ou sans leurs armes, j'invite les ingénieurs et les ouvriers spécialisés dans les industries d'armement qui se trouvent en territoire britannique, ou qui viendraient à s'y trouver, à se mettre en rapport avec moi. Quoi qu'il arrive, la flamme de la résistance ne doit pas s'éteindre et ne s'éteindra pas. »

L'armistice est signé le 23 juin à Rethondes.

Dès la veille, par décision du ministère de la Guerre à Bordeaux, la promotion de Charles de Gaulle au grade de général de brigade à titre temporaire est annulée.

Le jour même de l'armistice, par décret signé du président Lebrun, il est admis à la retraite d'office par mesure de discipline.

Le 2 août, à Clermont-Ferrand, le conseil de guerre de la 13e Région condamne à la peine de mort et à la dégradation militaire « le colonel breveté d'état-major en retraite de Gaulle, Charles, André, Joseph, Marie » — comme quoi, il est vrai, le maréchal Pétain, sur le jugement, appose de sa propre main « ne sera pas exécuté ».

Le fier exilé doit hausser les épaules.

De plus, dès deux jours après son premier appel, Yvonne de Gaulle arrive à Londres, avec les trois enfants : par pur miracle, elle a pu embarquer à Brest pour rallier le rivage britannique. Dès lors, il a toute liberté de conscience pour s'enfoncer dans sa formidable et téméraire entreprise...

Vraiment — demande Churchill — ne pourrait-on pas trouver une personnalité plus politique, Mandel, par exemple, ou un militaire plus largement connu, Noguès (qui tient le Maroc), Esteva (amiral), Georges, je ne sais pas ?...

La réponse est spectaculairement donnée quatre ans plus tard.

Parti « seul et démuni de tout » en juin 1940, Charles de Gaulle est reconnu pour ainsi dire par le monde entier comme le président de la France Libre, quand, le 14 juin 1944, il débarque en Normandie sur le sol de France, transporté d'Angleterre à bord de notre contre-torpilleur *la Combattante*. Le général inconnu, que Spears embarqua comme dans ses bagages à Bordeaux, est devenu l'un des plus « Grands » de l'actualité mondiale. Dès les premières heures de son retour, il démontre qu'il est le seul à pouvoir prendre en charge les affaires de France : dès ce même 14 juin, il installe à Bayeux le premier commissaire de « la République libérée ». Le 30 juin, il est reçu solennellement comme « Monsieur France » par le pape Pie XII à Rome. Début juillet, à l'invitation de Roosevelt qui vient à sa rencontre « tout sourire », c'est en chef d'État qu'il est logé à Blair House, résidence à Washington des personnalités et souverains de marque, et c'est en triomphateur qu'il est reçu dans la capitale américaine comme à New York.

Quatre ans de guerre mondiale passent, brassant des forces gigantesques, finissant par engager dans le conflit quasiment toutes les nations de la planète, vouant aux abîmes certains hommes d'État, hissant aux honneurs de prodigieux noms nouveaux. Les événements énormes s'y succèdent. La plus grande France tombe à genoux. Winston Churchill accepte d'assurer tout seul le service immortel de la liberté. Adolf Hitler commet sa première grande faute : en juin 1940, trop convaincu que Londres suivra l'exemple de la France dans la soumission, il arrête ses armées sur la Loire; il devrait écouter le plan de l'amiral Raeder qui conseille de poursuivre sans délai dans deux directions, l'une par Gibraltar, l'autre par les Dardanelles, de prendre l'Afrique du Nord dans une vaste tenaille, de donner la main à des populations qui ont l'Angleterre en haine, de porter ainsi à l'Empire britannique le coup dont il ne se relèvera pas; Hitler préfère compter sur la Luftwaffe de Goering pour intimider une Angleterre qui, solidement installée sur les assises de son Empire, est inintimidable. D'énormes batailles se déroulent sur terre, dans les airs, sur les mers. Hitler conquiert et domine pour ainsi dire toute l'Europe. Il fait connaître à l'Allemagne d'extraordinaires victoires, où s'illuminent des noms de généraux qui s'égalent aux plus grands chefs de tous les temps, von Rundstedt, von Leeb, von Boch, Guderian, Rommel. Tout l'Empire britannique, même les Boers, se mobilise au secours de Londres. Adolf Hitler commet sa deuxième grande faute : il sous-estime l'empire de Staline quand il l'attaque et engage la guerre des deux dragons, de surcroît prenant le risque d'avoir à se battre sur deux fronts et inconscient qu'il est de l'importance que va prendre à ses dépens un troisième front, celui des bombardements aériens. Les plus vastes batailles jamais vues se déroulent, siège de Leningrad, siège de Moscou, première campagne d'Ukraine, Stalingrad, Koursk, deuxième campagne d'Ukraine. Adolf Hitler commet une troisième énorme faute : c'est lui qui déclare la guerre aux États-Unis d'Amérique, et non Roosevelt qui la déclare à l'Allemagne. Il se révèle aussi prisonnier du pari insensé fait au départ de faire gagner l'Allemagne comme sans opposition, et lui qui, pour accéder au pouvoir et réaliser dans les années trente ses premiers plans, n'a pas rencontré de résistance sérieuse, tend à paniquer dès lors que son ambition et ses rêves se blessent sur de trop durs récifs. L'Amérique débarque en Algérie. Mussolini sombre. Eisenhower lance ses armées sur la Normandie. Les armées allemandes se font bousculer sur tout le front de l'Est. La faveur des armes va à d'autres noms, Eisenhower, Montgomery, Bradley, Patton, MacArthur. Le siège de l'Allemagne hitlérienne commence. Les Titans menacent de faire forger dans leurs antres des armes capables d'anéantir l'humanité entière. Jamais l'univers n'aura connu, à cette dimension, guerres et horreurs.

Durant ces mêmes quatre ans d'épopée, de Gaulle n'aura point fait, « chevalier de l'absolu », que permettre à la France de retrouver une place à la table des vainqueurs.

A force de capacité politique — voire de cynisme politique — il aura su aussi installer un exceptionnel pouvoir personnel.

Ainsi vient son plus grand jour — le 26 août 1944 — quand le front allemand craque en Normandie, quand les chars de Patton ont roulé vainqueurs à travers la Bretagne, quand un deuxième grand débarquement allié s'est effectué en Provence et quand la 2e D.B. du général Leclerc finit de délivrer Paris.

Pour mieux illustrer son triomphe, il décide de descendre les Champs-Élysées à pied.

Il est sûr que l'accueil de la foule vaudra un plébiscite et que les alliés les plus réticents encore à son endroit ne pourront que reconnaître qu'il est le seul homme à pouvoir pleinement représenter ce pays.

En effet, il en est ainsi — même si, cruellement, les pétainistes pourront dire que lors du dernier voyage du maréchal Pétain en mai, Paris a rassemblé autour de lui autant de foule.

« Ah ! C'est la mer... » pourra écrire de Gaulle lui-même dans ses *Mémoires d'espoir*, de sa plume la plus ardente.

Des fleuves y conduisent. Le long du boulevard Saint-Germain et des quais de la Seine, par la rue de Rivoli et toutes les artères qui mènent aux Champs-Élysées, un immense pèlerinage de la liberté se déroule, se cherche, s'amplifie. Méandres magiques. On chante, on crie, on s'interpelle, on agite de petits drapeaux. Des cyclistes passent par rangs. Des voitures de F.F.I. (Forces Françaises de l'Intérieur, autrement dit les résistants organisés, ceux que les titis baptisent aussitôt fifis), des voitures marquées de croix de Lorraine, des camions surchargés de chœurs de jeunes gens, chars, automitrailleuses, jeeps, motards, fiacres, tout défile. Pas une fenêtre sans drapeau. Toutes les vitrines sont aux trois couleurs, « même celles des charcutiers », écrit curieusement Pierre Seghers, qui est de la fête. On brandit les heureux journaux qui ont jailli il y a quelques jours de l'oubli ou de la clandestinité, *Combat, Franc-Tireur, le Figaro, Libération, le Popu, l'Huma, France-Libre, Front National, Ce Soir, l'Aube*... Au-dessus du consulat de Belgique, rue d'Aguesseau, « le fier pays qui n'a jamais abdiqué arbore ses oriflammes... » De tous côtés, la bannière étoilée, ou l'Union Jack. Ceux qui n'avaient pas de drapeaux ont peint des serviettes, des nappes. Sur un coin de l'avenue Montaigne, un immense étendard britannique s'étale sur quatre étages. D'un côté galope une troupe ballet de belles jeunes filles, jupe rouge, ceinture blanche, corsage bleu. D'un autre, des poilus de 14, sous casques de Verdun, et en bleu horizon, s'attroupent pour honorer d'une gerbe la statue de Clemenceau. Aux Tuileries, parmi un rassemblement de voitures américaines pavoisées de toutes les couleurs, la foule rit et chante autour des bassins où des soldats noirs, torse nu, font leur toilette, au besoin avec leur casque comme cuvette. Partout, déchaînements, banderoles, embrassades, ruées... Ernie Pyle, correspondant de guerre américain, dit : « Un G.I. qui ne se retrouve pas aujourd'hui avec une fille à chaque bras n'est qu'un pauvre type. »

Une foule prodigieuse, indescriptible, recouvre tout, avec des houles énormes.

Puis, c'est l'heure impérissable. La longue silhouette déjà célèbre au képi de légende, après le dépôt d'une gerbe au monument aux morts, entreprend de descendre, parmi ses compagnons, la plus illustre avenue du monde.

Dans le secret de la réalité, cela ne va pas sans nuages, si bleu soit ce ciel d'août. Par exemple, inquiet de savoir les flancs de Paris exposés à une réaction allemande, le général américain Leonard T. Gerow, commandant le Ve Corps, a ordonné à la 2e D.B. de prendre position sans attendre sur la ligne nord-est de la ville, et il fulmine de rage, quand de Gaulle enjoint à la 2e D.B. de défiler massivement de l'Arc de Triomphe à Notre-Dame (manière pour de Gaulle d'afficher à jamais, dans toute leur force, les « vrais libérateurs » qui ne sont pas les gens de la Résistance intérieure). Imprudence qui peut être fatale pour l'ensemble du front, rugit le général américain. Par exemple encore, l'Intelligence Service dit avoir toutes raisons de penser que Hitler peut soudainement exiger que toutes les rampes de lancement d'armes V dispersées dans le Nord et en Belgique, fassent pleuvoir sur Paris un déluge de fusées de représailles, auquel cas cette concentration de foules exposerait à de vastes massacres. Le Feldmarschall Model pourrait pour sa part envoyer ses bombardiers. Enfin, les membres du C.N.R., le Conseil National de la Résistance, que Georges Bidault préside depuis la mort de Jean Moulin, sont furieux : le C.N.R. n'a été ni invité ni prévenu pour le défilé — même si, au plus tôt, Bidault, frêle silhouette, se porte aux côtés du géant « libérateur ».

L'audacieux n'a cure de si pauvres soucis. Fions-nous uniquement à la bonne étoile de la France, et aujourd'hui, il n'y a plus place que pour cette scène grandiose, ces images pour album de rêve.

Tant pis même s'il n'est pas obéi quand, d'un commandement sec, il avertit son entourage : « Messieurs, à deux pas derrière moi... » Comment se faire obéir, même quand on est Zeus ou César, dans une telle bousculade !

Il avance à longues enjambées, saluant la foule d'un curieux balancement des deux bras.

Il marche encadré de Bidault et d'Alexandre Parodi, qui est son délégué personnel auprès des organismes de résistance et qui a mené en son nom avec Chaban les dernières tractations avec les autorités allemandes d'occupation, non sans beaucoup profiter, auprès du général von Choltitz, commandant du Gross-Paris, des bons offices de deux hommes à qui Paris doit pour beaucoup de rester intact, le président du Conseil municipal Pierre Taittinger et le consul de Suède Nordling, ici absents. (Et pour cause, Taittinger, inculpé de pétainisme, aura même été arrêté durant quelques jours.)

Joseph Laniel, André Le Troquer, qui est ministre, et le communiste Georges Marrane, figurent également au premier rang, avec le ministre de la Guerre André Diethelm.

Suivent en mêlée le général Leclerc, le général Juin, l'amiral Thierry d'Argenlieu, qui aura en charge la Marine, le général de l'air Martial Valin, le général Koenig, qui va être gouverneur militaire de Paris, Jacques Chaban-Delmas, et toute une bande de chefs résistants, Jean-Pierre Levy, du mouvement Franc-Tireur, le communiste Villon, le colonel communiste Rol-Tanguy, qui commande les organisations militaires communistes de la capitale, le secrétaire général de la SFIO clandestine Daniel Mayer, le jeune Félix Gaillard, le communiste Alfred Malleret, dit général Joinville, tant d'autres...

La foule n'arrête pas d'ovationner la nouvelle idole, débordant des trottoirs, escaladant les arbres, s'entassant sur les balcons.

C'est à qui se répète les noms les plus célèbres de la 2e D.B., Dio, Dronne, Billotte, Puig, Massu, Langlade, Rouvillois, Noiret, Boissieu, ou les noms des chars, des jeeps ou des half-tracks demi-chenillés, noms héroïques ou joyeusement ironiques, *Valmy, Verdun, d'Artagnan, Libération, Vauban, Express-Paris-Berlin, Maréchal-Nous-Voilà, A bas-les-Cons...*

Dans la haie d'honneur, on distingue les soldats du régiment de marche du Tchad, premiers à être entrés dans Paris, les hommes du 12e Chasseurs d'Afrique, en calots bleu ciel, les fifis, pistolet à la ceinture.

Vainement, quelques tireurs sur les toits lâchent-ils quelques rafales pour troubler la fête et s'ensuit-il toute une pétarade à se demander si les fusils de trop de résistants impromptus ne partent pas tout seuls. (On voit même Leclerc donner un coup de canne sur l'arme d'un soldat qui lâche des rafales de mitrailleuse tous azimuts.) La cérémonie se termine en apothéose à Notre-Dame — même si un certain malaise résulte du fait que le cardinal Suhard, archevêque de Paris, « coupable » d'avoir reçu trop chaleureusement en mai le maréchal Pétain et d'avoir officié aux obsèques du grand « collabo » Philippe Henriot, a été « prié » de ne pas assister à la cérémonie. « Nous sommes très chagriné », a soupiré le prélat. L'assistance entonne le plus impressionnant *Magnificat* jamais entendu sous ces voûtes et que le Général chante lui-même à pleine voix.

Une dame se penche vers un agent de ville et demande :

— Monsieur l'agent, quel c'est de Gaulle ?

Tout le monde ne le reconnaît donc pas encore.

L'agent répond : « Le grand, madame, le grand là-bas... »

Oui, grand, très grand, infiniment grand...

Bien sûr, un tel triomphe ne sera pas allé, durant quatre ans, sans fautes, abus, imprudences et déconvenues du triomphateur.

Les accusateurs ne manquent pas à son procès.

Les uns peuvent lui reprocher de jouer le 18 juin 1940 strictement une partie personnelle. *Moi, général de Gaulle*. Alors que, comme le dit Anatole de Monzie, « dans une conviction unanime », dans une France accablée, écrasée, « en prières pour la paix », le maréchal Pétain « apparaît comme l'officiant d'une formidable messe des désespérés », même les gaullistes préfèrent au premier appel, le vrai, de style trop ambitieux, trop égoïste, les termes de l'affiche apposée sur les murs de Londres dans les derniers jours de juillet et par laquelle, améliorant une formule de Duff Cooper, de Gaulle édicte glorieusement que « la France a perdu une bataille, mais la France n'a pas perdu la guerre ». Ceux-là ne veulent pas oublier un autre mot terrible du Général : « Il n'y a pas une époque de ma vie où je n'ai eu la certitude d'être un jour à la tête de la France. » Ils ont beau jeu de souligner que de Gaulle sait aussi, « cyniquement, forcer la chance ». Et de rappeler les avertissements de Pétain, sur l'« orgueil cosmique » du personnage, ou les efforts de De Gaulle, dès 1936, pour s'introduire dans les milieux politiques, repoussé par Paul-Boncour, dédaigné par Tardieu, écarté par Marcel Déat, mettant Blum en méfiance, ne forçant la confiance de Paul Reynaud qu'à force de lettres d'une courtisanerie trop appuyée, en des saisons où le ministre ne s'affirmait pas au mieux de sa forme. Et de rappeler — ce que de Gaulle ne contestera du reste jamais — qu'en prenant l'avion de Spears à Bordeaux le 17 juin, il n'oublie pas d'emporter dans sa valise, avec un pantalon de rechange et quatre chemises, cent mille francs (somme considérable en 1940) que Paul Reynaud prélève pour lui sur les fonds secrets.

Il n'est à l'aise que dans le non, pourra dire l'historien Alfred Fabre-Luce. Le maréchal Pétain dit de lui en juin 1944 à Maurice Martin du Gard : « C'est un homme d'une ambition terrible. Arrogant comme je n'en ai jamais rencontré, menteur, difficile à vivre, ayant toujours des histoires partout. A Alger, il doit être en dissidence dans la dissidence, tel que je le connais. » On se demandera toujours — pourra prononcer plus tard Pierre Mendès France « si, en juin 1940, il ne met pas, selon le mot de Chateaubriand, *les malheurs de son pays au nombre de ses espérances* ». Jacques Soustelle, l'un des hommes à le mieux connaître, pourra estimer de son côté qu'« il reste essentiellement l'homme des orages : jamais il ne redevient plus lui-même que dans le défi. Alors, cuirassé par l'orgueil, dans la conscience de sa supériorité, il décide, menace, séduit, fascine... » Et Alfred Fabre-Luce encore : « Il eût été volontiers le coq d'un poulailler communiste, pourvu que ce fût un communisme de poulailler, et qu'on l'y laissât pousser son cocorico. »

Les autres estiment qu'à Londres comme à Alger, la campagne de De Gaulle et des gaullistes contre Vichy et le maréchal Pétain est excessive, trop systématique, trop haineuse, jusqu'à traîner, dit Jean Borotra, « le maréchal Pétain dans la boue ». Ils trouvent que non seulement de Gaulle devrait être le dernier à faire le moindre procès de Pétain, pour tous les services passés dont il a à lui être reconnaissant, mais encore que, en définitive, de Gaulle aura davantage livré la guerre à Pétain qu'à Hitler, à Vichy qu'à l'Allemagne hitlérienne.

D'autres jugent totalement fausse l'image d'Epinal, selon laquelle, comme dit Maurice Bardèche, « le chevalier Vaillant, seul recours des justes et des orphelins, héros de l'espoir, investit le château de ses pères occupé par des gnomes et des dragons », et lance à l'assaut « de hardis compagnons qui escaladent les murailles tandis qu'il brandit l'oriflamme de Domrémy ». A la fin, « les gnomes sont précipités du haut des tours, et le peuple en liesse acclame le libérateur et le conduit triomphalement au palais du roi ». Trop simple. En vérité, poursuivent-ils, il aura voulu par-dessus tout établir sa « souveraineté personnelle », animé un jeu purement et férocement égoïste. A la fin de 1941, rappellent-ils, il rassemble à peine 25 000 hommes autour de son drapeau. Il se rend, à ses débuts, si prisonnier de l'Angleterre qu'il ne réagit pas à la honte, quand Churchill, contre tout honneur, envoie sa flotte couler la nôtre à Mers el-Kébir et fait tuer des milliers de nos marins. C'est par orgueil, une fois de plus trop sûr de lui-même, qu'il échoue à Dakar; pour autant, après vingt-quatre heures de défaillance (au bord du suicide, reconnaîtra de Gaulle lui-même), il n'en reprend que plus de superbe. C'est par servilité à l'égard de l'Angleterre, dont le soutien lui est indispensable, et contre tout intérêt national, qu'il provoque en Syrie contre le général Dentz une guerre franco-française dont l'Angleterre est seule bénéficiaire. Ils soulignent qu'il ne crée que début 1942 un organisme pour ravitailler les réseaux de résistance en métropole, réseaux qui peuvent trop échapper à son contrôle ou à sa loi. Ils sont d'opinion qu'il n'anime que de la politique politicienne, quand il mène des intrigues extrêmement compliquées et « retorses » contre tous chefs militaires qui pourraient lui être préférés par Roosevelt, le général Weygand, qui forge en Afrique du Nord l'armée dont les gaullistes ne seront que trop heureux d'hériter; l'amiral Darlan, qui aide à faire basculer l'Afrique du Nord du côté allié, du coup assassiné « dans les conditions les plus troubles »; le général Giraud, à Alger, son rival direct durant toute une année...

Ici, on lui fait grief d'embarquer les communistes à ses côtés, d'abord à Londres, puis à Alger, puis dans les premiers gouvernements de la Libération, en attendant de faire réhabiliter leur grand chef, le « déserteur » Maurice Thorez, qui aura passé toute la guerre à Moscou dans les souterrains du Komintern.

Là, bien des témoins, pas seulement les pétainistes, le dénoncent comme principal coupable de la Terreur qui, selon eux, coïncide avec la Libération, soit cent mille exécutions sommaires et des milliers de condamnations prononcées par des tribunaux d'exception. Les communistes ne sont pas seuls à y participer. Ce résultat provient de la haine entretenue durant quatre ans contre Vichy, désigné ennemi numéro un. Dès le 8 août 1940, de Gaulle n'annonce-t-il pas en personne le jour de justice où « les chefs français qui se sont montrés indignes d'être chefs auront été condamnés ». Trop de phrases couperets se suivent — 12 mars 1941 : « Malheur à ceux qui ont joué la défaite de la patrie, il vaudrait mieux pour eux qu'ils ne fussent jamais nés. » 23 octobre 1941 : « Vichy qui collabore avec les assassins, Vichy qui tient les mains de la France pendant que l'ennemi l'égorge. » 15 novembre 1941 : « A Clemenceau, père la Victoire, Pétain, père la Défaite. » 18 avril 1942 : « Ces chefs prosternés dans la fange. » Toutes les horreurs des exécutions sommaires et des épurations injustes viennent de là. Il n'y a qu'à écouter les courageuses paroles du R.P. Panicé dans son sermon de Carême en chaire de Notre-Dame de Paris, le dimanche des Rameaux 1945 : « Hélas ! que de disciples les Allemands ont trouvés !... D'innombrables arrestations illégales, bien plus, tout à fait arbitraires, voire simples vengeances; d'innombrables emprisonnements tout aussi peu défendables; des lieux de détention privés où des hommes sans nulle fonction publique auront séquestré des citoyens, la plupart du temps sans jugement; des tortures exercées sur des prisonniers par leurs geôliers irréguliers, exercées même sur des condamnés avant leur exécution; des assassinats de personnes condamnées, fussent-elles acquittées ou graciées, par des misérables envahissant les prisons pour assumer leur vengeance; la délation élevée à la hauteur d'une institution... voilà ce qu'il nous aura fallu connaître... » Je ne reconnais plus la France, soupire le cardinal Roncalli, nonce du pape et futur Jean XXIII. Même s'il faut faire la part des exagérations des accusateurs, et si ne sauraient s'oublier les propres fautes de Vichy, force est à quiconque de reconnaître que la France ne montre pas là son plus beau visage. « De la Saint-Barthélemy au pays de saint Vincent de Paul », dit l'un des condamnés.

Ici, les résistants — en particulier les membres non gaullistes du C.N.R. — reprochent au « libérateur » d'afficher un insultant mépris pour l'état-major de la résistance intérieure. De Gaulle pousse jusqu'à l'affront le sentiment de sa supériorité personnelle. Ainsi le jour même, 25 août, où il retrouve Paris. Il y arrive à bord d'une Hotchkiss noire découverte, précédée d'une automitrailleuse de la 2e D.B. Il est 16 heures. Ostensiblement, il oublie de se rendre à l'Hôtel de Ville, où le C.N.R. poireaute depuis deux heures. Il se rend d'abord à la gare Montparnasse, où Leclerc vient d'obtenir la reddition du général von Choltitz, et où il rencontre son fils, Philippe de Gaulle, qui, incorporé dans la 2e D.B., se trouve pour l'immédiat chargé de distribuer les ordres de reddition. Puis il gagne le ministère de la Guerre, qu'il quitta le 10 juin 1940 pour sa fantastique équipée. Tout heureux, Craven aux lèvres, il rôde de pièce en pièce, d'ailleurs fort amusé de retrouver les vénérables lieux tels qu'il les quitta, mêmes meubles, mêmes tapisseries, mêmes huissiers à mêmes chaînes, et dans son bureau, même table, même décoration, mêmes rideaux, même téléphone à la même place. Il fait comme s'il devait rester là toute la soirée. Ce n'est que sur les instances de Parodi et du préfet Charles Luizet qu'il se résigne à se rendre à l'invitation du C.N.R. « Bon, grogne-t-il, puisqu'il faut y aller, allons-y... » Encore, une fois à l'Hôtel de Ville, ne prononce-t-il dans son discours ni le nom de C.N.R., ni celui de Résistance. Il ne se fait même pas présenter les membres du Conseil. Il expédie sa visite. A Bidault qui lui propose de proclamer du haut du balcon la République, il réplique sur le ton le plus cassant que « la République n'a jamais cessé d'exister ». Il y a évidemment bien des gens qui s'indignent de telles manières volontairement outrageantes et de ce ton de nouveau maître.

Là, loin de l'accuser d'un grandiose maladif, d'aucuns lui reprochent tout au contraire d'être capable du machiavélisme le plus mesquin ou du byzantinisme le plus subtil. Ils font entendre qu'il peut être encore plus « radicalet » que les plus dérisoires radicalets de la Troisième République. Ce capitaine général peut selon eux distiller les plus petits travers du plus modeste conseiller général. Par exemple, notent-ils, alors qu'il n'arrête pas de dénoncer le régime des partis, quand il bâtit à Alger tel gouvernement provisoire de la République française, G.P.R.F., il veille au plus scrupuleux balancement entre les diverses formations politiques, et les journalistes de *Je Suis Partout* ont beau jeu de le taquiner sur ce savant échafaudage qui installe tel socialiste, André Philip, comme commissaire d'État chargé des rapports avec l'Assemblée consultative, le social-chrétien François de Menthon à la Justice; le radical Henri Queuille à la vice-présidence; le conservateur Louis Jacquinot à la Marine; le communiste Fernand Grenier à l'Air; le grand résistant Henri Frenay aux Prisonniers; l'inclassable Henri Bonnet à l'Information et le gaulliste René Capitant à l'Instruction publique. Il peut être, accusent-ils, encore plus capable de politicaillerie qu'un quelconque Félix Gouin. Ce serait une monumentale erreur de croire que le Général est stratosphérique, ne vit qu'au-delà des nuages. Il n'y a qu'à voir le gouvernement qu'il forme fin 1945 après l'élection de l'Assemblée nationale constituante. C'est un modèle d'habileté, d'arrangement, voire de combine. Non seulement toutes les nuances de l'éventail des partis se retrouvent dans le choix des quatre ministres d'État, le socialiste Vincent Auriol, le communiste Thorez, le M.R.P. Francisque Gay et le modéré Jacquinot, mais la distribution des portefeuilles n'est pas moins harmonieuse, balancée. Les communistes sont quatre (Billoux, Croizat, Tillon, Marcel Paul). Les socialistes sont quatre (Moch, Tanguy-Prigent, Thomas, Tixier). Les M.R.P. sont quatre (Bidault, Michelet, Robert Prigent, Teitgen). Les gens du centre sont quatre (un radical, Giaccobi; deux Union Démocratique, Pleven et Soustelle; un non-inscrit, Dautry). Il n'y a qu'un franc-tireur par suprême originalité, André Malraux, qui est à l'Information. Un Édouard Herriot, un Georges Leygues n'auraient pas travaillé plus finement.

Enfin, il y a tous ceux qui déplorent que de Gaulle, avec cette irrésistible manie qu'il a de parler de lui-même à la troisième personne, par une ambition outrancière, et fût-ce par la volonté louable de se présenter aux yeux du monde comme plus important qu'il ne l'est dans le réel, ou de s'imposer dans sa pleine légitimité, finisse par prendre des airs si provocants qu'il puisse irriter les chefs d'État ou de gouvernement à priori les mieux disposés à son égard. Ainsi aura-t-on pu entendre Churchill déclarer que, de toutes les croix qu'il aura eu à supporter sur tout le trajet de guerre, la croix de Lorraine aura été la plus lourde. Roosevelt est vite excédé des prétentions d'un tel bonhomme, qui, « lorsqu'il ne s'imagine pas en Clemenceau, se prend pour Jeanne d'Arc ». De Gaulle, par « ses grimaces d'Artaban », peut en arriver à desservir la cause qu'il veut illustrer. Quand il rend visite à Moscou en novembre 1944, Staline, levant son verre de vodka, porte son dernier toast à « l'intraitable ». C'est pour beaucoup du fait de passer pour un incommode, un insupportable, que les trois Grands ne l'invitent pas en février 1945 à la Conférence de Yalta. La critique est plus virulente encore quand, de retour de Yalta vers les États-Unis, Roosevelt fait escale à Alger, invite le général de Gaulle à venir le rencontrer et se voit opposer un refus tout sec. Même la presse française est alors sévère pour le Général, qui aura poussé l'« outrecuidance » jusqu'à manquer, vis-à-vis d'un grand malade, à la courtoisie élémentaire.

Pour l'ensemble de ces critiques, le président de Gaulle n'est pas moins outrancier, caricaturable, inadapté, que le général de Gaulle.

Au pouvoir, il peut être aussi odieux que d'accoutumée avec tous ses pairs.

Mais ses défenseurs ne sont pas moins enflammés que ses détracteurs.

François Mauriac pourra le comparer sérieusement « à cette bergère qui racontait que les saints lui parlaient et lui ordonnaient de délivrer Orléans et de mener le dauphin à Reims ». Le cardinal Daniélou proposera la canonisation du général de Gaulle du fait d'une « vie catholique exemplaire ». Non sans une pointe d'humour gascon, Loustanau-Lacau dira : « De Gaulle, ce n'est pas Son Altesse, ni Monseigneur, ni Son Excellence, mais Son Éminence, Éminence par la hauteur du corps, la longueur anormale de la figure, l'évidente fréquentation des pensées élevées, parfois jusqu'aux planètes. Il tranche sur le commun par cette taille de l'esprit qui se refuse au détail, dans l'habitude, probablement reçue très jeune, de voir les ensembles. »

Jean Auburtin démontre qu'au tout début de son aventure, de Gaulle n'est pas du tout l'ambitieux arriviste trop facilement décrit. Le 19 juin 1940, il écrit au général Noguès, résident général au Maroc, affirmant se mettre à sa disposition « pour combattre sous ses ordres », pour le cas où Noguès refuserait le damné Armistice. Le 20, il informe le général Weygand qu'il lui souhaite de « gagner la France d'outre-mer et poursuivre la guerre ». Il ajoute que ses rapports avec Churchill pourraient être « utiles à lui-même ou à toute autre personnalité française qui voudrait se mettre à la tête de la résistance française continuée ». Le 24, encore, il retélégraphie au général Noguès, précisant de Londres que « tous ici le considèrent comme devant être le grand chef de la résistance française ». Ce même 24, « avec respect » et « avec espérance » il télégraphie sur les mêmes sentiments au général Mittelhauser, commandant en chef sur le théâtre d'opérations de la Méditerranée orientale; à Puaux, haut-commissaire de France en Syrie et au Liban; au général Catroux, gouverneur général en Indochine. C'est seulement le 28 que, à défaut de plus important que lui-même, il est reconnu par Churchill comme le chef des Français libres. C'est seulement alors que, conscient d'être parvenu à une étape de non-retour, au « naufrage de la désolation » sur les rivages de l'Angleterre, il s'engage — à pleins risques — dans l'équipée personnelle.

De Gaulle qui veut être Monsieur France ? Mais, en vérité, au départ, comme l'expliquera l'un des premiers ralliés, André Devawrin, futur Passy, trois choix s'offrent : ou bien provoquer « l'engagement à titre individuel des Français dans l'armée anglaise »; ou « constituer une légion à intégrer dans le dispositif britannique »; ou enfin, déclarer que « la France continue la lutte ». Il opte simplement pour cette dernière solution, sauf à estimer qu'elle comporte pour lui de considérables obligations politiques. Ainsi s'explique d'ailleurs plus clairement sa thèse sur sa légitimité. En quelque sorte, Pétain dit : « J'incarne seul l'État légitime; le Parlement m'a délégué régulièrement les pleins pouvoirs pour abroger la néfaste Constitution de la Troisième République; je tiens même en grande partie ces pouvoirs d'une Chambre des députés élue en 1936 sous le signe du Front populaire. En faisant don de ma personne à la France, j'expie en son nom. J'assume des fautes dont je ne suis pas l'auteur. Libre à de Gaulle, nouveau Garibaldi, de lever ses légions. Il ne sera jamais la légitimité. C'est pourquoi je ne quitterai jamais le sol national, seul sol légitime et pourquoi je servirai sur place de bouclier aux Français jusqu'à toute extrémité. » Le Général dit : « Il n'existe pas d'État légitime sans indépendance. Or, le gouvernement installé à Vichy est par là même asservi à l'ennemi. La légitimité, c'est moi, c'est moi seul, parce que moi, je suis libre. » Si imaginaire que soit un tel dialogue dans ces termes, la réalité est bien celle que signale Jean Auburtin : de Gaulle se projette tout naturellement, et non outrancièrement, sur sa nouvelle mission.

La campagne excessive sur les ondes contre Vichy et le Maréchal ? Les gaullistes répliquent que le héros n'est pas toujours obligatoirement maître de ses hérauts, si doués soient-ils, de Jean Marin à Pierre Bourdan et Maurice Schumann, et si lui-même se laisse parfois emporter sur le ton de l'anathème, il ne faut pas oublier que la haine est chose commune en temps de guerre. Une victoire par les armes et les masses, c'est incompatible avec la manière tout en nuances d'un salon maniéré. Au diable les fausses élégances !

Des débuts difficiles ? Mais lui-même ne le nie pas. Une telle histoire ne pouvait pas aller de soi. La guerre elle-même, dès 1939, il n'aura pas cessé de la prédire longue, ardue, à mille embûches, à mille déceptions. Il ne saurait en être autrement pour la France Libre, forcément modeste dans sa première année.

Mers el-Kébir ? C'est une tache sur le blason — une tache de sang. Mais, si terrible, hideux, soit l'ordre de Churchill de couler notre flotte, de Gaulle a à choisir entre tout casser avec Londres, au risque de ne plus savoir où diriger son combat, qui, lui, reste valable, ou se maintenir dans le camp des hommes libres. Tant pis si les Français doivent le trouver léger léger, quand il se contente, à la radio, de prier les Anglais de s'épargner toute « représentation de cet événement tragique comme un succès naval direct ».

L'échec devant Dakar ? Mais le tumultueux Churchill y a encore plus de responsabilité que lui-même. Par ailleurs, n'oublions pas que, dès le 22 juillet 1940, les Nouvelles Hébrides se rallient à la France Libre; le 26 août, le Tchad; le 27, le Cameroun; le 28, le Congo; le 29, l'Oubangui-Chari; le 2 septembre, la Polynésie française; le 9, nos cinq Établissements français de l'Inde; le 24, la Nouvelle-Calédonie; le 9 novembre, le Gabon. Il y a donc de quoi penser que le Sénégal peut suivre. L'Afrique Occidentale Française n'est moins gaulliste que l'Afrique Équatoriale Française que parce que Dakar est tenu par un personnage énergique, le gouverneur Boisson, qui voue une invincible fidélité au maréchal Pétain.

La guerre franco-française de Syrie ? Mais tout le drame vient de l'autorisation donnée par Vichy aux avions allemands d'utiliser nos aérodromes syriens. Il s'ensuit un enchaînement fatal qui conduit soldats gaullistes et soldats pétainistes à s'affronter comme malgré eux.

Weygand, Darlan, Giraud ? Mais les gaullistes ont la réplique facile. Le premier, homme de caractère, se porte dès le premier jour aux côtés du maréchal Pétain, et, si anti-allemand soit-il, on sait qu'il ne se départira jamais de sa fidélité : il se met lui-même « hors jeu de l'espoir ». Le second, « amiral plus politicien que marin », quand il devient dauphin du Maréchal à la place de Pierre Laval en décembre 1940, s'engage trop profondément dans les négociations de collaboration avec l'Allemagne, jusqu'à s'en aller à Berchtesgaden « faire de ce seul fait allégeance » au Führer, qu'il ne contredit dans aucune de ses demandes : dès lors, quand il « trahit » le Maréchal en novembre 1942 et se rallie aux Alliés qui prennent Alger, il a perdu toute autorité morale, et les pistolets « partent d'eux-mêmes pour éliminer ce double traître », comme le dit Philippe Ragueneau, qui joue dans son « exécution » un rôle majeur. Le troisième a pu être un général convenable, mais il ne profite d'aucune disposition pour la politique : naïf, maladroit, mal informé, autant imaginer « une autruche qui veut voler ».

De Gaulle débordé par les communistes ? Soit, disent encore les gaullistes, il doit avaler le boa Thorez et il doit prendre dans ses gouvernements des « pythons staliniens ». Mais c'est une époque où personne ne pourrait faire autrement. L'Union Sacrée à réaliser contre Hitler doit même faire oublier les temps où, par un pacte de lugubre mémoire, Staline était l'allié de Hitler et — le premier janvier 1940 — lui adressait tous ses vœux de victoire, au nom d'une « amitié scellée dans le sang ». Programme : d'abord tuer la Bête. Tous les alliés y sont utiles, même servants d'un autre Diable. Politiquement, toute autre politique est impensable. Pour autant, de Gaulle ne leur confie jamais dans ses gouvernements l'un des trois postes qui engagent la sécurité du pays, Intérieur, Défense et Affaires étrangères. Il se garde même de leur donner la Justice ou l'Information. Il ne leur laisse que des ministères techniques. Qui plus est : à l'occasion, il peut même les berner, les « rouler ». Témoin, la libération de Paris. Il donne en juillet 1944 une seule consigne impérative au général Leclerc, à Parodi et à Chaban : avant tout, éviter une seconde Commune. Il sait trop que les communistes vont s'employer à faire s'insurger la population parisienne, même au risque de provoquer les pires massacres et de faire détruire la ville la plus belle de l'univers. Ils calculent d'être seuls vainqueurs, de s'approprier tout le mérite de la libération, d'occuper l'Hôtel de Ville sous leur seul drapeau. Si les Allemands réagissent et pilonnent les émeutiers, on peut douter que les Américains puissent intervenir à temps, et une propagande habile les rendra seuls responsables de la tuerie. Si l'émeute réussit, si les Allemands n'insistent pas, la victoire des communistes sera totale — et la sensation en sera mondiale. Contre ce plan, de Gaulle réagit avec efficacité. C'est finalement la police de Paris — la police de Pétain — qui mène le jeu, en pleine maîtrise des événements. Avec son appui, ce sont des gaullistes qui occupent les principaux bâtiments publics. Ce sont les communistes qui sont débordés. La 2e D.B. survient juste à point pour marquer qu'elle seule assure la libération de Paris — et sans casse. Il n'y aura pas de seconde Commune. Du reste, de Gaulle pique une grande colère quand, à son retour à Paris, le 25 août, gare Montparnasse, sur le quai 21 où le reçoit Leclerc, il découvre que l'acte de reddition du général von Choltitz est signé à la fois par Leclerc et par le chef des partisans communistes, le colonel Rol-Tanguy... Vous vous êtes fait jouer, dit de Gaulle à Leclerc. Dieu merci, expliqua-t-il plus tard, ce n'était qu'un texte. La vérité, elle, Leclerc seul libérateur, était sauve...

La Terreur ? Il est trop vrai que beaucoup plus de mansuétude aurait pu intervenir, que certaines exécutions ne s'imposaient pas, telle entre autres celle de Robert Brasillach, que de Gaulle exerce mal dans le pardon, que le procès même du maréchal Pétain, vieillard de 90 ans, n'est pas à la glorification de la France, que les conditions dans lesquelles est conduit le procès de Pierre Laval sont proprement scandaleuses, qu'une certaine lutte des classes se manifeste dans certaines « épurations » ou « condamnations » ou tortures. Les gaullistes répondent que, dans toutes « indignations » collectives, tous changements brutaux de pouvoir, tous mouvements de masse, les excès sont inévitables. Sans un de Gaulle, proclament-ils, il y aurait eu beaucoup plus de sang, peut-être même une guerre civile.

Le mépris pour la Résistance intérieure ? Mais la Résistance est l'un des premiers mots d'ordre de De Gaulle. Simplement, il a à imposer sans rémission une autorité que le C.N.R., dominé par les communistes, peut oser lui disputer.

Le radicalet, le byzantin ? Mais tous les chefs d'État au monde, à commencer par les dictateurs, pour des raisons d'équilibrage politique, sont obligés de doser les différentes forces qui interviennent dans un gouvernement. Si subtile soit la virtuosité de de Gaulle dans l'exercice, l'intention est toute naturelle. Personne ne saurait faire autrement. De surcroît, de Gaulle, parmi la tempête, doit tenir compte d'une loi qui le commande : l'Union Nationale. Il n'y a pas plus légitime explication à la participation balancée de tous, socialistes, communistes et M.R.P. C'est s'il ne respectait pas les rigueurs d'une telle Union que le grief serait fondé.

Yalta ? Il est encore trop vrai que la plus grande guerre jamais livrée par de Gaulle le sera contre Yalta. Il est sans doute également fort ulcéré, quand Yalta se décide et s'annonce comme l'une des plus importantes conférences de tous les temps, de n'y être pas invité, de s'en voir même fermer la porte.

Effectivement, entre le 4 et le 11 février 1945, exactement à Livadia, tout près de Yalta, en Crimée, dans un ancien palais des tsars, entre ancienne salle de bal et ancienne salle de billard, les trois super-grands, Staline, Churchill et Roosevelt tiennent à conférer entre eux seuls. Staline est le plus hargneux à écarter le grand Incommode. Churchill et Roosevelt ne déploient pas des trésors de zèle à le faire admettre. De plus, il n'y a point que de Gaulle à être repoussé : la France l'est aussi. Staline trouve qu'elle s'est mal battue, « moins que la Yougoslavie ». Les Alliés ne sont pas loin de juger la France comme un pays à bout de souffle, incapable de se redresser. *France is gone*, la France est fichue, a dit le maréchal Smuts. Le désastre des armées françaises en mai 1940 a laissé une impression qui ne s'efface pas. L'on n'a nul besoin d'un tel pays en décadence pour organiser l'univers nouveau et assurer la « paix d'or » dont rêve Roosevelt. Non seulement, sans de Gaulle, les marchés seront conclus plus aisément, mais encore, à inviter la France, il faudrait admettre nombre de pays non moins représentatifs. Les arrangements seront plus malaisés. Ainsi la Conférence « énorme » s'engage-t-elle et se tient-elle hors de De

Gaulle. Mais nous serions trop injustes de dire qu'il n'est qu'ulcéré, même si sa décision de ne pas se rendre à Alger à l'invitation de Roosevelt (on n'invite pas de Gaulle en terre française, dit-il) n'est réellement pas heureuse et s'il devrait savoir ici dominer son ressentiment. En vérité, très vite, il mesure la phénoménale importance de l'événement, et tout ce que peuvent en souffrir la France et toute l'Europe. D'abord, Yalta sanctionne l'abdication de la Méditerranée comme centre du monde : le centre de gravité des affaires mondiales se déplace brutalement sur l'océan Pacifique (là même où les deux plus grands géants sont les plus proches, sur le détroit de Behring); autrement dit, les perspectives mondiales changent aux dépens des nations ouest-européennes. Ensuite, il est clair que Roosevelt, aussi malade que candide, n'aura pas été de taille face à Staline, ce plus grand colosse du siècle : il aura trop abandonné aux Soviétiques et ceux-ci en auront gardé à jamais la terrible conviction qu'ils peuvent berner à tout coup les chefs occidentaux les plus prestigieux; à Yalta, Staline aura contemplé un Occident vulnérable. Enfin, il est évident que Staline a voulu et obtenu à Yalta un *partage du monde* qui, s'il n'est inscrit dans aucun texte, est sans cesse sous-entendu dans les accords : il y a partage du monde, parce qu'il y a partage de l'Allemagne, puis inéluctablement partage de l'Europe, en attendant d'autres partages; on peut certes comprendre que Soviétiques et Américains soient portés à régler à deux tous les plus grands problèmes (Churchill, lui-même, à Yalta, malgré le pittoresque ou le bronze de ses mots, est assez effacé); mais un tel système peut être défendable quand le président américain est un homme fort, qui se fait respecter; il devient éminemment dangereux pour tout le monde libre si le président américain est un faible — ou un isolationniste — qui contrôle moins attentivement les agissements de Moscou. Dès ses premières analyses, de Gaulle mesure toute la calamité qui, pour l'avenir, peut s'attacher aux accords. De sa part, il n'y a donc pas réaction d'humeur. Il y a affirmation de hautes raisons.

Au total, quant au président de Gaulle, disons donc que les arguments des partisans et des adversaires peuvent au moins s'équilibrer.

Il n'en reste pas moins que telle est bien l'impression générale qui domine par-dessus tout : ce personnage n'est jamais ordinaire, quelconque. Il est autre. Il n'agit jamais comme n'importe qui. Dans tout ce qu'il fait, il surprend.

On ne le voit que trop le 20 janvier 1946.

La scène se fixe à midi, au ministère de la Guerre, rue Saint-Dominique, dans la salle des Armures.

Les ministres y ont été convoqués la veille, par plis portés par motards — ce qui ne va pas sans les étonner, car jusqu'ici toutes les réunions de cabinet se sont tenues à l'hôtel Matignon.

Ils se comptent dix-neuf. Quatre manquent.

Soustelle, ministre des Colonies, est en tournée au Gabon. Vincent Auriol, ministre d'État, et Georges Bidault, ministre des Affaires étrangères, qui participent à la conférence de Londres, ont pu être touchés et se sont précipités à l'aérodrome, mais ils sont bloqués par le brouillard. « Diable d'homme — grogne Bidault à propos de De Gaulle — je n'aurai jamais vu un homme prendre autant de mouches avec du vinaigre. »

Francisque Gay, à une chasse dans le Loiret, est quelque part sur la route.

Louis Joxe, secrétaire général du gouvernement, relève de grippe, mais est tout de même présent.

De Gaulle entre, mi-morose, mi-désinvolte. (Il vient de passer quelques jours à Eden Roc, où il racontera s'être contenté de feuilleter les *Mémoires* du cardinal de Retz, de relire les *Mémoires* de von Bülow et de contempler la mer.)

Il serre la main de chacun dans un silence glacé, puis, sans inviter les ministres à s'asseoir, déclare :

« Messieurs, ma mission est terminée. Le régime exclusif des partis a reparu. Je le réprouve. Mais à moins d'établir par la force une dictature dont je ne veux pas et qui sans doute tournerait mal, je n'ai pas les moyens d'empêcher cette expérience. L'action que vous menez à l'intérieur du gouvernement ne correspond pas à l'idée que je me fais de la solidarité gouvernementale. Vous passez votre temps, je vous l'ai dit à plusieurs reprises, à vous manger la laine sur le dos. Vous épousez les querelles de vos partis respectifs. Ce n'est pas ainsi que je comprends les choses. J'ai donc décidé de me retirer. Ma décision est irrévocable... »

Il n'aura pas parlé plus de cinq minutes.

Aucun des ministres n'aura pipé mot.

Il serre les mains du même air lointain, puis disparaît, une cigarette aux doigts. (Il fume alors quarante Craven par jour.)

Après son départ, Thorez est seul à réagir. Un peu. Il trouve à mi-voix que « voilà un départ qui ne manque pas de grandeur ».

Il n'y a plus pour l'étrange démissionnaire qu'à déménager, du bureau de l'étage au-dessus, les documents qu'il conserve, le fanion du régiment de chars qu'il commandait en 40, et l'épée d'Hitler qui lui fut remise par Leclerc. Dès le lendemain, la voiture offerte par Roosevelt, bourrée de couvertures, de dossiers et d'ustensiles de cuisine, transporte le couple pour quelques mois au pavillon de Marly, loué aux Beaux-Arts, en attendant que Colombey soit prêt à le recevoir. Déjà, les partis entreprennent de s'accorder sur le nom du successeur, le président de l'Assemblée, le paterne et sympathique socialiste d'Aix-en-Provence Félix Gouin, courte taille ronde, visage jovial, accent qui chante, que Vincent Auriol remplacera au Palais-Bourbon.

Certes, il y a une nouvelle fois dans la décision autant d'humeur que de calcul.

D'une part, De Gaulle est réellement excédé de tout ce qu'il a dû subir depuis plusieurs mois à la tête de la France libérée, plus singulièrement depuis ce dernier 13 novembre, où il est élu président du Gouvernement provisoire à l'unanimité des 586 députés de l'Assemblée nationale constituante tout frais élus, où l'on chante en chœur *la Marseillaise* et où on proclame que le Général, en suscitant et soutenant la résistance aux diktats hitlériens, a « bien mérité de la patrie ». Trop vite, les partis se mettent à se déchirer entre eux : communistes acharnés à « plumer la volaille socialiste »; socialistes qui s'en prennent au M.R.P., baptisé *Machine à Récupérer les Pétainistes* ou *Mensonge-Réaction-Perfidie*; M.R.P. qui ne cesse de dénoncer les calculs retors des moscoutaires, sans pour autant vouloir rompre avec les deux grands partis marxistes qui, pour la première fois, au Parlement, détiennent la majorité des sièges, 302 sur 586; maintien vaille que vaille de ce *tripartisme* qui se révèle de plus en plus cahotique; chausse-trapes quotidiennes; interpellations hypocrites; campagne sournoise contre la « politique de grandeur » d'un général peu voué à administrer « le panier de la ménagère »; acharnement des socialistes à faire diminuer les crédits de la Défense nationale; intervention à la tribune de ce socialiste qui ose demander une réduction de 20 % sur le budget militaire, dénonçant des flots d'essence gaspillés et citant l'achat de... 10 000 soutiens-gorge kaki destinés aux A.F.A.T.; hostilité quotidienne d'une presse uniquement hantée de problèmes de rationnement, c'est beaucoup plus que n'en peut supporter ce religionnaire de l'autorité.

D'autre part, au vrai, il n'en prépare que mieux son retour. Il s'agit d'une fausse sortie. Dans sa lettre à l'Assemblée, il n'oublie pas de se donner un royal satisfecit : « J'ai remis les trains sur les rails, la vie des Français est pour l'essentiel assurée, l'activité économique se relève, nos territoires sont entre nos mains, nous avons repris pied en Indochine, la paix publique n'est plus troublée... » Il se prépare à prononcer à la radio un discours de menace : « Les partis qui, depuis de nombreuses années, sont à la tête des destinées de la patrie et dont j'avais espéré la rénovation pendant la lutte commune contre l'envahisseur, ont fait aujourd'hui la preuve éclatante de leur ignorance, de leur mauvaise foi et de leur perfidie... L'honneur, le bon sens, l'intérêt de la patrie m'interdisent de me prêter plus longtemps à une manœuvre qui aurait finalement pour but de laisser l'État plus méprisé, le gouvernement plus impuissant, le pays plus divisé et le peuple plus pauvre... Un jour, et je vous le promets, et tous ensemble, nous rendrons à la France la liberté et la grandeur. » Vincent Auriol doit longuement intervenir auprès de lui avant qu'il ne renonce à prononcer cette redoutable déclaration de guerre.

A l'évidence, il est convaincu que, sans lui, « tout ça » va s'effondrer, que ce pauvre Félix Gouin, un inoffensif, « un moineau uniquement sympathique », comme l'écrit le *Daily Herald*, va être emporté comme fétu. Georges Bidault lui-même le reconnaît, soupirant : « Après le grand homme impossible, nous n'avons plus que des hommes trop moyens comme possibles. » La formation du nouveau gouvernement, sous quelques jours, donne lieu aux tractations les plus pénibles. « Imaginez cette volière — pourra dire de Gaulle. Ce n'est même plus le gouvernement d'Assemblée, c'est le gouvernement de brasserie... » « Comment pourraient-ils s'en tirer ! s'exclame-t-il aussi, la Gauche est contre l'État et la Droite contre la Nation !... » Il se moque ouvertement de Blum qui, dans *le Populaire*, tient Gouin pour un Truman...

Par-dessus tout, il a compris que socialistes et communistes étaient décidés à faire voter une Constitution à Assemblée unique et souveraine, face à un gouvernement désarmé et à un pauvre Président uniquement voué à « inaugurer les chrysanthèmes ». Il sait que demeurer dans ce système équivaudrait pour lui à perdre toute indépendance. Il comprend qu'il ne pourra régner librement que s'il fait la démonstration éclatante de l'incapacité totale des hommes des partis à gouverner. Sa démission n'est pas démission : elle porte défi.

On ne le voit que mieux encore à trois grandes occasions dans l'année qui suit.

C'est sur son solennel appel public que le peuple français, consulté par référendum le 5 mai 1946, repousse le projet de

Constitution proposé par l'Assemblée — par 10 600 000 voix, (soit 54,03 %), contre 9 450 000.

C'est parce qu'il fait encore opposition publique que, le 13 octobre qui suit, le second projet de Constitution n'est voté que chichement (9 300 000 contre 8 100, soit à peine 52,25 % des votants, et un tiers des inscrits).

Enfin, il décide de bâtir son propre parti, le R.P.F., Rassemblement du Peuple Français, qui, puisque le système des partis ne s'écroule pas de lui-même, va, dans son esprit, « vite balayer toute cette charlottade ». Il en annonce la venue dès le 30 mars 1947 à Bruneval, en Seine-Maritime, dans un discours prononcé face à de nombreuses délégations des combattants de la Résistance, déclarant avec solennité : « Le jour va venir où, rejetant les jeux stériles et reformant le cadre mal bâti où s'égare la nation et se disqualifie l'État, la masse immense des Français se rassemblera sur la France. » Il est plus précis le 7 dans un grand discours à Strasbourg, où il appelle, « par-dessus nos divergences », à « l'union de notre peuple dans la rénovation et la réforme de l'État... » Il s'y décide définitivement dans une déclaration communiquée le 14 à la presse, invitant « toutes les Françaises et tous les Français qui veulent s'unir pour le salut commun » à se joindre à lui.

Le siège du Rassemblement est fixé à Paris, 81, rue Taitbout, en attendant de déménager dès le 1er juillet au 5, rue de Solférino. Un bulletin hebdomadaire se fonde, *l'Étincelle*, doublé d'une *Étincelle Ouvrière*, puis appuyé d'une *Étincelle Agricole*. Le Général est président du mouvement. Jacques Soustelle en est secrétaire général. Beaucoup des compagnons des grands jours figurent dans l'état-major, Gaston Palewski, André Malraux, Jacques Baumel, Pasteur Vallery-Radot, Jacques Chaban-Delmas, Michel Debré, Roger Frey, Jacques Foccart. Au reste, le succès est foudroyant. Les adhésions affluent. Le R.P.F. semble effectivement réunir les moyens de renverser cette pauvre Quatrième République qui n'a qu'un an et qui se traîne de crise en crise, « d'impuissance en impuissance ». Le Général tient des meetings triomphants. Tribun magnifique, à l'occasion démagogue sans le moindre scrupule, il fait entendre aux quatre coins du royaume sa célèbre voix sèche et dure, traînant sur les sons rauques, dans les sons clairs plus fouettante que jamais.

Il commet cependant un certain nombre de graves erreurs d'analyse et de tactique.

Il surestime son propre prestige qui, si grand soit-il, éblouit moins qu'il n'a pu le croire ce peuple qu'il ne va pas tarder à traiter, une fois déçu, de « peuple de veaux ».

Il sous-estime l'attachement du peuple aux « poisons et délices » du système, aux jeux de cette bonne et tranquille bourgeoise qu'est une république parlementaire, aux libertés multiples et peu limitées qu'elle autorise.

Il se détermine à contre-courant quand il appelle à la grandeur, à une foi spartiate, au culte de l'énergie nationale, alors que nous sortons à peine des servitudes, des restrictions, des corvées de la guerre mondiale et que tout appelle plutôt à la joie de vivre, à l'amusement, avec à nous festival de Cannes, caves de Saint-Germain-des-Prés, existentialistes déchaînés, rondes de yéyés et new-look de Christian Dior. Loin de nous le temps des tempêtes et des géants ! René Clair propose *Le silence est d'or*. Gérard Philipe gambade, goûtant à tous les fruits défendus avec *le Diable au corps*. Roussin prospère sur les boulevards avec une toute petite, mais joyeuse, *Petite Hutte*. Genet fait jouer *les Bonnes*. Un trompettiste pulmonaire, ancien élève de l'École Centrale, du nom de Boris Vian, écrit en quarante-huit heures, sous le pseudonyme américain de Vernon Sullivan, *J'irai cracher sur vos tombes*. C'est le temps fou du *Tabou*, de la *Rose Rouge*, du *Quod Libet* où peut surgir, aux côtés de Léo Ferré, spécialiste de la chanson au vitriol, le père Bruckberger, dominicain de choc et de cinéma. C'est l'heure des amoureux de Peynet. De Gaulle ne trouve pas partout, loin de là, son ambiance nécessaire.

Il ne réalise pas que le peuple est reconnaissant au régime de savoir faire échec au communisme : ceci est aussi l'heure où Ramadier congédie les communistes du gouvernement, où Jules Moch, d'une main de fer, mate les grèves insurrectionnelles, où les Républicains vont pouvoir s'appuyer sur le Plan Marshall et le Pacte atlantique, où ils savent installer un sentiment de sécurité générale.

Il lance son mouvement trop tôt, mal adapté aux exigences des rendez-vous électoraux. Il aurait dû le lancer un an avant les élections législatives, avec beaucoup de chances de s'adjuger la majorité à l'Assemblée nationale, c'est-à-dire qu'il aurait dû attendre deux ou trois ans. Il choisit d'attaquer six mois avant les municipales. En octobre il obtient bien 40 % des voix; il conquiert la mairie des treize plus grandes villes, même Marseille, Toulon, Le Creusot, Lille et Saint-Nazaire; avec 52 sièges sur 90, il enlève la majorité absolue à l'Hôtel de Ville de Paris, qu'il confie à son frère Pierre. Il laisse cependant trop de temps à ses adversaires pour souffler ou se reprendre, des adversaires virtuoses dans l'art de manœuvrer la « tutelle » des villes, de refuser aux municipalités gaullistes les emprunts et les subventions à défaut desquels les administrateurs gaullistes passent vite pour de mauvais gestionnaires et perdent beaucoup de leur éclat.

Il sous-estime ses adversaires, des hommes comme l'habile René Pleven ou le redoutable Henri Queuille, si insignifiant paraisse-t-il dans ses apparences, capable du plus haut sens de l'État et du plus sûr sens des moyens : pour les élections législatives de 1951, ils sortent d'un chapeau de prestidigitateur une nouvelle loi électorale, où l'impétueux héros se fait piéger. Non seulement il n'obtient que 21 % des suffrages (contre 40 % en 1947), mais les gaullistes sont sous-représentés en sièges : de Gaulle n'obtient que 121 députés R.P.F. là où il en escomptait 400.

Il finit par se fixer trop à droite. Il en devient trop inquiétant. Il a beau proposer un hardi plan social sur la base d'une association capital-travail, il mène une campagne à l'excès personnelle, trop facilement dénoncée comme bonapartiste. « Cet homme veut être roi, il ne sert qu'un égoïsme » : cet argument de ses adversaires frappe plus que prévu.

Il perd de sa pureté politique. Tandis qu'un certain nombre de gaullistes de la guerre le quittent ou le combattent, il se laisse rejoindre par des phalanges dont ses adversaires sont prompts à dénoncer le caractère trouble, politiciens en quête d'une nouvelle virginité, pétainistes en remords de Vichy, calculateurs à l'affût des prébendes, aventuriers de l'action pour l'action.

Vincent Auriol lui porte le coup suprême en désignant Antoine Pinay comme président du Conseil en 1952. Ce maître manœuvrier sait trop que voilà le meilleur moyen de fissurer le bloc parlementaire gaulliste. En effet, c'est de la sorte que cela se passe. De Gaulle est impuissant à parer le coup. Vingt-sept députés gaullistes, qui invoquent la nécessité de se plier aux « réalités concrètes », votent la confiance à Pinay, puis, comme le Conseil national du R.P.F., en réplique, exige la discipline des députés chaque fois que se pose une question de doctrine, vingt-six d'entre eux démissionnent du groupe parlementaire R.P.F. Autant dire que, finalement, ne subsistent que 80 gaullistes « orthodoxes ». Encore Joseph Laniel, investi à son tour, réussit-il à y recruter deux de ses ministres.

Dès lors, c'est le déclin, d'autant plus que le R.P.F. devient un parti comme les autres, avec les mêmes failles, les mêmes délices, les mêmes drogues. Tout craque. Chaque consultation électorale illustre la chute. Les élections municipales d'avril 1953 sont un désastre : les gaullistes ne se comptent plus que 10 au Conseil municipal de Paris; le R.P.F., sur toute la France, n'obtient plus que 10,6 % des voix.

Net : le pays dit non au héros.

Il en tire promptement conclusion. Dès le 6 mai qui suit, il annonce que le Rassemblement du peuple français, en tant que tel, ne participera plus aux activités de l'Assemblée nationale, ni aux élections. Aux survivants de l'entreprise de se regrouper dans une Union républicaine d'action sociale, fort famélique. (Vite appelés « républicains sociaux » et tels quels dénommés quand ils s'allient au Front Républicain, à célèbre bonnet phrygien, que constituent Guy Mollet et Pierre Mendès France pour les élections de 1956.) Il reconnaît que ses efforts pour parvenir à l'unité et bâtir un État ont échoué.

La défaite, dans toute sa rigueur.

Le général de Gaulle fait retraite en son Colombey.

Le héros devient ermite.

La traversée du désert, disent les historiens.

Il n'y a plus pour lui qu'à méditer en « Romain » — Romain catholique —, à écrire des mémoires, à faire de son cher parc « quinze mille fois le tour ».

Il n'a qu'amertume de notre vieille « propension gauloise aux divisions », d'un pays dont le plus fatal démon est de ne pas assez croire en lui-même, ou en ses hommes forts, d'une France qui, sans de Gaulle, fatalement, se rapetisse.

Il ne sort de son silence que pour donner son avis — abrupt, bien sûr — dans la nouvelle affaire Dreyfus, la querelle déchaînée pour ou contre la Communauté européenne de défense : il est contre, évidemment, de toute son âme la plus violente. De Pierre Mendès France, il se contente de dire qu'« on n'est jamais grand en reculant ».

Il ne reçoit à sa table que quelques amis.

Il en vient même à une sorte de découragement total.

Considérant que l'horizon est à jamais bouché, que jamais la France n'aura le sursaut d'énergie nécessaire, également engourdi dans l'ouate de la paix de Colombey, et incorrigible misanthrope, il se découvre si démuni qu'il en viendrait presque à douter de lui-même — un comble.

Vous ne me ferez plus croire au Papa Noël, ronchonne-t-il.

C'est alors aussi qu'il mue physiquement. Il ne fume plus, à cause des yeux, qui ne donnent pas eux-mêmes satisfaction et qu'il faut opérer. La silhouette s'alourdit, s'épaissit. Le pas se fait plus lent. En quelques années, le mammouth a pris cent ans. La voix est devenue plus profonde, plus sourde. Elle ne tient plus du « chevau-léger ». Elle tourne à l'orgue. Tout le style perd de sa vivacité, de son entrain...

C'est triste, soupire-t-il devant son ami Jean Auburtin.

Il faut que les événements se dramatisent terriblement, que la Quatrième République connaisse outre-mer les pires épreuves, les plus humiliantes, pour que, tout près des années 60, l'on puisse commencer à envisager, chez ses amis, dans le brouillard, on ne sait quel « recours » au grand homme. Encore lui-même, quand on lui en parle, hausse-t-il les épaules. Il est vrai pourtant que, pour le régime, les chocs succèdent aux chocs. La C.E.D. est cassée à la sauvette, dans un débat confus, sans gloire, par le biais d'une question préalable — un débat où, sur un problème fondamental, le président du Conseil, Mendès, s'abstient et fait s'abstenir tout le gouvernement. Les canons de Diên Biên Phu sonnent le glas de l'Indochine française. La France perd Maroc et Tunisie. L'Algérie se soulève à son tour. L'expédition de Suez tourne à notre confusion. Un attentat contre le général Salan à Alger provoque à Paris l'impression la plus déplorable. On en oublie tout ce que la Quatrième aura fait de bien ou de grand. Elle résiste de plus en plus mal aux coups de boutoir qu'il lui faut subir. Elle dépose le sultan du Maroc, puis le rétablit sur son trône, dans les conditions les plus humiliantes pour nos couleurs. Elle ne peut empêcher la rébellion de se propager en Algérie comme la peste. Elle en finit par se montrer impuissante à dominer ses drames d'outre-mer — à assurer l'avenir du pays —, en tout cas à sauver l'Algérie française — même quand elle fait appel à des homme de haut mérite, de sûre compétence et de grand courage comme Robert Lacoste.

L'année 1958 s'ouvre dans une atmosphère d'indicible angoisse. La situation sent le soufre. Le bombardement d'une base algérienne en Tunisie, à Sakhiet, le 8 février, nous vaut l'hostilité de toute l'opinion mondiale et suscite une offre de bons offices anglo-américaine, c'est-à-dire offre d'une « internationalisation du règlement du conflit », que récusent avec véhémence les ultras de l'Algérie française, avec à leur tête les gaullistes et Michel Debré, qui multiplie les interpellations au Sénat. Le vote d'une loi-cadre, trop libérale pour les ultras, apparaît dérisoire aux chefs de la rébellion. Non seulement l'agitation croît en Algérie, mais se répercute en métropole. Les grandes pagailles commencent. « Plutôt les bons offices de Charles de Gaulle que ceux de l'Américain Murphy ! » peut lancer Michel Debré.

De plus, quand le gouvernement Bourgès-Maunoury tombe, en octobre 1957, la crise dure cinq semaines avant que puisse venir le gouvernement Gaillard. Une crise identique, aussi confuse, s'ouvre quand Gaillard tombe à son tour en avril 1958. René Coty appelle successivement — et en vain — Soustelle, Bidault, le radical André Morice et l'indépendant Roger Duchet, avant de désigner Pierre Pflimlin qui, lui-même, se demande s'il pourra jamais mettre sur pied une quelconque combinaison.

Il faut même qu'Alger se soulève, que l'armée lâche le régime, pour que la Quatrième République se résigne à abdiquer et que le Président fasse appel, « pour tout sauver », au glorieux ermite de Colombey, qui ne doit pas en croire ses oreilles...

Encore un nouveau signe du destin : Charles de Gaulle arrive toujours décidément quand on l'attend le moins.

Mais toujours de son style inimitable.

Continuant de parler de lui-même à la troisième personne.

Avec l'incorrigible morgue de Monseigneur.

Avec cette éloquence à la Bossuet qui n'exclut pas la gouaille d'un vieux gavroche.

Avec ce mélange magicien de sublime et d'ironie.

Il ramasse un pouvoir perdu, et il joue pourtant, nouveau croisé, à délivrer Jérusalem des barbares.

Quoi qu'il en soit, en quelques mois, le voici président du Conseil, puis président de la République.

De Gaulle redevenu roi.

Car c'est bien d'un roi qu'il s'agit — d'une monarchie qu'il bâtit — ou rebâtit. Il retrouve sa vraie légitimité, qui va au-delà des républiques, et le relie aux quarante rois qui ont fait la France.

Le débat d'investiture évoque un couronnement. Cela se passe un dimanche. Le 1er juin. Sa Majesté entre dans l'hémicycle, absolument désinvolte, en costume clair, jouant avec ses lunettes. Guy Mollet, non loin de lui, évoque un simple chef de cabinet, ou un maître de cérémonie. Thorez, assis au premier rang des travées communistes, ricane un pâle sourire au passage du vainqueur, qui a choisi de passer par la porte de la gauche. Le débat se déroule dans une étrange atmosphère, comme irréelle. Même les déclarations de tribune les plus audacieuses ne déchaînent aucun tumulte. Tandis que les orateurs se succèdent, le principal intéressé est comme absent. Il rêve hors les murs. Aucun interpellateur n'arrive à le piquer, à le réveiller, ni Jacques Isorni, député de Paris, avocat du maréchal Pétain, annonçant qu'il votera naturellement contre l'investiture et qui, sans paraître voir de Gaulle, non sans avoir disséqué ses faiblesses et ses orgueils, termine par une prière : « Que Dieu le garde de lui-même ! »; ni François Mitterrand qui, en mélodrame, prononce : « De Gaulle avait naguère deux compagnons : l'Honneur et la Patrie; aujourd'hui ses compagnons se nomment le coup de force et la sédition »; ni Jacques Duclos, qui y va d'un vibrant : « Vous avez ouvert la porte à l'usurpateur ! » Pierre Mendès France reste à son banc. De Gaulle ne sursaute, légèrement, que lorsque le progressiste crypto-communiste Pierre Cot, d'un doigt accusateur, s'exclame : « C'est le coup d'État ! C'est Brumaire ! » De Gaulle, en aparté avec Guy Mollet, grommelle : « Un coup d'État ?... Il n'y a plus d'État... » On n'a même pas à s'émouvoir du moindre *suspense* : la moitié des socialistes étant décidés à voter pour, le résultat est acquis par avance. Il n'y a qu'à laisser se dérouler le rite. Faut-il du reste que ce pays soit paradoxal, et ce grand homme aussi : le *Journal officiel* crée une belle surprise en publiant la liste du gouvernement; la quasi-totalité des ministres sont de la si maudite Quatrième : Mollet, Pinay, Pflimlin, Houphouët-Boigny, Jacquinot, Bacon, Ramonet.

La Constitution, même si Cinquième République il y a, si elle est présentée solennellement au peuple de France place de la République, si elle l'est le 4 septembre en hommage au premier jour, 4 septembre 1870, de la Troisième République et si de Gaulle profite de l'occasion pour faire l'éloge de la République, ce qui ne va pas sans quelques huées d'une poignée de manifestants communistes, est de pure essence monarchique. Elle est d'ailleurs tout à fait conforme à son fameux discours-programme du 16 juin 1946, prononcé à Bayeux, où il préconise déjà l'institution d'un État dont le chef, au-dessus des partis, sera élu par un collège beaucoup plus large que celui du Congrès de Versailles, aura beaucoup plus d'autorité que tous les présidents du passé, représentera la continuité dans l'action et choisira les ministres. Prophète de lui-même, de Gaulle l'aura été à plus d'un moment de son existence, se décrivant, se sculptant ou se définissant par avance tel que les événements ne pouvaient ensuite que le révéler. En 1932, dans l'un de ses premiers livres, jeune officier, l'« homme de caractère », l'« ambitieux de premier rang » qui, « de la rive où se fixent les jours ordinaires ne rêve qu'à la houle de l'histoire », c'était déjà lui. En 1940, le « soldat et chef français », attendu des hasards, c'était encore lui. En 1946, le « chef de l'État qui en soit un » et qu'il appelait de ses prières, c'est toujours lui en 1959. Il accouche d'une Constitution qu'il porte en lui depuis près de quinze ans...

L'accouchement royal est rapide. De Gaulle est couronné le 1er juin. Michel Debré, nommé garde des Sceaux, se voit confier l'énorme travail de forge. Le fidèle Georges Pompidou, directeur de cabinet à Matignon, procède aux harmonisations, équilibrages ou arbitrages qui s'imposent. Le collège des ministres d'État est créé en tant que tel pour avis sur les principaux articles. Un Conseil consultatif constitutionnel de 39 membres, dont 26 parlementaires, présidé par l'ami Paul Reynaud, est saisi de l'avant-projet de Constitution dès le 29 juillet. Dès le 20 août, le projet est accepté en dernière lecture par le Conseil d'État, qui le modifie à peine. Le gouvernement est unanime à dire amen. Dès le 4 septembre, autant contempler le nouveau Moïse présentant les Tables de la Loi aux Hébreux. Phrases de mage royal : « Que le pays puisse être effectivement dirigé par ceux qu'il mandate et leur accorde la confiance qui anime la légitimité. Qu'il existe, au-dessus des luttes politiques, un arbitre national, élu par les citoyens qui détiennent un mandat public, chargé d'assurer le fonctionnement régulier des institutions, ayant le droit de recourir au jugement du peuple souverain, répondant, en cas d'extrême péril, de l'indépendance, de l'honneur, de l'intégrité de la France et du salut de la République. Qu'il existe un gouvernement qui soit fait pour gouverner, à qui on en laisse le temps et la possibilité, qui ne se détourne pas vers autre chose que sa tâche et qui, par là, mérite l'adhésion du pays. Qu'il existe un parlement destiné à représenter la volonté politique de la nation, à voter les lois, à contrôler l'exécutif, sans prétendre sortir de son rôle. Que gouvernement et parlement collaborent, mais demeurent séparés quant à leurs responsabilités, et qu'aucun membre de l'un ne puisse, en même temps, être membre de l'autre. Telle est la structure équilibrée que doit revêtir le pouvoir. Le reste dépendra des hommes. »

Comment douter que la Constitution soit royale ? Certes, elle s'inscrit dans la tradition du parlementarisme français : le pouvoir exécutif reste bicéphale (avec pour premier Consul le président de la République, avec pour deuxième Consul le président du Conseil qui prend le nom de Premier ministre); le pouvoir législatif reste bicaméral (Assemblée nationale et Sénat). La Constitution entend donner aux deux pouvoirs des moyens d'action réciproque. L'Assemblée nationale peut renverser le gouvernement (ce qu'elle fait le 6 octobre 1962 avec le deuxième cabinet Pompidou). Le président de la République peut dissoudre l'Assemblée nationale (ce qu'il fait en octobre 1962, en mai 1968 et en mai 1981). Mais le président de la République reçoit des nouveaux textes un pouvoir exceptionnel. De Gaulle interprète même à sa manière — à sa guise — l'article 8 qui confère au président de la République la nomination du Premier ministre, article qui ajoute : *Il met fin à ses fonctions sur la présentation par celui-ci de la démission du gouvernement.* Rien dans cette phrase ne signifie que l'Élysée puisse exiger cette démission. Le Premier ministre une fois nommé, le texte ne nie pas qu'il puisse se perpétuer dans ses fonctions malgré la volonté du président. Or, précisément, dans une conférence de presse, le 31 janvier 1964, de Gaulle donne sa propre interprétation, qui est toute différente : « Le Président, qui choisit le Premier ministre, qui le nomme ainsi que les autres membres du gouvernement, qui a la faculté de le changer, soit parce que se trouve accomplie la tâche qu'il lui destinait et qu'il veuille s'en faire une réserve en vue d'une phase ultérieure, soit parce qu'il ne l'approuverait plus... »

L'État, c'est moi. De Gaulle ne laisse à son Premier ministre que ce qu'il lui plaît de lui abandonner. Il s'approprie en « domaine réservé », comme dit Chaban, tous problèmes de Défense et d'Affaires étrangères. « Le ministre de l'Algérie, c'est moi », affirme-t-il lui-même en clair. Ni Michel Debré ni Georges Pompidou ne songent un seul instant à contester une telle appropriation.

Ce caractère royal est d'autant plus accusé que, plus on avance dans le temps, plus de Gaulle se plaît à recruter des ministres dans la haute administration, hors le Parlement. Une telle manière de procéder était infiniment rare sous les deux précédentes Républiques : à peine peut-on citer sous la Troisième le maréchal Pétain ou quelques généraux appelés au ministère de la Guerre, tels le général Gallifet avec Waldeck-Rousseau, Lyautey durant la Grande Guerre et le général de Gaulle lui-même dans le cabinet Reynaud de juin 40, ou encore quelques civils « spécialistes », type Raoul Dautry à l'Armement ou le grand directeur de presse Jean Prouvost à l'Information. Sous la Cinquième, la pratique se généralise. De Gaulle conserve même au gouvernement des ministres techniciens qui se présentent à des élections et s'y font battre, tels en 1967 Pierre Messmer, ministre des Armées, qui échoue à Lorient, ou Maurice Couve de Murville, ministre des

Affaires étrangères, en Ile-de-France. Évidemment, de grands commis, si fort soit leur caractère ou leur talent, sont davantage portés au service que les parlementaires traditionnels, que l'élection peut rendre totalement indépendants.

C'est selon son unique bon plaisir, de la manière la plus abrupte, sans que l'opinion publique ni parlementaire soit préparée à l'événement, que le roi renvoie son Premier ministre, à l'heure qu'il choisit seul, au besoin tout froidement. Ainsi de Gaulle congédie-t-il Debré en 1962, Pompidou en 1968. C'est même dans le plus haut dédain pour la classe politique qu'en 1962, pour remplacer Debré, il s'en va chercher le successeur dans le privé, qui mieux est un directeur général de la banque Rothschild. Les mânes de Fallières et de Doumergue doivent beaucoup frémir.

Bon plaisir encore : il décide de réviser la Constitution par référendum, quand Dieu seul lui en donne l'idée, et alors que le texte constitutionnel ne lui en donne pas explicitement le droit. Il rétorque bien qu'*on ne viole pas sa femme* et qu'il peut donc traiter la France comme il l'entend. Il n'en obtient que davantage raison quand la France, à 60 % des voix, l'approuve dans les révisions qu'il propose, face à ce qu'il fait dénoncer comme le Cartel des non. Il n'en procède pas moins d'un seigneurial arbitraire, si humoristique soit-il.

C'est Mazarin qui inspire l'article 16. Échec à toute éventuelle grande Fronde. Les Condé, les Guise et les foules n'ont qu'à bien se tenir. De Gaulle aime bien raconter qu'il tient à une telle procédure de pleins pouvoirs, pour avoir beaucoup médité sur les malheurs du président Albert Lebrun. « Deux choses lui manquèrent pour qu'il fût un chef d'État, qu'il fût un chef, qu'il y eût un État. » Par l'article 16, en cas de circonstances exceptionnelles, le chef de l'État peut donc prendre désormais librement et souverainement toutes indispensables mesures de sauvegarde nationale. Il n'est que trop heureux de l'appliquer en avril 1961 lors du putsch des généraux, Fronde des étoiles. (Curieusement, il ne s'en sert pas en mai 1968 contre la Fronde des bahuts.) En vérité, il engage là un véritable droit régalien, si justifiable soit-il dans un siècle aussi cahotique.

L'incompatibilité proclamée entre mandat parlementaire et fonctions ministérielles aide plus encore à la soumission des ministres. Dans son esprit, peu importent les inconvénients qui en résultent : quand un député devient ministre, il cède son siège à un suppléant élu en même temps que lui sur le même bulletin; le ministre n'oublie pas pour autant qu'il reste député moral de sa circonscription; du coup, les circonscriptions à ministre se trouvent avoir en réalité deux députés, ce qui est parfaitement injuste vis-à-vis des autres circonscriptions. Par ailleurs, les rapports entre un député ministérialisé et un suppléant députialisé (seigneur !) peuvent pousser aux allergies et aux sentiments les plus irritants. Le Général n'en a cure, ou s'en amuse. L'essentiel est pour lui que le ministre n'en devienne que plus sage et soumis, par risque, s'il fronde, vertement démissionné, de ne plus se retrouver ni ministre, ni député.

Jamais textes constitutionnels n'auront défini un pouvoir exécutif aussi fort. Un chef fort dans un État fort, voilà ce qui est fondamentalement voulu. Le premier théorème est qu'un État fort, c'est un État qui a une tête. Le chef de l'État devient par conséquent la clé de voûte du nouveau régime. Tout un long article 2 de la Constitution lui est consacré. Tous les moyens d'énormes pouvoirs lui sont donnés. Par exemple, non seulement le président de la République peut décréter la dissolution de l'Assemblée, mais il n'a d'autre obligation que de simplement consulter le Premier ministre, le président de l'Assemblée et le président du Sénat; il est tout à fait libre de passer outre à leur avis s'il est contraire au sien. Il peut même dissoudre pour toute raison qui lui paraît bonne — sous la seule restriction de ne pouvoir dissoudre avant un an la nouvelle assemblée.

Jamais pouvoir législatif n'aura été aussi désarmé, « rationalisé », disent plus suavement les professeurs de droit. On a voulu enlever au législatif toutes facilités de restreindre à l'excès l'espérance de vie du gouvernement : on rappelle trop facilement que la longévité moyenne des gouvernements fut de 9 mois entre 1875 et 1914, de 6 mois entre 1918 et 1940; de 5 mois entre 1947 et 1958. Ainsi députés et sénateurs sont-ils littéralement muselés. Comme l'illustre méchamment un caricaturiste, le Palais-Bourbon devient « la niche aux chiens dormants ». Désormais, la loi n'a plus qu'une compétence d'attribution, c'est-à-dire que tout ce qui n'est pas énuméré dans l'article 34 peut être librement transformé par un décret gouvernemental. L'ordre du jour est absolument fixé par le seul gouvernement, qui peut aussi recourir au « vote bloqué », c'est-à-dire supprimer tout droit d'amendement. Il n'y a plus d'interpellation, réduite à une gymnastique très édulcorée, la « question orale » qui n'est plus suivie de vote ni de débat. Enfin, la mise en jeu de la responsabilité est strictement conditionnée par un implacable article 49 et toute motion de censure ne peut être discutée que si signée d'un dixième des membres de l'Assemblée, et adoptée que si votée par la majorité absolue des députés votant personnellement à la tribune. En d'autres termes, l'Assemblée est à la fois anesthésiée et enchaînée.

Le fait majoritaire ne fait lui aussi qu'alourdir encore l'aspect autoritaire du nouveau régime.

Il n'y a que le palais de l'Elysée qui ne soit pas royal, où de Gaulle se trouve vite trop à l'étroit. Il n'est pas du tout à son aise dans « ce palais de la main gauche ». Il grogne : « On ne fait pas l'histoire dans le VIIIe Arrondissement. » Il dit aussi : « C'est un palais à femmes », sans doute par allusion à la Pompadour, à la duchesse de Bourbon, à Joséphine, à Marie-Louise, à la duchesse du Berry, à Eugénie de Montijo, qui l'illustrèrent. Il changerait volontiers de « cantonnement ». Mais où aller ? Versailles serait « abusif », évoquerait à l'excès le Roi-Soleil et Monsieur Thiers. Trianon ferait trop primesautier, « graveleux ». Vincennes serait trop cher à réparer. Il faudrait chasser des Invalides « trop de monde ». Allez savoir comment congédier Rodin de l'hôtel Biron, un des chefs-d'œuvre de Jacques Gabriel, mais déjà jadis volé aux dames du Sacré-Cœur-de-Jésus ! Pierre Lefranc a une excellente idée lorsqu'il propose, à l'occasion de la prochaine Exposition Universelle à Saint-Cloud, de construire un pavillon ad hoc voué plus tard à être le palais du Général, mais cette damnée Exposition a la fâcheuse idée d'émigrer à Montréal. Force est donc de camper sur place. On y est, on y reste. Tant pis s'il faut s'y serrer, si l'acquisition d'immeubles voisins ne suffit elle-même pas, pour abriter tous les services administratifs que la conception d'une si importante Présidence fait requérir. Du moins donne-t-on plus de majesté aux rites, au décorum. On s'efforce de débourgeoiser, de sublimer. On fait installer à demeure à l'Élysée un bureau du protocole qui n'existait qu'au Quai. Le Général en personne s'en mêle, dressant lui-même à l'occasion des plans de table et imbattable sur l'étiquette.

Un roi digne de ce nom n'a de grandes sévérités que pour les grands. De Gaulle ne se conduit pas autrement. Il est d'une extrême délicatesse pour le petit personnel, courtois et bienveillant sur toute la chaîne, depuis le spécialiste chargé de la décoration florale jusqu'au chauffeur des chaudières qui trime dans le sous-sol.

Un vrai roi apprécie peu les lourds entourages trop compliqués, supporte peu la ronde des flatteurs qui bourdonnent. Louis XIV lui-même tient la cour à distance, ne travaille bien qu'avec quelques intimes, et change le moins possible de collaborateurs immédiats. Il est fidèle à un service fidèle. Tel est encore le cas ici. De Gaulle ne peut plus dire que « le chef doit être seul », il en est interdit par les complications trop lourdes qu'impose le monde moderne, du moins peut-il réduire son brain-trust au strict minimum, avec un soin particulier à en exclure toutes femmes, « trop sources de complications ». Il dispose l'appareil sur quatre branches. Le secrétariat général, composante politico-administrative de l'entourage, tient le lien avec l'État, sur structure pyramidale. Le Cabinet assure le contact avec « tous ceux qui comptent dans la Nation », personnalités du monde politique, écrivains, artistes, journalistes, savants. Un secrétariat général de la Communauté, en 1960 remplacé par un secrétariat général pour la Communauté et les Affaires africaines et malgaches, gère tous problèmes de nos territoires ou ex-territoires d'outre-mer, avec soins particuliers pour l'Afrique noire francophone. L'état-major particulier, avec une dizaine d'officiers des trois armes, gère les problèmes militaires. Au total on ne doit pas compter plus de cinquante personnes de responsabilité. Seule règle : choisir des hommes sûrs, mais compétents, et pas nécessairement des fanatiques du gaullisme. Aucun apparentement n'est à établir avec toute la « mafia des Irlandais », politiciens irlandais du Massachusetts, universitaires irlandais de Harvard ou gens irlandisants de la Rand Corporation qui entourent à la Maison Blanche John Kennedy, ou plus tard la « mafia des Texans » de Johnson, la « mafia des Californiens » de Nixon ou la « mafia des Géorgiens » de Carter. L'on a ici des commis, pas des complices.

Faut-il parler d'un « cabinet du roi », superposé aux ministres ? Ça existe, juge Guy Mollet. Le général André Zeller parle d'un « Père Joseph collectif ». Il y a à l'Élysée un super-exécutif, assure le journaliste Pierre Viansson-Ponté, qui tient même le secrétaire général de l'Élysée pour « plus important que le Premier ministre dans la hiérarchie non écrite de l'État gaulliste ». D'autres parlent volontiers de « pouvoir parallèle ». Évidemment — comment en serait-il autrement ? — les trois secrétaires généraux qui se succèdent sur onze ans, disposent de considérables prérogatives et sont des personnages de toute confiance, de Geoffroy de Courcel d'abord à ensuite Étienne Burin des Roziers et Bernard Tricot. Mais aucun rapprochement n'est à faire avec par exemple les conseillers personnels du Président à la Maison Blanche, McGeorge Bundy sous Kennedy, Walt W. Rostow sous Johnson, Henry Kissinger sous Nixon ou Zbigniew Brzezinski sous Carter.

Les secrétaires généraux de l'Élysée travaillent *avec* de Gaulle; rarement ils pèsent *sur* lui, sauf au niveau de la simple besogne quotidienne. Au vrai, sur les interventions importantes, les conseils les plus marquants proviennent de l'extérieur. Le conseiller joue de hors les murs. C'est par exemple Roger Goetze, du ministère des Finances, qui est le principal artisan du plan d'assainissement financier de décembre 1958 dit plan Pinay-Rueff; c'est avant tout sur son avis que de Gaulle accepte une dévaluation du franc, la conversion d'anciens francs en francs nouveaux, une augmentation du S.M.I.G. de 4 % et la suppression de l'indexation des prix des produits agricoles; c'est encore Goetze qui, en novembre 1968, joue un rôle décisif, d'accord avec Jean-Marie Jeanneney et Raymond Barre, pour obtenir du Général que le franc ne soit pas dévalué. C'est Jean-Marie Levêque, qui avertit en 1963 de Gaulle sur les graves tensions inflationnistes qui se manifestent depuis un an et que ni le Premier ministre Pompidou ni les Finances n'estiment préoccupantes : par une série d'explications sur les mécanismes économiques, lui seul parvient à lui faire prendre conscience de l'enjeu réel de la situation, à savoir que la hausse des prix et le déficit du commerce extérieur risquent à terme de compromettre les effets positifs de la réforme économique de décembre 1958 et de mettre en péril le franc, comme quoi en août, depuis Colombey, de Gaulle exige de ses ministres qu'ils mettent sur pied un vaste plan de stabilisation. C'est Jacques Rueff qui détermine directement la réflexion du Général sur le système monétaire international et la mise au point de la grande conférence de presse du 4 février 1965, où de Gaulle critique solennellement et vigoureusement l'étalon de change-or et les privilèges du dollar. Mais, quand bien même a-t-il autour de lui des hommes qu'il aime beaucoup, de Gaston Palewski à Pierre Lefranc, aucun ne peut se dire « le conseiller le plus écouté ». Encore comme le roi, de Gaulle n'a qu'un vrai conseiller : son confesseur.

Un souverain ne peut se passer de chef de police spéciale, « au parfum » de tout ce qu'il faut connaître d'important dans les souterrains, les forges, les Afriques et les alcôves. Jacques Foccart a tous les attributs du rôle, même si, physiquement, il n'a rien de la fouine, silhouette édredon, courte taille, gros et pâle visage, œil neutre qui ne fulgure que par instants; dur crâne rond. Il est fils de la Mayenne, né aux veilles de la Grande Guerre. Il a pour première activité professionnelle le commerce du bois. Démobilisé en 40 comme simple sergent de réserve, vite entré dans la

Résistance, lieutenant-colonel F.F.I., il ne tâte pour la première fois des services secrets que tout à la fin de la guerre mondiale quand, à Londres, il est affecté au B.C.R.A. (Bureau Central de Renseignements et d'Action), le bureau gaulliste d'espionnage et de contre-espionnage de Passy et de Soustelle. Il n'en aura pas moins reçu une passion définitive pour le gaullisme et le mystère. Après avoir passé un court temps à la tête d'une société import-export spécialisée dans le commerce des produits exotiques, la SAFIEX, il adhère au R.P.F. dès sa fondation, responsable de son implantation dans l'ouest, puis dans le nord, puis outre-mer. Né de mère créole, connaissant beaucoup d'Antillais, il est même chargé de préparer en 1948 les élections sénatoriales outre-mer. Il devient vite l'homme à tout faire du mouvement, chargé du journal hebdomadaire *la Lettre à l'Union française*, mettant sur pied le service d'ordre, promu secrétaire général en place de Louis Terrenoire, puis ne quittant plus de Gaulle, même durant la traversée du désert, l'accompagnant dans son voyage au Sahara en 1955 et dans son périple autour du monde en 1956, organisant dans la nuit capitale du 28 au 29 mai 1958, chez lui, une rencontre décisive entre le Général, Le Troquer et Monnerville. Il est sur tous les coups durs. Il sait tout, entend tout, devine tout. A l'Élysée, il se voit confier l'Afrique, y bâtit un sobre travail d'entraide et d'association de premier ordre — non sans continuer de garder un rôle majeur dans toute élection nationale et tout référendum. C'est sur son entreprise directe que Paris intervient militairement au Gabon en février 1964 pour délivrer le président Léon M'Ba renversé et interné aux suites d'un putsch de ses généraux; au Tchad en août 1968, à la demande du président François Tombalbaye pour, avec paras et chars, réprimer la révolte des Toubous qui a éclaté dans le nord du pays. Fatalement, il éclipse tout ministre de la Coopération. Comment calculer son influence exacte ? Jusqu'à quelle dimension appréhender son rôle ? C'est difficile. A coup sûr, il est l'homme sur lequel le Général peut le plus solidement compter à toute occasion, même si l'on ne peut assurer qu'il se soit aussi astreint à des besognes de basse police. Mais éminence grise ? Certainement pas. Il s'agit essentiellement d'un homme de terrain, qui travaille au coup par coup, qui accomplirait n'importe quoi au service de son idole. Il faudrait beaucoup d'imagination pour se dire qu'il puisse exercer dans le domaine des vastes stratégies ou des amples conceptions. Un perspicace pour juger des hommes et des choses, oui. Un visionnaire pour juger des grandes routes, non.

C'est royalement que de Gaulle lit la grande presse. De haut. Sans jamais s'y attarder à l'excès. Plus encore que la presse, il déteste du reste le « service de presse », les articles découpés et collés que peut lui préparer son cabinet. Simplement, il a « l'œil », pour savoir relever en un éclair dans la pile la nouvelle la plus intéressante.

Il se fait élire président de la République en novembre 1958 comme s'il s'agissait d'une formalité, comme si c'était de droit de naissance. Avec la nouvelle Constitution, le collège électoral ne se compose plus exclusivement de députés et de sénateurs, qui sont à peine quelques centaines. Il s'élargit exactement à 81 512 personnes, soit 465 députés, 230 sénateurs, 3 149 conseillers généraux, les maires de toutes les communes sans exception, des adjoints et des conseillers municipaux en nombre croissant selon l'importance de la population pour les localités de 1 001 à 9 000 habitants, tout le conseil municipal pour les villes de 9 001 à 30 000 habitants (en tout 63 925 électeurs) et 8 541 électeurs supplémentaires désignés le 7 décembre 1958 par les conseils municipaux, à raison d'un par 1 000 habitants au-dessus de 30 000. Pour l'Algérie, tout le collège se réduit aux seuls 71 députés et 12 sénateurs. Dans les départements d'outre-mer, la composition du collège électoral est identique à celle de la métropole. Dans les territoires, parlementaires et membres des assemblées locales sont seuls électeurs. Le scrutin est fixé au dimanche 21 décembre. Il n'y a pas de campagne. Il n'y a que trois candidats. Les communistes présentent l'un de leurs anciens, Georges Marrane, sénateur-maire d'Ivry. L'Union des forces démocratiques — constituée en gros des mendésistes et des socialistes dissidents de la S.F.I.O., antimolletistes, qui ont fondé le P.S.A., Parti Socialiste Autonome, futur P.S.U., Parti Socialiste Unifié — propose une digne personnalité universitaire, Albert Chatelet, 75 ans, doyen honoraire de la faculté des sciences de Paris, originaire du Pas-de-Calais; « Nous aurons pris date », commente Daniel Mayer. Le Général l'emporte par 78,5 % des voix contre 13,1 % à Marrane et 8,4 % à Chatelet. Au reste, l'événement suscite peu de commentaires. Les commentaires de l'actualité se consacrent bien davantage au gala de la Légion d'honneur donné à l'Opéra de Paris sous le patronage de *Marie-Claire*, où chante la Callas, et qui va rester comme l'une des grandes nuits du siècle. Sous la présidence de René Coty, (en fonctions jusqu'au 8 janvier) il faut dire que le spectacle ne peut que rester mémorable. C'est la première fois que la grande Diva chante sur la scène du palais Garnier. Le Tout-Paris est là, de Debré, qui représente de Gaulle, à Arletty qui joue au naturel *les Enfants du Paradis*, de Chaban, tout frais élu président de la toute neuve Assemblée nationale à l'illustrissime B.B., Brigitte Bardot, une rose dans les cheveux. Sur fond de décors mordorés, la Callas, dans un pétale incarnat, donne la Norma, puis, en blanche robe Empire, la Tosca. Dix fois la fée doit venir saluer le public. Indiscutablement, il y a de quoi oublier même 81 512 grands électeurs...

C'est en plein arbitraire royal, de sa pleine volonté personnelle, que de Gaulle conduit l'Algérie de l'Algérie française à l'Algérie algérienne, et fait plébisciter son choix par le peuple français. Il tient dans l'affaire un rôle phénoménal.

De fait, il la règle en trois temps.

De juin 1958 à septembre 1959, il agit dans plusieurs directions, tâtonne, tergiverse, mesure ses moyens, tâte le problème, amorce des solutions. « Je vous ai compris ! » lance-t-il du haut du balcon du Gouvernement général, à Alger, face à l'énorme foule franco-algérienne qui l'acclame, lors de son premier voyage. En vérité, il n'a rien compris du tout. Il cherche. Il flaire. Il interroge. Ce sont les trois voyages à Alger, l'offre de la « paix des braves » de septembre 1958, le démarrage du plan de Constantine « pour forger une grande industrie algérienne » et le plan Challe, plan du général d'aviation Maurice Challe, Provençal froid, nommé commandant en chef à la place de Salan, qui vise à briser la rébellion en un an. Durant le même temps, il n'oublie pas de sonder de loin l'adversaire, de désarmer ses alliés abusifs, les colonels activistes de mai, et de faire tenter une expérience de solution économique et sociale qui maintiendrait la souveraineté française sur l'Algérie.

Deuxième phase : dès septembre 1959, il rompt carrément avec le principe de l'Algérie française. C'est l'offre d'*autodétermination* (19 septembre 1959), le conflit des barricades entre la police et les Pieds-Noirs (janvier 1960), le début du tête-à-tête avec le F.L.N., l'offre ouverte de « négociation avec ceux qui se battent » (juin 1960). Dès lors il sait en tout cas que le progrès économique et social ne permet pas de faire l'économie d'une solution politique, que la troisième force est un leurre, que l'autodétermination débouche sur l'indépendance et que c'est le F.L.N. qui en assumera la charge. Le Général bouffe son képi, grogne Robert Lacoste. Dès le 4 novembre 1960, au cours d'une allocution télévisée, dans le vent de l'histoire, il lâche les mots *République algérienne.* Il est d'ailleurs machiavélique au point de procéder à deux enregistrements. Michel Debré, Premier ministre, depuis des années fervent de l'Algérie française, dont on a redouté les éclats ou la démission, n'aura eu connaissance que d'un premier enregistrement, où les terribles mots n'existent pas. L'opération consiste à mettre Debré et tous les tenants de l'Algérie française devant le fait accompli, sur un point de non-retour. Une fois que Debré a tourné le dos, le Général enregistre le même discours en y glissant la fameuse phrase, qui engage promesse formelle d'une reconnaissance de fait. Haute voltige. Cynisme d'État. « Mais enfin ! proteste plus tard Debré, ce n'est pas ce qui me fut montré. — Bah ! fait le Général. C'est vrai... Tant pis... Eh bien, oui, je l'ai dit. Et tout compte fait, c'est mieux ainsi, puisque cela finira ainsi. » Peu importe si, le 11 novembre 1960, en guise de protestation, le maréchal Juin, qui est né en Algérie dans la famille d'un gendarme, s'abstient de paraître aux cérémonies officielles, et publie une déclaration où il explique que, malgré l'« amitié cinquantenaire » qui l'a lié au Général, il entend s'élever « en sa qualité de haut dignitaire de l'armée et en tant qu'Algérien contre toute idée d'abandonner nos frères algériens ». Juin ajoute : « Concevoir que l'Algérie puisse sortir du cadre de la République, c'est mettre en péril la France, l'Europe et le monde libre. » Je choisis l'Algérie algérienne, soupire de Gaulle, parce que si je choisissais l'Algérie française, le drame recommencerait après ma mort. A croire presque qu'il est encore plus las que convaincu. En tout cas, il le laisse lui-même entendre. « Je suis au bout du rouleau, lâche-t-il. Tout cela m'ennuie. Ce que je faisais à Londres était exaltant. Maintenant... » Il dit aussi : « J'ai une telle peur de vieillir, de ne plus rester maître de mon jeu, et de ne pas le saisir ! Un jour, j'aurai des passages à vide. Personne ne me le dira, ni vous, ni mes ministres, ni mes aides de camp. » Il confie à un ministre : « Quand un homme d'État ne peut pas résoudre les problèmes, la mort arrange bien les choses. » Il n'en reste pas moins, las ou pas, convaincu ou pas, qu'il vient de communiquer au mouvement d'indépendance une aide décisive.

Troisième phase : 1961, l'année de l'extrême décision. Vainement, quatre généraux, le 20 avril, appellent l'armée et la population profrançaise d'Algérie à la révolte : Challe et Salan eux-mêmes, que soutiennent Zeller et Jouhaud. Ils sont appuyés par d'intrépides colonels, Argoud, Godard, Lacheroy, Vaudrey, Gardes, Blignières, et un certain nombre de capitaines purs et durs, tel Pierre Sergent. Le général Challe affirme solennellement que, sur le terrain, du point de vue militaire, le F.L.N. a perdu la partie. « Les rebelles sont partout en échec. » Le général de Gaulle aura tôt fait de confondre ce « quarteron de généraux en retraite ». Le putsch ne va pas au-delà de quatre jours et cinq nuits. Challe se constitue prisonnier. Salan, qui décide de se battre dans la clandestinité, sera vite arrêté à son tour. Dès mai, s'engagent les « pourparlers d'Evian » entre ministres français, dont Louis Joxe, ministre de l'Algérie, et délégués du gouvernement F.L.N. Peu importe encore si les négociations traînent beaucoup plus longtemps que prévu, surtout du fait du problème de savoir quel sera le sort du Sahara. Le processus ne peut plus être renversé. Le 18 mars 1962, les accords d'Evian engageant l'avènement de l'Algérie algérienne sont définitivement signés. Le 8 avril, par référendum, le peuple français les approuve par une majorité de plus de 90 % des suffrages exprimés. Le 14, pour donner plus de sens à sa volonté de conférer un tout nouveau cours à son gouvernement, le Général se sépare de Michel Debré et appelle à Matignon Georges Pompidou. Le 1er juillet, le référendum qui a lieu en Algérie sur l'indépendance du pays est approuvé par 99,72 % des votants. Fin d'un grand rêve. Début d'un autre.

Non que le Général, en juin 1958, soit convaincu que l'Algérie française ne puisse être sauvée. Après tout, il n'est rappelé de Colombey que pour, d'abord, sauver l'Algérie française. C'est au cri de : « Vive l'Algérie française ! » que les foules l'acclament. Il ne redevient roi que parce qu'il est censé être le seul capable de sauvegarder une grande France, « de Dunkerque à Tamanrasset ». Très probablement, il est lui-même convaincu que son nom va avoir un effet magique. On dira : « de Gaulle », et tout s'arrangera d'un seul coup. Il l'explique, à sa manière : « Les gens du F.L.N. seront ici demain, après-demain, avant huit jours. Ils viendront et ce sera la capitulation complète. Ils demanderont la paix à genoux. » Toujours en 1958, sur le sol algérien, s'adressant à des officiers, il précise : « Cessez de me rebattre les oreilles avec cette guerre subversive qui n'existe pas. Le temps des slogans est terminé. Vous n'avez pas à faire face à une guerre subversive, vous avez à faire face à une insurrection kabyle, comme celle que le maréchal Randon affronta, il y a cent ans, avec cent mille hommes. Faites-en autant. » Au moins durant six mois, il doit être persuadé de pouvoir accomplir le miracle.

La meilleure preuve doit en être qu'en juin 1958, il croit aussi pouvoir bâtir une sorte de Commonwealth, encore plus soudé que le britannique, qui rassemblera toutes nos anciennes colonies, lesquelles seront autonomes, tout en confiant la Défense, les Affaires étrangères et l'Enseignement supérieur à la métropole mère. « Même si elles sont tentées d'abandonner la France, jamais elles n'abandonneront de Gaulle », bien des gaullistes sont à même d'en être persuadés. Lui-même a tant parié sur lui-même ! Cette « Communauté », il en fera même un exemple mondial de vigueur et de fraternité. Là, il n'a pas un instant de doute. Ainsi le titre XII de la Constitution est-il tout entier consacré à la Communauté. Le président de la République, d'après les nouveaux textes, devient *président* à la fois *de la République Française et de la Communauté*, élu par l'ensemble communautaire comme par la métropole. Ils créent un secrétariat général de la Communauté (qui ira à Foccart) et un Sénat de la Communauté, ainsi qu'un Conseil de la Communauté. On doute si peu du succès qu'une clause prévoit que la Communauté est ouverte à tout État qui souhaitera s'y associer. Encore le 14 juillet 1959, par un temps aussi radieux que lui-même, de Gaulle, solennellement, sur la place de la Concorde, au cours d'une cérémonie grandiose et hautement symbolique organisée par Malraux, remet à chacun des onze chefs de gouvernement des États associés, de Félix Houphouët-Boigny et de Modibo Keita à l'abbé Fulbert Youlou et à Philibert Tsiranana, le superbe drapeau tricolore qui doit illustrer des liens imprescriptibles.

Or, le temps a tôt fait de démontrer la vanité de l'ensemble et de l'ambition. C'est vite à quel pays se réclamera de l'article 86 qui prévoit que « tout État membre de la Communauté peut devenir indépendant ». Dès le 13 décembre 1959, la Fédération du Mali, qui groupe le Sénégal et le « Soudan français », donne l'exemple; dans un discours à Saint-Louis du Sénégal, de Gaulle en personne annonce l'ouverture des négociations qui vont donner au Mali « la situation d'indépendance et que je préfère appeler la souveraineté ». La République malgache déserte quelques jours plus tard. Il n'y a à donner satisfaction patriotique que les lointaines îles de Wallis et Futuna, qui, tout à la fin de l'année, optent par référendum pour le statut de territoire d'outre-mer de la République française. Dès le 1er janvier 1960, le Cameroun d'Ahidjo proclame à son tour son indépendance. Puis — et non sans avoir eu à connaître à Alger la sanglante « semaine des barricades » où des émeutiers pieds-noirs en armes demandent la démission de De Gaulle, et portent, comme il dit, « un mauvais coup à la France devant le monde, un mauvais coup à la France au sein de la France » —, il doit voir successivement se détacher le Togo, la Côte-d'Ivoire, le Dahomey, la Haute-Volta, le Niger, le Tchad, le Congo, la République centrafricaine, le Gabon... Toute la montagne se désagrège. Le 28 novembre 1960, le dernier des pays associés rompt à son tour le lien sacré : la Mauritanie. Fin du rêve immense. C'est *le Chant du départ*, comme nous le montre un caricaturiste.

La voix de Bidault grince : « Le général de Gaulle aura hérité d'un Empire et ne laissera que des confettis. » Force est de tirer constat de faillite. Le président de la Communauté n'est plus que président de la République française. Les organismes centraux prévus perdent toute raison d'être. A la « Communauté » se substitue une vague « Coopération », sauf qu'on ne prend même pas la peine de modifier le préambule de la Constitution, qui engage l'existence de la Communauté, ni d'annuler le titre XII. L'impressionnante distribution des Aigles n'aura servi à rien. Deux ans plus tard, par hasard, on retrouvera même l'un des onze superbes drapeaux oublié à la consigne de la gare de Lyon.

Il y a de quoi se dire qu'il y va de l'Algérie comme de la Communauté. Elle aussi lui glisse entre les doigts, comme du sable. Il peut sincèrement avoir cru en une Algérie française ou en une Algérie gaullienne. Ainsi dès fin 1959 choisit-il un nouveau langage. Il confie à Pierre Laffont, député et directeur de *l'Écho d'Oran* : « L'état de choses actuel qui dure depuis cent trente ans ne peut être prolongé. Si la France était comme autrefois un mastodonte, peut-être pourrait-elle passer outre, mais elle ne l'est plus. Seule la Russie, avec ses méthodes communistes, pourrait venir à bout d'une telle rébellion. Nous, non... » Il dit : « Finie, l'Algérie de papa. » Il refuse de se laisser limiter à « casser du fellagha ». Il rappelle que, « dans cinq ans, dans dix ans, les Musulmans seront encore plus nombreux qu'aujourd'hui ». Il déplore que l'armée ne sache pas « voir plus loin que le bout de son djebel... »

En définitive, il en vient à ne plus supporter cette guerre. Le problème en arrive à l'excéder. L'Algérie, boîte à chagrins, soupire-t-il. « Cette guerre est un chancre qui pourrit tout », dit-il encore. Prise de conscience d'un événement qui ne peut s'éviter ? Amertume de héros devenu vieux ? Rappel douloureux du mot qu'il lançait à Mendès : on n'est jamais grand en reculant ? Sentiment que le jugement de l'histoire n'honorerait pas toujours les décolonisateurs ? Reproches d'un grand orgueil blessé ? Impression cruelle que les Foch, les Lyautey, les Joffre, eurent tout de même une autre chance ? Le fait est que, lorsqu'il bouscule les dernières démarches, il y procède comme à la va-vite. Allons, terminons-en, vite... Il en termine avec une corvée.

Elle doit être là, la véritable évolution de De Gaulle vis-à-vis du problème algérien : il commence par une certaine foi en l'Algérie française ou en une Algérie à lui; les occasions le font douter; à tout perdre, il préfère se sculpter en noble décolonisateur ; il en vient à se convaincre qu'une autre Algérie que l'Algérie française peut exister; il ouvre la voie à l'Algérie algérienne.

Évidemment, cela ne va pas sans polémiques, ni haines.

Les accusateurs se déchaînent et vocifèrent plus que jamais. Ils n'épargnent aucun de ses choix.

Les uns jurent que l'histoire ne saurait plus tard lui pardonner d'avoir été un impitoyable. Ils estiment en particulier scandaleux qu'il n'ait pas pardonné à de jeunes officiers de l'O.A.S. (Organisation de l'Armée Secrète, qui, au nom de l'Algérie française, anime toute une action clandestine contre de Gaulle), et qu'il ait laissé fusiller, refusant toute grâce, des « héros de l'action », magnifiques combattants de France sur tous les fronts, tel le lieutenant Degueldre. C'est à qui du coup reparlera de Brasillach.

Les autres n'arrêtent pas de l'accuser de coup d'État en 1958. Ils disent : de Gaulle a d'abord conduit durant onze ans contre la République, sans relâche, une entreprise de démolition, puis il n'a eu qu'à lancer ses commandos pour précipiter la France dans un chaos dont il dénonce comme coupables ceux-là mêmes qu'il démolit; puis il trouve à son aide quelques cuirassiers naïfs; il n'a qu'à faire tomber l'édifice d'un dernier coup d'épaule et à se faire plébisciter comme Grand Reconstructeur. Michel Debré a beau parler d'« insurrection légitime » à propos de l'insurrection pour l'Algérie française, le général de Gaulle admet lui-même que le coup d'État peut procéder d'une certaine légitimité. Il dit au grand journaliste Sulzberger, du *New York Times*, dès février 1954, plus de quatre ans avant le coup du 13 mai : « Et pourquoi pas un coup d'État ? J'ai déjà réalisé deux coups d'État dans ma vie. En juin 1940, quand j'ai établi notre mouvement à Londres, j'ai accompli un coup d'État. Et, en septembre 1944, j'ai fait un coup d'État à Paris. J'ai constitué un gouvernement, j'étais le gouvernement. Le seul point, c'est qu'on ne peut faire un coup d'État si l'opinion publique ne le demande pas. On doit avoir l'opinion publique tout entière derrière soi, comme Bonaparte le 18 Brumaire. »

D'autres lui font procès de trahir l'Algérie française — grâce à laquelle il a pu revenir au pouvoir. Jacques Soustelle ne sera certes pas le dernier à lui reprocher ce « crime : cent trente ans de présence française engloutis dans le désespoir. » Nous ne l'avions pas rappelé pour ça, crache Delbecque.

D'autres lui en veulent de la désinvolture avec laquelle il traite les textes constitutionnels. A plus forte raison peuvent-ils protester quand, en août-septembre 1962, il confirme son intention de proposer au pays, par voie de référendum, que le président de la République soit élu, dorénavant, au suffrage universel. Il conduit littéralement cette affaire contre tout droit. Il devrait appliquer l'article 89, qui prévoit que toute réforme doit être approuvée *dans les mêmes termes* par le Sénat et par l'Assemblée, avant d'être soumise à référendum. Sans doute parce que sûr de n'obtenir sur son texte ni l'accord de l'Assemblée, ni celui du Sénat, il choisit de se référer à l'article 11 qui permet au Président de soumettre directement au peuple « tout projet de loi portant sur l'organisation des pouvoirs publics », texte qui, à l'évidence, ne s'applique par conséquent pas à une révision constitutionnelle. Il passe outre à tous les avis des Sages, même de ceux qu'il estime ou estima. Gaston Monnerville, président du Sénat, parle de « forfaiture »; René Coty se déclare contre; Paul Reynaud se déclare contre; Guy Mollet se déclare contre; le Conseil d'État se prononce contre : il n'en a nulle cure. L'Assemblée élue sous son autorité en 1958 censure le 5 octobre le gouvernement Pompidou par 280 voix sur 482 députés : il passe encore outre. Loin de réviser sa procédure, il dissout l'Assemblée. Il y a davantage encore coup d'État là qu'en mai-juin 1958. Les détracteurs n'auront jamais plus raison dans leurs raisons. Mais ils sont vite confondus. Malgré une formidable mobilisation des forces du Cartel des non, de Gaulle fait triompher le oui, le 28 octobre, par plus de 13 millions de voix (62,25 % des votants) contre un peu moins de 8 millions (37,74 %). Il gagne aussi aisément les élections législatives qui s'ensuivent en novembre, faisant élire 233 députés gaullistes (groupés dans l'U.N.R., Union pour la Nouvelle République, qui ressuscite le R.P.F.), et 40 alliés, Républicains Indépendants, qu'animent Valéry Giscard d'Estaing et Raymond Marcellin. Les gaullistes se comptent soixante de plus que dans la défunte assemblée. La majorité absolue est largement atteinte. « Des lilliputiens, ces gens-là », dit-il à Marcellin à propos de ses adversaires.

D'autres encore déplorent qu'il ne soit finalement qu'un semeur d'illusions. Telle est la thèse de Pierre Viansson-Ponté, qui, dans *le Monde*, fait subtilement le procès de cette « dictature du verbe » et qui annonce que la principale évidence de De Gaulle sera d'avoir « accompagné au rang de petite nation une Quatrième République plus grande qu'on ne l'a dit ».

D'autres enfin le taxent de démagogie monumentale. De Gaulle n'est jamais plus heureux, plus grisé que dans un bain de foule. Jean Cau peut raconter avec une fine cruauté dans *l'Express* cette extraordinaire entrevue du Général avec le brave maire de Decazeville qui, un beau jour de septembre 1961, lui expose dans sa mairie les difficultés de ses mineurs : « De Gaulle s'ennuie, étire son cou et pointe son nez vers le plafond; ou bien écrase son menton sur sa cravate, ou bien branle du chef à petits coups saccadés comme s'il reniflait du poivre; il s'ennuie, il est de mauvaise humeur; ce petit maire courageux l'exaspère. » Mais que vienne une foule : « Il y plonge, s'y frotte, s'y gratte, dirait-on, c'est sa drogue, son oxygène, son plaisir profond, il n'aime que ça, les foules qui lui disent inlassablement qu'il est l'élu, le sauveur, l'homme providentiel... »

Jacques Laurent, sans paraître y toucher, est encore plus cruel : « Au vrai, de Gaulle aura été le metteur en scène d'une défaite, et aussi d'une résignation. Grâce à lui, des millions de Français qui avaient été plus pétainistes que nature, peureux des coups, combinards à l'occasion, ont pu se persuader, pour peu qu'ils aient écouté la radio de Londres et applaudi de Gaulle après la bataille, qu'ils étaient des héros... Nul dans l'histoire de l'Europe n'aura porté à cette perfection l'art de rassurer sur elle-même une grande masse humaine par un système de lumières qui transfigure le décor et lui fait signifier le contraire de ce qu'il représente... »

Et d'autres de ne pas lui pardonner de risquer de compromettre l'unité de l'Occident, face aux Soviétiques, et de risquer de provoquer le démantèlement de l'Alliance atlantique, quand il décide de retirer les forces françaises de l'appareil militaire mis en place depuis la présidence de Truman et, pour ainsi dire, de chasser de France le haut commandement militaire des forces de l'O.T.A.N.

Et d'autres de lui en vouloir de s'entêter dans l'esprit anti-européen. Sa hargne contre le patriotisme européen le pousse même à commettre une gaffe sensationnelle. Cela se passe le 15 mai 1962. Pompidou est depuis peu à Matignon. Sa première opération politique a été de conclure une forte alliance avec le M.R.P., pour tenter d'élargir une base électorale qui s'est trop rétrécie depuis la rupture du Général avec Guy Mollet fin 58 et la défection des Indépendants restés attachés à la cause de l'Algérie française. Dans cet esprit, il a fait entrer au gouvernement, aux côtés de Paul Bacon, déjà ministre du Travail, et Robert Buron, déjà ministre des Travaux publics, Maurice Schumann, comme ministre de l'Aménagement du territoire, et Joseph Fontanet, comme ministre de la Santé publique, et il y a surtout rappelé Pierre Pflimlin — entre-temps démissionnaire — comme ministre d'État, chargé de la Coopération. Or, voici le Général tenant une conférence de presse à l'Élysée, avec pour principaux thèmes l'organisation politique de l'Europe des Six, le problème allemand, l'affaire de Berlin et la position de la France à l'égard de l'Alliance atlantique, et se mettant à tenir les propos les plus tonitruants contre tous croisés de l'Europe, comme s'il ne connaissait pas les irréductibles convictions européennes des M.R.P. Il va jusqu'à observer tout rigolard que Dante, Goethe, Chateaubriand « n'auraient pas beaucoup servi l'Europe s'ils avaient été des apatrides et s'ils avaient pensé, écrit, en quelque espéranto ou volapük intégré ». C'est ridiculiser en public ses nouveaux ministres à peine embauchés. Inévitablement, aussitôt la Conférence terminée, ils cassent net. La gaffe passe la mesure. « Moi aussi, j'ai mon caractère, et ma dignité », tempête Pflimlin, qui démissionne avec ses amis. En vain le Général, à la supplication de Pompidou, prend-il le téléphone — chose exceptionnelle — et appelle-t-il personnellement le fier Alsacien. Pflimlin se maintient dans son refus. Il y a incontestablement de la part du glorieux coupable quelque légèreté, qu'il est aisé de relever.

Traître à Pétain, agent des communistes qu'il introduit dans son gouvernement, fasciste au R.P.F., putschiste en 1958, truqueur de Constitutions, bradeur de l'Algérie, bradeur de l'Empire, traître à l'alliance américaine, pitre sans génie à la télévision, les gaullistes auront eu tout à entendre. Alfred Fabre-Luce met même en scène tout un procès imaginaire, où les procureurs ont évidemment plus de talent que les avocats.

Évidemment, il y a toujours un chœur des adorateurs, face aux chorales des accusateurs.

Eux n'ont de cesse de faire admirer et vénérer l'officier visionnaire de l'entre-deux-guerres, le combattant de Montcornet, le sauveur de 40, le libérateur de 44, le modernisateur, le grand réformateur, le grand et noble décolonisateur.

Ils énumèrent fièrement tout ce que la France lui aura dû. Il sauve le pays de la honte (1940).

Il sauve le pays d'une guerre civile (1958).

Il sauve le pays de la ruine. Quand il retrouve le pouvoir, la situation économique est au bord du désastre. Le déficit du budget est estimé à au moins 1 200 milliards de francs. La dette extérieure s'établit à plus de 3 milliards de dollars. La balance commerciale est négative à 25 %. Les réserves d'or et de devises sont dérisoires. Précisément, il redresse vigoureusement la barre. Même si aucun mérite n'a à être enlevé à un Pinay ou à un Rueff ou à un Goetze dans l'entreprise de relève, c'est sous la responsabilité de De Gaulle qu'elle est engagée. Le beau *franc lourd* du 1er janvier 1959 (100 F = 1 NF), il est sien. Et, contre toute attente, ce même janvier 1959, la France peut fièrement entrer dans le Marché commun sans invoquer les « clauses de sauvegarde ».

Il reprend solidement l'armée en main, avec Guillaumat d'abord (fils du bâtisseur de la Ligne Maginot !), avec Messmer ensuite.

Il entreprend une active modernisation des forces armées, la moitié des sommes inscrites dans les plans à long terme étant consacrée à la construction d'une force nucléaire autonome et d'abord à la fabrication d'une bombe atomique. (Même déjà prévue sous le précédent régime.)

Il met en place une Constitution qui a toutes chances d'assurer l'autorité de l'État, tout en garantissant les libertés fondamentales.

Il assume la besogne de décolonisation comme personne, absolument personne, ne pourrait le faire à sa place — même si la circonstance condamne plus d'un million trois cent mille Français d'outre-mer à venir se fixer en métropole, dont près d'un million pour la seule Algérie.

Il connaît à travers le monde entier, au nom de la France, une gloire que, de longtemps, aucun Français n'égalera.

En passant, et alors que l'esprit de famille est en train de se dégrader jusqu'au fond de nos provinces de la morale la plus robuste, il impose magnifiquement l'image d'une famille exemplaire. Mme de Gaulle, inimitable « Tante Yvonne », toute discrète, volontairement effacée, proprette, toujours réservée — mais si prude et attentive aux convenances d'État qu'elle peut faire briser des carrières ministérielles si tel ou tel ménage de tel ou tel candidat ministre prête à excessifs commérages —, finit par camper une incomparable compagne de grand homme, dont le peuple finit par être fier. Le gendre, Alain de Boissieu, est l'un des plus brillants officiers de Leclerc. Le fils, Philippe de Gaulle, héroïque durant la guerre et sans jamais profiter du moindre privilège, cependant toujours au plus près de son père dans les plus grands drames nationaux, poursuit l'une des plus belles carrières militaires de sa génération. (Il entre dès septembre 1940, dès ses dix-neuf ans, dans les forces françaises navales libres. Il participe aux campagnes de la Manche et de l'Atlantique Nord. Dans les rangs des fusiliers marins, il participe avec la division Leclerc à la libération de Paris. Il commande successivement l'escorteur rapide *le Picard*, l'Aéronautique navale de la région parisienne, la frégate lance-missiles *Suffren* et l'Aéronautique navale de la région atlantique. Plus tard il commandera le groupe naval d'essais de missiles et l'aviation de patrouille maritime, et, comme vice-amiral, l'escadre de l'Atlantique. Comme amiral, il accédera à l'inspection générale de la marine. Marié à Henriette de Montalembert de Cers, il fonde lui-même une belle famille qui compte quatre fils, Charles, Yves, Jean et Pierre. Suprême marque : il a une saisissante ressemblance avec son père, même longue silhouette, même profil à long nez, même front têtu, mêmes attitudes tranquilles où l'on démêle mal le hautain d'une certaine ironie supérieure, même passion — ici contenue par décence ou dans le souci de ne pas gêner le chef de l'État — pour analyser les situations et les chances politiques.)

Traître à l'amitié américaine ? Soit. Il est trop exact que le Président aura pu prendre le risque d'écœurer nos alliés américains, voire à les pousser à un isolationnisme qui engagerait l'anéantissement de l'Europe. « Pas commode, le boy », peut grogner Johnson. Mais il n'y a pas simple et méprisable fait d'humeur. De Gaulle a avant tout la hantise de son indépendance. Il ne répugne à rien tant qu'à paraître jouer les valets. Tout de même, dès qu'éclate l'affaire des fusées installées par Fidel Castro à Cuba avec l'accord de Khrouchtchev, et dès que John Kennedy décide de réagir à pleins risques de guerre, il est le premier du monde libre à proclamer sa solidarité avec le jeune président nord-américain.

L'homme des illusions et du seul Verbe ? Mais la France en reste au premier plan de la scène mondiale quand, de toute son énergie et avec pleine efficacité, il fait signer le traité de coopération franco-allemand en janvier 1963, oppose son veto à l'entrée du Royaume-Uni dans la Communauté économique européenne, reconnaît la Chine populaire en janvier 1964, et, le 1er septembre 1966, face à près de cent mille personnes, au Centre sportif national de Phnom Penh, condamne la poursuite de l'intervention américaine en Indochine et proclame le droit des peuples d'Asie à l'autodétermination.

Traître à l'Europe ? Sans doute ce maurrassien profond n'aura-t-il jamais pu accéder au patriotisme européen. Peut-être même passe-t-il à côté de son plus grand destin quand il ne se décide pas à prendre la tête de l'aventure européenne : il n'aura pu être que le dernier grand roi de la France; il n'aura pas su s'affirmer comme le premier grand roi de l'Europe. Mais il tient scrupuleusement tous les rendez-vous du Marché commun qui ont été pris avant lui. S'il ne se lasse pas d'exprimer le rêve trop vague, d'une Grande Europe qui irait « de l'Atlantique à l'Oural », il n'entreprend rien, une fois au pouvoir, pour casser l'Europe des Six, qu'il s'efforce de faire vivre dans l'amitié. Par-dessus tout, en juillet 1962, à Mourmelon, il sait donner avec le chancelier Konrad Adenauer la plus haute image qui illustre l'historique réconciliation du peuple français avec le peuple allemand. Côte à côte, les deux glorieux hommes d'État assistent au défilé de cinq cents blindés français et allemands. Le général de Gaulle porte son uniforme de général à deux étoiles qu'il n'endosse plus qu'aux grandes occasions. Adenauer est en austère costume bleu marine. Des parachutistes français passent, de leur pas étrangement feutré, au rythme lent de *la Marche des Marsouins*. Puis, tandis qu'éclatent les cuivres d'une fanfare allemande, se présentent les éléments de la 13e brigade des Panzergrenadieren. Le spectacle est d'une exceptionnelle intensité. Les deux vieillards chargés d'Histoire semblent tout à la fois contempler un long passé terrible et la splendeur d'une amitié âprement conquise. Voici passer les fantômes de Sedan et de Reichshoffen, de Verdun et d'Eylau, de Bismarck et de Davout, de Foch et de Hindenburg, de Rommel et de Leclerc. Voici s'annoncer les rondes fraternelles de jeunes gens et de jeunes filles de Champagne et de Bavière, sous la protection de remparts désormais défendus en commun. C'est beau.

Quoi qu'il en soit, tel est bien le mot qui qualifie de Gaulle dans l'absolu : un Roi.

Ce n'est pas obligatoirement péjoratif sous ma plume.

Il majestise, dans la forme comme dans le fond.

Voyez cette conférence de presse du 31 janvier 1964 où il proclame que « l'autorité indivisible de l'État est confiée tout entière au Président par le peuple qui l'a élu, qu'il n'en existe aucune autre, ni ministérielle, ni civile, ni militaire, ni judiciaire, qui ne soit conférée et maintenue par lui ». Louis XV ne parlait pas autrement devant le Parlement de Paris en 1766 : « C'est en ma personne seule que réside l'autorité souveraine. » Bossuet était sur le même registre quand il s'exclamait : « Tout l'État est en lui, la volonté du peuple est renfermée dans la sienne, comme en Dieu sont réunies toute perfection et toute vertu. »

Regardez-le quand il joue les Zeus à la télé, ou mieux encore quand il tient l'une de ces extraordinaires conférences de presse où il invite à l'Élysée sur fond de draperies pourpres. Les ministres sont sagement disposés par rangs de trois ou de quatre sur sa droite, dans ce que l'on appelle l'autobus. Les journalistes composent comme une assemblée à la messe : aucun rapport avec les chahuts et les pagailles des conférences des présidents américains. Le tableau relève davantage de la cérémonie que de la communication. De Gaulle ne discourt pas : il officie. Il distribue ses incantations. Mimiques incroyables. Il avance le buste, plisse les yeux, les ouvre, les écarquille, les plisse à nouveau, brandit les mains, les abat sur la table, les lève au ciel. Tantôt il ronronne, psalmodie, grommelle, en orgue. Tantôt il éclate, claironne, triomphe, à pleins cuivres. S'il rit, en secouant dos et épaules, il hennit. Il est Bossuet et aussitôt après, il prend la voix traînante et grasseyante d'un orateur des halles. Il est Moïse, en plus dominateur, et c'est pour donner leçon à l'esprit dominateur du peuple d'Israël. Il est Déroulède, et c'est pour rappeler, voix goguenarde, que c'est lui qui, « tout de même », à la Libération, nationalisa les charbonnages, Renault, les plus grandes banques, institua les comités d'entreprise, élargit les assurances sociales à la dimension d'une institution, et reconnut aux femmes le droit de vote. Il tient autant du cynisme que de la candeur, de Barrès que de Proudhon, du religieux que du sceptique. Il peut être d'une seconde à l'autre sublime et caricatural, bouleversant et irritant. Et mieux encore tout cela, il le sait...

Il a même l'humour royal.

Le mot tombe toujours de très haut.

D'ailleurs, cent anecdotes pourraient être citées, qui l'illustrent.

Le 28 décembre 1945, les orgues tonnent à Saint-François-Xavier : Georges Bidault, 46 ans, ministre des Affaires étrangères, est en train d'y épouser sa collaboratrice Suzy Borel, du mouvement Combat, première femme à avoir été admise naguère comme conseiller d'ambassade, la seule personne au Quai, dit-on, à parler le russe couramment. Au même moment, le Général ouvre le Conseil des ministres. Il fronce les sourcils. Il s'informe : « Où est M. Bidault ? — Mon général, il est en train de se marier. » Le Président oublie même que non seulement il a été prévenu de l'événement, mais qu'il a été invité à la cérémonie. M. Bidault ne s'est pas excusé, tranche-t-il, nous l'attendrons donc. Il faut que quelqu'un file dare-dare quérir le nouveau marié, au milieu de la sacristie, pour le ramener à Matignon. On se regarde. Le Général, parodiant le penchant que Bidault nourrit pour les formules énigmatiques, dit : « Il n'est pas obligatoire que les heures de l'État coïncident avec les heures de l'Église... »

En 1957, stigmatisant la Quatrième République, on l'entend qui grogne : « Vous verrez qu'ils lâcheront tout... Après l'Algérie, ce sera la Corse, l'Alsace, la Lorraine, Nice, la Savoie... Ils garderont tout juste l'Auvergne... parce que personne n'en veut... »

Fin 1945, quand il se sent près de démissionner, il dit à sa femme : « Nous nous retirerons au Canada, je pêcherai des poissons, et vous les ferez cuire. »

Un jour de 1959, il est en train de présider le Conseil des ministres. Maurice Couve de Murville présente un exposé sur l'Alliance atlantique. A un moment donné, Antoine Pinay le coupe, assez vivement, pour faire connaître son désaccord avec la thèse qui est développée. Le Général lève les sourcils. Je ne sache pas, observe-t-il, que le sujet concerne Monsieur le ministre des Finances. Comme ledit ministre des Finances s'entête, le Général lui refuse même la parole. Alors, Pinay explose. Il s'adresse directement à de Gaulle. « Monsieur — lance-t-il —, puisque tel est le cas, je n'ai plus rien à faire avec vous, je démissionne ! » Il referme ses dossiers, se lève, prend la porte. Le Général ne bronche pas. Le Premier ministre, Debré, se précipite sur les pas du partant, pour le raisonner. Le Général ne bronche pas davantage. Un lourd silence s'établit. Le Général tambourine des doigts sur la table. Debré ne réussit à ramener Pinay qu'après dix bonnes minutes de palabres. Ouf ! fait Debré en se rasseyant. Pinay reprend ses dossiers. Le Général dit : « Eh bien, messieurs les ministres, depuis cinquante ans, c'est la première fois qu'on m'appelle monsieur !... »

A un dîner, il demande à une dame si elle a vu le film *le Pont de la Rivière Kwaï*... Oui, c'est un très beau film, observe-t-elle, mais je ne comprends pas très bien la fin. Il explique : « Mais c'est Vichy, madame ! »

Même quand le roi use d'un langage dru de corps de garde, ce qu'entre hommes il ne mésestime pas, cela tombe du plus haut. Témoin ce souvenir personnel. Encore un jour de 1959, j'accompagne à l'Élysée Guy Mollet, qui a demandé à s'entretenir avec le Général sur le problème de Berlin. Selon sa rigoureuse habitude, il nous reçoit avec une parfaite affabilité et à heure précise, à une seconde près. Nous discutons de l'ultimatum soviétique durant une demi-heure, puis, il nous demande comment ça va dans nos circonscriptions. Précisément, ça pourrait aller mieux. Guy Mollet, dans son Pas-de-Calais, a les mineurs qui s'agitent. Dans mon Roussillon, mes vignerons sont très nerveux. L'un et l'autre profitons de l'occasion pour présenter nos doléances. Rien ne saurait plus excéder le Général que des problèmes de revendications de députés. Il s'agite, s'ébroue, se mouche. A la fin, à bout de patience, il nous lance que nous n'y comprenons rien, que tout ça va se tasser. Guy Mollet s'énerve à son tour. Il s'exclame : « Je le savais bien, que vous étiez mal informé. Mais vous avez pourtant que diable des ministres ! » Deux secondes de silence. Le Général dit : « Que des couilles molles... »

La France se prépare à accueillir Nikita Khrouchtchev en visite officielle. C'est début 60. Un comité de cinq membres est chargé d'établir un avant-projet pour la tournée à organiser. Ils se réunissent. Ils tracent un itinéraire : une usine de chaussures à Pau; une halte chez les aviateurs à Toulouse; un salut à Marseille (Gaston Defferre offrira le soir à la délégation soviétique une si superbe bouillabaisse, que Khrouchtchev, le lendemain, en redemandera pour son petit déjeuner !); un passage par Dijon; une randonnée textile dans le Nord. Puis, ils s'en vont proposer leur plan à de Gaulle. Il les interrompt d'un geste dès les premières phrases. « Montrez-lui ce que vous voulez — prononce-t-il de sa plus lourde voix — mais ne lui montrez pas... la Beauce... »

Autre souvenir personnel. En 1959, Perpignan vient de recevoir le Général qui, on le sait, a promis de visiter durant son septennat tous les départements sans exception et qui réussira à tenir son engagement. Après dîner, à la veillée, à la préfecture, la discussion, je ne sais plus pourquoi, vient à porter sur le parti socialiste et ses clans. Je raconte que, étant secrétaire fédéral du parti socialiste des Pyrénées-Orientales, je montai pour la première fois de ma vie à Paris fin 1945 et que ma première visite fut, cité Malesherbes, pour Daniel Mayer, alors secrétaire général de la S.F.I.O., et en pleine lutte contre Guy Mollet, qui voulait lui prendre la direction du parti. Ce fut le tout premier mot que le jeune provincial eut à entendre dans la capitale : « Je sais ce que ça signifie, Guy Mollet, me déclara Daniel Mayer —, c'est un coup des francs-maçons contre les juifs ! » Pour éclairer le propos, il faut savoir que Daniel Mayer est juif, que les juifs ont toujours été très influents dans les organismes directeurs du parti socialiste, et que les attaches de Guy Mollet avec la franc-maçonnerie vont comme de soi. J'ajoutai que n'étant moi-même ni juif ni franc-maçon, j'aurais tout imaginé, sauf une guerre entre francs-maçons et juifs. Le général fait : « Heu !... Dans l'armée aussi... »

Il y a ce mot superbe sur Michel Poniatowski, tel un vieux mammouth jugeant un jeune mammouth. Le Général dit, méditatif : « Drôle d'éléphant ! Il appartient à une espèce particulière : lorsqu'il entre dans un magasin de porcelaine, il choisit les assiettes qu'il casse... »

Nous sommes à Paris, où se tient une grande Conférence au sommet. Elle semble devoir se tenir normalement. Elle s'ouvre à l'Élysée. Sont là Eisenhower, Khrouchtchev, MacMillan et de Gaulle. Soudain, Khrouchtchev éclate de fureur. Il s'en prend avec violence à Eisenhower. C'est au sujet d'un avion V2 américain qui espionnait dans le ciel de l'Union soviétique et, en panne, s'est livré aux Russes. Eisenhower, livide, ne dit mot. Soudain Khrouchtchev se lève, déclarant que, dans de telles conditions, il ne saurait siéger davantage. Conférence cassée. Une fois les Russes partis, Eisenhower exprime ses regrets, de sa voix la plus calme. Seul, MacMillan réagit avec quelque nervosité. Il craint le pire. Il se lamente littéralement. Alors, de Gaulle, le buste en avant : « Allons... allons... ne pleurez pas, milord... »

Sur des sujets sans grande importance comme dans les plus hautes occasions, il a cet humour noir de souverain dédaigneux.

Là, lors d'une réception à l'Élysée, où deux mille personnes défilent devant le Général, un député lui présente sa femme, s'écriant : « Ah ! mon Général, si vous saviez comme elle est gaulliste ! » Il répond : « Vous avez de la chance; la mienne ne l'est pas... »

Ici, un grand professeur de gauche vient l'entretenir des grandeurs du parlementarisme, de la nécessité d'avoir des partis et cite Cavour disant : « La plus mauvaise Chambre vaut mieux que l'antichambre. » Le Général hoche la tête. Il soupire : « Quel dommage ! fait-il. J'aurai oublié le titre du livre où Colette parle du *regard sans espoir des ânes...* »

Le directeur du *Monde* — un journal qui l'épargne peu — est reçu en audience particulière. C'est Beuve-Méry. C'est à propos de la clémence. Faut-il ou ne faut-il pas traiter avec indulgence les vaincus de l'O.A.S. et plus particulièrement les « généraux félons » ? Beuve-Méry parle durant une demi-heure. Immobile comme une statue, le Général n'ouvre pas la bouche de toute la durée de l'exposé. « Voilà bien ce qu'il en est, mon général », conclut enfin Beuve-Méry. Le Général se lève. Il accompagne son visiteur jusqu'à la porte. A l'instant où Beuve-Méry prend congé, le Général se manifeste enfin. « Monsieur le directeur, demande-t-il, savez-vous ce que je fais quand je veux rigoler ? » Abasourdi, Beuve se fige sur place. Alors de Gaulle, de sa voix la plus lugubre : « Je lis *le Monde*... »

Cela dénote au moins, en tout cas, qu'il éprouve une immense joie à régner.

Manifestement, il respire bien, au sommet.

Il y jubile.

Beaucoup d'hommes d'État ont le pouvoir triste.

Pas lui.

Le Roi s'amuse — même s'il sait, à l'occasion, traiter certains problèmes sur rythmes d'épopée.

Voici pourtant venir aussi le crépuscule.

« Quel dommage ! Et dire qu'il va falloir quitter tout cela ! » soupirait dans son lit Mazarin, non loin de mourir. Il caressait ses bijoux étalés sur l'édredon. Il embrassait une émeraude. Il devait aussi regarder autour de lui ses valets — de toutes conditions — en courbettes...

Le Roi aussi vieillit...

Précisément sans doute peut-on dire que, pour Charles de Gaulle, le commencement de la fin se date de fin 1965...

Il a 75 ans.

Problème : faut-il tenter le diable ? faut-il se faire réélire ?

Car le septennat vient à échéance.

Pour de Gaulle, cela ne va pas sans embarras.

C'est peut-être *le Canard enchaîné* qui l'exprime le mieux. On sait que le célèbre hebdomadaire satirique lui consacre régulièrement une *Chronique du Royaume*, en style Saint-Simon ou Tallemant des Réaux, par la plume d'André Ribaud, avec dessins de Moisan. Le Général Président y est Louis XIV. Vinogradov s'y transcende en ambassadeur de Moscovie. Mme de Gaulle devient Mme de Maintenant. Dans la Cour, on peut reconnaître le baron Frey, le prince de Bré à la Triste Figure, le prince Pinay de la Tannerie, le baron manutentionnaire d'Assault, le baron Alain Peyrefitte, ministre du Babil. C'est chaque semaine délices et plaisirs fort charmants, de voir évoluer un si ensoleillé monarque, passé si grand maître « dans le jeu oblique et pipé des oui et des non », comme dans l'art de « se solidifier dans son pouvoir personnel absolu ». Justement, le Canard chroniqueur raconte à merveille les hésitations qui poignent le souverain, ou dont il joue pour s'amuser de ses dauphins. « Longs mois durant, le Roi aura masqué ses desseins, s'amusant de l'anxiété, de l'embarras, du trouble où il entretient ses ennemis et, qui pis est, ses courtisans, par l'obstination narquoise de son silence. » Il faut ajouter que « c'est en vain que ses ministres, ses valets intérieurs redoublent de ruses et de biais pour percer les gazes tendues autour de lui, en le prenant à l'appeau d'une réflexion échappée par mégarde ». On consulte en vain même astrologues et devineresses. On n'y parvient qu'à « rien obtenir que des réponses ambigument fermées ». On va jusqu'à « sonder des tailleurs de l'Élysée pour essayer d'apprendre d'eux si le Roi rafraîchirait sa robe dans la vue de continuer son règne, comme s'il eût vécu dans une de ces cours de l'ancien Orient où c'est par l'entremise du barbier qu'on savait que Midas avait des oreilles d'âne ». Las ! Il faut toujours « attendre, attendre... » A peine sait-on que le Roi, quand il se prononcera, le fera par « une harangue dans les étranges lucarnes... »

En effet, fin octobre, à l'issue d'un Conseil des ministres, le Général lance : « Messieurs, je vous informe que je m'adresserai au pays le 4 novembre, à 20 heures. Je m'excuse de ne pouvoir vous en dire plus. C'est pour moi une question de conscience. Je garde la décision pour moi-même jusqu'au moment où je m'adresserai au pays tout entier. » Alain Peyrefitte, ministre de l'Information, fait remarquer que, le 4 novembre, c'est le jour de la Saint-Charles.

— Et alors ? rétorque le Général.

On n'en sait pas plus.

Et le 4 novembre est à peine à un mois du scrutin, fixé au 5 décembre pour le premier tour, au 19 décembre pour le second !

Il ne sera que temps...

Raisons qui poussent de Gaulle à ne pas être candidat : il y a l'âge, 75 ans au départ de ce nouveau septennat éventuel, 82 à l'arrivée, c'est beaucoup; il y a la tentation de prendre du repos; c'est parfois trop fastidieux, tous ces innombrables discours qu'il faut composer, apprendre par cœur, prononcer dans des conditions qui ne sont pas toujours idéales; il y a la tentation de passer la main au sommet de la gloire, de la réussite et donc du désintéressement; il y a le rappel grave de l'histoire, car aucun président de la République n'a jamais accompli deux septennats complets; deux présidents ont été réélus, Grévy et Lebrun; tous les deux, à peine réélus, ont connu les pires disgrâces; il y a le vague sentiment que le pays peut réclamer des hommes nouveaux, plus jeunes; enfin, lui-même fait partie de la génération de la Tempête, celle des grands fauves, Staline, Churchill, Roosevelt, Mao, Tchang Kaï-chek, Tito; après la génération des inspirés, on voit maintenant arriver la génération des économistes, des comptables; le géant est dépaysé, déphasé parmi des partenaires qui sont sur un ton plus bas, qui traitent des affaires à l'étage au-dessous... sans oublier que, pour leur part, Mme de Gaulle et Philippe de Gaulle insistent beaucoup pour que le Général renonce à être candidat.

Raisons qui poussent de Gaulle à rester au pouvoir : la rage de régner, qui est invincible; l'ivresse d'être adulé; la divine drogue dont les puissants, à un moment donné, ne peuvent plus se passer; conscience que, dans un délai aussi bref, un autre candidat aura trop peu de délai pour s'affirmer; sentiment que le pays a encore besoin de lui, ne serait-ce que pour mieux laisser de répit à panser les blessures de ces dernières années; conviction de rester en pleine santé; une certaine peur de Colombey, de son trop lourd silence, de ce parc dont il faudra refaire trente mille fois le tour...

Du moins les gaullistes peuvent-ils se dire que l'élection ne sera qu'une formalité, avec de Gaulle comme avec éventuellement son Premier ministre, Georges Pompidou.

Car la gauche a choisi celui qu'ils estiment être le candidat en soi le plus exécrable, pour eux de loin le moins à redouter, François Mitterrand.

Pierre Mendès France, qui serait le plus brillant, a fait savoir qu'il ne se présenterait pas.

Guy Mollet, en grave baisse d'autorité, ne saurait être proposé, mais a fait savoir qu'il était hostile à la candidature de quelque socialiste que ce fût. (Mitterrand n'adhèrera au parti socialiste qu'en 1971.)

Les communistes ont proclamé qu'ils se rallieraient à un candidat unique de la gauche.

François Mitterrand a aisément pris de vitesse tous les autres candidats qui auraient pu jaillir de ce capharnaüm qu'est alors la gauche : Maurice Faure, le radical que poussait *l'Express* de Jean-Jacques Servan-Schreiber; le grand démocrate Louis Armand, mais qui déteste la politique politicienne; Daniel Mayer, que proposait la Ligue des Droits de l'Homme qu'il préside, mais dont Guy Mollet n'a voulu à aucun prix; Pierre Cot, trop marqué du côté communiste; Jean Rostand, trop rêveur idéaliste et trop mal préparé à des joutes de cette nature.

Sa candidature — même soutenue par tous les partis de gauche — n'est accueillie du côté du pouvoir qu'avec sourires et haussements d'épaules.

Un fantôme, a dit Pompidou.

Une farce, a dit Malraux.

On rappelle, *le Monde* en tête, que l'homme a été « de toutes les combinaisons, de tous les cabinets de la Quatrième ou presque ».

On le perçoit comme un maraudeur de la politique politicienne, dans cette jungle plus chacal que lion.

On assure que la nouvelle gauche ne lui pardonnera jamais, étant ministre de l'Intérieur dans le cabinet Mendès France, donc en charge de l'Algérie aux premières heures de la rébellion algérienne, en 1954, d'avoir lancé du haut de la tribune du Palais-Bourbon un fameux « L'Algérie, c'est la France ! »

On précise qu'après avoir navigué de droite et de gauche, et sur toutes les eaux, quand il demanda en 1959 à entrer au P.S.A., le Parti Socialiste Autonome, qu'anime l'ancien ministre socialiste Edouard Depreux, le comité directeur du P.S.A. s'opposa à son admission à la quasi-unanimité.

On soupçonne même les communistes, qui ont fait barrage à Mendès France, de ne soutenir Mitterrand que pour mieux assurer toutes chances à de Gaulle, qui n'est pas tenu en « animal de choléra » à Moscou.

On souligne que Guy Mollet a si peu confiance dans son candidat impromptu qu'il lui a interdit de nouer le moindre accord écrit avec les communistes.

Marc Heurgon, secrétaire du P.S.U., formule nouvelle de l'ex-P.S.A., grogne : « Ça nous fait le choix entre le monarque de la Cinquième et les vieux partis de la Quatrième. »

Le parti républicain et radical-socialiste évite de se prononcer nettement en faveur d'un candidat si mal défini.

Maurice Faure et Félix Gaillard préfèrent soutenir le candidat du centre catholique, Jean Lecanuet, l'un des plus brillants jeunes éléments du M.R.P., qui se montre à la fois comme le porte-drapeau du Renouveau et de l'Europe.

Jean-Jacques Servan-Schreiber prédit que Mitterrand va obtenir le total des voix le plus faible que la gauche, communistes et socialistes compris, « aura jamais représenté depuis le Second Empire ».

Où voulez-vous aller avec ça ? demande Arthur Notebart, socialiste du Nord, qui a en horreur tout non-communiste qui s'allie avec des communistes.

On le ramassera en confiture, annonce Lacoste.

On daube à qui mieux mieux son emphase quand il déclare : « Il s'agit essentiellement pour moi d'opposer à l'arbitraire du pouvoir personnel, au nationalisme chauvin et au conservatisme social, le respect des lois et des libertés, la volonté de saisir toutes les chances de l'Europe et le dynamisme de l'expansion ordonné par la mise en œuvre d'un plan démocratique. »

Guy Mollet le premier doit peu aimer ce charabia de gaullien anti-gaulliste.

De plus, Mitterrand fait hautain, distant, voire méprisant.

Il a le sourire crispé, gêné — plus rictus que sourire.

Paris-Presse souligne son « faciès lourd aux maxillaires musclés, comme ces statues de gouverneurs romains du Bas-Empire ».

On dit qu'il ne sait pas boire le pinard avec le populo.

On se dit que Foccart aura tôt fait de remonter les mémoires sur le faux attentat de l'Observatoire, une histoire rocambolesque où, si Mitterrand ne s'est pas prêté volontairement à l'opération, il a au moins joué le rôle de dupe, plus ou moins benêt, mouche prise au vinaigre d'un farceur.

Puis Mendès France lui-même refuse de participer à la campagne. « J'ai un calendrier trop chargé », explique-t-il.

Pain pourri, pain bénit, exulte Alexandre Sanguinetti, l'un des compagnons les plus dynamiques du Général, glorieux amputé d'un combat sur l'île d'Elbe, gaulliste intraitable, toutes les finesses d'un Corse, toutes les vigueurs d'un corsaire, crâne en granit, visage carré, mâchoire carnassière, formules fulgurantes.

Si le Général est candidat, tous les sondages — lesquels fonctionnent à plein pour la première fois — lui prêtent au moins 60 % des voix...

Toute la France est donc à l'écoute, le 4 novembre, à 20 heures, quand le Général paraît sur l'image.

Il tient la grande forme.

L'œil est de Zeus : il lance des éclairs.

La voix a sa plus épaisse densité.

Bien maquillé, il paraît moins blême qu'il ne l'est dans le réel.

« Françaises... Français... »

L'image s'anime. Les deux bras en croix légèrement pliés. La main droite à moitié fermée, pouce en l'air. La main gauche ouverte. La bouche ronde. L'œil rond. La ride moqueuse.

A l'évidence, il s'amuse prodigieusement.

Il est au théâtre, magistral acteur, spectateur qui fait bien sa propre claque.

La déclaration n'excède pas neuf minutes.

Le principal tient en une phrase : « Aujourd'hui, je crois devoir me tenir prêt à poursuivre ma tâche. »

Mitterrand est en meeting à Lyon; interrogé, il dit ne pas être étonné : « Eh bien, c'est fait; le général de Gaulle a choisi le meilleur candidat gaulliste, c'est-à-dire le général de Gaulle... Rien de nouveau à dire là-dessus... Quant à moi, puisque je combats d'abord le pouvoir personnel, je continuerai de combattre celui qui l'incarne. Et puisque je combats pour le progrès, je combattrai celui qui reste le porte-parole du siècle de sa naissance, le XIXe siècle. Quelles considérations ajouterai-je ? De Gaulle se présente, moi aussi. »

Jean Lecanuet remet un texte à la presse qui relève principalement le passage de la déclaration télévisée où de Gaulle se présente en sauveur indispensable : « Un président de la République n'a pas le droit de dire qu'en dehors de lui le régime s'arrête et la France renonce. »

La campagne officielle s'ouvre sur les ondes le vendredi 19 novembre. En vertu d'un décret, chacun des candidats dispose de deux heures de télévision.

Ils sont cinq, hors de Gaulle.

La France, tout entière devant les « étranges lucarnes », les découvre ce vendredi-là, où ils se présentent chacun en cinq minutes.

Jean-Louis Tixier-Vignancour, qui se veut le candidat du maréchal Pétain trahi et de l'Algérie française bradée, paraît le premier, visage buriné, grimace féroce de tigre sur gueule de vieux chat malin, poil raide, voix de catacombe. Le second à paraître est l'inconnu du lot, le « touriste routier » sans équipe, le petit bonhomme tout moyen égaré chez les vedettes, nommé Marcel Barbu, candidat idéal pour chansonniers avec un nom pareil : il lit laborieusement un papier; on se dit d'emblée chez les ministres que, la prochaine fois, il sera sage de prévoir des conditions plus rigoureuses pour pouvoir être candidat. François Mitterrand suit, contracté, crâne un peu dégarni, moins beau ténébreux que prévu, regard dur, voix sacerdotale : « Ce dialogue qui commence aujourd'hui entre vous et moi, candidat unique de la gauche, dit-il, je l'espérais depuis longtemps. » Au quatrième rang, vient Pierre Marcilhacy, sénateur des Charentes, très grand, aussi grand que de Gaulle, 1,92 m, long visage grave, glabre et blême, large bouche sous long nez crochu, style solennel paterne, du genre conseils au coin du feu, que Jean-François Kahn, non sans quelque imagination, trouve « personnage sorti tout droit d'une tapisserie de Bayeux ». Jean Lecanuet termine le défilé, éclatant de santé, sympathique, dynamique, parole facile, phrases lumineuses, denture impeccable — d'où d'ailleurs surgit vite le surnom, inspiré d'une célèbre publicité faite dans les cinémas pour une marque de dentifrice, *Dents-Blanches*.

Par malheur pour de Gaulle, il va y avoir cette télévision où, pourtant, il a légende d'être incomparable.

Pour la première fois, elle s'impose comme la véritable vedette de toute la compétition.

Or, jusqu'ici, le pouvoir l'a mobilisée à son seul profit. Tous les bulletins d'information, tous les commentaires sont à sens unique. Depuis la Libération, ici la mal nommée, tout ce qui relève des ondes est propriété d'État. La radio appartient depuis lors au pouvoir, quel qu'il soit. La télévision a obtempéré à la même loi, et, comme sa vraie naissance coïncide avec l'avènement de la Cinquième République, les gaullistes l'ont tout naturellement accaparée. Il n'y a jamais eu de décolonisation. Elle a été totale colonie du pouvoir gaulliste. Elle a donc été jusqu'ici interdite aux tribuns de l'opposition. Résultat : quand des opposants font irruption, ils n'en créent que plus de sensation encore.

Ajoutons que non seulement la France découvre des opposants, mais découvre l'« opposition », les arguments de l'opposition, tout à coup puissamment et largement développés; que les adversaires du Général, même le brave Barbu, rivalisent d'ardeur pour relever toutes les fautes commises par le pouvoir depuis sept ans; qu'à raison de deux heures pour chacun, la France va entendre en deux semaines dix heures de réquisitoires; que c'est un véritable grand procès public de la Cinquième République qui s'engage.

Ajoutons qu'à l'image, tous, sauf Barbu, sont remarquablement conseillés par des maîtres en matière de communication. Par exemple, Marcilhacy se fait mettre en scène par le réalisateur Gilbert Larriaga et le grand journaliste Claude Darget, virtuose de l'humour caustique. Mitterrand profite des conseils du reporter Roger Louis, du producteur de télévision Stellio Lorenzi, du cinéaste Jean-Pierre Melville et du journaliste Gaston Bonheur.

Ajoutons que ce qui frappe les téléspectateurs, ce n'est pas seulement le talent des uns ou des autres, Marcilhacy professoral,

Tixier carnassier, Lecanuet allègre, Mitterrand concentré — le bon Barbu lui-même qui, sur le ton le plus innocent, dit peut-être les choses les plus méchantes (et dont les journaux racontent à longueur de colonnes la vie étonnante : élevé à l'orphelinat d'Elancourt et au petit séminaire de Versailles, successivement apprenti ouvrier, artisan, industriel, promoteur de la fabrication en série des boîtiers de montres étanches, fondateur en 1941 de la Communauté Boimondau à Valence, première communauté de travail, député de la Drôme à la première Assemblée constituante, père de 12 enfants), c'est plus encore la jeunesse des deux principaux protagonistes, Mitterrand (49 ans) et Lecanuet (45 ans), lequel provoque sans conteste la sensation la plus profonde.

Puis, le Général commet la faute de dédaigner la campagne.

Il pèche par excès de confiance.

Il tient la partie pour du tout-joué.

Les sondages ne tardent pas à être révélateurs d'une inattendue évolution des esprits.

Le 22 novembre — et les rapports des préfets confirment la tendance — la cote du favori passe de 66 à 57 %.

Le 26, on la donne à 51 %.

Le 28, on l'estime au-dessous de la barre fatidique des 50.

Enfin, quand, alarmés, les gaullistes obtiennent du Général qu'il se manifeste et quand il s'y résigne, c'est une catastrophe : mal présenté sur fond crayeux, il apparaît tout vieux, ridé, las, spectral, préhistorique.

Il n'en contraste que davantage avec la fraîcheur, l'allant, la jeunesse, l'avenir de ses deux principaux rivaux.

A l'arrivée, à l'issue du premier tour, le résultat du tiercé confond tous les pronostics du départ.

En gros, l'on décompte 24 millions de votants.

De Gaulle n'en recueille qu'environ 10 400 000 (44,64 %), Mitterrand en a 7 650 000 (31,72 %) et Lecanuet 3 800 000 (15,57 %).

Des trois autres candidats, Tixier en obtient 1 250 000 (5,19 %) Marcilhacy 400 000 (1,71 %) et Barbu 280 000 (1,15 %).

Les gauches pavoisent.

Chez les gaullistes, la déconvenue est immense.

« Eh bien ! — lance de Gaulle au Conseil des ministres qui suit — je suis un dictateur en ballottage !... »

Force lui est, de toute manière, de mieux préparer le second tour que le premier — et d'autant plus que Jean Lecanuet refuse catégoriquement de se désister en sa faveur et demande même à ses électeurs « de ne pas voter pour de Gaulle... »

Curieusement, du reste, la situation se renverse.

C'est à Mitterrand, à son tour, de se montrer trop sûr de soi; il affiche une assurance trop provocante, avec dent trop hargneuse. (La télévision a horreur de l'excessif.)

Les communistes « en rajoutent », s'acharnent à démontrer que la victoire de Mitterrand sera d'abord leur victoire — prononcent des discours incendiaires qui, dit Guy Mollet, « font fuir les étourneaux à nuées ».

Georges Pompidou sait mettre au point une tactique intelligente. Il sait en particulier conseiller de ne pas heurter les électeurs catholiques de Lecanuet. Le Premier ministre lance à ses députés, réunis salle Colbert : « Le plus mauvais service que vous puissiez rendre à Lecanuet est de ne pas parler de lui. » Il a la sagesse de recommander de ne plus agiter le vain épouvantail du Front populaire, trop éculé. « Les jeunes ne savent pas ce que c'est et les aînés en ont gardé plutôt un bon souvenir, avec les congés payés et les conquêtes sociales. » Il fait appuyer sur le seul argument déterminant : Mitterrand, c'est le retour à la pagaille de la Quatrième.

Surtout, le Général sait illuminer deux dialogues télévisés avec Michel Droit (les chefs gaullistes n'auront hésité qu'un temps entre lui et Jacqueline Baudrier pour poser les questions).

Alain Peyrefitte n'a à couper qu'un passage, celui où de Gaulle, emporté par le plaisir de batailler, compare les amis de Lecanuet à des « enfants de chœur qui boivent dans les burettes et qui crient Europe ! Europe ! »

L'effet est prodigieux. La France, ahurie, découvre un de Gaulle en pleine allégresse, tout ragaillardi, verbe sûr, buste droit, campant à la perfection le paysan bonasse et malin, œil pétillant, redoutable dans un numéro d'une telle rouerie. Même les ministres les plus confiants n'en reviennent pas. Le spectacle est d'un incomparable maître. De Gaulle évoque « ce pauvre Churchill... les Américains qui n'étaient pas là en 14 — le père Joffre... la ménagère qui ne veut pas que son mari fasse la bamboche et que les filles découchent... » Dans les passages les plus graves des deux dialogues, il démontre une connaissance magistrale des problèmes, une expérience hors de pair. Il a beau rouspéter, grommelant vers ses collaborateurs : « Vous m'aurez fait mettre en pyjama devant les Français. » Il ne sait que trop lui-même qu'il gagne par là le match. Immédiatement, les lettres enthousiastes affluent. « Le courant passe », peut juger Pierre Messmer. Le génial caricaturiste Jacques Faizant peut illustrer la situation en représentant sur les genoux de grand-papa Charles une petite Marianne qui soupire : « Ah ! Si tu m'avais toujours parlé comme ça, gros bêta... »

Prodige de la magicienne Télé : c'est à présent Mitterrand qui fait vieux...

Le résultat confirme le renversement des rôles.

Quelque 23 millions de Français votent.

Charles de Gaulle obtient 13 millions de suffrages, exactement 55,1 %, contre 10 à Mitterrand, 44,8 %.

« Ce qui est étrange dans ce pays, soupire Gaston Defferre, c'est que tous les Français sont antigaullistes, sauf les électeurs. »

Les grandes joies sont silencieuses, dit Debré.

Il a raison de ne pas pavoiser.

Au vrai, le Général ne cesse plus, dès lors, d'être en ballottage.

La chute — en dépit de quelques sursauts spectaculaires — ne fait ensuite que s'accélérer.

A peine un peu plus d'un an plus tard, les élections législatives de mars 1967 manquent tourner à un désastre. L'U.N.R. perd vingt sièges. Elle ne rassemble que 37,75 % des voix au premier tour, 42,60 % au second. La majorité parlementaire ne s'obtient que de deux ou trois voix. C'est le succès le plus court depuis l'avènement. Bien des vedettes gaullistes restent sur le carreau. Les possibilités de manœuvre deviennent pour le Général si étroites que, contrairement à ses plans, il ne peut remplacer à Matignon Georges Pompidou par Maurice Couve de Murville, lui-même personnellement battu dans la circonscription où il se présente.

Dès deux ans plus tard, vient mai 1968. La Fronde des étudiants éclate. Elle est si inattendue qu'elle surprend le gouvernement alors que le Premier ministre se promène du côté de l'Iran et de l'Afghanistan. Soudain, Paris se retrouve sens dessus dessous. Tout commence le 22 mars, par de rudes chahuts à la faculté des lettres de Nanterre. Le 29, deux cents étudiants français, allemands, italiens, belges et hollandais occupent un amphithéâtre à la Sorbonne. Le 23 avril, de sanglantes bagarres, à Nanterre, obligent le doyen de la faculté à suspendre les cours. Dès le 3 mai — le lendemain du départ de Pompidou pour Téhéran, tandis que Louis Joxe assure l'intérim du Premier ministre et qu'Alain Peyrefitte est ministre de l'Éducation nationale —, le Quartier latin est à l'émeute. Dès le 4, il faut fermer la Sorbonne. Dès le 7, l'émeute manque déborder les forces de l'ordre. Dès le 10, les étudiants, déchaînés, construisent les premières barricades. Les meneurs sont de jeunes inconnus, style gauche révolutionnaire, anarchistes verbeux, un nommé Geismar, tout rond, plutôt empâté, manière chanoine rouge, un nommé Sauvageot, lui plutôt maigre, romantique flamboyant, un nommé Daniel Cohn-Bendit, petit gras bonhomme roux, remuant en diable, professeur ès révolution programmée, « Juif allemand », comme le juge vite Georges Marchais. Le retour de Pompidou, dare-dare, n'arrange rien. Le ministère révèle soudain les plus graves désaccords internes. Certains sont pour la manière souple et la réouverture de la Sorbonne. Certains sont pour le matraquage. La pagaille s'étend à tout le pays, avec brusque grève générale. D'énormes masses hurlantes déferlent sur Paris. La Sorbonne est occupée. Les ouvriers se mêlent au mouvement, occupant de nombreuses entreprises, Renault, Berliet, Rhodiaceta. Les services publics cessent de fonctionner. A se demander comment le pouvoir est assez insensé pour ne pas renvoyer à plus tard un voyage officiel du Général en Roumanie, prévu sur quatre jours à partir du 14 mai. Il explique que le renvoi du voyage créerait plus d'affolement encore. Le spectacle en devient effarant : le Général s'en va discourir avec Ceaucescu de la coopération des peuples, se promène entre Craiova et Ploiesti, fait du tourisme de Pitesti à Tirgoviste, et les étudiants occupent le théâtre de l'Odéon, plus de dix millions sont en grève, Pierre Mendès France lui-même se rend à Charléty, à l'occasion d'une gigantesque manifestation populaire, pour se proclamer solidaire du mouvement. A l'Arc de Triomphe, la tombe du Soldat inconnu est profanée.

A certains témoins de se persuader que mai 1968 traduit un gigantesque drame de civilisation, un bouleversement des consciences, un événement à la dimension de la plus grande histoire. A d'autres de le tenir pour une simple grosse farce, démesurément enflée par les médias, une occasion gargantuesque pour les étudiants de se débrider après trop d'années de parcage, pour les ouvriers de mieux se placer pour obtenir satisfaction sur des revendications trop contenues : une révolution sans un seul révolutionnaire mort, allons donc, est-ce une révolution ? Peu importe. Le plus grave est l'extraordinaire faiblesse, la panique, que révèle un pouvoir réputé fort. La Cinquième se découvre aussi désarmée, affolée, que la Quatrième dans ses derniers jours. A croire que la fameuse Constitution de 1958, qui devait tout sauver, n'est qu'un leurre. Par bonheur pour le pouvoir, la C.G.T. refuse toute liaison avec les étudiants, et les communistes ne tiennent pas à renverser le régime. Les organisations syndicales prennent langue avec Matignon. Les « entretiens de Grenelle » s'engagent — dits de Grenelle parce que se déroulant au ministère du Travail, rue de Grenelle. Mais le pouvoir ne donne que l'image du désarroi. « Il n'y a plus d'État », proclame dans une conférence de presse François Mitterrand qui, dans la foulée, s'annonce candidat à la présidence de la République...

Le Général touche le fond de l'abîme. Jamais on ne l'aura vu aussi déprimé. On l'entend murmurer, accablé : « C'est foutu, foutu. L'inondation, l'inondation. Je ne reconnais plus la France. » Il lance à Frey : « Faudra-t-il que je passe mes pouvoirs à un Cohn-Bendit ? » Devant quelques amis stupéfaits, il fait un tableau apocalyptique de l'avenir, à feu et à sang. Tantôt il mesure tout le ridicule de la situation, « ce qui est pire que tout ». Tantôt il croit voir s'écrouler l'Occident, dans un nouveau Crépuscule des Dieux. Je ne me laisserai pas happer comme Louis XVI, dit-il aussi. Il va jusqu'à prédire on ne sait quel retour des nazis en Allemagne. A propos des négociations de Grenelle qui, finalement, grâce à une certaine habileté de Pompidou, se limitent aux problèmes de salaires et de prix, il confie à Debré, épouvanté : « On n'arrête pas une révolution mondiale en discutant autour d'un tapis vert. Pompidou se trompe s'il croit que les Français se remettront au travail. C'est le raz de marée. Le barrage de Fréjus. D'autres que nous, le Pape lui-même, seront engloutis. » A l'annonce que l'O.R.T.F. décide la grève générale, que les ouvriers grévistes des usines Renault refusent un premier protocole d'accord à Grenelle, il conclut que « la Cinquième République est morte ». Il dit à Christian Fouchet, ministre de l'Intérieur : « Tout s'écroule, Fouchet... Regardez : vous n'avez plus de gouvernement, plus d'administration, plus de police. Depuis dix ans, nous avons essayé de construire un État, mais les Français n'en veulent pas... » Il n'a qu'une idée, quitter cette « boîte à mouches ». Il ne supporte plus personne à ses côtés, même ses meilleurs compagnons. « Ils me flanquent le cafard », dit-il.

Cela tient de l'incroyable : après avoir prévenu sa famille d'envisager des mesures de prudence, il quitte précipitamment Paris. Il s'envole de l'Élysée, en hélicoptère, avec sa femme. Il ne songe même pas à prévenir le Premier ministre du lieu où il se rend, de son intention véritable. « Il déserte », crache Tixier-Vignancour. Pierre Mendès France peut déclarer qu'il est prêt à assurer « les responsabilités qui pourraient lui être confiées par toute la gauche réunie ». Plus tard, on apprendra que, faute de ne pouvoir convoquer en Alsace, au mont Sainte-Odile, le général Massu qui commande nos troupes en Allemagne, il l'aura rencontré en son quartier général de Baden-Baden. Il y aura séjourné durant plusieurs heures avant de rallier, toujours en hélicoptère, Colombey-les-Deux-Églises. Pour l'immédiat, de toute la journée, la France est dans l'ignorance totale de l'endroit où, dans des heures aussi périlleuses, peut se trouver le chef de l'État. Panique de vieillard, comme disent les uns ? Manœuvre savante, comme le supposent d'autres ? Peur du ridicule de se faire coincer à l'Élysée par des minables ? Besoin de respirer un bon coup d'air sain, loin de cette atmosphère empestée ? Dégoût suprême ? L'on ne finira pas de sitôt d'en palabrer. Quoi qu'il en soit, seul est bien le cas : l'Élysée abandonné; vertiges.

La situation ne se redresse que parce qu'un certain nombre d'éléments extérieurs et psychologiques se mettent à jouer. Les communistes ne veulent pas suivre les anarchistes dans la politique du pire. Les étudiants « en font trop »; à profaner les monuments aux morts, à étaler des spectacles éhontés à la Sorbonne, à tenir des discours qui annoncent les excès de la Commune, ils perdent beaucoup de sympathies. Quand Mitterrand se propulse candidat à l'Élysée, il le fait sur le ton le plus fâcheux, menton fier, regard césarien, style trop orgueilleux. Pompidou, si désemparé soit-il, sait donner l'image d'un homme qui garde son sang-froid. La France profonde se met à réagir puissamment contre les créateurs et les exploiteurs du désordre. Toute « la France de la sagesse » se rassemble contre l'anarchie. Alors, l'incendie se calme aussi rapidement qu'il flamba. Une énorme manifestation « patriotique », de plus d'un million de personnes, submerge les Champs-Élysées. Le Général, redevenu lui-même, prononce à la radio un terrible et bref discours où il voue aux gémonies les nostalgiques de la Quatrième et annonce la dissolution de l'Assemblée nationale. C'est Jupiter tonnant du haut du ciel. La situation se renverse totalement. Les chefs de la gauche non communiste ont été trop imprudents à s'allier « avec des insensés ». Ils sont à leur tour débordés. Le scrutin a lieu les 23 et 30 juin. Pour la circonstance, l'U.N.R. se change en U.D.R. (Union des Démocrates pour la République). Les gaullistes savent s'y adjoindre des radicaux et des socialistes qui ont désapprouvé les désordres de mai. Les gauches subissent l'une de leurs plus cuisantes défaites. Sur 485 sièges, l'U.D.R. en compte 294 à elle seule : un triomphe jamais vu et la première fois qu'un parti, à lui seul, dispose de la majorité absolue. Les communistes ne sont plus que 34, perdant 39 sièges. Les trois P.S.U. de la précédente Assemblée sont éliminés. De 118 députés, la Fédération de Mitterrand tombe à 57. « Une Assemblée encore plus belle que l'Assemblée bleu horizon de 1919 », commente Debré. De Gaulle a fait parler les dieux, dit Malraux. Pierre Mendès France lui-même est personnellement battu, à Grenoble, où il émigra en 67 après avoir perdu Louviers.

Pour autant, malgré ce sursaut, le régime reste blessé. Un lourd malaise reste de ces semaines de folie. Surtout, de Gaulle commet la faute de se séparer de Pompidou, vrai vainqueur de cette dernière bataille. L'entourage explique que « trois jours de savoir-faire ne sauraient faire oublier six ans de laisser-aller ». Mais le pays ne comprend pas. Le Général ne lui en paraît que plus troublé, plus incertain. Décidément, le ballottage n'a pas cessé.

A la place du solide Auvergnat, le Général nomme un Parisien, tout en finesses et réserves, d'un beau nom qui sent l'aristocratie la plus distinguée, Maurice Couve de Murville. En privé, le personnage est séduisant, même brillant. Il parle clair, encore qu'avec un léger excès de retenue. Il ne manque pas d'humour, ni même de sensibilité. Il est coutumier d'analyses justes. Il peut avoir des idées amples, même s'il est avare de les exposer. Il a le sens de l'amitié. Il est porté aux dévouements, quoique de la manière la plus pudique. Il a toutes les compétences techniques requises pour la fonction. Depuis qu'il le connaît et même si Couve fut à Alger de l'entourage du général Giraud, le Général l'estime entre tous. Mais, trop manifestement, l'homme n'est pas à l'aise, d'un goût trop délicat, dans les tourments et les soufres des luttes politiciennes. Il s'extrait mal de l'ouate du Quai. Il semble parler du bout des lèvres. Si estimable et appliqué puisse-t-il être dans ses expertises, il est à l'opposé d'un remueur de foules. Il affiche une silhouette de salon, cheveux qui frisottent, tête menue, visage fripé, yeux qui souvent s'ébaudissent, parole d'une lenteur de tortue distillée à raison de phrases pas toujours aisées à comprendre. Il manie un humour subtil auquel paysans et ouvriers ne peuvent que rester imperméables. Si grande, si profonde soit sa valeur, seuls quelques témoins ou amis sont à même de pouvoir l'apprécier. Jean Ferniot le dit excellemment : « Il est trop intérieur de lui-même, on pourrait dire trop bien élevé. Projeté à la tête du gouvernement entre de terribles bourrasques, connaissant mal les hommes et appréciant avec difficulté les conséquences qui tombent en cascade de chaque décision, il a devant les événements qui hurlent un réflexe rétractif plutôt qu'offensif. » Il en vient à un style évasif qui ne convient pas du tout à la circonstance. Par exemple, avec les syndicats, comme le dit un syndicaliste, il a « l'art non pas d'ouvrir, mais de fermer la discussion ». Il résulte de tout cela une pénible impression de flottement. « Attention ! — prévient de Gaulle dès décembre en Conseil des ministres — je sens les Français mélancoliques et neurasthéniques. » Michel Debré gouvernait dans la passion et l'anxiété. Georges Pompidou s'affirmait avec un efficace réalisme. Tout se passe « comme si Couve voulait à la fois éviter de brûler les planches et de sortir des coulisses ». Il craint d'en faire trop. Du coup, il n'en fait pas assez. Conclusion : le pays en arrive à prendre le Premier ministre pour un sceptique, pas du tout engagé, incapable de passion, par lui-même désarmé dans le combat. Le pays ne marche pas. De la part de Couve, c'est fort honnête d'économiser les adjectifs. Si le ronflant ne saurait en aucune manière être modèle de manière d'État, trop de froideur n'est pas moins nuisible. « Avec ses airs perpétuellement ennuyés ou désabusés, Couve glace son public », grogne Sanguinetti.

Tout se prépare pour une grave défaite, celle-là irrémédiable. Elle vient avec le référendum du 27 avril 1969.

Il porte sur un projet de régionalisation — vieux rêve — et un projet de réforme du Sénat — qu'en vérité le Général, vieille rancune, veut supprimer, pour le remplacer par une formule qui fait de la seconde assemblée une assemblée plus économique que politique.

On sent que l'entreprise se présente mal peu après le jour où l'idée est lancée, le 2 février, par le Général, dans un grand discours à Quimper, sur la place de la Résistance.

Ainsi pourra-t-on plus tard se poser la question : en définitive, le général de Gaulle n'aura-t-il pas mis en scène, tout à fait volontairement, son propre départ ?

Oui, affirment ou opinent les uns. André Malraux, parmi eux, n'en démordra jamais. Le président de la République entend sortir battu du scrutin. L'affaire est délibérée, l'opération parfaitement préméditée. L'ensemble relève de la stratégie la plus provocante. Malraux le dira haut et clair à John Hess, du *New York Times* : « Il a voulu se faire battre — il a cherché, comment appellerions-nous ça, l'ingratitude !... » Ce référendum-là aura été sa Sainte-Hélène. De Gaulle aura entièrement calculé cette fin romaine, à la Plutarque.

Non, protestent les autres. Jean-Marcel Jeanneney, précisément le ministre chargé de conduire le référendum et les deux réformes envisagées, est sur la thèse entièrement opposée à celle de Malraux. Aucune volonté de suicide, précise Couve. Bernard Tricot, secrétaire général à l'Élysée durant toutes ces opérations, est du même avis. Tous ceux-là pensent que le Général est trop déterminé à tuer le Sénat, pour s'en distraire par quelque raison que ce fût. L'argument est solide.

La vérité doit être intermédiaire : au départ, de Gaulle est sûr de son coup et lance hardiment la balle, puis il vient à douter de sa réussite, trouve des adversaires plus coriaces, plus remontés que prévu, enfin, convaincu de la défaite, comme dit Chaban, « essayant de réussir le mieux possible sa sortie ».

Effectivement, dès une semaine après le lancement de l'affaire, de Gaulle sent que ça peut aller très mal. « Joueur audacieux, longtemps heureux et soudain aux abois », écrira dans *le Monde* Sirius, qui est Beuve-Méry. On entend déjà le Général tenir des discours du genre : « Allons ! C'est foutu... » Mais il tarde beaucoup à perdre tout espoir. Son beau-frère Jacques Vendroux, député du Pas-de-Calais, arrive à propos pour rappeler qu'il appartient à l'homme le plus menacé, à plus forte raison à un tel Titan, d'attendre toujours un miracle, d'espérer malgré tout au plus profond de lui-même « une surprise agréable ». Certes, il réalise vite qu'il court les plus grands risques de perdre la bataille. Le 27 février, jour même du Conseil des ministres extraordinaire convoqué pour adopter l'avant-projet définitif de la loi référendaire, il s'en ouvre au ministre de l'Intérieur, Raymond Marcellin, robuste élu de Vannes, un batailleur tranquille. « Entre nous, Marcellin, ce référendum, c'est un piège à cons ! — Certes, mon général, répond Marcellin, sauf que personne n'a le droit de se mettre dans un piège à cons... » De fait, il oscille légèrement, plus qu'il ne doute vraiment. Par éclairs, du coup, il songe même à se dégager du guêpier où il s'est mis. « Alors, Marcellin, qu'est-ce que vous en pensez ? — Ce n'est pas bon, mon général, la barre passera juste au-dessus, ou juste au-dessous; le résultat sera de toute manière tangent; c'est mauvais. — Mais comment faire, Marcellin ? J'ai annoncé la consultation. — Eh bien, mon général, commençons par le commencement. Plaçons la pyramide sur la base, et non sur la tête. Préparons un plan jusqu'en 1972 : réforme communale, puis réforme départementale, puis réforme régionale, enfin réforme du Sénat par voie de référendum. Le plan est simple. Chacun le comprendra. » De Gaulle va jusqu'à demander à Marcellin d'expliquer « ça » au prochain conseil, de proposer de repousser la date, d'exposer à fond ses arguments. A peine retourné dans son bureau de la place Beauvau, Marcellin entreprend même de rédiger un rapport dans cet esprit. Surtout, il s'applique à nettement séparer les deux problèmes qui sont confondus imprudemment dans une question unique, à dissocier la réforme régionale de la réforme du Sénat. Il souligne que réformer le Sénat par référendum, soit, encore qu'il sera toujours temps d'y réfléchir. En revanche, utiliser le référendum en matière de réforme régionale, c'est même « gaspiller le recours exceptionnel qu'il constitue ». Il conclut son écrit par l'avis que « la réforme régionale est et doit rester de la compétence normale du législateur ». Allez donc comprendre quelque chose parmi tous ces brouillards ! Huit jours plus tard, en Conseil des ministres, Marcellin n'est même pas invité à défendre sa thèse. De Gaulle est abrupt. D'entrée de jeu, il chausse ses lunettes et déclare : « Eh bien, messieurs, voilà. J'ai longtemps hésité. Je ne savais quel parti prendre. Maintenant, ma décision est arrêtée. C'est fini. Le référendum aura lieu... C'est l'intérêt de la France... Bon... Allons-y, messieurs... Examinons donc le projet article par article... »

Par malheur pour le projet, toutes sortes d'éléments vont se liguer contre lui.

On ne retient pas la suggestion d'Olivier Guichard, conseillant que le référendum comporte deux questions distinctes, et non une seule. René Pleven, quoique non ministre, intervient dans le même sens auprès de Couve. « Avec deux questions, le corps électoral se défoulera grâce au Non formulé en réponse à une des deux questions. Il n'y aura ni vainqueur, ni vaincu. » Marcellin insiste à son tour : « C'est plus malin, une question sur les Régions, une question sur le Sénat. » Même Jeanneney paraît tenté. Non, coupe le Général, je veux être honnête.

Le texte qui est accompagné par la question unique est trop compliqué, ardu. On demande par un simple oui ou par un simple non de se prononcer sur un projet — extrêmement juridique — qui comporte 68 articles ! Ça n'emballe personne. Le journaliste suisse René Payot, un orfèvre en la matière, peut plaindre « les citoyens de France qui doivent étudier un vaste projet comprenant 68 articles, apportant 20 révisions partielles de la Constitution, et qui donnera naissance à 22 régions ainsi qu'à un Sénat transformé et pour ainsi dire dégradé ». Avec un truc pareil, peut protester Marcellin, comment voulez-vous donc intéresser et mobiliser qui que ce soit ? Valéry Giscard d'Estaing peut écrire dans *l'Aurore* que « la France est devant ce référendum comme quelqu'un à qui on a remis un oursin entre les doigts; elle ne sait pas quoi en faire ».

La carte qui illustre le découpage régional est un monument de stupidité. Il eût fallu la réserver pour plus tard. En imposant par avance à chaque région une capitale donnée et en imposant à chaque département une région obligatoire, on heurte trop de patriotismes locaux. Nancy refuse la loi de Metz. Orléans est contre Tours. Nice récuse toute primauté de Marseille. Perpignan préférerait être avec Toulouse qu'avec Montpellier, etc.

La France profonde est moins régionaliste qu'on ne le croit. Provincialiste, oui; régionaliste, moins sûr. En vérité, la réforme régionaliste engage une forte prime pour les grandes métropoles régionales. Elle passe même pour une opération des plus grandes capitales régionales, Marseille, Lyon, Lille, Bordeaux, Nantes, contre Paris. Les petites villes sont moins ferventes que les capitales élues, dans la religion régionaliste (et on peut les comprendre).

Les sénateurs, quasiment unanimes à se dresser contre le texte, ne peuvent qu'être de formidables recruteurs pour le Non. Car ils ne sont pas seulement dans chaque département des hommes pour la plupart très estimés, dont le conseil est écouté. Ils sont pour beaucoup des amis personnels — ou de grands électeurs — des députés qui, du coup, ne peuvent eux-mêmes qu'être plus retenus, moins chauds, dans leur propagande.

Tout l'environnement prédispose à l'hostilité.

Les difficultés économiques se sont alourdies. Lesdits « entretiens de Tilsitt », rue de Tilsitt, ont donné lieu au climat le plus détestable. On peut appeler la « Conférence de Tilsitt » la « Conférence des misères françaises ». Tout contribue à un malaise généralisé : un gouvernement qui tente de se frayer un sentier étroit entre inflation et stagnation, sans consentir d'efforts suffisants pour y associer les travailleurs, un patronat embourbé qui ne peut supporter de nouvelles charges sans perdre toute capacité de résister à la concurrence sur le plan international, un syndicalisme divisé, essoufflé, pauvre en militants, trop faible vis-à-vis d'une classe ouvrière qui lui échappe. Tout se retourne contre le malheureux projet, tout s'en mêle, grève chez Renault, grève chez Peugeot, grève du petit commerce, montée de l'or, défilés perpétuels de manifestants sur les boulevards parisiens. C'est la pagaille universelle. Quand de Gaulle, à la télé, dit :

« Choisissez entre moi et le serpent de la pagaille », il ne réalise pas que, désormais, pour beaucoup, le serpent de la pagaille, c'est lui.

Le Conseil d'État (à une très forte majorité, dit-on) émet un avis défavorable au projet. C'est exploité. L'idée se renforce que la procédure du référendum n'est pas obligatoirement la plus démocratique qui soit. Elle exclut la possibilité de modifier, d'amender, d'améliorer un texte, à plus forte raison un texte extraordinairement complexe et dont il est impossible à un citoyen moyen d'apprécier toutes les implications. La confiance défaille. Les gaullistes eux-mêmes se sentent moins sûrs que dans d'autres combats. « Rien qu'à voir ce fourre-tout — gronde Jacques Duhamel — on a envie de le foutre en l'air ! »

L'opposition fait moins peur. Le chaos peut ne pas venir que d'elle.

Durant la campagne, Couve se révèle tel qu'il s'indiqua en prenant sa charge. Il reste trop en demi-teintes. Alexandre Sanguinetti rigole : « Un iceberg, là où il faudrait un soleil. » Le Premier ministre, si haute soit sa qualité intellectuelle ou sa valeur morale, est trop mal à l'aise dans son rôle de bouclier. Il laisse trop le Général à découvert. Il manque trop de punch. Du coup, comme dit encore Sanguinetti, le général « prend toutes les tomates ».

L'éventualité de la chute de De Gaulle ne prête plus à paniques. Il y a Pompidou. En tout état de cause, la relève est assurée. A Rome et à Genève, dans des déclarations qui provoquent quelque sensation, Pompidou laisse lui-même entendre que, par ma foi, si telle ou telle chose arrivait... Disons qu'il se fixe comme le chef qui rassure et assure raisonnablement les Français de la majorité gaulliste contre les bouleversements d'un régime auquel ils restent attachés. « Du calme, les gars, je suis là ! » A se demander même si la France ne serait pas devenue plus pompidolienne que gaulliste. Mais, ce qui est plus grave, c'est que plus Pompidou s'affermit dans l'espérance française, plus le Général s'en affaiblit. En quelque sorte, le dauphin appelle sur sa propre tête les confiances et les espoirs que le roi ne saurait plus honorer.

Dès lors que le Général peut être renversé et remplacé sans risques majeurs, l'ingratitude est plus facile. Or, il se trouve que l'ingratitude est un sentiment familier de l'histoire de France. Elle est même un droit du peuple, affirma Léon Blum. Le peuple de France est assez facilement ingrat. Il en appelle à un sauveur pour le tirer d'un mauvais pas, puis, une fois sa mission accomplie, le largue au plus tôt, sans guère de scrupule. Les exemples en abondent, plus particulièrement dans l'histoire des républiques. La France en appelle à monsieur Thiers pour écraser la Commune et conclure une paix intelligente avec Bismarck, puis le jette aux orties. La France mobilise Georges Clemenceau en 1917 pour rassembler les énergies nationales, puis une fois triomphateur, elle lui préfère le premier venu comme président de la République. La France suppliante se couvre du nom du maréchal Pétain pour assumer la honte d'un innommable désastre, puis le lâche et même l'accable quand il a cessé d'être utilisable. La France fait fête en 1944 au « Libérateur de la Patrie » qui lui redonne une place à la table des grands vainqueurs, mais refuse de le soutenir dans sa guerre contre les partis. La France n'est que trop heureuse de voir Antoine Pinay sauver le franc en 1954, puis, une fois besogne faite, le congédie sans vergogne. La France, admirative, confie au « Superman » Pierre Mendès France la corvée de larguer le Viêt-nam, puis, en moins de six mois, le renvoie à ses pénates. Voici un nouveau cas : au fond, de Gaulle n'aura été rappelé en 1958 que pour larguer l'Algérie; il a donc cessé d'être utile. Autant mettre en accord le fait avec le sentiment.

« Dix ans, c'est assez ! » criaient les étudiants de l'an passé sur les barricades. Il y a usure du pouvoir. On ne crie plus le mot à tue-tête. On n'en pense que plus profondément l'évidence.

Aucun rapport ne peut s'établir avec le référendum de 1962. Le Général, au sommet de son autorité et de sa gloire, venait alors de mettre fin à la guerre d'Algérie, et avait failli payer de sa vie, sous les balles de l'O.A.S., au cours de l'attentat du Petit-Clamart, les accords d'Evian. Ça sentait la poudre. Aujourd'hui, l'opinion publique est davantage sensible à la politique économique et aux initiatives conjoncturelles du chef de l'État, lesquelles ne donnent pas toujours satisfaction. On met plus facilement à son passif ses erreurs de marché. Jacques Faizant ne dessine pas par hasard dans *le Figaro* le chef de l'État qui téléphone à la météo pour lui demander « quelles pluies persistantes sur l'ensemble du territoire le 27 avril ».

Valéry Giscard d'Estaing décide de faire voter non. Il s'insurge contre « l'exercice solitaire du pouvoir ». Or, avec ses Républicains Indépendants, il fut un soutien durant toutes les précédentes campagnes. Tactiquement, l'on eut donc grand tort de l'éliminer début 1966 du ministère des Finances. Il fait payer l'affront, ou tout comme. Ainsi disparaît le dernier grand allié politique. On aura vu successivement rompre, depuis 1958, Guy Mollet,

Antoine Pinay, les radicaux, les M.R.P. Le départ de Giscard laisse les gaullistes seuls avec eux-mêmes.

L'effet charismatique s'affaiblit. Le magicien aura trop perdu de son pouvoir. Une certaine lassitude vient au vieux sorcier. « Je ne me fais plus d'illusions », confie-t-il à Jacques Chirac à qui il demande comment cela va se passer en Corrèze. « Nous ne dépasserons pas 45 %, mon général, le Limousin sera déshonoré. — Non, répond le Général, le Limousin ne sera pas déshonoré, car nous ferons 45 % dans l'ensemble de la France. Simplement, une page sera close et je retournerai à Colombey. »

Dans un nouveau sursaut, le soir du 10 avril, au cours d'un entretien sur le petit écran avec son cher Michel Droit, le Général essaie de dramatiser le débat, de faire passer de l'âme. Si le non l'emporte, le Général abandonnera l'Élysée pour Colombey, plus exactement, il restera à Colombey, où il attendra de connaître les résultats du scrutin. Si le oui obtient la majorité, le président de la République accomplira son mandat jusqu'à son terme, en décembre 1972. En quelque sorte, à vous, Françaises et Français, de juger si vous pouvez ou devez congédier ce vieux et émouvant serviteur. *La Cerisaie*, sans lui, ne sera-t-elle pas trop vide ? Mais, à l'évidence, le cœur du peuple, maître du domaine, ne bat plus au rythme du vieux gardien.

Il lance un suprême appel, le vendredi soir, l'avant-veille du scrutin. Mais la voix elle-même est cassée. Le message sent l'adieu. Il est plus hanté de passé que d'avenir. On pense au mot de Clemenceau après son échec face à Deschanel : « Je pourrais encore être utile, mais, pour moi, cette défaite, cela vaut mieux. J'ai 79 ans. On ne le sait pas. Moi, je le sais... » On pense au mot que de Gaulle disait lui-même du maréchal Pétain, en 1940, quand ils se virent pour la dernière fois, à Bordeaux : « Vieil homme, recru d'épreuves, détaché des entreprises, sentant venir le froid éternel, mais jamais las de guetter dans l'ombre la lueur de l'espérance... »

Au vrai, il ne baisse les bras que tout à la fin. Le 17 avril au soir, il dit à Henri Rey : « Rey, c'est la dernière fois que je vous reçois à l'Élysée. La prochaine fois, vous viendrez me voir à Colombey... J'ai saisi les Français à froid, sur une chose qui ne les passionne pas, pour quelque chose qu'ils ne désirent pas, et à un moment impopulaire. Il y aura des élections présidentielles. Au premier tour, il y aura Pompidou, un socialiste, un communiste et, naturellement, un centriste .. Il y aura ballottage... Au second tour, Pompidou sera élu. Et puis... après... » Geste large du bras, avec une moue qui en dit long.

Vient ce fameux dimanche 27 avril 1969.

Les bureaux de vote ferment à 20 heures.

Cinq minutes plus tard, la défaite du Général s'inscrit déjà sur les rubans des machines électroniques.

La radio ne cesse plus de débiter les progrès des Non.

La Bretagne et l'Alsace échappent seules à l'inondation.

Toutes les autres provinces, toutes les plus grandes villes, refusent leur confiance.

Résultat final : seulement quelque 11 millions de oui contre 12 millions de non — soit 47,58 % des voix contre 52,41 %.

Couve voudrait que le communiqué du Général ne soit lu qu'à quatre heures du matin.

Mais, à onze heures, Bernard Tricot téléphone à *la Boisserie* et de Gaulle ordonne que son communiqué soit diffusé dès minuit.

C'est un communiqué qui tient sur deux lignes.

« Je cesse d'exercer mes fonctions de président de la République. Cette décision prend effet aujourd'hui à minuit... »

Fin de carrière.

Aux autres de jouer.

« La page est tournée, confirme quelques jours plus tard le Général à son chef de cabinet Xavier de la Chevalerie. La suite ne me concerne pas. »

Il ne garde à son service qu'une cuisinière, une femme de chambre, et deux chauffeurs qui permutent de semaine en semaine, Paul Fontanil, ancien brigadier de police, et Francis Maroux, gendarme en retraite.

Même le commandant Flohic, dernier aide de camp, doit prendre congé, embarquant sur la *Jeanne d'Arc*.

Il refuse même de Couve la dotation d'ancien président de la République.

« J'aurai tout de même battu le record de durée de Grévy », dit-il aussi à de la Chevalerie.

Exact : il sera resté à l'Élysée 10 ans et 4 mois — Grévy 8 ans et 10 mois.

Il va passer à Colombey le reste de sa vie.

Il ne s'en absente que deux fois, pour aller voir Valera en Irlande, Franco à Madrid.

« Mao est le dernier d'important qui me reste à voir », dit-il.

Il ne reçoit plus que les amis les plus chers, Couve, Malraux, Palewski...

Ses nouveaux proches, désormais, sont au calme niveau du coiffeur du village, Jean Naumann, qui lui coupe les cheveux un jeudi sur quatre, selon un rite immuable. Le bonhomme arrive à 9 h 30 et procède à sa besogne dans la salle de bains, alors que le Général porte encore sa veste de pyjama rayée bleu, boutonnée jusqu'au col. Type de conversation. « Je vous ai vu passer en voiture avant-hier, mon général, du côté du Cul-du-Cerf. — Ah ! Ah ! Vous étiez par là vous aussi. — Je ramassais des champignons, mon général. — Je croyais, ami, qu'on ne trouvait plus que des girolles. — Des mousserons, mon général, et puis, les gros-pieds vont venir... »

Dès novembre 1970, viennent les derniers jours, tout près de son 80e anniversaire (le 22).

Le dimanche 1er, il assiste avec sa famille à la messe des morts. Tous les de Gaulle communient. Puis on rejoint *la Boisserie*. On se réunit dans la grande salle qui jouxte le bureau, dite la bibliothèque, et qui, de fait, sert de living-room. Des livres s'étagent sur tout un pan de mur et son retour. Sur une étagère, se pressent une quinzaine de photos en cadres, dont Jean XXIII et Paul VI. Des croix de Lorraine métalliques sont fixées sur les montants d'une large cheminée. Dans le foyer, une paire de chenêts supporte trois bûches. De chaque côté de l'âtre, deux fauteuils tendent leurs accoudoirs. On marche sur des tapis offerts par le shah d'Iran. C'est près de la fenêtre, à droite, en entrant, que se fixe le grand poste de télévision, qu'il adore toujours regarder.

Ce jour-là, il joue avec sa petite-fille, Anne, puis écrit dans son bureau, une petite pièce hexagonale dans son cabinet de travail, où, régulièrement, il travaille deux heures le matin, quatre heures l'après-midi.

Il en est à la fin du 2e chapitre du prochain tome de ses *Mémoires*. Il en est à évoquer la politique économique de 1962. De son écriture haute et penchée, il évoque aussi la politique algérienne. C'est sa fille, Elisabeth de Boissieu, au premier étage, dans sa chambre, qui tape les manuscrits à la machine. Qui sait ? Peut-être est-il tenté de brosser un nouveau portrait de Pompidou, à qui Mme de Gaulle ne pardonne pas d'avoir, sur la fin, par ses déclarations de Rome et de Genève, gravement contribué à la défaite du Général. Marcel Jullian, qui fait la liaison entre le Général et les éditions Plon, assure qu'il a déjà lu quatre versions successives de ce portrait.

La dernière promenade en voiture s'effectue le 7. La célèbre DS noire immatriculée 1401 VP 75, suivie de la voiture des policiers d'escorte, roule à travers bois. Le froid est vif. Le ciel est clair. Le général fait les cent pas dans la forêt du domaine des Dhuits, à une croisée de chemins forestiers. Nu-tête, vêtu d'une longue houppelande bleu marine, armé d'une canne, au côté de sa femme, elle aussi canne à la main, il doit cheminer durant deux kilomètres, grommelant de-ci de-là un mot, dodelinant de la tête, d'un geste sec embrochant une feuille morte ou faisant rouler un caillou ? C'est si beau, si prenant, ce coin de France qui sait fusionner l'extrême limite de la Champagne et les confins de la Bourgogne, tout près de la Lorraine !... On repart après un gobelet de thé bouillant, servi d'une Thermos. On rejoint *la Boisserie* par Juzennecourt, Sexfontaines et Audelot. C'est bien la dernière promenade à travers « cette vieille terre, rongée par les âges, rabotée de pluies et de tempêtes, épuisée de végétation, mais prête, indéfiniment, à produire ce qu'il faut pour que se succèdent les vivants ».

C'est au soir du 9 que la mort frappe.

Un lundi.

A 18 h 15, alors qu'il bruine et que le ciel est lourd, Charles de Gaulle rentre à la maison, après un tour dans le parc.

Il écrit quelques lignes, téléphone à l'un de ses collaborateurs à Paris pour demander certaines précisions sur la politique étrangère en 1962, puis quitte son bureau et pénètre dans la bibliothèque.

Il est 18 h 50. En attendant le dîner, il s'assied pour faire une réussite.

Il aligne ses cartes, tandis que Mme de Gaulle tricote un petit dessus-de-lit.

La pendulette Directoire derrière le Général égrène les sept coups.

C'est à 19 h 2 que le chêne s'abat.

Le Général se dresse soudain de son fauteuil. Sa bouche s'ouvre.

J'ai mal... mal... terriblement mal...

Mme de Gaulle se précipite.

Fini. Le Général s'affaisse sur son fauteuil, un genou à terre, le bras gauche allongé sur l'accoudoir. Les lunettes tombent.

A 19 h 23, quand médecin et prêtre arrivent, le général de Gaulle est déjà mort.

Quasiment le monde entier portera le deuil.

Ses funérailles, elles sont déjà décrites dans son testament. « Mes funérailles seront toutes simples. Elles se dérouleront à

Colombey-les-Deux-Églises, que j'ai choisi autrefois parce que, pour l'officier que j'étais alors, c'était un carrefour politique entre toutes les directions où je pouvais être envoyé. Je désire reposer à l'ombre d'une humble croix de Lorraine. Aux obsèques, je ne veux ni fleurs ni couronnes, ni musique, ni chants, ni draperies, ni discours. Sous aucun prétexte, on ne m'exposera devant les foules en délire, à l'église des Invalides, pas plus qu'on ne m'enverra mourir dans ce nid à poussière, sans air et sans lumière, qu'est le Panthéon.. Le petit cimetière de Colombey, au milieu des miens, auprès de ma fille Anne, sous un peu de terre en friche, telle est ma volonté. »

ALAIN POHER

Jean XXIII disait : « Les gros sont bons. »

Telle est bien l'impression première que laisse Alain Poher, président du Sénat, qui, du fait de la démission du président Charles de Gaulle, devient président de la République par intérim : un débonnaire, qui ne se porte pas mal.

Vous découvrez un sourire bienveillant, un corps de taille moyenne, à rondeurs de chanoine gourmand.

Le cou penche légèrement sur la droite, comme le sourire.

Les mains se frottent volontiers l'une contre l'autre.

Les cils battent, aux moments de satisfaction.

A l'évidence, cet homme est à l'aise dans la cordialité.

En vérité, il est moins saisissable, moins simple, que ne le laissent paraître ces signes physiques, cette robustesse joviale, ce pâle visage empâté, ce regard affable... Une étude plus approfondie peut révéler des surprises. Tous ceux qui le connaissent bien peuvent l'attester.

Vous dites au premier regard : un bon vivant, qui ne refuse ni bonne table, ni bon vin. Plus sûrement, il est homme de discipline, toujours strict, dans son plaisir, comme dans son travail. On honore les nourritures terrestres comme cadeaux de Dieu, sans plus.

Vous dites : un bonhomme, posé, paterne, qui ne doit guère aimer l'effort, sénateur au sens le plus tranquille du terme. Erreur : c'est un boulonneur, un gros boulonneur, un Vulcain de république.

Vous pouvez même estimer avoir affaire à un mou, les mains sont à doigts boudinés; le serrement de main est au contraire d'un étau. Erreur encore : il s'agit d'un tenace, d'un robuste, qui sait ce qu'il veut, peut happer solidement un bien ou un titre, tenir son droit, et sait assurer ses prises.

Vous dites : un décontracté, un tantinet désinvolte, sans ambition réelle; le fond de l'œil s'éclaire souvent d'une lueur goguenarde. Erreur toujours. Il fait depuis toujours de la politique selon sa seule volonté, en dépit des protestations de sa femme. Il avance avec intelligence et patience, marche après marche, plaquant bien son pied.

Il adore jouer les modestes. Maurice Denuzière, dans *le Monde*, peut même à son sujet évoquer la « volupté du modeste ». Il est pourtant capable d'une ambition vaste, si cachée soit-elle, et il a beaucoup de dispositions à la soutenir.

Personne ne l'imaginerait, si replet, si tranquille, en personnage vindicatif et grinçant. Meilleur passe-temps : la collection des timbres-poste. Jeu préféré : les petits trains électriques. Sport de prédilection : donner le départ de la « Ronde ablonaise », la plus grande compétition cycliste organisée, tous les ans, dans sa petite commune d'Ablon-sur-Seine, Val-de-Marne. Mais, à l'occasion, il sait donner du sabot, ou de la griffe.

Jean Ferniot le dit « sans angles aigus ». Mais il ajoute aussitôt : « ... ni obtus. »

D'une gaieté toujours étale, et toujours sous-jacente, adorant toutes historiettes et anecdotettes qui n'aient trop gros sel, vous pouvez vous dire qu'il doit manquer d'horizon, ou de rêve, mais il est capable de vénération et de passion, ainsi quand il a pour idole Robert Schuman, et quand, infatigablement, il sert la cause européenne.

Quoi qu'il en soit, tel est l'homme qui, en tant que président du Sénat, se trouve investi automatiquement de tous les pouvoirs de président de la République.

Il tient à le préciser lui-même pour que nul n'en ignore : « La Constitution confère au président intérimaire tous les pouvoirs présidentiels, à l'exception de ceux de dissoudre l'Assemblée nationale, de prendre l'initiative d'une révision constitutionnelle et de présenter un référendum au pays. » A l'exception aussi du droit de changer de gouvernement : il doit exercer la présidence en liaison avec le Premier ministre qu'il hérite du Président défaillant. Encore faut-il souligner que si le Premier ministre venait à défaillir à son tour, aucun texte n'interdit au président de la République de désigner un Premier ministre de son choix. Pour tout le reste, il exerce à pleine souveraineté, présidant le Conseil des ministres, nommant à tous les pouvoirs civils et militaires de l'État (l'une des premières initiatives d'Alain Poher est de congédier Jacques Foccart du secrétariat général des Affaires d'Afrique et de Madagascar, et de le remplacer par un homme de sa confiance), ayant prérogatives de « chef des armées » et présidant les conseils et comités de Défense nationale...

Il naît à Ablon-sur-Seine, le 17 avril 1909.

L'origine du nom est bretonne — sans que les Poher soient cependant descendants, comme on le racontera, des comtes de Poher et, par eux, des ducs de Bretagne. Plus simplement, le nom de Poher doit se référer à celui de l'archidiaconé de Poher, situé dans l'actuel Finistère : déjà du catholique profond.

Les premiers ancêtres reconnus datent du siècle de Louis XIV et se situent justement à Carhaix, au cœur de la Bretagne bretonnante. Ce sont de petits bourgeois à la peine, pères d'innombrables enfants qui s'exilent à la ville, tel cet Alain Poher qui, vers le milieu du XIXe siècle, quitte Ploudaniel, pour terminer comme chef de gare à la Compagnie des Chemins de Fer de l'Ouest. Son fils Ernest, sur les mêmes rails, termine quant à lui dans cette petite cité d'Ablon-sur-Seine, toute voisine de l'importante gare de Juvisy-sur-Orge, lui aussi chef de gare. Ainsi y vient au monde le futur Président, dans la modeste villa de ses parents, rue de la République. (Ablon est alors en Seine-et-Oise.)

Il effectue ses études secondaires à Paris, aux lycées Louis-le-Grand et Saint-Louis.

Il entre à l'Ecole des Mines.

La vraie carrière commence par un déjeuner, dans les premières années 30, entre son père, Ernest, alors en responsabilité de la gare d'Austerlitz, avec un ami, important fonctionnaire des Finances. Problème : trouver une voie d'un avenir plus confortable pour le jeune homme qui, comme ingénieur, achève la série de ses stages dans les taupinières à charbon du Nord, a le salaire le plus chiche et ne peut compter sur des avancements intéressants.

L'ami fait opter pour le service de l'État. C'est de la sorte qu'après avoir passé une licence en droit et un diplôme de Sciences Politiques, l'ex-ingénieur des taupinières, dès 1938, déjà remarqué dans les bureaux des Finances, est promu administrateur civil — cette même année où il épouse sa compagne pour toute la vie, Henriette Tugler, une amie d'enfance, elle aussi fille de chef de gare.

Drôle de guerre et défaite ne semblent qu'entractes : il poursuit sa carrière administrative — sauf à adhérer en 1943 à la Résistance par le réseau Libération Nord et à se voir confier, lui déjà de réputation placide, la mission — et l'honneur — de prendre possession en août 1944, au nom de De Gaulle, du ministère des Finances, qu'il remet ensuite au ministre que désigne le gouvernement provisoire, Aimé Lepercq.

Tous les avis concordent d'ores et déjà : Alain Poher, un homme de calme.

C'est avec calme qu'il préside le « Comité de libération » du ministère, puis le « comité d'épuration », pourtant première expérience difficile, âpre et ingrate où, si affable soit-il, si humain entende-t-il rester, il doit apprendre à mieux se connaître lui-même, et à dominer une certaine gaucherie dans ses rapports avec ses semblables, à plus forte raison avec des hommes qu'il a à juger ou à punir. Du moins peut-il se camper aussi à l'opposé des sanguinaires, résolument dans le camp des indulgents, même si force lui est de veiller à un dosage des fautes et des peines.

C'est avec calme qu'il préside les services sociaux du ministère, en même temps que la coopérative de la rue de Rivoli.

C'est ce même calme, en même temps que sa puissance de travail et son application au travail impeccable, qui le fait apprécier par son ministre, le grand Robert Schuman, lequel en fait vite son collaborateur préféré.

Un calme, il le reste tout au long de sa carrière politique, même dans les luttes politiciennes, où il sait se garder de toute démesure, même dans les différents postes prêtant souvent à problèmes délicats et irritants, qu'il occupe, chef de cabinet de Robert Schuman, sénateur de Seine-et-Oise dès 1946 sous oriflamme de Robert Schuman, secrétaire d'État au Budget en 1948 dans un cabinet Schuman, commissaire général aux affaires allemandes et autrichiennes, délégué de la France à l'Autorité internationale de la Ruhr, président de commission à la Communauté Économique Européenne, secrétaire d'État à la Marine en 1957 dans le cabinet de Félix Gaillard, à nouveau sénateur de son département natal, président du Parlement européen de 1966 à 1968, enfin président du Sénat, en succession de Gaston Monnerville.

Étiquette politique : M.R.P., puis, après la disparition du M.R.P., Centriste.

Il arrive à l'Élysée sur la pointe des pieds.

Tout humble.

Avec presque l'air de s'excuser.

Les vieux Français doivent croire assister au retour de Doumergue, sans l'accent.

C'est le lundi 28 avril — 15 heures.

Le climat politique n'est pas moins détestable qu'à l'époque. L'intérim ne pouvant pas débuter sous auspices plus défavorables.

Le Sénat a été au centre de la bataille du référendum. Alain Poher a été pour ainsi dire le chef d'état-major de l'armée des non. On n'entend que grognements. La rumeur court même que des bandes plus ou moins armées se mobilisent. Couve, sans doute emporté par l'émotion, a lu sur les ondes une déclaration ambiguë. Le départ de De Gaulle crée subitement un vide, qui peut donner lieu aux pires emballements ou imprudences.

Poher trouve table rase. Aucun dossier n'a été laissé, pas même sur les projets en cours. L'Elysée a été littéralement vidé.

De fait, le général de Gaulle, ne serait-ce que par pur respect de sa Constitution, aurait dû être là en personne pour assurer sa transition. Il n'y a même pas le secrétaire général, Bernard Tricot, pour ouvrir la porte.

Le Président par intérim est accueilli sur le perron par son propre secrétaire général, M. Becq.

Il n'y a pas la moindre cérémonie de passation des pouvoirs. La bouderie à l'égard du nouveau venu est totale — insultante.

Poher doit exiger que l'on hisse le drapeau qui, sur le mât central du palais, marque à l'Élysée la présence effective du chef de l'État.

Il ne peut obtenir du Grand Chancelier de la Légion d'honneur les insignes de grand maître de l'ordre (le grand chancelier fait savoir que Poher, n'étant élu ni investi, n'y a aucun droit).

Il doit insister pour que lui soit remise l'enveloppe contenant le code de déclenchement de la force atomique que le président de la République doit porter constamment sur lui; il ne l'obtient qu'à grand-peine de Pierre Messmer, ministre des Armées, à l'issue du premier Conseil des ministres, lequel se tient quelques jours plus tard dans une atmosphère de pôle Nord. Il doit y entendre de la bouche de Michel Debré, ministre des Affaires étrangères, que « le seul fait notable de la semaine en ce qui concerne la situation internationale est le départ du général de Gaulle ».

Pour autant, il ne perd pas son calme.

Il prend soin de ne pas s'installer dans le bureau même du Général, optant pour le bureau du secrétaire général.

Il fait tranquillement savoir sans délai que le premier tour de l'élection présidentielle aura lieu le 1er juin et le second le 15 juin.

Avec une sobre dignité, à la télévision, il rend au Général un hommage qui n'engage pas la moindre faute de goût.

Il se contente de demander dans ses premiers messages Union et Réconciliation.

C'est dans la discrétion qu'il entreprend ses démarches pour trouver le candidat du Centre qui aura à affronter Georges Pompidou, lequel se porte candidat quelques jours à peine après la démission du Général : Antoine Pinay, qui n'y ressent aucune vocation; ou bien le général Pierre Koenig, qui lui dit : « Je suis capitaine d'infanterie, je ne me vois pas à l'Élysée; et puis, ma santé n'est pas bonne. »

Il ne se porte lui-même candidat que le 20 mai — non sans avoir eu une nouvelle fois à surmonter les objections de sa femme, surprise par l'événement en plein voyage touristique aux Canaries.

Mais, dès lors qu'il est candidat, l'ambiance n'en devient que plus exécrable.

Il est vrai qu'il se retrouve alors dans la situation la plus cocasse — même si elle pourrait être la plus tragique.

Pendant six semaines, il doit présider un gouvernement qui le combat en tant que candidat.

Candidat, il doit renoncer aux partialités et aux carences (qu'il combat) de l'État qu'il dirige.

Jamais situation plus fausse.

Il n'en perd pas davantage son sang-froid.

Il n'en sourit même que mieux lorsque Edgar Faure estime que « de tous les candidats qui n'ont pas de chance, c'est celui qui en a le plus ».

Tout en étant candidat, il sait organiser la campagne avec le maximum d'objectivité.

Dans sa mission d'intérim, même s'il récuse l'affirmation du journal gaulliste *la Nation* selon lequel « l'intérimaire ne peut pas modifier les orientations de la politique gouvernementale », il ne prête finalement à aucune critique de qui que ce soit.

GEORGES POMPIDOU

On naît à Montboudif. On s'appelle Pompidou. On se prénomme aussi bonnement Georges. Du côté maternel, on est greffé sur des Chavagnac. Le berceau provincial est le plateau de la Châtaigneraie, âpre, aux confins du Quercy, de la Xaintrie et de la Haute-Auvergne. Les premiers ancêtres reconnus sont d'humbles métayers de la paroisse de Saint-Julien, désespérément accrochés sur des terres arides où règne le châtaignier. Les arrière-grands-pères ne savent ni lire ni écrire. L'un est domestique de ferme. Un autre, cabaretier. Un autre, embellisseur de bestiaux. Le grand-père paternel, surnommé Jantou, est maître bouvier, marié avec une couturière, dite Mariannou, qui a apporté pour toute dot une machine à coudre. Le grand-père maternel est colporteur, à l'occasion marchand d'almanachs, avant de s'installer drapier. On a pour marraine de baptême une Julie, marchande de toile, pour parrain un Camille, marchand de toile. Dans la maison natale, on ne connaît qu'un danger, celui de glisser dans l'escalier trop astiqué par tante Eulalie.

Ici, cultivateurs rudes et finauds, savants dans l'art d'élever volailles et céréales pauvres. Là, des gens du petit commerce, inégalables dans la technique du grippe-sou.

On a pour premier paysage une poignée de chaumières, à mille mètres d'altitude, entre montagnes à vaches et volcans éteints, avec des chemins de chèvres qui serpentent entre la saine odeur du fumier et l'âcre parfum du foin.

Il eût été étonnant que l'on devînt un Saint-Cyrien impétueux, un chevau-léger ardent à croiser la lance avec un uhlan, un quêteur d'épopées...

Une province solide, un village solide, des aïeux solides vous appellent à être un solide.

C'est ce qui arrive.

Du coup, on ne s'étonne pas qu'après l'épique Charles de Gaulle, « le plus illustre des Français », le Connétable du Vingtième siècle, vienne à l'Élysée Pompidou, de Montboudif.

Prime à la solidité.

Non que la robustesse exclue la finesse : cette province excelle autant à fabriquer de la dentelle que du fromage gras.

Non que l'ensemble des ancêtres implique la monotonie : cette province a toujours aimé autant l'aventure que la fidélité. Les gens partent du Cantal plus qu'ils n'y restent. Hivers terrifiants, étés accablants, cela pousse à évasions. Montboudif, ce tout petit village aux tristes toits couverts d'ardoise et à 327 habitants, aura compté soixante tués à la guerre de 14 et aura fourni depuis 1900 vingt-sept instituteurs et soixante patrons de café parisiens.

Et non que Georges Pompidou, devenu président de la République, soit un personnage aussi rudimentaire que ses ancêtres bouviers ou colporteurs. Dans la galerie des glorieux destins de notre temps, il compose même l'un des caractères les plus difficilement déchiffrables.

La preuve en est donnée par toutes les ressemblances que lui cherchent amis, amuseurs ou adversaires.

Tantôt c'est Édouard Herriot qui est évoqué, homme de poids, un tantinet coquin, un tantinet ingénu, friand des vins les plus fins et des plus grasses sauces, d'art spontané et de poésies claires, heureux dans des compagnies qui ne fatiguent pas, le geste arrondi, la démonstration patiente, la bonhomie étudiée, style très radical-socialiste de crépuscule, Gambetta blasé par le temps, par l'effet, savoureusement mis au point, de prudences exquises, de nuances multipliées et d'une éloquence transparente. Les radicaux, style Jacques Duhamel, « ralliés » à la Cinquième République, second règne, pensent essentiellement au maire de Lyon quand ils jugent Pompidou comme un grand néo-radical.

Tantôt c'est Pierre Laval qui est désigné — non sans une pointe de malice ou une goutte de venin —, auvergnat lui aussi, ancien des jeunesses socialistes lui aussi, et lui aussi autoritaire par sens de l'État, réaliste par vocation, libéral par raisonnement, modéré par habitude, matois par plaisir, persévérant par race, adorant puiser au génie du terre-à-terre, sachant conduire subtilement les petits marchés réputés les plus délicats et néanmoins toujours capable d'échafauder la combinaison que quiconque croirait impossible, enfin au besoin beaucoup plus contemplateur d'horizons que ne le racontent les annales. Laval est évoqué toutes les fois que les socialistes non ralliés y vont de leur : « Méfiez-vous : en Auvergne, il y a eu l'autre... » Les anciens n'expliquent pas autrement la belle voix sourde, grave, qui fait chanter en orgue les diphtongues, une voix qui, grasseyante, tient du paysan habile à vendre son bœuf, et qui, par son velours, coule selon la même harmonie que rivière des champs.

Tantôt c'est André Tardieu qui est cité, lorgnon mis à part, normal supérieur s'amusant de tout, même de l'histoire et de tous fétiches, masqué sans cesse de l'élégance du scepticisme, habillé de désinvolture sans le moindre faux pli, volontiers goguenard, facilement agacé par les imbéciles, toujours réservé vis-à-vis des doctrinaires, les stricts comme les échevelés, toujours impatient face aux phraseurs et, comme le disait Tardieu lui-même, « cynique seulement par pudeur ». François Mitterrand établit cette comparaison diabolique toutes les nombreuses fois où il dénonce Pompidou comme un « conservateur intelligent ».

Pourtant, point rarement, il arrive que le témoin voie les lèvres de Georges Pompidou se pincer, le regard se durcir, le visage prendre une intensité inattendue, les lourds sourcils se soulever pour découvrir soudainement une lueur d'acier, aux moments gaulliens sans doute, parce qu'un homme dont personne ne songe à nier la puissance d'analyse n'a pu vivre de longues années près de Charles de Gaulle sans en garder, même inconsciemment, quelques-uns des plus puissants réflexes, y compris ici ou là une certaine majesté, cette autorité qui se respire avec les yeux. Guy Mollet a dû surprendre une telle rencontre quand il conseille de toujours, face à Pompidou, prendre garde, trop convaincu que le « Cantalou », au sommet du pouvoir, pourra à l'occasion avoir la poigne plus lourde que le de Gaulle le plus impérial...

Les origines n'appellent pas Pompidou à l'épique. Cela ne signifie pas qu'elles le déterminent à la simplicité.

A preuve aussi les multiples jugements auxquels il prête.

Montaigne marchand de fromages, dit Sanguinetti.

Notre Raminagrobis... tout fourré, tout bénin, toutes griffes rentrées, pense François Mauriac.

« Un Président chauve-souris, le juge Mitterrand en 1972, il se veut l'arbitre débonnaire qui protège la nation contre les passions partisanes — voyez mes ailes — tandis que par la vertu d'une autorité présidentielle puisée aux sources du suffrage universel, il répond ou semble répondre aux exigences plus impérieuses que jamais de stabilité et de continuité politiques — vivent les rats ! — En vérité, Georges Pompidou a le comportement d'un potentat commandé par son bon plaisir et d'un chef de clan qui ne connaît que ses affidés... »

« Le porcher de la Cinquième bauge », crache Maurice Clavel.

Guy Mollet estime : « C'est l'homme le plus intelligent du brain-trust gaulliste. Il a le sens de l'ellipse. Il comprend une phrase dès le troisième mot. »

Louis Vallon, enfant terrible du gaullisme de gauche, en réponse à de Gaulle qui vient de trouver à Pompidou un côté balzacien, s'exclame : « Balzacien, oui, mais ce n'est pas Rastignac, plutôt César Birotteau. »

Jean d'Ormesson : « Un artisan du bonheur. »

Christian Fouchet : « Inégalable dans l'art d'étouffer les incidents, de réconcilier les rivaux brouillés, d'arrondir les angles, de dépouiller les faux problèmes... Il protège contre les ennuis inutiles... C'est le *trouble-shooter*, le « tueur de troubles » cher aux grands brain-trusts américains... Évidemment, son humeur est toujours d'une égalité parfaite. Souriant, narquois, aimable avec tous, je ne l'ai jamais vu en colère. Son équilibre impose... C'est l'homme le plus régulier que je connaisse. »

Au vrai, comment serait-il simple ?

Se devoir à la fois à des cultivateurs, hommes de maintenance, et à des commerçants, hommes de jeu, c'est déjà se vouer aux hésitations d'un partage perpétuel entre appels contradictoires.

Le plus extraordinaire est qu'il reste tel quel toute sa vie : en quelque sorte, double.

Des deux témoins qui sont à la mairie quand y est déclarée la naissance de Georges Jean Raymond Pompidou, l'un est instituteur, l'autre boulanger.

La plupart des familles de Montboudif sont paysannes. On fabrique du bon foie d'oie. On fait la fête quand on tue le cochon. On n'achète de viande de bœuf que pour les plus grandes occasions. Les vaches donnent le lait, les noyers l'huile, les pommiers le cidre. Semant du chanvre, on a de la toile. Seul luxe : le tabac — ou un mazagran, moitié café, moitié gnole. Mais l'enfant naît chez la grand-mère maternelle, la femme du drapier, dans une maison bourgeoise, cossue, dont les parquets brillent et fleurent l'encaustique.

Le grand-père paternel est un bouseux, mais le père, Léon, est instituteur. Râblé, belle moustache fière, poil noir, jarret solide, c'est même une sorte de phénomène. Il sait tout. Il peut répondre à toutes les questions, vrai Pic de la Mirandole, qu'on vient consulter de tous les coins du Cantal. A 80 ans, il apprendra l'italien pour le plaisir de lire dans le texte *la Divine Comédie*. Pas satisfait d'être seulement instituteur, il est vite promu professeur d'espagnol.

Le père, jeune homme, a l'escarcelle plate, mais se marie avec Marie-Louise Chavagnac, elle-même institutrice, dont la famille a du bien au soleil. D'où une superbe noce dont le village garde mémoire.

A l'école, l'enfant se révèle très vif d'emblée, apprenant à lire dès l'âge de trois ans, sous la dictée de sa mère, qui désigne les lettres du bout de ses aiguilles à tricoter. Il apprend ce qu'il veut. Mais il sait vite aller pêcher l'écrevisse, piéger la grenouille dans les ruisseaux et chasser l'écureuil dans les châtaigniers.

A la Grande Guerre, le père est mobilisé. Il est même blessé près de Mulhouse, dans la prairie de Didenheim, d'une balle dans la jambe. Par la suite, il se bat sur la Somme, puis est affecté à l'armée d'Orient. L'enfant communie dans l'angoisse quotidienne de la tribu. Tout cela se passe comme dans une atmosphère pour Grand Meaulnes. On sert de bonnes soupes et on fait ronfler les poêles de faïence. L'enfant s'élève entre des femmes qui prient tous les soirs la Sainte Vierge et des instituteurs qui enseignent l'histoire de Jeanne d'Arc sans y croire. A la plume, effilée ou large, marque Vercingétorix ou marque Sergent Major, il affronte les problèmes sur les trains qui se croisent et des dictées de plus en plus difficiles. Mais la liberté reste belle, l'horizon large — pour peu que l'on sache échapper à l'œil gris de tante Eulalie, le dictateur de la famille.

Le père étant nommé professeur d'espagnol à Albi — et la mère aussi, elle pour enseigner les mathématiques —, le voici au vieux lycée, construit sur l'emplacement d'un ancien collège de jésuites, jadis inauguré par Victor Duruy et qui surplombe superbement le Tarn entre le Pont Neuf et le Pont Vieux. Le voici, jusqu'au bac, à découvrir cette ville sévère, austère, secrète, ce pays des cathares, l'un des plus propices à éveiller une conscience d'homme et la vocation pour les choses de l'esprit. C'est à Albi qu'il fait sa communion, brassard au bras, sous l'autorité d'un aumônier qui sait enseigner les saintes indulgences. C'est là, quelques années plus tard, qu'il entend citer en famille des textes de Jean Jaurès, près de son père qui s'est mis à flirter avec le socialisme. Mais on habite une confortable maison en brique, sur deux étages, avec sept fenêtres de façade et un vaste jardin, rue des Chalets, et où le jeune garçon dispose d'une chambre et d'un bureau.

Il prend la tête de la classe avec ce style nonchalant qui ne va plus le quitter, et non sans qu'y aident force taloches paternelles. Avec des airs de ne pas y toucher, il fait ce qu'il faut, pour avoir régulièrement le prix d'excellence. Ça bûche. Il obtient le premier prix au Concours général de version grecque. Il sait exploiter une mémoire qu'il qualifie lui-même d'être aussi puissante qu'une éponge. Il « digère un livre comme un verre d'eau ». Mais il ne se réduit pas à un fort en thème. S'il dévore de la littérature au kilomètre, il est aussi vorace de Fantômas, d'Arsène Lupin et des héros d'Alexandre Dumas que des *Rêveries du Promeneur solitaire* et des *Mémoires d'Outre-tombe*. Il joue au rugby, au poste de troisième ligne aile, *flanker*. Il n'est pas le dernier à chahuter ou à chanter *la Trompette à boire* ou *le Capitaine des Pompiers pleurait dans son casque*. Il se met au tennis pour mieux approcher les plus jolies Albigeoises, qu'il entraîne le long du Tarn dans de lyriques promenades à bicyclette.

Comme patrons de l'adolescence qui le marquent, il a Platon et Voltaire, en attendant les empiristes anglais et Bergson, mais plus encore les vieux sages de Montboudif où il passe ses vacances, les « sénateurs » en sabots et costume de côte de velours, qui, assis sur le banc de la place, non loin de la fontaine, entre la statue de Jeanne d'Arc et le Monument aux morts, lui racontent le passé du village et dégagent « ce qui se doit », avec des phrases courtes et sobres qui ne manient jamais le superlatif et méprisent toujours le clinquant.

C'est l'époque où son professeur préféré, celui d'histoire, M. Gadrat, peut déjà raconter qu'« il semble toujours dans les nuages », mais que « interrogé avant que sonne la cloche, il peut répéter mot pour mot toute la leçon ».

Il peut tout gagner ou tout gâcher, assure un autre témoin. Il est timide et réservé, tout en étant fièrement sûr de soi. Il est méfiant, en bon Auvergnat, tout en prisant la rudesse, et, occasionnellement, montre quelque témérité : au rugby, il plaque sec.

Il est fils des humanités, tout en aimant la mathématique absolue. Il est aussi doué pour le calcul que pour le grec. En calcul mental, il peut faire de tête les quatre opérations à une vitesse déconcertante. Au Conseil des ministres, il arrivera qu'il s'amuse à jeter quelques intégrales sur le papier, pour faire diversion. Il surprendra même un jour son ministre des Finances, lui ancien polytechnicien. C'est le journaliste Pierre Rouanet qui rapportera cette anecdote qui en dit long.

Giscard d'Estaing — Ce qui nous fait treize virgule six pour cent...

Pompidou — Non, treize virgule sept...

Giscard — Pardon ?

Pompidou — Treize virgule sept, ou, plus précisément, treize virgule soixante-douze...

Giscard — Ah ! oui... merci... je disais donc...

Il fait sérieux et il est narquois. Il fait narquois et il est sérieux.

Dès l'adolescence, il est « l'homme détaché » si cher à Aldous Huxley : sans passions possessives, avisé de tout, amusé d'être bien vivant et ne travaillant que s'il y a de quoi s'amuser.

Impossible de lui donner une note d'application, commente encore l'un de ses professeurs, elle pourrait aller dans tous les cas de 0 à 20.

Un beau ténébreux avec un style clair, trouve un autre.

Comme papa, il approche le socialisme, mais pour préférer Paul-Boncour à Léon Blum.

Il tire la carte, mais ne se ruine pas.

Il courtise les étudiantes, mais ne s'enflamme pas.

On ne rencontre pas souvent un professeur de grec aussi pittoresque que le sieur Lysimaque Economos, fils de Smyrne, ex-professeur d'histoire byzantine à Oxford, un vrai clown, parlant un français parfait avec un accent grec perfectionné en Angleterre, tout petit, rond, rigolard, mains de gorille, pieds énormes, inséparable de son parapluie et de son chapeau melon, mais c'est pour mieux supporter un professeur de français qui, pour l'orthographe et la syntaxe, quand il n'est pas inquisiteur, est bourreau...

Ensuite : c'est Paris, après un an d'hypokhâgne à Toulouse.

Le surdoué y monte, pour faire sa khâgne au lycée Louis-le-Grand. C'est du grand sérieux. On y rencontre des camarades exceptionnels, un nommé Léopold Senghor, un nommé Paul Guth, un petit joufflu aux yeux pétillants qui a l'accent de Tarbes, un nommé Pham Dui Kiem, un Tonkinois qui sera un jour ambassadeur du Viêt-nam à Paris. On continue d'y exercer la fabuleuse mémoire — « c'est un papier buvard », s'extasie l'un de ses meilleurs nouveaux amis, Fernand Rolland, un Catalan de Trouillas. On y apprend à écrire — à faire un exposé. Ça bosse dur. Mais il y a aussi bon temps. Le jeune étudiant se révèle très doué dans l'art d'imiter ses professeurs. Aussi malicieux que désinvolte, le juge Paul Guth. Il s'initie au tango. Il se prend d'extase pour une actrice, Mlle Balconetti, qui s'illustre dans *les Caprices de Marianne*. Il plaque ses cheveux à la dernière mode, à la gomina *Argentina*. Il se pique de la coquetterie de ne fumer que des Lucky Strike. Il devient le lecteur le plus assidu du Sapeur Camembert et des Pieds Nickelés. Il vagabonde sur le Boul'Mich. Il va au théâtre voir jouer les Pitoeff. Pour se consoler du menu du réfectoire, qui abuse des fayots, il récite à Paul Guth avec recueillement des recettes de cuisine du Cantal, telle cette affiche pour soupe de Montboudif : « Autour et dans le fond de la marmite, mettre des tranches de fromage de Cantal; ajouter des pommes de terre émincées et des poireaux fin coupés; remplir la marmite de lait et de crème; saler, poivrer; recouvrir; faire cuire à petit feu le plus longtemps possible... »

Pour Normale Sup, il échoue au premier concours.

Il est reçu la seconde année, premier à l'écrit, huitième après l'oral.

C'est l'année — 1931-1932, il a vingt ans — où toute la France chante *Parlez-moi d'amour* avec Lucienne Boyer et où la voix trouble et les voluptueuses jambes gainées de Marlène Dietrich dans *l'Ange bleu* bouleversent les collégiens. Les héros ont nom Jean Mermoz, qui a traversé sur son coucou l'Atlantique Sud en vingt heures, et Costes et Bellonte qui les premiers, sur leur déjà légendaire *Point d'Interrogation*, en septembre 1930, ont franchi l'Atlantique Nord dans le sens Paris-New York. C'est le doux temps où la France n'a plus rien à craindre puisqu'elle construit la ligne Maginot. Peu importe si le krach Oustric, venant après le scandale de Mme Hanau, éclaboussant à son tour la République, a provoqué la chute du ministère Tardieu. Le cinéma affiche *Sous les toits de Paris* de René Clair, et aussi *Big House, A l'Ouest rien de nouveau, Quatre de l'Infanterie*. Pour s'abandonner à des évasions, s'enivrer de tous les exotismes, s'offrir les danses de Bali ou un clair de lune à Angkor, il suffit pour les Parisiens d'aller en bus jusqu'au bois de Vincennes où se tient une éblouissante Exposition Coloniale inaugurée par Paul Doumer et le maréchal Lyautey. Saint-Exupéry obtient le Fémina avec *Vol de nuit*. Giraudoux fait jouer *Judith*, et Pagnol *Fanny*. Le nouveau Charlot s'appelle *les Lumières de la Ville*. Ravel donne son *Concerto pour la main gauche*. C'est la grande frontière où le cinéma parlant prend la relève du cinéma muet.

« Et voilà — dit-il en franchissant le seuil de la grande École —

j'ai passé le péage. » (C'est que le nom de *Pompidou*, étymologiquement, par variété dialectale de l'occitan, signifie « pont à péage », à partir de *Pont Pogadour*, qui donne aussi *Pompadour*, c'est-à-dire « pont que l'on passe à pied », équivalent du français d'oïl *Guépéan*, à signification de « gué payant », alors que *Montboudif*, déformation de *Montbouildif*, en cantalou *bouillidous*, a un tout autre sens, « le mont aux sources bouillonnantes ».)

Il peut rencontrer rue d'Ulm, à raison de plusieurs promotions, certains des hommes qui vont plus ou moins marquer leur époque : Jacques Soustelle, qui a « intégré » deux ans auparavant, en numéro un, recordman des notes du concours depuis les débuts de l'École; René Billères, déjà radical-socialiste; René Brouillet; Robert Merle; Roger Vaillant; Talagrand, qui sera Thierry Maulnier; Bardèche; Robert Brasillach.

Il se moule dans la douceur des temps. Il va voir *l'Opéra de quat'sous* huit fois de suite. Il est incollable sur Buñuel et l'avant-garde. Il achète un smoking pour dîner en ville. Il envoie une lettre de louanges, presque d'amour, à Valentine Tessier, qui triomphe avec *Amphitryon 38* aux côtés de Louis Jouvet et de Pierre Renoir, dans le beau rôle d'Alcmène, épouse d'Amphitryon, séduite par Zeus, mère d'Héraklès. Il lui écrit, lui demandant une photo : « Ainsi pourrai-je avoir devant les yeux celle qui, si Alcmène était la plus belle des Grecques, est la plus belle des Alcmène. » Il lit et relit *la Condition Humaine, Voyage au bout de la nuit*. Il dévore deux romans par jour. Il est tout fier, à un dîner de *la Revue des Deux Mondes*, d'être présenté à Valéry et à Claudel. Il rêve de se porter doucement sur les traces de Jallez et de Jerphanion, *les Hommes de Bonne Volonté* de Jules Romains, d'où sans doute lit-il le papier quotidien de Blum dans *le Popu*. Il évite tout engagement total, même s'il entre dans l'amitié de Marcel Déat : il ne reste qu'un an, militant trop indolent, aux Jeunesses Socialistes. Il professe qu'il faut « laisser faire la vie ». Il pourra dire plus tard : « Je n'ai jamais forcé les choses. Elles sont venues toutes seules. » Quand il est reçu à l'agrégation de lettres, numéro un, le président du jury lui lance : « Monsieur, c'est à regret que nous vous accordons ce rang car, de tous, c'est vous qui avez le moins travaillé. » Il n'en demeure pas moins, supérieurement, un classique efficace, un grand organisateur, un bonhomme qui, quand il travaille, travaille à plein. L'on peut imaginer que ce président du jury aurait dû mieux s'informer sur ce faux paresseux.

Et toujours ensuite cette même alliance de forte détermination secrète et de nonchalance apparente.

Il confie à son ami René Brouillet, futur ambassadeur, qu'il ne trouve guère exaltante l'idée de, toute une vie, faire décliner *rosa, rosa, rosam*, il se laisse nommer professeur, chargé de la 3e A, en français-latin-grec, au lycée Saint-Charles de Marseille, où son enseignement oral, toujours d'apparence aussi désinvolte, surprend bien des élèves.

Envoyé à Saint-Maixent avec René Brouillet, il n'y trouve certes pas l'âme de Psichari : il y fait surtout de grasses matinées. Promu sans paraître forcer sous-lieutenant au bout de six mois, affecté en terminaison de service à Clermont-Ferrand au 92e RIA : il y fait surtout la chasse « à la perm ». Loin de s'y exalter, il traîne à ce point les pieds qu'on peut le voir, un jour, devoir rattraper en taxi sa section déjà en manœuvre sur les pentes du Puy-de-Dôme.

Il se pique d'écrire, mais en reste à des commentaires sur *Britannicus* : somme toute, une simple super-dissertation.

Il projette de se mettre à une thèse de doctorat sur Barbey d'Aurevilly, mais la perspective de la compilation de documents qui y est nécessaire le terrifie.

C'est une surprise de le voir tomber amoureux. A Paris, entre deux voyages depuis Marseille, un jour de flânerie à travers les allées fleuries du Jardin du Luxembourg, il fait la rencontre de Claude Cahour, étudiante en première année de droit à Paris, 22 ans en 1934, fille d'un médecin-chef de l'hôpital et de l'hospice Saint-Joseph de Château-Gontier, dans la Mayenne. Elle est grande, sportive, blonde, avec un visage énergique et un regard direct. Elle assure elle-même qu'à douze ans, elle était une sorte de garçon manqué. Elle ignore l'histoire. Elle dit entrer peu dans la poésie. Elle a une véritable répulsion pour la politique. Elle ne s'intéresse qu'à ce qui « existe », les beaux chiens, la peinture moderne, les meubles de famille, l'équitation et les manoirs ressuscités. Son seul penchant littéraire certain va aux romans russes. La peinture est de loin préférée à la musique, et le bibelot au voyage. En vérité, sous un style de championne de tennis et — pour elle aussi — l'affectation de la désinvolture, elle est, toute en pudeur, de la plus délicate sensibilité. Il l'épouse dès le 30 octobre 1935. Ils ne cesseront plus de vivre côte à côte. « Mon unique coup de foudre en tout », assurera-t-il bien plus tard. Et c'est en pleine communion qu'à défaut de pouvoir avoir des enfants, ils en adoptent un, Alain, en 1942.

On aime la peinture d'avant-garde et on se récite des pages de

Breton ou d'Éluard, mais le choix social est tout de même net : l'on est allégrement de la bonne bourgeoisie libérale, dans les aises de hautes fonctions sans problèmes. Georges n'a qu'une sœur, Madeleine : agrégée, elle épousera un agrégé, inspecteur d'académie, Henri Domerg. Claude est issue d'une solide famille bretonne comptant essentiellement des industriels, des médecins et des universitaires. Elle n'a elle aussi qu'une sœur, Jackie, licenciée en histoire et géographie, qui s'unira à François Castex, délégué de la haute joaillerie et directeur des parfums Caron.

En 1933, alors que le nazisme bouleverse toute l'Allemagne, il effectue un voyage en Autriche et en Bavière : il éprouve sa plus forte impression à la Pinacothèque de Munich face aux *Apôtres* de Dürer, à la *Tête de Paysanne* de Pieter Bruegel le Vieux, à *la Vierge et l'Enfant devant un buisson de roses*, de Francia.

En août 1939, il se sent plus dérangé qu'engagé. « Emballé dans le sens le plus passif du terme », dira-t-il. Il est affecté au 141e RIA de Marseille, sur le front des Alpes. Mais, dès octobre, déplacé avec son régiment sur le front de Lorraine, il passe plusieurs mois dans les postes situés en avant de la ligne Maginot et y démontre un courage aussi sûr que tranquille.

Au choc de l'offensive allemande, il est en train d'embarquer à Brest à destination de la Norvège. Le convoi est arrêté à mi-chemin. On aboutit en pleine bataille de la Somme, à Ham. Même équipé d'un matériel de premier ordre, tenu pour une unité d'élite, le 141e se fait bousculer comme toute l'armée française. En quelques semaines, le voilà à Limoges. Mais, tout au long de la retraite, le lieutenant Pompidou honore comme il convient son devoir.

De fait, il rate sa guerre. Il en gardera toujours quelque regret — voire pas mal d'irritabilité — quand il se retrouvera en plein état-major de compagnons de l'épopée gaulliste chargés de médailles. Durant toute l'époque de la Résistance, il reste tout calmement professeur, à enseigner Sophocle, l'Enéide et les règles de *l'Art Poétique*. Je n'aurai fait que la guerre des Gaules, avec les *Commentaires*, dira-t-il aussi plus tard, avec cet esprit narquois dont il ne se sera jamais départi. Il se contente de vivre et de survivre, ne se livrant de son propre aveu « à d'autre résistance que celle du bavardage ». Il flâne dans cette guerre comme aux jardins. Simplement, il écoute assez régulièrement la radio de Londres et, en humaniste, il n'a pas la moindre sympathie pour les hitlériens, ni pour les Français qui les servent.

Sa préférence pour le camp gaulliste est claire, mais il sera resté aussi indifférent à l'aventure guerrière que, longtemps, par ailleurs, à l'aventure politique. Avec tous les dons du chef, il opte pour le doux refuge de l'ermite épicurien. Écoutez donc Jean de La Fontaine :

Et puis la Papauté vaut-elle ce que l'on quitte,
Le repos, le repos, trésor si précieux,
Qu'on en faisait jadis le partage des dieux...

S'il vient enfin à la politique, c'est encore en se promenant. Charles de Gaulle, président du Gouvernement provisoire de la République française, vient de s'installer au ministère de la Guerre, rue Saint-Dominique, en août 1944. Il convoque un jour l'un de ses collaborateurs, qui se trouve être René Brouillet. « Je vais avoir affaire avec l'Université, lui dit-il, il me faudrait un universitaire pour faire la liaison avec l'Éducation nationale, un agrégé sachant écrire. — Je crois que j'ai quelqu'un », répond Brouillet.

Ainsi Georges Pompidou est-il nommé chargé de mission au cabinet du Général, installé dans un tout petit et modeste bureau, au rez-de-chaussée du vieil immeuble : la veille de l'entretien du Général avec Brouillet, il a retrouvé celui-ci par hasard sur les quais de la Seine, tandis qu'il y effectuait une promenade.

Dans une équipe qui compte Geoffroy de Courcel, Gaston Palewski, Louis Vallon et Burin des Roziers, il travaille avec la même efficacité paresseuse que toujours. Souvenez-vous donc, tiendra-t-il à préciser lui-même, que je suis du Cancer, le même signe zodiacal qu'Albert Einstein et Aristide Briand — il est vrai autres nonchalants efficaces.

C'est par hasard qu'il rencontre personnellement de Gaulle, un dimanche où il est de permanence et où il est convoqué dans le bureau du Général pour prendre un « savon » qui était prévu contre l'ensemble du cabinet — comme quoi se noue une conversation où le savonné déploie un si lumineux bon sens et une telle puissance d'analyse que le grand homme ne sera pas près de l'oublier.

L'étrange et trouble contradiction profonde continue d'habiter l'homme d'action comme elle accompagna l'étudiant.

Il devient gaulliste officiel en 1944, mais n'adhère jamais au premier parti gaulliste, le R.P.F., fondé par de Gaulle lui-même, non plus qu'au second, l'U.N.R., créé en 1958 par Debré, Soustelle, Frey et Chaban. Durant toute l'équipée du premier, il est chef de cabinet *in partibus* du Général. Le second, il s'arrange pour l'actionner de l'extérieur, comme directeur de cabinet du président du Conseil à Matignon.

Contrairement à la plupart des autres leaders gaullistes, il n'est pas gaulliste de foi, sans condition ni frein. Il n'aura adhéré au culte — ou à l'espèce la plus modérée du culte — que par réflexion, presque par dialectique. Il aura voué attachement à de Gaulle parce que, au travail, il aura apprécié la permanence de la pensée gaullienne et l'acharnement de la volonté qui la sert. Il entre dans cette église par la porte de la raison.

Quand de Gaulle se retire du pouvoir, en janvier 1946, et que ses chargés de mission perdent leur job, il entre au Commissariat au Tourisme sans avoir su la première notion des problèmes hôteliers et touristiques. Il organise au musée Galliera une exposition consacrée à *Huit siècles de civilisation britannique* en n'ayant aucune connaissance particulière de la Grande-Bretagne, dont il ne parle même pas la langue.

Il entre ensuite au Conseil d'État, recommandé par Georges Bidault, malgré l'opposition de Vincent Auriol, sans la moindre formation juridique. Ce littéraire pur, durant sept ans, fait même partie de la section du contentieux — du moins poste idéal pour connaître les rouages et les hommes de l'administration française et acquérir... une formation de spécialiste du droit.

Il est embauché dans la Banque Rothschild en ignorant tout du jargon boursier et de la technique financière. Il le dit lui-même à son ami René Fillon, l'un des dirigeants du groupe, qui le présente aux copropriétaires de la banque, à un moment où Guy de Rothschild veut la réveiller du demi-sommeil où elle ronronne : « Je n'ai jamais possédé une action et je ne sais pas faire la différence entre une traite et une lettre de change. » Il n'a pas le moindre sens de la maison quand, comme premier poste, il a à choisir entre une société de navigation rhénane à Strasbourg et une société qui possède des intérêts outre-mer. Il ne doit opter pour la seconde que parce qu'elle lui vaut un beau voyage, son premier en Afrique, du Sénégal et de la Guinée au Gabon et au Congo — comme quoi il redresse vite la marche de ladite société. A peine quelques mois plus tard, il est le véritable directeur général de l'ensemble, sans en avoir le titre, et Guy de Rothschild dit : « Je n'ai jamais rencontré personne qui ait davantage les pieds sur terre que ce normalien supérieur. » Ainsi, au passage, *la Vie d'un jeune homme pauvre* (par rapport aux Rothschild) se change-t-elle en vie de *Maître des Forges*.

Il nourrit déjà un considérable intérêt pour la politique, la jungle l'attire, mais il refuse d'être candidat aux élections législatives de 1951, où le Général joue pourtant son va-tout.

Alors que de sa vie il n'a jamais participé à quelque œuvre de charité que ce fût, c'est lui que Mme de Gaulle choisit pour sauver et gérer la Fondation Anne-de-Gaulle, créée par le Général, sur la base de ses propres droits d'auteur, en faveur de l'éducation et de la sauvegarde des fillettes arriérées.

Enfin, lui qui n'a rien d'un gaulliste historique est le seul homme, avec André Malraux, à lire sur manuscrit les trois tomes des *Mémoires de guerre* de De Gaulle avant qu'ils soient confiés à l'édition. C'est même lui qui est chargé de trouver un éditeur, et après des entretiens avec Marcel Jullian, directeur de Plon, fait préférer la célèbre maison de la rue Garancière à Gallimard et à Robert Laffont.

Pour parachever le paradoxe, il reste à de Gaulle, une fois retourné au pouvoir, de l'appeler à Matignon comme directeur de cabinet, alors qu'il n'a aucune formation politique de base, de le désigner ensuite comme membre du Conseil constitutionnel, la toute nouvelle Cour suprême de France, alors qu'il garde ses fonctions chez Rothschild, et à le nommer Premier ministre, à la place de Debré, alors qu'il est totalement inconnu des Français.

Il est entré à Normale Supérieure sans avoir l'air d'y penser, au Conseil d'État sans connaissances juridiques, à la banque Rothschild sans connaissances financières, dans le gaullisme sans avoir fait de résistance : il entre dans la grande politique sans avoir eu à prononcer un seul discours, sans avoir tenu la moindre tribune dans un quelconque meeting. Comme le lui dit son ancien camarade de classe Louis Fieux, son rival pour les prix d'excellence, qui le reçoit par une harangue à un banquet des Amis d'Albi : « Au dictionnaire des idées reçues, un professeur n'entre pas au Conseil d'État, un banquier ne fréquente pas les poètes, ce n'est pas en cultivant des roses qu'on fait de la politique... » et cependant, il va réussir là comme ailleurs.

Le style n'est pas moins étonnant que le caractère ou la destinée. Ainsi en est-il à Matignon.

Tantôt ours gourmand; tantôt ours agressif.

A la fois vindicatif et amusé, plein d'humour et rusé.

Tel après-midi, nous le découvrons, à la tribune de l'Assemblée nationale, où l'apprentissage n'aura pas été long, fulminant à coup de lourdes phrases contre tous les fantômes de la Quatrième République. Oubliée, l'urbanité du fonctionnaire conciliant et de l'arbitre de la section du contentieux. Il laisse place à un tribun qui se révèle un redoutable puncheur, mais le soir, pour apparaître aux yeux du pays sur le petit écran, il affecte de s'installer « au coin du feu », il préfère souligner, main dans la poche, cigarette tombante sur le coin des lèvres, la rondeur de son personnage. De la tragédie cornélienne, il glisse à la comédie de boulevard. Il dessine, avec un art consommé de metteur en scène, l'Auvergnat débonnaire et solide, à la fois scrupuleux et retors, qui explique familièrement le coup, comme à Albi, comme à Montboudif, avec juste ce qu'il faut de malice au coin de l'œil pour montrer qu'« on ne me la fait pas » ou que « vous savez, j'en ai vu d'autres » ou que « vous allez voir ce que vous allez voir »...

Aussi facilement, il peut être bonasse comme autoritariste.

Il reste fidèle à la réputation méritée qu'il s'est faite de perpétuel dilettante et d'amateur aux dons éclatants. Il ne joue pas les pros. Les visiteurs à Matignon en sont tous frappés : sur le bureau du Premier ministre, il n'y a jamais de papier ni de document. Un paquet de cigarettes, une boîte d'allumettes : rien d'autre. On ne saurait mieux trouver que cette table nette, déserte, pour symboliser la technique d'un homme qui croit avant tout aux sortilèges de la chance et du talent. Mais, en réalité, il travaille beaucoup, épuisant ses collaborateurs à la besogne. Il épluche dans le détail les dossiers les plus austères, y compris celui de la bombe thermonucléaire. Il surveille du plus près les comptes de la nation.

Entré à Matignon sans expérience, il n'a jamais mis les pieds au Palais-Bourbon où, au reste, son tout premier discours est plutôt vaseux. Il n'a aucune étiquette, ni ne relève d'aucun clan. Ce virtuose qui aime les assurances, doit travailler sans filet, et il est trop vrai que, dans ses débuts, le pouvoir évoque assez pour lui une partie enivrante de trapèze volant. Mais faut-il aussi que le pouvoir joue à métamorphoser — magiquement — ceux qui s'y exercent aux sauts périlleux. Derrière le personnage désinvolte, tout en jovialité et charme qui se présente au pays, l'œil gauche mi-clos toujours un peu plissé par la fumée, le peuple aura vite fait de voir apparaître, à la faveur des circonstances, un colosse qui se carre solidement dans son fauteuil de Premier ministre, hausse le ton, et, sourcils en bataille, sait même donner au besoin les grandes orgues d'une éloquence qui pourrait se passer de micro. C'est exactement ce qui le fait juger par Malraux « technicien complémentaire d'un stratège inspiré ».

Il aura longuement hésité avant de se laisser pousser au pouvoir : directeur de cabinet à Matignon, il refuse en janvier

1959 de l'être à l'Élysée; étant chez Rothschild, il est le premier en mission secrète du Général, en février 1961, à rencontrer, en Suisse, clandestinement, les émissaires du Gouvernement provisoire de la République algérienne, et, à l'issue de la négociation, il pourrait aisément se propulser dans un poste de ministre, qu'il n'envisage même pas; en janvier 1962, il refuse le ministère des Finances, qui est confié à Valéry Giscard d'Estaing. Mais, une fois au gouvernail, chacun peut savoir qu'il ne le lâchera pas de sitôt. Un paysan cantalou, quand ça tient le manche d'un outil ou la clef d'un domaine, ça ne les laisse pas aisément tomber.

Au premier regard, il peut faire bonhomme, mais il a volontiers la dent cruelle. Exemple : « Il y a trois moyens de se ruiner : les femmes, le jeu, les techniciens. Avec les femmes, c'est plus agréable; avec le jeu, c'est plus rapide; avec les techniciens, c'est plus sûr. » Autre exemple, à propos des spécialistes de sociologie, qu'il prise peu : « Les sophistes de Platon, les scolastiques du XVIe siècle, les médecins de Molière. » Autre exemple encore, à propos des idéologues qu'il a en horreur : « Des masturbateurs. » Il ne se lasserait pas de fustiger les « fils de gros bourgeois, meneurs gras et bien nourris de révolutions sans fusils », « cette pire engeance de toutes, les milliardaires de gauche », ou « ces jeunes filles du monde qui dénouent précipitamment les chignons d'Alexandre et revêtent des blue-jeans crasseux pour aller jouer aux barricades »...

A peine arrivé dans ses meubles de Matignon, il remplace les portraits de Sully, de Richelieu et de Mazarin par des toiles d'avant-garde, dont un Braque. Mais, quand il publie — donc resté plus professeur qu'il n'y paraît — une *Anthologie de la poésie française*, on peut dire d'elle qu'elle n'est qu'un « coffre-fort de valeurs sûres ». Rien de plus classique. Elle ne retient que de la littérature bien élevée. Rien n'y manque des rahat-loukoums les plus douceâtres de l'élégie. Du travail de répétiteur. On n'y sent pas le moindre souffle des grands révoltés, chanteurs volcaniques de l'avenir, démons des séismes, dont les voix sont étouffées, calfeutrées, ou prédigérées pour être consommées sans malaise par les immobilistes. Tout se passe même comme s'il oubliait ou ignorait que la poésie moderne est essentiellement action, engagement, guerre. Aucune baie n'est ouverte sur les vrais paysages neufs, si déplaisants ou horrifiants puissent-ils être parfois. De la même manière que nous avons avec de Gaulle un président de la République qui doit supporter peu d'auteurs hors Bossuet et Chateaubriand, nous aurons découvert un Premier ministre qui se limite de Ronsard à Musset. Franchement, ce cacique de l'agreg ne se sera pas fatigué. La lecture de certains commentaires en est presque incroyable. Victor Hugo ? « Ce géant ». Mallarmé ? « Le plus grand peut-être. » Claudel ? « Un génie inégal qui ignore jusqu'à l'existence de la mesure. » Baudelaire ? « Là est, de toute la poésie, ce qui me touche le plus. » Verlaine ? « Il s'accompagne de la guitare ou du violon, mais il s'essoufflerait à suivre un orchestre. » On ne s'étonne que davantage encore en apprenant qu'il se met à accrocher même des Hartung aux murs néo-classiques de Matignon, qu'en matière de peinture le goût Pompidou doit se rechercher à l'opposé du goût Pompadour, et que les peintres préférés de Georges comme de Claude Pompidou ont nom Atlan, Vasarely, Nicolas de Staël, Hundertwasser...

Étudiant, son snobisme était de se cacher pour travailler. Quand il avait à analyser du Proust ou du Taine, il allait s'installer au Jardin des Plantes, dans les serres des plantes exotiques. Premier ministre, après avoir conféré toute la journée avec députés, préfets et ambassadeurs, il reçoit dans son appartement, au cœur de la vieille Cité de Paris, quai de Béthune, pêle-mêle avec des banquiers ou des directeurs de journaux, des amis qui n'épuisent pas, l'énigmatique Sagan, la mystérieuse Gréco, ce cher Guy Béart, et ce couple étonnant que composent Buffet et Annabel, inséparables et muets. Car il se refuse à dormir à Matignon. Il n'y organise que des déjeuners politiques. Comme dit de Gaulle : « Pompidou ne veut pas loger dans son bureau, il préfère traverser la Seine. » Depuis vingt ans, les Pompidou ont ce qu'ils appellent leur « tanière », leur « trou », cet appartement aussi sobre que raffiné de l'île Saint-Louis. Ancienne propriété d'Héléna Rubinstein, la reine des cosmétiques, c'est un 200 mètres carrés en second étage, avec balcon d'angle face au « vieux fleuve gaulois » de Baudelaire et d'Apollinaire, qui habitèrent eux aussi non loin de là. Il ne le déserterait à aucun prix. « Et puis, c'est ce que j'aime ici, je vois les péniches passer... »

Tout Pompidou est dans la variété de ses dimanches. Alors que de Gaulle n'imagine pas d'autre refuge dominical que son Colombey-les-Deux-Églises, lui donne l'impression de pouvoir se prélasser tous azimuts. Il a sa maison natale à Montboudif, dans le Cantal (où il se fait élire député en 1967), une bergerie-gentilhommière à Cajarc, dans le Lot (où il est élu conseiller municipal), un refuge en Bretagne, à Fouesnant, dans le Finistère (où un astucieux aubergiste invente la crêpe Pompidou, au froment et au miel, encore une contradiction subtile), un toit à Saint-Tropez et une villa à Orvilliers, dans la banlieue parisienne, pour cultiver les roses de l'Ile-de-France. Simplement, on ne sait pas pourquoi le couple se cache à Orvilliers, en sa *Maison-Blanche*, baptisée du nom d'un ancien propriétaire américain, et pourquoi il se laisse abondamment photographier à Cajarc, au cœur de ce Lot « non moins fertile en noix qu'en ministres », une robuste ferme installée au milieu de chênes rabougris et de châtaigniers peu alimentés, à soixante hectares de cailloux où, toute heureuse, plus épanouie que nulle part, Claude, en pantalon de velours et polo, s'initie à la culture du tabac, s'exerce à la tonte de ses moutons et monte l'un des deux chevaux offerts par le roi du Maroc.

Il est tel que toujours, tenté par tout, aussi attiré par la fortune ou la gloire que par le pouvoir ou la promenade, avec cette souveraine désinvolture qui lui vaut trop souvent la réputation d'un sceptique, et même d'un cynique, voire d'un égoïste jouisseur, au moins aux yeux de ses ennemis (qui peuvent être des gaullistes, et non des moindres).

Pourtant, avec l'expérience, aux côtés de De Gaulle, au fil des années — six à Matignon —, il réussit à extérioriser trois qualités maîtresses de l'homme d'État : le charme, l'autorité et la conviction.

L'envoûtement sur le pays s'exerce dès après le « ballottage » du Général fin 1965. Le bon peuple apprit avec quelque étonnement la nomination, comme Premier ministre, de cet homme de la banque et de l'ombre. (Ah ! Ce Général, il nous en aura fait voir, le bougre !) Il le trouva au début plutôt gêné dans sa peau, plaçant mal sa voix, gauche dans le contact avec les députés ou la foule. Puis, il se prit peu à peu à goûter ces apparitions d'homme simple, de plus en plus calculées pour trancher avec la somptuosité des apparitions gaulliennes. Désormais, il ne retient plus sa sympathie pour ce personnage robuste sur pied, bon-pied-bon-œil, « un gars bien de chez nous », avec ce crâne abrupt qui prolonge directement la falaise de la nuque, ce long nez fureteur, le champ de ce front large, et ces yeux postés à l'affût sous la broussaille des sourcils. Un magnétisme profond joue. En 1962, interrogés par l'Institut français de l'opinion publique, 78 % des Français déclaraient ne savoir que penser de sa nomination (12 % se disaient satisfaits, 10 % mécontents). Dorénavant, non seulement il fait partie du paysage, mais s'affirme comme « quelqu'un sur qui on peut compter ».

L'autorité, il la fonde dans ses joutes parlementaires et électorales face aux leaders de l'opposition, où il fait autant preuve de vigueur que d'habileté. Témoin l'âpre campagne de mars 1967. A Nevers, il lance à Mitterrand : « Il ne sert à rien de prétendre qu'on ne va pas revenir à la Quatrième République alors qu'on réunit les conditions qui fatalement nous y ramènent. » A Grenoble, il affronte Mendès France, dans l'atmosphère la plus enfiévrée. Mendès lui pose cette délicate question : si la gauche gagne ces élections législatives, si la prochaine Assemblée a une majorité de gauche, en tiendra-t-on compte pour former un nouveau gouvernement ? C'est tout le fameux problème de la « coexistence ». Pompidou répond qu'il s'agit d'une question du chef de l'État et non du Premier ministre, ajoutant avec un sourire en coin : « Je fais exprès de ne pas le savoir », sauf à confier à titre privé que s'il était élu président de la République, il désignerait un gouvernement analogue à l'actuel, en tenant compte « un peu » des changements qui pourraient intervenir au Parlement. Il sait donc aussi manipuler la pirouette, au demeurant trop heureux d'obtenir avec 244 sièges une courte majorité qui lui évite un fameux casse-tête. L'autorité se révèle néanmoins par-dessus tout durant la Fronde des étudiants, en mai 1968. Au plus fort de la tempête, la tranquillité de l'homme provoque merveille. Il fait roc. Même si, au vrai, il se sera laissé gravement déborder dans les débuts de la crise et si, à certaines heures, il aura lui aussi perdu les rênes, chacun peut finalement s'apercevoir que c'est lui, lui seul, qui aura tenu le gouvernail au moment crucial. Le grand commis devient grand chef. Dans l'attelage des deux consuls, de Gaulle a comme cessé de prédominer. La preuve en est que, irrité de cette excessive importance prise par le Premier ministre, le président de la République, après les élections législatives de juin 1968, prend le parti de le congédier.

Enfin, il apparaît qu'il s'est mis à croire en lui-même, ou qu'il ne le cache plus. En même temps, son goût, si lent et prudent pour la politique, s'est affermi et approfondi. Jusque vers 1965, voire jusqu'en mai 1968, on aura encore pu croire qu'il pourra dévier vers d'autres royaumes moins empoisonnés, banque ou littérature. Dorénavant, on ne peut plus en douter. Les amis et le bon peuple découvrent un Pompidou total, de surcroît lumineusement révélé à lui-même, opiniâtre dans ses résolutions, ferme dans son vouloir, hautement ambitieux dans ses desseins et, du coup, spectaculaire dans ses manifestations. Il a cessé d'hésiter et de jouer : *il veut.*

Désormais, que cela plaise ou pas à l'Élysée et ailleurs, il est sur orbite — direction l'astre suprême.

Il est devenu « présidentiable ».

Vainement le Général décide-t-il de le congédier de Matignon.

En vérité, il y songea dès décembre 1965, après le demi-échec que fixait le ballottage et qui ne soulignait que mieux la déconvenue déjà subie par les gaullistes lors des élections municipales de 1965. Quand il y a des échecs de cette sorte, en Cinquième République, c'est le Premier ministre qui paie, quel qu'ait été son zèle. Tout bonnement, de Gaulle préféra ne pas changer de gouvernement à un an à peine des élections législatives normalement prévues pour mars 1967. Il attendrait cette date pour remplacer Pompidou par Maurice Couve de Murville. La date venue, Pompidou ne fut épargné que parce que, d'une part, Couve fut battu lui-même comme député, par Frédéric-Dupont, dans le VIIe arrondissement de Paris. (C'est fort désagréable à bien des égards, commenta Couve à sa manière.) D'autre part, parce que la majorité gaulliste à la nouvelle assemblée ne tenait plus qu'à quelques voix, et que, dans ces conditions, la moindre révolution de palais était à déconseiller. Cependant, Pompidou n'y aura gagné qu'une nouvelle année de répit. Malgré son triomphe électoral de juin 1968, il doit acquitter enfin sa dette. Maurice Couve de Murville, cette fois élu député — dans le VIIIe —, est appelé comme Premier ministre.

Pour autant, et si furieux soit-il, Pompidou n'a pas les reins cassés. Il ne gît pas sur le tapis. André Malraux ne s'y trompe pas qui, le soir où Pompidou prend congé de Matignon, lève son verre « au destin du député du Cantal ».

La fusée est solidement accrochée sur sa trajectoire.

Vainement aussi ses ennemis essaient-ils de l'abîmer avec sa femme dans un fleuve de boue, par exploitation d'un scandale où se mêlent acteurs de cinéma et tueurs professionnels. Il s'agit de l'affaire dite Markovic. Le 1er octobre 1968, un play-boy yougoslave, garde du corps et secrétaire particulier d'Alain Delon, nommé Stéphan Markovic, 31 ans, est découvert mort dans une décharge d'Élancourt. C'est un chiffonnier qui trouve le cadavre, enveloppé dans une housse de matelas en matière plastique, le crâne défoncé et percé d'une balle. Et l'enquête de commencer, avec d'autant plus de mystère que les tueurs ne sont pas identifiés. Et, dès le 8, le juge d'instruction d'interroger Alain Delon, qui est en train de tourner à Saint-Tropez *la Piscine*. Et, dès le 17, un certain François Marcantoni, présenté comme un « Corse du milieu », et un « truand retraité » en mal de ressources, d'être inculpé de l'assassinat. Le scandale vient toutefois surtout du fait qu'il est établi que Stéphan Markovic faisait chanter diverses personnalités photographiées en position scabreuse lors de soirées qui oubliaient d'être mondaines. La rumeur court même que Claude Pompidou serait du nombre. Le scandale redouble dès que les avocats de Marcantoni demandent l'audition de M. et de Mme Pompidou. Dans les salons et les ministères, les choses les plus fangeuses s'entendent. A l'évidence, il y a pure calomnie. D'un côté, Alain Delon peut établir sa bonne foi. D'un autre, on découvre vite l'épouse du haut fonctionnaire qui a été effectivement surprise en pleine « partouze », qui se trouve présenter quelque ressemblance avec Mme Pompidou et qui reconnaît spontanément avoir participé à la fête incriminée. Il n'en reste pas moins cette vérité, elle est éclatante, que l'on a voulu nuire à un éventuel candidat à l'Élysée, qu'on a calculé de « tuer » Pompidou : l'on sait trop que le seul fait d'être interrogé par un juge d'instruction vous rend automatiquement suspect; et qu'être suspect dans une si sordide affaire vous disqualifie dans une éventuelle course à la Présidence. Ce n'est d'ailleurs que de justesse que le juge, en définitive, décide de ne pas procéder à l'audition du couple. Mais, aux yeux de Pompidou, ulcéré, écœuré, atteint au plus profond de lui-même, il y a politiquement plus grave : le garde des Sceaux, René Capitant, qui précisément n'aime pas Pompidou, reste muet comme une carpe; le Premier ministre, Couve, totalement silencieux lui aussi, semble, par son mutisme même, prêter la main à une opération; et l'Élysée a des réactions et des grimaces équivoques. Pompidou est à même de se dire que c'est le pouvoir lui-même qui a organisé cette sorte de complot. Quatre ans plus tard, il s'en expliquera à tête plus calme avec le journaliste Georges Suffert, du *Point*.

Georges Pompidou — Une histoire banale... un bon gros complot, lancé par des personnages secondaires, à coups de ragots, répercutés par la presse... Tout le monde s'en mêle... Quand la bête s'approche des étangs, tous les chiens se précipitent... C'est la vie... Que des hommes qui avaient été de mes ministres, que l'entourage de Couve et Couve lui-même aient laissé dire, c'est désagréable, mais c'est humain... Mais que le général de Gaulle ait pu croire, ne fût-ce qu'une minute, à ces calomnies, cela, je ne l'ai pas supporté. J'en ai été stupéfié, désorienté...

Georges Suffert — Est-ce qu'il n'est pas possible que le Général n'ait rien su ?

Georges Pompidou — Absolument exclu. Sur une affaire aussi grave, il est évident qu'il a été tenu informé jour après jour.

Georges Suffert — Lorsque vous dites que Couve a laissé faire, c'est une grave accusation.

Georges Pompidou — Je vous laisse juge...

Plus tard, Couve, interrogé par le même Georges Suffert, rectifie : « Pompidou a été bouleversé par cette histoire et il y avait de quoi; il m'en a voulu et il a eu tort. »

Pour sa part, le 13 mars 1969, même un peu tard, pour bien marquer l'estime totale dans laquelle il garde les Pompidou, le Général les invite, ainsi que Michel Debré et son épouse, à un dîner à l'Élysée, à six, auquel il fait donner une publicité considérable.

Sur place, sur l'immédiat, il n'en demeure pas moins que Pompidou a toutes raisons de se scandaliser.

Il n'en demeure pas moins aussi que, malgré ce dîner — « le plus lugubre qui se puisse concevoir », souligne Pompidou —, les relations entre les deux hommes, déjà ternies par le congédiement de juin 1968, ne peuvent plus être de toute confiance.

On ne le voit du reste que trop à deux incidents qui devraient être bénins et qui prennent aussitôt la plus grosse dimension.

Le 17 janvier, à Rome, en réponse à une question du correspondant de l'Agence France-Presse, Pompidou déclare : « Si le général de Gaulle venait à se retirer, je me porterais candidat à sa succession... Ce n'est, je crois, un mystère pour personne... mais je ne suis pas du tout pressé... » Toute la presse nationale titre sur huit colonnes : « Pompidou candidat à l'Élysée. » L'incident est si vivement ressenti au palais que le 22, de Gaulle tient à répliquer, en Conseil des ministres : « J'ai le devoir et l'intention de remplir mon mandat jusqu'à son terme. » La rivalité et la rupture éclatent de la sorte en public. De fait, il n'est pas sûr que Pompidou ait pensé à nuire à de Gaulle. D'une part, s'exprimant avec une telle assurance, il veut montrer que la campagne de calomnies dont il a été l'objet n'a nullement entamé sa détermination et qu'il continue à s'estimer comme l'héritier présomptif pour la continuation du régime. D'autre part, il ressent trop le malaise qui, dans l'instant, tourmente la France profonde. Les Français ne sont pas au mieux de leur forme, loin de là. Depuis un an, ils n'ont pas cessé de subir chocs sur chocs. Ils sont courbatus. Ils se demandent avec une sourde angoisse d'où viendra le prochain coup. Pagailles nouvelles dans les rues ? Usines sens dessus dessous ? Crise financière ? En tout cas, ça grince. De plus, le Général laisse percevoir une amertume qui ne lui est pas coutumière. Les Français sentent, quoique confusément, qu'il est moins maître de lui-même. D'où Pompidou, d'instinct, par cette déclaration, se portant à les rassurer. « Allons, les gars, pas de fausses peurs, voyez comme moi-même suis tranquille... » Mais le Général peut aussi penser que Pompidou se venge de cette malheureuse affaire Markovic.

Le 13 février, à la télévision suisse, à Genève, Pompidou récidive. « Je ne crois pas avoir ce qu'on appelle un avenir politique. J'ai un passé politique. J'aurai peut-être, si Dieu le veut, un destin national, mais c'est autre chose. J'ai dit, le 1er novembre, que le général de Gaulle est à l'Élysée et que son mandat expire en 1972. Il n'y a donc pas de problème de succession. Ceci étant, il y aura bien un jour une élection à la présidence de la République. » Il fait référence à une déclaration du 1er novembre, la veille du jour des morts !... Certes, on imagine nettement les motifs de l'homme. Il doit préserver ses chances parmi tous ceux qui, à la voile ou à la godille, se placent dans la course à l'Élysée. En particulier, comme il entend, à l'inverse de Debré, ne plus jamais être ministre, il tient à rappeler qu'il continue de compter beaucoup. Il a à se rappeler dans toute son importance au Premier ministre qui dispose de la scène principale. Tactiquement, il doit manifester qu'il existe toujours, et existe bien. Par ailleurs, la phrase la plus incriminée est une phrase plate, dont Jean Ferniot peut penser qu'elle ne ferait pas recette au théâtre. Mais les journaux français réagissent à nouveau avec de larges manchettes. Le coup est ressenti par l'Élysée encore plus gravement que le premier. Cette fois, sa réaction est immédiate. Le gouvernement interdit aux responsables de la télévision française de reproduire l'enregistrement de la déclaration faite à Genève. Le soir, au palais, au cours d'un dîner en famille, de Gaulle ne cache plus que toute confiance se trouve rompue avec Pompidou.

La suite vient comme de soi.

La crise financière s'aggrave. Maurice Couve de Murville a pris en main les affaires dans des conditions qui le desservent. Il n'est peut-être pas l'homme « populaire » qui conviendrait dans de tels moments. Le référendum portant sur la réforme régionale et le

Sénat s'engage avec une accumulation d'invraisemblables maladresses. Pompidou a beau annoncer qu'il votera oui, il est l'un des premiers à pressentir que de Gaulle va perdre la partie. Effectivement, le 27 avril, tout est consommé. De Gaulle démissionne. On ne le reverra plus à l'Élysée.

Pompidou ne s'accorde qu'une journée, pour respecter la décence de rigueur.

Le deuil n'aura duré que 24 heures, pas plus.

D'ailleurs, il faut faire vite : les délais sont brefs.

Dès 9 heures du matin, le mardi 29, de son quartier général installé boulevard Latour-Maubourg depuis un an avec une poignée de fidèles, Pompidou annonce sa candidature par un laconique communiqué d'agence. C'est par devoir, explique-t-il aux journalistes. Je ne me réclame d'aucun parti, ajoute-t-il avec habileté.

« Je ne suis pas le successeur — dit-il aussi — on ne succède pas au général de Gaulle. »

Il a l'avantage d'être le seul candidat gaulliste possible : tous les autres gaullistes qui auraient pu être candidats, de Couve à Debré, ont été trop marqués par la défaite; lui seul échappe au désastre du fait de sa position de franc-tireur.

Dès lors, peu importe de savoir qui pourra être l'adversaire. Il est décidé à entrer le premier en scène. On n'en oubliera que plus vite dans l'opinion « le désastre qui vient de se produire ».

L'après-midi même, il prend la parole devant 280 députés gaullistes, salle Colbert. Il parle de « changement dans l'ouverture ». Déjà le mot d'ordre de toute la campagne vient d'être trouvé. Ce sera *Ouverture et Continuité*. Il se présente comme le continuateur du gaullisme, mais, en même temps, il axe sa campagne sur l'« ouverture » en invitant tous les groupes qui siègent à l'Assemblée nationale à côté des députés gaullistes à en faire partie. Autre ouverture : il se déclare partisan de l'entrée de la Grande-Bretagne dans le Marché commun.

Ensuite, au bureau numéro 9 des Républicains Indépendants dont beaucoup ont voté non, il lance : « Qui m'aime me suive; les autres, je ne peux pas les forcer. »

Il n'oublie pas de faire porter au Général, par les soins de Xavier de la Chevalerie, — « geste de correction » — une lettre où il explique son « devoir » et les raisons de sa candidature, vouée essentiellement à assurer la survie du gaullisme — comme quoi, par lettre encore, le Général accuse réception, disant : « Vous êtes libre » et précisant qu'il n'interviendra en aucune façon dans la campagne.

Ainsi s'entame la deuxième campagne présidentielle de la Cinquième République, qui se dispute au suffrage universel.

Il n'y a plus pour le premier candidat — et aussitôt favori — qu'à attendre de connaître ses futurs adversaires.

Les éventuels adversaires de taille ne manquent pas — les journaux citant plus particulièrement Pierre Mendès France, Edgar Faure, Guy Mollet, Antoine Pinay, Pierre Pflimlin et Félix Gaillard — sans oublier François Mitterrand, ni Valéry Giscard d'Estaing.

Pierre Mendès France est l'homme-phare de la gauche française. Il a l'âge idéal pour une telle compétition : 62 ans, vigueur et expérience. Plutôt petit, les yeux tombants mi-clos, joues et menton ombrés par un système pileux aussi noir que tenace, nez de boxeur poids moyen, très grande intelligence dont il a parfaitement conscience, génie de la vulgarisation, il aura volé durant des années de succès en succès. Né à Paris d'une famille aisée, qui descend d'un israélite portugais de Bordeaux, Luis Mendes da Franca, il est bachelier à quinze ans; avocat, secrétaire du député-avocat radical Georges Bonnet, à dix-neuf; et, à vingt et un, le plus jeune docteur en droit de France, avec mention très bien pour une thèse sur Raymond Poincaré, tout en glanant le diplôme de sciences politiques, avec 20 sur 20 à l'oral de droit constitutionnel. A vingt-cinq ans, élu à Louviers, il est le plus jeune député de France, vite marié avec une artiste peintre de talent, riche héritière israélite égyptienne, Lily Cicurel. A trente et un ans, en mars 1938, il est promu sous-secrétaire d'État au Trésor dans un cabinet Blum, le plus jeune ministre jamais connu d'un gouvernement de la Troisième République. Arrêté par la police de Vichy, jugé, condamné, évadé, il rallie Londres dès 1942, servant, aux plus grands risques, dans une escadrille de bombardement comme lieutenant-navigateur. A la Libération, il est ministre de l'Économie nationale, démissionnant avec éclat lorsque le président de Gaulle préfère aux mesures dirigistes, planistes et rigoristes qu'il préconise les thèses plus souples et libérales du ministre des Finances, René Pleven. En 1952, toujours député de Louviers et toujours radical, il est choisi comme figure de proue par l'hebdomadaire *l'Express* de Jean-Jacques Servan-Schreiber, une parution toute neuve par son équipe, sa mise en pages et son esprit, allégrement mordante, moralement impitoyable, financièrement solide, intellectuellement étincelante à qui François

Mauriac, en un bloc-notes constitué d'un étrange mélange d'eau bénite et de vitriol, donne davantage sa bénédiction — ou sa complicité — que son âme. Alors qu'il est encore peu connu du grand public, il est littéralement propulsé par *l'Express* dans l'univers publicitaire, comme le serait *Colgate* ou *Monsavon*. C'est si vrai qu'on le lance même sous initiales, P.M.F. Le levier pour faire basculer le pouvoir et s'y substituer est alors la guerre d'Indochine. *L'Express* et son P.M.F. harcèlent tous les gouvernements qui essaient à tout prix de maintenir une présence de la France sur cet appendice de la Chine. Ainsi Joseph Laniel, à peine investi président du Conseil, devient-il pour eux une tête de turc inespérée. C'est le temps où Mauriac dénonce la « dictature à tête de bœuf ». Arrive le moment où la substitution ne dépend plus que d'une occasion spectaculaire. C'est Diên Biên Phu. P.M.F., au terme d'un débat houleux et hargneux, accède au pouvoir — non sans avoir la loyauté d'annoncer avant le vote qu'il ne comptera pas les voix communistes dans le total de sa majorité et qu'il démissionnera plutôt que de leur devoir l'investiture. (C'est de la merde sans le bas de soie, fulmine Jacques Duclos.) Il arrive en quelque sorte aux cris de : Vive la Paix ! C'est son apogée. Nous sommes en 1954. Certes, par la suite, les destins lui sont moins favorables : il ne peut rester à Matignon que 7 mois et 17 jours; c'est sous son règne que se déclenche le drame algérien; il fait échouer la Communauté européenne de défense par un chemin peu brillant (il s'abstient dans le débat et fait s'abstenir tous ses ministres); « l'homme de la paix » est dénoncé par ses adversaires, gaullistes en tête, comme « l'homme de l'abandon »; il se fait préférer Guy Mollet comme président du Conseil en 1956; devenu son vice-président du Conseil, il ne reste au gouvernement que quelques mois; il en démissionne, bruyamment, pour devenir, à 49 ans, « le plus jeune retraité de France »; il perd beaucoup d'énergie dans une guéguerre pour la présidence du parti radical, peu avant de renoncer au radicalisme pour adhérer à un nouveau parti, le P.S.U., constitué pour un tiers par des ennemis personnels de Guy Mollet, pour un tiers par des jacobins progressistes chrétiens, pour un tiers par les éditorialistes de *France-Observateur*, composant même un texte pour la rénovation du socialisme; comme il vote contre le retour de De Gaulle et combat la Cinquième République, il perd le précieux « dominus vobiscum » de Mauriac; il est battu à Louviers; repêché à Grenoble en 1967, il y est également battu l'année suivante. Il n'en conserve pas moins une considérable autorité morale. Objet de terribles campagnes de haine, il aura tenu tête, avec une dignité et une sobriété qui impressionnent. Il a d'ailleurs bien davantage le caractère, le style et l'éloquence d'un prophète que les attributs nécessaires à un véritable homme d'action. A cet égard, il évoque assez Roosevelt, en moins optimiste, ou Briand, en moins dilettante. Il est de ces hommes politiques qui veulent plus aimanter que convaincre, enchanter que raisonner, si dialecticiens se disent-ils. Il sait être un charmeur. En tout cas, il garde tous les dons et tous les courages indispensables pour tenir, face au gaullisme comme face à Pompidou, le tout premier rôle.

Edgar Faure, 61 ans, n'est pas moins brillant que son ami et rival Mendès. Il est avocat à vingt ans, député à trente-huit, ministre à quarante, président du Conseil à quarante-quatre ans, à peu près dans le même temps qu'il passe l'agrégation de droit. Il ne supporte pas le moindre repos. Edgar, c'est la mobilité à perpétuité — à preuve son visage sans cesse mobile et ses yeux sans cesse en alerte. A se demander s'il dort quelquefois. Quand, entre deux ministères, il prend peur de perdre son temps, il étudie l'allemand, puis le russe, puis le chinois. Quand il en a assez de faire l'équilibriste, le funambule ou le prestidigitateur en politique politicienne, il écrit, écrit, écrit, sur tout, Turgot et Mao, Dioclétien et les poètes chinois, Law et Lénine, la réforme universitaire et le droit romain,… en attendant d'aller faire retraite dans un ashram hindou ou d'écrire un nouveau roman policier, comme les précédents signés Edgar Sanday. Il a un tel goût de la phrase étincelante qu'il faut parfois se mettre à huit pour comprendre certaines de ses formules. Exemple : il propose en 1952 pour le Maroc « l'indépendance dans l'interdépendance ». Exemple : « Ce n'est pas tout de trancher, il faut prévoir; ce n'est pas tout de prévoir, il fallait sentir. » Ou alors, il cite des formules du même ordre, dont il regrette qu'elles ne soient pas siennes, telle celle de William James : « D'abord continuer, ensuite commencer. » C'est tout à fait lui, ça. Autre exemple : sortant d'un entretien avec Brejnev à Moscou, il proclame que la force de frappe n'a qu'un intérêt « diplomatique ». Autrement dit : un éternel jeune homme, même sur style dialecticien renard. L'Inlassable. Ministre, il ne cesse pas d'être avocat, ni professeur. Député ou sénateur, du Jura ou du Doubs, il connaît par cœur chaque dossier des plus modestes de ses communes. Il n'arrêterait pas de voyager, de discourir, de poétiser — car il peut même écrire des paroles pour chansons. Mari de Mme Lucie Faure, brillante directrice de revues d'avant-garde, il trouve même le temps de l'accompagner dans toutes sortes de soirées littéraires et de clubs artistiques, poétiques et cinéphiles de la Rive Gauche. Point étonnant qu'on le tienne pour la plus belle machine intellectuelle du Parlement. De surcroît, il est incapable de haine, de rancune, même d'animosité : il est toujours gentil; il fixe le contraire d'un Fouché (celui du Premier Empire) comme d'un Mazarin; il ne manie jamais ni dague, ni poison, ni calomnie. La République aura donné peu d'hommes d'un tel dynamisme, d'un si constant esprit d'entreprise, d'une telle voracité d'activité, qui s'exprime du reste dans une époustouflante volubilité permanente. Évidemment, il n'est jamais plus satisfait que lorsqu'il est ministre, donc beaucoup plus occupé encore que dans les périodes interministérielles. Il dit lui-même avoir besoin autant d'un palais ministériel que de l'air qu'il respire. Voici pourquoi rien ne fait plus hennir et piaffer ce pur-sang qu'une crise ministérielle. Pour lui, « sentir l'écurie », c'est « sentir un ministère ». Dès qu'un cabinet est en train de se constituer, hop, le pur-sang s'y rue des quatre fers. « Que voulez-vous — dit-il en zozotant — quand je n'ai plus un palais où travailler, ça me manque trop, c'est comme ça... zé comme za... » Pour autant, il sait être un efficace, un réaliste puissant. Jean Ferniot peut le définir comme un « sceptique à convictions ». Non seulement il peut être un administrateur hors de pair, sachant commander, mais encore il sait tracer des chemins, si discutés soient-ils ensuite par ses propres amis. Il n'aura pas été uniquement, selon le mot d'André Siegfried, prototype de l'« homme de juste milieu, expert dans l'art de tenter de concilier les inconciliables ». Sa qualité ne se limite pas aux définitions de Pierre Viansson-Ponté trouvant essentiellement que « cette allure quiète et cette faconde composent le personnage du plus redoutable séducteur politique, qui a *empaumé* tout le monde, et même le moins sensible à ce genre de charme... le général de Gaulle ». Ainsi Edgar Faure, après avoir été l'enfant gâté de la Quatrième, devient-il l'un des princes les plus estimés de la Cinquième, le Général n'hésitant pas à lui confier le ministère de l'Agriculture en 1966, puis l'Éducation nationale en 1968. Ainsi réunit-il lui aussi nombre de titres pour la course à l'Élysée.

Guy Mollet, 63 ans, secrétaire général de la S.F.I.O. depuis 1946 est par le style à Edgar Faure ce que Robespierre fut à un Barras — la Montagne au Directoire. Face à l'opportuniste, voici le doctrinaire. Face au virtuose étincelant, le militant gris. Il n'a rien du bonheur de vivre et de prospérer de sa province natale, la Normandie. Très vite, nommé pion, puis professeur d'anglais à

Arras, adhérant tout jeune à la S.F.I.O., militant d'emblée parmi les mineurs du Pas-de-Calais, il aura pris la manière âpre des plus rudes syndicalistes du Nord et du Pas-de-Calais. Ou alors peut-être n'aura-t-il jamais pu dépouiller l'être souffreteux, le Petit Chose, qu'il est dans ses premières années, fils d'une concierge, pupille de la nation, élevé à la dure. Il est comme systématiquement sec, froid, hargneux, ou renfrogné. Le mélodrame romantique l'exaspère. Son éloquence ne chante jamais. Ou bien elle est raisonneuse, laborieusement, ou bien elle crépite, par rafales. Quand elle se met au service de la colère ou de l'indignation, elle ne tonne jamais : elle cingle, elle fouette. La vérité est qu'il est surtout un timide. C'est de la pudeur qui se cache le plus souvent sous ses hargnes ou ses grognements. Le général de Gaulle prononça un mot excessif, et inutilement cruel, quand il le surnomma *l'Humilité Agressive*. Guy Mollet est plutôt un réservé, un méfiant. Il ne devient agressif que lorque l'on attaque son parti, qui est sa maison, quasiment devenue sa chose : alors seulement, il est capable de mordre, avec rage. Dans l'intimité du groupe parlementaire socialiste, quand il est président du Conseil en 1956, ses amis l'appellent « le général », parce qu'il se confond avec son parti selon le même mécanisme psychique que de Gaulle avec sa France, et qu'il y emploie une aussi farouche intransigeance. Je suis un animal du parti, aime-t-il dire lui-même. Il a une femme et des enfants qui militent dans le parti. Il se confond entièrement avec la vie du parti. Il prend ses vacances dans les colonies du parti. Il n'aura jamais rien écrit en dehors du parti. Il ne connaît pas d'amis hors du parti. Les méchants, et qui ont en détestation ce « Robespierrot », vont jusqu'à dire qu'il ne prend ses maîtresses que dans le parti. Ce personnage dur, peu commode, n'en aura pas moins été l'homme clef de toute l'histoire de la Quatrième. Rien d'important ne se sera fait sans lui, depuis la formation du gouvernement socialiste homogène de Léon Blum en 1946 jusqu'au sacre même du général de Gaulle dont, en mai 1958, il aura été le premier archiduc. Encore en 1969, ainsi garde-t-il aussi toutes ses importances. C'est que les qualités les plus sûres ne lui manquent pas — même si, plus tard, annales et légende seront extraordinairement injustes à son encontre. Ce prudent, souvent grognon, quelquefois même d'une humeur insupportable — une humeur d'adjudant — cache un cœur délicat. Ce Méthodiste a ses Indulgences. On l'aura vu, dans des moments très pénibles, voire désagréables, venir au secours d'amis en graves difficultés, et prendre de grands risques personnels pour les aider à sauver leur honneur. Plus encore, il peut avoir le plus haut sens de l'État, et le sens de l'autorité. Il a également grand sens des problèmes politiques, encore qu'il aura toujours été plus enclin à l'esprit d'analyse qu'à l'esprit de synthèse — et, au-delà de son parti, il aura rendu à son pays des services qui ne pourront qu'être retenus dans les mémoires justes.

Antoine Pinay, 78 ans, industriel chapelier, fils de Saint-Symphorien-sur-Coise, maire de Saint-Chamond depuis quarante ans, député puis sénateur dès avant guerre, ancien combattant de Verdun, l'un des plus historiques présidents du Conseil de la Quatrième, l'un des principaux artisans du retour du général de Gaulle après avoir été l'un des principaux démolisseurs du R.P.F., se voit moins que naguère en public, depuis le 13 janvier 1960 où il démissionna du gouvernement Debré. Il se cache derrière un rideau de brouillard d'où il ne jaillit, tout à coup, au moment le moins attendu, que pour des déclarations fulgurantes. Il voyage aussi beaucoup : en pleine campagne du référendum d'octobre 1962, on l'aperçut même du côté du lac Titicaca. Est-ce une manière de mieux assurer ses distances ? Ou bien une façon de se mettre en jachère, d'accumuler des expériences qui pourront être utiles ? En réalité, le maire de Saint-Chamond doit osciller entre deux tentations, qui l'aimantent comme deux pôles contradictoires. Tantôt il penche au choix de Montaigne, « las depuis longtemps déjà de la servitude du parlement et des charges publiques », démissionnant du parlement de Bordeaux et évitant les intrigues de la Cour pour s'en aller rôder en Lorraine, au Tyrol, à Venise, à Ferrare, se délassant plus encore que s'enrichissant dans les contemplations multiples qu'offrent les longues routes, heureux de tourner le dos au royaume qui concentre les plus graves soucis et, pour le plus doux, offre le plus amer, ayant surtout épuisé tout son capital de confiance dans les grands hommes et tout son crédit d'espérance dans les grands événements. Tantôt, il est plus sensible à l'appel opposé, celui auquel ne résistèrent ni Poincaré en 1926, ni Doumergue en 1934, ni Pétain en 1940, ni de Gaulle en 1958, la tentation du revenir, contre laquelle en vain les éternelles phrases de Montaigne préviennent les imprudents : « Le plus aspre et difficile mestier du monde à mon gré, c'est faire dignement le Roy. J'excuse plus de leurs fautes qu'on ne faict communément, en considération de l'horrible poix de leur charge, qui m'estonne. Il est difficile de garder mesure à une puissance si démesurée... » Le président Pinay, si éloigné soit-il, n'en garde pas moins un compte solide à la banque de l'estime nationale. Sa silhouette et sa légende conservent une extrême faveur dans de nombreux milieux, qui ne se limitent pas à la petite bourgeoisie. Avoir réputation d'avoir mauvais caractère, c'est ici avoir réputation d'en avoir. Il a ce côté « caisse d'épargne » pour qui les chaumières françaises auront toujours éprouvé du sentiment. Ce grand Sage reste un possible « grand recours » d'une république qui serait en péril.

Pierre Pflimlin, 62 ans, député-maire de Strasbourg, souffrit beaucoup durant les longues journées de mai 1958. Président du Conseil, il devait tout à la fois signer la faillite de la Quatrième République et réengager la France dans l'aventure du gaullisme. Il souffre encore. Sans conteste, le 13 mai est son fardeau. Cet homme, rigoureusement scrupuleux et impitoyablement loyal, eut, dès qu'il remplaça Félix Gaillard à Matignon, pleinement et clairement conscience des gigantesques conséquences de son choix pour son pays, autant que des risques politiques qu'il prenait pour lui-même, point seulement pour l'immédiat, plus encore pour plus tard. Ces risques personnels, les voici qui se découvrent. Ils s'expriment et se résument dans une seule question : le peuple français est-il susceptible d'élire, comme président de la Cinquième République, à un poste chargé des plus vertigineuses responsabilités, l'ancien Président si chahuté et ballotté de mai 1958 ? En tout cas, les adversaires ne se font pas faute de rappeler que Pflimlin n'avait pas le droit d'abdiquer devant le « coup d'État ». Il a, ajoutent-ils, un style sévère de Spartiate qui cache beaucoup de faiblesse, un masque de rigueur qui dissimule beaucoup d'irrésolution. Dans leur passion, ils vont jusqu'à le dénoncer comme plus irritable que volontaire. Le « gouverneur » de l'Alsace n'en préserve pas moins un riche stock de munitions. Il a tout le talent nécessaire pour faire valoir qu'en mai 1958 son premier devoir était d'éviter à la patrie une guerre civile, ce qui fut fait. Il dispose d'une superbe éloquence. Il a du bon sens. Sur le plan moral, il jouit d'un gros capital de confiance dans tout le pays : quiconque peut le respecter. Il peut s'appuyer, en son Alsace, sur un fief robuste. Il peut compter dans toutes les provinces sur le soutien actif des agriculteurs, car il sut être naguère, au temps du bon petit père Queuille, un ministre de l'Agriculture courageux. Ce catholique sobre et discret, qui préside avec diplomatie un conseil municipal comptant des protestants, est l'un des hommes les mieux placés pour s'assurer pleine confiance des Églises. Sans jamais brûler du feu révolutionnaire, il croit au progrès. Sans jamais jouer les réactionnaires, il sait servir l'ordre. Il a des convictions — ainsi sur l'unité européenne ou la cohésion atlantique — et peut engager à leur service du tempérament et de la ferveur.

Félix Gaillard, 51 ans, député radical de Cognac, est peut-être le plus doué. Il a des compétences d'économiste et de financier que personne ne lui discute. Il a thésaurisé les plus sûres expériences, au gouvernement dès avant ses trente ans, ministre des Finances dès ses trente-neuf ans, président du Conseil, dans les conditions les plus difficiles, à quarante. Il a l'esprit le plus clair avec la parole la plus précise. Sous ses airs désinvoltes d'éternel étudiant, longue silhouette distinguée et sportive, lumineux sourire de diplomate italien, lunettes sages sur regard d'optimiste, il préserve, avec la plus vaste culture, le caractère le plus sûr. S'il déteste l'épate, il sait briller par lui-même. Enfin, hors les communistes, il ne se veut pas d'ennemis à gauche.

François Mitterrand, 53 ans, peut tout à fait retenter sa chance — si socialistes et communistes en sont d'accord.

Valéry Giscard d'Estaing, 43 ans, député du Puy-de-Dôme, président des Républicains indépendants, si jeune soit-il, a déjà rassemblé bien des atouts. Au ministère des Finances durant sept ans, il a acquis les plus riches connaissances. Sa famille, depuis un siècle, s'est assez souvent livrée aux jeux politiques, pour que cet esprit de polytechnicien précis et froid, qui ne laisse rien partir à la dérive, ait su distiller à fond pour lui-même ce long testament. A l'école de la Quatrième, auprès d'Edgar Faure comme de la Troisième, auprès de son grand-père, il a appris la manœuvre. Il peut passer pour un Poincaré d'époque. Ce fils d'Auvergne a le plus pur style oxfordien, ce qui ne le dessert tout de même pas face aux téléspectateurs qui s'épouvanteraient d'un style bouillonnant d'un tribun d'époque à la Jaurès. Il est clair dans ses comptes, patient dans ses démonstrations, assez discret dans ses apparitions. Il sait éviter la colère. Il a maîtrise de lui-même. Il semble accompagné de toutes les fées de la chance. On peut commencer à se dire que ce Colbert, un jour, peut être « Roy ».

Mais, en définitive, malgré leurs atouts, tous ces hommes renoncent ou sont tenus de renoncer.

« Je reste trop impopulaire sur un secteur stratégique essentiel de l'élection : le centre-droit », fait valoir Mendès. C'est exact : il n'y aura pas eu que Foster Dulles à trouver que « this guy is terrific »; en particulier, la rancune des « Européens » est sans pardon pour celui qu'ils tiennent pour « le lâche assassin de la C.E.D. »; par ailleurs, les amis de Pinay, qui apprécient par-dessus tout le style sobre, gardent une forte suspicion pour la manière trop volontiers théâtrale du « jongleur de Notre-Dame ». Mendès ajoute : « Comme Président, jamais la France ne votera pour un juif. » Enfin, observe-t-il, quand on est adversaire de ce régime comme je le suis et quand on tient pour néfaste l'élection du Président au suffrage universel et l'excès des pouvoirs qu'il détient, l'honnêteté commande de ne pas quémander un tel poste et de ne pas revendiquer de tels pouvoirs. Comme en 1965, il laisse donc la place.

Edgar Faure se trouve être ministre dans le gouvernement Couve de Murville. Il est du naufrage.

Guy Mollet est convaincu que, seul, un candidat centriste, appuyé à fond par les socialistes, et ayant des amitiés qui aillent très loin « dans le centre-droit », peut mettre en difficulté le candidat gaulliste. Il ne croit pas aux chances d'un candidat socialiste. Il estime que toute alliance avec les communistes, sur candidature unique, engage inéluctablement l'échec. Tout au plus peut-il envisager une candidature socialiste sans zèle pour le premier tour, avec, pour le second, arrière-pensée de désistement en faveur du candidat centriste. En tout état de cause, dans le cadre d'un tel raisonnement, il s'exclut, de son propre mouvement, de la compétition.

Place aux jeunes, proclame un Pinay tout souriant.

En conscience, Pierre Pflimlin affirme n'avoir pas assez « récupéré » des souvenirs de mai 1958. Il indique que les gaullistes auraient trop beau jeu de l'épingler comme le Revanchard de la Quatrième, sans qu'il fût pourtant assuré du soutien total du centre-gauche.

François Mitterrand s'écarte, « sur la pointe des pantoufles », susurre Alexandre Sanguinetti. Comme il le dit lui-même, la S.F.I.O., lui met « un poignard sur la nuque ». En vain, à Saint-Gratien, convoque-t-il au plus vite un petit congrès de ses compagnons — et fait-il nouer avec socialistes et communistes des conversations pour rechercher un candidat unique de la gauche, qui ne peut être évidemment que lui-même. Ces entretiens se tiennent d'abord à la Rôtisserie Périgourdine, puis chez la romancière Françoise Mallet-Jorris. Il doit vite déchanter. Cette fois, les socialistes paraissent trop décidés à se battre, au moins au premier tour, sous leurs propres couleurs. Arthur Notebart, socialiste du Nord, maire de Lomme, le dit à sa rude et franche manière : « Le cheval ne peut plus se mettre au garde-à-vous devant une alouette. »

Durant vingt-quatre heures, Valéry Giscard d'Estaing est candidat en son secret. Puis il se met à souhaiter « un homme d'expérience non engagé dans les affrontements politiques entre majorité et opposition au cours de ces dernières années ». C'est que, d'une part, force lui est de réaliser qu'il affronterait la campagne dans les plus ingrates conditions : en faisant voter non au référendum, il a été l'un des éléments les plus déterminants de la défaite du Général; en quelque sorte, il y a *parricide*, de la main d'un jeune homme qui aura dû au père les promotions les plus flatteuses; les gaullistes ne sont pas près de lui pardonner l'« affront ». D'autre part, en aidant à l'élection de Pompidou, il risque de prêter la main à un homme qui ne lui renverra pas nécessairement l'ascenseur et va pouvoir mieux le contrarier sur de longues années. Je le rencontre dans les couloirs du Palais-Bourbon. C'est le 29 avril, dans l'après-midi. Je lui demande : « Alors, tu as pris ta décision ? » — Il répond : « Je me suis laissé trois jours de réflexion. Mes amis ont fait mouvement trop vite. » Puis il s'éloigne à longues enjambées. Effectivement, il hésite trois jours entiers, les 28, 29 et 30 avril, « les trois Peu Glorieuses », dira-t-on, avant de se rendre aux avis de ces amis en question, Henri Mondon, Marcel Anthonioz, Maurice Paquet, d'autres, qui, dès le 27, sont pour Pompidou. Il a un geste fataliste. « J'ai 43 ans — soupire-t-il — je puis attendre... je puis même attendre deux septennats... »

C'est de la sorte que Georges Pompidou n'a finalement à affronter aucun des plus grands leaders politiques — et qu'Alain Poher n'a plus qu'à tirer à son propre avantage la leçon d'un tel désert.

La gauche, elle, présente finalement quatre candidats.

Le Congrès socialiste d'Alfortville investit Gaston Defferre, 59 ans, maire de Marseille, président du groupe socialiste à l'Assemblée nationale. Il pensa déjà à être candidat en 1965, prépara activement durant plusieurs mois sa candidature à la candidature, mais buta sur de tels refus qu'il dut renoncer bien avant l'ouverture de la campagne : il prend là une sorte de revanche. Ce Marseillais de tempérament si peu marseillais, descendant des Camisards des Cévennes, d'un style à l'opposé du style à l'ail des César et des Escartefigue de Pagnol, sobre, retenu, aimant peu l'éclat, rabroueur en diable, a d'ailleurs derrière lui une importante carrière politique; député dès la Libération, maintes fois ministre, en 1956 père de la fameuse loi-cadre, dite loi Defferre, qui a préparé l'émancipation politique de nos colonies d'Afrique noire. Travailleur méthodique, on ne prête à ce méridional peu démonstratif que trois passions : la politique, Marseille et la navigation. (Il est virtuose de yachting, disputant même des régates sur son cher *Palydonie VII*.) Disons que, s'il ne brille pas, c'est un homme qui pèse.

Les communistes désignent Jacques Duclos, 72 ans, « leader historique du parti ». Maurice Thorez n'est plus. Son successeur au secrétariat général, Waldeck Rochet, est malade. Aucun membre des nouvelles générations n'affirme encore assez d'autorité. On se rabat sur ce vieux briscard, vétéran de toutes les luttes, fils de pauvres gens de la région tarbaise, ancien aide-pâtissier, converti à l'athéisme en lisant Renan, au socialisme en écoutant des conférences d'Anatole France, et au communisme par admiration pour Henri Barbusse et Paul Vaillant-Couturier; grand blessé de Verdun, où il manqua être amputé des deux jambes. En 1926, à moins de trente ans, dans une élection partielle mémorable, il battait une liste menée par Paul Reynaud et le publiciste Henri de Kérillis. En 1928, il battait Léon Blum. Battu en 1932, il prenait sa revanche en 1936 dans son fief de Montreuil en battant Marcel Déat. Dès 1928, il effectuait son premier voyage à Moscou, d'où il revenait plein de confiance pour « le jugement politique, la clairvoyance et la ténacité de Joseph Staline ». Durant toute la guerre mondiale, il anima avec Benoît Frachon le combat clandestin des communistes. Durant des années, il aura été le principal lieutenant de Maurice Thorez. Il expose un drôle de corps : une silhouette carrée, aussi courte que large, qui évoque la grenouille; un visage rebondi, hilare et rubicond que les lunettes ne parviennent pas à rendre sévère.

La Ligue communiste révolutionnaire a choisi pour porte-drapeau Alain Krivine, 27 ans, soldat de deuxième classe au 150ᵉ régiment d'infanterie à Verdun. « Bidasse for Président », titre le journal *Hara-Kiri Hebdo*. Descendant d'une famille juive d'Ukraine qui s'enfuit des pogroms au siècle dernier, fils d'un médecin stomatologiste, frère d'un ingénieur, d'un chirurgien, d'un comptable et d'un chercheur physicien, tous les quatre anciens militants comme lui des Jeunesses communistes, et tous les quatre actifs agents de gauche, il est le fanatique type du révolutionnaire libertaire, théoricien de la table rase, même s'il se présente sous les airs calmes d'un étudiant sage, longue silhouette, sans brusqueries, de l'échassier patient, long cou, pâle visage aux méplats très accusés, lunettes à tiges épaisses sur regard de myope, libre chevelure sans désordre, voix lente, sans aspérités, sans fièvres, détachant bien les mots. C'est en 1965, au congrès des étudiants communistes, qu'il se met en position de rupture avec le parti de la rue de Châteaudun, quand il ose demander le « droit de tendance », récuse l'accusation de fractionnisme décrétée contre lui par le bureau politique, et réclame la « déstabilisation effective » de l'appareil. Dès janvier 1966, il est exclu de l'appareil communiste, il est vrai aussi peu après avoir refusé de soutenir François Mitterrand à l'élection présidentielle. C'est alors que, devenant l'un des hommes les plus combattus par les communistes, très marqué par l'idéologue trotskiste belge Ernest Mandel, l'un des inspirateurs de la IVe Internationale, et non sans activement participer aux barricades de mai 1968, il fonde d'abord la Jeunesse communiste révolutionnaire, J.C.R., puis cette Ligue communiste au nom de laquelle il fait acte de candidature.

Le P.S.U. présente son secrétaire général, Michel Rocard, fils de Courbevoie, 29 ans, inspecteur des finances. Les militants ont bien pensé à Pierre Mendès France, qui en est membre, mais Mendès choisit de faire campagne aux côtés de Defferre. En quelque sorte, ce jeune homme se dévoue — non sans éprouver une allégresse indéniable à surgir sur le petit écran, vif, volubile, péremptoire, et à brasser en grand public ses vérités ou ses convictions. On découvre un surdoué, qui sait l'être. On découvre aussi un extraordinaire impatient, fébrile, et pensant encore plus vite que ses phrases. Il ne marche pas, il galope, il bondit, « comme un kangourou », aime dire Guy Mollet. On pense irrésistiblement aussi au mot de Mitterrand : « Cet homme a des talents; je ne suis pas sûr qu'il ait des qualités. »

Un septième candidat, aussi isolé que Barbu il y a quatre ans, clôt la liste, pour le pittoresque. Il s'appelle Louis Ducatel. Il a 67 ans. Il provient du Pas-de-Calais. Il est ingénieur, fondateur de sociétés prospères, inventeur du tuyau Ducatel. Ancien radical indépendantisé, il est conseiller municipal de Paris. Il fait de la peinture un second métier, au point d'être l'inventeur de la peinture au métacryl. Il fixe le portrait d'un personnage trapu, placide, qui s'exprime avec le bon sens des évidences. Il a pour programme de « vous libérer des contraintes et vous faire retrouver votre tranquillité ».

La campagne est calme.

Krivine ne casse rien, ni personne.

Rocard bâtit des châteaux en paradis.

Defferre fait un drôle de numéro, à la télé, en duo avec Mendès, qu'il annonce comme devant être son Premier ministre, et qui parle davantage que le maire de Marseille : chansonniers et caricaturistes s'amusent vite de ce candidat qui ne peut se passer de « sa bonne à tout faire ».

Ducatel exprime ses sympathiques sagesses.

Duclos joue les paternes.

La plus vive compétition consiste pour Pompidou et Poher à se disputer les voix centristes — Pompidou, appuyé par Giscard et Jacques Duhamel, promettant l'« ouverture »; Poher, le changement — sauf que, sur la dernière semaine, Jacques Duclos, donné au départ par les sondages à seulement 15 %, opère un sensationnel redressement et, à force de talent, de chaleur, d'opiniâtreté, en vient à menacer de dépasser Poher qui lui, victime d'une campagne trop molle ou trop lasse, ne cesse de perdre du terrain sur Pompidou.

Le vote est aussi calme que la campagne.

Pas un seul incident.

On relève un seul fait bizarre, mais qui a quelque signification : le Général et Mme de Gaulle passent tout ce temps en Irlande, à respirer le large; ils n'exercent leur droit de vote que par procuration. Ainsi Mme Charlotte Gaspard, veuve Marchal, Mosellane de 58 ans, leur gouvernante-cuisinière à *la Boisserie*, se présente-t-elle à la mairie de Colombey en possession des procurations et des cartes d'électeurs de ses employeurs-mandants. Aux journalistes qui lui demandent de leur laisser photographier ces documents, elle répond : « Non, je ne veux pas, c'est vous qui lui avez fait tout le mal. » Le Général vous a-t-il écrit ? lui demande-t-on encore. Elle hausse les épaules...

Le résultat confirme toutes les prévisions.

Pompidou arrive nettement en tête, sur l'ensemble de la métropole et de l'outre-mer, avec 44,46 % des votants, distançant nettement Poher, qui en totalise seulement 23,30 %, talonné de près par Jacques Duclos, 21,27 %.

Le candidat socialiste subit un désastre, avec 5,07 % des suffrages, score inférieur, et de loin, au score le plus bas obtenu par la S.F.I.O. depuis 1945, c'est-à-dire 12,53 % des voix aux élections législatives de 1962. « Le courant socialiste a été trop partagé », soupire Pierre Mauroy.

Michel Rocard enregistre 3,61 % des voix, Alain Krivine, 1,26 %, Louis Ducatel 1,05 %.

Jacques Duclos se sera finalement affirmé comme une sorte de candidat unique de la gauche. Contrairement aux pronostics de Guy Mollet, le corps électoral ne porte pas au passif des communistes les événements de Tchécoslovaquie. Le communisme français retrouve presque exactement les voix communistes des élections législatives de 1967 (22,51 %) et efface le recul enregistré en 1968 (20,03 %). Il manque dépasser Poher sur la métropole même. Il le dépasse dans 32 départements, dont les Bouches-du-Rhône, le Nord, la Somme, le Pas-de-Calais et la banlieue parisienne. A Marseille, Duclos précède à la fois Poher et Defferre, le maire, qui, avec 10,90 % des voix, arrive loin derrière les 30,78 % du communiste. Le succès du doyen des candidats — en dépit de toutes les moqueries contre *le Soviet des Antiques* — couronne un formidable effort du parti et une très habile campagne personnelle. Waldeck Rochet a beau jeu de dénoncer la « criminelle volonté socialiste » de rechercher à tout prix l'« alliance centriste ».

La défaite de la gauche n'en est pas moins cuisante. Avec 31,33 % des suffrages, répartis entre ses quatre candidats, elle ne retrouve pas tout à fait le pourcentage atteint par Mitterrand au premier tour de 1965 (32,23 %). Si faible soit-il, Rocard arrive même à devancer parfois Defferre, ainsi dans le Rhône, la Loire et les Côtes-du-Nord. Krivine obtient d'autant moins que son public, les « enragés » de mai 1968, n'ont pas en général l'âge du vote ou ont négligé de se faire inscrire sur les listes électorales : il n'obtient que de rares résultats locaux flatteurs dans les départements d'outre-mer, notamment dans le territoire des Afars et des Issas, où il se classe second, allez donc savoir pourquoi ou comment... Tous les leaders de la gauche non communiste sont atteints, sauf Mitterrand qui peut rappeler que, candidat unique quatre ans auparavant, il s'adjugeait 32,23 % des suffrages.

Pompidou et Poher restent donc seuls face à face — Pompidou partant avec un capital d'un peu plus de dix millions de voix, Poher avec un peu plus de cinq.

Charybde ou Scylla ? se demande Sirius dans *le Monde*.

A l'évidence, Sirius n'est pas content.

En vain Guy Mollet lance-t-il un appel vibrant pour Poher — ce qui fait ricaner Duclos, disant : « Les socialistes, porteurs d'eau des réactionnaires centristes. »

Les communistes, quant à eux, décident de s'abstenir pour le second tour, se refusant à choisir entre « blanc bonnet et bonnet blanc ».

La suite n'est plus qu'une formalité.

Georges Pompidou est élu avec 11 064 371 voix c'est-à-dire 58,21 %, contre 7 943 118 voix, 41,78 %, à Poher.

L'abstention, en l'occasion véritable tiers parti, ne bat pas, avec 30,94 % des voix, le record de la Cinquième République, établi à 31,28 % des voix aux élections législatives de 1962. Mais, si l'on y ajoute les votes blancs ou nuls qui atteignent un pourcentage sans précédent, 4,50 % des inscrits, elle est assez impressionnante, bien que la consigne lancée par le parti communiste de s'abstenir ne soit pas suivie par tout l'électorat de Jacques Duclos.

Quoi qu'il en soit, voici Georges Pompidou à l'Élysée.

Premier problème : se donner une manière à soi.

Il l'annonce lui-même : « D'abord je dois trouver un style. »

Le choix n'est pas évident.

Il faut se garder de « tomber de Louis XIV en Louis-Philippe, de la grandeur dans le pot-au-feu ».

Il faut « ne pas être un de Gaulle *bis*, mais pas davantage Doumergue VIII ».

La première consigne qu'il donne à son entourage est : « Que personne, que personne ne se trompe de République ! »

Il trouve vite cependant le partage des eaux.

D'une part, il reste lui-même. Il demeure tel que toujours. Il ne bande pas l'arc. La solitude n'est pas son amie : il continue de voir beaucoup de gens, de multiplier ses contacts. Il s'applique à détendre toutes les atmosphères, la sienne propre pour commencer. A l'occasion, il prend ses aises. Même s'il doit en terminer, à son regret, avec ses chères flâneries le long de la Seine, les visites des galeries de la Rive Gauche et les dîners dans les petits restaurants à la mode, il sait de temps à autre « filer à l'anglaise » pour passer la soirée dans son appartement du quai de Béthunc, à relire quelque livre de la Pléiade. Il passe ses dimanches en la bonne terre rugueuse de Cajarc, face au paysage illimité des Causses, ou bien dans sa petite propriété d'Orvilliers, où, en famille, avec sa femme, son fils Alain, ses beaux-frères Castex et Domerg, il écoute de la musique, joue aux cartes, fumant interminablement ses cigarettes à bout de filtre. Il vit intensément sa vie de famille, où viennent trois petits-fils, Thomas, Romain et Yannick, sans jamais en faire étalage.

Le couple adore recevoir le soir à l'Élysée des amis pour de petits dîners, « comme à la maison », avec tout ce que cela suppose de décontraction, de simplicité, de gaieté. Pas de carton d'invitation. Un coup de téléphone de Claude Pompidou deux ou trois jours avant, voire le matin, pas plus. Pas le moindre protocole. On ne s'habille pas. Le président vient directement de son bureau. Sa femme est en chemisier et jupe. Blancs de préférence, parce que le blanc est sa couleur favorite. Les murs aussi sont blancs, sur lesquels éclatent simplement les couleurs libres de toiles abstraites de Robert Delaunay, Estève, Poliakoff, Bram Van Velde. Un grand canapé moderne de cuir brun voisine avec une petite discothèque à plateau en perspex, des consoles de marbre blanc en demi-lune, et un grand bureau plat Louis XV qui sert alternativement au maître et à la maîtresse de maison. On marche sur un tapis jaune et brun de Vasarely. Des photos des petits-enfants dans des cadres d'acier se submergent de roses dans des bocaux carrés, exactement assorties à l'orange des rideaux de shantoung. Le décor de la table où l'on dîne est tout simple : assiettes blanches, verres modernes, argenterie classique, sets de toile blanche brodés d'un fil d'or. Des cendriers essaiment autour de chandeliers danois en acier, car on fume à table chez les Pompidou, Chesterfield pour elle, Marlboro pour lui. A l'apéritif, on passe des jus de tomate, du whisky, du frontignan. Menu classique, au bordeaux. La conversation est à bâtons rompus, hors politique : voyages, théâtre, cinéma, enfants, chevaux, bouquins. Françoise Sagan voisine avec Pierre Cardin, Jean Prouvost, patron de *Paris-Match* avec Guy Béart, Buffet avec Liliane Bettencourt. Un soir, je m'y retrouve entre Alix de Rothschild et la générale Massu, ma femme entre Maurice Genevoix et le père Bruckberger. On prend le café au salon, dans un décor tout traditionnel, sièges du XVIIIe siècle tendus de damas jaune, piano à queue, commodes en Coromandel. Claude Pompidou joue les disquaires. Installés au fond d'un large canapé, on écoute Boulez, Debussy, Bach, tel concerto de Schubert joué par Horowitz ou tel trio Cortot-Thibaud-Casals.

Il dit : Je ne suis pas fait, moi, pour vivre dans un palais. Le fils de Montboudif qui parle. Il manie un modeste briquet à gaz cricket pour allumer ses Marlboro. Afin d'atténuer la froideur pompeuse du bureau présidentiel, il fait accrocher contre la glace centrale un tableau d'Hubert Robert, *le Grand Pont*, et de souriantes bergères Régence remplacent les mélancoliques fauteuils Louis XVI. Non qu'il ne s'acclimate pas vite à sa « prison dorée », aux glaces d'ors, aux tapisseries de Beauvais, aux tapis de la Savonnerie. Simplement, il reste le plus décontracté, le plus naturel possible.

Seule excentricité : cette passion pour la peinture moderne la plus téméraire, Hartung, Staël, Atlan, Vieira da Silva. A se demander comment avec de tels goûts si imaginatifs, auxquels les meubles n'échappent pas, le Président garde par ailleurs les préférences les plus classiques. Tel est pourtant le cas. Lorsqu'il offre à ses hôtes un spectacle théâtral ou un ballet, il recourt plus volontiers à la Comédie-Française ou à l'Opéra qu'au T.N.P. de Patrice Chéreau. Il leur propose du Labiche plutôt que du Brecht, Marc Camoletti plutôt qu'Arrabal...

Michelle Auriol s'habillait chez Dior; Mme de Gaulle préférait Jacques Heim; Claude Pompidou, pour mieux être *in*, est plutôt Chanel : c'est en tout cas en « petit Chanel » qu'elle fait son entrée à l'Élysée.

Au total, il y a rapidement un style Pompidou qui s'impose : bon garçon élégant, hors tout solennel, hors tout drame, hors toute véhémence...

D'autre part, pour mieux tenir son affaire et serrer ses verrous, il s'entoure d'une équipe toute dévouée.

Il la forme sur la base du petit groupe d'amis qui resta auprès de lui en ses bureaux du boulevard Latour-Maubourg, durant sa brève traversée du désert de juin 1968 à juin 1969 et l'aida — si efficacement — à préparer la campagne présidentielle : Michel Jobert, Edouard Balladur, Pierre Juillet, René Galy-Dejean, Anne-Marie Dupuy, Simone Servais, Marie-France Garaud — car lui, à l'inverse du Général, ne déteste pas de s'entourer de femmes.

A d'autres de partager l'entourage entre Rive droite et Rive gauche.

Plus sûrement, Michel Jobert, secrétaire général, et son adjoint, Balladur, ont à charge la part plus administrative de l'activité présidentielle — Anne-Marie Dupuy tient le secrétariat personnel du Président — René Galy-Dejean fait la liaison avec les préfets et, en liaison avec le député, le docteur Raynal, veille à l'ancienne circonscription du Cantal — Simone Servais a les rapports avec la presse — Pierre Juillet et Marie-France Garaud tiennent installés dans le même bureau, à deux pas de celui du Président, les dossiers politiques.

Ainsi se forme cet extraordinaire attelage, qui joue dans l'ombre un rôle fondamental sur tout l'exercice pompidolien — le fameux couple Juillet-Garaud.

Lui est un personnage courtaud, silhouette aux muscles durs très serrée sur elle-même, cou qui rentre dans les épaules, sabot sûr, crâne carré sous coupe en brosse, tempes nettes, glabre visage à mâchoire forte, regard droit, parole claire sur style volontiers coupant et abrupt. « Je ne suis pas payé par l'Élysée », dit-il. C'est tout lui, cette phrase. Il est là en ami libre et en homme libre. Il est rémunéré par une compagnie de taxis, la Compagnie générale des voitures de Paris. Il doit engloutir l'argent qu'il y gagne dans un élevage de moutons qu'il a dans la Creuse, où il s'en va régulièrement chercher ses illuminations. Ses qualités ? Il voue un dévouement absolu au Président, avec pleine liberté pour lui dire tout ce qu'il pense, même les vérités ou les réflexions les plus dures — et il ne s'en prive pas. Il a du courage. Il a le sens des hommes : il sait distinguer un pleutre d'un demi-pleutre, un courtisan d'un indifférent, un valable d'un demi-valable, ce qui n'est jamais évident dans les hauts cercles du pouvoir. Il parle clair. Il flaire les pièges comme pas un. Il est virtuose dans l'art de s'orienter dans un labyrinthe ou d'éclairer le rébus le plus épais. Il a le génie de la simplification. Il connaît par cœur et jusqu'au tréfonds la carte électorale française. Il ne nourrit aucune ambition personnelle. Ses manques ? Il doit être davantage tacticien que stratège. Il monte mieux une loupe qu'un télescope. D'un robuste sang-froid quand il a à démêler le plus redoutable problème intérieur, il a tendance à quelque panique quand il a à s'aventurer dans les vastes contemplations : par exemple, il dresse une analyse trop « affolante », voire réellement trop paniquarde, de l'entreprise soviétique. Il a un sens trop pessimiste des hommes et des peuples. Lui si souple se raidit parfois jusqu'à ne pas savoir changer son jugement lorsqu'il le faut. Cependant, le personnage est totalement positif — même s'il devrait mieux se garder de ses humeurs ou de quelques enragements systématiques. A coup sûr, gentilhomme estimable.

Elle, née Marie-Françoise Garaud, dite Marie-France, est une haute, forte et belle Poitevine, la belle plante au sens le plus dru du terme, harmonieux visage plein, dessiné sur cercle, crinière noire d'une ardente panthère, yeux noirs, nez légèrement retroussé avec narines de chasseresse, air dominateur. Chignon strict et tailleur Chanel. Taille cambrée et luxe discret. Voix de gorge profonde qui, étrangement, est tout à la fois veloutée et métallique. Une « présence » de star, avec une phénoménale assurance de soi-même, du moins dans les apparences. Surnom : le poisson-pilote de Pompidou, mais c'est trop dire. Une belle bête de jungle, dit Alexandre Sanguinetti. Une tigresse, dit Chaban, qui aura à connaître son croc. Rastignac en jupons, dit en riant Pompidou lui-même. Mon étudiante la plus intelligente, dit Jean Foyer, qui fut son professeur de droit à Poitiers avant de la prendre dans son cabinet ministériel et de la lancer dans l'aventure politique. Ses qualités ? Le courage fait femme. Du culot calculé. L'attachement impeccable à Pompidou. La religion de l'amitié échangée. La passion du travail. La connaissance profonde de ses dossiers. Ce qu'il faut de machiavélisme, dans les opérations, dans les coups, pour mettre « l'homme qu'il faut à la place qu'il faut ». La joie de régner. Ses défauts ? Une certaine ambition rentrée. Un certain mépris pour les hommes, trop vite traités en hommes-objets ou hommes-jouets. Quelque ivresse mal dominée dans la manipulation de tous ces pions vivants. Pas assez de rempart, en elle-même, pour contenir les rancunes qu'elle continue de ressentir jusque dans le temps où elles sont devenues inutiles ou ont perdu toute légitimation. Pas assez de protection contre l'impulsion comme contre la tentation de traiter de problèmes qui, si puissant soit son discernement, le dépassent ou le troublent. En quelque sorte, elle est davantage Fouché que Talleyrand, et elle croit être davantage Talleyrand que Fouché.

De toute manière, quelle que soit l'interprétation que l'on élabore de ces « deux diaboliques » — diaboliques jusqu'à forcer l'affection ou l'estime des hommes qui les voient travailler de près, dès lors qu'il ne s'agit pas d'hommes enchaînés —, Pompidou a tous les moyens, avec cette équipe, peu nombreuse et bien choisie (Pompidou aura même été le Président à compter parmi ses collaborateurs une proportion relativement importante de non-fonctionnaires, 27 %, contre 15 % à Giscard, 10 % à de Gaulle, et à peine 5 % à Mitterrand), de « fonctionner » avec souplesse et efficacité — d'autant plus que Madeleine Negrel sait tenir solidement le secrétariat particulier et que le chef de cabinet, Anne-Marie Dupuy, ancien chef de personnel chez MM. de Rothschild frères, par ailleurs une passionnée de chasse, de lecture et de musique classique, a le tact naturel et l'autorité discrète qui conviennent pour « administrer » les relations personnelles du Président.

Reste pour lui à exprimer sur le plan politique ses trois volontés majeures.

La première est de communiquer à l'ensemble du pays l'esprit de conciliation et de profonde prudence qui le marquent lui-même. Non qu'il ne sache pas piquer : lorsqu'il parle, la langue jaillit de la bouche, un peu comme celle d'un serpent; c'est un tic qu'il n'aura jamais su ou pu maîtriser (il est même très sensible sur le petit écran). D'un seul mot, il peut blesser cruellement; il a la rancune tenace; à coup sûr, il adore même se venger — comme de Gaulle. Non davantage qu'il ne soit pas capable de prendre des risques : il a un côté joueur qui peut même les lui faire rechercher. Mais, pour une part, il se méfie de tous changements en tant que tels : l'on a d'ailleurs vu que, durant la campagne, il a abandonné le mot « changement » à Poher et a préféré celui d'« ouverture »; c'est un signe qui a plein sens. Pour une autre part, il professe que la France, « vieille nation turbulente », est infiniment difficile à gouverner et qu'il ne faut jamais la prendre à rebrousse-poil. Il répéterait à satiété que l'encolure doit toujours se caresser dans le sens de la crinière.

La seconde volonté est de maintenir la primauté de l'Élysée — pièce fondamentale de la Cinquième République. Il est décidé à ne partager les vrais pouvoirs avec personne. « Je tiens à avoir l'œil à tout », précise-t-il lui-même. Il dit bien à *tout* — y compris au moindre détail de ce que Malraux appelle la « politique politicienne » et de Gaulle « l'épicerie ». Loin de laisser limiter son domaine, il serait plutôt tenté de l'étendre.

La troisième est de protéger le pays de tout aventurisme social. Tout au long de son passage à Matignon, il n'aura pas cessé de « bloquer au grenier », parmi les affaires encombrantes, le projet d'association capital-travail si cher aux « gaullistes de gauche ». A l'évidence, il est ce qu'il est convenu d'appeler un homme de droite. Il l'exprime en disant : « Le général de Gaulle a tracé la grande route; il faut que je l'empierre. » Pompidou est même plus proche d'un réactionnaire que d'un conservateur, dira Maurice Couve de Murville, qui, il est vrai, a connu la piqûre du serpent quand il a été qualifié d'« ectoplasme frisottant ». A l'évidence, « il faut empierrer la route » signifie qu'il faut empêcher la route d'aller trop loin. Faisons bien sur place ce qui est indispensable pour améliorer l'ordinaire; pour le reste, on verra. Enseigner par exemple que le capitalisme français n'est plus un ogre, voilà qui est important. C'est d'ailleurs là le trait de caractère qui fait si souvent assimiler Georges Pompidou à André Tardieu, le plus doué avec Caillaux de tous les hommes de la Troisième même s'il aura été l'un des plus oubliés de la postérité, lui aussi vedette de Normale Sup, lui aussi l'air goguenard avec des connaissances encyclopédiques, lui aussi aimant le bien vivre et attendant la quarantaine avant de s'engager dans l'activisme politique, plus encore lui aussi conservateur à fond.

Mais il nomme à Matignon Jacques Chaban-Delmas.

Il le choisit pour quatre raisons essentielles : c'est un grand résistant, un radical ex-herriotiste, un habile et un partisan reconnu des institutions nouvelles.

Pompidou aura toujours souffert de n'avoir pas partagé les héroïsmes de la Résistance : il est donc moralement tenu — ou il se considère comme moralement tenu — de se doubler, au pouvoir, d'un gaulliste historique. Précisément, Jacques Chaban-Delmas est l'un des plus titrés de tous les résistants les plus illustres. « Après ça, grogne Pompidou, on ne va pas me dire que je n'aime pas leur résistance... »

A l'évidence, sur le damier politique, en termes de tactique, l'heure est à rapprocher le centre-droit du centre-gauche. La nécessité impérieuse est venue de parer aux excès de l'extrémisme gaulliste. On l'a bien vu à l'occasion du dernier référendum : de Gaulle a perdu dès lors qu'il s'est limité au seul soutien gaulliste et a voulu mener un combat — contre le Sénat — d'un parti pris gaulliste résolu. L'« ouverture » devient un élément indispensable de survie. Il faut à tout prix aérer une maison trop confinée sur elle-même. De fait, le calcul de Pompidou est même de constituer un vaste parti du gouvernement, à l'image de ce grand parti radical de la Troisième, qui pouvait aussi efficacement travailler dans l'alliance de Raymond Poincaré que dans celle de Léon Blum. En quelque sorte, on va réinventer le parti radical sans le nom — qui est passé de mode. Justement, après la guerre, Chaban a milité dans les rangs du parti d'Herriot, avant de le quitter pour rallier le R.P.F. Il a été aussi ministre de Mendès et ministre de Guy Mollet. Il a conservé les plus amicales relations avec tout le centre-gauche. Il est classé comme un non-sectaire, un homme de compromis et d'arbitrage. Il a illustré sa réputation d'homme d'équilibre autant comme président de l'Assemblée nationale que dans son Aquitaine où « il s'entend avec tout le monde ». Nul ne sera donc mieux indiqué pour nouer avec l'ensemble du centre-gauche les dialogues nécessaires, sans pour autant choquer ces chers gaullistes.

Pour les heures à venir, il faut un habile davantage qu'un costaud. Il y a nécessité vitale pour le pays à réconcilier le régime avec le Sénat, à redonner courage aux endeuillés de la défaite du Général, à cimenter en profondeur l'unité des gaullistes, à faire loyalement revivre l'alliance avec les giscardiens, à essayer de se rallier l'ensemble des centristes, à créer de nouveaux rapports avec les régions. Il y faut principalement un virtuose de l'habileté. Or, qui discuterait à cet égard le savoir-faire de Chaban ?

Enfin, il faut un Premier ministre qui joue le jeu. Dans un tel régime, à tout coup, l'Élysée doit avoir barre sur le Palais-Bourbon. Encore faut-il que Matignon s'y prête sans rechigner. Précisément, comment, à cet égard encore, trouver plus idoine que Chaban ? Durant onze ans, comme président de l'Assemblée nationale, avec le plus charmant et élégant sourire, il n'a pas cessé de se satisfaire d'un régime tenant d'emblée et ne cessant plus de tenir le législatif pour peu de chose. Il a été l'un des plus diligents à prôner et proclamer la primauté absolue de l'exécutif. La fameuse expression « domaine réservé » est de lui. Au perchoir de l'hémicycle, dans les réunions du groupe gaulliste, en privé ou en public, il a donné dans le conformisme, sans un seul éclat, jusqu'au risque de se faire dénoncer comme plat et superficiel par les Mitterrand et consorts. Ce n'est certes pas de lui que pourrait venir une interprétation abracadabrante de la Constitution de 1958.

Infortunément pour l'Élysée, Chaban, sans délai, entreprend un véritable match personnel.

Durant onze ans, il aura trop « rentré » ses énergies.

Soudain, il les laisse éclater.

En vérité, c'est son caractère qui le veut. Tout au long de sa vie, il se démontre autant comme un battant que comme un habile. Un gentil et un fonceur.

Il a cinquante-quatre ans et il en paraît trente.

Il est toujours alerte et toujours bondissant, comme toujours charmeur.

Il monte les escaliers quatre à quatre.

Avec le sourire de Fabrice del Dongo, il a une extraordinaire façon, qui n'est que de lui, d'ouvrir largement les bras, comme pour saisir le monde entier.

Même quand il réfléchit, sourcils froncés, yeux plissés, lèvres qui se pincent, vous vous demandez à quel bondissement nouveau il se prépare.

Toute sa vie est sur ce style : à surprises, bonds et rebonds.

Il compte les ancêtres les plus contradictoires, en sa chère Gironde, un garde municipal à cheval, un artiste peintre, un tonnelier, des vignerons de grands crus, des vignerons de moindres crus, un industriel qui fournit en 14 l'armée en automitrailleuses.

Il doit redoubler la première au lycée et, comme en se jouant, il se retrouve diplômé de l'École libre des sciences politiques, licencié en droit, diplômé d'études supérieures d'économie politique et de droit public.

Au lycée Lakanal, de Sceaux, il est jugé par ses camarades comme « trop ambitieux », mais ils lui décernent le prix de camaraderie.

Il commence comme journaliste à *l'Information*, en 1933, et se retrouve inspecteur des finances, nommé par Vichy, en 1943.

Avec la même facile élégance, il est trois-quarts aile de l'équipe de rugby de Bègles, avec les deux colosses Moga, et il est capé international — une fois.

Il commence la guerre en 1939 comme simple fantassin de deuxième classe et il la termine cinq ans plus tard comme général de brigade.

Mobilisé au 37ᵉ régiment d'infanterie à Bitche, en Moselle, entré comme élève officier de réserve à Saint-Cyr, major de la promotion, baptisée « Maréchal Joffre », il arrive même à se distinguer dans la drôle de guerre, y gagnant la Croix de guerre.

D'être un Casanova en chasse perpétuelle des proies les plus charmantes ne l'empêche pas d'entrer dès 1940 dans les réseaux de résistance, où l'appelle le colonel Groussard, qu'il a connu à Saint-Cyr.

Arrêté en gare de Langon avec de faux papiers, il s'évade.

Il commence modestement dans la zone Nord avec le colonel Heurteaux, spécialisé dans l'espionnage industriel, et il termine comme délégué militaire national du général de Gaulle, président du Gouvernement provisoire de la République française — avec tête mise à prix à deux millions de francs par la Gestapo, chiffre fabuleux pour l'époque.

Il a pour nom codé *d'Arc* dans la Résistance, et, après avoir failli être *Lakanal* (nom abandonné à la demande de Londres pour raisons de sécurité), il préfère finalement le nom de *Chaban*, qui est celui d'un village du Périgord et dont il fait son propre nom définitif, en l'adjoignant à son nom de naissance, Jacques Delmas, dès lors Jacques Chaban-Delmas.

Dans l'action, il ne cesse pas de sautiller, de chahuter, de taquiner, de baguenauder, et il joue un rôle majeur quand il faut obtenir en août 1944 la reddition de von Choltitz, sauver Paris de la destruction et empêcher les communistes du colonel Rol-Tanguy de s'installer en maîtres à l'Hôtel de Ville de la capitale.

Pour une carrière politique, il a tous les atouts à Paris, et il la bâtit à Bordeaux.

Tennisman de première catégorie, sa prédilection va aux coups les plus difficiles.

« Maire de Bordeaux sans être Bordelais, député de la Gironde sans être Girondin », ronchonne Guy Mollet qui doit mal connaître la généalogie du personnage et qui est pourtant lui-même Normand en Artois. Mais il semble vraiment n'être un temps radical que pour mieux se retremper dans le gaullisme et il n'est point d'une telle mystique gaulliste qu'elle l'empêche d'être l'un des enfants chéris de la Quatrième, « encore plus fort qu'Edgar », s'exclame Sanguinetti, et de goûter suavement à toutes ses délices, accomplissant la prouesse d'être tour à tour ministre du modéré Joseph Laniel, de l'universel Edgar Faure, du mendésiste Mendès France, du socialiste Guy Mollet et du radical Félix Gaillard.

Il s'implique dans les complots du 13 mai, par son ami Léon Delbecque, bien plus qu'on ne le croit tout d'abord et bien moins qu'il ne le laissera raconter plus tard.

Si Quatrième ait-il été, il n'en réussit pas moins à se retrouver dans l'état-major de l'Union pour la Nouvelle République, plus jeune et plus fringant que jamais, et à se faire considérer comme l'un des plus purs et plus durs visages de la nouvelle « Renaissance », jusqu'à battre Paul Reynaud dans l'élection de 1958 pour la présidence de l'Assemblée nationale malgré l'opposition du général de Gaulle.

Un page, disent ses ennemis — mais un page héroïque.

Un Talleyrand, font d'autres — mais un Talleyrand athlétique.

Un Murat, estiment d'autres — mais un Murat qui ne fait point que charger.

Plus exactement, il s'agit d'un vivant, d'un super-vivant, qui fait tout, même le plus difficile, dans l'allégresse.

Ainsi procède-t-il, aussitôt Premier ministre : tout à la joie de vivre et de culbuter les obstacles.

Et de démarrer en fanfare.

Et, dans un discours au grand galop, le 16 septembre, de lancer la « nouvelle société ».

Et de s'entourer de conseillers de gauche, tels Simon Nora et Jacques Delors.

Et de vouloir « libéraliser » la télévision où, au vrai, il installe les mitterrandistes à des postes essentiels.

Et de prôner et de pratiquer la « politique contractuelle ».

Et d'annoncer des temps nouveaux, qui ne coïncident plus avec les visions de l'orthodoxie gaulliste — ou tout au moins avec ses catéchismes.

De fait, c'est sans délai se mettre en position conflictuelle avec l'Élysée.

D'abord, par sa « nouvelle société », Chaban heurte de plein fouet la philosophie de Pompidou. Celui-ci ne tarde pas à le faire savoir. « Chaban croit le moment venu de faire du neuf ! — proteste-t-il en présence d'Alain Peyrefitte. — On ne fait jamais du neuf ! Ce sont là des fantasmes d'adolescents ou de romantiques ! Il n'y a jamais de pages blanches ! On doit se contenter de continuer une tapisserie commencée par d'autres et dont la trame vous est imposée ! Une nouvelle société, c'est impossible. La société est ce qu'elle est. Il faut vivre avec. Rien n'est pire que de vouloir faire rêver les Français. Ce n'est pas ce qu'ils attendent de nous... Ayons le sens du réel... » Il ajoute : « La tâche est pourtant simple. Nous avons un objectif qui doit dominer les autres : faire de la France une grande nation industrielle. Il est à notre portée. Atteignons-le sans nous disperser. Le reste sera donné de surcroît. » Il s'indigne presque : « Vous croyez donc qu'on peut tout faire à la fois ? Si on fait sauter les cloisons et les verrous, on risque de faire sauter en même temps l'État et la Nation, comme cela a failli arriver en mai 1968 ! De telles idées sont celles d'irresponsables qui cherchent à démanteler l'État. C'est l'État qui doit commander. Et dites-vous bien qu'il n'y a que nous, les gaullistes, pour le défendre... » Il continue : « L'accusation d'immobilisme ne me fait pas peur ! Pourquoi cette manie de bouger ? Alors que tout bouge autour de nous, l'essentiel est de garder notre équilibre, d'éviter les écueils et de ne pas sombrer. Dans le tourbillon des découvertes, des innovations technologiques, des échanges internationaux, ce qui importe au contraire, c'est de rester soi-même au milieu du changement qui s'accomplit de toute façon, que nous le voulions ou non. C'est de préserver nos valeurs fondamentales ! Vraiment, il faut avoir le courage de résister à ces tics de langage. » Il précise : « Avec ces idées d'*ouverture* et de *changement*, on ne provoque que des courants d'air et on prépare sa propre éviction. L'ouverture, je l'ai faite, j'ai fait appel aux républicains indépendants et aux centristes. Je ne me suis pas contenté de l'U.D.R... Si nous récusons l'héritage d'une Nation et d'un État qui viennent d'être restaurés, si nous avons peur d'employer les mots qui résument tout notre credo, nous entrons dans le jeu de l'opposition, nous récitons du marxisme inconscient et mal digéré. A ce jeu-là, nous serons toujours battus. A vouloir attirer ses ennemis et décevoir ses amis, on ne l'emporte jamais. Quand on fait la politique de ses adversaires au détriment de celle de ses électeurs, on perd ses électeurs; alors qu'il est tellement plus facile de les retenir que de les rattraper ! Et on ne capte pas les voix hostiles; on les encourage dans leur hostilité en leur donnant des preuves de faiblesse. Cajoler l'opposition ne l'amadoue pas, mais l'enhardit. Chaban dispose à la Chambre d'une majorité des 4/5e on n'avait jamais vu ça sous aucune République. Il préfère se mettre ces quatre cinquièmes à dos et séduire le dernier cinquième. Ça non plus, on ne l'avait jamais vu. Quand on a une majorité, il faut la garder. » On ne saurait être davantage anti-chabaniste.

Ensuite, par un tel discours, Chaban prononce en quelque sorte un crime de lèse-majesté. Il se substitue carrément au Président. Il ne reste pas dans les limites du Premier ministre. Il prononce une véritable déclaration présidentielle — et alors que Pompidou, dans les premiers temps, a quelque peine à dépouiller le personnage qu'il a été six ans à Matignon. Le Président le prend mal. Dans un déjeuner à trois à l'Élysée où je suis invité avec Louis Joxe, il ne retient pas son irritation. « C'est un équilibriste... Il fait la star... il n'est pas sérieux... Fardez-lui les joues et la frimousse, et vous aurez Rudolph Valentino... D'ailleurs, il en a les cheveux... Où est le cerveau ? Où est le frein ? » C'est excessif, mais c'est dit.

Troisième faute : Chaban met Pompidou devant le fait accompli. Il lui porte à la toute dernière minute le discours qu'il va prononcer du haut de la tribune du Palais-Bourbon. Navré, quand il réalise qu'il a commis une bévue, il reconnaît lui-même, « soumis au feu du travail, saisi par la fièvre qui précède le débat parlementaire en question, avoir oublié de prescrire à son cabinet d'adresser une copie du discours à l'Élysée ». Pompidou n'en est fatalement que plus sévère. Ainsi devant Alain Peyrefitte : « Chaban mène son affaire à la hussarde. Il veut ma caution sur un plan dont je n'ai rien su. Je me demande même si un président du Conseil de la Troisième ou de la Quatrième aurait prononcé un discours aussi important sans en informer d'abord le président de la République en Conseil des ministres. » Ainsi à notre déjeuner avec Louis Joxe : « Je me demande même s'il s'agit d'une gaffe volontaire ou involontaire... C'est trop gros... Une telle maladresse relève de la sottise pure et simple... Ça ne ressemble pas à du Chaban... Donc, il y a une idée, en dessous... Laquelle ? Soufflée par qui ? Dans quel but ? Pour quelle jouissance à me nuire ?... »

Quatrième raison de conflit : Chaban dispose à Matignon d'un brain-trust publicitaire très au point, avec Roger Vaurs et Pierre Hunt. Sur les médias, il ne semble plus y en avoir que pour lui. Pierre Juillet grogne : « Il n'a pas libéré la télé, il l'a chabanisée. » Matignon en vient à éclipser totalement l'Élysée. C'est tout l'édifice constitutionnel qui se trouve remis en cause. Fatalement, le Président se rebiffe : « Le patron, c'est moi. Ce que le Général aura légué de meilleur, c'est la prééminence du Président. Laisser le pouvoir suprême repasser la Seine, permettre que les grandes décisions qui commandent l'avenir se prennent à Matignon et non à l'Élysée, cela voudrait dire à brève échéance que l'Assemblée reprendrait le dessus. On reviendrait au régime des partis et à l'instabilité ministérielle. Ce serait renouveler la mésaventure des débuts de la Troisième. Je ne serai ni Mac-Mahon, ni Jules Grévy. Je maintiendrai. » J'entends encore Pompidou lancer à Louis Joxe : « Ce flambard !... Le voilà qui veut m'éteindre... me souffler... comme une bougie... »

Enfin, l'Élysée ne supporte pas que Matignon fasse à l'excès ami-ami avec les socialistes — que Chaban n'attaque effectivement jamais, ou si peu. De tout son franc-parler, à un déjeuner où figurent des ministres, Pompidou lui jette : « Vous êtes l'homme qui nous amènera le socialisme — l'homme le plus dangereux qui soit pour le pays... »

On assiste à l'incroyable : une véritable guerre entre l'Élysée et Matignon — évidemment au grand dam du régime et du gaullisme.

Non seulement toute confiance tombe entre les deux palais, mais les hostilités sont carrément ouvertes contre Chaban.

Parfois, l'on aurait presque l'impression d'une crise du régime.

De plus, Chaban bute sur toutes sortes de malheurs personnels, commet des maladresses et est même l'objet des campagnes personnelles les plus atroces.

Il se défend mal quand *le Canard Enchaîné* publie sa déclaration d'impôts et révèle qu'il n'aurait pas payé d'impôts durant quatre ans. En réalité, il a bénéficié légalement de l'avoir fiscal, mais l'attaque donne lieu à scandale et Chaban doit avouer lui-même s'être fait piéger.

Il ne se protège pas mieux quand certains membres de son cabinet sont surpris dans des opérations d'une honnêteté discutable, jusqu'à avoir des ennuis avec la police et la justice.

On peut entendre Michel Poniatowski, le meilleur ami du ministre des Finances Valéry Giscard d'Estaing, dire que « Chaban est un homme trop confiant qui s'entoure mal et a été souvent trompé ». Ponia peut aussi s'étonner tout haut que « les négociations pour la constitution de son gouvernement se déroulent, entre autres, dans l'appartement d'un grand avocat d'affaires, de réputation imprécise, ami intime du Premier ministre pressenti ». De là à ce que Ponia se mette à dénoncer le « régime des copains et des coquins », il y a peu.

Divorcé d'une première femme, Odette Hamelin, remarié avec Mme François Geoffroy, née Marie-Antoinette Jôn, il la perd, alors qu'il est Premier ministre, dans un accident de voiture sur la côte basque. Peu après, il se remarie avec Micheline Chavelet, divorcée du docteur Moulonguet. Même si la nouvelle Mme Chaban-Delmas est une femme fort remarquable, cela donne lieu à la plus infâme campagne qui puisse s'imaginer contre un homme — évidemment sur les ailes de la seule rumeur.

La confiance a si totalement disparu que, début mai 1972, lorsque Pierre Juillet, dans son bureau de l'Élysée, m'annonce que je serai nommé au poste capital de président-directeur général de l'ORTF, et que j'aurai à prendre mes fonctions dans les deux mois, une fois votée la loi qui va créer le poste, il me prie de tenir ma nomination comme secret d'État et de n'en parler à qui que ce soit, et quand je lui demande : « Même pas au Premier ministre ? », il me répond : « Surtout pas à lui. » Effectivement, quelques semaines plus tard, Chaban me convoque à Matignon; je me dis que le secret a dû être levé en ce qui le concerne; je me rends à son invitation sûr qu'il va me parler de l'ORTF, et, ô surprise, je réalise vite qu'il continue de n'être pas au courant; il a voulu me voir pour un tout autre sujet; il a tenu à savoir si, éventuellement, j'accepterais d'être ministre de l'Agriculture ! Je ne comprends moi-même tout à fait l'ensemble de l'opération que lorsque Pierre Messmer est promu Premier ministre le 5 juillet, et que je suis moi-même nommé président de l'ORTF le 12.

Évidemment aussi, sous de tels coups, l'heureux hussard lui-même perd de son allant.

Il n'y a personne dans le milieu d'aussi gentil, amical et loyal que lui. Il ne médit jamais de qui que ce soit. Il ne comprend pas toute cette hargne qui anime toute cette campagne contre lui, et trouble toutes les relations entre Élysée et Matignon.

Vainement, pour se sauver, tente-t-il une suprême opération.

Dans un déjeuner en tête à tête avec le Président, il lui demande l'autorisation d'engager la responsabilité du gouvernement sur une déclaration de politique générale à l'Assemblée nationale. Pourquoi pas ? répond simplement Pompidou sans davantage insister. Chaban joue à prendre l'acquiescement — ou ce non-refus — pour une approbation totale. Au vrai, il ne va faire que commettre une nouvelle maladresse, en mettant encore une fois le Président devant le fait accompli. Peu importe dès lors qu'il obtienne la confiance à une large majorité, 368 voix contre 96. Il ne triomphe au Palais-Bourbon que pour mieux sauter face à l'Élysée. Il est congédié quelques jours plus tard... « Il a oublié, commente Michel Jobert, que, dans la ruche de la Cinquième République, tout doit être fait pour sauver d'abord la reine, y compris dans le sacrifice de toutes les abeilles. »

A lui de rebondir vite et de reprendre confiance : c'est avec une jeunesse intacte qu'il retrouve Bordeaux, le golf, le tennis, la côte basque, et sept petits-enfants qui seront bientôt huit.

Pompidou soupire d'aise.

Le nouveau Premier ministre est un Premier ministre idéal pour Cinquième République.

Pierre Messmer est certes un combattant de premier ordre. Il aura connu bien des coups durs. Dès 1940, à 24 ans, il rejoint les Forces Françaises Libres. Il se bat à Bir Hakeim. Il est des campagnes d'Italie, de France et d'Allemagne. Il est parachutiste au Tonkin. Fait prisonnier par les Viets, il leur échappe. Il peut avoir toutes les intrépidités. Mais, par la suite, il s'impose surtout comme un haut fonctionnaire dont la sagesse et la solidité peuvent s'estimer de tous, tour à tour directeur du cabinet du haut-commissaire Edouard Bollaert en Indochine, gouverneur de la Mauritanie, gouverneur de la Côte-d'Ivoire, directeur du cabinet de Gaston Defferre au ministère de la France d'outre-mer dans le gouvernement Guy Mollet, haut-commissaire de la République au Cameroun, haut-commissaire en Afrique Équatoriale Française, haut-commissaire en Afrique Occidentale Française. Sa carrière ministérielle est d'un ministre technicien, soit à la Défense nationale, près de dix ans, soit aux DOM-TOM. Il reconnaît lui-même n'être pas « un politique ». Même comme député, U.D.R., de la Moselle, conseiller général de Rechicourt-le-Château, maire de Sarrebourg, conseiller régional à Metz, il reste un homme hors mêlée, posé, conciliateur, appliqué à comprendre toutes thèses. Un arbitre de touche. Pierre Juillet n'aurait su mieux inventer que ce personnage modeste, haute et forte stature au pas sûr, port d'un officier en retraite, plein visage aux belles couleurs, œil clair sans tempêtes, geste sobre, qui, si perspicace soit-il sur les hommes et les choses, est manifestement davantage porté aux disciplines qu'aux imaginations. Aux chansonniers de rappeler « comme il sent bon le sable chaud mon légionnaire », ne serait-ce que pour mieux taquiner sa femme Gilberte, ancienne AFAT de la 2e DB, elle-même magnifique combattante, dont le vert et franc langage est légendaire dans le Tout-Paris. Pierre Messmer est le dernier à pouvoir discuter en quoi que ce soit la prééminence de la Présidence. Pour lui, Matignon ne sera jamais qu'un avant-fortin de la forteresse élyséenne. Le porte-musette, disent les mitterrandistes. Il peut hausser les épaules. Lui-même affirme, non sans un brin de malice, que « le Premier ministre doit être essentiellement le lieutenant de son capitaine ». Pour autant, c'est lui qui mène, anime et gagne les élections de mars 1973, avec un savoir-faire et parfois une finesse, voire une finauderie, que personne ne discute.

En tout cas, sur toute la ligne du front, Pompidou a enfin plein jeu libre.

Il peut s'attaquer à fond à la grande pensée du règne : faire de la France une grande puissance industrielle.

Il peut resserrer l'emprise directe de l'Élysée sur tous les ministères. La notion même de domaine réservé disparaît. Tout le champ de l'action gouvernementale devient sien. Edgard Pisani murmure : « Pompidou est un patron à l'ancienne mode, qui veut tout signer. »

Il n'en a que plus de tranquillité pour remeubler et rajeunir l'Élysée. Il y est encore plus diligent qu'à Matignon. Dans les deux antichambres des appartements privés, tapissées d'une chaude étoffe orange et garnies de meubles Louis XV, il fait accrocher des tableaux modernes signés Herbin, Fautrier, Sima et Hantai. Il peuple la galerie d'une dizaine de ses chers Hartung. Les nouveaux tableaux qui s'installent dans le salon, meublé de Louis XV, sont de Giacometti et de Szenès : en particulier, un superbe Max Ernst trône au-dessus du divan de velours bordeaux châtaigne, qui épouse l'alcôve. Le même mariage d'ancien et de moderne se célèbre dans le bureau-salle à manger : la console Régence et le bureau Louis XV coexistent avec un marbre d'Arp et une table super-moderne due à Saarinen; si le tapis provient de la Savonnerie, il a été exécuté sur un dessin de Vasarely; les murs sont à des Serge Poliakoff. Un Odilon Redon est choisi pour la chambre du Président. Dans la chambre de la Présidente, si armoire, commode et table sont d'Empire, si les chaises datent de la Restauration, si le magnifique bureau à cylindre est signé Molitor, on relève désormais aussi une table basse ultra-moderne en alluglas de Arnal et un tapis blanc tissé sur un dessin de Hajdu.

Il ne néglige pas pour autant de rajeunir aussi ses autres résidences, notamment le fort de Brégançon — du gaulois *briga*, signifiant hauteur —, bâti sur un îlot rattaché à la terre ferme par une digue poursuivant la route d'Hyères à Saint-Tropez —, le château de Champs, Marly-le-Roi et le grand Trianon qui, sur plans déjà dressés par Malraux sous de Gaulle, est rigoureusement rétabli dans ses splendeurs d'origine. Ainsi Pompidou de Montboudif aura-t-il même joué à Louis XIV.

Il fait dessiner Beaubourg.

Il fait bâtir le Front de Seine.

Il annonce le premier Concorde, la centrale atomique de Saint-Laurent-des-Eaux, le premier turbotrain, pour ligne d'hovercrafts sur la Manche.

C'est même d'un esprit plus dégagé qu'amusé qu'il peut vaquer à ce qu'on appelle les missions subalternes, engageant des privilèges hérités de la monarchie. On sait que par exemple le président de la République est de fait chanoine d'honneur de plusieurs chapitres, tels Saint-Hilaire de Poitiers, Angers, Tours, Châlons, Le Mans — même si la Troisième leur supprima toute dotation dès 1871. Il est coprince d'Andorre, en cotrône avec l'évêque d'Urgel. Si le Concile du Vatican II a supprimé en 1962 le privilège de « l'imposition de la barrette cardinalice » au nonce apostolique, et si on ne verra plus un Président, à plus forte raison un protestant, tel le calviniste Gaston Doumergue transmettant la barrette à Mgr Ceretti ou le très athée Vincent Auriol coiffant de ses propres mains Mgr Roncalli, futur Jean XXIII, administrer la sainte coiffure au nonce agenouillé devant lui, le Président reste protecteur de l'Académie française. Ainsi Pompidou suit-il attentivement toutes les affaires de la petite Andorre, qui ne sont pourtant pas toujours simples, et se maintient-il en relations suivies avec le secrétaire perpétuel de l'Académie Maurice Genevoix.

Au total, même au prix de telles distractions, la gestion Pompidou aura été, de la sorte, importante.

C'est réellement sous son impulsion que la France devient une nation industrielle. De 1969 à 1974, elle aura même enregistré la croissance la plus forte d'Europe, sans oublier que, dans le même temps, le niveau de vie de ses habitants augmente de 25 %, rattrapant celui de l'Allemagne occidentale et dépassant celui de la Grande-Bretagne qui, dix ans auparavant, était de 10 % supérieur au sien.

Principal artisan de l'entrée de la Grande-Bretagne dans le Marché commun, il aura ouvert la voie à une Europe nouvelle — même si l'admission de Londres ne saurait aller sans graves inconvénients.

Il invente le poste de « médiateur » — derechef confié à Antoine Pinay.

Il maintient la Constitution dans sa lettre et dans son esprit.

Il fait respecter la présence française en Méditerranée comme en Afrique.

En matière sociale, l'historien René Rémond pourra écrire que, sous ce mandat, les améliorations apportées au sort des travailleurs auront été au moins aussi importantes que celles obtenues en 1936, sans omettre la mise en œuvre de la grande réforme de la mensualisation.

Il aura su donner l'image d'une France de bon sens, bien affermie sur ses ressources traditionnelles, fortifiée de nouvelles raisons de prospérer. On peut l'appeler Guizot II. « Français, enrichissez-vous... »

Malgré de multiples « cactus » — rupture spectaculaire avec les cheminots; grandes grèves chez Renault —, il a des fiertés, inaugurant le dernier tronçon de l'autoroute Lille-Marseille, signant la loi qui établit la formation permanente pour les salariés des entreprises, coupant le ruban du viaduc de Martigues, présidant à la mise en service du métro express Auber-Saint-Germain-en-Laye, faisant saluer au Havre l'inauguration de la plus grande écluse du monde, lançant la troisième chaîne de télévision.

Il en devient un président très populaire — surnommé en toute affection *Pompon* ou *Pompidoche*...

Par malheur, vient la maladie.

Tout finit par se savoir, dirait Euripide.

Le premier signe en est donné le 6 décembre 1971. Le chef de l'État convie six cents enfants à l'arbre de Noël de l'Élysée. Il ne reste pas longtemps à la fête. Il est grippé. Affectant la bonne humeur, il déclare : « Si le travail, c'est la santé, il faut croire que je ne travaille pas beaucoup, puisque j'ai la grippe... » Avec une hâte trop visible, il prend congé des artistes invités, Mireille Mathieu et Henri Salvador. Cependant, l'on n'en observe que mieux que, depuis quelque temps, il est bien souvent grippé. Question : s'il s'agit de rhumes bénins, soit, sauf à s'étonner qu'ils ne soient pas mieux traités ou prévenus; mais s'il s'agissait d'une maladie plus sérieuse, dont l'une des caractéristiques est de désarmer l'autodéfense contre la grippe ?... Simples rumeurs; rumeurs tout de même.

Un peu plus tard, à peine quelques semaines, à Cajarc, il ressent les effets d'une lassitude qu'il n'a jamais connue. Il passe des nuits agitées. Il souffre de crampes. Il téléphone au professeur Jean Vignalou, médecin de la famille. Il lui dit mal supporter la station debout. Il ne trouve plus plaisir à marcher. Il traîne des « godasses de plomb ». Il observe qu'il s'irrite plus facilement. Il raconte qu'il pourrait allumer à longueur de nuit cigarette sur cigarette. Un seul bon signe : « Mon appétit est meilleur que jamais. » De fait, on le sait, non seulement il aura toujours eu un appétit enthousiaste, mais il aura toujours raffolé de *plats-canaille*, costauds, trapus : le cassoulet, la potée, le bœuf aux carottes, le gigot aux flageolets, le petit salé aux lentilles. Chez Lipp, il choisit toujours le bœuf gros sel.

Fin janvier 72, la fatigue n'est pas passée.

Il rappelle Vignalou.

Il plaisante.

« Vous êtes sûr que je ne suis pas atteint, comme l'économie, d'une inflation, d'une inflation de fatigue ? »

Force est de procéder à un check-up complet.

Hélas ! Les analyses recèlent un taux insuffisant de globules blancs.

Une ponction de la moelle et une série de radiographies des os donnent des résultas équivalents.

Cancer de la moelle osseuse ? Maladie de Kahler ? ou maladie de Hodgkin ? ou maladie de Kundrat ? ou maladie de Waldenström ? Peu importe. L'important est que le cas soit des plus graves.

Déjà, eu égard aux énormes responsabilités politiques du malade, les médecins ne peuvent plus lui cacher la vérité.

Le drame commence.

Circonstance aggravante : l'utilisation massive de doses de cortisone provoque une considérable bouffissure du visage.

Les joues enflent.

Le menton s'affaisse.

Les doigts se boudinent.

Comme président de l'ORTF, j'assiste à l'enregistrement du message présidentiel du nouvel an, pour le Premier janvier 1973. Le chef de l'État ne trébuche sur aucun mot, aligne ses phrases, tantôt avec la bonhomie, tantôt avec la vigueur, qui convient. Mais le visage bouffi couvre tout l'écran. Le souffle est court. J'ai fait pourtant prendre l'image selon l'angle le plus haut possible. (Quand on filme par en haut, on amincit le visage; quand on le prend par le bas, on le grossit.) Rien n'y fait : il n'est pas possible que les Français mettent une telle enflure sur le compte d'un régime mal contrôlé.

Problème.

J'en reste si préoccupé que, dès le début de février, à l'approche de la campagne électorale pour les législatives de mars, je décide de lui en parler. Les Français vont trop jaser. Ils vont se rendre plus attentifs aux traits du Président qu'à ses messages. Il y aurait peut-être des mesures à prendre. Je le prie de m'excuser de ma franchise, mais il y va de mon devoir...

Il se trouve d'ailleurs que ce jour-là, il me paraît moins enflé. Je reconnais le Pompidou traditionnel, avenant, alerte, dynamique.

Il me regarde.

Il hoche la tête...

Il me dit :

« Je suis en train de réfléchir sur la réduction du mandat présidentiel de sept à cinq ans... »

A l'évidence, il a voulu écarter le sujet qui m'amenait.

Il serre les lèvres, tapote des doigts sur l'accoudoir de son fauteuil, et ajoute : « Ce n'est peut-être pas une mauvaise idée... »

Tout ce que j'en sais est que Gaston Defferre, dans les quelques mois où il fut candidat à la présidence, sous les auspices de *l'Express*, fut le premier, en 1964, à proposer la réduction du septennat en quinquennat. Alain Poher en fut d'accord en 1969. Pierre Mendès France emboîta le pas. A son tour, en 1972, le Programme commun adopta la chose.

Tout ce que j'en sais aussi, c'est que, personnellement, je suis contre, à fond contre. Écourter le mandat du Président, c'est lui enlever son principal atout, qui est de durer. Les Français sont tels que, dans le cadre du quinquennat, ils vont se retrouver en campagne électorale permanente. On va condamner le pays à la fièvre à perpétuité. On peut écourter le mandat, si le Président cesse d'être élu au suffrage universel. Mieux vaut garder ce long délai de sept ans, qui nous donne un roi pour sept ans, un roi assuré de continuité, si l'élection doit continuer de procéder de l'ensemble du corps électoral. Fatalement, aussi, la réforme aboutira à faire coïncider élection présidentielle et élections législatives : on votera pour le Président comme pour un simple député. On glissera vite vers le régime d'assemblée. Par ailleurs, sur sept ans, la démocratie reste sauve, puisque les élections législatives, chaque fois qu'elles interviennent, permettent au Président de faire juger de son autorité par les électeurs.

Il répond qu'en sept ans l'autorité du Président est trop portée à s'user au bout d'un certain délai. Mieux vaut prévoir un mandat de cinq ans renouvelable une seule fois : la continuité d'action sera assurée du fait des dix ans; la réélection, au beau milieu du gué, sera un formidable facteur de rebondissement, de rafraîchissement — c'est la première fois que j'entends exposer que dix ans, c'est moins usant que sept —, on sanctifie mieux aussi l'accord indispensable entre majorité présidentielle et majorité parlementaire : on risquera moins le coup de mars 1967 où « la majorité parlementaire risqua de nous foutre le camp ». Enfin, le Président, moins las, sera moins porté à dire : « Après moi, le déluge... »

Évidemment, connaissant le rôle considérable joué par Pompidou aux côtés du Général dans l'élaboration de la Constitution de 1958 et dans la réussite de la réforme constitutionnelle de 1962, je ne manque pas de me dire qu'il n'y a pas qu'une raison froide qui commande un si abrupt changement de conviction.

« Vous réfléchirez — conclut-il —, vous verrez que j'ai raison... »

Je demande s'il en a parlé avec Michel Debré.

« Qui vivra verra », fait-il avec un geste fataliste.

Effectivement, dès le 3 mars, par un message au Parlement, Georges Pompidou annonce qu'il soumettra aux deux chambres une réforme constitutionnelle de l'article 6 visant à réduire le mandat présidentiel de 7 à 5 ans. Le 6 septembre, le Conseil des ministres approuve le projet de loi engageant la réforme. Le 11, le projet vient devant le Parlement. A l'Assemblée nationale, 270 députés l'approuvent contre 211 (trois députés gaullistes s'abstiennent, dont Michel Debré; trois députés gaullistes votent contre, dont Maurice Couve de Murville et Palewski). Au Sénat, 162 voix se prononcent pour, 112 contre, (25 députés centristes sur 34 votent contre, dont Lecanuet, Pierre Abelin et Servan-Schreiber). Une obscure bataille d'amendements ne fait qu'aggraver les multiples suspicions et contradictions que provoque l'affaire. Dès octobre 1973, à l'occasion d'un entretien avec Georges Suffert, Georges Pompidou annonce qu'il ajourne la réforme constitutionnelle; le projet n'obtiendrait pas du Congrès à Versailles la majorité des 3/5 requise; il manquerait 18 voix à l'Assemblée nationale et 3 voix au Sénat; d'autre part, un référendum serait prématuré; le pays s'il suivait, suivrait imparfaitement. Le projet tombe à l'eau...

La maladie, elle, ne désarme pas.

Encore en mars, les Français, passionnés par les élections législatives, où Messmer prend le premier rôle, consacrent relativement peu d'attention à la santé du Président.

La presse elle-même observe sur un si délicat problème un tact exemplaire.

Dès avril, il n'échappe pourtant plus à personne que le Président est sérieusement malade.

Dès mai, c'est le terrible voyage à Reykjavik, en Islande, où il s'en va rencontrer Richard Nixon. Sur le petit écran, les Français, terrifiés, découvrent, à la descente de l'avion, un Président au visage démesurément tuméfié, serré dans un pardessus où il éclate, le cou enveloppé dans un sinistre cache-nez noir. Il a de la peine à descendre l'échelle. Il titube presque. Lui ironise. Il dit à Henry Kissinger : « Chaque fois qu'on me serre la main, j'ai l'impression qu'on me prend mon pouls. » C'est néanmoins un Président difforme qui entre dans les conversations avec un Nixon qui, lui, en dépit des coups de Watergate, paraît plus allègre et plus jeune que jamais.

Il m'appelle un soir à l'Elysée, vers minuit, quelques jours avant un voyage en Chine. Il me téléphone en personne.

Je suis épouvanté. Je le trouve comme écrasé, enfoui, dans le canapé en U de son salon-bureau des appartements particuliers. Il boit une eau minérale. Il ne se lève pas pour me tendre la main. Je vois à peine ses yeux. Ils disparaissent sous l'enflure. Il n'y a plus de cou. Le Pompidou si élégant, net, déterminé, tranchant de ces dernières années, aux phrases carrées, précises, est devenu un vieillard qui peine même à trouver ses mots. Je suis d'autant plus atterré que Pierre Messmer m'a assuré dans la journée que le Président avait sa lucidité et même son entrain des plus beaux temps. De fait, de toute sa loyauté, Messmer aura exécuté la consigne élyséenne qui est de dire que le Président ne souffre d'aucune maladie grave, que cette désagréable passe va cesser et que, de toute manière, le chef de l'État préserve la plénitude de ses moyens intellectuels.

— Je dois ressembler à ce pauvre Mao, fait-il.

Il ajoute.

— Nous allons nous regarder avec une drôle de curiosité...

Il faut préciser qu'à cette époque Mao Zedong, ravagé par la maladie de Parkinson, même s'il ne mourra que trois ans plus tard, fixe déjà le portrait d'un homme très diminué.

Le Président poursuit.

— Ce que je me demande, c'est à quel moment un chef d'État malade doit se rendre compte qu'il ne peut plus tenir l'État. Mao, tenez...

Je réponds par Roosevelt à Yalta. Ce fut une catastrophe

indicible pour tout le monde libre que, face à un Staline à l'apogée de sa forme et de son autorité, il y eût pour représenter l'Amérique un homme aussi manifestement malade et qui devait mourir à peine quelques semaines plus tard. Or, durant toute la période que dura la Conférence de Yalta, non seulement Roosevelt était malade de la volonté, était trop las, ne se battait plus, ne résistait plus, mais il était malade du regard : il n'analysait plus...

Il rappelle lui-même que, sur ses dernières années, de Gaulle n'avait qu'une obsession, ou qu'une terreur : trop vieillir sans le savoir.

Il reprend :

— C'est un cas... un homme d'Etat dans la situation de Mao... et paraît-il dans la situation de Staline dans les derniers temps... Il gâtisait... Khrouchtchev m'en a parlé, un jour... Mais, précisément, où est le courage ?... Il y a courage à rester... Il peut y avoir courage à s'en aller... Alors, vous ne répondez pas ?...

Une étincelle vient de briller dans la meurtrière que dessinent les paupières.

Je réponds.

— Mao est protégé par une direction collégiale... L'homme fort, c'est sa femme... Ça marche quand même... Dans une démocratie, le jeu est tout autre... Au fond, chez les hommes libres, un chef d'État est seul avec lui-même... Tout ne relève que de sa seule conscience...

Un lourd silence suit.

Je regarde la nuit, au-delà de la baie.

— Oui, prononce-t-il soudain, mais supposez que je sois malade... que je décide de m'en aller... remarquez, je pourrais mieux me faire soigner... oui, supposons, je m'en vais... Mais Mitterrand sera élu... Je lui aurai fait cadeau de la France... Ça doit être ça, mon courage ?

Je réponds qu'il y a au moins trois candidats susceptibles de bien se battre, Messmer, Giscard, Chaban.

Un grognement.

— Messmer ne voudra pas. Chaban, ça n'existe pas... Giscard, il est trop à droite, il se fera balayer.

J'indique que, si le cas se présente, dans l'état de choc où sera le pays, le Président démissionnaire aura un maximum d'autorité pour recommander et appuyer un candidat qui, dès lors, sera immanquablement élu...

Il s'irrite un peu...

— Aucun, je vous dis... Aucun... Aucun n'a la moindre chance...

J'insiste, disant que l'affirmation est sans doute trop pessimiste...

— Alors, fait-il, assez agressif, vous pensez que je dois m'en aller ?

Je réponds qu'à une question posée, j'ai simplement voulu répondre de toute ma franchise — la franchise étant le premier devoir de l'amitié...

Je me dis dans le même temps, navré, que je viens de me faire sans doute un ennemi d'un homme que j'aime beaucoup.

Je dois l'aider pour qu'il puisse se lever de son canapé.

Il redresse pourtant la tête.

« Je guérirai — dit-il — j'en suis sûr, je guérirai... Tout ça est trop bête... »

Il effectue son voyage en Chine et rencontre Mao. Des instructions sont simplement données pour réduire au maximum les étapes à pied. On limite les parcours à l'arrivée sur l'aéroport, les visites aux Temples du Ciel et à la Cité Interdite. La délégation française fait renoncer à l'excursion traditionnelle sur la muraille de Chine. « Quelle importance ! soupire-t-il, je ne suis pas venu là pour faire du tourisme... »

Sur l'itinéraire du retour, il fait étape à Téhéran, où l'accueille le Shah, littéralement épouvanté à son tour de le découvrir dans un tel état. Il converse longuement avec le Premier ministre, le magnifique Amir Abbas Hoveyda, grand ami de la France, parlant impeccablement le français, l'un des hommes d'État les plus cultivés de sa génération. « On se demande comment il peut encore penser, juge Hoveyda. Mais il pense, et il pense bien... »

Le problème ne s'en aggrave pas moins en France. Le spectacle de Pompidou est même inhumain. Les gens le regardent, l'observent, l'épient, le scrutent. Sa santé devient le sujet numéro un de toutes les conversations. Il essaie en vain de donner le change en se rendant à quelques chasses officielles, à Chambord ou ailleurs. Il feint de plaisanter. Il s'esclaffe sur le « cancer hebdomadaire » qu'on lui attribue. Regardant un émir arabe, il s'extasie : « La maigreur donne de la noblesse. » Il dit avec un gros rire : « Nixon se meurt de Watergate comme moi du cancer qu'on me prête. » Est-il dupe lui-même ? C'est pathétique, soupire Michel Debré au sortir de l'un de ces déjeuners à l'Élysée où le Président vit dans la hantise des coups de froid et des courants d'air

Fin janvier 1974, il effectue un suprême voyage officiel en France, à Poitiers. Celui qu'on tenait en Auvergne pour « plus solide qu'un cheval de labour » tire du plus profond de lui-même assez d'énergie pour « plancher » durant trois heures. Il peut marteler les pensées qui sont de ses plus chères : « Nous n'admettrons pas que la Communauté se dissolve derrière le rideau des apparences et des illusions... Nous sommes une grande puissance, même si nous connaissons nos limites... Le cynisme, il en faut parfois, même s'il n'est pas souhaitable... » Il est soudain pris d'un malaise, livide. Ruisselant de sueur, il s'affale dans un fauteuil.

Vainement est-il magnifiquement soutenu dans ce martyre par une femme qui force l'admiration de tous, son fils Alain qui est médecin, spécialiste des maladies du sang, l'infirmière Marie-Thérèse Azeglio, une ancienne AFAT, qui a le grade de commandant dans l'armée de terre, Jean Vignalou, grand, sec, chef de service à l'hôpital d'Ivry, qui, depuis un an, passe matin et soir voir son illustre malade. Il faut souligner du reste que, durant cette période, tous les hommes de son entourage politique, s'ils sont convaincus qu'il traîne une terrible maladie, ne le tiennent pas en péril de mort immédiate. Il met lui-même tellement d'insistance à rire de son mal et à jurer ses grands dieux que « tout ça passera un jour », qu'il en arrive à convaincre tout son monde.

En mars 1974, au prix d'un effort surhumain, il effectue encore un voyage, qu'il juge capital, en Union soviétique. Il rencontre Brejnev à Pitsounda en Géorgie. Mais il se sent si épuisé qu'il remplace la conférence de presse par une courte communication. J'en ai marre, marre, confie-t-il à ses collaborateurs. « Ah ! fait-il aussi, c'est dur, ce que je fais, c'est dur... » A courts pas d'une démarche presque titubante, revêtu d'un pardessus mastic, plus enflé que jamais, méconnaissable, il gagne laborieusement son siège, sur une terrasse que réchauffent à son intention des radiateurs électriques. A peine peut-il parler dix minutes, même si, de sa voix la plus sourde, aux familières intonations rauques, il réussit encore à exprimer sur les affaires mondiales des opinions claires, que le prince Constantin Andronikov, interprète officiel du Quai d'Orsay, traduit en russe. Le visage du malade a pris une rondeur monstrueuse. Tandis que le prince traduit, il ne présente plus que des yeux sans éclat, égarés dans le vague.

Il continue néanmoins de lutter, d'assumer au maximum son devoir — encore que, dès la mi-février, à Orvilliers, lors d'un week-end, le premier signe de l'aggravation tant redoutée se déclenche, une petite hémorragie oculaire, au niveau d'une rétine. Puis, quelques jours plus tard, le Président subit coup sur coup plusieurs hémorragies nasales, et, le 21 mars, c'est au niveau du rectum que l'hémorragie éclate.

Même quand les vaisseaux, délabrés, cèdent en chaîne, il s'acharne à tenir tête.

« A les croire, j'ai déjà un pied dans la tombe ! » rage-t-il en rejetant les journaux.

Toute cette dernière semaine de mars, il honore ses rendez-vous.

Il s'entretient des affaires de l'État avec Messmer.

Il reçoit deux ambassadeurs qui lui remettent leurs lettres de créance, le nouvel ambassadeur de Corée du Sud, et le tout premier ambassadeur de la République démocratique allemande accrédité en France.

Le mercredi 27, il parvient à présider le Conseil des ministres. « Jamais je n'aurais cru qu'on pouvait tant souffrir », confie-t-il à Raymond Marcellin. Il s'installe péniblement dans un fauteuil spécialement matelassé d'un épais édredon. Il semble avoir rapetissé. Il est toujours aussi gonflé, aussi tendu. Il s'écrase sur lui-même. Mais il a encore la force de prononcer un au revoir : « C'est vrai, je suis fatigué... On exagère beaucoup... On raconte trop de choses fausses... Evidemment, pour l'instant, je ne gambade pas... Tranquillisez-vous... J'irai mieux... A la semaine prochaine, messieurs !... »

Le vendredi 29, il s'entretient de l'Europe à l'Élysée avec Michel Jobert, l'un des hommes qu'il aura le plus estimés au monde. « Que d'énergie, aime-t-il dire, dans ce tout petit corps ! » En quittant le palais, cigarette aux lèvres, avant de monter en voiture, on l'entend encore prononcer : « Si je n'avais pas dû être là, face à tant de responsabilités, j'aurais eu le temps de me soigner et de me guérir... »

Le samedi 30 — se sent-il moins mal ? — il décide en fin de matinée de quitter sa maison du quai de Béthune et de partir en week-end à Orvilliers respirer l'air des champs. Il s'y fait transporter dans une D.S. aux glaces fumées, sans escorte, par l'autoroute de l'Ouest.

Mais la fin est là.

Le dimanche, un abcès se forme au rectum.

La fièvre monte rapidement, atteignant 41°, donnant même à penser que le malade tombe en septicémie.

Suprême défense désespérée d'un organisme torturé.

Tous les médecins consultés déclarent toute opération impossible.

On en aura appelé en vain aux plus grands, Jean Bernard, Pierre Aboulker, le spécialiste de gastro-entérologie Jacques Soullard, le biologiste de Saint-Vincent-de-Paul le professeur Berthold Schramm.

La nuit est un calvaire.

Le Président demande à être ramené à Paris.

Il y rentre en ambulance — au matin de ce lundi qui est un lundi de vacances scolaires.

Encore ne peut-on que difficilement le caser, sur son matelas, avec ses quatre porteurs, dans un ascenseur trop petit.

Il n'a plus que quarante-huit heures à survivre.

On décommande le rendez-vous pris avec le général major Juvenal Habyarimana, président de la République du Rwanda, attendu en visite officielle.

Encore peut-il recevoir Édouard Balladur, Jacques Chirac, Pierre Juillet.

Pierre Juillet est le dernier visiteur, le mardi, en fin d'après-midi.

J'ai bien peur, dit le malade, que nous ne puissions pas aller samedi à Cajarc voir les petits-enfants.

De terribles douleurs le déchirent vers 16 h 30.

Pierre Juillet ne peut faire enregistrer un message à la nation. A peine parvient-il à recueillir les dernières phrases « Maintenir ce qui a été fait depuis 1958... Mon successeur doit être un candidat d'union... »

Georges Pompidou s'éteint à 19 h 20.

Les obsèques se déroulent à Orvilliers.

L'inhumation a lieu dans la plus stricte intimité familiale, conformément aux volontés du défunt : « Je veux être enterré à Orvilliers. Je ne veux ni fleurs, ni couronnes, ni monument funéraire, bien sûr. Une simple dalle de pierre de taille, avec mon nom et les dates de ma naissance et de ma mort, une messe sera dite à Paris à Saint-Louis-en-l'Ile. Elle sera chantée en grégorien. »

Le testament est d'août 1972.

Que penser, au total, de Georges Pompidou ?

Quelle image restera-t-il de lui ?

Certes, on peut de préférence retenir le style contenu, un peu effacé de ses débuts à l'Élysée. On découvre alors un président en demi-teinte. Il a eu beau obtenir au premier jour de sa propre élection un meilleur pourcentage que de Gaulle au premier tour des présidentielles de 1965 et meilleur que celui de l'U.D.R. au premier tour des législatives de 1968, il reste assez longtemps éclipsé à la fois par le général de Gaulle en son exil de Colombey et par Jacques Chaban-Delmas en plein rayonnement à Matignon. En quelque sorte, le pouvoir légal est à l'Élysée, l'imagination politique à Matignon, le pouvoir moral à Colombey. Il est comme embarrassé de lui-même. Disons qu'alors le pouvoir est assez pataud.

Au vrai, dans sa vie, il aura connu d'autres époques aussi tâtonnantes.

En 1932, l'année où il est reçu à Normale Sup, premier à l'écrit, huitième après l'oral (car, côté parole aussi, quelque chose cloche : l'année précédente, pour 31 places à pourvoir, il est 17ᵉ à l'écrit et collé parce que 34ᵉ à l'oral !) il paraît assez tenté par l'aventure socialiste : il se montre beaucoup avec des étudiants socialistes; il admire Paul-Boncour; il lui arrive — deux fois — de faire le coup de poing contre des étudiants monarchistes de l'Action française; il participe à des meetings à la LAURS (Ligue d'action universitaire républicaine et socialiste). Mais il se contente de virevolter de-ci de-là; il ne s'engage pas à fond; il ne donne un assentiment que du bout des lèvres.

En 1938, après un temps comme professeur au lycée Saint-Charles de Marseille, il retrouve Paris, comme professeur au lycée Henri-IV. (Il habite un modeste trois-pièces rue José-Maria de Heredia près des Invalides.) Il y rentre le 1ᵉʳ octobre, en pleine saison de Munich. Encore une fois, toutes ses sympathies naturelles le portent quelque peu du côté de la gauche. Mais il se tient aussi éloigné du club des jeunes radicaux qu'anime René Billères que des cercles d'extrême gauche qu'anime Jacques Soustelle. Disons qu'il a la gauche flegmatique. Avec une moue, il s'abstient encore de tout engagement.

Durant l'occupation, il ne cache pas ses sympathies pour le camp anti-hitlérien et écoute la radio de Londres — mais sans plus.

En 1946, après la démission du général de Gaulle, et alors que la Quatrième République entre dans la carrière, il tâtonne encore beaucoup. Un temps, il tâte du tourisme, à inaugurer des hôtels, tel l'Oustau de Baumanières, aux Baux de Provence, ou à organiser des expositions, telle celle de Galliera pour *Huit siècles de civilisation britannique* — laquelle lui vaut au moins le ruban rouge. Un temps, il est tenté d'effectuer longue carrière au

Conseil d'État, tout tranquillement. D'ambition nette, point.

Il s'attache essentiellement au général de Gaulle comme administrateur de la Fondation Anne-de-Gaulle, centrée sur cette maison à Vertcœur confiée aux religieuses qui veillèrent sur la petite Anne durant les dernières années de sa vie. Il y remplace Jean Donnedieu de Vabres. Durant six ans, de 1948 à 1954, il sert de chef de cabinet, aussi diligent que discret, au Général, installé non rue Solférino, mais dans de discrets bureaux de la rue de l'Université où travaille Foccart. Alors que c'est la pleine saison du R.P.F., il ne signe pas son adhésion au « rassemblement ». Il reste une nouvelle fois sur le seuil.

Les six derniers mois de 1958, il est directeur de cabinet aux côtés du Général à Matignon. Tout passe par ses mains. Il aura été l'un des forgerons de la Cinquième République. Il est le seul homme, à toute heure du jour, à pouvoir pousser la porte qui le sépare du bureau du Général sans y être appelé. Dès janvier qui suit, il rejoint la banque Rothschild, rue Laffitte. Il n'accepte d'autre rôle officiel que dans un discret fauteuil du Conseil constitutionnel (reversant au Trésor le traitement qu'il en reçoit).

Nommé Premier ministre le 16 avril 1962, il commence assez mal. Pour son premier grand engagement public, il est vrai qu'il est mal servi par les circonstances. Il est peu heureux à la tribune du Palais-Bourbon. Il n'arrive pas à faire admettre comme ministre son grand ami Olivier Guichard. Il croit avoir réalisé une opération politique de main de maître en faisant entrer dans le gouvernement des ministres M.R.P. et le Général la lui casse au cours de la maladroite Conférence de presse dite du Volapük. Il a à heurter de front le Général — jusqu'à menacer de démissionner — quand il décide de sauver la tête du général Jouhaud, condamné à mort et qui attend dans sa cellule, fers aux pieds, que l'Élysée décide de son sort. Il a la besogne la plus ingrate avec une Algérie algérienne qui débute dans le chaos, la panique qui marque l'exil de milliers de Pieds-Noirs désespérés, un mouvement gaulliste supplicié du remords d'avoir trahi l'Algérie française et toute une vague de mouvements sociaux qui secoue le pays. Quatre mois plus tard, le Général et sa femme sont les cibles de l'attentat du Petit-Clamart. Le 5 octobre, le gouvernement est censuré par l'Assemblée nationale, dans les conditions les plus pénibles pour le Premier ministre. Dans le référendum constitutionnel sur l'élection du président de la République au suffrage universel, pour la première fois de Gaulle ne rassemblera pas la moitié des inscrits. Georges Pompidou, durant toute cette période, semble plus ballotté par les événements que capable de les maîtriser — même si, pour sauver Jouhaud, il démontre le plus calme courage et s'il sait conduire avec efficacité les élections législatives de novembre.

Il connaît une nouvelle morne période d'indécision après le ballottage du Général aux élections présidentielles de 1965, où les gaullistes perdent surtout leurs illusions quant à l'invincibilité de leur grand chef. Pompidou en vient même à lasser, fatiguer le Général. « Matignon fait le gros chat, Matignon ronronne », grogne le grand homme. Mauriac écrit dans une *Vie de Jean Racine*, à propos de Louis XIV : « Le Roi avait accoutumé de laisser les gens s'enferrer, et le terrible de ses disgrâces, c'était qu'il les avait longuement mûries. » Tel est assez le cas. Pompidou peut être rendu coupable de laisser le pays s'ennuyer — ou s'irriter sur des riens. Précisément, comme encore flegmatique, Pompidou ne fait rien pour réveiller ou exalter son peuple.

Non seulement Pompidou se laisse accuser de n'avoir pas su prévoir Mai 1968, mais l'événement prête à disgrâce définitive — et encore une fois voici Pompidou à tâtonner et à tergiverser. Dans le même temps, il laisse gravement s'aigrir ses rapports avec le Général. Après sa déclaration devant les caméras de la télévision suisse en février 1969, où il parle de son *destin national*, plus personne à l'Élysée, en présence du Général ou de sa femme, n'ose prononcer le nom de Pompidou. Quand l'ancien Premier ministre tient, ce même mois, devant l'assemblée des présidents des Chambres de commerce et d'industrie un véritable discours-programme, on parle ouvertement de « trahison » à l'Élysée. L'affaire Markovic, pour sa part, n'est pas inventée pour améliorer les relations entre les deux hommes. A l'évidence, les rapports sont noirs. Mme de Gaulle ne pardonnera d'ailleurs jamais ce qu'elle doit tenir pour une inconduite — à plus forte raison après l'échec du référendum sur le Sénat, la démission du Général et l'élection du Président. Malaise. Lourd et long malaise. Le Général meurt le 9 novembre 1970 vers sept heures du soir. La famille ne prévient l'Élysée qu'à 4 heures du matin. Le mardi 10, les premiers compagnons défilent, les yeux pleins de larmes, devant la glorieuse dépouille. Le soir, un coup de téléphone prévient d'une visite du Président qui, accompagné de Chaban, viendra le mercredi 11, au début de l'après-midi. Sans plus attendre, sur ordre de Mme de Gaulle, le corps du Général est enfermé dans le cercueil que vient d'apporter le menuisier du village. C'est devant une bière fermée que le président de la

République se recueille, à peine dix minutes, davantage dans un silence glacial que dans une communion.

Force est d'observer une certaine incertitude, un certain à-peu-près, sur toute cette carrière — qui aura surtout beaucoup dû aux bienfaits du hasard.

Georges Pompidou aura toujours traîné à découvrir les clairs chemins.

Parce qu'il porte sans cesse la nostalgie d'une vie sans histoire ? Parce que, d'instinct, il a la politique en répulsion ? Parce qu'il préférerait, au fond de lui-même, passer sa vie entre des livres et des tableaux ? Parce qu'il peut paraître figurer le prototype du Président-malgré-lui ?

Quoi qu'il en soit, il aura illustré à maintes reprises le rôle d'un tâtonnant.

Ainsi se démontre-t-il encore dans ses premiers mois à l'Élysée et ses rapports avec son premier Premier ministre.

Mais les annales seraient certainement dans l'erreur à ne le tenir que pour un velléitaire, simplement servi par les circonstances.

En vérité, Georges Pompidou est d'une autre trempe que ne le laissent deviner les apparences.

Il sait vouloir, et servir sa volonté.

Même s'il peut prendre un long temps de réflexion, une fois la décision prise, il sait s'y tenir.

C'est de tout son sang-froid et de toute sa lucidité qu'il fixe l'image d'un président sage, réaliste et tranquille, qu'il fait aimer sa modestie, qu'il se contente d'assurer une gestion mesurée, sans éclats ni risques. Le Général fabriquait de l'histoire; lui gère un pays à moderniser : Pompidou a parfaitement conscience du contraste à composer.

Même alors qu'il paraît éclipsé, il reste actif, voire machiavélique, empêchant le « tumultueux » Michel Debré d'accéder à la présidence de l'U.D.R., assurant à « l'habile » Edgar Faure la présidence de l'Assemblée nationale, obligeant son Premier ministre à beaucoup de fermeté dans la politique énergétique.

Il fait poursuivre contre vents et marées les campagnes d'essais nucléaires dans le Pacifique.

Il accentue la politique pro-arabe de la France.

Il tient à une fière indépendance vis-à-vis de Washington.

Les deux premiers jours de décembre 1970, non sans style, il joue un rôle décisif au sommet européen de La Haye, dont il a pris l'initiative, et où il lance le thème de l'union économique et monétaire, et pousse à l'élargissement du Marché commun dans lequel la Grande-Bretagne fait son entrée le 1er janvier 1973.

Il sait prendre peu à peu le pas sur Chaban — surtout après la mort du Général et plus encore à partir du moment où Chaban est l'objet de graves campagnes personnelles (où le palais de l'Élysée ne saurait être innocent).

Il lance avec autant d'habileté que de fermeté son référendum sur l'admission de la Grande-Bretagne. Ce faisant, il divise les gauches en obligeant les socialistes « européens » à se démarquer des communistes; du même coup, il rassemble et élargit la majorité : c'est du « bien joué ». Même si le résultat immédiat n'est pas selon son espérance, si le scrutin est marqué de trop d'abstentions (40 %, plus 7 % de bulletins blancs ou nuls) et si deux électeurs inscrits sur cinq préfèrent aller à la pêche, il aura créé une ambiance politique qui ne pourra que lui être favorable plus tard. L'opération stratégique, en la matière, est encore plus intelligente que la manœuvre tactique.

D'aucuns auront eu tort de le tenir pour un bonasse, un paterne, façon Gastounet (Doumergue). Il campe plus véritablement un personnage redoutable, qui peut être d'une insensibilité massive et dure.

Dès qu'il le peut, congédiant Chaban et nommant à Matignon Pierre Messmer, il rétablit à plein l'autorité présidentielle. A preuve le fait que Messmer est promu le 5 juillet et ne se présente devant l'Assemblée nationale que trois mois après sa nomination à la rentrée d'octobre. On ne saurait plus nettement « retourner aux sources ».

Les gauches l'intimident peu, même lorsque socialistes et communistes — malgré des désaccords restés profonds entre eux sur la Tchécoslovaquie, le conflit israélo-arabe, le sort des juifs en Union soviétique, la politique européenne et le référendum, où les communistes votent contre et où les socialistes s'abstiennent — réalisent le 27 juin 1972 un accord portant « programme commun de gouvernement » et organisent ensemble un meeting singulièrement spectaculaire au Palais des Sports de Paris. Il réagit superbement. Loin de s'enfermer dans une ligne Maginot, il attaque à fond lors de sa conférence de presse du 27 septembre 1972. Sourcil en bataille, œil de feu, on découvre un Pompidou féroce. Vulcain est devenu Jupiter, qui brandit la foudre. La mitraille n'épargne aucune cible. Ainsi gagne-t-il les élections législatives de mars 1973 : quarante sièges de majorité.

Sans doute bien des mémoires retiendront-elles davantage l'image accablante du 31 mai 1973, à Reykjavik, où vingt millions de Français, atterrés, découvrent un Pompidou que tout l'aspect rend méconnaissable, empâtement de la silhouette, bouffissure du visage, démarche alourdie. Sans doute aussi la postérité restera-t-elle assez sensible aux fautes de la dernière année où l'homme, trop malade, ne donne plus sa mesure.

Dans la vérité, les annales ne sauraient retenir ni un médiocre, ni un velléitaire, ni un faible : il y aura eu beaucoup de granit chez ce fils de la dure Auvergne.

VALÉRY GISCARD D'ESTAING

Vous vous dites qu'il doit courir l'amble.

Malraux aime citer de Gaulle comme le roi éléphant. Georges Pompidou, avant la maladie, est massif, concentré, vigilant à la manière d'un chef buffle. Si l'on recherche une assimilation avec une silhouette de la jungle, à propos de Valéry Giscard d'Estaing, c'est à une girafe qu'il faut penser.

Ou à un échassier.

Un long corps tranquille, qui n'aime pas être bousculé.

Vous vous dites aussi qu'un expert en morphologie doit aisément interpréter les signes que le personnage affiche, et, au-delà du coup de crayon, apercevoir les vérités du caractère.

Consulté, ledit expert donne en effet rapidement une version, qu'il nous faut bien révéler.

Le visage est étroit, sans chair, ne présente qu'un modelé de creux et de bosses, se marque particulièrement de fortes bosses frontales : il paraît qu'il faut traduire par individualisme difficilement contenu et par imagination aussi fertile qu'amusée.

Les orbites sont enfoncées en cavernes; les yeux, mi-clairs, sont sans cesse en garde sous la cache des lourdes paupières : cet homme doit savoir vivre intensément en dedans, concentrer son effort de réflexion et d'analyse. Il est sans délai qualifié de guetteur.

Une ligne en creux barre le front sur toute sa longueur; la ride s'approfondit à la mesure de la densité de la pensée; l'espace labio-nasal, entre le bas des narines et la lèvre supérieure, est curieusement allongé et rétracté : élémentaire, mon cher Watson, vous avez là à l'évidence une intelligence abstraite, maîtrisée, à patience de ruminant, un brouteur qui a tout son temps, autrement dit un cérébro-affectif, qui sait veiller en permanence à ne pas gaspiller son énergie native, à l'opposé d'une intelligence dominatrice et provocante. L'affût lui est plus familier que l'agressivité.

Les trois étages du triangle ne se contredisent pas entre eux; aucun ne veut envahir l'autre; chacun a existence en soi; le front se dégage dans l'indépendance; la bouche est ferme, même si elle s'arrondit pour prononcer certaines phrases; le menton a de la vigueur : la conclusion est que les trois activités principales de l'être humain, l'intellectuelle, l'affective et l'animale doivent s'équilibrer ici; ce penseur peut être un épicurien, comme il peut être un traqueur de proies.

Le nez est long et mince; c'est lui qui donne sans doute une impression générale de délicatesse, voire de préciosité ou de fragilité; pour ce front à bosses, le portraitiste aurait dû naturellement composer un nez écrasé, épaté, pour mufle de batailleur; ce nez, tout en sensibilité, dément à lui seul la sécheresse de l'ensemble : la réponse est qu'il s'agit d'une sensibilité particulière; l'affectivité ne se trahit qu'en milieu favorable, dans un cercle d'amis; que survienne la moindre contrariété, le sentiment rentre dans sa coquille.

Conclusion générale : ce n'est pas un dru, mais un disponible.

Un homme qui est davantage voué au club qu'à la foule.

Le peuple a des odeurs trop fortes que seuls ses vrais fils peuvent supporter : ce raffiné doit mal supporter les grosses sueurs des masses.

Il faut disposer naturellement d'une extraordinaire puissance vitale pour électriser ou magnétiser une foule, posséder une foule comme une esclave : ce prince du XVIIIe siècle se campe à l'autre pôle d'un prophète comme d'un dévoreur de chairs, aussi loin du type Hitler, cet ascétique, que du type Mussolini, ce jouisseur, dans les meetings non moins intensément que sur sofas. Manifestement, Giscard est incapable de frénésie.

Enfin, pas du tout créature pour immédiat. Le regard, lumineux et sûr de soi, révèle plutôt l'homme à long terme, même capable d'excessives prudences ou circonspections.

On se dit finalement : un homme moins sûr de sa cuirasse que de sa pensée.

Mais les témoins seront sages de mieux fouiller sa vie, sa carrière et ses grandes heures avant de formuler sur lui des jugements définitifs.

Il est, de fait, moins évident que ne l'indiquent les signes.

Il naît le 2 février 1926 à Coblence, en Allemagne.

Cette année 1926 est pour la France une année de panique financière : un jour de juillet, le président Édouard Herriot révèle à la Chambre des députés qu'il ne reste plus dans les caisses de l'État de quoi subvenir aux dépenses du lendemain. Le Cartel des gauches s'effondre. Il n'aura pas fait illusion plus d'une année. Le moins heureux n'en est pas le président Gaston Doumergue, radical modéré, rétif à tous extrémismes. Est-ce une consolation ? La situation n'est pas plus brillante en Angleterre où une grève des mineurs, appuyée et financée par les Soviets, dure de longs mois, comme quoi le Premier ministre Baldwin rompt les relations diplomatiques avec l'Union soviétique. Pour autant, si l'année voit s'anéantir toutes les illusions des Gauches, elle est aussi la grande année de Raymond Poincaré : l'ancien président de la République est rappelé au pouvoir en sauveur, et, effectivement, le rude Lorrain, en moins de trois semaines, sauve le franc. Mais c'est aussi l'année où toute l'Amérique est en deuil de Rudolph Valentino et où toute la France danse le charleston — année typique d'un siècle excessif, à frénésies jamais ainsi connues. Al Capone organise scientifiquement le syndicat du banditisme à Chicago. La Belgique vit un conte bleu : le mariage de la ravissante princesse suédoise Astrid avec le prince héritier Léopold, à preuve que des romantismes peuvent se sauvegarder. Le Pape sacre les premiers évêques chinois. Byrd publie *Pôle Nord* — à preuve que ce siècle de fer ne détruit pas l'esprit d'aventure. André Gide, de tout son cynisme morose, met à la mode *les Faux Monnayeurs*. Hollywood affiche *Ben Hur*, Moscou, *le Cuirassé Potemkine*, suprêmes chefs-d'œuvre du cinéma muet. New York prépare la sortie du grand premier film parlant, *le Chanteur de Jazz*. Walt Disney dessine ses premiers Mickey. La prospérité aidant, et comme Aristide Briand, notre immuable ministre des Affaires étrangères, se déclare de plus en plus certain que la paix va régner invinciblement sur le monde, les Français peuvent librement se passionner pour les quatre sujets principaux de toutes les Années Folles, l'aviation, le cinéma, le tennis et la libération de la femme : on se demande surtout qui, d'un Français ou d'un Américain, va être le premier à traverser l'Atlantique en avion; le roi du public s'appelle Charlot; nos idoles sportives sont les mousquetaires, Borotra, Cochet, Lacoste, Brugnon, qu'on tient pour tout à fait capables de gagner la Coupe Davis; et la garçonne connaît pleine gloire, mettant toutes nos jeunes Françaises en jupes courtes et cheveux courts... C'est bien cela : l'année des

Gauches vaincues, de Poincaré triomphateur, de Briand sur toutes illusions, des bâtisseurs de nouvelles sociétés et des premières danses mondiales déchaînées.

De Gaulle a trente-six-ans; Pompidou, quinze, Mitterrand, dix.

Sous armes « d'azur à trois fleurs de lis d'or, au chef du même », Valéry Marie René Georges Giscard d'Estaing vient au monde dans une villa réquisitionnée, sise 2, Rheinlagen, et affectée à son père en tant que directeur des services financiers auprès du haut-commissaire de France en Rhénanie — car l'armée française continue d'occuper la rive gauche du Rhin.

Il sévit un froid si glacial que le haut-commissaire fait aussitôt délivrer au domicile du nouveau-né une allocation spéciale de charbon : l'État aura été la première des fées d'une vie qui n'en manquera pas.

Premières marques, donc : une famille de serviteurs de l'État, et un beau nom.

Aussi loin que l'on remonte dans l'ascendance des Giscard, on ne rencontre à peu près que des juges, des conseillers du pouvoir, des administrateurs coloniaux, des officiers, d'ailleurs habiles, à chaque génération, à consolider l'acquis de la précédente et à progresser socialement grâce à beaucoup d'opportunisme et à un rare sens des bonnes alliances, ainsi avec les Prieur de Pratviala, les de Mories, les de la Tour-Fondue. La famille est même si réaliste que, un temps huguenote, elle se convertit à la religion catholique en pleine révolte des Camisards.

Le père, l'oncle, le grand-oncle, les cousins ou les petits-cousins du futur Président sont, ont été ou seront conseillers d'État, conseillers à la Cour des comptes ou inspecteurs des finances avant de siéger dans nombre de conseils d'administration et de contracter alliance avec de puissantes dynasties d'affaires, Georges-Picot, Carnot, Schneider. Nous sommes loin du tout premier ancêtre reconnu, François Giscard, modeste négociant huguenot, gendre d'un pasteur, plus ou moins propriétaire, fixé à Marvejols, ex-capitale du Gévaudan.

Le père, Edmond Giscard d'Estaing, inspecteur des finances, sera plus tard administrateur influent de plusieurs sociétés coloniales (Société des ports marocains — Crédit foncier de l'Indochine — Union immobilière indochinoise) ou métropolitaines (le Phénix — Air-France — Bergougnian — Carbone-Lorraine — Kléber-Colombes) avant de se retrouver maire de Chanonat et de publier plusieurs ouvrages économiques et philosophiques, lesquels lui permettent de figurer à l'Académie des sciences morales et politiques.

La branche de la mère, née May Bardoux, n'est pas moins solidement garnie. Jacques Bardoux, grand-père du futur Président, professeur à l'école des sciences politiques en même temps que rédacteur au *Journal des Débats*, puis spécialiste des questions britanniques au prestigieux *Temps*, est élu sénateur du Puy-de-Dôme en 1938, avec la bénédiction de Pierre Laval alors proconsul d'Auvergne; il est élu député dès la Libération; il le reste onze ans; il préside un temps la commission des Affaires étrangères; typiquement bourgeois distingué, encore plus discret qu'érudit, volontairement effacé, veston noir, pantalon rayé, menue silhouette furtive, visage concentré, chevelure en perruque blanche, parlant peu, mais clair, d'une voix qui n'aura jamais cassé des vitres. L'arrière-grand-père, Agénor Bardoux, élu en 1871 par le Puy-de-Dôme à l'Assemblée nationale où il siège au centre-gauche, maire de Clermont-Ferrand, républicain déterminé, est deux ans ministre de l'Instruction publique dans le fameux cabinet Dufaure qui met en échec Mac-Mahon et les rêves monarchistes — avant de se retrouver du nombre des sénateurs inamovibles. L'arrière-arrière-grand-père est fonctionnaire des finances.

C'est par décret du Conseil d'État du 17 juin 1922 qu'Edmond Giscard, de même que ses oncles Joseph et Philippe, obtient l'autorisation d'ajouter à leur nom celui de d'Estaing, un autre décret, six mois plus tard, étendant cette mesure à son frère René. Ainsi une bonne famille de bonne bourgeoisie est-elle autorisée à relever un beau nom qui risquait de se perdre — « un beau nom d'emprunt », dira un jour cruellement de Gaulle en proposant de donner le nom de son ministre des Finances à un recours à l'épargne.

Il s'agit d'un nom de gloire, celui de l'amiral Jean-Baptiste comte d'Estaing, d'abord dans l'armée de Terre héroïque colonel du régiment royal de Rouergue-infanterie, puis lieutenant de Lally-Tollendal aux Indes, puis vice-amiral des mers d'Asie et d'Afrique, et l'un des héros de la guerre d'Indépendance aux côtés des Américains du général Washington, valeureux conquérant de la Grenade et, appuyé par une escadre de La Motte-Picquet, brillant vainqueur de l'amiral Byron, mais, quoique plus tard converti au républicanisme, arrêté et guillotiné par les robespierristes.

Faut-il même parler d'une possible affiliation à Louis XV ?

Selon certains généalogistes, elle pourrait pourtant s'établir même de deux sources, côté maternel et côté paternel.

Côté maternel, Valéry Giscard d'Estaing pourrait descendre du roi de la Pompadour par la branche de sa grand-mère, Geneviève Georges-Picot, épouse de Jacques Bardoux. D'une liaison avec une certaine Catherine Bernard, Louis XV aurait eu une fille bâtarde ennoblie en Louise Staret de Saint-Germain — celle-ci se mariant avec Jean-Pierre Bachasson de Montalivet — celui-ci étant grand-père d'une Marthe Bachasson de Montalivet qui épouse un Georges-Picot — celui-ci étant le père de Mme Jacques Bardoux.

Côté paternel, l'ascendance pourrait n'être pas moins royale. En 1767, l'amiral d'Estaing, n'ayant aucune descendance de son union avec Mlle de Rousselet de Chateaurenault, décide, usant de ses droits de chef de famille, de reconnaître sa sœur bâtarde et lui donne le droit de porter le nom de d'Estaing. Cette sœur naturelle de l'amiral, Lucie Estienne, fille d'une madame Erny, devient ainsi Lucie-Madeleine d'Estaing. Or, ladite Lucie-Madeleine, qui épouse le comte de Boysseult, devient la maîtresse de Louis XV, dont elle a des filles. L'une de ces filles, elle aussi prénommée Lucie-Madeleine, épouse en 1790 le comte de Cousin de la Tour-Fondue. Leur propre fille, Élisa, épouse Barthélemy Giscard, aïeul direct, arrière-arrière-arrière-grand-père du futur Président. Il y a une seule ombre à l'arbre de généalogie. Louis XV n'aurait eu de sa Lucie-Madeleine que deux filles, nées en 1761 et 1763, qui auraient elles aussi épousé des Boysseult. Le dernier descendant de l'un d'eux, marquis de Boysseult, fait même en 1925 action en justice pour s'opposer au décret de 1922 qui accorde le droit aux Giscard de relever le nom de d'Estaing. Même si le marquis de Boysseult perd son procès, l'incident crée un certain malaise.

Allez donc vous reconnaître, vous, parmi la ronde des multiples filles naturelles de Louis XV ou de ses amiraux. Simplement, il reste assez tentant d'imaginer que, par caprice des hasards, un descendant des Bourbons, même à l'apogée d'une république, aura régné sur la France.

Quant aux fameuses armes « d'azur à trois fleurs de lis d'or, au chef de même », elles remontent à un Dieudonné d'Estaing, qui sauva la vie au roi Philippe Auguste à Bouvines en 1214 : en récompense, le roi lui conféra le droit de porter les armes de France avec une simple brisure pour les différencier.

Évidemment, polémistes, chansonniers et caricaturistes daubent plus tard à satiété le changement de nom — intervenu quatre ans à peine avant la naissance de Valéry — et la métamorphose d'un patronyme, Giscard, qui tenait trop du commun.

Ils rappellent le cas balzacien du cynique Lucien Chardon qui, dans *Illusions perdues*, quittant Angoulême pour conquérir Paris, troque avec orgueil son nom contre celui plus résonnant de Lucien de Rubempré, avant de s'enchaîner au démon de la finance, Satan des tyrannies souterraines, l'immortel Vautrin.

Avec une ironie appuyée et une longue complaisance qui n'est certes pas complaisance, *les Nouvelles Littéraires* racontent le mariage en 1923 du « jeune et brillant inspecteur des finances » Edmond Giscard, « tout frais d'Estaing », avec May Bardoux, fille de Jacques Bardoux, le « tout-puissant président de la SEIE » (Société d'étude et d'information économique), émanation directe du comité des Forges de Wendel. Le chroniqueur, au vitriol, va jusqu'à évoquer l'île des Faisans, Louis XIV marié avec l'Infante, Bourbon épousant Habsbourg, France tendant la main à l'Espagne au beau milieu de la Bidassoa — peu importe si, dans la circonstance, il s'agit plutôt d'une union entre Auvergne et Auvergne.

On souligne que les deux frères Giscard, Edmond et René, avant d'opter pour « d'Estaing », manquent relever le nom de la Tour-Fondue. Seule une descendante, qui survit en Amérique, y met le holà. Valéry Giscard d'Estaing aurait-il jamais été président de la République s'il s'était appelé Valéry de la Tour-Fondue ?

Les méchants tiennent à faire préciser que si les Giscard « relèvent le nom », car il n'y faut qu'une autorisation d'État, ils se gardent de réclamer le titre nobiliaire, parce qu'il y faudrait l'aval de Rome, trop difficile à obtenir.

On fait parler pêle-mêle les précédents les plus comiques, tel le vieux duc de Gramont, qui épousa en premier mariage une princesse de Beauvau-Craon, en second une beauté célèbre et en troisième une Rothschild, et dont on dit qu'il collectionna *l'écu, le cul et les écus*.

On raconte derechef l'histoire d'Edmond Frich, qui épouse l'héritière des sucres Lebaudy, se fait appeler un beau matin comte de Fels et fait édifier sur plans de Mansart un extraordinaire château sans ailes pour loger « les communs ». Le sarcastique Robert de Montesquiou ricane : « Pas de communs ? Inutile, mon cher, puisqu'ils sont désormais dans le château... », comme quoi d'ailleurs la fille d'Edmond Frich, le mieux nommé comte de

Fels, se retrouve plus tard authentique duchesse de la Rochefoucauld.

On manque peu de rappeler que les « néo-d'Estaing » n'auront jamais pu se faire admettre dans le célèbre club, très fermé, des Cincinnati, qui rassemble exclusivement les descendants des familles des héros qui jouèrent un rôle éminent dans la guerre de l'Indépendance, en particulier, pour les Français, un certain nombre de compagnons de La Fayette (par exemple le comte René de Chambrun, mari de la fille de Pierre Laval). Valéry Giscard d'Estaing lui-même, une fois Président, n'y est finalement admis que comme « représentant de la patrie de La Fayette ».

On ne pardonnera pas de sitôt aux Giscard d'avoir préféré à la roture le château. Pol Bruno peut publier une *Saga des Giscard*, qui a sens de pamphlet. Olivier Todd, se campant en giscardologue par son livre *La Marelle de Giscard*, n'exprime pas la moindre indulgence, en particulier pour le père, transformé en « une sorte d'académicien bien huilé, pétainisant du centre-gauche, un Pinay de bonne famille, qui fréquente le XVIe arrondissement et s'est décroché une particule dans la forêt pétrifiée des généalogies biscornues ». Pourquoi « la Marelle » ? Parce que le futur Président, tout au long d'une carrière modèle de jeune homme comblé, aura sauté comme au jeu de marelle d'une case à l'autre, comme un gosse savant, « de côté ou tout droit, selon les circonstances ».

Minute multiplie les cruautés, racontant — que le château de Varvasse, propriété des Giscard, « fils de Robin » à Chanonat, n'est qu'une grosse demeure « prétentieuse » sans terres qui pâlit près du château voisin de la Bâtisse, domaine du baron Bernard Arnoux de Maison Rouge — que les Giscard n'ont obtenu de relever le nom de d'Estaing que parce que René, en tant que conseiller d'État, a été idéalement placé auprès de ses pairs pour obtenir l'avis favorable — que Jacques Bardoux lui-même, « plus attiré par les titres en Bourse que par les titres de noblesse », en arrive à se moquer des « gens de la corbeille qui veulent aussi avoir de la branche ».

A plus forte raison de tels coups redoubleront-ils de violence avec les nouvelles générations d'autant plus que le frère et les sœurs de Valéry connaîtront la plus sûre promotion, ou accéderont au Gotha le moins discutable. Sa sœur aînée, Sylvie, née deux ans avant lui à Coblence, se marie avec un grand avocat, Emmanuel de Las Cases, de la famille languedocienne dont la plus célèbre illustration est l'auteur du *Mémorial de Sainte-Hélène*.

Son frère, Olivier, plus jeune d'un an, tour à tour diplômé d'Harvard Business, président de Gibbs Hill France, administrateur d'I.B.M. et de l'I.N.S.E.A.D. (Institut Européen d'Administration des Affaires) à Fontainebleau, un temps député de Cannes, est marié à Marie-Hélène de Montrichard, d'une famille de la noblesse franc-comtoise. Sa sœur cadette, Isabelle — qui sera maire de Voutézac en Corrèze — épouse Guy Lasteyrie du Saillant, d'une famille noble d'extraction limousine, directeur général de la branche française des assurances New Hampshire Insurance. Sa plus jeune sœur, Marie-Laure, s'unit à un directeur de banque, fils de Jacques de Froissard de Broissia et d'Anne Le Provost de Launay.

Les cousins sont dans une note identique. Limitons-nous aux trois cousins germains. François, fils du conseiller d'État René Giscard d'Estaing et d'Anne Carnot, descendante directe de Sadi Carnot, ancien élève de l'ENA, inspecteur général des finances, dirige la Banque centrale des États d'Afrique Équatoriale et du Cameroun, avant de présider la Banque française de commerce extérieur, non sans être aussi administrateur de la Société des étains de Kinta, des Assurances générales de France et de la Compagnie française d'assurances pour le commerce extérieur, également président de la Sofinindex. Jacques, frère du précédent, marié à Isabelle Burin des Roziers, conseiller référendaire à la Cour des comptes, aura été directeur financier et comptable du Commissariat à l'énergie atomique, administrateur de Technicatome (Société technique pour l'énergie atomique), d'Eurodef S.A. et de Framatome. Philippe, frère des deux précédents, marié à Éliane de Demandolx-Dedons, polytechnicien, brillant ingénieur de l'École nationale supérieure des télécommunications, éminent technicien du radar et des travaux nucléaires, aura tenu le haut du pavé dans toutes sortes de puissantes sociétés, Thomson-Houston, Sodeteg, Sodetra, CGE, Téléphones Ericson, Sonectro (Société d'entreprises générales et électriques, dont il est président), Laboratoire général des télécommunications, S.A. Chargeurs réunis, Telspace.

Les polémiques omettront de noter que la tribu aura exprimé tout au long de sa progression un exemplaire esprit de famille, plus remarquable encore par rapport à la détérioration française de l'unité familiale : des cinq enfants d'Edmond Giscard d'Estaing, Sylvie aura six enfants, Valéry quatre, Olivier quatre, Isabelle quatre et Marie-Laure trois. Elles ne négligeront pas moins de relever que l'ensemble aura compté des éléments d'exceptionnel mérite personnel. Les critiques ne veulent le plus souvent souligner que le côté fastueux ou infatué de la famille, dès lors vilipendée comme une engeance d'aventuriers ou de chevaliers d'industrie. *Quelle famille* ! c'est le titre que Noël-Jean Bergeroux, dans *le Monde*, autre grand ennemi du futur Président, choisit pour mieux stigmatiser le spectacle : « De l'argent, des châteaux et des comtesses partout. Des comtesses et des châteaux en telle profusion qu'on se demande de quelle frustration témoigne finalement cette boulimie de titres et de manoirs. » Bergeroux devrait, en face, noter l'harmonie qui règne dans la tribu et le style sobre et solide qui s'y enseigne.

Du moins n'y a-t-il pas matière à discuter des titres de noblesse et des titres de courage de la famille à laquelle Valéry s'unira par son mariage avec Anne-Aymone Sauvage de Brantes, fille de François Sauvage de Brantes et d'Aymone de Faucigny-Lucinge.

Quoique d'origine bourgeoise, la famille Sauvage est autorisée par décret dès 1863 à relever le nom de Brantes. La famille de Brantes est attestée comme noble depuis le XIIIe siècle. Un Guy Sauvage de Brantes est créé par le pape Léon XIII marquis à titre héréditaire. Comme armes, les comtes Sauvage de Brantes portent « d'azur au chevron d'argent chargé d'une croisette armée de gueules et de deux fleurs de lis d'azur accompagnées d'une étoile d'or en chef et d'un croissant d'argent en pointe ».

Les Faucigny-Lucinge proviennent d'une ancienne maison féodale de Savoie qui remonte à Aymard de Faucigny, lequel vivait en 981. L'autorisation de porter en France le titre de Prince de Lucinge date du 27 janvier 1828. L'historien Michel Sementery, dans son livre sur *les Présidents de la République Française et leur famille*, ne manquera pas de faire observer que « cette mesure n'est certainement pas étrangère au mariage entre Ferdinand de Faucigny-Lucinge et Charlotte comtesse d'Issoudun, fille légitime du duc de Berry et d'Amy Brown, petite-fille de Charles X — comme quoi, par cet aïeul, Anne-Aymone Giscard d'Estaing se trouve être elle aussi une descendante de Louis XV (sauf qu'elle par voie légitime), en même temps que « relativement proche des princes de Parme et de familles souveraines, Autriche, Luxembourg, Bulgarie, et aristocratiques, Charette, Pallavicini-Mossi ».

Par la famille de sa femme, le futur Président, non seulement sera apparenté à de nombreuses familles du monde des affaires, les Nora, les Lebaudy, les Reille, mais à de nombreuses familles de l'aristocratie, tels les Juigne et les Cossé-Brissac.

Le père d'Anne-Aymone est un héros de la Résistance, officier de carrière, tôt engagé à pleins risques dans les réseaux de la clandestinité, fondateur de l'ORA (Organisation de la résistance armée), arrêté et torturé par la Gestapo, déporté et mort au camp de Mauthausen...

Quoi qu'il en soit, ce jour glacial de février 1926, Valéry Giscard d'Estaing arrive promis à la famille de loin la plus titrée de tous les présidents de la République, et peu y importent les polémiques. Le film de la vie n'en est nullement troublé en profondeur.

La nourrice est allemande. Elle a nom Mathilde Zerwas. Elle est la première à le langer, lui fait faire ses premiers pas, le promène sur le bord du Rhin. Il l'appelle Bitta, à l'exemple de sa sœur aînée Sylvie, sans doute parce que le mot allemand *Schwester*, sœur, nurse, est trop difficile à prononcer. Elle le trouve « enfant terrible, fier... n'aimant pas se laver... tête dure comme le bois... »

La nounou suisse qui succède à l'allemande, dans l'appartement parisien où la famille s'installe à son retour de Coblence, au n° 71 de la rue du Faubourg-Saint-Honoré, tout près de l'Élysée, une forte fille du canton de Schwyz, Rose Elsener, est du même avis : « intelligent... polisson... »

Râleur, rageur, disent ses sœurs.

Son frère Olivier se souviendra toute sa vie de la scène d'une violence inouïe où son aîné se déchaîne quand sa mère veut lui imposer des bottines jaunes qu'il a en horreur.

Il reste longtemps colérique, nerveux, agressif, incapable de supporter la contradiction. À sa naissance, le médecin accoucheur s'exclame : « Voilà qui fera un bon petit soldat. » La prédiction paraît bien devoir se réaliser. Tous les signes annoncent un batailleur.

L'éducation est sévère et austère. Si Edmond Giscard d'Estaing ne manie pas les taloches comme Léon Pompidou, il n'en est pas moins exigeant. Il aime imposer beaucoup de contraintes. Par exemple, pour les garçonnets, la cravate est de rigueur, et, à chaque anniversaire d'un membre de la famille, chaque enfant à table doit prononcer un discours de trois minutes, à trois secondes près. C'est peut-être de cette discipline imposée à l'enfant que l'homme, plus tard, développera une exceptionnelle passion de la précision et de la minutie, mais, pour l'immédiat, il n'apprécie pas toujours la corvée, et claque la porte.

Il adore ses sœurs, mais son jeu préféré est de les terroriser, en leur racontant des histoires d'enfants perdus et de fantômes buveurs de sang.

Il est élève moyen.

Comme dit Isabelle, « il ne se la foule pas ».

Il en prend à son aise avec toutes ses premières écoles, à plus forte raison quand la drôle de guerre mobilise le père et oblige la famille à s'installer en Auvergne.

Il n'éblouit personne aux premières classes du lycée Blaise-Pascal de Clermont-Ferrand.

Doué, mais flemmard, juge un professeur.

Élève moyen, sans avenir, le note un autre.

Il est encore plus nonchalant que l'élève Pompidou.

Il expédie devoirs et leçons. Il préfère vagabonder à bicyclette, tâter du piano, s'essayer au violoncelle.

Il n'a de vraie passion que pour la lecture. Il lit de tout, le meilleur et le pire. Il happe tout bouquin qui se présente. Ainsi traverse-t-il une période Gustave Aymar (auteur de livres d'aventures qui ont pour cadre les États-Unis de 1810), puis une époque Sapeur Camembert, puis une ère Jules Verne.

A 14 ans, en classe de troisième, au lycée Janson-de-Sailly, Paul Guth (qui aura été le condisciple de Pompidou et le professeur de Giscard) est le seul des maîtres à le juger avec indulgence, le trouvant « réfléchi… d'une grande puissance de concentration… avec déjà, tout longiligne, ce mélange indescriptible d'ironie, de malice, de distinction, de désinvolture… capable du premier coup d'œil de contempler tous les horizons du problème posé, comme toutes les imbrications… au total, sage, quoique assez farceur… » Quand Paul Guth l'interroge sur Corneille, c'est même avec l'extase de l'homme petit qu'il le voit « se déplier longuement à son banc, avec ce mélange olympien d'ironie, de courtoisie, de certitude, et l'incommensurable élégance qui compose son incantation ». Mais cette appréciation ne s'exprime que bien plus tard, quand Paul Guth joue les faux naïfs et que Giscard est ministre, ou déjà davantage encore.

Non qu'il y ait à la maison éducation d'enfants gâtés. On ne roule pas sur l'or. Réinstallée à Paris avenue Henri-Martin, la famille n'est pas dispendieuse. Simplement, lui se laisse vivre. « Au rythme doux d'une péniche », rit Sylvie.

Les vacances se passent chez les grands-parents, au château de Varvasse, à Chanonat, à quelques kilomètres de Clermont-Ferrand, avec frères et cousins, qui acceptent qu'il mène les jeux. On s'initie aux échecs, avec le curé. On joue aux Indiens, sauf pour lui à exiger d'user de noms véritables — Pied-Agile, Bison-Valeureux, Fleur-de-Prairie — et de prononcer quelques mots dans leur vraie langue. On dispute des courses endiablées à bicyclette, à qui sera Roger Lapébie, Romain Maës, Sylvère Maës ou Gino Bartali, au point que lui-même rêve d'être un jour champion cycliste professionnel. On escalade allégrement les pentes de Gergovie. On pêche les écrevisses à la main dans les ruisseaux, à l'exemple du meilleur copain, un fils de paysan, Aimé Gaudy, futur maire socialiste dans le coin. On s'attribue des surnoms : Gaudy est *Mickey*; Valéry est *Long-Sifflet*.

Intellectuellement, il ne connaît jusqu'en troisième qu'une réussite, quand il se fait applaudir dans le rôle d'un médecin du *Malade imaginaire*, que Paul Guth fait jouer.

« Moyen, seulement capable de quelques éclairs », telle est au fond l'appréciation la plus partagée, depuis les classes maternelles, au cours privé de Mlle Boutet de Montvel, rue Saint-Florentin, jusqu'au lycée Janson-de-Sailly et au lycée Blaise-Pascal (de 1939 à 1942), en passant par l'école Gerson, rue de la Pompe.

Néanmoins, à partir de la seconde, tout change.

La désinvolture n'est plus qu'un style.

Le garçonnet se met soudain à turbiner.

En moins d'un an, il accomplit des progrès qui stupéfient ses maîtres de Janson-de-Sailly — même s'il s'amuse à composer des poèmes, à écrire des nouvelles (qu'il détruit), et s'il lit tout Proust.

En classe de première, il est primé au concours général de maths.

En math elem, il obtient le prix d'excellence.

A 17 ans, il présente simultanément le bac de mathématiques élémentaires et celui de philo, et il est reçu aux deux avec mention bien.

En 1943, il figure avec plein éclat dans la classe de « taupe » où il prépare Polytechnique.

Il ne s'interrompt que pour la guerre.

Il se porte volontaire avec son cousin François en novembre 1944.

A son père et à son oncle qui protestent, il réplique : « Vous avez eu votre guerre, nous voulons avoir la nôtre. »

Il est affecté en Bourgogne à la 1re armée de De Lattre de Tassigny, lequel se trouve être un ami de la famille.

Il sert comme tireur de char, à bord du char *Carrousel*, au 1er escadron du 2e régiment de dragons portés, un régiment à forte proportion de Nord-Africains.

Il est légèrement blessé au visage.

Il termine brigadier-chef, mais décoré de la croix de guerre et de la Bronze Star Medal, après avoir participé aux campagnes d'Alsace et d'Allemagne.

Il est de la prise de Berchtesgaden.

En cinq mois de guerre, c'est accumuler un maximum de titres : encore faut-il savoir le faire et y faut-il la chance.

Il l'a.

Elle va même être sa meilleure compagne pour de longues années.

Démobilisé, il prépare Polytechnique. Pour autant, il ne manque pas de savoir se distraire. Tantôt, il flemmarde; tantôt, il joue au fol étudiant, ivre de survivre. Il ne sait plus ce que c'est que l'heure. Il arrive partout en retard. Il joue au tennis. Il se met au ski. Il passe des heures avec un chien-loup qu'il a ramené de guerre, formé par les S.S. allemands, mal apprivoisé, si méchant qu'il est seul à pouvoir l'approcher. Il chevauche une moto sur laquelle il épate et irrite tout le voisinage. Il pratique l'accordéon, auquel il s'est initié en Autriche. Morceau préféré : *Je cherche fortune*, en attendant *l'Eau vive*. S'il déteste les mondanités, il va beaucoup au théâtre, se met à apprécier l'opéra. Il sort beaucoup, avec son cousin François, grand complice de toutes les heures, avec Philippe de Vaudeuvre, avec d'Argenton, dit *Dard*. Il ne peut pas se réveiller le matin. Sa mère envoie régulièrement ses sœurs le secouer. Il est capable de rester au lit jusqu'à midi, à sommeiller, ou à lire, lire, lire... de tout... Flaubert, Gide, Claudel, des policiers, des récits d'explorations... Mais, au travail, il sait mobiliser une puissante force de concentration.

Il sait être efficace : il entre à Polytechnique.

Il y est jugé pêle-mêle hautain, courtois, peu populaire, « gai limité », à esprit de synthèse, solitaire, réservé, dandy, correct.

Trois ans plus tard, il sort dans la botte : cinquième.

La vocation ancestrale jouant, il choisit le service de l'État, donc l'ENA, récemment créée par Michel Debré.

Son rang de sortie lui permet d'y accéder sans concours — du reste le premier polytechnicien à user de cette possibilité.

Il y entre le 3 janvier 1949.

Il n'en trouve pas moins le temps d'aller passer quelques semaines avec son frère à Harvard, puis quelques mois au Canada, avec en poche son pécule de Polytechnique et le produit de la vente de sa moto. Objectif : s'initier à la banque et apprendre à fond l'anglais. Sur place, pour améliorer l'ordinaire, il donne même des leçons dans un collège.

A l'ENA, où il retrouve dans sa promotion — baptisée *Europe* — le cousin François, où il compte parmi ses condisciples Michel Jobert et François-Xavier Ortoli, eux aussi futurs ministres, et où il compte parmi ses maîtres Jean Fourastié et Pierre Mendès France, il suscite les mêmes observations que toujours : « Esprit très dialectique. A du goût pour la synthèse — Gagnerait à être moins lointain — Doué pour l'économie — Apprend ce qu'il veut, sous condition de bien le vouloir — Passe ses amitiés au crible — Lit beaucoup, sans préférence précise. »

A son stage, il obtient une note rare : 19 sur 20.

Sorti numéro trois, il opte pour l'inspection des finances.

Il a vingt-huit ans, en juin 1954, quand il effectue ses débuts dans la politique active : d'abord comme chargé de mission, puis directeur de cabinet adjoint dans le cabinet d'Edgar Faure, ministre des Finances dans le gouvernement Mendès France, cabinet que dirige son ancien ami de Janson-de-Sailly, Jacques Duhamel. Il y a été recommandé par son grand-père. Il accomplit son travail selon la discrétion qui y est requise, non sans y trouver occasion de méditer sur la prodigieuse didactique dont « Edgar » est capable. Il pourra dire en souriant qu'Edgar lui aura au moins appris que « l'intelligence peut être irrésistible ».

« Giscard, c'est un sentimental... redressé par Polytechnique », dira Michel Poniatowski. Ponia aura sans doute pensé au mariage. C'est début 1952 que Valéry Giscard d'Estaing rencontre Anne-Aymone Sauvage de Brantes. Cela se passe en Touraine, dans une maison amie. Elle est mince, élégante. Elle a un long cou, un regard retenu, des cheveux noirs en torsades. Elle est si timide qu'elle raconte elle-même qu'à quinze ans elle appréhendait de répondre au téléphone. Elle est dans sa dix-huitième année. Elle dit : « Je n'ai pas le bac. » Il lui parle à la fois de politique, de l'Auvergne, du Canada, de canards sur un étang et d'un roman qu'il est en train d'écrire, *l'Été brûlant*... Ce n'est ni un programme, ni une promesse.... « J'ai recherché le style russe... Tolstoï, voyez-vous, ou Tchékhov... On peut toujours espérer... » Un silence. « Mais je ne le publierai pas... Un roman, ma famille trouve que cela ne saurait aller avec un inspecteur des finances... Papa a dit... » Sans doute manière à lui de se présenter dans ce qu'il interprète comme sa propre vérité : noblesse désinvolte, finances sûres, romantisme feutré, simplicité de mise. Dès deux mois plus tard ils se fiancent. Le temps pour le fiancé d'effectuer un stage en Sarre, puis un autre en Algérie, et le mariage a lieu dès la fin de l'année. Le mariage civil se signe à la mairie du VIIIe arrondissement de Paris. L'union religieuse se célèbre le 23 décembre à Authon, dans le Loir-et-Cher, où les Faucigny-Lucinge ont un beau manoir. Les témoins du marié sont Jacques Bardoux et la maréchale de Lattre de Tassigny. (En deuil, car elle a perdu son mari l'année passée.) La mariée a pour témoins deux oncles : le prince de Brantes et Louis de Brantes, qui l'a élevée. Il neige. L'on n'en apprécie que mieux un voyage de noces ensoleillé, un mois à travers les îles grecques. Le jeune couple visite Delphes, photographie le Parthénon, danse au son du bouzouki, rêve aux étoiles de l'Olympe... Au retour, il s'installe dans un petit appartement de Neuilly, puis élit domicile rue Bénouville, dans un hôtel particulier que la mariée décore elle-même et qui restera à jamais la demeure familiale.

L'entrée dans la politique activiste a lieu à ses trente ans. Le 2 décembre 1955, sans superstition pour la date, Edgar Faure, président du Conseil et dans le cabinet duquel il continue de fonctionner, dissout l'Assemblée nationale. De nouvelles élections législatives sont organisées. Ce technocrate modèle, fils de Polytechnique et de l'ENA, sur pur style de haut fonctionnaire distingué, à mains effilées d'artiste, campé à l'opposé d'un spécialiste rondouillard des banquets républicains, professera toujours qu'il n'existe qu'une onction, celle du peuple. Il aura même un véritable culte pour le « sacre populaire ». Voici l'occasion de s'y essayer. Avec l'aide de maman, on persuade grand-papa — non sans quelque résistance — de renoncer à l'écharpe, qu'il tient du Puy-de-Dôme. Grand-papa, 82 ans, non seulement finit par abdiquer, mais promet son aide la plus diligente. On se lance dans la première campagne, de village en village, à boire le coup sur le zinc avec les paysans en sabots, à serrer des mains qui ne sont plus distinguées, à faire visites, à braver les rigueurs d'un hiver qui est peu électoral, à déraper sur des routes verglacées...

Les élections se déroulent selon le scrutin inauguré en 1951, à la proportionnelle départementale, par listes qui peuvent s'apparenter. L'impétrant est deuxième sur la sienne. Il est élu — le 2 janvier 1956 — « au plus fort reste », avec 15,30 % des voix.

Le voilà au Saint des Saints, avec tous les demi-dieux de l'époque, Guy Mollet et Maurice Thorez, Antoine Pinay, qui lui souhaite bonne chance (comme s'il en avait besoin !), et Paul Reynaud, président de la commission des Finances, à qui grand-papa le présente, Jacques Chaban-Delmas, Henri Queuille, et... Jean-Marie Le Pen, qui mène grand bruit parmi tout un régiment de poujadistes.

Il s'inscrit au groupe des Indépendants et paysans d'Action sociale (IPAS), « chez Pinay », député de la Loire, parce que « les eaux de la Dore ne peuvent aller, même par l'Allier, qu'aux eaux de la Loire ».

Dès le 17 janvier de l'année qui suit, il effectue ses débuts à la prestigieuse tribune de l'hémicycle, à propos du traité de Rome sur la Communauté économique européenne — l'un des rares députés à parler sans la moindre note et provoquant d'ailleurs la plus forte impression.

J'apprends personnellement à bien le connaître en septembre 1956 quand, avec Félix Gaillard et quelques autres députés, nous faisons un voyage d'un mois aux États-Unis, à l'invitation de l'ambassadeur américain à Paris, Dillon. Voyage superbe et enrichissant entre tous : nous sommes longuement reçus par Eisenhower et Foster Dulles; Hervé Alphand, notre ambassadeur à Washington, nous révèle quelques secrets de la politique américaine; nous passons plusieurs jours à New York où l'ONU se prépare à un grand débat sur l'Algérie à une époque où l'on croit encore pouvoir sauver une Algérie française; nous visitons des usines à Chicago, la seule ville au monde où les hommes aient renversé totalement le cours d'un fleuve; nous sommes reçus à Phoenix, Arizona, par un consul français à Los Angeles qui s'appelle Romain Gary; nous déambulons à travers le grand Canyon; nous disputons un fameux bowling avec des députés américains, dont nous imaginons qu'ils ont cauchemar à devoir se représenter devant leurs électeurs tous les deux ans et qui nous répondent, de tout leur naturel : « Mais comment ferions-nous donc pour vivre ? »; nous parcourons en wagon panoramique toute la distance entre l'Arizona et la Californie; nous traversons les Montagnes Rocheuses et des forêts de figuiers, comme quoi on nous sert des figues qui ont l'air d'avoir été cueillies au paradis et qui sont aussi insipides que l'eau du robinet, avec la même vague dose de formol; nous contemplons non loin de San Francisco des séquoïas contemporains de Cicéron ou de je ne sais plus quel Nabuchodonosor; nous voyons la prison d'Alcatraz et quelques beautés d'Hollywood; nous dînons chaque soir « chez l'habitant », de quoi apprécier le cœur et les cocktails de la magnifique hospitalité américaine; nous devons terminer citoyens d'honneur de Minneapolis, dans le Minnesota, la Suède américaine, reçus par

H.H.H. (le démocrate Hubert Horatio Humphrey), une sorte de petit Viking, au front encore plus bosselé que celui de notre Giscard et encore plus volubile que la plus bavarde poissonnière de la Canebière... Nous devenons un gai trio de copains — Giscard n'étant pas le dernier à faire des blagues et à pousser la chansonnette — même si nous n'aurons pas cessé de nous passionner à connaître un tout petit peu mieux cet impressionnant pays géant qui pèse désormais sur la vie de l'univers comme jamais aucun autre... « Vois-tu, trouve-t-il, l'Amérique, c'est Charlot... Tu la crois bouffonne, avec ses débraillés, elle peut avoir aussi toutes les naïvetés, mais, tout à coup, elle abandonne son vieux chapeau, sa pauvre canne, change ses pantalons rapiécés, et tu découvres le Charlie Chaplin des *Temps modernes*, pathétique, effrayé de lui-même, profond... »

Sauf que voué à perdre ses beaux cheveux noirs, il est tel déjà que le fixera le photographe officiel de sa Présidence. De l'Amérique, il a d'ailleurs ce crâne à la Stevenson typique des intellectuels appliqués à briller que les Américains appellent « têtes d'œuf », une préférence irrésistible pour le breakfast à œufs brouillés et un penchant certain pour une certaine fantaisie vestimentaire, pull-overs en cachemire, chemises à raies larges, vestons de velours vert. Giscard for ever : silhouette longiligne et visage longiligne. Style retenu et manières posées. Une simplicité davantage voulue que naturelle. Les goûts sont classiques : il sera moins attiré que Pompidou par les baroqueries de l'art ultra-moderne. Les peintres préférés sont du XVIIIe siècle, les meubles aussi. Le musicien qu'on goûte est Mozart. Les livres de chevet sont de Flaubert. On apprécie l'architecture sans fantaisie, ni provocation. Seule coquetterie, mais qui est aussi autodéfense : en ce temps-là, chaque mardi, il se fait masser le cuir chevelu chez le coiffeur Marchino. Comme Mitterrand, perdant les cheveux, il aura cru trop perdre de sa personnalité. Il a une grande facilité d'assimilation. Il déteste les débats houleux. Il peut paraître fragile. Il a dû s'enseigner à maîtriser ses nerfs. Il éprouve autant de répulsion pour la violence que pour la familiarité. Il n'arrive pas à se départir de cet air hautain qui le fera dénommer par *le Canard enchaîné* « Sa Suffisance Giscard d'Estaing », qui fera dire par le généralde Gaulle : « Le problème de Giscard, c'est le peuple », et qui ne donnera que davantage de raisons à Wilfrid Baumgartner, ministre des Finances du Général, de dire en 1964 : « M. Giscard est un homme grand, au front large, aux épaules étroites et... aux dents longues. »

En juin 1958, il vote naturellement l'investiture du Général. Il est réélu député sans difficultés en novembre.

Il se voit confier dès le 9 janvier 1959 le secrétariat d'État au Budget, auprès d'Antoine Pinay, ministre des Finances, secrétariat qu'il garde quand Wilfrid Baumgartner remplace Pinay. Son plus solide ami, Michel Poniatowski, est directeur de cabinet.

Non que la route soit toujours facile. Là aussi des cactus piquent. La politique n'est pas toujours aimable. Un certain docteur Kovacs, inculpé d'un attentat « activiste » au bazooka contre le général Salan, raconte en justice que l'opération a été organisée par six personnalités, dont Michel Debré, Pascal Arrighi, Jacques Soustelle et *Giscard-Monservain* (à se demander s'il a voulu désigner Giscard d'Estaing ou Boscary-Monsservin, vice-président du groupe parlementaire des Indépendants et Paysans) : quelque temps est nécessaire pour faire admettre l'invraisemblance de l'accusation. En mars 1959, notre jeune Excellence — à 32 ans benjamin d'un gouvernement dont la moyenne d'âge s'établit à près de 50 — prend une belle veste aux élections municipales de Clermont-Ferrand face à une liste de gauche conduite par le populaire sénateur socialiste Monpied et il obtient personnellement moins de suffrages que le dernier candidat de la liste adverse. Il fait plus que tâtonner — « vasouiller », dit Ponia — entre acharnés de l'Algérie française et résignés à l'Algérie algérienne. Mais la progression générale n'en paraît que plus assurée. Ainsi, début 1962, à 36 ans, après le départ de Baumgartner, est-il nommé ministre des Finances et des Affaires économiques dans le gouvernement Debré, poste qu'il conserve dans le gouvernement Pompidou et qui lui vaut une importance de premier plan. Comme dirait Georges Bidault, « les tuiles ont remonté sur le toit ».

Il devient le champion de l'équilibre du budget et de l'expansion dans la stabilité. Il met en œuvre un vaste plan de stabilisation qui engage imposition des plus-values à l'occasion de la cession des terrains ou immeubles acquis ou construits depuis moins de cinq ans, restriction du crédit, prime à l'épargne, action sur les prix par réduction de ceux fixés par l'État, blocage de fait des prix industriels, blocage officiel des autres et aggravation des contrôles. Il s'impose comme vedette à part entière. Non seulement il peut parler à la tribune de l'Assemblée durant quatre heures sur un budget, devant les parlementaires médusés, sans absolument aucune note, sans la moindre erreur sur les multiples chiffres à plusieurs décimales qu'il cite, exploit jamais accompli, mais il s'affirme comme star de télé, à pleins projecteurs, avec la même facilité, avec la même autorité... Un as de la finance, dit la rumeur. Un amant de la télévision aussi.

Il institue l'avoir fiscal.

Il encourage à l'acquisition d'avoirs en bourse par les particuliers.

Il organise une première participation des travailleurs aux bénéfices de leur entreprise.

En même temps, décidant avec quelques amis de ne plus participer aux travaux du Conseil national des indépendants, qu'il juge trop proches des ultras d'Alger et d'un « trop injuste parti pris » à l'égard du général de Gaulle, il s'emploie à se doter d'un appareil politique important. Après la débâcle du CNI aux élections législatives de novembre 1962 (29 députés, dont seulement 25 réélus sur 101 sortants), il rassemble dans un groupe de « Républicains indépendants », RI, une trentaine de députés favorables à l'alliance gaulliste, en liaison avec les quatre ministres modérés du gouvernement Pompidou, lui-même, Jean de Broglie, qui a négocié aux côtés de Louis Joxe et de Robert Buron les accords d'Évian, Louis Jacquinot et Raymond Marcellin, lequel se consacre aussi comme une personnalité fondamentale du régime. Vainement, en 1964, après l'attentat du Petit-Clamart contre le général de Gaulle, Jacques Isorni, avocat de l'un des conjurés, fait-il entendre que Valéry Giscard d'Estaing, dans son secret ayant pactisé avec l'Algérie française et l'OAS, aurait transmis au général Salan, sans doute par Michel Poniatowski, les comptes rendus du Conseil des ministres, dont on sait qu'il doivent demeurer confidentiels. Giscard porte plainte en diffamation. L'affaire et la dénonciation se perdent dans un vent de sable. Giscard reste classé comme l'un des « gaulloïdes » les plus efficaces.

Son nom paraît sur les courbes de sondages des principaux éventuels présidentiables, pour le cas où de Gaulle ne se représenterait pas.

En 1963, selon un sondage IFOP, il réunit déjà 19 % d'opinions favorables. S'il vient encore loin de Chaban, de Pinay et de Pompidou, qui sont respectivement à 25, 25 et 24 %, et s'il arrive tout juste derrière Debré, qui est à 20 %, il confirme qu'il réunit désormais des chances sérieuses. Un an plus tard, lors d'un sondage sur des jeunes de 15 à 24 ans, auxquels on demande de citer des noms de ministres, 43 % citent Giscard en tête, contre 39 % Edgard Pisani, ministre de l'Agriculture; 14 % André

Malraux, ministre des Affaires culturelles; 13 % Christian Fouchet, ministre de l'Éducation nationale; 7 % Pierre Messmer, ministre de la Défense. « L'effet télé », explique-t-il. Il en est aussi déjà à professer que le prochain vainqueur à l'Élysée sera « le meilleur à la télé ».

Autre orage soudain, cependant. En décembre 1965, le général de Gaulle, qui s'est finalement décidé à être candidat, est mis en ballottage et aura même senti passer le boulet de la défaite. Les gaullistes en rendent Giscard principal responsable. Ils disent que le plan de stabilisation, « prévu seulement pour 6 mois au moins, resté en vigueur durant 28 mois », aura certes ralenti l'inflation, qui s'emballait, mais aura freiné trop durement l'expansion, aura condamné la production industrielle à stagner. Pompidou, aux approches de l'élection, aura même en vain demandé un « plan de relance » pour apaiser syndicats, industriels et commerçants. Le chef de l'État se montre lui-même furieux de voir sombrer ses réalisations de prestige, le *France*, qu'on suicide, le *Concorde* avec lequel on « doit faire Ric-Rac ». Il en est venu peut-être aussi à ne plus supporter ce gamin qui veut lui faire la leçon avec son charabia. « Les variables dépendantes, les variables indépendantes, qu'est-ce que ça peut bien vouloir dire ? » bougonne-t-il un jour que le ministre des Finances essaie de lui expliquer les fluctuations possibles du revenu et de l'emploi. Il y a fronde. Giscard aura une fois confié à Raymond Tournoux : « Je ne crois pas qu'il soit bon pour un homme jeune d'arriver très tôt dans un monde très dur. » En voilà en tout cas une démonstration : après la réélection du Général, Pompidou refuse de maintenir Giscard rue de Rivoli; en lot de consolation, il lui propose le ministère de l'Équipement; Giscard se déclare offusqué et décide de ne plus être ministre. Circonstance aggravante : il demande aux autres ministres indépendants de ne pas participer au gouvernement et les trois ministres en question, Marcellin, Chamant et Bettencourt, lui opposent une fin de non-recevoir.

Le hasard veut que je le rencontre le surlendemain à un dîner chez Arnold de Contades. Nous sommes huit à table. Notre hôtesse, Evelyne, petite-fille de Jean Prouvost, le propriétaire de *Paris-Match*, déploie en vain le plus charmant sourire, en même temps que le menu le plus exquis. Je n'aurai jamais vu Giscard aussi noir de fureur. Après quarante-huit heures, il n'a pas encore dominé sa rage. Salauds, salopards, tout y passe. Pour un homme qui pratique le langage le plus châtré, familier des nuances les plus raffinées, les mots en prennent plus de force encore. « Ils m'ont congédié comme un domestique... Durant toute la campagne, ils m'ont utilisé à fond, me faisant intervenir vingt fois sur les ondes, me faisant présider de multiples meetings, me faisant signer mille appels pour le grand homme... Vlan !... cette gifle... en traître... Jamais plus je n'aurai confiance en Pompidou... » Il ajoute : « Car le plus outrageant est que tout cela n'est pas improvisé... Ils ont monté le truc de longue main... Cela commence dès la mi-octobre... Un beau jour, Pompidou me dit qu'il veut me voir en tête à tête pour quelque chose d'excessivement important et m'invite à déjeuner à Matignon... J'y vais. C'est pour entendre, au dessert, que si, aux élections présidentielles, le Général n'est pas candidat, lui-même Pompidou est décidé à l'être. Et de me demander sans attendre si je suis prêt à le soutenir, puis à collaborer avec lui aux tout premiers postes... Évidemment, j'en demeure assez abasourdi. Je ne trouve l'offre qu'assez saugrenue. Je me demande surtout ce qu'en penserait le Général... Je me contente donc de répondre que je tiens à réfléchir quelques jours... Bien entendu, consent Pompidou... De ce pas, je m'en vais voir Mondon et Paquet (deux députés de ses intimes) pour leur poser le problème, naturellement sous le sceau du secret... Il n'y a pas moyen de faire autrement que de le soutenir, me disent-ils... A la réflexion, je m'en suis persuadé aussi... Je revois donc Pompidou début novembre, à un nouveau déjeuner à Matignon... Pour un peu, il m'embrasserait quand je lui promets mon soutien... Tu sais comment il sait être chaleureux... De plus, nous sommes cousins de province, moi Auvergnat, lui Cantalou, ce qui n'est pas sans créer des liens, et sans compter que nous procédons souvent aux mêmes analyses, y compris sur l'après-gaullisme et les vastes rassemblements nécessaires entre centre-droit et centre-gauche... Mais soudain, patatras, voilà que le Général décide de se représenter... Il me l'annonce quelques jours avant de faire publier sa décision, et d'ailleurs en me remerciant, des mots les plus choisis, pour ma collaboration à sa politique durant tout le septennat. Il m'indique même les dates prévues pour la consultation, premier tour le 5 décembre, deuxième tour le 19... A ce moment-là, personne ne penserait qu'il puisse jamais être mis en ballottage. Merveilleux, lui dis-je, précisément, mon voyage pour Pékin est prévu pour le 6... J'aurai du moins le temps de fêter la victoire avec vous... Car je dois nouer là-bas des relations économiques auxquelles il tient beaucoup. Du reste, il a beaucoup insisté pour que je fasse le voyage, et cela se double d'une ambassade d'ordre politique dont je dois rendre compte...

J'ajoute qu'à aucun moment avant le premier tour le Général ne m'aura fait part de la moindre inquiétude sur le résultat. Chez tout le monde, lui-même, ministres, gaullistes, alliés des gaullistes, sondages, la conviction est absolue d'un triomphe sans ballottage... Je puis faire mes valises pour la Chine... Mais patatras encore... Le 5, la nouvelle tombe comme un coup de tonnerre : le Général n'a pas triomphé... Précisément, les gaullistes trouvent que la campagne a été trop sommeilleuse, on va mobiliser tout le monde, organiser des meetings de toutes parts... J'en suis... Je vais parler dans un meeting houleux à Strasbourg, que Bord préside... Je vais à Lyon, avec Bourges... Au passage, je revois le Général, qui me dit : Jamais je n'oublierai ce que vous faites pour moi... Et puis, vlan, voilà... Le coup de poignard, en merci... » Je lui demande s'il n'a pas eu vent de quoi que ce soit : « Si, un peu, Jean Serisé, il a l'oreille fine, m'a prédit dès avant le premier tour un certain nombre d'ennuis, sans autrement préciser. Mais, après de telles démonstrations d'amitié, comment penser à un bluff ? » Il n'arrêtait pas de fulminer... « Ils m'ont bluffé, bluffé... Je suis écœuré, ulcéré... » Pour essayer de dérider l'atmosphère, je rappelle que le mieux peut toujours jaillir du pire. Je tiens même à lever mon verre « à son avenir ». Riant, je lui dis : « Tu n'en seras pas moins un jour président de la République... » Son verre n'en doit pas moins très mal passer. Du moins aussi aurai-je appris qu'il est capable de râler, d'entrer en rogne. Il peut n'être pas lac... Il ne récupère que sur la fin du repas. Il consent même à venir danser avec nous dans un petit cabaret voisin. Nous veillons simplement à ce qu'il n'y ait pas de photographes. Il se met même au piano, pour attaquer je ne sais plus quelles czardas... Rage enfin maîtrisée ? Effet d'une prédiction agréable ?... Allez encore savoir...

Le fait est, en tout cas, que c'est de ces six premiers mois de 1966 que peut se dater la naissance d'un certain giscardisme.

Le technocrate financier s'efface.

Le personnage politique apparaît.

Il impose une « présence » qui peut compter de plus en plus.

Dès mai, il peut créer la Fédération nationale des républicains indépendants, installée boulevard Saint-Germain en attendant de se fixer dans un hôtel de quatre étages, rue de la Bienfaisance « la bien nommée ».

Il ne manque plus une occasion de bien fixer l'importance stratégique de son mouvement.

Ici, aux élections législatives de mars 1967, si éprouvantes pour le pouvoir gaulliste, il démontre une fois pour toutes qu'on ne pourra plus se passer de lui si l'on veut préserver la stabilité de l'État. C'est sa fameuse politique du *oui, mais*... *Oui* à de Gaulle, *mais* sous condition impérative d'une participation plus active des Indépendants à l'élaboration de la politique gouvernementale, d'un fonctionnement plus libéral des institutions, d'une modernisation plus approfondie de la politique économique et sociale, de plus de diligence à construire l'Europe. A partir des précieuses possibilités de manœuvre que lui confère le contrôle d'un « groupe-charnière », dont l'appoint est indispensable à toute majorité, il peut même pousser plus loin l'audace, jusqu'à faire haut et clair grief au régime de trop perdre le contact avec l'opinion, de trop brimer le Parlement, et de mener une politique sociale sans prévoyance. « Il est devenu notre cauchemar », soupire Debré.

Là, il se fait attribuer la présidence de la commission des Finances, d'où il peut mieux, quotidiennement, critiquer, voire harceler, la rue de Rivoli comme l'ensemble du gouvernement. Si vengeance il y a, elle a peu de pitié. « Giscard ? Un pharaon », dit Alexandre Sanguinetti. Mais un pharaon bigrement réveillé ou ressuscité.

Dès juin 1967, les sondages le citent à 22 %, à trois points seulement de Pompidou, distançant largement Edgar Faure à 8 % et Michel Debré, qui tombe à 6 %.

Il fonde avec succès la Fédération des clubs d'idées *Perspectives et Réalités*. « Les Intellectuels avec nous ! »

Il ne se refuse plus aucune audace.

En août 1967, quand, en voyage au Canada, de Gaulle y va d'un grand éclat, au cri de « Vive le Québec libre ! », il dénonce sèchement « l'exercice solitaire du pouvoir ».

Début 1968, il laisse entendre qu'il pourra éventuellement se présenter contre Pompidou à la succession du général de Gaulle.

Le 22 mai 1968, au plus fort du chahut étudiant, s'il se déclare partisan du maintien du président de la République — ce qui ne va du reste pas sans une blessante part d'ironie — il demande le renvoi de Pompidou, qu'il dénonce comme principal responsable de la pagaille.

En avril 1969, dans un discours spectaculairement orchestré à Chamalières, il demande de voter « non » au référendum. C'est prendre un rôle décisif dans le Waterloo du Général. « C'est lui qui a fait la faille », dit Palewski.

Il n'aura à nouveau « vasouillé » que lorsque, après la chute du

Général, il songe trop tôt à être candidat lui-même, puis, à défaut d'être bien accueilli, même par les siens, essaie de bloquer l'élan de Pompidou. Il doit vite se résigner à l'évidence et emboîter le pas.

Le député du Puy-de-Dôme n'en fait que plus activement campagne aux côtés du député du Cantal.

Il n'en reprend que mieux sa progression après la campagne.

Il est le premier à télégraphier ses félicitations au vainqueur — signe, entre bien d'autres, qu'il y a aussi pas mal de Talleyrand chez ce Colbert.

Il est le personnage de loin le plus puissant dans le gouvernement que Pompidou confie à Chaban.

Aussi fier que narquois, il retrouve son cher ministère des Finances — avec pour secrétaire d'État au Budget un nommé Jacques Chirac.

La chance est revenue à plein sourire.

Il peut obtenir de bons résultats du plan de redressement qu'il élabore avec Chaban, en conséquence de la dévaluation du franc lourd en août. Il fait monter le taux de progression de la production industrielle jusqu'au-delà de 10 %. Le commerce extérieur se rétablit dès fin 1969. Toutes les courbes sont à la santé. En 1970, les prix de détail augmentent de 5,4 %, mais le salaire horaire de 10 %, tandis que la balance commerciale hors zone franc s'équilibre. En 1971, le taux de croissance économique est de 5,6 %, la hausse des prix de détail de 6 %, le S.M.I.C. a augmenté de 12 %. Pour 1972, la croissance économique est de 5,3 %, l'augmentation des prix de détail de 7 %, l'indice général de hausse du taux des salaires horaires de 12 %. Les courbes restent identiques en 1973. Jamais les travailleurs français n'auront été ainsi comblés, n'auront connu un tel niveau de vie.

Dès octobre 1972, les Français placent Giscard en tête de la course à l'Elysée.

La disgrâce de Chaban ne l'aide que davantage.

Même s'il s'empresse de déclarer qu'une « précampagne » serait « nuisible et déplacée », il multiplie les manifestations de propagande.

A nous du grand théâtre.

Il affronte spectaculairement sur le petit écran Georges Marchais, lequel est devenu entre-temps grand patron du parti communiste.

Il organise à Vincennes un vaste rassemblement des Républicains indépendants où plus de 200 000 invitations sont adressées, par maires et conseillers généraux.

Il ne limite plus ses propos au seul domaine financier.

Il se déclare à la radio en faveur d'un régime présidentiel, auquel Pompidou vient de déclarer son hostilité.

Il va jusqu'à accepter une invitation à parler au Grand Orient de la franc-maçonnerie.

Il ne manque pas de faire étudier dans la coulisse un éventuel programme électoral, confié à son fidèle Michel d'Ornano.

De fait, il est fin prêt quand vient la grande bataille.

Tout le film ne semble composé qu'à son avantage.

Georges Pompidou meurt le soir du mardi 2 avril 1974.

Pour bloquer une manœuvre trop facilement prévisible du couple « satanique » Juillet-Garaud, et donc pour la devancer, Jacques Chaban-Delmas est acculé à une faute grave : il rend publique sa candidature dès le jeudi après-midi 4 avril, vers 16 heures, avant même que le Parlement et le gouvernement aient terminé d'honorer la mémoire du Président disparu. La nouvelle de sa candidature tombe même sur les téléscripteurs juste au moment où l'Assemblée nationale est réunie pour entendre son président, Edgar Faure, prononcer l'éloge du mort. Une telle précipitation crée un malaise. Il y a comme sacrilège. De plus, Chaban aggrave son cas en « politisant » à l'excès sa candidature : il demande leur appui à toutes les formations politiques de la majorité, et d'abord au « comité central de l'UDR ».

Edgar Faure annonce sa propre candidature ce même jeudi en fin d'après-midi — mais à preuve que vient déjà d'échouer la volonté de Chaban de fixer une candidature d'union nationale.

Le couple satanique, qui veut effectivement — et nul n'en doute — barrer la route à Chaban à n'importe quel prix, arrive à obtenir de Pierre Messmer, Premier ministre en exercice, qu'il se porte candidat. Pierre Juillet pourra d'ailleurs raconter plus tard qu'« il aura été aussi difficile de décider Messmer que de faire monter un éléphant dans une bétaillère... » Encore Messmer ne s'y résigne-t-il que le mardi 9 avril, à 10 heures, par un communiqué lui-même plus contrit qu'enthousiaste, tenant à préciser qu'il ne présentera sa candidature que si les autres candidats de la majorité retirent la leur.

Messmer n'obtient qu'un résultat : Edgar Faure, dès 11 h 30, retire la sienne. *Exit Edgar*, titre *le Monde*. Au vrai, mélancolique, nostalgique, le président de l'Assemblée nationale qui, toute sa vie, a passé avec succès concours comme élections de toutes sortes, qui, à 54 ans, pour le seul plaisir de meubler ses loisirs d'éphémère sénateur, prépara avec succès l'agrégation de droit romain et d'histoire du droit, qui, en 28 ans de vie politique, n'aura subi qu'un échec, aux élections législatives de 1958, n'aura surtout pas voulu courir le risque d'obtenir un résultat trop médiocre. Il y a de plus défection de certains concours trop vite espérés, tractations douteuses de quelques centristes, lenteur « éloquente » des ralliements prévus, tentation d'être mieux un recours pour l'avenir. « Dommage », soupire-t-il.

Au démarrage, Messmer est soutenu. Plusieurs militants gaullistes se rallient à lui, Hubert Germain, Jean-Philippe Lecat, Jean Taittinger, Alain Peyrefitte. Dès 18 heures, Chaban fait cependant connaître en conférence de presse qu'il maintient tout de même sa candidature. Conséquence : Messmer retire aussitôt la sienne. « Où m'étais-je fourvoyé ! » se lamente-t-il. Il explique que n'ayant pu réaliser l'union sur son nom il en tire la leçon. Mais autre conséquence : Chaban, bien malgré lui, étale devant l'opinion une sorte d'arrivisme forcené, qui n'est pas dans sa manière habituelle de faire, mais qui est vite interprété comme indécent, voire éhonté. Une ombre en reste sur son nom. Dès le départ, il est blessé.

Vainement, Christian Fouchet, lui aussi candidat, déclaré le vendredi 5, fait-il connaître le matin du lundi 15 qu'il se désiste en faveur de Chaban « afin de ne pas contribuer à diviser les Français ». Même dans le camp Chaban, on tient le geste pour simple péripétie, sans portée profonde.

C'est donc en toute tranquillité que, le lundi 8, à 12 heures, en sa mairie de Chamalières, face à une forêt de caméras et de micros, Giscard fait connaître *urbi et orbi* qu'après avoir « regardé la France dans les yeux », et puisque toute union de la majorité se révèle impossible, il décide à son tour d'être candidat et propose, « dans les circonstances difficiles que traverse et que traversera la France », la création d'une majorité élargie.

D'ores et déjà, compte tenu des fautes du camp Chaban, l'on pressent que Giscard va être le seul candidat susceptible de faire échec à la gauche.

Celle-ci aussi installe ses batteries et son général en chef. Le vendredi, le principe de la candidature d'un représentant unique de la gauche a été arrêté, à l'issue d'une longue réunion du comité de liaison de la gauche, mis en place entre les partis signataires du programme commun (lequel date de 1972). L'accord est réalisé dans l'esprit d'une lettre du secrétaire général du parti communiste, Georges Marchais, député du Val-de-Marne, adressée la veille à Pierre Mauroy, député-maire de Lille, secrétaire national à la coordination du parti socialiste, pour lui demander que les trois partis de gauche — communistes, socialistes, radicaux de gauche — négocient le choix, dès le premier tour, d'un « candidat commun » à la présidence de la République. Pierre Mauroy répond que le bureau exécutif du parti socialiste a décidé de présenter au comité directeur de lundi la candidature de François Mitterrand, lui-même socialiste et premier secrétaire du parti socialiste depuis trois ans à peine. Les syndicats CGT et la CFDT s'engagent de leur côté à soutenir un candidat unique de la gauche. Le dimanche 7, le PSU décide à son tour d'appuyer une telle candidature. Le 8, le congrès extraordinaire du parti socialiste approuve la désignation de François Mitterrand, qui, le soir même, est confirmé comme candidat unique par communistes et radicaux de gauche.

Tous les éléments de la bataille sont désormais en place.

Hors Mitterrand, Chaban et Giscard, il y a bien neuf autres candidats en compétition — un record.

Alain Krivine récidive. Il a 32 ans. Il conserve son air de jeune homme sage. Cet « enragé » continue, imperturbable, de fixer le portrait d'un garçon bien mis, naturellement soigné, au visage sérieux et réfléchi d'un quelconque étudiant de bonne famille. *Krivine-la-Cravate*, le surnomment ses camarades gauchistes, encore qu'il arbore le plus souvent col roulé et blouson de travail, et que ses ennemis de droite purent le surnommer « l'homme-au-pavé-entre-les-dents ». En décembre 1972, il parut même fade, totalement débordé, dans un face-à-face télévisé avec Bernard Stasi. De fait, soutenu par le journal *Rouge* dans un combat principalement dirigé contre la « nouvelle société », « tarte à toutes les crèmes », il croit davantage à l'action dans les rues. Il a davantage foi dans la barricade que dans le forum. Simplement, il estime qu'une campagne électorale est incomparable pour populariser les idées et les thèses du révolutionnarisme et s'adresser aux travailleurs.

L'extrême gauche est aussi divisée que la gauche est cette fois unie. Ainsi Arlette Laguiller, véritable sœur ennemie de Krivine, figure-t-elle dans la compétition au nom du groupe trotskiste Lutte ouvrière. Elle défend le projet d'une société gérée par tous les travailleurs à tous les niveaux de l'entreprise. A nous, avec elle, l'autogestion miracle tous azimuts. Elle a 34 ans. Elle est la fille d'un manœuvre anarchiste et athée de la Porte des Lilas, même si elle a fait sa première communion à Notre-Dame-du-Rosaire, à Romainville. Elle est célibataire, par dogme : à bas toutes les chaînes ! Ancienne apprentie dactylo au Crédit lyonnais, elle y sert, sous couleurs Force ouvrière, comme permanente syndicale. Elle est cataloguée comme une ennemie mortelle de la CGT. Elle a déjà été candidate à des municipales et à des législatives. La voici seule femme sur 12 candidats. Objectif : « Donner une voix et un visage à tous ceux qui se taisent. » Elle n'est pas laide, sous son casque de cheveux à la Jeanne d'Arc. Les yeux flambent. Les longs doigts frémissent. Dommage simplement que la voix ânonne, comme à la prière, au lieu de flamboyer : un tel plain-chant empêche de la qualifier de walkyrie rouge. Méditatif, le colonel Bigeard la regarde, hausse les épaules, puis dit : « Que nous sommes pauvres zouaves !... Il y a longtemps que nous aurions dû mettre un bon second maître ou un solide para dans son lit !... »

Jean Royer, 54 ans, a bien des atouts et des titres pour briguer le mandat ou, au moins, pour troubler le jeu des autres. Il est maire de Tours. Il est ministre des Postes et Communications après avoir été ministre du Commerce et de l'Artisanat. Il est l'auteur de la *loi Royer* qui organise un contrôle rigoureux des grandes surfaces et lui vaut une considérable popularité dans les associations des petits commerçants. Il est réputé d'une rigueur morale intraitable. Il a la conception la plus stricte de ses fonctions. A peine a-t-il fait connaître sa candidature qu'il annonce sa démission de ministre, pour aller plus librement à son combat. Cet ancien instituteur de l'école Paul-Louis-Courier à Tours est un orateur de grand prestige, d'une éloquence qui peut être aussi ample que précise. Il évoque un Savonarole avec ses incantations messianiques contre toutes les formes du péché, son visage émacié aux pommettes proéminentes, son regard qui fulgure, sa mâchoire à déchiqueter tous les maudits. Enfin, il a la plus robuste vocation du service de l'État. Mais, imprudemment, il prête trop à se faire caricaturer et brocarder. Il interdit avec éclat la projection des films pornographiques dans les cinémas de Tours. Il fait transformer en musée — un musée Courteline — une ancienne maison de tolérance, *l'Étoile Bleue*. Il mobilise vite contre lui tous les gauchistes de la création qui hurlent à chacun de ses meetings, à gorge déployée, « Royer-Pétain même combat » ou « Royer, puceau, le peuple aura ta peau ». Tous les chansonniers s'accordent à ridiculiser *le Père la Pudeur*. Il en vient à s'anéantir dans un océan de quolibets. Il n'aura pu que quelques jours développer ses programmes politiques, économiques et sociaux. Le dernier coup lui est porté, dans un meeting, par une jolie étudiante qui, campée face à la tribune, s'arrache soudainement le corsage et, sous les feux de tous les projecteurs, exhibe, triomphante, la plus belle paire de nénés qui se puissent contempler... « Ça, il faut dire qu'on en mangerait ! » s'extasie Sangui... Toute la campagne de Royer en est démolie.

René Dumont, 70 ans, est candidat écologiste — même le premier à soutenir des thèses écologistes devant un aussi vaste auditoire. Du coup, c'est lui, le senior, qui fixe le candidat le plus neuf. De plus, il fait vraiment très frais, avec son pull à col roulé du rouge le plus joyeux, son joli teint fleuri, la couronne claire de ses cheveux, sa voix dont ses admirateurs diront qu'elle chante comme la source. On ne saurait oublier par ailleurs que ce fils de Cambrai aura été un professeur d'agriculture et un défenseur de l'environnement hors pair, tour à tour directeur des services agricoles de l'Indochine, professeur d'agriculture comparée à l'Institut national agronomique, expert de l'ONU, expert de la FAO, professeur à l'Institut d'études politiques de Paris, et qu'il est l'auteur d'innombrables ouvrages qui font autorité dans ses domaines, *Terres vivantes, L'Afrique noire est mal partie, Nous allons à la famine, l'Utopie ou la Mort, Agronome de la faim*. On ne s'étonne pas qu'il fasse impression quand il annonce que, si des mesures de rigueur ne sont pas prises, la société industrielle s'écroulera dès le siècle prochain, et quand il appelle à une vaste mobilisation contre la construction de centrales nucléaires.

Émile Muller, maire de Mulhouse, bon visage carré et rougeaud sous cheveux d'un beau gris, yeux clairs de l'homme posé, voix lente dont l'accent alsacien fait traîner les muettes et brutalise les labiales, photographie la plus honnête du Français moyen, est le candidat du Mouvement démocrate socialiste de France (MDSF), aussi adversaire du communisme que de la bipolarisation, principalement soutenu par les anciens de la SFIO qui tiennent pour catastrophique l'alliance de Guy Mollet avec Mitterrand, et, cela va de soi, l'alliance de Mitterrand avec les communistes.

Bertrand Renouvin, 26 ans, écrivain de Paris, diplômé de l'Institut des sciences politiques, auteur d'un *Projet royaliste*, est en style de bon jeune homme appliqué, net et simple, le candidat d'un monarchisme qui se veut « populaire ».

Guy Héraud, 54 ans, universitaire, chargé de cours à la faculté de droit de Toulouse, puis doyen de la faculté de droit d'Hanoi, puis professeur à la faculté de droit de Strasbourg, président du Mouvement fédéraliste européen, expert de géographie ethnique, auteur d'un ouvrage pénétrant sur *l'Europe des ethnies*, nouveau girondin, est ici l'apôtre du fédéralisme et du régionalisme, sans qu'il oublie de prôner l'instauration de l'autogestion des entreprises et d'une fédération démocratique européenne. Un homme convaincu, ennemi de tous nouveaux montagnards jacobins.

Jean-Claude Sebag, 31 ans, avocat d'Aix-en-Provence, n'est pas moins fédéraliste, ni antijacobiniste.

Jean-Marie Le Pen, enfin, se veut le candidat des plus ardentes énergies nationales. Il rue des quatre fers. Il est vrai qu'il a tous les attributs pour, comme il dit, secouer « tous ces sacs à patates ». Autant imaginer Surcouf à l'abordage. Il se flatte, par sa mère, de provenir d'un chef chouan compagnon de Cadoudal; par son père, de descendre de Le Floch, un député de la Convention, assassiné par les Chouans. Il a pour père un patron pêcheur, ancien mousse de trois-mâts, ancien cap-hornier dès ses treize ans, mort pour la France en 1942. Il a pour mère une paysanne-couturière. Il chante être breton depuis des siècles. Il jaillit de l'école paroissiale de sa cité natale, La Trinité-sur-Mer, et du collège jésuite de Saint-François-Xavier de Vannes, et, après des tornades à travers les lycées de Lorient et de Vannes, se retrouve président de la Corporation des étudiants en droit de Paris, dont il fait l'un des rares bastions antimarxistes du Quartier latin. Licencié en droit, diplômé supérieur de sciences politiques, il aboutit parachutiste à la Légion étrangère. Il est de la guerre d'Indochine comme sous-lieutenant au 1er BEP, et il tient la plume politique de *Caravelle*, organe du corps expéditionnaire français qui se bat contre les Viets. Lieutenant au 1er REP, il est de la campagne de Suez comme de la campagne d'Algérie. Il n'aura pas cassé du Viet avec moins d'entrain que du fellagha. En tant que délégué national de l'Union de la jeunesse française, porté sur les listes protestataires de Pierre Poujade, il est élu député de Paris en janvier 1956, et il ne tarde guère à rompre avec le poujadisme. Réélu député indépendant de la Seine en 1958, rapporteur du budget de la guerre de la commission de Défense, sénateur de la Communauté, il rompt avec les gaullistes et abandonne tous ses conforts plutôt que de trahir l'Algérie française. En 1965, il est secrétaire général du comité Tixier-Vignancour pour les élections présidentielles. Il vient de fonder le Front National, dont il est président et au nom duquel il se présente, « au service des mêmes flammes ». On l'imagine tout à fait sabre au clair. Du preux corsaire, il a déjà le bandeau pour cacher un œil blessé. L'autre mitraille. Tout le personnage est bâti pour l'assaut, forte silhouette musculeuse qui a beaucoup pratiqué l'athlétisme et le rugby, mains noueuses à manier la hache, cou de Paparemborde, lourd visage coloré à mâchoire carnassière, cheveux dorés de Viking qui semblent sans cesse balayés par les tempêtes du large. Curieusement, on ne réalisera qu'assez tard qu'il a quelque sens de la stratégie politique, qu'il sait peser les hommes, qu'il peut savoir canaliser des forces et qu'il est capable de déterminer un jour d'inattendus défis.

Dès le 18 avril, Roger Frey, président du Conseil constitutionnel, communique la liste officielle des 12 candidats qui ont réuni le cautionnement de 10 000 F et les cent signatures exigées.

Dès le 21, le *Journal officiel* publie la délibération du Conseil constitutionnel quant à l'attribution des signes distinctifs.

Chaban aura une croix de Lorraine; Giscard, un V de couleur blanche dans un carré noir; Mitterrand, un soleil rayonnant; Royer, un cœur; Dumont, deux demi-cercles inscrits dans une ellipse; Héraud, un palmier; Krivine, deux mains tenant l'une une faucille, l'autre un marteau; Arlette Laguiller, une faucille et un marteau; Muller, une mouette; Renouvin, deux enfants se tenant par la main; Sebag, la lettre E inscrite dans un losange; Le Pen, un as de trèfle.

Encore faut-il préciser que le Conseil constitutionnel fait opposition à deux autres candidatures, celle d'André Roustan, du parti communiste révolutionnaire, affilié à l'organisation maoïste Front rouge, inéligible par décision de justice, et celle de Robert Lafont, autonomiste, qui ne peut réunir les cent signatures requises.

Encore faut-il souligner que, cette fois, Alain Poher décide de ne pas se porter candidat. Comme président du Sénat, il s'installe au plus tôt à l'Élysée pour assurer l'intérim, se déclarant décidé à la plus stricte neutralité. Effectivement, son second intérim ne prête à aucun incident.

Mais, au vrai, la compétition se limite à trois candidats — et même à deux, car Chaban révèle vite les plus graves faiblesses.

Alexandre Sanguinetti, d'entrée de match, déclare bien que Jacques Chaban-Delmas est le seul héritier du gaullisme capable de battre la gauche.

Les événements et les hommes en jugent autrement.

Le premier sondage est catastrophique pour le candidat gaulliste : Mitterrand est à 42 %; Giscard, à 31; Chaban à 18; Royer à 3. Les électeurs gaullistes en restent pétrifiés, découragés. Il ne sera plus possible de leur redonner enthousiasme.

Il faudrait un titan pour réanimer et rassembler les énergies défaillantes. Chaban se montre tout embarrassé, comme gêné de lui-même, rameutant mal ses arguments, voix trop abstraite, inaccordée, nasillement trop mal contrôlé jusqu'à se rendre quasiment méconnaissable. Poniatowski a tôt fait de souhaiter que les patriotes sachent opposer un candidat « sans fragilité » à François Mitterrand.

Pierre Juillet et Marie-France Garaud sont installés place Beauvau auprès de Jacques Chirac, ministre de l'Intérieur, qui joue à fond la carte Giscard, persuadé qu'il est que Chaban serait balayé au second tour par les fleuves de gauche : il leur est facile de laisser « transpirer » un rapport des Renseignements généraux dont immédiatement toute la presse s'empare et qui fait apparaître que Chaban serait inexistant face à Mitterrand au second tour et que Giscard seul fait le poids face au candidat de la gauche.

Chaban coule à pic.

Dans un face-à-face radiodiffusé sur *Europe 1*, il s'effondre littéralement face au candidat de l'Union de la gauche.

Dans un tête-à-tête télévisé avec André Malraux, la scène affleure même la caricature.

Les résultats sont éloquents.

François Mitterrand arrive en tête avec 43,24 % des suffrages, contre 32,60 % à Valéry Giscard d'Estaing et 15,10 % à Jacques Chaban-Delmas, en peine déroute.

Ensuite, viennent, dans l'ordre, Royer, à 3,17 %; Arlette Laguiller, 2,33; Dumont, 1,32; Le Pen, 0,74; Muller, 0,69; Krivine, 0,36; Renouvin, 0,17; Sebag, 0,16; Héraud, 0,07.

Très exactement, François Mitterrand rassemble 11 044 373 voix contre 8 326 774 à Giscard, 3 857 728 à Chaban et 810 510 à Royer. (190 921 voix seulement vont à Le Pen.)

Sans délai, le grand match commence.

Chaban-Delmas, Le Pen, Emile Muller et Jean Royer demandent de voter pour Giscard.

René Dumont — contrairement à ses solennelles déclarations en cours de campagne — déclare choisir l'espoir en votant pour Mitterrand.

Krivine appelle les siens à battre la droite par tous moyens.

Arlette Laguiller déclare que les voix de l'extrême gauche font partie des voix de la gauche.

Guy Héraud votera socialiste.

Renouvin est le seul à recommander l'abstention ou le vote blanc.

Mais le résultat final va pour beaucoup dépendre des électeurs de Chaban.

Or, nombre de gaullistes affirment ne pas vouloir voter pour l'homme qui a fait battre de Gaulle.

En particulier, on entend se prononcer en faveur de Mitterrand des hommes comme André Devawrin, plus connu sous le nom du colonel Passy, l'un des plus efficaces collaborateurs du Général à Londres, ancien patron du contre-espionnage de la France libre, ou l'écrivain Romain Gary, disant : « Je suis contre le chantage de la menace communiste; c'est une technique de Vichy qui fait partie d'une longue tradition fumigène et sert à cacher les vraies trahisons qui se préparent. »

Pour collecter des voix gaullistes, voilà même Mitterrand à promettre de ne pas démanteler notre arsenal atomique, à s'engager à maintenir ce qu'il appelait il n'y a pas si longtemps, avec un imprudent mépris, la « bombinette ». Nous découvrons un Mitterrand thermonucléaire. Certains ne manquent pas d'en être séduits, à commencer par Jean-Marcel Jeanneney, l'homme qui conduisit le fatal référendum.

Le candidat de la gauche en arrive même, étrangement, à être le seul à prendre le style gaullien, volontiers déclamatoire, voire bossuetiste, voire cocardier. Il y a du Péguy de maman Mitterrand, là-dessous, dit quelqu'un. Dans sa proclamation entre les deux tours, il parle de « servir la grandeur de la France », d'« affermir l'unité nationale », de « proposer au monde l'exemple d'une société moderne qui portera plus loin, comme dans les plus grands moments de notre histoire, le rayonnement de la France ». Giscard en fait dix fois moins.

Cependant, Mitterrand révèle dans le domaine économico-financier un « trou » trop difficile à combler. Il aura beau avoir potassé les fiches de son jeune conseiller Jacques Attali et quelques ouvrages d'économie générale. Il est dominé de trop haut en la matière par le ministre des Finances. Il fait primaire, presque simplet. Ce n'est pas seulement une affaire de vocabulaire. Le pays — même dans ses maisons les moins averties — sent vraiment que Mitterrand n'y entend rien, que traiter de problèmes économiques lui communique même une sorte de nausée. Or, dans les nouveaux combats, l'économique l'emporte de loin sur la rhétorique.

Par ailleurs, dans le face-à-face télévisé qui oppose directement pour la première fois deux candidats finalistes, Mitterrand apparaît comme mal à son aise, crispé, raidi. Il n'exprime rien de la pugnacité que les téléspectateurs attendaient. On prévoyait de contempler sur le ring un combattant fonceur, acharné à détruire, un Marcel Cerdan implacable qui aurait bousculé ce frêle jeune homme dans les cordes. On découvre un boxeur enfermé dans sa garde, frappant dans le vide. Ou alors, durant ces derniers jours, il se sera épuisé à trop de footing à travers la campagne. En revanche, l'homme-chiffre, l'ordinateur-comptable si souvent dénoncé par les socialistes, archétype de la technicité, révèle un extraordinaire jeu de jambes et tout un génie de l'esquive. C'est Al Brown blanc. La vie est de son côté. De plus, il sait « sortir » comme tout naturellement une tirade soigneusement préparée sur Mitterrand « homme du passé », qui nous restituerait tous les faux jeux et tous les faux combats des faux gladiateurs de la Quatrième. Il fait jaillir comme un terrible uppercut le mot qui restera fameux : « Monsieur Mitterrand, vous n'avez pas le monopole du cœur. » Le leader de la gauche aura commis une grave erreur d'analyse, en se persuadant que « les diplômes de Giscard, son label grandes écoles, sa famille, sa distinction, son intelligence, son long séjour aux affaires — ce côté conte de fées dont s'émerveillent *Jours de France, Elle* et *le Parisien libéré* — le désignent essentiellement « comme garant, protecteur, conservateur au sens précis du mot d'une société qui, affaiblie, tend sa volonté pour survivre et découvre avec ravissement l'homme capable de l'incarner », symbolisant « la réussite, telle qu'on l'imagine dans ce milieu ». Mitterrand oublie que ce milieu, c'est aussi le sien. Quoi qu'il fasse, il en est indétachable. Il ne fait pas davantage fils du peuple que son adversaire. Peut-être même s'empêtre-t-il dans l'interprétation du personnage qu'il voudrait être et qui ne sera jamais sien. Tout au contraire, l'autre campe soudain l'antiportrait d'un robot diplômé, démontre tout un plaisir à vivre, s'amuser, combattre...

Le dimanche soir, François Mitterrand apprend le résultat final en son Château-Chinon, au milieu de ses amis, à l'hôtel du Vieux Morvan où il se tient traditionnellement le dernier soir de toutes élections.

30 596 725 électeurs sont inscrits.

26 374 037 votent.

13 398 412 voix vont à Valéry Giscard d'Estaing.

12 975 625 suffrages se portent sur le leader de la gauche.

Giscard obtient 50,80 % des votants; Mitterrand, 49,19 %.

Le « Kennedy gaulois », comme *Newsweek* appelle Giscard, l'emporte.

Mitterrand, vers minuit, concède la défaite. Il commente : Une formidable coalition du pouvoir en place et des forces de l'argent a contenu d'extrême justesse le mouvement populaire. Amis de la France et d'outre-mer, je vous demande de rester unis et de partager ma résolution. Notre combat continue. Parce que vous représentez le monde de la jeunesse et du travail, votre victoire est inéluctable. »

Valéry Giscard d'Estaing s'installe à l'Élysée.

A lui, à son tour, de surprendre — et même de beaucoup surprendre.

Voici en tout cas que, élu pour « conserver », il ne semble vouloir appuyer que sur la pédale du « changement ».

« Changement » devient même son mot phare.

Changement, changement, changement, il y va d'un leitmotiv encore plus insistant et bourdonnant que la « nouvelle société » si chère à Jacques Chaban-Delmas.

« De ce jour et de ce lieu date une ère nouvelle », déclare-t-il le 27 mai dans son discours d'intronisation — oubliant d'ailleurs de citer la seconde partie de la phrase, prononcée par Goethe à propos de Valmy, « ... de l'histoire du monde et vous pourrez dire que vous y étiez ». Ton goethéen pas plus heureux que le ton gaullien, commente avec aigreur Pierre Viansson-Ponté qui n'aura aimé ni de Gaulle, ni Giscard, ni sans doute Goethe.

Le nouvel élu a refusé la jaquette de tradition, et arbore une simple tenue de ville pour sa première cérémonie.

C'est à pied qu'il remonte les Champs-Élysées, et non en voiture, à partir de l'avenue Georges-V, pour aller déposer sa première gerbe au monument aux morts. Encore une chance que les trois hommes qui l'accompagnent, Alain Poher, président du Sénat, Edgar Faure, président de l'Assemblée et Pierre Messmer, Premier ministre sortant, soient d'excellents marcheurs. On se croirait à Bagatelle, grogne Sanguinetti. *Le Monde* ne manque pas de publier cette citation de Pline le Jeune, extraite du panégyrique de Trajan : « Quel jour merveilleux que celui où, attendu et désiré, tu es entré dans Rome ! Et le seul fait que tu sois entré à pied, qu'il est magnifique ! Nous avions vu les empereurs précédents non seulement traînés sur un char par des chevaux blancs, mais, comble d'orgueil, portés sur les épaules des hommes. Toi, plus élevé et plus majestueux par la seule grandeur de ta taille, tu n'as pas triomphé de notre soumission, tu as, pour ainsi dire, triomphé de la vanité de tes prédécesseurs... »

La Marseillaise est tenue d'adopter un rythme lent — son rythme d'origine, nous précise-t-on — mais qui évoque dès lors plus un cantique religieux qu'une marche militaire.

Le Chant du Départ prend le pas sur elle — annoncé comme l'hymne personnel choisi par le nouveau Président : on l'entend vingt fois dans cette seule journée.

On nomme en Jacques Chirac un Premier ministre de 42 ans — alors que, au moment de leur nomination, Debré en avait 47; Pompidou, 54; Couve de Murville, 61; Chaban, 54; Messmer, 56.

Huit membres seulement du précédent gouvernement retrouvent des fonctions ministérielles, soit à peine 21,9 %, alors que les remaniements précédents touchaient rarement plus du tiers des effectifs.

Cinq nouveaux venus reçoivent un portefeuille essentiel : Jean-Pierre Fourcade les Finances, Jean Sauvagnargues les Affaires étrangères, Michel d'Ornano l'Industrie, Michel Durafour le Travail et Simone Veil la Santé.

Symbole : un ministre de la Réforme est nommé, en la personne de Jean-Jacques Servan-Schreiber. (Il est vrai que ledit J.-J.S.-S., pour déclaration intempestive contre la bombe atomique française, est limogé dans les huit jours et que ledit ministère des réformes s'en trouve du même coup supprimé.)

Le droit de vote et la majorité légale sont accordés à tous citoyens d'au moins dix-huit ans.

L'une des premières initiatives du nouveau pouvoir est de déposer, contre les protestations de l'Église, un projet de loi engageant acceptation de l'interruption volontaire de grossesse.

Ce n'est pas une mince surprise, dès août 1974, à la suite d'une agitation extrêmement vive dans les prisons, de découvrir sur photo dans tous les journaux, Giscard, au cours d'une visite dans une prison de Lyon, serrant la main d'un détenu.

On casse allégrement l'ORTF, qu'on partage en sept sociétés — sept débris.

Dans la tradition du *spoil system* américain, « système des dépouilles », où chaque changement de Président entraîne un remaniement total de l'administration fédérale, l'arrivée de Giscard à l'Élysée est suivie d'une mise en place méthodique de giscardiens dans les postes clés de l'État, les ministères les plus « politiques », l'ensemble de l'administration centrale, les préfectures, les académies, les organismes publics, les organismes parapublics comme la DATAR, le secteur bancaire, les assurances.

Kennedy ? Les Nouvelles Frontières ? Sûrement pas. Giscard n'est pas homme à prendre modèle. Il n'aura jamais le démon du mimétisme. D'autre part, les deux personnages sont très opposés.

Giscard ne possède pas le magnétisme romantique, le « glamour » des Kennedy, leur souffle d'athlètes séducteurs, ni la fortune fabuleuse de ces milliardaires de gauche. Il a un côté austère, retenu, freiné, qui n'a aucun rapport avec les héros déchaînés, bouillants, impétueux, risque-tout, de la saga du Massachusetts. Les Kennedy avouent fièrement être les petits-fils d'un forban; l'Auvergne confère une sagesse paysanne inconnue outre-Atlantique, même dans le Middle West. Les Kennedy n'ont que deux passions : la politique et le business. Voyez la famille d'Anne-Aymone de Brantes. C'est « une fleur montée sur la tige de fer des Schneider », mais son père est un héros-martyr de Mauthausen, elle est châtelaine, et l'une de ses sœurs religieuse bénédictine au Sénégal; un de ses frères est dans les affaires; l'autre, éleveur de moutons. Giscard a un parfum de France ancienne; Kennedy n'a pas de vraies racines.

Simplement, en la circonstance, tout à vouloir briller, Giscard, de tout son allant, de toute son allégresse, veut absolument faire du neuf. Ainsi traite-t-il au sérum Voronoff la vieille nation.

En vérité, le changement le plus profond, pour le pays, il n'est pas là.

Il n'est pas dans l'intention.

Il est voulu par la marche du temps.

Le vrai changement provient de la mise en place de toute une nouvelle génération. Il faut réaliser que, le 18 juin 1940, le jour où le général de Gaulle lance son message, Giscard n'a que 14 ans, Fourcade 10, Simone Veil 13, Chirac 7. Nous voyons en 1974 arriver aux sommets de l'État des hommes qui n'ont pas réellement « vécu » le Front populaire, ni Munich, ni Yalta. Ils n'ont qu'un souvenir vague de la drôle de guerre. Un Blum et un Herriot peuvent leur paraître aussi lointains qu'un Grévy ou qu'un Mac-Mahon. Pour eux, la Troisième République n'a existé que dans les livres. Ils n'ont connu qu'à travers des récits la honte de mai 1940, les déchirements de l'armistice, les débuts du pétainisme, les balbutiements de la Résistance, les misères de la collaboration. A parler de l'« ère nouvelle » de Goethe, mieux vaut parler de la relève d'une France par une autre, d'un monde par un autre. Pour la plupart de « ces jeunes gens », l'histoire vécue commence en 1958. Leurs « grands jours », ce sont le 13 mai, les discours du Général devenu vieux, mai 1968, l'abdication du Général, ou alors l'assassinat de Kennedy, les fusées de Cuba, les défis d'Israël, le remue-ménage dans les casbahs. C'est visible jusque dans le style. Les nouveaux venus ont horreur de l'emphase, de l'incantation, de la gesticulation, même du lyrisme. L'épanchement est péché. Mitterrand fait vieux jeu, avec ses couplets quarante-huitards. Le vocabulaire gaullien lui-même de la grandeur et du nationalisme se met en quelque sorte à dater. A bas le romantisme pleurnichard ou messianique ! Le plus important est désormais de savoir faire un bilan, avec le vocabulaire nouveau qui y est indispensable et d'avoir un Q.I. — quotient intellectuel — le plus élevé possible.

Il faut bien prendre l'échelle du nouvel univers, totalement métamorphosé depuis l'époque fantastique des Hitler et des Staline — si lointaine, comme à un siècle de nous. Prenons un journal du 30 mai 1974, par exemple. Le grand événement du jour est annoncé du Moyen-Orient : « A moins d'un coup de théâtre de dernière minute, Israël et la Syrie signeront prochainement à Genève l'accord sur la séparation des forces armées sur le plateau de Golan. » Hors les nouveaux ministres français dont la liste est publiée, les vedettes de l'actualité s'appellent général Rabin, Henry Kissinger, Harold Wilson, ce gros ours de Brejnev. Hors « la dislocation de l'État-UDR » qui s'annonce, les projecteurs se braquent sur Watergate, les troubles de l'Irlande, des travaux de la Banque mondiale. Les affiches des cinémas proposent *Blow-up, le Retour de l'Abominable Docteur Phibes, les Durs, Out one... spectre, Dynamite Jones.* A la mode : les autoroutes, les énergies rentables, le flic qui ne fait pas flic, les ouvriers immigrés qui nous arrivent par villages entiers, au point pour le Front National de se demander s'il ne faudra pas choisir un jour entre « la France française et la France algérienne »...

Il n'est que là, le vrai changement... Le reste est jeu en surface.

Enfin, Valéry Giscard d'Estaing, au palais, quitte le grand Salon doré, où se tenaient de Gaulle et Pompidou. Il s'installe dans une pièce d'angle du premier étage, le « salon de la Reine » d'où, pour rejoindre les appartements privés, il n'a qu'un boudoir à traverser, l'ancienne salle de bains de l'impératrice Eugénie. Le Salon doré ne sert plus qu'à la réunion des principaux collaborateurs du Président, le lundi. Le nouvel occupant ne veut même plus utiliser la table où travaillait le Général, style Louis XV, estampillée Cressent. Essentiellement, comme pièce de travail, il aura voulu une sorte de refuge, propice au recueillement. Une douce pénombre y règne, à la manière vénitienne. Deux fenêtres sans orgueil donnent sur le parc. Le cadre est à l'opposé des grandioses bureaux que se font aménager la plupart des chefs d'État modernes, à la Mussolini. La table, signée Ressner, il s'y asseyait déjà comme ministre des Finances, rue de Rivoli. On ne découvre alentour que des objets personnels ou du style Louis XVI. Sur la cheminée, sous la protection d'une tapisserie des Gobelins aux armes de Stanislas Leszczynski, humaniste-roi de Pologne et de Lorraine, ne se retrouvent que des photos personnelles, notamment des quatre enfants, Valérie-Anne, 21 ans en 1974; Henri, 18; Louis-Joachim, 16 et Jacinte, 14. Un secrétaire Louis XVI supporte la pendule fétiche qui va suivre le Président dans tous les conseils des ministres, tous les déplacements, toutes les conférences de presse, et qui fut de l'arrière-grand-père Agénor, le ministre anti-Mac-Mahon. Aux murs sont fixées quatre toiles, dont deux d'Hubert Robert.

A travers tout le palais, tous les objets, tableaux et meubles ultramodernes des Pompidou doivent laisser la place à des tapisseries et à des toiles impressionnistes ou du XVIIIe siècle. (Le seul cas où le fleuve remonte vers sa source.)

Autres changements : les aides de camp sont supprimés; les gardes républicains perdent leur shako pour le képi; les ambassadeurs auront à présenter leurs lettres de créance en complet-veston et non plus en jaquette; la photo officielle du Président, confiée à Lartigue, est en largeur et non plus en hauteur, comme le voulait la tradition; les titres nobiliaires sont supprimés, même plus annoncés lors des réceptions, même plus mentionnés sur les enveloppes du courrier (Il nous en veut surtout de n'être pas des nôtres, protestera un comte); la calligraphie des menus, inchangée depuis Fallières, est modifiée; le 14 juillet 1974, le défilé des troupes n'a plus lieu aux Champs-Élysées et se déroule de la Bastille à la République; des visites de touristes au palais sont autorisées; le Président et sa famille ne résident plus à l'Élysée, mais à leur domicile privé, rue Bénouville.

Ainsi, en tout cas, le « jeune » Jacques Chirac connaît-il une phénoménale promotion.

« Je le voulais compétent et il est bon qu'il soit plus jeune que moi », a dit Giscard en nommant son Premier ministre.

Quo non ascendam ? pourrait s'exclamer l'intéressé.

La chrysalide devient papillon, peut s'émerveiller Marie-France Garaud, qui l'appelle son *chouchou* ou son *poussin*.

Il naît le 29 novembre 1932 à Paris, dans une clinique du Ve arrondissement, sous l'impétueux signe zodiacal du Sagittaire.

Limousin de Paris.

Une famille bourgeoise et aisée, qui, pour autant, ne roule pas sur l'or, et qui ne saurait davantage être reliée à Pierre Chirac, le médecin de Louis XV.

Ancêtres : des maçons, des aubergistes, des forestiers.

Berceau de la tribu : un sobre et laborieux village corrézien, Sainte-Féréole, près de Brive-la-Gaillarde (baptisé du nom d'une sainte martyre présumée du temps de Trajan).

Grand-père Chirac : un directeur d'école à Brive, vénérable de la Grande Loge, marié à une institutrice, militant radical si engagé qu'il peut être correspondant local de *la Dépêche de Toulouse* des Sarraut.

Père : officier, puis cadre dans une banque parisienne, puis directeur d'une succursale du groupe Potez, très lié avant guerre avec Marcel Bloch, futur Bloch-Dassault.

Mère : Marie-Louise Valette, fille du directeur « laïque et républicain » de l'école de Sainte-Féréole, mais catholique pratiquante, comme son mari.

Écoles : l'école communale de Sainte-Féréole durant les années les plus noires de la guerre, car l'on mange mieux dans le Limousin qu'à Paris; le lycée Hoche à Saint-Cloud; le lycée Carnot à Paris, puis le lycée Louis-le-Grand, qui vaut d'une mention assez bien au bac.

Le jeune homme n'est pas facile.

Il peut être sujet à des incartades qui valent bien des algarades avec papa.

Un jour, dans ses dix-huit ans, sur un coup de tête, il s'embarque à Dunkerque et il s'en va bourlinguer durant des mois le long des côtes d'Afrique comme soutier sur un cargo, le *Capitaine Saint-Martin*. Une autre fois, il se paie des cours d'été à Harvard en faisant, le soir, la plonge dans un restaurant. Ensuite, il sert de chauffeur-garde du corps à une riche veuve texane de 82 ans. Mais il est vif. Il a du ressort. Il sait assimiler vite. Il obtient son diplôme de l'Institut de Sciences Po avec « mention bien ». Il réussit à entrer à l'École nationale d'administration sans guère de préparation. Il sort major de l'École des EOR de Saumur. Hors ses évasions, il est même bûcheur, gros bûcheur, engloutissant fiches et cours avec le même appétit pantagruélique que tous gros plats à table — sans jamais prendre un seul gramme de trop.

Il attend assez longtemps avant d'être tenté par les jeux politiques, même si, adolescent, au lycée Louis-le-Grand, encore au grand dam de son père, il signe l'appel crypto-communiste de Stockholm contre la bombe atomique et si, à l'E.N.A, il manque suivre son ami Michel Rocard dans ses « élucubrations » socialo-autogestionnaires. « Dieu merci, j'aurai toujours été radicalement allergique à toutes doctrines systématiques et à toutes idéologies... »

Il épouse en 1956 une jeune fille d'un esprit clair et d'un ferme caractère, Bernadette Chodron de Courcel, nièce de Geoffroy de Courcel, glorieux compagnon du général de Gaulle, devenu secrétaire général permanent de la Défense nationale. Elle lui donne deux filles, Laurence et Claude, en attendant qu'en soit adoptée une autre, orpheline sauvée des enfers du Viêt-nam. Au départ, elle est peu vouée à lui communiquer des ambitions de forum.

Il manque même embrasser la carrière militaire, tandis qu'il guerroie, comme sous-lieutenant, puis lieutenant, au 6e régiment de chasseurs d'Afrique, sur les confins algéro-marocains. Il pourra dire, pourtant blessé au visage, y avoir vécu « la période la plus passionnante » de sa vie. Il est deux fois tout près de « rempiler » au nom de l'Algérie française, et va jusqu'à maudire quelque peu les gaullistes qui la trahissent. (Erreur de jeunesse, expliquera-t-il.) Il saura d'ailleurs bien plus tard honorer de tels sentiments, bien après que l'OAS aura été vaincue, quand, devenu l'élu de la Corrèze, il fera porter des colis de vivres aux généraux Salan, Jouhaud, Challe et Zeller internés à la prison de Tulle.

Il semble finalement vouloir se vouer à une carrière administrative. Quittant l'ENA, sorti dans le dixième rang de la promotion Vauban, il opte pour la Cour des comptes, non sans avoir aussi servi, en stage, comme chef de cabinet de Jacques Pelissier, directeur général de l'Agriculture en Algérie (où il ne signe qu'avec réticence la motion de soutien adressée par la promotion Vauban au général de Gaulle à l'occasion des barricades).

Grand rêve : diriger un jour Air-France.

Il ne vient à la politique qu'à 30 ans quand, par hasard, sur recommandation de copains, il entre comme conseiller technique au cabinet de Georges Pompidou dans ses débuts à Matignon, avec charge des problèmes d'équipement, de construction et de transports.

Il s'y fait sans délai remarquer et apprécier par une exceptionnelle puissance de travail, une véritable boulimie d'activité et de responsabilités, fût-ce au plus net mépris de toutes contingences hiérarchiques.

Inévitablement, il devient vite l'un des favoris du patron.

Il figure comme immanquablement dans la cohorte des « jeunes loups » à durs crocs que Pompidou lance à l'assaut du Limousin.

Il est élu député de la 3e circonscription de la Corrèze — passant de justesse au second tour contre un communiste, après le retrait de Robert Mitterrand, candidat FDGS et frère du leader socialiste, et déployant du reste d'exceptionnels dons de candidat, dans le style le plus dru d'un bon radical de la Troisième, parcourant les foires, cassant la graine avec les marchands de bestiaux, sillonnant en tout sens le plateau des Millevaches, tenant vingt réunions par jour, serrant des mains à milliers, buvant une chopine avec tout un chacun, laissant l'opinion générale, y compris chez beaucoup d'adversaires, que, « décidément, le Chirac, ç'a la bonne gueule »...

Il est promu d'entrée de jeu sous-secrétaire à l'Emploi, dans le 4e gouvernement Pompidou, benjamin de la formation, non sans que Pompidou lui lance, sur les marches de Matignon : « Chirac, je vous ai réservé un strapontin, gare à ne pas vous prendre pour un ministre... »

En mai 1968, il sait être efficace. Il est surtout habile à nouer avec des responsables de la C.G.T. des contacts clandestins — sur un banc de square ou dans une H.L.M. Il n'en aide que mieux à la conclusion des inespérés accords de Grenelle. Il en est récompensé : il va se retrouver à un poste de première confiance, secrétaire d'État au Budget, auprès d'un ministre des Finances nommé Valéry Giscard d'Estaing, et plus ou moins chargé de le tenir du plus près, comme le chien le loup.

Il est réélu député en juin 1968 — dès le premier tour — comme il le sera en 1973, en 1978 et même en 1981.

Il est ministre délégué, chargé des relations avec le Parlement, dans le dernier cabinet Chaban.

Il est ministre de l'Agriculture dans le premier cabinet Messmer — non sans quelques éclats dans les réunions européennes de Bruxelles, qui lui valent l'estime de nos agriculteurs.

Il est ministre de l'Intérieur dans le second cabinet Messmer.

Surtout il est le mousquetaire préféré — le bulldozer, dit Pompidou — du couple Juillet-Garaud, qui l'utilise dans toutes les grandes manœuvres. Il lit dans les Congrès de l'UDR le discours qui exprime la pensée du Président. Toutes ses interventions politiques sont marquées du sceau du « couple terrible ». Peu importe si la rumeur colporte que « le Chirac, il est plus pompidolien que gaulliste et plus ambitieux que pompidolien ». La vérité est qu'il voue à Pompidou et à ses deux conseillers un dévouement absolu — ce qui lui vaut simplement en retour quelque bien.

Le voilà au pinacle, distribuant à son tour des maroquins. A peine sept ans se sont écoulés depuis le jour où Pompidou lui offrait son premier strapontin.

Il ne laisse à personne le temps de souffler.

Il a tôt fait de reprendre en main une UDR déroutée, affolée, écœurée, tout près de tout abandonner, et qui aurait voulu voir nommer à Matignon Robert Galley, gendre du maréchal Leclerc.

Dès juillet, Alexandre Sanguinetti, secrétaire général du mouvement, après avoir beaucoup ronchonné et « grognardisé », proclame que la vigilance ne s'impose plus à l'égard du Premier ministre et s'emploie à en convaincre les militants, plus ou moins sommés d'oublier les combats de Chirac et de ses amis contre Chaban.

Dès le 14 décembre, par un véritable « coup de force » face aux barons du gaullisme historique, les Debré, les Frey, les Guichard, Chirac s'empare du secrétariat général de l'UDR, appelée sans plus attendre à se lancer dans une « offensive politique » sur « tous les fronts ». C'est un hold-up, dit Robert Boulin.

Der Spiegel peut l'élire « l'homme de l'année ».

Au reste, tout le portrait, à lui seul, exprime un personnage d'assaut, casque de cheveux toujours bien plaqués, front d'attaquant, nez en lance, mâchoire qui hache les phrases, martiale démarche militaire, pas de chasseur.

Un battant, au plein sens du mot — sauf que toujours impeccable dans un strict trois-pièces sans âge, ni fantaisie, ni coquetterie.

La journaliste Catherine Nay peut lui trouver « l'air d'un lieutenant en civil qui cherche une chambre en ville ».

Il n'est pourtant pas homme à quêter trop longtemps son cantonnement.

Il est tout simple, et il va tout droit, très vite.

Tout en lui est en promptitudes, en réflexes fulgurants, en goûts tranchés, même si, à l'école corrézienne « du bon docteur Queuille », il se sera initié aux subtilités du plus fin électoralisme et s'il n'aura jamais son égal pour arroser son royaume, sa *chiraquie* (dernière sur le plan de l'économie, de la population et de la superficie, la région du Limousin devient sous Chirac la 5e région par le volume global des dotations et la 1re pour les dotations exceptionnelles).

Il allume cigarette sur cigarette.

Il n'aime d'autre musique que les fanfares militaires.
Il ne lit d'autres romans que d'espionnage.
Il n'aime d'autres compagnons que les plus simples.
Il a en horreur les intellectuels et plus encore les pseudo-intellectuels, les idéologues et plus encore les super-idéologues, les socialistes et plus encore les pseudo-socialistes.

Voilà un personnage qui ne va plus guère cesser de faire parler de lui.

Mais, ce faisant, Valéry Giscard d'Estaing, en nommant Jacques Chirac à Matignon, et en affichant du « changement » sur tous terrains, commet deux erreurs stratégiques, qui vont peser gravement sur tout le septennat.

D'une part, sur le front politique, quand il est élu, il devrait au plus tôt dynamiter l'UDR et constituer un vaste et puissant parti giscardien, fortement structuré dans les profondeurs du pays. Son intérêt personnel devrait le lui commander. Car le régime de la Cinquième République ne se conçoit pas sans que le Président dispose d'une forte armée de « godillots ». Le général de Gaulle lui-même, si jaloux fût-il d'une solitude hautaine, ne put s'en passer. Giscard devrait donc prendre l'affaire par l'intermédiaire d'un Premier ministre, qui ne fût pas gaulliste — au besoin dissoudre l'Assemblée nationale, avec distribution d'investitures qui permettraient de mieux jouer dans les nouveaux cadres. La logique voudrait qu'il redistribuât toutes les cartes. Or, non seulement, comme Premier ministre, son choix se porte sur un UDR, mais sur Jacques Chirac. En nommant un UDR, il l'oblige par là même à ne pas s'en dédire, à exister en tant que tel, même si le mot d'André Malraux est vrai, selon lequel « le gaullisme, sans de Gaulle, c'est idiot ». Puis il l'oblige à exister en communion avec l'UDR, autant dire qu'il oblige l'UDR elle-même à exister par lui, avec lui, à se raccrocher à lui comme au seul sauveur, autant dire qu'il ne peut plus faire disparaître l'UDR, et qu'il laisse du coup toutes les forces politiques en leur état, à son seul propre désavantage. Les cartes ne sont pas redistribuées. En nommant Jacques Chirac, il aggrave encore la faute. Fatalement, Jacques Chirac, de tout son dynamisme, va faire de l'UDR sa propriété exclusive. Giscard a la candeur de penser que Chirac va lui giscardiser les gaullistes. Terrible aveuglement : Chirac va chiraquiser le gaullisme, puis, assuré du contrôle de la plus nombreuse et puissante armée de la majorité, voudra vite être le seul maître de ladite majorité. Giscard ne nomme pas là un homme à vocation de lieutenant passif. C'est visible à l'œil nu.

Sans doute est-il marqué par le souvenir des dix-sept mois que les deux hommes ont vécu en tandem au ministère des Finances et où le secrétaire d'État au Budget témoigna d'une loyauté absolue vis-à-vis de son ministre. Une chose est une relation technique, autre chose une relation politique. A plus forte raison devrait-il s'en persuader en se disant qu'inévitablement Pierre Juillet et Marie-France Garaud ne peuvent manquer de s'installer aux côtés de Chirac à Matignon et de lui faire jouer un rôle selon leur propre et seul conseil. Or Pierre Juillet est aussi peu porté que Marie-France Garaud et que bien des gaullistes, à supporter longtemps Giscard : il l'a aidé dans son élection à défaut d'un autre champion pour fermer la route à Mitterrand; pour autant, il a une confiance trop retenue dans sa capacité à régner; le couple n'a pas su écouter le conseil de De Gaulle qui, il n'y a pas si longtemps, avertissait les siens, leur recommandant : « Giscard, ne le prenez jamais pour un damoiseau… »; il a calculé d'imposer ses propres vues et ses propres stratégies à l'Élysée par Matignon; il n'a pas su s'assurer le contrôle direct de l'Élysée; il va s'en assurer le contrôle indirect, non moins serré.

Effectivement, Giscard a tôt fait de déchanter.

Il n'y va pas d'une trahison à proprement parler.

Chirac, de toutes ses forces, avec un appareil intégralement reconstitué, va être emporté par le mouvement au-delà de lui-même, jusqu'à se trouver en opposition ouverte avec son Président.

L'un croit pouvoir manœuvrer l'autre. Giscard imagine son Premier ministre assez souple pour lui rester toujours soumis. Chirac croit son Président assez influençable pour finir par lui imposer son propre vouloir. Les forces obscures de la politique et du hasard finissent par se jouer de l'un contre l'autre.

Dès le départ, ça doit craquer, ça craque.

« Chirac ne sera pas l'huissier de Giscard », énonce Juillet.

Giscard est aussi « envahissant » que Pompidou sur l'ensemble de la gestion gouvernementale et ses conseillers traitent de toutes affaires avec les ministres, directement, par-dessus la tête de Chirac, qui s'en trouve trop souvent démenti, voire ridiculisé.

Le fidèle des fidèles, Michel Poniatowski, ministre d'État, ministre de l'Intérieur, chargé de l'Aménagement du territoire, a quasiment rang de Premier ministre et prend, trop souvent au gré de Chirac, la baguette de chef d'orchestre.

Chirac n'arrive pas à se faire accorder le rôle de chef de la majorité présidentielle, qu'il revendique.

La sévère défaite subie par la majorité aux élections cantonales de mars 1976 ne fait qu'envenimer les rapports entre les deux consuls : le lendemain du désastre, on voit apparaître sur les petits écrans un Giscard sinistre, tout de noir vêtu, parole funèbre, comme en deuil de lui-même; « Vous ne verrez jamais notre Chirac avec cet air de petit communiant puni », commente Pierre Juillet.

Chirac propose un plan d'action — abandon des réformes; largage d'une loi sur les plus-values qui épouvante l'électorat de la majorité; politique sociale plus ouverte; élections législatives anticipées — que Giscard refuse. Il demande, pour animer le combat majoritaire, des pleins pouvoirs que ses alliés sont unanimes à lui refuser.

Il ne dissimule pas ses ambitions de présidentialiste.

De plus l'inflation est mal jugulée. En décembre 1975, le nombre des chômeurs dépasse le million. La monnaie n'est pas tenue. Le dollar monte à plus de cinq francs. Le budget de 1975 se solde par un déficit de 38 milliards de F.

Tout l'horizon s'assombrit.

Les deux consuls en arrivent à ne plus se supporter.

La cassure se produit le 25 août 1976.

Chirac rompt aussi spectaculairement que sèchement, à l'occasion d'une conférence de presse.

« Je ne dispose pas — prononce-t-il — des moyens que j'estime aujourd'hui nécessaires pour assumer efficacement mes fonctions de Premier ministre. »

Il se plaint aussi que le Parlement ne dispose pas d'assez de latitude.

C'est dans le bureau même de Pierre Juillet qu'il annonce sa décision, détail significatif, non moins que l'attitude générale du démissionnaire, visage tendu, regard offusqué, voix blanche de colère.

Personne n'a à s'y méprendre : il s'agit moins d'une démission que d'une déclaration de guerre.

Dès le 5 décembre qui suit, Chirac fonde un Rassemblement pour la République, RPR, « pour empêcher la mainmise sur notre pays des tenants du collectivisme » mais qui ne vise certes plus à giscardiser le gaullisme. « Enfin libre ! » soupire Marie-France Garaud. Chirac a annoncé l'avènement par un discours à Égletons, ce qui fait aussitôt surnommer l'événement *l'envol de l'Aigleton*. Il préside au baptême au cours d'un rassemblement impressionnant de plus de cinquante mille personnes, porte de

Versailles. Chirac est élu président du mouvement par la quasi-unanimité des voix. Jérôme Monod, promu secrétaire général, installé au sommet de la tour Montparnasse, « où on aura de quoi tout survoler », entame sans délai une vaste campagne de recrutement et élabore un véritable programme de contre-gouvernement.

Il n'y a plus pour Giscard que perspectives désagréables : sa majorité n'existe plus que sur le papier; tout le système qu'il a essayé de bâtir se disloque brutalement; pour la première fois dans l'histoire de la Cinquième République, un Premier ministre entre en conflit déclaré avec son Président.

Encore doit-il boire bientôt un autre breuvage amer.

Il fait voter en décembre 1975 — contre l'avis de Chirac — un nouveau statut de la capitale, qui engage création d'un maire de Paris. Les grands républicains ont toujours redouté de voir un maire de Paris fixer un trop gênant contre-pouvoir. Giscard a passé outre à leur conseil, trop persuadé sans doute de pouvoir faire élire un giscardien. Ainsi soutient-il la candidature de Michel d'Ornano. Or Chirac — tout frais réélu député de la Corrèze au cours de six élections partielles qui ont vu aussi triompher contre tous pronostics dans le Ve arrondissement de Paris un jeune et brillant candidat chiraquien, Jean Tibéri — se dit, au vu du succès de Tibéri, que « gaullisme pas mort », décide de se porter candidat à la mairie de la capitale, met en piste de dynamiques listes d'Union pour Paris, mène une campagne à formidable spectacle, balaie ses adversaires et se ceint de l'écharpe tant enviée. Le voilà en possession d'une forteresse de premier ordre pour tous les avenirs.

« Il faudra commencer à compter, dit Pierre Juillet, tous les cadeaux que Giscard aura faits sans le vouloir... »

D'autre part, en appuyant d'une manière trop ostensible, voire criarde ou provocante, sur la politique de changement, Valéry Giscard d'Estaing commet une seconde grande faute stratégique : il tend à se couper d'un certain nombre de ses électeurs. Là où ils attendaient un homme appliqué et sobre, maître de lui-même, conservateur de toutes les chances de la France, ils croient découvrir un homme incertain, qui ne jouerait qu'à en mettre plein la vue. Il prend le risque de se faire juger autre qu'il n'est. Il peut laisser sous-estimer tout ce qu'il peut faire de bien et de solide.

Certes, il a la plupart des qualités nécessaires à l'homme d'État. A l'évidence, il est exceptionnellement doué.

Il a le regard juste pour juger des situations et des forces au niveau de la politique mondiale.

Il sait fixer le rôle de la France là où il doit être.

Il a les vues les plus claires sur les problèmes économiques, financiers et sociaux qui lui sont posés.

Il est dans la pleine raison quand il s'angoisse de voir le pays déchiré par une sorte de gigantesque lutte des classes qui peut à toute heure dégénérer en guerre de religion, d'avoir à prévoir des élections de plus en plus passionnées qui ne se disputeront qu'à quelques poignées de voix : en conséquence, stratégiquement, politiquement, moralement, il est fondé de rechercher un dialogue et une éventuelle solution avec des hommes du centre-gauche.

Raymond Aron a beau lui prêter une « philosophie orléaniste et un comportement bonapartiste », Sanguinetti une « âme de pharaon », il garde raison, quand il entend, dans le respect de la Constitution dont il a la sauvegarde, préserver la prééminence de l'Élysée sur toutes autres maisons de France.

Personne ne lui discute son courage.

Pour l'illustrer, il n'y a qu'à citer ses interventions en Afrique.

C'est avec les risques politiques les plus sérieux qu'en 1977 il se porte à l'aide du général Mobutu menacé par une rébellion « venue de l'extérieur », en mettant des avions *Transall* français à la disposition de troupes marocaines dépêchées par le roi Hassan II.

C'est avec la plus ferme détermination qu'il « fait sauter sur Kolwezi ». Le drame s'enclenche dans la nuit du jeudi 11 au vendredi 12 mai 1978. Depuis quelques jours, une grave situation s'est créée au Zaïre, dans la province de Shaba, qui est l'ancien Katanga : d'anciens gendarmes katangais regroupés au sein d'un Front de libération nationale du Congo, « conseillés » par des officiers cubains et à l'évidence cohortes de l'offensive générale soviétique en cours en Afrique noire (à profit de la faiblesse de Carter) se sont rebellés contre l'autorité du président Mobutu. Cette nuit-là, donc, quatre mille d'entre eux, venus d'Angola et ayant transité par la Zambie, attaquent Mutshasa, puis surtout Kolwezi, important centre minier et « poumon » économique du pays. Les troupes de Mobutu sont débordées. Toutes les nouvelles qui courent sur les téléscripteurs sont alarmantes. Kolwezi serait tombé. Les rebelles auraient fait prisonniers cinq coopérants militaires français, spécialistes de blindés et d'hélicoptères. De fortes colonies d'ingénieurs et d'ouvriers de toutes nations, dont 2 500 Belges, une centaine d'Américains et au moins 400 Français seraient à la merci des agresseurs. Il faudrait compter plusieurs milliers de Français, travaillant dans le Shaba et dès lors exposés aux pires dangers. Il y aurait de fortes chances que le camp soviétique s'appropriât cette province qui fournit à elle seule 80 % de la production mondiale de cuivre (au point qu'en dialecte swahili, *shaba* signifie cuivre). Or, ni les autorités belges, ni le président Carter ne sont disposés à intervenir, et les parachutistes qu'envoie en secours Mobutu se font neutraliser à peine débarqués. Valéry Giscard d'Estaing hésite peu. Il donne l'ordre d'envoyer immédiatement sur place un corps de parachutistes français. Je me trouve être à ses côtés à ce moment même. Je lui dis : « Je te souhaite autant de veine que tu as de courage... » Il sourit. Nous sommes dans son bureau. Il quitte son fauteuil pour aller se camper devant une toile d'Hubert Robert qui représente des *Ruines d'un temple*. Il dit : « Voilà ce qui m'attend, si ça rate... » Par bonheur, l'opération confiée aux paras du 2e REP, que commande à Calvi le colonel Philippe Érulin, s'exécute impeccablement. Le général Méry, chef d'état-major des Armées, se charge de l'ensemble du coup. Pour donner le change à l'opinion et préserver le secret, Giscard honore tous ses rendez-vous prévus, dont l'un avec son dentiste. Il préside une grande réception à l'Élysée, le soir du 17 mai, en l'honneur du président du Sénégal Léopold S. Senghor, à laquelle assistent la plupart de nos autorités politiques, tandis que les parachutistes bondissent dans le ciel du Shaba, puis se lancent à l'assaut de Kolwezi. Il était temps. Les premiers paras à intervenir découvrent les cadavres de 44 Européens assassinés. Sans eux, le massacre eût été général. « Nous avons vu l'enfer », commente Érulin. Tout est terminé en quelques jours. « Dieu avec nous », juge Giscard. On s'étonne de la réaction de François Mitterrand qui a l'inattendu réflexe, quand il apprend l'embarquement de nos parachutistes à Calvi et alors que le secret total est de mise dans de telles opérations, de demander une... réunion extraordinaire de l'Assemblée nationale. Il n'en reste pas moins que, si l'affaire avait mal tourné, Giscard aurait eu à s'attendre à une tornade d'imprécations et de condamnations.

Il ne se limite pas là : il fait conduire d'autres opérations, même moins spectaculaires, au Tchad et en Mauritanie.

Il sait s'entourer aussi de collaborateurs solides, qui ne tirent pas à hue et à dia, dans un cabinet très serré dont la cohésion tranche avec le cabinet si divisé de Pompidou et qui ne se gaspille pas dans d'irritantes frondes.

Sans doute chacun d'eux a-t-il sa personnalité.

Claude Pierre-Brossolette, premier secrétaire général, fils du héros de la Résistance Pierre Brossolette qui se donna la mort pour échapper à l'interrogatoire de la Gestapo, fils de Gilberte Brossolette qui fut sénateur SFIO de la Seine, un ami de vingt ans, giscardien plus par amitié que par conviction, type même du haut fonctionnaire élégant et sûr, sourire mi-morose mi-caustique, ancien membre des cabinets socialistes de Robert Lacoste et de Paul Ramadier, l'homme qui a préparé la dévaluation du franc en août 1969, l'homme qui a été chargé d'expliquer aux Américains en 1973 pourquoi la France ne pourrait jamais accepter une réforme monétaire internationale qui fasse table rase de l'or et supprime toute référence à un étalon fixe et indiscuté, et non moins porté que Giscard au goût des analyses méthodiques et des remèdes empiriques, sait quand il le faut, au nom même de son amitié, totalement allergique à toute courtisanerie, dire à son Président les vérités les moins agréables.

Jean François-Poncet, deuxième secrétaire général, fils de l'académicien ancien ambassadeur à Berlin à l'époque d'Adolf Hitler, lui-même ancien diplomate notamment en poste en Iran, futur ministre des Affaires étrangères et sénateur du Lot-et-Garonne, un temps partagé entre la diplomatie et les affaires privées, ainsi à défaut de l'ambassade de Madrid que lui refusa Maurice Schumann, mis en disponibilité sur sa demande et pantouflant dans une entreprise fabriquant du fer-blanc, les établissements Carnaud et Forges en Basse-Indre, mais déjà conseiller général radical de Laplume et personnalité reconnue du centre-gauche, aura été choisi autant pour sa silhouette de libéral avancé et l'amitié qui le lie au leader radical de gauche Maurice Faure que pour la compétence internationale que personne ne lui discute.

Jacques Wahl, ancien conseiller financier à l'ambassade française à Washington, administrateur du Fonds monétaire international, esprit précis d'une vaste culture, est essentiellement troisième dans le poste, nommé à la place de Jean François-Poncet qui va au Quai, pour ses qualités de financier et d'économiste, dans une période où les chocs pétroliers imposent la mobilisation des plus grands spécialistes de l'économie mondiale aux postes essentiels du pays.

Sous leur direction successive, près de cinq cents personnes travaillent dans la « maison du roi », sous le toit du palais de l'Élysée ou dans ses différentes annexes, le 23, avenue Marigny, ancien hôtel des Rothschild, acquis par Pompidou; le 14, rue de l'Élysée où se loge l'état-major particulier; le 2, rue de l'Élysée, ancien secrétariat général des Affaires africaines et malgaches, qui abrite le mess; le palais de l'Alma, 11, quai Branly, où se trouvent le secrétariat du Conseil supérieur de la magistrature et le service du courrier de la Présidence; le pavillon de Marly, réservé pour les chasses présidentielles; le château de Rambouillet, où se tiennent d'importantes réunions nationales et internationales; le Grand Trianon, que le général de Gaulle et André Malraux, puis Pompidou ressuscitèrent dans ses meubles pour en faire la résidence des chefs d'État étrangers en visite officielle; le pavillon de Butard, ancienne résidence de chasse de Louis XV, attribué au grand chancelier de la Légion d'honneur; le château de Champs, aux si admirables jardins; et le fort de Brégançon, résidence de vacances. (Chaque année, l'ensemble de la maison n'est regroupé qu'en deux circonstances solennelles, dans la salle des fêtes de l'Élysée, pour les vœux au Président et à l'occasion de l'anniversaire de l'élection du Président.)

Mais à peine une douzaine d'hommes travaillent en contact direct et permanent avec le Président lui-même.

Xavier Gouyou-Beauchamps est chargé des relations avec la presse et des analyses de l'opinion, même si Giscard aura toujours eu en horreur les traditionnelles « revues de presse », le dossier des articles de presse découpés et collés sur des feuilles de papier, feuilletant lui-même les journaux du matin (quelques quotidiens de Paris, quelques quotidiens de province dont *le Populaire* d'Auvergne, un américain et un anglais dont les titres varient) et tenant à lire directement lui-même *le Monde*, tous nos hebdoma daires de caractère politique et plusieurs hebdomadaires en langue anglaise. Gouyou-Beauchamps a du reste une mission plus passive qu'active, « ne pas être à l'origine de l'information, mais uniquement réagir aux questions posées par les journalistes ».

L'information active relève du « porte-parole », Jean-Philippe Lecat d'abord, futur ministre, puis Pierre Hunt et Jean-Marie Poirier.

Yves Cannac, dit l'Incollable, fils de Chartres, le type même du fort en thème mais l'œil le plus net sur le devenir des affaires françaises et mondiales, premier prix de français au Concours général des lycéens en 1951, ancien élève de Normale Supérieure, agrégé d'histoire, major de la promotion Stendhal à l'ENA, ancien collaborateur de Chaban, l'un des inspirateurs de la « nouvelle société » avec Jacques Delors, collaborateur de Simon Nora pour son rapport sur les entreprises publiques qui conseille de donner plus d'autonomie de gestion à la SNCF, à l'EDF et aux autres firmes nationales, esprit exceptionnellement puissant, a supervision sur les principaux problèmes mondiaux en cours.

Lionel Stoléru, conseiller économique, futur ministre, auteur de *l'Impératif industriel* et de *Vaincre la pauvreté dans les pays riches*, a la haute main sur l'important dossier de la revalorisation du travail manuel.

Jean-Pierre Dutet a les problèmes commerciaux; Olivier Fouquet, auditeur au Conseil d'État, les problèmes sociaux; Bernard Rideau, les sondages.

Le préfet Jean Riolacci, ancien préfet du Tarn, de la Seine-Saint-Denis et de la Corse, spécialiste donc des préfectures difficiles, ancien sous-directeur aux Affaires politiques au ministère de l'Intérieur, l'un des virtuoses de la carte électorale, anticonformiste du centre-gauche et qui a l'originalité de n'être pas « giscardien », tête carrée, silhouette trapue, accent rocailleux de son île natale, bon sens de granit, suit les problèmes électoraux.

Le sous-préfet Philippe Sauzay, ancien collaborateur d'André Malraux aux Affaires culturelles, et qui a assuré la liaison entre Alain Poher et Giscard du jour de l'élection au jour de l'installation du nouveau Président, supervise les problèmes des collectivités locales, en attendant d'être chef de cabinet.

L'« Africain » est d'abord René Journiac, durant sept ans l'adjoint de Foccart, de formation magistrat d'Afrique, discret, effacé, efficace, bon connaisseur du terrain, ambassadeur itinérant à l'américaine, l'un des collaborateurs les plus précieux du Président, mais il se tue en 1980 dans un accident d'avion, et est remplacé par Martin Kirsch, un « Journiac bis », lui aussi ancien collaborateur de Foccart, diplômé de l'École nationale de la France d'outre-mer, auteur de plusieurs traités de droit du travail africain.

François Polge de Combret, appelé à jouer un rôle de plus en plus grand auprès du Président, se charge de dossiers économico-politiques.

Victor Chapot, l'ami de toujours, sobre et solide entre tous, est l'homme des missions spéciales, celui à qui le Président confie ses contacts politiques les plus confidentiels. « L'Œil », l'appellent les journalistes qui connaissent son grand rôle auprès du Président, dès lors qu'il perd un œil à Londres aux suites d'un accident de chasse où il manque être tué.

Enfin Jean Serisé est le conseiller politique numéro un, chargé de la « réflexion politique à long terme », encore plus confident que conseiller. Béarnais, fils d'un contrôleur des contributions directes, il a toujours vécu dans l'atmosphère du service public, et en particulier de l'administration des Finances. Médaillé de la Résistance, énarque, il n'en aura pas moins tâté aussi très tôt de la chose politique. Non seulement il a présidé durant six ans une fameuse commission de la prévision, mais il a servi au cabinet de Pierre Mendès France. Le voici chargé du « neuf », ayant toutes initiatives libres pour proposer, suggérer ou lancer des idées nouvelles. Le perspectiviste du régime. Il fait la moitié de la taille de Giscard; tel n'est pas le cas au domaine des idées. Affable, sans mièvrerie, ouvert, mais sans opportunisme excessif, Jean Serisé est en effet plus qu'un père Joseph laïque. Aussi important que Pierre Juillet auprès de Pompidou, mais lui hors tous typhons, il « prend la température », sent le vent et en tire les conséquences pratiques aussitôt directement transmises au Président. A lui la mission des missions : être l'inspirateur d'une société moins bloquée.

Bien sûr, pour s'éclairer ou s'orienter, Giscard a également trois ou quatre conseillers politiques personnels, tel le prince Michel Poniatowski. Il provient d'un maréchal d'Empire et d'un roi de Pologne. Il fut sergent-chef parachutiste au 1er bataillon de choc à la Libération, médaillé militaire. Il fut collaborateur de Pierre Pflimlin en mai 1958. Pour autant, ni les gaullistes, ni les centristes ne l'auront eu guère à la bonne. C'est sans doute qu'il se voue au service de son ami avec une exclusivité qui peut être féroce. Cinquante-deux ans à l'avènement de son roi de France, père de quatre enfants, auteur de *Cartes sur table* et des *Choix de l'espoir*, vous découvrez un géant tranquille, un ours à voix de miel. Poil fauve, à reflets d'or. Œil de ruse. Visage si blanc, blanc-slave, que l'émotion le fait rougir jusqu'aux oreilles. Impression générale d'un débonnaire massif. En vérité, cet œil d'azur est capable des perspicacités les plus diaboliques : point étonnant qu'il soit plus tard tenté d'écrire sur Talleyrand aux Amériques. Cette voix suave est capable, sur ton d'innocence, de transporter les plus terribles horreurs pour démolir quiconque menace l'idole. On peut le citer comme un as de l'intox. Au vrai, il aura poussé le dévouement jusqu'à ne sembler mener sa vie politique que pour servir un ami. Point étonnant encore qu'il dise avoir avec son grand homme une « complicité intuitive ».

Naturellement, aussi, Giscard voit souvent les ministres qui lui sont les plus chers, Michel d'Ornano en tête.

Il aura été très attentif au conseil d'hommes comme Aimé

Paquet, Raymond Mondon, Marcel Anthonioz, Christian Bonnet, Michel Durafour, Robert Galley, Pierre Abelin, et ce solide Jean-Pierre Fourcade, fils de Marmande, maire de Saint-Cloud, style talonneur d'une équipe championne de rugby, trapu, fonceur, cheveu en brosse, durant plusieurs années directeur animateur du Crédit industriel et commercial, à qui il confie sa succession au ministère des Finances, avec mission prioritaire de lutter contre l'inflation et de rétablir les conditions de l'équilibre de la balance des paiements.

Il se garde en liaison constante avec Jean Lecanuet, dont il ne saurait oublier le rôle stratégique essentiel qu'il a joué dans l'élection présidentielle, et auquel il aura sans cesse gardé une confiance immense.

Il apprécie beaucoup Jacques Soufflet, colonel et compagnon de la Libération, à qui le premier il confie la Défense nationale, l'un des premiers pilotes à rallier la France libre, commandant du groupe Lorraine où servit Mendès France, homme de courage, gaulliste intransigeant, peu porté au giscardisme, pour autant serviteur éminent de l'État et capable d'opinions franches qu'on sera toujours intelligent de savoir entendre.

Mais, en réalité, dans la permanence, c'est avec cette douzaine d'hommes de son cabinet qu'il travaille et qu'il est le plus productif — disposés, à la manière de l'équipe Kennedy, en « rayons de la roue ».

Au demeurant, il travaille beaucoup, personnellement.

Il arrive tôt à son bureau, le quitte tard, avec des dossiers.

Il n'est jamais fatigué, sait toujours rester frais et alerte durant ses voyages, honore tous ses rendez-vous même s'il est grippé, profite d'une très grande force de récupération, ainsi à Pékin où lui-même, son ministre des Affaires étrangères et tout son entourage sont victimes d'une grippe qui, dit Riolacci, « a dû nous tomber dessus en avalanche du Tibet ou de Chiraquie », et où il refuse de couper au moindre discours. Il lui suffit de quarante-huit heures en son manoir d'Authon, pour retrouver tout son oxygène.

Peu au fait des problèmes de défense lors de son arrivée à l'Élysée, il s'y met vite, préside de multiples comités spécialisés, tient de nombreuses séances de travail avec son chef d'état-major particulier, le général Guy Méry. De la sorte vient-il par exemple à se convaincre de la nécessité de modifier la doctrine de dissuasion fondée sur la « sanctuarisation » du territoire national au profit de la « sanctuarisation élargie ».

Il peut oser dire des choses très dures, avec un mépris total de la démagogie, ainsi quand il essaie de protéger la France des orgueils excessifs, plus précisément dans un fameux discours du 5 juillet 1979 devant les lauréats du Concours général : « J'ai parcouru récemment à la vitesse supersonique une grande partie du monde et, dans cette partie du monde, je regardais la relativité des populations. Vous savez que la population de la France, à la fin de ce millénaire, représentera à peu près un centième de la population du monde, que la population de l'Europe qui nous paraît si vaste, si difficile à organiser, si complexe à certains égards, représentera 4 % de la population du monde. Si nous voulons apporter notre contribution à la vie de ce monde, il nous faudra des qualités assez exceptionnelles pour que ce 1 % soit présent et ait quelque chose à dire, à faire, à montrer... »

Si royal soit-il de style, il reste démocrate total. Quand il arrive à l'Élysée, il s'engage, pour tout le septennat, à tenir toutes les élections prévues à heure dite, sans modification quelconque des lois électorales en vigueur dans les divers scrutins. Il tient calmement son pari, même quand il pourrait gagner à dissoudre l'Assemblée nationale. Sa tactique n'aura jamais été d'imposer sa volonté, de « rigoriser » son action, de « forcer » aux choix. Il aura toujours choisi, parfois même avec plus de patience que de raison, d'expliquer, éclairer, faire comprendre. Manifestement, il aime mieux le phare que l'abordage.

Il n'a pas le fétichisme de la bureaucratie absolue. Il sait mesurer tous les malheurs qui peuvent désormais venir, ou de la dictature bureaucratique, ou des maladresses d'un bureaucratisme qui ne croit qu'en lui-même. Notre administration est inadaptée, ne cesse-t-il de répéter. Parlant de l'excellent accueil réservé aux réfugiés indochinois en France grâce à l'effort des associations privées, « je tremble, déclare-t-il, à l'idée de ce qu'aurait été la lenteur de l'accueil si nous l'avions confié à l'administration ». Lors de la présentation du budget 1981, il déplore qu'« on n'arrive pas à contenir l'expansion des dépenses publiques. Il y a quelque chose de pourri, comme aurait dit Shakespeare. Il y a trop de fonctionnaires. Plus il y a de fonctionnaires et plus on s'achemine vers un régime socialiste ».

Il a en répulsion les luttes et les haines sales. Tout son effort tend à « décrisper » la nation. Son livre *Démocratie française* n'a pas plus haute volonté. Ainsi vient son application à engager à tout prix le dialogue avec le centre-gauche, en particulier à nouer liaison avec l'un des principaux leaders des radicaux de gauche, à qui il confie d'abord une mission sur les problèmes de l'emploi, qu'il nomme ensuite comme médiateur : Robert Fabre.

Il est fort capable d'opportunisme. En 1968, à propos de la révolte des étudiants, il sait trouver les mots justes, ni trop forts, ni trop faibles. Comme le commente Édouard Leroy-Ladurie, « entre 1968 et 1978, son évolution et sa souplesse [...] n'ont d'égales que celles, fort positives, de Mitterrand, énième ministre de la Quatrième, devenu le premier socialiste de la Cinquième ».

Sa sœur Marie-Laure, de quatorze ans sa cadette, le trouve « autoritaire, sans doute parce que très perfectionniste ». Elle le juge aussi « un peu trop distrait ». Elle précise : « Vous pouvez le surprendre à ne pas vous écouter. Il pense à je ne sais quoi. » Plus certainement, il sait se concentrer sur l'essentiel.

Cet énarque froid, calculateur polytechnicien, ne manque pas d'humour. Un jour, Paul Guth raconte à un journaliste que, durant la guerre, étant « prof de Valy », Giscard et ses camarades l'aidèrent à bêcher la terre de son jardinet et à y planter des radis. L'on était au royaume des restrictions alimentaires. L'information passe dans les *Potins de la Commère*, en bas de la une de *France-Soir*. Le lendemain, un motard de l'Élysée frappe à la porte de l'écrivain. Il apporte un gros paquet. Dans le paquet, Paul Guth trouve une botte de radis avec ce mot : « Cher maître, je vois que vous avez gardé souvenir de nos anciennes cultures, mais, bien que mes fonctions actuelles me poussent plus à récolter qu'à semer, je vous envoie un dernier produit... »

C'est une montre à quartz, trouve Jean Pierrard pour *le Point*. Plus sûrement, Giscard croit au précepte des dominicains : « Parler, ce n'est point parler; c'est dire quelque chose à quelqu'un. » A l'évidence, Giscard n'aime pas les bavardages inutiles. Chaque mot doit avoir plein sens. D'où son horreur pour tous adjectifs et adverbes, surtout emphatiques. S'il le pouvait, il ne s'exprimerait que par verbes et substantifs.

Il aime aussi peu la pensée gratuite que l'idéologie. Il considère comme barbarie l'Intellectualité pour l'Intellectualité. Tout raisonnement doit être utile, dégager au plus vite un but, une utilité. Cela ne va pas d'ailleurs sans quelques partis pris excessifs.

Il ne supporte pas d'être bousculé. Il tient à se donner tout le temps nécessaire pour son travail, jamais plus. Même aux heures chaudes et forcément angoissantes de Kolwezi, il garde le rythme de la sérénité. Reprendre souffle lui est du reste indispensable. Si sa journée commence rigoureusement à 9 h 30, elle se termine invariablement à 19 h 45. Il ne peut rester plus d'une semaine sans grand air. Il tient pour récréation, et non pour des contraintes, les revues militaires. Il adore prendre un repas tout seul, en compagnie d'un livre ou d'un news magazine, ou à regarder la télé. Il sort volontiers seul au volant de sa voiture — suivie par ses gardes du corps dans une voiture banalisée — pour aller se détendre dans une maison amie. Il devise, plaisante, rit, joue aux cartes. Simplement, il quitte la soirée avant minuit, car il a besoin d'au moins huit heures de sommeil. « Si on fouillait ma biographie — disait, paraît-il, Paul Valéry — on trouverait maints dîners chez des duchesses idiotes. » Ça doit aussi arriver avec Valéry Giscard d'Estaing, lequel n'en continue pas moins d'en courir le risque.

Allez savoir si ce qu'il dit sur le sujet de ses écrits est vrai : « Si j'avais eu la certitude de pouvoir écrire comme Flaubert ou Maupassant, j'aurais renoncé à la politique. » Ô naïveté ! Ce qui est plus vrai, c'est que ce virtuose de la radio et de la télé, qui peut démontrer sur le petit écran comme sur les ondes une extraordinaire aisance, peine tel un galérien pour écrire. Il souffle, il hoquette. Il éprouve même une vraie panique devant une page blanche. Complexe du papier qui, à l'inverse de la voix, peut être impérissable ? Conscience perfectionniste ? Dérobade du talent même dont il rêve ? Disons en tout cas qu'il n'aime pas écrire n'importe quoi.

Comme de Gaulle, il a la religion de l'heure exacte. Son seul objet fétiche est la pendulette de l'arrière-grand-père Agénor. Il téléphone régulièrement à l'horloge parlante pour mettre sa montre-bracelet à heure précise. Ainsi peut-il mieux honorer son scrupule à n'être jamais en retard, à recevoir toujours à l'heure.

Il sait en toutes circonstances conserver une humeur égale. Lui qui fut si irritable dans son enfance, si nerveux, parfois si emporté, est devenu l'homme le plus serein, le plus bouddhique. Personnellement, je ne lui aurai connu que deux colères violentes : quand Pompidou le chasse du ministère des Finances et quand il appelle au téléphone Jacques Fauvet, directeur du *Monde*, qui a décidé d'amplifier contre lui la campagne des diamants. Il aime aussi peu les éclats que les états d'âme ou les confidences. Il déteste parler de lui-même, ne se livre qu'à des occasions infiniment rares. Il est à cet égard d'une telle pudeur qu'il ne parle jamais des héroïsmes de son père ou n'évoque jamais sa propre campagne de 1944 où, sans l'assentiment de sa famille, il s'engagea dans les rangs du 2e Dragons. De ses auteurs préférés, on ne connaît que Maupassant. Là aussi, il garde un monde à soi. Sans doute donnerait-il trop l'impression de se dévoiler. Au reste, il aime peu citer les grands auteurs. En dix ans de discours, il n'aura fait référence qu'à deux écrivains, Paul Valéry, dont il apprécie la concision, et l'historien britannique Arnold Toynbee, spécialiste de l'histoire byzantine, philosophe de l'histoire, père d'une théorie cyclique et pessimiste sur l'évolution des civilisations, auteur d'un maître ouvrage en douze volumes intitulé *Study on History*. L'un de ses biographes pourra relever que, dans *Démocratie française*, il n'en cite que deux autres : Maupassant et Zola. Encore faut-il souligner qu'ils ne sont rappelés que pour appuyer un raisonnement économique. « Leur lecture peut convaincre tous ceux qui ne cèdent pas à la persuasion des chiffres que la croissance a profondément réduit les inégalités sociales. » Tout se passe comme si son extrême pudeur allait jusqu'au refus de violenter la pudeur d'autres, même morts.

De Pompidou, il a le bon sens auvergnat, avec beaucoup de mépris pour ce qui ne fait que briller. Il a un identique goût du raisonnement réaliste, et une identique détestation de l'à-peu-près. En revanche, il n'a pas la coquetterie — ou le penchant de Pompidou, à aimer la peinture moderne. Il ne se pique jamais d'être un découvreur, un inventeur, un explorateur, pas davantage un insolite. Il n'aime les peintres d'avant-garde qu'une fois pleinement révélés et abondamment cités : ainsi fait-il accrocher *Paul en Arlequin* de Picasso dans les bureaux de l'Élysée entre une aquarelle de Gustav Klimt et une œuvre de Caillebotte, *les Raboteurs de parquet*. Il ne se porte sensible qu'aux génies classés comme tels. Inaugurant une exposition d'art contemporain, il demande qu'on lui présente Hans Arp et Auguste Herbin qui sont morts depuis quinze ans. Il aime trop le XVIIIe siècle, « le vrai Grand Siècle », siècle de son ancêtre Louis XV, pour goûter ou supporter la peinture anar, l'art pagaille. Il a une culture de conservateur, dont il ne se défend d'ailleurs pas. Artiste préféré : Fantin-Latour ou Philippe de Champaigne. Musicien de prédilection : Mozart.

Pompidou a une voix de gorge profonde, aux intonations cuivrées, coupée de rires rauques, une façon très personnelle de dire « une rose » ou « les gredins ». Tout en paraissant parler du nez à certains moments et sans avoir une voix du tréfonds, Giscard a un peu de cette voix pesante, solide, qui traduit le sens le plus réel de la province dans sa permanence.

En quelque sorte, Pompidou improvise sa carrière politique. Il ne s'y attendait pas. Témoin cet extraordinaire 8 janvier 1959. C'est le jour de la passation solennelle des pouvoirs entre la

Quatrième et la Cinquième. De Gaulle et René Coty, le Président élu et le Président qui abdique, remontent en voiture les Champs-Élysées encadrés par des motocyclistes à crispins blancs et par les cavaliers scintillants de la garde. De Gaulle laisse Coty, comme le raconte Viansson-Ponté, « là-haut, au pied de l'Arc, emporté comme un fétu, balayé par l'histoire ». Maintenant, descendant la prestigieuse avenue, Charles de Gaulle savoure « des ovations qui ne s'adressent qu'à lui seul ». Précisément, quel est donc l'homme qui, sur un signe, a pris place à son côté dans la voiture présidentielle ? Ce n'est ni Michel Debré, qui va être son premier Premier ministre, ni Jacques Chaban-Delmas, tout nouveau président de l'Assemblée nationale, ni l'un des Compagnons de la Libération. « Non, c'est le directeur du cabinet, quasiment inconnu, qui va sous peu retourner dans la banque privée dont il est directeur, ainsi exposé en réserve du régime et du gaullisme. » Pour ainsi dire, Pompidou est inventé par de Gaulle. Giscard, lui, est lancé de loin sur orbite par toute une famille. Il fait une carrière qui va comme de soi. Il en gagne un esprit de conséquence, de suite, d'assurance, qui tranche avec la carrière en à-coups, à permanentes surprises, de l'homme de Montboudif. Il n'a pas à se mettre en vedette. Il y est chez soi.

Ainsi peut-il rester classique jusque dans la tenue. Jean Pierrard, dans son passionnant article du *Point* sur le personnage, peut préciser que le valet alsacien du Président, venu de la marine, Walter Lutringer, n'a à préparer que « du mille-raies, des serges, des cheviottes, de l'œil-de-perdrix, des tissus solides qui ont une odeur de campagne », jamais de flanelle. Cet élégant naturel n'oublie pas de préférer « la petite-poche au-dessus de la grande, la *poche-tickets*... discret clin d'œil à la City, au modèle d'élégance anglo-saxon traditionnel... »

« Vous avez l'œil pointu », lui dit Roger Chapelain-Midy. C'est le peintre, un Provençal, auquel il a commandé un portrait du général de Gaulle, par ailleurs décorateur à l'Opéra des *Indes Galantes* et de *la Flûte enchantée*, auteur de grandes décorations pour le théâtre du palais de Chaillot, l'Institut agronomique de Paris et plusieurs glorieux paquebots. L'artiste habite la maison qui, accrochée à la Contrescarpe, servit de modèle à Balzac pour la pension Vauquer du *Père Goriot*. Le Président se rend souvent chez lui pour suivre l'avancement des travaux. Il pose de nombreuses questions. La main du Général n'est-elle pas trop épaisse ? La carrure du Général est-elle assez imposante ? Mais il n'a point qu'en peinture « l'œil aigu ». Ce libéral tocquevillien, qui se donne volontiers le style de désinvolture, a l'œil perpétuellement aux aguets, à l'affût de la moindre nouveauté ou du moindre défaut, sur tous domaines.

Non seulement il a une extraordinaire disponibilité à écouter, mais il est un têtu, un coriace. « Je suis encore plus obstiné que votre père », dit-il à la comtesse de Chambrun, fille de Pierre Laval. Ainsi préserve-t-il son sang-froid tout au long d'un septennat singulièrement tourmenté, où les épreuves défilent : démission-défi de Chirac; une année 1977 qui se termine avec une hausse des prix de 9 %, une augmentation du chômage à 13 %, un déficit budgétaire de 16 milliards de francs; deux chocs pétroliers qui pourraient être mortels; effondrement de l'entreprise Boussac et de Manufrance; crise aiguë dans la sidérurgie; campagne des diamants aux suites de la déposition de Bokassa; suicide du ministre du Travail Robert Boulin; une année 1978 qui se termine par une hausse des prix de 11 %, une augmentation du chômage de 16 %, un déficit budgétaire de 34,7 milliards de francs; manifestations de policiers; grèves sur grèves; bombes de terroristes dont une explosion, devant la synagogue de la rue Copernic, qui lui vaut l'hostilité de la communauté juive...

Il a un tel esprit de continuité qu'au moment du bilan il pourra se prévaloir d'un septennat globalement positif. En sept ans, deux millions de personnes âgées auront vu leur pouvoir d'achat s'accroître de 35 %. Il met en place de solides garanties contre la perte de travail. Il fait voter la généralisation de la Sécurité sociale, par application à tous les Français. Il fait revaloriser les bas salaires qui, par exemple en 1978, augmentent deux fois plus que l'ensemble des rémunérations. Il bâtit toute une ample politique pour la revalorisation du travail manuel, pour le soutien des familles nombreuses, pour l'aide aux handicapés.

Il crée le secrétariat d'État à la Condition féminine.

Il s'emploie à limiter la croissance des grandes agglomérations, faisant abandonner à Paris la voie expresse sur berge, imposant un nouveau projet pour les Halles, confiant à Robert Galley toute initiative pour éviter la « municipalisation des sols ».

Il manœuvre avec assez de bonheur et d'efficacité pour, Chirac y aidant, gagner les élections législatives de 1978, annoncées par la plupart des pronostics comme irrémédiablement perdues.

Pour mieux illustrer la réconciliation entre le peuple français et le peuple allemand, il mène avec le socialiste Helmut Schmidt une politique d'amitié exemplaire.

Enfin, il nomme Raymond Barre à Matignon.

Il ne pouvait sans doute mieux choisir.

« Joffre », dit-il, non sans un clin d'œil inutilement malicieux à l'encontre du prédécesseur, qui, dans son esprit, devait être Murat.

Le roc, ce Barre.

Homme carré dans un corps rond, note immédiatement Georges Suffert.

Autre personnage d'exception.

Si de Gaulle tire de l'éléphant, Pompidou du buffle, et Giscard de la girafe, voici l'ours.

Vous découvrez une silhouette ramassée sur elle-même, aux membres courts, à grosses mains qui happent.

Les larges pieds se plaquent sur le sol.

Vous imaginez aussitôt un catcheur, dont mieux vaut ne pas défier les prises.

Il avance en se dandinant légèrement, sûr de soi.

Le cou est absent.

La nuque semble vouloir pousser en avant tout le crâne, qui impose dès lors l'image permanente du fonceur.

Bélier, avertit le zodiaque. Personne ne s'y trompe.

Le front est dur et étroit : tout le cerveau, si puissant, doit être à l'arrière, en réserve.

L'ensemble du visage, très plein, composé sur menton d'os, est à la fois d'un têtu et d'un gourmand.

Le nez, solide sur ses bases, est à chocs.

Il n'y a que la voix qui surprenne. Elle peut avoir des résonances fauves, dominatrices, ou sermonnaires, selon les cas, mais aussi, et dans le même instant, elle préserve un velours, un miel.

Ne pas s'y laisser prendre : il doit être capable de lapider à coups de sucre.

Toute la vérité est néanmoins dans la mâchoire : une de ces mâchoires, épaisses, métalliques, qui relèvent de l'étau.

« Shéhérazade mâle en sous-vêtements Rasurel », estime Paul Guth, qui doit surtout avoir été frappé par la musicalité de la voix et le costume anti-dandy.

« Une façon presque émouvante, presque démagogique, d'être antipathique », trouve François Nourissier, se disant sans doute que l'impopularité de ce sévère peut être plus populaire qu'on ne le croit communément.

Passons vite avec Pascal Sevran qui, très sec, juge qu'« on ne demande pas aux Français de se serrer la ceinture quand on ne parvient pas à fermer la sienne ».

Françoise Giroud touche beaucoup plus juste quand, de son sourire de chatte féline, elle croit devoir penser que « sous l'enveloppe qu'il entretient volontiers au gras-double et au saucisson chaud, sa marge de flexibilité est celle d'une barre de fer ».

On en oublierait qu'il a su faire le joli cœur : il a une femme charmante, née hongroise, Éva Hegedüs, qui lui a donné deux garçons du style sympa, Olivier et Nicolas.

Il naît, fils d'un négociant, le 12 avril 1924, à Saint-Denis-de-la-Réunion.

Enfant des îles.

Premier paysage : la savane, face à des cirques ravinés et à des volcans, pas tous éteints, dont le plus haut, le Piton des Neiges, dépasse les trois mille mètres. Canne à sucre et géraniums.

Année 1924 : à Paris, le Cartel des gauches triomphe; dans les trois mois, Edouard Herriot s'enfonce dans d'atroces difficultés financières; Charles de Gaulle publie sa première œuvre écrite, *la Discorde chez l'ennemi*; André Breton, avec son *Manifeste du Surréalisme*, propose de « changer la vie »; André Gide se demande *Si le grain ne meurt*; le socialiste James Ramsay MacDonald est Premier ministre à Londres; Lénine meurt; la lutte fait rage pour sa succession entre Trotski, Staline, Kamenev et Zinoviev; pas un seul journal occidental ne parierait sur les chances de l'obscur Staline; et une république populaire, sous influence bolchevique, se crée en Mongolie.

Tout au sud de la planète, le petit Raymond Barre arrive dans un univers qui n'a certes pas fini d'étonner.

Il est fils d'un négociant en vanille de Saint-Denis, petit-fils du premier chirurgien de l'île et d'un ancien gouverneur de la Guyane.

Décor, sur cette terre à la fois nonchalante et volcanique perdue dans l'océan Indien : une grande maison coloniale ayant appartenu au poète Léon Dierx, dont la gloire fut simplement éclipsée par un autre « becké », Leconte de Lisle.

De vingt ans, jusqu'à la licence en droit, il ne quitte pas son île, sorte de havre à l'abri de toutes tempêtes mondiales.

Il effectue de brillantes études au lycée Leconte-de-Lisle — où il rencontre un aumônier, Mgr Mondon, pour longtemps son père spirituel, qui lui apprend à vénérer sa religion autant que sa terre natale.

Enfant tout rond, tout rose, le cheveu noir et lisse, avec une raie sur le côté, qui joue tout calmement avec ses deux sœurs,

Anne-Marie et Guite-May, il devient un adolescent paisible, tout à fait classique.

Il lit *les Trois Mousquetaires*, les *Mémoires* de Saint-Simon, les *Mémoires d'Outre-Tombe*, Proust, et joue arrière (droit) dans l'équipe de football locale.

Première occupation : attaché de presse à la préfecture.

Première épreuve : la faillite du négoce du père, dans des conditions assez troubles, mais d'où il tirera la leçon d'être impeccablement et rigoureusement honnête à jamais.

Premier voyage : à dix-neuf ans, en 1943, Madagascar, où il sert sous le drapeau de la France reconquise comme maréchal des logis.

Premier contact avec la métropole : la Sorbonne, à la Libération.

Premiers grands maîtres universitaires : André Marchal, Raymond Aron, François Perroux, André Piatier, maître de conférences à Sciences Po, lequel le persuade de pousser jusqu'au concours de l'agrégation, qu'il franchit allégrement du premier coup.

Sa femme, il la rencontre en Tunisie, durant un stage de professeur. Il a alors trente-quatre ans, en style de robuste quadragénaire.

Acteurs de cinéma préférés : Ava Gardner, Gary Cooper, Humphrey Bogart.

Lecture de prédilection : les polars (de la même manière qu'il aime au cinéma les westerns et qu'à la télé il adorera par-dessus tout *Chapeau melon et Bottes de cuir*).

Ville de cœur : Venise, pour tous ses mystères, mais peut-être aussi Arezzo, où il ne se lasserait pas de contempler les œuvres de Piero della Francesca, et également Salzbourg, car il a une vénération pour Mozart et, en musique, son érudition étonne mélomanes et musiciens eux-mêmes.

Plats de choix : l'omelette aux pommes de terre, l'aïoli, les sauces au safran, les plats canailles. (« La nouvelle cuisine maigrichonne n'est pas mon fort. »)

Formes les plus apparentes du caractère : un classique rigoureux (à costumes toujours stricts, avec le plus volontiers des « cravates club marine rayées rouge », le short n'étant évidemment pas la meilleure tenue du professeur Barre); un homme de concentration (cartésien modèle, il exècre les approximations; il est à Valéry Giscard d'Estaing ce que peut être un cheval de labour à un pur-sang); un homme de pudeur (il a en horreur de se raconter); un conservateur viscéral (ne le prenez surtout jamais pour un « branché »); un individualiste farouche (se qualifiant lui-même d'« indépendant paysan du Danube »); un dirigiste de cœur libéral par intelligence (« Vous voulez gouverner un monde imaginaire, monsieur Mitterrand », lancera-t-il lors d'un fameux face-à-face avec le premier secrétaire du Parti socialiste en 1977); un prudent, qui ne prend de grands risques que calculés et qui entend les conseils plus qu'il n'y paraît. (« Un sourd qui a l'oreille fine », dit Edgar Faure.)

Premier succès : un ouvrage écrit en Tunisie, titré *Économie politique*, manuel d'économie en deux tomes et 1 500 pages, paru en 1956, qui s'affirme vite un best-seller dans les universités, de toute manière le seul du genre, au dire des experts internationaux, à pouvoir rivaliser avec le manuel du prix Nobel américain Paul Samuelson.

Premiers postes importants : professeur à Caen, puis professeur à l'Institut d'études politiques et à la faculté de droit et de sciences économiques de Paris.

Une certaine carrière politique — même si on ne la dit pas politique — peut dès lors s'entreprendre.

Durant trois ans, il dirige le cabinet de Jeanneney au ministère de l'Industrie.

Durant six ans, il est vice-président de la Commission européenne à Bruxelles, où il remplace en 1967 Robert Marjolin, où il est chargé des questions économiques et financières, et où il travaille aux côtés d'hommes aussi différents que les présidents Rey, Malfatti et Mansholt. Il impose déjà la compétence la plus sûre et le tempérament le plus vigoureux. Aucun témoin ne s'y méprend : voilà un battant et un combattant. En 1971, il est de la sorte le plus ardent à demander aux Européens de ne pas accepter le fait accompli américain du 15 août, lorsque le président Nixon, au mépris de ses engagements et reniant d'innombrables déclarations sur « le dollar bon comme l'or », annonce que la devise américaine ne pourra plus désormais être remboursée en métal précieux, autrement dit proclame la fin du *Gold Exchange Standard* selon lequel vivaient les monnaies occidentales depuis la guerre. On vit déjà Raymond Barre se déchaîner, aux côtés de Jean-Marcel Jeanneney, sous de Gaulle, pour empêcher une dévaluation du franc. On le revoit à la bataille. Inutile de gémir, grogne-t-il. Et de demander de contre-attaquer sans délai en organisant un noyau monétaire européen solide, avec unité de compte commune, parités fixes entre pays européens et faible marge de flottement avec les monnaies extérieures. Peu importe s'il n'est pas suivi. Il ne l'est d'ailleurs pas davantage quand il se dresse en 1972 contre le club de Rome et Mansholt qui soutiennent la thèse de la « croissance zéro » pour inciter l'Europe à économiser les matières premières. Le personnage est déjà là tout sculpté : Européen de fer.

Puis il est le père d'un « plan Barre » qui aboutit à la politique du « serpent monétaire ». Il aura eu raison contre la plupart des Européens de répéter inlassablement que, sans un puissant renforcement économique, l'Europe sera incapable de s'opposer au laxisme monétaire intéressé des États-Unis, et que, sans harmonisation réelle des politiques nationales au sein du Marché commun, les Six puis les Neuf ne parviendront pas à rendre crédible le « pôle européen ». L'événement lui aura donné totalement raison. Il ne peut en avoir que plus de foi au rôle qu'il peut jouer aux sommets.

Dès 1975, il réclame une politique de courage et de rigueur. Il s'en explique au cours d'une conférence devant l'Association des docteurs ès sciences économiques : « Le temps de la facilité est écoulé, s'écrie-t-il... Les économies occidentales qui ont longtemps vécu du gaspillage entretenu par une grande consommation devront redevenir économes et privilégier l'épargne et l'investissement... Si les Allemands réussissent mieux que les autres à tenir leurs prix et à défendre leur monnaie, c'est parce qu'ils croient au mérite de la stabilité et qu'ils ont un gouvernement courageux... »

Déjà cet homme sait mordre.

Le temps de se faire la main au pouvoir comme ministre du Commerce extérieur, nommé en janvier 1976, et le voilà à Matignon, nommé Premier ministre en même temps que ministre de l'Économie et des Finances, le 25 août 1976, désigné par Giscard comme « le meilleur économiste français » et « le plus apte à résoudre le problème le plus important pour la France à l'heure actuelle qui est celui de l'inflation ».

Raymond Barre n'a pas que des qualités.

Il a aussi des défauts — au reste le plus souvent défauts de ses qualités. Il peut manquer, à l'excès, de souplesse, alors que même Bismarck, même de Gaulle surent à l'occasion ne pas s'en passer. Il utilise un ton professoral trop lourd, trop péremptoire, avec des phrases prononcées du plus haut de Sa Sommité, qui peuvent imposer l'image de l'homme qui croit avoir toujours raison. Par haut scrupule, il refuse de prononcer le mot de « peuple », comme si le mot devait lui brûler la bouche, alors qu'aucune morale ne saurait interdire que l'on dise tout haut le franc souci que l'on en a. Il laisse apparaître avec trop de complaisance un tantinet de mépris pour les ignorants — même pour ceux qui reconnaissent l'être.

Il peut certes être de l'esprit le plus social. Il le prouve dès 1963 quand, dans un colloque de France-Forum, plaidant pour une « économie de besoins », dégagée de la pression des lobbies les plus pesants, il dénonce « le scandale que représente, dans des sociétés largement pourvues, l'état de misère ou d'abandon où se trouvent certaines catégories, pauvres, vieillards, malades, inadaptés ». En 1975, dans un rapport que lui demande Giscard comme base à une réforme de l'aide au logement, il prévoit une aide accrue aux mal logés de petit revenu, grâce à une revalorisation de l'« aide à la personne ». Il est fâcheux que cet esprit social n'apparaisse plus nettement, ni plus souvent, dans ses déclarations. Cela ne mettrait pas du tout en cause la répulsion justifiée qu'il éprouve pour tous idéologues fumeux et démagogues.

Plus encore que des défauts, il a des malheurs : autrement dit, deux chocs pétroliers, à deux ans d'intervalle.

Ils mettent gravement en échec l'ensemble de son programme.

Ils le gênent terriblement dans sa guerre contre l'inflation.

Il reste qu'à l'évidence aucun autre Premier ministre, certainement, n'aurait pu ni su faire front avec autant de vigueur et de science aux deux tornades.

Sans lui, sans ce roc, allez donc savoir ce qui se serait passé, quels fleuves auraient submergé la France.

Par conséquent, Valéry Giscard d'Estaing aura eu la main très heureuse en le nommant — d'autant plus que, de surcroît, Raymond Barre, durant sa gestion, « encaisse » beaucoup de coups qui, sans son bouclier, atteindraient directement l'Élysée, assure avec une exceptionnelle continuité de vue la seule politique réaliste qui, à quelques variantes près, soit possible, et est sans doute moins impopulaire que ses ennemis voudraient le faire accroire auprès de la « France réelle ».

Mais, si sérieux, constructif et permanent soit-il quant à l'ensemble de sa politique, Valéry Giscard d'Estaing souffre aussi de faiblesses et s'expose à des procès qui vont peser lourd dès que va approcher l'échéance de 1981.

Il aime trop être aimé. Pour un chef d'État, c'est une faille — à plus forte raison dès que l'adversaire en devient conscient. De là pour l'adversaire à organiser une campagne contre la « faiblesse » du roi, il n'y a qu'un pas.

Giscard adore pouvoir arriver librement, au débotté, chez des amis, plus particulièrement chez Jacques-Henri Lartigue, un photographe universellement illustre, auteur de la photographie officielle du Président et de fameux *Mémoires sans mémoire*, chez qui il rencontre des amis ou des relations en toute décontraction, la joyeuse femme de l'artiste, Florette, ou Michel Tournier, réalisateur de *Chambre noire* à la télé, prix Goncourt 1970 avec *le Roi des Aulnes* ou la belle Nastassia Kinski, ou Charlotte Rampling, voire la taquine caricaturiste Claire Bretécher, la mère des *Frustrés*, qui, pourtant, ne le ménage pas dans *le Nouvel Observateur*. Les échotiers s'emparent de ces gais soirs, grossissent l'événement, font entendre que cet as des as pourrait être léger, léger...

Il est présenté dans le langage commun, le plus souvent, sous la dénomination de « grand bourgeois ». On n'entend certes pas par là la bourgeoisie aux patiences et aux ressources inusables, qui a fait le XIXe siècle, celle de Guizot, de Louis-Philippe, des débuts de la Troisième, de Jules Ferry, de Waldeck-Rousseau, de bien des géants. Le mot a pris sens péjoratif. Le prononçant, on pense désormais aussitôt au polo, aux safaris, aux signes parfois offensants de certains trains de vie, à la coquetterie qui a poussé trop de gens à caresser des nostalgies nobiliaires. Tel est le cas.

Il aime faire retraite en son cher manoir d'Authon, au fond d'un vallon du Loir-et-Cher. Il s'y cache littéralement. « Une maison bourgeoise, pas un château », précisent les gens du pays. Ils ont assez raison : le vrai château est à quelques kilomètres de là, le château des Brantes, propriété d'un frère d'Anne-Aymone. Disons que le manoir des Giscard est plutôt un beau pavillon de chasse. Un seul étage. Murs mi-brique mi-pierre. Ni mâchicoulis ni escalier d'honneur. On n'y invite que des amis rigoureusement sélectionnés. Domaine réservé. Cinq fermes en dépendent. Quatre sont baillées à des fermiers, *la Rabatterie, le Coup-de-Pied, la Billanderie* et *la Fruiterie*. Anne-Aymone gère directement la cinquième, *la Bercillière*, un « hameau champêtre » de quelque 70 hectares, pour vaches « à stabulation libre », quelques cochons et un jardin potager. C'est « le Colombey au Giscard ». Il arpente durant des heures la campagne. A grandes enjambées, il s'en va longer le Rondy, beau ruisseau. Suivi de ses deux labradors, Jugurtha et Beauty, il contourne le moulin où habite le régisseur, puis s'enfonce dans les taillis, fusil dans la saignée du bras, en compagnie du garde-chasse. Volontiers, avec son fils Henri, le conseiller général, sans doute futur député, il dîne au tout voisin Hôtel du Commerce, à cuisine maison, ou, non loin, à l'Auberge paysanne de Lavardin, célèbre pour sa pêche Salammbô. Il écrit ses discours ou ses livres dans la bibliothèque, tout en boiserie, décorée d'aquarelles bleu et gris du XVIIIe siècle qui représentent l'Élysée. C'est dans cette pièce qu'il regarde la télé, notamment les matches du tournoi des Cinq Nations et les exploits de la bande à Platini, tandis que sa femme, en jean, taille ses rosiers ou joue avec son cocker, Bambou. L'été, on s'assemble autour de la piscine, que cernent des framboisiers. Le soir, on joue au scrabble, on regarde des photos, on musarde devant la télé, on fait un billard. Rien qui prête à scandale. Mais une campagne de plus en plus virulente s'organise, contre la « vie de château », « le luxe qui se cache », les « secrets qui doivent peser trop lourd ».

A l'Élysée, aux repas, le service a consigne, dit-on, de servir Giscard en premier, même avant ses invités, même avant les dames. Comme le Roi-Soleil. Même quand Sa Majesté déjeune en tête-à-tête avec Helmut Schmidt, Sa Majesté aurait droit au premier service. Même Margaret Thatcher, comme l'écrit un journal anglais, aurait « subi l'outrage ». Indiscutablement, une telle étiquette, en plein XXe siècle, est une faute indicible.

Un jour, il s'étonne devant moi que, d'une part, les Français le jugent princier, hautain, voire royal, que, d'autre part, les mêmes lui fassent procès de démagogie quand il va dîner chez des Français moyens, « pour mieux connaître la France profonde », ou invite à son petit déjeuner des éboueurs, ou travaille en pull comme tout un chacun. Il se trompe deux fois. D'une part, quand il joue trop ostensiblement au roi de Versailles, il heurte un sentiment très profond de la masse des républicains : affront à Marianne. D'autre part, une chose est de travailler en polo, autre chose est de se faire photographier en train de travailler en polo. Une chose est le naturel, autre chose la comédie, ou l'ostentation. Si le peuple n'aime pas que son Président joue au roi, il n'aime pas davantage qu'il joue au valet. Si tu es Président, reste Président. Ne joue ni au roi ni au fils du peuple, que tu ne seras jamais. Le peuple sait parfaitement qui tu es. Ne donne pas l'impression de vouloir lui donner le change. Le vrai peuple est digne : évite de lui faire croire que tu peux abdiquer le moindre peu de ta propre dignité. Ainsi, en croyant au départ bien faire, dans l'opinion, Giscard perd-il sur les deux tableaux.

Le serrement de mains à un prisonnier de Lyon part d'un bon sentiment. Malheureusement, il intervient à contretemps. Dans une époque où le banditisme se développe dans des proportions effrayantes, où l'atmosphère de l'opinion publique est plutôt à une extrême sévérité, et où toute la société peut se sentir menacée, voilà encore de quoi présenter le Président comme trop faible.

De par le monde, il y a des millions de chasseurs. Valéry Giscard d'Estaing est de ceux-là. Il a la passion de la chasse. Il figure même à Londres dans le *Rowland Ward's* à côté des plus grands chasseurs de la planète, princes et maharajah, avec à son tableau buffles, antilopes, petits koudous, cobs onctueux. Il ne manque aucune chasse présidentielle, de Marly à Rambouillet. Il adore aller forcer le sanglier ou le cerf à Chambord. On peut apprendre qu'il a chassé le loup et le bison dans les plaines de Pologne avec Gierek. Il va le plus souvent possible en Afrique, de préférence chasser dans la réserve de Sete Cama au Gabon, tenue par Maurice Patry, ou celle du triangle Obo-Zemio-Bangassou, à la frontière du Centrafrique et du Soudan. Armé de sa 458 Weatherby, il traque les éléphants à la trace, sur le sillage du pisteur Abdoulaye, de la tribu des Zandés, à suivre ce que les indigènes appellent le « cabinet » des fauves (les excréments) et les traces de « pieds frais ». Les adversaires auront tôt fait d'exploiter une telle passion contre lui. Ou bien on lui reproche trop d'absences. C'est Pierre Gaxotte disant : « La chasse a perdu Louis XVI. Il serait fâcheux, si des troubles graves se produisaient en France, qu'on ne puisse joindre le Président que par tam-tam. » Ou bien on va racontant que rien ne le retient dans sa « fureur de tuer », même capable d'abattre des spécimens d'espèces rares, tel ours brun, *Ursus Arctos*, ursidé en voie de disparition, tel cob de Buffon ou tel buffle équinoxial, superbe bête dont les cornes atteignent un mètre d'envergure. Il y a scandale très exploité à la nouvelle qu'en un seul jour, le 24 octobre 1976, 1 200 faisans sont foudroyés au château de Rambouillet.

Une fois, il se distrait à jouer capitaine avant-centre d'une équipe de football formée de conseillers municipaux de Chamalières, contre le *Dynamic Commerce Club* de la ville, à l'occasion de la fête communale. Il est alors ministre des Finances. Il a 47 ans. En maillot rouge, short blanc et chaussettes à rayures, il shoote, feinte, crochète, dribble, et marque un penalty, ce qui vaut un 2 à 2 final. Les photographes peuvent même le surprendre à la douche. La péripétie est plutôt sympathique. Elle-même est exploitée dans une campagne qui ne va plus cesser de s'amplifier contre sa « légèreté », son manque de sérieux ou de fixité.

Évoquant le rugby et les multiples gambades de Chaban, on dit que Giscard, à son tour, « chabanise ».

L'administration des impôts engage une impitoyable action contre un illustre professeur de médecine à qui, en finale, on va jusqu'à arracher la Légion d'honneur. On rappelle les immenses bienfaits rendus par le professeur, spécialiste d'opérations orthopédiques. On s'émeut des méthodes d'inquisition employées. C'est assez pour jeter contre Giscard une vaste part du corps médical.

Tout cela s'ajoutera aux handicaps proprement politiques, quand viendra l'heure des comptes.

Or, à y bien regarder, les handicaps en question sont lourds.

Jacques Chirac et l'ensemble du RPR se seront livrés à une terrible campagne de sape et d'usure durant cinq années. Il n'y a pas eu relâche. Même si le règlement a obligé les députés chiraquiens à voter le budget et si l'esprit majoritaire a été maintenu dans les élections municipales, cantonales et législatives, l'hostilité à la personne même du Président aura été incessante. Les blessures qui en restent sont graves.

La Constitution est telle que le Président ne peut se passer d'une grande armée de militants. Il ne lui suffit pas d'avoir du talent, du caractère, un Premier ministre loyal, l'attachement des ministres, et le vote plus ou moins factice (en l'occurrence) des députés. Il lui faut des milliers de fidèles pour entretenir la flamme dans les profondeurs du pays. Or, le Président n'a pas su, ou pu se constituer de telles phalanges. Il ne dispose en vérité que d'un faible club. C'est dérisoire.

Il y a usure de l'ensemble du régime. Même si les chiraquiens mènent au sein de la majorité une véritable guerre civile, c'est globalement, comme héritiers communs des gaullistes, que chiraquiens et giscardiens sont jugés : pour un pêcheur du Finistère comme pour un vigneron du Var ou un montagnard des Savoies, ils sont depuis 1958 « dans le même sac ». Or, non seulement Giscard n'arrivera jamais à trouver ou à négocier une paix avec Chirac, mais il sera jugé sur l'ensemble de l'œuvre de la Cinquième République depuis vingt-trois ans, un quart de siècle. Socialistes, communistes et radicaux disent des trois gestions de Gaulle, Pompidou et Giscard : « C'est du pareil au même. » D'où vient un slogan qui porte : « Vingt-trois ans, c'est trop ! »

Il y a effet trop de défaites aux élections municipales et cantonales. Si la gauche n'a pu gagner aucune bataille nationale depuis 1958, elle a en revanche installé, avec maires et conseillers généraux, d'innombrables forteresses, qui ne peuvent qu'être décisives un jour ou l'autre. Les sous-offs de la nation seraient à eux seuls capables de faire pencher la balance.

Il y a la campagne des diams. Car il y va de toute une campagne, voulue et programmée. L'affaire se découvre en octobre 1979, à un an et demi de l'élection présidentielle. *Le Canard enchaîné* révèle qu'en 1973 Valéry Giscard d'Estaing, alors ministre des Finances, a reçu du dictateur centrafricain Jean Bedel Bokassa, plus tard empereur (renversé le 21 septembre 1979 sur opération montée à Paris sous autorité de l'Élysée, aux suites de massacres d'enfants dans les prisons de Bangui) une plaquette de diamants, d'une valeur d'environ un million de francs lourds. Les révélations sont reprises et amplifiées par la presse, notamment par *le Monde* : au vu de documents fournis par le secrétariat de l'empereur déchu, Valéry Giscard d'Estaing ne serait pas le seul à avoir reçu des diamants; son frère Olivier, leurs deux cousins germains François et Jacques, deux ministres, Robert Galley, à la Coopération, et Yvon Bourges, à la Défense, ainsi que René Journiac, conseiller technique à la présidence, en auraient aussi reçu. On oublie de souligner que Galley, Bourges et Journiac ont joué un rôle actif dans la déposition de Bokassa, qui a donc de bonnes raisons de se venger par tous moyens contre eux de son échec. On reproche aux bénéficiaires de ne pas avoir déclaré lesdits diamants en douane. En vain l'AFP publie-t-elle un communiqué de l'Élysée affirmant que ces cadeaux sont loin d'avoir la valeur qu'on leur attribue; en vain Giscard, au cours d'une interview télévisée, tient-il à opposer à de telles révélations un démenti « catégorique et méprisant »; en vain les parents de Giscard obtiennent-ils raison dans un procès pour diffamation, l'affaire prend irrésistiblement des dimensions de scandale. Chansonniers, échotiers, caricaturistes, adversaires s'en emparent à qui mieux mieux.

Raymond Barre est mal utilisé dans le plan de campagne. C'est que Giscard a pu se demander s'il fallait changer de Premier ministre. Cela s'est passé en juin 1980. Il a consulté quelques amis intimes sur une telle éventualité. Oui, ont dit les uns, parce que Raymond Barre manie la matière politique avec trop de rudesse, voire trop de brutalité, prend trop volontiers l'opinion à rebrousse-poil, est devenu trop impopulaire, s'est même mis mal avec plusieurs de ses ministres, n'a pas réussi à recoller les morceaux entre Giscard et les gaullistes, et veut donner la leçon de son très haut, alors que les résultats de sa gestion sont loin du

« miracle de la Marne » qui était attendu de lui. Pour eux, Barre est un handicap. Non, protestent les autres (dont j'ai été), Barre a un prestige international irremplaçable, auquel aucun nouveau venu ne saurait prétendre; alors que lui-même, foncièrement gaulliste, en tout cas le plus gaulliste des giscardiens, très estimé du général de Gaulle, n'a pas réussi à réconcilier Giscard avec Chirac, aucun autre Premier ministre n'y parviendra; le divorce Chirac-Giscard a atteint un point de non-retour, il faut en prendre son parti; par ailleurs, Barre est en profondeur moins impopulaire qu'on ne dit chez les petits stratèges; on l'a vu littéralement écraser Mitterrand dans un mémorable face-à-face télévisé; Barre, loin d'être un handicap, est un atout. (J'en ai parlé personnellement tout un après-midi, dans son bureau de l'Élysée.) Or, Giscard a finalement opté pour l'avis des seconds contre celui des premiers. Mais, durant toute l'année préélectorale, il aura comme « caché » Barre. Il le laisse dans un placard. Ou bien, il devrait carrément s'en séparer, et faire appel à un Premier ministre de style plus populaire. Ou bien, il devrait, le gardant, l'utiliser à fond dans le combat, en toute première ligne. Il ne fait ni ceci ni cela. Il le conserve, mais sous éteignoir. C'est cumuler deux inconvénients : sans cesser de déplaire aux détracteurs de Barre, il se prive de l'aide totale d'un Premier ministre pourtant formidable combattant.

Il y a le fait sociologique. Nous avons là une France qui n'a aucun rapport de structures avec la France de 1930 et même avec la France de 1950. Les paysans constituent à peine 7 % de la population : encore doivent-ils être souvent eux-mêmes, désormais, industriels, mécaniciens, chimistes, et, pour la plupart, syndicalisés ou « coopératisés » entrent-ils eux-mêmes dans un esprit collectivisé. Plus de 72 % des Français actifs sont des employés. Dans une époque où on ne dénonce pas assez puissamment les méfaits de l'étatisme, ou de la bureaucratie outrancière, voilà une France qui, dans ses réflexes professionnels, est plus portée à voter dirigiste que libéral.

Il y a la chance qui se renverse. Jusque-là Giscard a été fils de la chance, Mitterrand le prototype du guignard, du porte-malheur. Or tout semble soudain se mettre à jouer contre Giscard, même le pire, même le meilleur. Le pire ? Au fond, le plus dur handicap sera venu pour lui de Carter. Son septennat aura coïncidé avec les quatre ans du Président américain le plus lamentable, le plus désarmé vis-à-vis de tous problèmes, un « absent » permanent. Il aura fallu faire la politique de l'Occident avec la puissance américaine et les cerveaux européens. Forcément, il en est venu le sentiment d'une démission générale de tout l'Occident, d'une défaillance générale de tous les chefs des nations occidentales. L'Occident s'est senti mal protégé, trop vulnérable. Le meilleur ? Par exemple, l'entrevue de 1980 avec Leonid Brejnev à Varsovie. Fin 1979, les Soviétiques entreprennent une vaste opération militaire en Afghanistan, en violation flagrante de tous les droits de l'homme et des peuples. Il est absolument capital qu'un chef de l'Occident exprime directement au maître du Kremlin l'opinion des peuples libres. Helmut Schmidt ne le peut pas, parce qu'il est prisonnier de Berlin. Carter, ça serait un désastre. Seul Valéry Giscard d'Estaing est à même d'assurer un tel devoir. Il prend aussitôt l'initiative de la rencontre avec le premier soviétique. Il propose Vienne ou Varsovie. Il va pouvoir parler au nom de tout le camp de la liberté. C'est du grand joué. Mais voilà que les adversaires de tous azimuts réussissent à présenter l'initiative comme une sorte de démission, d'affaissement, de Canossa.

Les giscardiens commettent la même erreur que les gaullistes en 1965 : ils tiennent pour une chance inespérée que François Mitterrand, l'éternel perdant, soit à nouveau candidat. De plus, le nom seul de Mitterrand est traditionnellement si synonyme d'horreur pour tout le camp gaulliste que les giscardiens se disent qu'au second tour toute la masse gaulliste se mobilisera automatiquement, d'instinct, contre l'homme qui n'aura jamais cessé de combattre le Général. Ils se trompent doublement. D'une part, Mitterrand se bat avec l'énergie du désespoir, trop conscient de jouer sa dernière carte. D'autre part, chez un certain nombre de gaullistes ou de gaullo-chiraquiens, placés à un carrefour stratégique de la bataille électorale, la haine contre Giscard va être encore plus forte que la haine contre Mitterrand.

Enfin joue l'espérance, la formidable espérance de tout le « peuple de gauche ». Peu importe si Mitterrand, au départ en position de beaucoup douter de l'issue de ce nouveau combat, établit une liste de 110 propositions, qui relèvent pour la plupart de l'irréalisable, du « château en Espagne ». Peu importe également si les socialistes prennent le pari d'un orgueil dont les effets pourront plus tard se retourner contre eux, bâtissant toute une campagne contre « les incapables qui nous gouvernent », n'ayant que mépris pour l'équipe « sortante », et s'affichant comme capables, d'un seul coup de baguette magique, de transformer l'enfer en paradis. L'envoûtement joue. Une fantastique ferveur va soulever une grande part de la nation.

Dès lors, l'élection 1981 ne peut être la répétition de l'élection 1974.

Les candidats sont au nombre de dix sur la ligne de départ.

Valéry Giscard d'Estaing se représente, sans avoir beaucoup hésité, fort de sondages qui lui sont tous au départ favorables.

Le RPR soutient naturellement Jacques Chirac.

Les socialistes représentent François Mitterrand.

Les communistes ont leur propre candidat, Georges Marchais, 61 ans. Fils d'un ouvrier carrier — et non d'un mineur, comme le disent certaines biographies —, il naît en Normandie, à La Hoguette, près de Falaise. Rien n'annonce un futur révolutionnaire, même s'il prêtera à son père un certain « fond anarchiste ». Du fait de sa mère, qui est catholique très pratiquante, l'enfant est baptisé et est même enfant de chœur jusqu'à la communion solennelle. (Il respectera la volonté de sa mère en lui assurant en janvier 1974 des obsèques religieuses.) Il se marie tout classiquement en 1941 avec Paulette Noettinger, qui lui donne trois filles, ne divorçant que bien après la guerre et ne se remariant que bien plus tard encore, avec une militante, Liliane Grelot, épouse Garcia Ortitz par son premier mariage. Il effectue des études primaires convenables, jusqu'au brevet élémentaire compris, même si ses camarades de La Hoguette le trouvent du genre plutôt hargneux. Il manque se vouer à être instituteur. Il y renonce pour, sur recommandation d'un beau-frère, après trois ans dans une entreprise de décolletage, entrer comme mécanicien ajusteur à la Société nationale de construction aéronautique du Centre (S.N.C.A.C.). On le retrouve ensuite chez Renault, début juillet 40, puis en octobre chez AGO (Aktion Gesellschaft Otto), une firme allemande installée à Bièvres pour y travailler sur les moteurs d'avions de chasse Focke Wulf 190. Dans des conditions qui prêteront plus tard à d'ardentes polémiques, et où, en tout cas, Vichy ne joue aucun rôle, puisque les ouvriers de l'AGO ne relèvent que des autorités allemandes, il part travailler en Allemagne, à l'usine Messerschmitt de Leipheim, près d'Augsbourg. Obtenant une permission en 1943 grâce à des papiers de convenance, il se garde simplement, une fois en France, de renouveler son contrat. Il se blottit avec de faux certificats chez des amis ou dans des fermes. (Ses détracteurs soutiennent, quant à eux, qu'il travaille en Allemagne jusqu'en mai 1944 au moins, et ses détracteurs ne sont pas de pacotille, soit qu'ils lui reprochent d'avoir été travailleur volontaire en Allemagne, soit qu'ils lui fassent grief de n'avoir participé « à aucun des combats vitaux du parti ». Ainsi témoignent Roger Garaudy et l'ancien ministre Charles Tillon, l'écrivain Maurice Kriegel-Valrimont et Auguste Lecœur, ancien secrétaire général adjoint de Maurice Thorez.) Quoi qu'il en soit, Marchais n'adhère au parti communiste qu'en 1947, à 27 ans. Mais, dès lors, il « monte » vite, non sans probablement connaître des saisons de préparation intense dans les écoles du parti ou des stages à Moscou. Dès 1956, il est membre suppléant du Comité central. Dès 1959, apparemment protégé par l'équipe Thorez, il est membre du bureau politique. Dès 1961, il est secrétaire du Comité central, chargé du travail d'organisation. Dès 1970, il est secrétaire général adjoint, négociant et signant à ce titre le Programme commun. Dès cette même année, le 10 décembre, au XXe Congrès, il est élu secrétaire général, en remplacement de Waldeck Rochet malade, avant de se faire élire député du Val-de-Marne, dans la circonscription d'Arcueil-Villejuif que lui cède Marie-Claude Vaillant-Couturier. En 1979, tête de la liste communiste pour les élections européennes, il est élu député au Parlement de Strasbourg. Surnom : le grand Jojo. Sport : la bicyclette. Distraction préférée : le jardinage. Essentiellement, c'est un batailleur, traitant promptement de « canailles » ou de « paltoquets » journalistes ou contradicteurs. « L'outrance est sa façon de dire bonjour », peut dire Mitterrand. Le personnage s'impose vite comme une vedette télé à part entière. Forte stature de cosaque de la garde, poil noir qui va se raréfiant, front d'aurochs, mâchoire en avant, regard dominateur, plat de la main qui balaie toutes les contradictions, verbe trompettant, façon irrésistible de prononcer son « c'est un scandââââle... », et tout à fait fils du peuple déchaîné, les communistes, malgré les polémiques qui le harcèlent, n'auraient pu trouver candidat plus représentatif. Et pourquoi un candidat, alors qu'il n'y a eu de candidat ni en 1965 ni en 1974 ? Tout simplement parce que les communistes réalisent que l'élection présidentielle est devenue le fait primordial de toute la vie politique française, et qu'il est trop préjudiciable au parti de ne pas figurer en tant que tel dans une telle compétition. Ajoutons que les communistes n'ont jamais guère tellement aimé ou apprécié le dénommé François Mitterrand...

Arlette Laguiller est à nouveau l'interprète des gauchistes. Programme : lutter contre les agressions de la bourgeoisie et les méfaits du pouvoir capitaliste; défendre les ouvriers contre la crise; soutenir la cause des femmes, des travailleurs révolutionnaires et des oubliés de la croissance.

Huguette Bouchardeau, 46 ans, est candidate du PSU, dont elle est secrétaire générale. Agrégée de philosophie. Un regard à songes, dans un long visage tout en élans, front lumineux, nez effilé, menton qui suit. L'idéaliste idéologue pure, d'une éloquence trop précipitée.

Marie-France Garaud, 47 ans, est candidate d'elle-même. C'est qu'elle se situe à la fois contre Giscard et contre Chirac, avec qui elle a rompu dans l'intervalle. Déçue du chiraquisme. Déçue plus encore de l'ensemble des hommes politiques, dont aucun ne lui paraît assez clairvoyant ni assez vigoureux. Elle agit donc en dehors de tout patronage, et en dehors de tout parti. Superbe animal solitaire. Elle crève l'écran, s'extasient les cameramen. Elle manie les phrases comme autant de flèches. Chaque coup semble porter. Les analyses sont simples, faciles à comprendre. La voix, pleine, tantôt roucoulante, tantôt martelante, exprime on ne sait quelle sensualité profonde. Du grand art, avec un puissant magnétisme. Mais pour qui roule la championne ? personne n'a la réponse. Elle en laisse un certain malaise. On ne peut deviner à qui elle se donnera, au second tour. A la regarder aussi, sur petit écran, maniant ses belles mains, arrondissant ses lèvres, veloutant son regard, on se surprend à se dire que c'est ça qu'elle préfère : après de longues années trop confinée dans la pénombre des coulisses, se délecter à pleine lumière... Ses délices sur le petit écran sont encore plus fortes que la foi antisoviétique dont elle se transporte. Force est aussi de conclure qu'il est dommage qu'une femme d'une si haute classe ne trouve ni vraie cause ni vrai maître de pensée à servir.

Michel Debré, 69 ans, relève le défi chiraquien, et décide d'en appeler au gaullisme pur et dur, nonobstant les mille et un adversaires qui le surnomment, du fait d'une hargne depuis longtemps légendaire, « l'Amer Michel », ou bien, pour la dévotion qu'il voua à son idole, « le Fidèle Castré ». Il a bien des titres à tenter sa chance. Il est le symbole même de la fidélité à une certaine idée de la France : il a eu un attachement si absolu pour le général de Gaulle qu'il lui a même sacrifié la cause de l'Algérie française. Il est d'une intraitable honnêteté. Il appartient à une famille universellement désignée comme toute de dignité, marié avec une femme, née Anne-Marie Lemaresquier, qui est l'une des plus fines compagnes qu'homme politique puisse rêver. (Il a fait sa connaissance, l'année du Front populaire, en jouant du Labiche dans un théâtre d'amateurs ! C'était dans *Le plus heureux des trois*; lui tenait le rôle d'Ernest, elle interprétait l'infidèle

Hermance.) Il est l'un des hommes de confiance du Général durant la Résistance, en particulier chargé de préparer la liste des préfets de la Libération. Il est l'un des animateurs du long combat des gaullistes contre la Quatrième République. Il est engagé à fond dans ce que les antigaullistes appellent le complot du 13 mai. Il est l'inventeur de l'ENA. Il est le vrai bâtisseur, le maçon, de la Constitution de la Cinquième République. Battu comme député dans ses terres d'Amboise, dont il reste pourtant maire, il se rétablit vite en se faisant adopter par La Réunion : Bon's Oreille, l'appellent ses nouveaux électeurs. Après avoir été Premier ministre, il continue de figurer au « pouvoir gaulliste », successivement ministre des Finances, ministre des Affaires étrangères et ministre de la Défense nationale. Il sait s'effacer dans l'élection de 1969 devant Pompidou, dans celle de 1974 devant Chaban. Longtemps, il aura figuré comme le phare du gaullisme. « Michou la Colère », comme on le surnomme aussi, campe finalement un modèle assez impressionnant d'homme d'État, il restera comme l'un des plus passionnés serviteurs de son pays, et il y a de la sorte quelque chose d'émouvant dans sa volonté fière et désespérée de rester candidat, même quand son cher Rassemblement lui préfère un candidat des nouvelles générations. Enfin, il est l'auteur de livres de combat ou de réflexion qui ont pu fortement marquer des hommes de son temps, *Refaire la France, la Mort de l'État républicain, Ces princes qui nous gouvernent* (les rois maudits de la Quatrième), *Au service de la Nation, Une Certaine Idée de la France, le Gaullisme*. Mais il est tout près du seuil des 70 ans. A certains égards, il semble dater. Il n'est pas loin d'être classé comme personnage historique, portrait de galerie. Cet homme qui, en même temps qu'il peut être l'ami le plus sûr, peut être dans le privé un interlocuteur enjoué, sensible, vif, à l'occasion drôle, capable de parler en connaisseur doué des vins de Loire, de Louis XI et de Clouet, est trop sermonnaire, trop cardinal flamboyant à la télévision. Il s'emporte. Il fulmine. Il menace. Il manie comme ensorcelé imprécations, accusations, indignations, excommunications. Ce personnage, qui peut procéder aux analyses les plus subtiles, ne semble être lui-même que dans l'expression sismique. Or, la télévision ne déteste rien tant que l'outrance.

Brice Lalonde, 35 ans, est écologiste. Parce que né à Neuilly-sur-Seine ? Parce que fils d'un négociant en laine, Alsacien exilé dans l'air de Paris, et d'une Britannique, championne internationale de concours hippique ? Parce qu'il a respiré trop de vapeurs de plomb, comme correcteur dans des imprimeries ? Parce qu'il milite durant plusieurs années dans un PSU qui mène volontiers des guerres contre les pollutions ? Parce que le hasard accompagne ce Parisien à l'association des Amis de la Terre ? Parce qu'en 1973, avec le général de la Bollardière et Jean-Jacques Servan-Schreiber, il s'embarque sur un voilier dans le Pacifique pour protester contre les essais nucléaires de Mururoa, écologiste par pacifisme ? Parce qu'il entend des voix inconnues ? Quoi qu'il en soit, il engage dans sa croisade une belle foi. Il en vient à en gagner une certaine place dans le paysage français. Il a le regard agneau. Il a le visage ange. Il a voix d'église, plus portée à être pleureuse que provocante. Il a toujours l'air de s'excuser d'être là, même si en secret il peut nourrir un culot phénoménal. Il a des cheveux abandonnés au caprice des vents. Il a le sourire dolent. Il peut parvenir à émouvoir, même si ses premiers mots d'ordre sont sur trompette. Programme : les écologistes doivent passer du témoignage au combat. Slogan : de l'écologie bobo à l'écologie costaud.

Enfin, les radicaux de gauche ont décidé eux aussi de présenter un candidat selon leur plein cœur, tant pis si le géant allié socialiste en est peu satisfait. Il s'agit de leur président, Michel Crépeau, Vendéen d'origine, 51 ans, fils d'un inspecteur de l'enseignement primaire, lui avocat, maire de La Rochelle depuis dix ans, député de la Charente-Maritime depuis peu, un passionné de navigation, écologiste du grand large, style curieusement à la fois nerveux et tranquille, avec une voix à la fois volubile et tempérée, sans que l'on puisse percevoir quel est l'élément dominant, de la dose d'emportement, ou de la mesure d'assagissement. Œil fureteur. Nez pour fourmilier. Sourire de curé malin. Programme : à nous les partisans d'une gauche libérale et non étatiste.

Encore avons-nous failli avoir un onzième candidat : Coluche — Michel Colucchi, dit Coluche. Papa peintre en bâtiment, d'origine italienne. Maman fleuriste. 37 ans. Études : école communale de Montrouge. Diplômes : même pas le certificat d'études, raté. Carrière : successivement garçon fleuriste, télégraphiste, plongeur, étalagiste-photographe, chanteur sur terrasses des cafés. Portrait : un crâne en boule de billard, rasé à la bagnard; des yeux en boules de loto, qui tournent, qui tournent; des joues rebondies en ballon de basket; bouche arrondie en cul de poule. Coquetterie : l'intempérance de langage. Spécialité : des attaques au vitriol contre tout ce qui passe, Belges, Bourgeois, Excellences,

Flics, Connards, le tout en style connard. Le génie de la farce accablante. Il fait un malheur dès ses 30 ans à l'Olympia, puis à Bobino. Son disque, le « Schmilblick » passe le million d'exemplaires. Il triomphe sur *Europe 1*, dont les vitres tremblent. Il saccage le magasin du type qui a voulu le rouler. Il insulte l'agent qui le verbalise pour avoir brûlé un feu rouge. Coût : une belle amende. Commentaire : « 3 000 francs, à ce prix-là, on peut s'offrir un agent. » Il est candidat dès octobre 1980. Il est sans délai soutenu par Gérard Nicoud, porte-parole des petits commerçants, puis par les « philosophes révolutionnaires », *Libération* et *Charlie-Hebdo*. Selon un sondage de *Paris-Match*, les électeurs jugent la candidature de Coluche comme le troisième des événements les plus importants de l'année. Programme : le « programme du candidat nul », autrement dit : « la France est divisée en deux; avec moi, elle sera pliée en quatre ». Simplement, Coluche n'arrive pas à réunir les conditions légales requises pour être candidat. Il doit renoncer — du moins s'étant signalé comme l'une des toutes premières vedettes du show-business à avoir revendiqué un rôle retentissant dans la vie du forum. Après lui, on en comptera bien d'autres...

Ainsi, de toute manière, avons-nous en présence dix candidats — Jean-Marie Le Pen lui-même n'ayant pu faire admettre sa candidature dans les conditions légales.

La campagne est simple, sans tempêtes.

Elle ne prête à aucun débat sensationnel, ni à aucune observation particulière, sauf à retenir que Valéry Giscard d'Estaing a à subir les attaques de ses neuf adversaires.

Jacques Chirac orchestre une campagne dynamique, à sa manière, solidement soutenue par Pierre Messmer et Maurice Schumann.

Georges Marchais se dépense beaucoup en meetings qui se veulent nationalement spectaculaires.

Mitterrand veut être principalement efficace, ménageant ses efforts pour le second tour, exploitant facilement le désaccord Giscard-Chirac.

Giscard lui-même effectue une campagne en demi-teinte, trop sûr que le principal duel est pour le second tour.

La seule surprise du scrutin vient du résultat du parti communiste, qui s'affaisse.

Résultats

1. Valéry Giscard d'Estaing	8 222 432	28,31 %
2. François Mitterrand	7 505 960	25,85 %
3. Jacques Chirac	5 225 846	17,99 %
4. Georges Marchais	4 456 922	15,34 %
5. Brice Lalonde	1 126 254	3,87 %
6. Arlette Laguiller	668 057	2,30 %
7. Michel Crépeau	642 777	2,21 %
8. Michel Debré	481 821	1,66 %
9. Marie-France Garaud	386 623	1,33 %
10. Huguette Bouchardeau	321 344	1,10 %

Malheureusement pour Valéry Giscard d'Estaing, au second tour, le report « logique » des voix est loin de s'effectuer en sa faveur.

Jacques Chirac refuse à l'évidence de se désister clair et net.

Nombre de militants chiraquiens font voter ouvertement pour le candidat socialiste : certains observateurs font même remarquer que certains stratèges du RPR auront pu imaginer une savante tactique consistant à faire battre Giscard, puis, profitant d'un sursaut du pays, à gagner les élections législatives (Mitterrand s'est engagé, une fois élu, à dissoudre l'Assemblée nationale), à mettre Mitterrand à son tour en difficulté et à laisser dès lors la route libre au leader du RPR pour toute la suite.

En tout cas, les militants du RPR ne se mobilisent pas pour le second tour, alors qu'ils se battirent superbement pour faire gagner par la majorité les élections législatives de 1978. En particulier, ils manquent à la surveillance des urnes et des opérations de dépouillement des bulletins de vote. L'appareil giscardien est bien trop léger pour y pourvoir à lui seul. Quand on pense aux trafics de vaste dimension qui seront révélés, sous règne de Mitterrand, à l'issue des élections municipales de mars 1983, et aux dissolutions de conseils municipaux qui s'ensuivront, il y a de quoi s'interroger sur ce qui peut se passer dans certaines mairies non surveillées. (Selon certains connaisseurs, la fraude pourrait engager plus d'un demi-million de suffrages.)

En revanche, le parti socialiste mobilise dans l'enthousiasme.

Le parti communiste joue à fond le désistement loyal.

Les radicaux de gauche rallient le candidat de gauche.

Arlette Laguiller en fait autant.

On sait de quel côté penche le cœur écologiste de Lalonde.

Enfin, durant toute la quinzaine entre les deux tours, Valéry Giscard d'Estaing n'apparaît pas au mieux de sa forme.

Trop de ferveur manque.

Le face-à-face télévisé, qu'arbitrent Jean Boissonnat et Michèle Cotta, ne tourne pas, à l'inverse de celui de 1974, à son avantage.

Les sondages sont vite révélateurs d'une tornade qui souffle contre Giscard.

Le résultat final confirme.

François Mitterrand l'emporte avec 15 708 262 voix, soit 51,76 %, Valéry Giscard d'Estaing n'est qu'à 14 642 306 voix, soit 48,24 %.

Mai : revers; juin : revanche ? demande aussitôt Alfred Fabre-Luce dans *le Figaro*. Le grand journaliste appelle, par-dessus les querelles de personnes, tous les chefs et militants du camp battu à se rassembler pour, du moins, essayer de gagner les élections législatives. Jean d'Ormesson écrit de même : « Des querelles criminelles ont porté à la tête de la Cinquième République son adversaire le plus constant... Tous ceux qui veulent une France indépendante, libérale et puissante, rejetant toutes divisions,... doivent se rassembler... à quelque famille qu'ils appartiennent, de quelque horizon qu'ils viennent, de quelque passé et de quelque avenir qu'ils se réclament... »

Vœux pieux.

Tout le front des libéraux craque.

La victoire socialiste est encore plus nette aux législatives qu'à l'élection présidentielle.

Elle est même écrasante.

On vote les 14 et 21 juin.

491 sièges sont à pourvoir. Majorité absolue : 246.

Les socialistes et apparentés s'en adjugent 269.

Les communistes réussissent à en sauver 44.

Les radicaux de gauche sont à 14.

On compte 6 divers gauche.

Les communistes ont beau perdre 42 sièges par rapport à l'Assemblée de 1978, la plupart de leurs leaders mordent la poussière. Comme quatre communistes — quatre sur quarante, commente aussitôt *l'Huma* — entrent au gouvernement confié au député-maire socialiste de Lille Pierre Mauroy, la majorité présidentielle s'établit à 333 sièges.

Les chiraquiens reviennent à 85, perdant 70 sièges.

Les giscardiens sont 51 (dont 32 PR et 19 CDS).

Radicaux, giscardiens indépendants, députés CNI et divers droite se comptent 22.

Rarement une telle avalanche.

C'est sous les huées d'une foule hargneuse et mal contenue que Valéry Giscard d'Estaing quitte le palais de l'Élysée après la passation des pouvoirs, et, au volant de sa voiture, en la seule compagnie de son fils Henri, prend la direction de son domicile personnel, rue Bénouville.

« Je n'aurais jamais imaginé mériter tant de haine », murmure-t-il, préservant du moins sous les crachats sa légendaire sérénité...

Quant à l'histoire, que peut-elle retenir de l'ensemble d'une telle vie ?

A coup sûr, l'image d'un personnage aux mille dons.

L'un des mieux comblés de sa génération en cadeaux des hasards.

Le sens le plus élevé de l'Etat, appris de toute une famille de grands commis, puis du général de Gaulle.

Une certaine communion avec une certaine idée d'une France imaginative, créatrice, infatigablement rénovatrice.

Une franche adhésion à l'aventure européenne — jusqu'à pouvoir se camper comme le vrai père de l'écu européen.

Le regret d'avoir laissé une France dangereusement coupée en deux camps.

Une connaissance exceptionnelle de tous les dossiers, avec le regard le plus pénétrant pour juger des plus vastes problèmes de l'univers.

Une grande disposition à faire rayonner son charme.

Le dessin d'un homme assez solitaire, vigilant à préserver ses secrets, l'un des mieux voués à bien entendre son siècle, longtemps grand amant de la télévision, tout surpris, sur la fin du septennat, d'être trahi par elle.

Mais parce qu'il aura aussi peu aimé raconter ses angoisses que les approfondir, il aura paru plus fier qu'en réalité, quasimen.

hautain, et il aura été moins aimé ou admiré qu'il aurait pu l'être.

Parce que ne sachant pas toujours distinguer l'imagination coquette de l'imagination stratégique, il ne sera pas davantage parvenu à mériter la plénitude de l'estime qu'il ambitionna.

Parce que les témoins auront trop souvent confondu la volonté de décrispation avec la mollesse, il n'aura pas toujours su faire apercevoir la vigueur de son caractère.

Il lui aura même manqué sûrement très peu de chose pour arriver à fixer définitivement les titres indiscutables d'un très grand prince.

Ainsi garde-t-il, à n'en pas douter, au plus profond de son cœur, un certain sentiment d'inachevé.

Ainsi pourra-t-on mieux s'expliquer, par la suite, son rêve, plus ou moins confus, plus ou moins repoussé, de reprendre l'œuvre.

FRANÇOIS MITTERRAND

Dans le ciel du Zodiaque, Charles de Gaulle est *Sagittaire*. L'instinct de la grandeur ne le quitte pas. Il n'a jamais d'autre sens, avec son arc et ses flèches, qu'à viser « plus haut que lui ». Le signe a pour favoris les démesurés. Ainsi fournit-il nombre d'aventuriers de la route et du large, Surcouf, Ferdinand de Lesseps, Guynemer, Lindbergh, Mermoz. Ainsi donne-t-il nombre de conquérants et d'hommes à poigne, pas faciles à manier, malcommodes, type Churchill, Clemenceau, Condé, Gustave-Adolphe, Calvin, Lyautey, Franco, Néron, Pilsudski, Christine de Suède. Dans les arts, il n'appelle que gigantisme, tension, sublime, Beethoven, Berlioz, Heredia, ce grand apôtre du virilisme qu'est Kipling, Walt Disney, Pierre Brasseur, Spinoza, ou ce formidable François Broussais, médecin-chef de l'armée napoléonienne, surnommé le Mirabeau de la médecine, qui est peut-être celui à réunir le plus intensément toutes les plus fortes marques, ton prophétique, impétuosité fulgurante, sarcasmes du pamphlétaire impitoyable, superbe du réformateur qui ne croit qu'en lui-même. On pense au mot de Beethoven : « Quand j'entends quelque chose en moi, c'est toujours le grand orchestre. » On relit le *Livre d'Images* de Rilke.

Je voudrais devenir un de ceux-là
qui passent dans la nuit sur des chevaux sauvages
laissant flotter au vent de leur galop
les cheveux dénoués de leurs flambeaux

A moins de se répéter le mot de Jean Mermoz : « Partir d'où l'on veut, quand on veut, et arriver où l'on veut, quand on veut. » Cela vous change de ce que Churchill dit des socialistes : « Les socialistes, c'est comme Christophe Colomb — Quand ils partent, ils ne savent pas où ils vont — Quand ils arrivent, ils ne savent pas où ils sont — Et tout cela, ils le font avec l'argent des autres... » Donc, de Gaulle = gigantisme.

Né à Montboudif le 5 juillet 1911, Georges Pompidou est bien du signe du *Cancer* : tout jeune, il est déjà le nœud de toutes les séductions et de toutes les contradictions, contradiction du dilettantisme et de l'arrivisme, de la flânerie et de l'ambition, de la rêverie et du calcul. Son signe zodiacal l'appelle à être à la fois fidèle et insaisissable, efficace et indolent, joueur et capable d'aller au fond des choses, loquace et secret, aimable et taciturne. Il est en effet tout cela. Et il a autant le goût du détail que le sens des visions amples. Survenu au monde dans la splendeur de l'été et alors que le feu du soleil n'a pas encore incendié toutes les fleurs du printemps, il doit être à l'opposé d'un Staline, d'un de Gaulle, d'un Beethoven ou d'un Churchill, ces fils des tourments de l'hiver, Sagittaires ou Capricornes. Il l'est. Puissance placide, une certaine nonchalance, avec une voix qui peut être aussi confidentielle qu'oratoire, tels sont les traits de l'apparence cancérienne, mais le plus souvent cette indifférence n'est qu'un masque : le cancérien est un sensible froid, un écorché qui se maîtrise. C'est du reste pourquoi il est perpétuellement condamné à trouver l'équilibre entre tous les contraires qu'il porte, rondeur et aigu, glace et feu, permanence et instabilité, zèle et paresse. Étant comme nul autre lymphatique et irritable, ou autant porté au prosaïque qu'au merveilleux, il est tenu de toujours trouver en soi seul la formule alchimique qui résoudra tout, jusqu'à ce qu'il en arrive à ce portrait idéal composé par André Barbault dans son livre sur *le Cancer* (éditions du Seuil) : « Le Cancérien végétatif est assez lent à se mettre en train; c'est un calme qui œuvre dans la régularité de son tempérament paisible, mais il est endurant et résistant. S'il est docile, obéissant à la consigne, soumis aux coutumes de la corporation, il ne convient cependant pas de le bousculer; il se discipline donc facilement et exécute convenablement sa tâche. » Il faut simplement « compter avec sa timidité, c'est-à-dire qu'il faut mettre à sa portée tous les instruments de travail qu'il pourrait ne pas oser demander... » Mais ce même être peut être un redoutable tenace. « La ténacité est sûrement le meilleur atout de sa réussite... *Il réussit silencieusement.* » Autant dire que le Cancérien est, avant tout, un disponible. Il ne saurait *y* avoir plus exacte définition pour Pompidou.

Alain Poher est *Bélier*, frère dans le signe de Jules Ferry, Louis XV, Napoléon III, Thiers, Thorez, Zola et de cet audacieux velléitaire qu'est Charles Maurras. Le jovial intuitif. Il doit à ses étoiles d'être dans le zodiaque le sujet le moins différencié, le plus haut, le plus élémentaire. Vous le voyez paître tout paisiblement dans sa prairie. Il n'a aucun esprit de conquête. Il se satisfait d'herbe classique, d'amours ordinaires, de compagnes sans orgueil. En vérité, il nous cache un surémotif, ce qu'André Barbault, dans ses livres sur le zodiaque, appelle un primaire actif. Il peut soudainement se révéler un puissant dynamique, redoutable improvisateur, fonceur en diable, destructeur des positions réputées des plus fortes : on n'en découvre que mieux le vrai Alain Poher, par exemple quand il mène le combat contre l'envahisseur de Gaulle, au nom du Sénat — la prairie — à sauver. Il a même un côté risque-tout, une telle faculté d'échauffement rapide qu'elle peut lui faire perdre son sens habituel de la mesure et de la prudence, par exemple quand, à la démission du Général, Alain Poher refuse de se limiter à l'exercice de l'intérim et s'élance impétueusement dans l'arène. Rien alors ne l'arrêterait, sauf la défaite. C'est le coup du « J'accuse ! » du si pacifique Zola, d'ordinaire le plus désarmé, le plus précautionneux des bourgeois. On pense au Faune de Mallarmé, en « corps alourdi », de passion « pourpre et déjà mûre... » Le signe est donc encore une fois observé.

Valéry Giscard d'Estaing est *Verseau*, frère de beaucoup de musiciens, sans doute en raison de la sensibilité éthérée du signe, Pergolèse, Mozart, Schubert, Mendelssohn, Chopin, Auric. Mais il n'en est pas moins compagnon aussi d'anticipateurs, tels Wells et Jules Verne, contemplateurs d'images à venir, ou de libertaires raisonnables, de ceux qui ne s'emballent pas, Marivaux, Beaumarchais, Stendhal, Prévert, Voltaire dans son portrait d'écrivain éclairé. Ses peintres frères sont des simples, des lumineux, à la Douanier Rousseau, à la Van Dongen, avec la même sensualité amusée. Ses correspondants chefs d'État sont tempérés, type Charles le Sage, même s'ils ont coquetterie à ne le point paraître, tel Franklin Roosevelt. On ne s'étonne pas de découvrir sous le signe Baden-Powell, créateur du scoutisme. C'est Prévert conseillant : « Il faut donner à chacun une île aux oiseaux. » C'est Brecht cherchant « l'âge d'or où fleurit à peu près l'Équité ». Il y a des risques. « Dans le monde, précise Marivaux, il faut être un peu trop bon pour l'être assez. » Les imprudences sont même nombreuses. Le Verseau se porte trop souvent à la limite de la candeur. Le désir de plaire domine en lui à l'excès. Il est enclin à céder trop facilement devant la sollicitation d'autrui. Il s'abandonne jusqu'à quelque idéalisation systématique d'autrui. Il surestime trop volontiers partenaires et adversaires. En sa profondeur, il croit à la bonté de l'homme. En vérité, il est plus à l'aise dans l'espérance que dans la révolte. A l'opposé du genre titan du Taureau, du Lion ou du Capricorne, expressions des plus gros instincts, il peut être quasiment immatériel, irréel, en même temps que d'une subtilité diaphane. Les passions le caressent sans jamais le posséder. Le fond de son être, comme l'écrit André Barbault, c'est « une transparence, une légèreté, une fluidité tout aériennes ». Génie de la nuance, goût du compromis, ignorance de la haine, religion légère, humanisme élégant, facile à exprimer, telles sont ses vraies marques, avec force délices à planer au-dessus de toutes choses — sauf que, par voie de conséquence, le Verseau peut aussi atteindre un autre trait distinctif, lequel peut ne pas manquer de le faire souffrir, le souci d'originalité. Il se met alors à ne vouloir être à aucun prix comme les autres. A lui du coup l'insolite, voire pas mal d'extravagances, fût-ce avec danger de choquer ou de blesser ses familiers et toute sa classe sociale. Il adore surprendre, étonner, saisir. Il ne peut y résister. Sans doute reste-t-il un non-conformiste sans rage, un anar sans arme, en cravate et costume trois-pièces. Sans doute demeure-t-il d'esprit clair, toujours capable de quelque autocritique, et avec toujours quelque « instinct du devenir ». Mais à vouloir vaille que vaille se dégager du déjà vu et du déjà vécu, il peut lui advenir de graves faux pas.

François Mitterrand est *Scorpion*. On aura à lui apparenter tous hommes d'action briseurs de vitres, agressifs, mordants, depuis Luther jusqu'à Vaillant, l'anarchiste qui lança une bombe en plein hémicycle du Palais-Bourbon, des êtres volontiers conspirateurs, capables des plus éclatants défis au terme de longues ruminations. Ou alors sera-t-il frère des dramaturges on des artistes marqués par le drame, le noir, le fantastique, le macabre. Scorpions : Jules Barbey d'Aurevilly; l'auteur de *l'Homme Révolté*, Albert Camus; l'auteur du film *les Diaboliques*, Henri-Georges Clouzot; Dostoïevski, dont les titres seuls, *Crime et Châtiment*, *Humiliés et Offensés*, *Souvenir de la Maison des Morts*, *la Voie Souterraine*, *les Possédés*, pourraient composer la table des matières d'un grand livre consacré au signe. Le mot le plus juste à leur sujet est de

Clouzot : « Oui, j'aime jouer à cache-cache avec les mots, les idées, les gens. » Le sentiment fondamental est la culpabilité. Ce n'est pas hasard si Mme Dominique Arban titre son livre chez Julliard *Dostoïevski le Coupable.* Josef Goebbels, le ministre de la Propagande du Reich hitlérien, « l'homme le mieux informé d'Europe » dans les années 30 fixe un type de Scorpion pur et plus encore aux dernières heures de sa vie quand il convainc Hitler de la nécessité de mourir, puis donne l'ordre de piquer mortellement ses six enfants, s'enferme dans sa chambre en compagnie de sa femme Magda et périt avec elle tout en s'anéantissant dans les flammes. Louis Jouvet ne semble vouloir que des rôles adaptés à sa nature scipionnesque, *les Bas-Fonds, Drôle de Drame, Hôtel du Nord, la Charrette Fantôme, le Misanthrope, Don Juan,* parole incisive ou martelante, regard saurien, inquisiteur sarcastique. André Malraux, marqué de tous les feux de l'Hadès, aurait pu faire lui aussi sa « saison en enfer ». André Barbault peut expliquer son exaltation de la volonté par « l'effort désespéré pour se délivrer des monstres qui le hantent ». Le témoin n'a plus à s'étonner si l'œuvre de Malraux fourmille de grands suppliciés, Klein des *Conquérants,* Grabot dans *la Voie Royale,* le prisonnier fouetté du *Temps du Mépris,* les communistes chinois jetés dans les chaudières des locomotives, le fou torturé dans *la Condition Humaine,* les soldats asphyxiés dans *la Lutte avec l'Ange.* Le destin de ce signe dramatique entre tous est de malédiction et de souffrance, la mort n'étant par surcroît que l'« irréfutable preuve de l'absurdité de la vie ». Je veux laisser une cicatrice sur cette carte, fait dire Malraux à Perken. Scorpions toujours : le trouble Picasso, faux joyeux; le virtuose infernal Paganini; l'ensorcelant Edgar Poe; le tourmenté Auguste Rodin. *Je voudrais être bourreau,* tel est le titre d'une nouvelle de Villiers de l'Isle-Adam qui va jusqu'à imaginer un amateur de trépas allant de ville en ville essayer de soudoyer les exécuteurs de guillotine afin d'opérer à leur place. Pour mieux connaître Mitterrand, un hebdomadaire pousse la curiosité jusqu'à consulter *Astroflash,* une société des Champs-Élysées qui établit des études psycho-astrologiques par ordinateur sur simple indication de la date, de l'heure et du lieu de naissance. La réponse corrobore assez l'analyse générale que Barbault fait du signe. Première réponse d'*Astroflash* : « Artiste du verbe, mais capable de pratiquer aussi un mutisme forcené. » Deuxième réponse : « Personnage énigmatique et déroutant, même pour l'entourage immédiat. » Autres éléments de réponse : « Forte cérébralité et tendance au secret... Charmeur rancunier...

Les contradictions de son humeur et de sa sensibilité l'incitent à se montrer tour à tour charmeur et turbulent, aussi inventif en matière de séduction qu'en matière d'insolence verbale... Dard dur... Complexe de la persécution avec une propension à développer des sentiments d'exclusion à s'imaginer mal venu ou mal accepté... » Prince de l'équivoque et de l'anxiété, répond encore l'ordinateur, « *capable d'inventer n'importe quoi pour tenir ses spectateurs en haleine...* opportuniste plus sensible aux modes politiques qu'au dogmatisme idéologique... jusqu'à devenir prisonnier de ses dilemmes, se placer le plus souvent devant des choix angoissants ». De fait, le Scorpion type est un farouche individualiste, rétif à toute contrainte, jaloux de toutes ses libertés. Plus on le contrarie dans son refus, plus il s'obstine dans sa révolte. Il ne supporte aucune intrusion. Fièrement réfractaire, il se rit de tous anathèmes, crachats, insultes, imprécations. Loin de chercher systématiquement à plaire, il jouirait plutôt, du coup, à inspirer plus de soupçon ou de haine. On pense irrésistiblement à un dialogue de Malraux dans *les Conquérants.*

— Je veux — tu entends ? — une certaine forme de la puissance; et je l'obtiendrai ou tant pis pour moi.

— Tant pis si c'est manqué ?

— Si c'est manqué je recommencerai, là ou ailleurs...

Disons que *Astroflash* est assez perspicace.

Où donc trouver cependant la vérité du « Scorpion » François Mitterrand ?

Car il fait l'objet des jugements les plus contradictoires.

Jean Lacouture se met à genoux devant cette idole : il lui pardonnerait l'impardonnable.

Edmonde Charles-Roux n'a qu'admiration.

Pierre Viansson-Ponté, chez Albin Michel, lui adresse une lettre ouverte qui, avec la langue la plus belle, a des accents de plaidoirie passionnée, presque pathétique.

Marguerite Duras, pour mieux dire son estime pour l'homme, va jusqu'à écrire au *Quotidien de Paris* que « ceux qui ne le trouvent pas sincère mentent à l'endroit même de leur propre sincérité ».

André Fontaine, dans *le Monde,* le 12 mai 1981, lui rend un hommage enthousiaste, écrivant : « Peut-on de toute façon accuser d'arrivisme un homme à qui son ralliement à de Gaulle aurait valu, de toute évidence, les premières places ? Qui, toute sa vie, a pris des risques ? En s'évadant par trois fois. En s'engageant à fond dans la Résistance. En s'opposant aux généraux d'Alger et au régime né de leur putsch, à une époque où il ne manquait pas de bonnes gens tout disposés, pour reprendre leur langage, à flanquer aux traîtres douze balles dans la peau. Un homme à qui il aurait sans doute suffi de céder aux pressions de ses intermittents alliés communistes pour décrocher la victoire en 1978. »

Claude Manceron lui voue la vénération la plus troublante. C'est « la résistance faite homme », en écrit-il dans un numéro spécial du *Matin* consacré au candidat Mitterrand. Il le voit passer de la résistance au socialisme « un peu comme une manchette historique du journal *Combat* souhaitait que l'on passât « *de la résistance à la révolution* ». Il ajoute : « Si Mitterrand est élu, et que la gauche prenne enfin le pouvoir, la France recevra une absolution de l'Histoire. »

Ayant à juger de l'homme de culture et de l'écrivain, Léopold Sédar Senghor le contemple dans « la plénitude de l'*honnête homme*, homme de raison parce qu'ayant réalisé la symbiose entre intuition et discursion, cœur et esprit, homme de géométrie,mais de finesse; pour tout dire, homme de mesure et d'équilibre ».

Françoise Giroud : « De tous les hommes réputés brillants, François Mitterrand est peut-être le plus éblouissant parce qu'il réunit dans sa conversation deux éléments généralement contradictoires : il est à la fois précis jusqu'à la méticulosité, abondant en détails, en chiffres, en dates, et en même temps le détail ne l'empêche jamais d'exprimer et de narrer les faits dans leur ensemble et sous leur aspect le plus large, voire avec de brèves incidences philosophiques. Le tout dans une langue colorée et *cordialisée* par une pointe d'accent, où les périodes se balancent selon la plus pure tradition de l'éloquence française. »

« Il a du génie — m'a dit vingt fois Claude Manceron, navré de m'en voir douter —, François Mitterrand a l'âme d'un grand homme. »

Enfin, force est de préciser — nul ne peut en douter — que François Mitterrand a un culte de l'amitié d'une rare permanence. Peu d'amis l'ont quitté. Il n'a jamais quitté un ami. Dans les heures où il a frôlé les abîmes, par exemple après le coup de l'Observatoire, il a eu des amis qui lui ont gardé une dévotion totale. Et, naturellement, cela lui vaut des hommages : Georges Dayan, Georges Beauchamp, André Rousselet, Roland Dumas, d'autres moins connus, mais une fois au pouvoir, à l'inverse de bien d'autres rois, il a su aussi fortement honorer l'amitié fidèle. Quoi que l'on puisse par ailleurs penser de l'homme et du joueur, ce serait malhonnêteté que de le mettre en cause à cet égard.

Précisément tous ces amis auront su constituer un précieux chœur de la louange.

En revanche, bien des hommes pensent tout autrement que tous ces thuriféraires.

Jean Cau : « Mitterrand ! As-tu remarqué, maman, le *physique* de cet homme ? Jamais, je crois, je n'ai lu sur les traits d'un homme politique autant d'insécurité cruelle. Un visage dur et mou à la fois, hardi et veule. (Dans le Midi, nous dirions qu'il a l'air franc comme un derrière de mule.) Le nez est pointu comme celui d'un mauvais diplomate italien du XVIIe siècle; les yeux ont la lueur animée qui traîne dans les regards des coiffeurs pour dames, hétérosexuels à prétentions donjuanesques. La bouche est large et molle. Elle réussit ce prodige d'être molle avec des lèvres minces, légèrement « à plateaux » comme si elles attendaient le louche baiser de la gloire. (Il y a de l'obscénité dans cette bouche.) Le bas du visage est fade. »

René Andrieu, dans *l'Humanité* : « Homme de Cro-Magnon. »

André Figueras, dans sa *Zoologie du Palais-Bourbon* : « Il ressemble à une gazelle qui aurait des coutumes ecclésiastiques : on dirait qu'il y a du prélat chez ce sauteur. Il a des yeux dont la caresse, la première fois qu'on la subit, est surprenante. Mais un regard de fer derrière des prunelles de velours. Il procède dans la pensée et la parole par bonds pleins de souplesse. A la moindre alerte, il prend une fuite légère et on ne le voit plus. »

Serge Groussard, dans *l'Aurore*, en termes plus retenus que les précédents, essayant d'expliquer ce que Baudelaire appelle l'*art de double conscience* : « Impérieux et cambré, portant pourpoint à crevés et togalines à longues manches, négligemment jetés sur l'épaule, les mollets bien tournés dans les chausses de soie, la main sur la poignée de l'épée longue, on le verrait bien, avec les plissements de ses paupières ourlées et la moue un peu insolente de ses lèvres, en train de se préparer, la nuit tombée, à rejoindre, selon la conjoncture, quelque épique chevauchée, quelque complot, quelque nouvelle aventure... »

A l'apogée de Sa Majesté de Gaulle, *le Canard enchaîné*, en sa *Chronique du Royaume* écrite manière Saint-Simon, présente « un homme entre deux tailles et deux âges, assez d'une figure aimable qui arrête avec plaisir les yeux des dames, d'une ambition qui s'appuie de toutes sortes de talents pour arriver à la plus haute fortune, riche en dons, fertile en vues, en ressources, en ressorts, entreprenant, aussi hardi à charger de front qu'adroit à tirer de biais, maître signalé en artifice, avec extrêmement de valeur brillante et un cœur au-dessus des périls », mais « manégé et parfois si labyrinthé qu'il se perd dans ses détours et se fait alors piéger, en terrain coupé et raboteux, dans les taillis d'intrigues romanesques, dont il ne se sort qu'avec embarras... »

L'Humanité-Dimanche, en 1948 : « Secrétaire d'État chargé de l'Information, ce sous-ministre aux airs de jeune premier fut l'un des premiers vichystes de France, ce qui lui valut de figurer sur la liste des dignitaires de la Francisque... M. Mitterrand n'est pas un parjure; fidèle à son serment, il est toujours dans la tradition vichyste. »

Titre du *Progrès Social du Centre*, hebdomadaire de la Fédération Socialiste SFIO de la Nièvre, le 27 novembre 1958 : « De la Francisque à l'extrême gauche, Mitterrand le déloyal va au comble de l'abjection. »

Guy Mollet : « Mitterrand ? Un inquiétant. »

Dagain, député SFIO de la Nièvre : « L'éternel douteux. »

Entre ces deux pôles, tant de vénération et tant d'exécration, où est la vérité ?

Vous découvrez une silhouette trapue, ramassée. Elle se voûterait presque, si un corset invisible ne redressait la taille. Elle dégage une certaine impression de puissance, surtout vue de dos. Mais le corps est trop long pour des jambes trop courtes. Il en résulte une légère disgrâce. Le témoin a comme une impression de non-fini, de personnage à qui il manque un vrai centre de gravité.

Les muscles doivent être solides. Les os aussi. La charpente est costaud. Vous vous dites : un paysan des vignes des Charentes. Mais un véritable paysan, pour avancer dans sa glèbe, lève haut le genou, abat franchement son sabot. Lui glisse. Les semelles ne quittent pas le sol. Vous regardez avancer un chat, ou un félin. Vous en venez à vous dire qu'il y va sans doute d'un faux vigneron. Vous en imaginez plutôt, sur le long couloir de Versailles ou du Vatican, une Eminence au pas furtif et rampant, qui évite le moindre bruit. A-t-il même jamais fait le moindre bruit de talon ?

La première impression est de sympathie. Mais, sans délai, vous ressentez en lui une indéfinissable méfiance, qui doit peu le quitter. Timidité profonde ? Autodéfense instinctive ? Il n'en résulte pas moins un certain trouble. Lui-même s'en explique d'ailleurs « J'ai une certaine timidité naturelle, une certaine froideur, une froideur dans le sens des relations humaines. Mon père était comme cela : on n'aimait pas se jeter au cou des gens...

Il me sera difficile de tutoyer quelqu'un que je n'aurai vu que depuis quatre, cinq ou six ans... » Il ajoute : « Je crois avoir l'esprit tribal. Je n'aime pas beaucoup rencontrer et connaître des gens nouveaux. »

Il adore se donner des attitudes viriles, romaines, menton haut. Mais il se tient assis d'une façon troublante, comme une femme, genoux joints.

Pour mieux le connaître, on gagne beaucoup à le voir pratiquant le golf, son sport de prédilection. Il a un sens excellent de ce jeu, qui est défi permanent à quiconque s'y adonne. Il « drive » droit. Il « putte » fin. Il maîtrise bien ses « approches ». Mais il est d'une lenteur peu supportable. Il est aussi long que l'éternité. Il est aussi lent que Chaban est prompt. Il n'en finit pas d'ajuster sa position avant de donner son coup de club. Et de tâtonner des deux mains sur le manche avant de bien fixer son « grip ». Et de ne jamais trouver, à un millimètre près, la meilleure distance entre lui-même et la balle. Et de se trémousser du popotin avant de fixer l'idéale inclinaison du corps. Et de n'être jamais content du rapport de son pied droit à son pied gauche. Et d'exécuter dans le vide maints coups d'essai avant de fouetter enfin la balle. Vous en venez à vous demander si une telle mimique n'est pas destinée à irriter l'adversaire, à le pousser à mal jouer. La vérité doit être autre : même à son cher golf, il se sera supplicié.

Le visage est large et carré. Mais la suavité n'y manque pas.

La mâchoire est large, ferme, aux muscles tendus sur les os. Mais les lèvres sont comme volontairement closes sur elles-mêmes, avec une lèvre supérieure presque entièrement rentrée, ce qui contribue à donner à l'ensemble un aspect fermé, bloqué, qui tranche avec le franc menton.

Il soigne un séduisant sourire dolent, mais déparé trop longtemps par une canine que son ami et stomatologue Guy Penne ne parviendra à faire limer que pour la campagne de 1981.

Le nez, appuyé sur base large, est à la fois long et charnu. Mais il ne pique pas droit, il traîne en creux et bosses.

Le front haut, qui s'évase hardiment vers le sommet du crâne, est d'une audace qui se fait aussitôt démentir par les yeux sombres, très rapprochés par rapport aux contours du visage, enfoncés comme à l'affût sous le taillis des arcades sourcilières.

Comment mieux dire ?

Un velours qui aurait des rugosités.

Ou un miel à poivre.

A l'évidence, le style est d'abord religieux. Ce personnage a dû manquer sa vraie destinée : la robe cardinalice. Le geste de la main est onction. Le regard est davantage pour dedans que pour dehors. Les cils tressaillent plus qu'ils ne battent. Les yeux clignent plus qu'ils ne clignotent. Le visage a plus de cire que de vie. La mine peut être benoîte. La main se lève, vous y croyez voir un anneau, vous imaginez deux doigts qui vont se réunir en signe de bénédiction : simplement, triste et lasse de n'avoir pas osé bénir, elle retombe, lentement, gracieusement, comme à regret, ou remords...

C'est ce qui fait dire à Jean Cau, après la conversion de ce religieux au socialisme : « Monseigneur François de Jarnac, serviteur de Dieu, et M. Mitterrand, oblat du socialisme, sont — en vérité je vous le dis — une seule et même personne, et vous ne comprendrez rien à cet homme, ô mécréants, si vous ne devinez point que son socialisme n'est, de son christianisme, que le gant retourné. »

L'empire de la volonté est permanent sur chaque muscle de la face, sur chaque geste, sur la voix elle-même, bien timbrée, qui porte dès lors à distance choisie, une voix qui relève davantage des incantations pour chaire que des fièvres pour meetings.

Vous ne vous étonnez pas d'apprendre qu'il a en détestation les bourrades à copains, l'affabilité stéréotypée, le copinage de commande. Au demeurant, qui oserait donner une grande tape cordiale dans le dos d'un prêtre ?

Mais, tout à fait dans le même temps que vous contemplez un prieur, vous percevez un calculateur — le plus étrange étant dans cette concordance dans la même minute. L'esprit de contemplation n'efface pas l'esprit d'ambition. Vous pourriez presque imaginer un condottiere en soutane. Crucifix sur la poitrine, sabre au côté. François Mauriac aime dire que François Mitterrand est « né du côté de Rubempré », pour mieux exprimer qu'il a toutes les équivoques de tout personnage de Balzac. « Un personnage romanesque, je veux dire un personnage de roman », dit aussi — et assez méchamment — ce même François Mauriac. Il y a cependant davantage. Rubempré est fade face à ce fauve sous robe. Si une comparaison était à établir avec une créature balzacienne, il faudrait plutôt concevoir Mitterrand « né du côté de Vautrin ». L'onction cache une énorme volonté de puissance. Ce n'est même pas expression d'animalité invincible : c'est du pur vouloir, d'autant plus terrible qu'abstrait.

Le contraste est véritablement permanent. Mitterrand est sans cesse double personnage.

Ainsi, le rêvasseur et le polémiste.

Il n'aime rien tant que vagabonder.

Le flâneur type.

Non qu'on puisse exactement l'appeler un rêveur : un vrai rêveur dessine des images précises, peut composer des mythes, caresse des idées qui ont un contour.

Force est d'évoquer plutôt vraiment un *rêvasseur*, adorant s'égarer dans des brumes, des voyages sans définition, des mondes sans pensée.

Ce mot est de Georges Suffert : « Lorsqu'il parle à des salles qui l'acclament, il passe son temps à rattraper dans sa tête l'autre Mitterrand qui est déjà parti, sous les pins, se réciter du Lamartine. »

Ou alors faut-il évoquer cette réflexion de Victor Hugo : « Je suis un homme qui pense à tout autre chose. »

Il se promènerait interminablement, « pour rien », la nuit, à travers les rues de Paris, sur les quais de la Seine, rue Visconti, aux abords du Luxembourg, ruminant ses songes indéfinissables, ou à la recherche exquise de lui-même, et assuré lui-même de ne se jamais trouver.

Durant ses interminables années de campagne, il aura du reste trouvé maintes raisons de s'évader des servitudes.

Il « sèche » maintes réunions du parti socialiste pour s'enfuir on ne sait où.

Il « sèche » aussi allégrement les réunions du Conseil régional de Bourgogne à Dijon, où l'appellent ses devoirs de gouverneur de la Nièvre, et qui ne compte pas moins de phraseurs que le comité directeur du parti le plus bavard d'Europe : il demande à Robert Poujade de l'accompagner méditer près du tombeau de Philippe le Bon ou rechercher dans le dédale de la vieille cité de vagues silhouettes médiévales qu'il doit ressusciter des temps du Téméraire.

« Quand je m'éloigne de l'action, je pars trop loin », reconnaît-il lui-même.

Il lui arrive certes de jouer sa comédie.

Il peut s'amuser à nous en mettre plein la vue, avec les romantismes qu'il veut qu'à tout prix on lui prête.

Ainsi quand il médite, plus « singe savant » que « singe sage », devant un tableau de Claude Monet, *le Jardin de l'Artiste à Vétheuil*, et alors qu'on vient sans doute de lui citer la longue amitié de Georges Clemenceau avec le peintre : « J'ai comme Monet la passion des jardins en fleurs. Cela ressemble à un poème.

En regardant ce tableau, je vois déjà s'ouvrir les anémones du Japon, blanches, si blanches autour du pistil vert, si vert, lui-même cerclé d'un anneau jaune, si jaune, ou bien mauve, rose tendre au cœur noir, les gaillardes royales qui sont autant de petits soleils pourpre et or, les delphiniennes dont la tige penchera lourde de fleurs légères, les hémérocalles plus sensibles qu'une plaque photographique et surtout la clématite Président, blanc, c'est son nom, je n'y puis rien... » Par ma parole, il vient d'ouvrir un Larousse de botanique ! L'émotion en est plus composée que ressentie.

Il y a une part de coquetterie dans son pèlerinage annuel, en bande, à la Pentecôte. Le matin, on visite l'abbaye de Cluny. L'après-midi, on effectue l'ascension jusqu'à la grotte préhistorique de Solutré. Toute la Bourgogne s'ouvre, dans le temps et dans l'espace. Puis on se rend à Milly, patrie de Lamartine, poète du Lac, tout de même aussi l'un des plus ardents opposants au roi du juste milieu. On termine par un pot-au-feu dans la maison des beaux-parents, demeure typique du Mâconnais, avec meubles 1930, allure kitsch, et un « petit jardin de curé » qui a cerisiers, pommiers et salades. A force, il doit en venir à davantage passer cette journée pour le cinéma que pour le plaisir — tant, manifestement, elle aura perdu de sa spontanéité.

Il n'en reste pas moins que la tentation de solitude et de vague-à-l'âme est permanente.

Voilà pourquoi, du reste, toute sa vie, jusqu'à son arrivée à l'Élysée, il aura été en retard à ses rendez-vous. Tout se passe durant quarante ans comme s'il était incapable d'arriver à l'heure. Il peut se faire attendre deux heures à des dîners. Tous ses emplois du temps sont bousculés. Il n'accorde d'audiences que dans le désordre. Il fait même lanterner les foules qui doivent voter pour lui. Sans raison justifiée. Même quand il n'est pas victime des conditions atmosphériques. Durant l'une de ses cent campagnes, à Lille, dix mille personnes l'attendent plus d'une heure. Le surlendemain, ses fans de Bordeaux ont à poireauter durant près de deux heures. A l'hôtel Lutétia, à Paris, cent cinquante délégués régionaux, et autant de journalistes, ont à piaffer durant deux heures, alors que le boulevard Raspail est à deux cents mètres de son appartement d'alors, rue Guynemer.

Il est si bohème, si vagabond, qu'alors qu'il s'implante dans la Nièvre, dont il est durant des années l'élu national, maire de Château-Chinon, conseiller général de Montsauche, président du Conseil général, une Nièvre qui ne le lâchera qu'une fois (battu député en novembre 1958), il ne songe pas à y choisir de domicile fixe. Il n'a qu'un domicile fictif, la chambre n° 14 de l'hôtel du Vieux-Morvan à Château-Chinon, une chambre comme les autres. Encore aura-t-il sans cesse préféré se loger à l'hôtel de France à Nevers, où il peut mieux, disent les Morvandiaux, cacher ses rendez-vous.

C'est par plaisir de bohème qu'il adore « Chez Lipp », sur le boulevard Saint-Germain. Il est vrai que l'atmosphère y est unique. Vous y savourez le hareng de la Baltique, puis la choucroute ou le bœuf gros sel, parmi les personnalités les plus célèbres du Tout-Paris, artistes, écrivains, hommes politiques, vrais et faux riches. Toutes vedettes s'y rencontrent, s'y croisent, s'y interpellent, dans une sorte de climat chaleureux pour étudiants prolongés. Au reste, si l'on ne peut réserver ses tables, l'on en a toujours une si l'on est connu. Cantine idéalement neutre pour mêler tous les talents. Ici, Gilbert Zemmour gobe des huîtres non loin de Michel d'Ornano, qui a pu demander un cassoulet. Là, Serge July, de *Libé*, demande des explications à Jean Boizeau à propos d'un article volcanique paru dans *Minute*. Plus loin, l'orageux Jean-Edern Hallier, l'œil en bataille, s'empoigne avec Yvan Levaï, le commentateur socialiste *d'Europe 1*, à propos d'un livre de Max Gallo. A peine le patron de céans, Roger Cazes, carnet en main, a-t-il trouvé une place pour César, ou pour Jean-Paul Belmondo, que survient Jean Lecanuet, ou Jean-François Revel, ou Paul Guimard, ou Michel Bouquet, ou Yves Montand. C'est Lipp qu'un soir Pompidou et Giscard choisissent, pour se réconcilier plus spectaculairement. C'est ici même que, le soir du 2 avril 1974, François Mitterrand apprend la mort de Pompidou. Il est en train ce soir-là de dîner seul. Il annote un discours qu'il doit prononcer à l'Assemblée dans les prochains jours. Soudain, Roger Cazes se propulse vers lui, se penche à son oreille : « Monsieur le Ministre, la radio vient de l'annoncer, monsieur Pompidou est mort... » Mitterrand ne termine même pas son plat, ramasse ses papiers, et file...

Plus tard, une fois Président, quand il pourrait être accueilli chez Lipp par trop de quolibets, il essaie de trouver une atmosphère identique à « La Gauloise », le restaurant béarnais qui, avenue de la Motte-Picquet, offre des recoins plus abrités, où l'invite Georges Fillioud, familier des lieux, et qui aimante aussi toutes sortes de célébrités. Nicole de Hauteclocque, député du secteur, le constructeur d'automobiles Jean Ligier, l'international de rugby Dauga, le réalisateur de télé Louis Bériot, l'animateur de télé Michel Drucker, le directeur de *Paris-Match* Roger Thérond, Frédéric-Dupont, Michel Junot, des financiers, des peintres, des professeurs de médecine...

Quand il cherche une maison de vacances ou de retraite, il est davantage en quête d'un endroit pouvant prêter à errances que d'une cachette — même si le lieu doit être voisin d'un golf. Il acquiert de la sorte, fin 1958, à Hossegor, sur une dune entre lac et mer, un terrain où il fait édifier une maison basse, recouverte de crépi blanc, avec des volets verts, à cinq chambres et un grand séjour qui tourne autour d'un patio en forme de L. Il joue au golf, bien sûr, « ce jeu satanique qui résiste et qu'on aime vaincre ». Il rassemble les meilleurs amis golfeurs, Rousselet, Guy de Saint-Périé, ou non-golfeurs, l'inséparable Georges Dayan, l'inévitable Georges Beauchamp, l'indispensable Roland Dumas, sans oublier l'instituteur du coin, Coco Léglise, pittoresque titi des Landes et sa femme Marcelle, jolie, éveillée comme un écureuil. Il s'amuse à planter des arbres. Il flirte avec des roses. (Il ne se baigne presque jamais : il déteste l'eau.) Plus encore, il effectue le long du rivage d'interminables promenades solitaires.

Il quitte Hossegor quand son « coin » devient trop bruyant et trop envahi. Il n'en choisit qu'un lieu prêtant plus encore à longues rêveries solitaires. C'est Latche — prononcez : Latieu, en gascon — sur la commune de Soustons, au cœur des forêts de pins des Landes. De Gaulle eut pour ses méditations *la Boisserie* de Colombey-les-Deux-Églises, la paix sourde des sombres forêts de la Haute-Marne. Georges Pompidou préféra les cordialités et les gourmandises du Lot, à Cajarc. Valéry Giscard d'Estaing dit ne jamais mieux se recueillir qu'au domaine paternel de son Auvergne, ou parmi les paysages les plus doux de France la doulce, au pays de Loire, à Authon. François Mitterrand aura voulu ce domaine, qui ouvre sur tout un réseau de longs chemins. A l'origine, c'était une simple maison basse et ragote, en bois et en brique, où habitaient des collecteurs de résine il y a deux siècles, de pittoresques gemmeurs. Il s'agit exactement d'un domaine de dix hectares acheté par Mitterrand à un vieux gentilhomme, le baron d'Etchegoyen, oncle de l'ambassadeur, ex-champion de tennis, Bernard Destremau. On aperçoit une succession de fermettes. C'est dans la principale que sont les chambres, la salle à manger et le salon. Le four à pain, qui fonctionna chaque jour durant la guerre, a survécu. Un tout petit chalet en bois de pin, non loin de la piscine, sert à abriter plusieurs milliers de livres, curieusement classés par éditeur. Le bureau de travail est à part, dans l'ancienne bergerie; des bibelots ou des sculptures, souvenirs de voyages, essaiment aux quatre coins; sur une vaste table, s'entassent livres, revues, carnets, crayons, courrier. Le tout fait essentiellement champêtre. On peut croiser un âne, qui se promène rêveusement dans le parc, à la limite d'un champ de maïs, et deux labradors noirs qui jouent, Niel et Julie. Le vrai plaisir est cependant d'errer interminablement sous les pins.

Ces délices à vagabonder, non seulement il les savoure, mais il tient à les faire connaître. Curieusement, à l'occasion, notamment dans ses livres, il en fait étalage. Pudeur qui ne veut plus être pudeur ? Volonté de se faire découvrir sous un jour qui ne soit plus celui de l'aventurier ou de l'arriviste ? Jouissance à narguer les trop curieux ?... En tout cas, il y a de quoi méditer, par exemple, sur telle page du journal intime, intime aux yeux de tous, *la Paille et le Grain* : « Dimanche 17 octobre 1971. Au spectacle de la nature, il m'arrive souvent de vivre de ces moments de bonheur où l'on s'arrête et dit : c'est le plus bel endroit du monde. La terre, notre amie, prodigue ses merveilles. Je la contemple depuis l'enfance sans épuiser jamais cette faculté d'étonnement qui naît de la beauté et qui donne l'obscure envie de remercier quelqu'un. C'est ce que je viens d'éprouver à Trébeurden, village breton, face à la mer. En vérité, il s'est passé bien peu de chose à raconter. Des hauteurs de Bihit, j'ai regardé la courbe des rivages, le jeu des îles et des eaux, la suite des heures dans le ciel. Au soleil couchant, j'ai marché jusqu'au petit détroit qui sépare le continent de l'île Milhaud. Chaque pas changeait l'horizon... Je me suis assis en attendant la nuit, respirant comme on boit l'odeur d'iode et de varech, écoutant la marée revenir au trot. Une lumière d'équinoxe comme seule la Bretagne sait l'inventer, dans la foulée de ses tempêtes, éclairait le paysage de Beg-An-Fry, à Ploumanach. Elle était d'une telle netteté que je distinguais à une lieue la faille des estuaires. J'abandonnais aux éléments le mouvement de mes pensées. Près de moi, un cormoran dormait sur le rocher rose. Le vent lui levait l'aile. »

Poète, chanterait Claude Manceron.

Exhibitionniste, grognerait Jean Cau.

Incorrigible rêvasseur tout de même.

Mais ce songeur, qui s'applique tant à montrer qu'il sait écrire, peut être aussi le plus redoutable bretteur.

Un polémiste hors de pair.

Écoutez-le juger de Gaulle et le gaullisme : « Ce vieil homme aime la France et il aime l'État; gouverner revient pour lui à rentrer chez soi — Le gaullisme vit sans loi; il avance au flair; d'un coup d'État à l'autre, il prétend construire l'État, ignorant qu'il n'a réussi qu'à sacraliser l'aventure. »

Les chefs communistes ? — De vrais petits bourgeois, qui rêvent de faire un faux P.C. — des gribouilles qui cherchent à promouvoir un État soviétique présidé par Proudhon. (Il ne fait exception que pour Waldeck Rochet, qu'il a connu à Londres, qu'il admire et qu'il appelle « un Jean XXIII » !)

Michel Rocard ? « Je croyais qu'il avait du caractère et il n'a que des talents. »

Les gauchistes ? « Je ne suis pas un groupusculaire. »

Guy Mollet ? « Éteindre n'est pas un programme. »

Il peut même exercer sa verve contre son journal préféré, *le Monde*, il est vrai dans une période où le grand quotidien du soir s'est mis à être un peu plus caustique à son égard. Ainsi avec cette fable, on ne peut plus acide, qu'en janvier 1975, au plus fort d'une polémique entre socialistes et communistes, il raconte un mercredi devant le secrétariat national de son parti.

« Un jour, dans une notule en bas de page, *l'Humanité* accuse Pierre Mauroy d'avoir violé une petite fille dans une rue de Lille. Pierre Mauroy hausse les épaules. Il trouve évidemment une telle histoire ridicule. Le lendemain, *l'Humanité* remet ça, sur trois colonnes cette fois. Le journal donne des détails, le nom de la petite fille, la date, l'heure et le lieu exact du crime. Quand il lit cet article, Pierre Mauroy hoche la tête : décidément, cette histoire est absurde. Au moment dudit viol, il se trouvait en Pologne, où il donnait une conférence devant trois mille personnes. On ne saurait trouver de meilleur alibi. Notre ami décide donc de garder le silence : c'est, dit-il, ce que mérite une aussi sotte calomnie. Mal lui en prend. Le lendemain, *l'Humanité* récidive avec un titre énorme qui barre toute la première page : « *Le viol de Lille : Mauroy se cache honteusement au lieu de reconnaître les faits.* » Alors, là Pierre Mauroy se fâche. Il réunit aussitôt une conférence de presse où il réfute point par point les affirmations de *l'Humanité* et condamne avec force ce qu'il appelle des procédés indignes de l'Union de la Gauche. Le jour suivant, un journaliste du *Monde* écrit : *Pierre Mauroy relance la polémique...* »

Au total, donc, un être contradictoire.

Très difficilement démêlable.

L'un de ces hommes dont on dit communément qu'ils sont capables du meilleur et du pire.

Poète et faiseur Rêvasseur et comploteur. Ardent et distrait.

Curé et jouisseur. Secret et tribun. Dague et épée. Tout y est.

Du reste, la vie offre autant de contradictions et de confusions.

Il y a une chance que François Mitterrand soit totalement sincère dans toutes ses phases. Tout se passe néanmoins comme s'il jouait lui-même, au nom d'on ne sait quel ravissement, à tout embrouiller, compliquer, embrumer.

Il naît le jeudi 26 octobre 1916, à Jarnac, en Charente.

Sur toute la France, le temps est nuageux ou pluvieux. Nous sommes au 815e jour de la Grande Guerre. Le communiqué britannique tient lui-même à faire état de fortes pluies sur tout le front. Nous venons de reprendre au damné Kronprinz le fort de Douaumont et toute la France chante les louanges des soldats de Mangin — qui, partis de Fleury, s'engageant dans les bois de la Caillette et bousculant un ennemi semble-t-il surpris par la vigueur de l'attaque, ont reconquis les ruines du glorieux village martyr, puis le fort lui-même est tombé; le communiqué du grand quartier général nous apprend que le commandant du fort en personne a été fait prisonnier, mais la partie est loin d'être jouée, la situation générale reste trouble, il n'y a pas à trop pavoiser. A se demander comment les soirées de Paris, durant cette Grande Guerre, sauvegardent tout leur éclat. Des millions d'hommes s'engluent et se massacrent, avec un extraordinaire héroïsme, dans la boue des tranchées, et l'Opéra donne *Roméo et Juliette*; le gymnase, *la Petite Dactylo*; le théâtre Sarah-Bernhardt, *la Dame aux Camélias*. Réjane triomphe avec *Mister Nobody*. On refuse du monde pour *l'Archiduc des Folies-Bergère* comme pour *Y'a des As* ! à l'Olympia, pour *Ça murmure* au Ba-ta-clan comme pour *la Dame de chez Maxim's* à la Scala. O France toi aussi contradictoire !...

Le parti socialiste essaiera de faire accréditer la légende de l'enfant pauvre, le petit cheminot de province qui monte à Paris et se crée une situation à la force du poignet. Mais tel n'est pas le cas, loin de là.

François Mitterrand naît de parents cossus, grands bourgeois, qui peuvent envoyer huit enfants dans des écoles confessionnelles huppées, lesquelles ne sont certes pas gratuites.

Il n'aura même été que le troisième ministre de la famille.

Le premier est Florimond Robertet, Mitterrand de pure souche, secrétaire des Finances de Charles VIII, Louis XII et François Ier, plus tard chargé d'importantes missions diplomatiques, d'un nom dont les potaches de la faculté de droit seront longtemps familiers, le premier vrai ministre des Finances que la France ait connu, supplantant même l'autorité du Chancelier de France.

Le second est Léon Fauchet, un grand-oncle, ministre de l'Intérieur sous la Deuxième République, celui-là même qui réprima vigoureusement les émeutes de juin 1848.

Les Mitterrand constituent une famille de grands notables provinciaux dont le fil peut s'établir jusqu'au XIVe siècle. Le nom de Mitterrand — dérivé du berrichon *mittier*, mesureur de grains — apparaît dès le XVe siècle dans tous les actes officiels de la ville de Bourges. Un Pierre Mitterrand y est lieutenant de la milice bourgeoise, autrement dit chef de police. Un autre Pierre Mitterrand, marié avec Jeanne Robertet, y est consul sous Louis XIV, puis prévôt des marchands.

Senghor aimera assimiler le personnage de Mitterrand à la *francité*. Il s'agit d'une francité très achalandée.

Les Mitterrand ne subissent qu'un temps une certaine éclipse, au XVIIIe siècle : ils sont alors modestes vignerons. Ils se reprennent vite.

Le grand-père maternel du futur Président, Jules Lorrain, lui originaire des Vosges, est une notabilité de la région de Cognac. Il y gère de grosses affaires. Il y possède un important vignoble. Il a un négoce en eaux-de-vie d'envergure internationale. Il effectue chaque mois plusieurs voyages à Londres. Il achète un gros domaine de polyculture dans l'Angoumois. Il crée une vinaigrerie vite prospère.

Le grand-père paternel Charles Mitterrand est ingénieur de la Compagnie de chemin de fer Paris-Orléans.

Si du côté maternel — le cognac — l'on est plutôt républicain : un aïeul, conseiller municipal de Jarnac, ami de Clemenceau, est interné durant quelques jours après le coup d'État du 2 décembre, du côté paternel — le cheminot — on aime peu la gueuse : des membres de la famille Mitterrand vont saluer en pèlerinage le nationaliste anti-républicain Paul Déroulède, condamné en Haute-Cour en 1900 pour complot contre la République et exilé à San Sebastian; la tribu soutient activement Rambaud de la Roque, grand-père de Marcilhacy.

Les frères du futur Président rient beaucoup à citer comme véritable ancêtre de cet inlassable polémiste un officier louis-philippard, l'arrière-grand-père, si batailleur qu'en deux ans il se bat dix-sept fois en duel !

Le père, Gilbert-Théodore Mitterrand, ledit cheminot, n'a aucun rapport avec le brave Diloy, le cheminot de la comtesse de

Ségur. Il effectue de solides études au collège de Blois. Il a des goûts littéraires qu'il sait cultiver. Durant la Grande Guerre, il est chef de gare à Montluçon, poste important du fait de la proximité des usines d'armement. Il serait nommé à Paris chef de la gare d'Austerlitz s'il ne décidait de s'associer avec le grand-père maternel. Il dirige plus tard avec succès la vinaigrerie familiale. Il devient président de l'Association nationale des vinaigriers.

François Mitterrand écrira dans *l'Abeille et l'Architecte* : « La France, je la vis. J'ai une conscience instinctive, profonde, de la France, de la France physique, et la passion de sa géographie, de son corps vivant. Là ont poussé mes racines. L'âme de la France, inutile de la chercher : elle m'habite. » Les historiens pourront se complaire à opposer à la conception pascalienne de la France du général, cette approche quasi charnelle. Ils expliqueront que l'un conçoit la France comme une religion, une croisade; l'autre, comme un berceau de vie ou une alcôve d'amour. Le cri du texte est beau. Il serait encore plus émouvant si la sincérité était entière, si l'hommage allait aussi à ces grands bourgeois rigoureux, robustes et riches, qui fixent une immense santé familiale.

De fait, avec les nouvelles générations, les Mitterrand maintiennent d'ailleurs la tradition bourgeoise.

François Mitterrand est cinquième de huit enfants, venant après Marie-Antoinette, Marie-Josèphe, Colette et Robert, arrivant avant Jacques, Geneviève et Philippe.

Aucun n'aura du style « fils du peuple ».

Marie-Antoinette se marie avec un négociant en cognac, puis avec un ingénieur des mines, fils de notaire, directeur général des mines du Nord et du Pas-de-Calais.

Marie-Josèphe, artiste peintre, épouse un ingénieur électricien, puis Jean Wegmann, metteur en scène à la radiodiffusion.

Colette s'unit à un officier de l'armée de l'air.

Robert, marié en premières noces à une fille d'officier, puis à l'épouse divorcée du sénateur René Chazelle, polytechnicien, ingénieur diplômé de l'École d'application des manufactures de l'État, est conseiller, administrateur ou président-directeur général de plusieurs sociétés importantes, Compagnie générale d'électricité, CIT Alcatel, Compagnie industrielle de télécommunications; société Patrice Pelat-Vibrachoc, matériel industriel pour l'étranger; Houillères du Nord et du Pas-de-Calais; Société française d'études minières (Sofremines); Ciave; Société Hydrocarbon Engineering; Sperry-Univac; Société des machines Havas; Transac; Air Liquide

Jacques, combattant valeureux des campagnes d'AOF, d'Italie, de France et d'Allemagne, plus tard général d'armée aérienne, commandant des forces aériennes stratégiques, inspecteur général de l'armée de l'air, l'un des créateurs de notre force de dissuasion nucléaire, termine comme PDG de la SNIAS, Société Nationale industrielle aérospatiale, vice-président du conseil de surveillance d'Airbusindustrie, administrateur de l'Institut du transport aérien, président de l'Association européenne des constructeurs de matériel aérospatial, AICMA.

Geneviève épouse un ingénieur, Eugène Delachenal.

Philippe, qui hérite de la gestion de l'entreprise familiale, et sa femme, née Jacqueline Richard, maire de la commune de Saint-Simon en Charente, sont connus comme des fervents de la chasse à courre.

François se marie, le 27 octobre 1944, avec Danielle Gouze, 20 ans, combattante des maquis de Bourgogne, active militante de gauche, elle-même d'une famille bourgeoise : le père est principal de collège; le frère, Roger Gouze, homme de lettres, sera délégué général de l'Alliance française; la sœur, Christine Gouze-Renal, sera productrice de films, présidente de la Commission de censure cinématographique, épouse du célèbre acteur Roger Hanin, de son vrai nom Roger Levy, fils d'un inspecteur des P.T.T. en Algérie.

De ses deux fils, Jean-Christophe, journaliste à l'AFP en attendant d'être nommé à l'Élysée adjoint de Guy Penne à la direction des affaires africaines et malgaches, est marié avec Élisabeth Dupuy, fille d'un médecin, Jean Dupuy, maire-conseiller général de Nogaro dans le Gers, et de Lydie Dupuy, née Monteil, ex-épouse Affif, suppléante du député socialiste du Gers André Cellard et siégeant au Palais-Bourbon dès lors que Cellard est promu secrétaire d'État à l'Agriculture dans le deuxième cabinet Mauroy. Le second, Gilbert, assistant en droit, après deux échecs, sera élu député socialiste de Libourne.

La veine bourgeoise n'aura jamais été interrompue.

Comment en serait-il autrement ? L'éducation des enfants est assurée par une mère de courage. « Attention — lui dit à son mariage le médecin de famille — avec votre maladie de cœur, il faut que vous évitiez de faire des enfants; vous ne le supporteriez pas. » Comme quoi elle en a huit. Puis, même si, tout en assistant à la messe chaque matin, elle n'est ni bigote ni despote, elle les élève dans le respect de Dieu, de ses prêtres et de toutes les vertus les plus traditionnelles.

En tout cas, l'enfant connaît une enfance heureuse et comblée, douillettement logé dans une chambre que la famille dénomme la « chambre aux oiseaux », parce que tendue de tissu représentant des passereaux rouge et vert.

Les premières leçons sont données par des précepteurs — autre signe d'une certaine élévation sociale.

Toutes les premières années se fixent à Jarnac, où se situe le commerce d'alcools. On ne quitte la maison familiale que pour les vacances qu'on passe, à Touvent, près d'Aubeterre, un domaine d'une centaine d'hectares comprenant trois fermes.

A neuf ans, il est mis au collège Saint-Paul, à Angoulême, tenu par les frères.

Il y reste huit ans, comme pensionnaire.

Les frères ne sauraient imaginer qu'ils éduquent là un futur premier secrétaire du parti socialiste, émule de Léon Blum, chef d'un grand mouvement laïque.

Dieu et Patrie, telle pourrait être la devise, quoique sans outrance ni ostentation.

A la chapelle, les pensionnaires assistent à une messe matin et soir. Au réfectoire, le Bénédicité est récité avant les trois repas. La Sainte Vierge et le Christ veillent sur le dortoir des grands.

Au dortoir, le matin, chaque élève a dans sa table de nuit un pot de chambre; chacun urine à genoux, par pudeur obligatoire de ne pas montrer son sexe à son voisin. Messes, Bénédicité, Angelus, lecture de l'Évangile alternent avec le programme scolaire. L'uniforme est de rigueur avec, sur le blaser bleu marine, une rose comme emblème. Le dimanche après-midi, les élèves sortent en promenade surveillée, deux par deux, interdits de toutes galopades folles. La cloche réveille dès avant 6 heures. Toute la pension doit dormir dès 10 heures du soir.

Yvonne Mitterrand peut être fière : le petit François a régulièrement le premier prix d'éducation religieuse, porte l'encensoir aux offices, démontre une telle piété que ses maîtres en sont une saison à se demander s'il ne voudra pas être séminariste.

Il n'a même de bonnes notes qu'en catéchisme. « Peut mieux faire » est l'appréciation la plus rencontrée, par ailleurs. Il est vrai qu'il est souvent malade, même s'il se révèle un excellent goal au foot : il fonctionne au jus de carotte et à l'huile de foie de morue. Plus réellement, il ne se la foule pas. Il est aussi négligent dans ses devoirs que réfractaire vis-à-vis de ses maîtres et de ses camarades, supportant aussi mal la discipline de l'établissement que les vulgarités de la camaraderie.

Les études sont tout juste moyennes.

« Écrit avec assez d'aisance et de goût, pourrait arriver au passable », note son professeur de français en classe de seconde.

Il est nul en maths et en sciences.

Il échoue au premier bac, collé à l'oral.

Il doit redoubler la première.

Même aux compositions, il bafouille, s'égare, s'abandonne à des tracs qui lui paralysent la langue.

« Un peu faible », est-il généralement noté en philo.

On ne voit pas davantage éclore un être d'exception quand il va à Paris, à partir de 1934, installé dans un foyer d'étudiants, 104, rue de Vaugirard, tenu par des pères maristes, où il va connaître parmi ses compagnons de table François Dalle, futur PDG de l'Oréal, André Bettencourt et Joseph Fontanet, futurs ministres du général de Gaulle.

A Saint-Paul d'Angoulême, domine une atmosphère de bourgeoisie provinciale que seuls François Mauriac et Jacques Chardonne exprimeraient. Chez les maristes de la rue de Vaugirard, le jeune homme trouve un identique climat, un mélange de rigueur conventive, de chaleur quasi familiale et d'ambiance de phalanstère pour intellectuels de province, où, pêle-mêle, élèves de droit, élèves de lettres, élèves de Sciences Po apprennent ensemble à devenir des citoyens et des chrétiens.

L'environnement ne porte pas à être révolutionnaire, même si le 104, comme disent les étudiants, est davantage auberge que pensionnat.

Le jeune François Mitterrand passe au reste curieusement indifférent à tous les événements dramatiques qui se déroulent et qui annoncent de plus grands drames encore. L'année 1934 est pourtant singulièrement fertile en coups de tonnerre. On suicide Stavisky. Daladier tombe. Doumergue revient. Pour pas longtemps. On découvre près de Dijon le corps décapité du conseiller Prince qui devait témoigner dans le scandale Stavisky Vient la nuit des longs couteaux où Hitler fait sauvagement assassiner Roehm et les chefs des SA coupables de complot. Le chancelier Dolfuss est assassiné à Vienne. La mort du président-Feldmarschall von Hindenburg laisse tout le pouvoir au Führer. Des terroristes croates, à Marseille, assassinent le roi Alexandre de Yougoslavie et le ministre des Affaires étrangères Louis Barthou. Staline déclenche une vaste épuration, avec procès sensationnels de Kamenev et de Zinoniev. La nouvelle pièce d'Édouard Bourdet, à la Michodière, peut s'appeler *les Temps difficiles*. Il y a de quoi s'engager pour un jeune homme, d'autant plus que les luttes politiques battent leur plein, camelots de l'Action française contre Jeunesses socialistes, Faucons rouges contre Croix de Feu, Jeunesses patriotes contre Ligues antifascistes.

Mais le jeune homme ne prend feu et flamme pour aucun mouvement ni aucune cause ample.

Il arrive à Paris, nous dira-t-on, en « Tintin », un tantinet éberlué, en knickerbockers et chaussettes blanches.

Il en reste durant quelques années à ce Tintin.

Il demeure comme étranger aux séismes; il n'est pas pris aux tripes.

Non qu'il soit le bûcheur accaparé par son travail : il est davantage badaud qu'étudiant; disons qu'il n'en fiche pas une rame, tout juste de quoi passer médiocrement tous ses examens.

Il passe très exactement comme distrait de tout, ne s'intéressant un peu qu'au ping-pong, où il excelle, et au football, dont il tâte, sans guère se forcer.

Il écrit des articles sans signification dans la revue maison, *la Revue Montalembert*, « jeune, rédigée par des jeunes pour des jeunes ». S'il écrit et interprète des saynètes satirico-politiques pour le spectacle annuel où le bon ton est de taquiner les professeurs les plus originaux ou les stars les plus célèbres du forum, l'ambiance le porte simplement à davantage brocarder Blum et Jouhaux, « ces deux faces du dieu Janus », que les leaders de droite.

Lectures préférées : *Eupalinos*, de Valéry; *Paludes*, de Gide; *Dieu et Mammon*, de Mauriac; *Aux fontaines du désir*, de Montherlant. Il en est plutôt à Proust qu'à Péguy.

A peine peut-on dire qu'il a des tentations à droite et qu'il n'a que des copains de droite, lesquels, pour quelques-uns, sont tout de même cagoulards. Ainsi, en 1937, est-il des militants catholiques de la Conférence de Saint-Vincent-de-Paul. Encore est-ce aussi l'époque où il se lie d'amitié avec Georges Beauchamp, secrétaire des Étudiants socialistes.

Il hante les cinémas. A lui *la Grande Illusion; Carnet de Bal;* les comédies américaines; *Qu'elle était verte ma vallée; A l'Ouest rien de nouveau...*

Seule émotion profonde : il tombe amoureux. Il rencontre une jeune fille blonde, grande, belle. Elle a un harmonieux visage ovale et de tendres yeux bleus. Elle a 15 ans en 1938. (Il en a 22.) Elle s'appelle Marie-Louise Terrasse. Elle sera plus connue un jour sous le nom de Catherine Langeais et elle épousera en 1954 un certain Pierre Sabbagh, inventeur du journal télévisé. L'idylle n'est cependant pas longue. La drôle de guerre sépare les jeunes gens. Catherine finit par préférer à ce Rubempré mal conscient de l'être une sorte de prince polonais, Antoine-Jean Gordowski, qui est son premier mari. Il n'aura pourtant pas rompu d'ailleurs toutes relations avec elle. Encore lorsqu'il sera président de la République, il lui téléphonera chaque premier janvier pour lui souhaiter la bonne année. Il lui téléphonera même régulièrement dès 7 heures du matin.

Au total : un étudiant à longs songes vagues, sans doute porté aux organisations de droite, mais sans fascination.

Autre confusion : on pourra estimer plus tard que c'est soit par distraction, soit par coquetterie de protestataire, qu'il rate le peloton des élèves officiers et ne suit que celui des sous-officiers.

Le fait est qu'en septembre 1938 il se retrouve comme sergent à la caserne de Loursines, près de Port-Royal, puis au fort d'Ivry, dans les rangs du 23e régiment d'infanterie.

Il est sergent-chef sur le front des Ardennes en 1939-1940.

Il est blessé à Verdun, d'un éclat d'obus — qu'il garde — dans l'omoplate.

Il est hospitalisé à Vittel, fait prisonnier et interné au stalag 9A, à quelques kilomètres de Cassel, en Hesse.

Quant à toute la suite des événements, jusqu'en 1946, elle ne va plus cesser de prêter à toutes sortes de confusions, nourrissant plus tard les plus ardentes controverses. Un homme inséparable de brouillards et de querelles.

Il tente trois fois de s'évader. La première fois, le 5 mars 1941, il fait la malle en compagnie de l'abbé Leclerc : ne parlant pas allemand, il est repris, sur dénonciation d'un enfant, vingt-deux jours plus tard, à Egesheim, à quatre kilomètres de la frontière suisse et envoyé dans un commando disciplinaire au stalag 9 C. La deuxième fois, le 28 novembre, il tente la belle avec deux camarades : il est repris dès le lendemain. Il ne réussit qu'à sa troisième tentative, alors qu'il est interné en Lorraine. Il retrouve sa famille à Jarnac la veille même de Noël, passant vite en zone libre où il a droit à papiers d'identité et « prime d'évasion ». Mais le journal *Minute*, après une longue enquête, et fort du fait qu'il sera impossible d'entendre des témoins, discutera point par point tout le récit concernant les trois évasions. Du roman, assurera *Minute*.

A Vichy, il obtient en mars 1942 un poste de contractuel au commissariat général aux prisonniers de guerre. Il se spécialise dans la fabrication de faux papiers insérés dans les colis que les services du commissariat envoient dans les camps de prisonniers. Il noue dès lors des contacts avec la Résistance. Puis, après l'invasion de la zone libre par les troupes allemandes (11 novembre 1942), il démissionne du commissariat et participe à la création du Centre d'entraide aux prisonniers dont il devient le vice-président. C'est tout simplement à partir de cette association — au vrai tolérée par le gouvernement de Vichy — que se fonde le Mouvement national des prisonniers et déportés de guerre, mouvement de résistance, dont il fait partie. Il porte le nom « clandestin » de *Capitaine Morland* — inspiré comme *Passy* et bien d'autres du nom d'une station de métro. Une nuit de novembre 1942, il s'envole même pour Londres, décollant d'un petit aérodrome clandestin d'Angers. Mais ses ennemis feront observer qu'il poursuit une politique de double jeu — à preuve deux articles indiscutables, l'un de décembre 1942, sous titre *Pèlerinage en Thuringe,* publié dans le n° 5 de *France-Revue de l'État Nouveau;* l'autre d'avril 1943, sous titre *Métier de Chef,* donné dans la revue très « Maréchal nous voilà », des Compagnons de France, organisme de jeunesse très vivant sous Vichy.

Il obtient la Francisque. Il s'agit d'une haute décoration, créée par arrêté du 26 mai 1941 et loi du 16 octobre 1941, attribuée par le régime de Vichy pour services rendus à l'État français et fidélité au maréchal Pétain. Pour l'obtenir, il faut « avant la guerre avoir pratiqué une action nationale et sociale conforme aux principes de la Révolution nationale » et « manifester depuis la guerre un attachement *actif* à l'œuvre et à la personne du Maréchal ». Le bénéficiaire est tenu à prêter serment : « Je fais don de ma personne au maréchal Pétain comme il a fait don de la sienne à la France. Je m'engage à servir ses disciplines et à rester fidèle à sa personne et à son œuvre. » La Francisque ne peut être obtenue que sous ce serment et au vu d'une demande écrite appuyée par deux parrains. Elle est une si brillante récompense de Vichy qu'à peine cinq mille personnalités l'obtiennent (dont Pierre Fresnay, Jean-Louis Tixier-Vignancour, Raymond Marcellin, Edmond Giscard d'Estaing, Raymond Tournoux). Or, François Mitterrand en est décoré, à l'automne 1943, sous le numéro 2 202. Évidemment, gaullistes et communistes pourront en faire des gorges chaudes. Mais Mitterrand explique qu'il n'a rien fait pour l'obtenir et qu'il a été tout bonnement décoré avec les autres responsables du Centre d'entraide aux prisonniers, en raison de l'intérêt constant montré par Vichy pour ces derniers. La

Francisque ne récompenserait ici qu'un militant de l'entraide. Il fait valoir aussi que, dès le 2 décembre 1943, il rencontre à Alger le général de Gaulle, lequel le citera comme résistant dans ses *Mémoires de Guerre.* Même si la sympathie — dès la première entrevue — passe mal entre les deux hommes et si le clandestin semble avoir préféré un temps au camp de De Gaulle le camp du général Giraud, il est indiscutable que Mitterrand aura entrepris à Alger, puis encore une fois à Londres, des voyages qui n'ont rien d'un touriste. Enfin, il peut assurer que, le 23 février 1944, une vedette l'embarque à Darmouth et le dépose le lendemain à Beg-An-Fry près de Roscoff, en zone occupée, avec mission de fusionner les mouvements de prisonniers. En août 1944, lors de la libération de Paris, comme secrétaire général aux prisonniers, il fait même partie du premier gouvernement provisoire (où les ministres n'ont pas titre de ministre) que préside le général de Gaulle dans la capitale libérée et même s'il ne fait plus partie du second gouvernement qui prend vite la relève, il collabore activement au journal des prisonniers et déportés, fondé dans la clandestinité, *l'Homme libre.* Mais là encore, point par point, son récit est remis en cause par *Minute* ou d'autres journaux.

Il devient un collaborateur actif de cet *Homme libre,* en octobre 1944 changé en *Hommes libres,* mais ses adversaires feront observer qu'il entretient une relation — plus fructueuse — avec le journal de mode *Votre Beauté* et avec le groupe financier qui l'édite avec quelques autres titres.

En toute objectivité, force est de se dire que, si tous ses propres récits sont absolument vrais — et comment ne pas le croire —, il a de quoi être infiniment malheureux de si cruelles polémiques, encore qu'il possède la cuirasse, la peau de rhinocéros, nécessaire à les supporter. Et l'on en ressent une certaine compassion pour un homme si haï, même si on l'aime peu.

François Mitterrand fait la connaissance, à la Libération, d'une résistante bourguignonne de 20 ans, Danielle Gouze, silhouette menue, curieux visage un peu buté à pommettes hautes. Il l'épouse le 27 octobre 1944, en l'église Saint-Séverin de Paris. Les témoins du mariage civil sont Patrice Pélat et l'un des héros de la clandestinité, ministre du général de Gaulle, Henri Frenay. Le jeune ménage s'installe dans un appartement deux-pièces d'Auteuil, en attendant de s'installer rue Guynemer. Trois fils en proviennent — Pascal, né le 10 juillet 1945 à Boulogne-Billancourt, mais décédé à trois mois, Jean-Christophe, le futur journaliste, en 1946, et Gilbert en 1949.

Il adhère à un petit parti, l'UDSR (Union démocratique et socialiste de la Résistance, constituée le 25 juin 1945, à la suite d'un accord entre le Mouvement de Libération-nord, d'obédience socialiste, et l'OCM, Organisation civile et militaire). Il y a là du reste quelques brillantes individualités, René Pleven, ministre du Général à Londres; Pierre Bourdan, l'un des porte-parole de la France Libre à la B.B.C.; Jacques Soustelle; Jacques Baumel; Francis Leenhardt, futur député SFIO de Marseille. Il s'agit d'une modeste formation, qui se fixe au départ à la charnière de la « troisième force » et des gaullistes, en attendant de faire tampon entre radicaux et modérés, puis entre M.R.P. et socialistes. Mitterrand se porte candidat dès mai-juin 1946, sous étiquette UDSR, sur la liste R.G.R. de tendance radicale, rassemblement des gauches républicaines, lors de l'élection de la 2e Assemblée constituante, dans le 5e secteur du département de la Seine, qui va de Boulogne-Billancourt à Neuilly. Déjà il est rebelle : il se présente contre le veto du parti radical qui, dans le cadre de ses alliances parisiennes, voudrait le faire désister en faveur d'Edmond Barrachin, candidat du P.R.L., Parti républicain de la liberté, parti modéré, et même contre le conseil de l'un des papes du radicalisme, Henri Queuille, qui lui dit : « Retirez-vous, vous allez brouiller tout le jeu. » Il se présente malgré tout et se fait battre, quoique avec un score honorable.

Quand viennent les élections pour une nouvelle assemblée, fin 1946, Henri Queuille, pour se débarrasser de ce jeune impétueux qui encombre la place de Paris, lui donne à choisir entre deux départements, la Vienne et la Nièvre, qu'il doit d'ailleurs considérer comme perdus d'avance. Mitterrand se penche sur cartes et statistiques. Il opte pour la Nièvre, quasiment à pile ou face. Il n'y a jamais mis les pieds. Il ne dispose que de quelques semaines pour sa campagne. Il doit tout improviser. Pour constituer sa liste il prend littéralement au hasard un conseiller général, un agriculteur et un instituteur. D'entrée de jeu, il se fait attaquer sur le plan personnel par les socialistes SFIO avec une violence inouïe. Il manque, à cinq minutes près, rater l'heure d'inscription des candidatures. Il a un vif incident avec le préfet qui lui lance : « Vous n'êtes pas d'ici, vous embrouillez la situation, réembarquez-vous ! » Cette fois, il n'en est pas moins élu, avec 25 % des suffrages, second élu du département derrière le candidat communiste. Encore là aussi, un jour, faudra-t-il entendre qu'il n'y a pas protection que du bon M. Queuille et qu'il y a aussi soutien des modérés du PRL et d'Edmond Barrachin, trop heureux qu'il ait abandonné Neuilly.

La carrière ministérielle est brillante. A peine élu député de la Nièvre, il est ministre des Anciens Combattants et Victimes de la Guerre dans le cabinet Paul Ramadier. Il est au total onze fois ministre, successivement secrétaire d'État à l'Information avec André Marie, après avoir refusé le ministère de l'Intérieur dans le gouvernement Robert Schuman; secrétaire d'État à la présidence du Conseil auprès d'Henri Queuille; ministre de la France d'Outre-Mer, à 34 ans, avec René Pleven, puis avec Henri Queuille; ministre d'État dans le premier cabinet Edgar Faure, celui de « 42 jours »; ministre d'État, délégué au Conseil de l'Europe, dans le ministère Joseph Laniel; ministre de l'Intérieur, à 40 ans, avec Pierre Mendès France; ministre d'État, Garde des Sceaux chargé de la Justice, avec Guy Mollet, et souvent cité comme possible président du Conseil sous la présidence de René Coty. Le distrait Rubempré le cède à un efficace Rastignac. Mais ses adversaires feront aisément observer qu'il doit également pour une grande part sa bonne fortune au fait d'occuper la meilleure place stratégique dans l'hémicycle : son petit groupe — de six députés blancs et de seize députés noirs — est absolument indispensable pour assurer la majorité absolument requise de 311 députés; il peut par cela même faire et défaire les gouvernements à sa guise; il peut n'obtenir de tout président du Conseil que les postes les plus enviés, pour lui-même ou ses amis.

Tout au long de la Quatrième République, il milite dans l'UDSR, mais il ne cesse d'y guerroyer contre René Pleven, à qui il ravit même, en 1953, la présidence du mouvement, après une campagne souterraine sans guère de pitié.

Durant ces douze ans, il accomplit quelques actions d'éclat. Aux Anciens Combattants, à son premier poste, il fait face avec dureté à une grève du personnel organisée par la C.G.T. et les militants du P.C. qui occupent le ministère. Il aide avec bonheur René Pleven à ramener Félix Houphouët-Boigny et le R.D.A., Rassemblement démocratique africain, dans la « confiance de la France ». Il s'oppose à la déposition du sultan du Maroc Mohammed V. S'il se campe en adversaire de la politique de l'Indochine française, il défend fièrement, comme ministre de l'Intérieur, à la tribune du Palais-Bourbon et sur sol algérien, la thèse de l'Algérie française : c'est sous Mendès qu'à la Toussaint 1954 la rébellion algérienne se déclenche; en tant que plus haut responsable du maintien de l'ordre, il s'écrie, sous l'ovation de tous les députés : « La seule négociation (avec les rebelles), c'est la guerre, car l'Algérie, c'est la France ! » Au passage, c'est même lui, quand il figure à l'Information, qui fait adopter le fameux « 819 lignes », « l'image la plus fine », pour notre télévision qui s'installe, de préférence au système américain. Mais un typhon manque l'emporter : ce que les annales vont appeler l'« affaire des fuites ». François Mitterrand en sortira totalement, parfaitement innocent et innocenté, mais le coup lui aura fait mal et lui aura permis de compter ses amis. Elle est déclenchée le 30 juillet 1953 par un article de l'hebdomadaire *France-Observateur* où un journaliste gaulliste de gauche, Roger Stéphane, plume de qualité, relate, avec une exactitude que personne ne discute, les propos tenus au Comité de la Défense Nationale le 24 juillet 1952, où le général Navarre a proposé l'abandon du Laos et de l'est du Viêt-nam. (Précisons bien que cela se situe deux ans avant Diên Biên Phu et la fin de l'Indochine française.) La sensation est énorme. Seul un ministre ou un très haut fonctionnaire a pu divulguer des propos d'un tel secret. Or, Léon Martinaud-Déplat, Garde des Sceaux, important leader radical, avertit le président du Conseil, Joseph Laniel, en présence de Georges Bidault, ministre des Affaires étrangères, et de René Pleven, ministre de la Défense nationale, l'un et l'autre ardents partisans d'une Indochine sous tutelle française, qu'« on » a vu la voiture de Mitterrand près du domicile de Roger Stéphane. L'accusation, même aussi vague, déclenche un raz de marée de rumeurs d'autant plus redoutable que l'accusé ne peut même pas obtenir la constitution d'un jury d'honneur. L'affaire rebondit un an plus tard. Le 2 juillet 1954, alors que Mendès est président du Conseil et Mitterrand ministre de l'Intérieur, le commissaire principal Jean Dides est reçu à sa demande expresse par Christian Fouchet, ministre des Affaires marocaines et tunisiennes qu'il connaît de longue date. Il lui apporte *le compte rendu intégral* de la dernière réunion du comité de la Défense nationale, trouvé sur le bureau de Jacques Duclos par un indicateur de police, ainsi qu'un rapport complet des délibérations des dirigeants communistes sur la question. On y a évoqué notamment « un ministre auprès de Mendès, qui est notre ami ». Qui ? demande Fouchet. Dides répond : Edgar Faure ou François Mitterrand. Ce n'est pas de l'intox ? interroge aussi Fouchet. Dides répond que le document est irréfutable. Le plus curieux est que Mendès charge son directeur de cabinet, André Pelabon, spécialiste de problèmes de sécurité, d'enquêter « avec le maximum de discrétion », sans même avertir qui que ce soit,

« même pas le ministre de l'Intérieur ». On ne tient au courant de l'enquête que Jean Mons, secrétaire permanent de la Défense nationale, et le préfet de police Jean Baylot. Mitterrand n'est informé du rapport Dides que le 9 septembre, par son ami Dubois, qu'il a nommé dans l'intervalle en place de Baylot à la Préfecture de Police, et par la direction de la Surveillance du Territoire (Roger Wybot). Il décide de faire pister Jean Dides, qu'il tient pour un ennemi. Fouchet reçoit une seconde fois le commissaire, qui lui apporte le compte rendu de la séance du 10 septembre du conseil de la Défense nationale. A la sortie même du ministère de Fouchet, Dides est interpellé par la police, sur ordre personnel de Mitterrand, qui demande de surcroît une enquête officielle. Précisément, les enquêteurs orientent vite leurs soupçons sur Jean Mons. Les rapports de Roger Wybot sont même assez formels pour que le secrétaire permanent de la Défense nationale soit inculpé de « négligences » et que l'enquête puisse être stoppée. Pour autant, le typhon continue de souffler. Mitterrand engage de solennelles poursuites contre les journaux qui l'ont accusé d'être un agent à la solde de Moscou, notamment *Rivarol*, *les Nouveaux Jours* et *le Journal du Parlement*. Puis, le 3 décembre, en pleine séance de l'Assemblée nationale, le député de l'Oise, Jean Legendre, ancien journaliste de *l'Époque*, orateur de haute volée, puncheur connu, traite le ministre de l'Intérieur de « traître » — au point que Mendès monte à la tribune pour défendre personnellement un ministre dont les événements font son principal ministre, en quelque sorte son second. Un gigantesque procès, où Mitterrand est entendu comme témoin, met en difficulté Jean Mons, accusé de négligences ou d'imprudences, deux de ses collaborateurs immédiats, Jean Turpin et Roger Labrusse, accusés d'avoir transmis les secrets des Armées à un « tiers non qualifié », puis André Baranès, indicateur de Dides. Mitterrand peut arriver à faire conclure à une machination montée de toutes pièces contre le pouvoir, contre lui-même comme contre Edgar Faure.

Il a la conduite la plus nette dans le drame national de mai 1958 qui emporte la Quatrième République. Il est contre le retour du général de Gaulle, carrément contre. Il monte à la tribune, le 1er juin, pour parler contre son investiture. Il vote contre. Lors du référendum de septembre, qui fonde la Cinquième République, il vote non. Il claironne une opposition intransigeante. Il va jusqu'à dénoncer de Gaulle comme coupable de coup d'État et d'usurpation. Il ne mâche pas ses mots. Il paie son intransigeance d'une défaite dont il dit qu'elle le « touche au cœur » : il est battu aux élections législatives de novembre, dans la Nièvre, au scrutin d'arrondissement (qui vient d'être rétabli et dont il a toujours été un partisan déterminé), par un gaulliste quasiment inconnu, Jean Faulquier, face à qui il n'obtient que 12 219 voix contre 15 318, par bonheur pour lui promptement « repêché » au Parlement, comme sénateur, en avril qui suit. Par conséquent, il se campe sans ambages ni équivoque comme l'un des champions de l'antigaullisme. Il y faut quelque cran. Il l'a. Mais, aussitôt, survient l'affaire dite de l'Observatoire.

A ne manier qu'avec des pincettes à longue tige, recommandera Jean Prouvost à ses journalistes de *Paris-Match*.

Cela se passe dans la nuit du 15 au 16 octobre 1959 — donc 17 mois à peine après le retour du Général au pouvoir, alors que Mitterrand n'est sénateur que depuis cinq mois, que de Gaulle sonne le glas de l'Algérie de papa, que Fidel Castro s'installe en nouveau maître à Cuba, que l'actualité mondiale est dominée par Nikita Khrouchtchev au nom de la coexistence pacifique et par Liu Shaogi, président de la République populaire de Chine, qui se pose en rival direct de Mao Zedong. Nos cinémas, comme ironiquement, programment, avec Marcel Camus, *Orfeu Negro;* Jean-Luc Godard, *A bout de souffle;* Alain Resnais, *Hiroshima mon amour;* François Truffaut, *les Quatre Cents Coups.* Autant dire que la France, le monde et les actualités parlent peu du sénateur Mitterrand.

Vers minuit trente, il quitte la brasserie Lipp, boulevard Saint-Germain, pour regagner, au volant de sa Peugeot 403, son domicile rue Guynemer. D'après ses propres déclarations au commissaire divisionnaire Georges Clot, chef de la brigade criminelle à la Préfecture de Police, il croit alors être pris en chasse par une autre voiture, dont l'insistance éveille en lui les pires soupçons. Il ne fait ni une ni deux. Il abandonne tout net sa voiture à l'angle de l'avenue de l'Observatoire et de la rue Auguste-Comte, bondit par-dessus une grille, et se cache dans les jardins du square de l'avenue. Il en est bien inspiré. A peine atteint-il un fourré qu'une mitraillette crépite. La voiture est la cible. Il est une heure moins le quart. Huit traces de balles seront relevées sur la 403. Il ajoute qu'il n'a pu reconnaître ses agresseurs. La nuit était noire. Leur échapper était trop urgent. A peine peut-il estimer qu'ils étaient à deux. Peut être même faudrait-il en compter trois. L'événement fait évidemment vedette dans la presse du lendemain, à énormes manchettes. Le juge d'instruction

André Braunschweig se voit confier une information contre X, ouverte « pour tentative d'assassinat et complicité ».

Le malheur est qu'une semaine plus tard l'hebdomadaire d'extrême droite *Rivarol*, dans son numéro du 22 octobre, publie un article d'après lequel l'attentat aurait été « monté » par Mitterrand lui-même, sans doute pour reparaître à la une, ou provoquer des perquisitions chez les partisans activistes de l'Algérie française. Le complice serait un nommé Robert Pesquet, 42 ans, ancien poujadiste et député « républicain social » du Loir-et-Cher, au Palais-Bourbon pourtant personnage tout en grisaille, même d'un style pacifique et bon garçon. De fait, Pesquet confirme le récit de *Rivarol*, par une déclaration à la presse.

Pesquet ne s'exprime pas autrement devant le juge d'instruction, sauf à préciser qu'avant l'attentat il a rencontré Mitterrand à trois reprises, en particulier au café Marignan sur les Champs-Élysées, pour mettre au point l'opération, et qu'il s'est adressé à lui-même, le jour de l'attentat, poste restante, deux lettres recommandées confirmant ce qu'il avance. L'enveloppe, qui fait foi de la date et de l'heure de son envoi, contient pour les deux cas le récit de toutes les conditions matérielles de l'attentat.

Pesquet ne refuse pas de donner le nom de son compagnon de route, Albert Dahuron, garde de sa propriété à Lisieux.

Dahuron, interrogé, confirme.

Mitterrand, confronté avec Pesquet, tout en soutenant la thèse de l'« attentat réel », admet avoir rencontré Pesquet trois fois, aux dates indiquées par Pesquet, les 7, 15 et 19 octobre, « sur la demande instante » du député poujadiste. Il explique que Pesquet l'aurait alerté d'un complot contre sa vie, non sans lui recommander une discrétion totale, faute de laquelle la vie de ses deux fils serait en danger.

« Il vient de se casser les reins » — estime-t-on quasi unanimement de celui que les chansonniers déjà ne citent plus que comme le « sauteur de l'Observatoire ».

Mitterrand lui-même, dans une déclaration à *l'Express*, le 30, avoue : « Oui, j'ai été leur dupe. Voilà cinq ans qu'ils me guettaient... et le jeudi soir 15 octobre, je suis tombé dans leur guet-apens... »

Par la suite, tout se complique et s'embrouille comme à plaisir. C'est du Eugène Sue. Mystères de Paris. Mitterrand porte plainte pour diffamation contre Pesquet. Pesquet porte plainte en dénonciation calomnieuse contre Mitterrand. Mitterrand met en cause trois députés, Me Biaggi, Pascal Arrighi et Jean-Marie Le Pen, lesquels ne sont pas tendres. Le Parquet ouvre une plainte contre X pour outrage à magistrat, en vérité visant directement Mitterrand qui, dans sa première déclaration, n'a pas cité Pesquet. Une demande en autorisation de poursuites contre lui donne lieu à un long débat du Sénat sur la levée de son immunité parlementaire. A la tribune du palais du Luxembourg, Mitterrand se défend mal. La levée de l'immunité parlementaire est votée par 175 voix contre 27 et 12 abstentions. Le 8 novembre Mitterrand est inculpé d'outrage à magistrat, pour omission volontaire de citation de témoin ou de complice. Tout le monde s'en mêle. Le feuilleton connaît des épisodes à l'infini. François Mauriac, dans son *Bloc-Notes* de *l'Express*, prend la défense de l'inculpé :

« ... Ce n'est rien de tuer les corps. Et les tueurs le savent. Il ne faut pas plaindre un homme public qui tombe sous les coups de ses ennemis : la mort de Jaurès le grandit à jamais. Déshonorer un adversaire politique, c'est le seul assassinat qui soit payant pour ceux qui le haïssent. Dans cette bataille ignoble, tuer n'est rien, salir est tout... Cette histoire est celle d'un instant : l'attention du lutteur s'est détendue au cours d'une bataille sans merci... »

Le fait est que l'affaire judiciaire n'arrive pas à conclusion et que Mitterrand est encore sous le coup de l'inculpation d'outrage à magistrat quand, non sans une monumentale audace, il est candidat à la présidence de la République, fin 1965, contre le général de Gaulle en personne.

Quoi qu'il en soit, un grave malaise en reste.

Car ou bien Mitterrand a eu en responsabilité entière l'ensemble de l'opération et il est le principal coupable de cette farce sinistre.

Ou bien il s'est fait grossièrement duper, est tombé dans un piège visible à l'œil nu, ce qui, pour un homme politique, est une faute.

Après l'affaire de l'Observatoire, il paraît irrémédiablement perdu, même si, en novembre 1962, il redevient député de la Nièvre, élu au deuxième tour dans la circonscription de Château-Chinon avec 21 705 voix contre 10 510 à un gaulliste nommé Tailleur. Il ne semble plus voué qu'à ruminer dans l'ombre les songes brisés. Tous les partis paraissent le bouder. Un cadavre, crache Guy Mollet. En mai 1964, il publie un pamphlet, *le Coup d'État permanent*, qui passe quasiment inaperçu. Ni fanfares ni trompettes pour en saluer l'insolence et le mordant. Seul, *l'Express* déroule pour lui le tapis rouge. Un four. *Le Monde* ne lui consacre que cinquante lignes, entre quatre autres ouvrages. La phrase qu'il tient pour fondamentale : « Ou bien de Gaulle aura assez d'audace et d'imagination pour faire de son coup d'État un coup d'État de tous les jours et donc une dictature cohérente, systématiquement précise, carrément arbitraire, ou bien l'aventure s'achèvera plus tôt qu'on ne le croit » n'est relevée par personne. Si, au prix d'un culot de trapéziste volant ou d'homme-canon, il réussit en un éclair à s'imposer comme unique candidat des gauches en 1965, c'est pour ainsi dire en tant que pire candidat : les communistes ne pouvaient pas espérer candidature plus propice à assurer la victoire de De Gaulle; Guy Mollet le soutient pour n'avoir pas à soutenir Daniel Mayer; Pierre Mendès France, qui avait seul tous les atouts requis pour fixer une candidature à prendre au sérieux, refuse de s'engager dans la bataille, et doit hausser les épaules en voyant son ancien ministre prendre le risque. Quand on apprend qu'il est candidat, on dit que son vrai parti ne doit pas compter plus de treize noms. On peut les citer : Georges Dayan, le préféré; Georges Beauchamp, qui n'aura jamais failli; André Rousselet, qui assure les *public relations*; Roland Dumas, qui a été l'avocat dans l'Affaire de l'Observatoire; Claude Estier, chroniqueur de politique intérieure au *Nouvel Observateur*, passé rédacteur en chef de *Libération*; le mystérieux Louis Mermaz, agrégé d'histoire; Robert Mitterrand, le frère; Charles Hernu, mendésiste mitterrandisé, spécialiste de problèmes de défense, capitaine haut de couleur, antimolletiste féroce, chargé de l'organisation des meetings; Paul Legatte, du Conseil d'État, qui tient les principaux dossiers; Marc Paillet, de l'AFP, qui rédige les textes de propagande; le Catalan Saury, qui fait la liaison avec la Nièvre; l'industriel Roger Chipot, qui a en garde les finances; et la seule femme du club, Marie-Thérèse Eyquem, inspectrice générale des Sports et présidente du Mouvement démocrate féminin. Cela se réduit à un maigre « Onze », plus quelques remplaçants. Les tiroirs sont si pauvres que Danielle Mitterrand, à longueur de nuit, écrit des adresses sur les bandes d'envoi du journal de la campagne. « Où voulez-vous aller avec ça ? » s'exclame à Lille Arthur Notebart. Mais ce « mal-aimé », ce maudit, rassemble au premier tour près de 32 % des suffrages exprimés contre près de 45 % à de Gaulle; au deuxième tour, tout près de 45 % contre 55 % à de Gaulle — c'est-à-dire au premier tour quelque 7 700 000 voix, au second 10 600 000 !...

Allégrement, il se pousse président de la Fédération de la gauche démocratique et socialiste (FGDS), qu'il fonde, à la charnière des socialistes et des radicaux. Le surnommé *France-Observatoire* devient hardiment *François-les-Bas-Rouges*, le champion incontesté de l'alliance avec les communistes. Il forme un contre-gouvernement, qu'il préside. En mai 1968, quand le pouvoir gaulliste semble s'effondrer, il peut se croire durant quelques jours maître du pays. Il lance à la télé son inoubliable « Je suis candidat ! » sur le ton bravache d'un homme sûr de la victoire. Déjà les communistes s'informent du nombre des ministères qu'il leur offrira. Les socialistes et les radicaux se partagent les portefeuilles. Le 28, le triomphe paraît total. De Gaulle semble avoir pris le « chemin de Varennes ». Mais, le 30, la situation est renversée. Plus d'un million d'antimarxistes et d'antimitterrandistes défilent sur les Champs-Élysées, scandant : « Mitterrand, c'est raté ! » Aux élections législatives de juin, les gauches subissent « une Berezina ». La FGDS n'a plus que 57 députés au lieu de 118. Les gaullistes ont à eux seuls la majorité absolue. Comble de l'amertume : en 1969, pour affronter Pompidou, plus personne ne veut de Mitterrand. Disgrâce des disgrâces…

Il va n'en rebondir néanmoins que de plus belle.

C'est qu'il vient enfin de comprendre la stratégie à bâtir.

1. Prendre en main un grand parti.
2. Fortifier la « dynamique unitaire ».
3. Faire de ce grand parti un parti plus puissant que le parti communiste, grâce à une formation qui engagera dans les mêmes rangs les anciens de la SFIO et les syndicalistes chrétiens, unira dans son emblème le poing de la vieille lutte des classes, si chère aux blumistes, et la rose des prieurs catholiques, d'ailleurs inspirés d'une Église qui se veut de plus en plus à gauche.

Première opération : s'emparer du parti socialiste.

Il commence par y adhérer — tant pis si on rigole (pensez donc, cet ancien élève des écoles chrétiennes, qui se convertit socialiste à 55 ans !) « La première fois que je vois le noir se prendre pour le rouge ! » ricane Arthur Notebart. « Et voilà, soupire Alexandre Sanguinetti, nous voilà avec le camarade François d'Assise… »

Puis, sans plus attendre, il se lance à l'abordage.

A l'intérieur même du navire à attaquer, il peut compter sur trois groupes de mutins.

Le premier groupe se serre autour de Pierre Mauroy, ancien secrétaire national des Jeunesses socialistes sous la Quatrième, professeur de collège technique, qui doit amener à la coalition la puissante fédération du Nord. Cet ancien collaborateur de Guy

Mollet a été tenu jusqu'ici pour un anticommuniste sans esprit de retour. « Dans le Nord, aime-t-il dire, on connaît bien les communistes, et on les châtie bien. » Mais hors d'une alliance électorale avec les communistes, il comprend que, face à la République gaullienne, le socialisme est ruiné d'avance (on vient de le voir aux élections présidentielles de 1969 avec le 5 % de Defferre), et il réalise que Guy Mollet est à jamais trop démonétisé pour pouvoir assurer l'avenir du parti.

Le deuxième groupe se constitue autour de Gaston Defferre, qui amène en rangs serrés la fédération des Bouches-du-Rhône.

L'appoint décisif devra venir du CERES — Centre d'études, de recherches et d'éducation socialiste — un « laboratoire d'idées » constitué au sein de la SFIO il y a quelques années et principalement animé par trois hommes, déterminés à rajeunir à tout prix la vieille maison et infatigables à faire le procès de la « socialmédiocratie », Didier Motchane, le Couthon de cette Montagne, ancien martyr de la polio, fougueux doctrinaire; Jean-Pierre Chevènement, velours vif, ironie élégamment sarcastique, ambition qui se porte bien, beaux cheveux qui ondulent, visage à la Robert Taylor, idéologie qui affirme ne pas savoir onduler; et Georges Sarre, syndicaliste des PTT qui tient la place-forte du mouvement, à la fédération de Paris.

La manœuvre — fin du fin — consiste au départ à présenter deux motions qui paraissent contradictoires, une d'inspiration unitaire, signée de Louis Mermaz, et une plutôt droitière, signée Gérard Jaquet, lequel est lui aussi dans la conspiration. A heure dite, les deux ailes se rejoindront.

Tout se passe au congrès du parti, dans la salle des fêtes d'Épinay-sur-Seine, entre le 11 et le 13 juin 1971.

C'est Alain Savary qui, comme secrétaire général, tient alors la SFIO.

Tout se réduit donc à un match Savary contre Mitterrand.

Mais Savary traîne de trop lourds handicaps.

Il s'appuie sur Guy Mollet, qui lui assure la fédération du Pas-de-Calais, mais qui est en chute libre.

Il manque d'éloquence vibrante.

Il a toujours l'air trop compassé, trop retenu.

Il ne sent pas du tout venir le complot; il est persuadé que Mitterrand ne nourrit plus de fortes ambitions; même quand l'un de ses adjoints, Ernest Cazelles, lui conseille de se méfier il grimace d'ironie.

En revanche, dans l'autre camp, tout s'accomplit allégrement, comme à la manœuvre.

A la tribune, Mitterrand s'exprime comme un vieux briscard du socialisme immortel, voire comme un maître ès-socialisme, et ça prend !

Il fait admettre d'entrée de jeu la proportionnelle intégrale comme mode de désignation au comité directeur (meilleur moyen d'y faire fortement représenter les différentes phalanges qui le servent) contre les savarystes, qui proposent un très compliqué système mi-majoritaire mi-proportionnel (pour dégager, selon eux, une réelle majorité de direction; en vérité, pour mieux se jouer de l'opposition des minorités).

Dans un hôtel de Montmorency, il réussit à faire l'accord définitif entre tous les antimolletistes, ceux d'extrême droite comme ceux d'extrême gauche, les « Guise » et les « Condé » : c'est bien de l'assassinat du vieux roi qu'il s'agit.

Il prononce au bon moment un discours d'un révolutionnarisme échevelé, appelant au « front de classe » et dénonçant théâtralement « l'argent qui tue, qui achète, qui ruine, qui pourrit jusqu'à la conscience des hommes ».

On a tellement tout prévu qu'on arrive à point nommé à éloigner Augustin Laurent, maire de Lille, pape socialiste des Flandres, qui, vieil ami de Guy Mollet, pourrait renverser le vote des légions de Mauroy.

Comme prévu, toute la coalition joue à plein, nordistes, sudistes, cérésiens, antimolletistes de tous azimuts.

Le pauvre Savary en reste comme paralysé de stupéfaction. « L'homme providentiel », appuyé par l'armée politique la plus disparate qui se puisse imaginer, l'emporte sur le trop terne et trop réservé gentil réformateur.

Résultat : 43 926 mandats à Mitterrand contre 41 757 à Savary.

Tant pis si ont pu jouer des alliances « impossibles », entre socialcentristes manière André Chandernagor, technoprogressistes de Chevènement, socialistes ultraroses de Defferre, jacobins de Pierre Joxe, aventuristes mitterrandistes de tous horizons.

Le 13 juin 1971, François Mitterrand est élu par le comité directeur premier secrétaire du parti.

Il faut le faire ! Le 11, il n'a pas encore la carte du parti et siège au groupe des députés non inscrits de l'Assemblée nationale. Le 13, il s'installe en maître et généralissime au quartier général du parti de Jean Jaurès et de Léon Blum, cité Malesherbes.

Main basse sur la Cité, peut titrer *le Nouvel Obs.*

Première opération réussie.

Deuxième opération : forger avec les communistes une alliance de fer.

Autrement dit, signer avec eux un vaste et solennel programme commun — le programme commun de la gauche.

La gauche, et non les gauches, pour mieux illustrer la force de la concentration en cours.

François Mitterrand, dans *Ma part de Vérité* : « Il n'est pas question pour moi de renoncer à l'union des forces populaires au bénéfice d'une coalition hétérogène du centre. Je crois à ce que je fais, je crois à l'avènement du socialisme, je crois à sa nécessité... Le parti communiste est notre allié naturel. Je n'ai à lui reconnaître aucun privilège. Je n'ai pas à le préférer. Je constate simplement que l'union de la gauche passe par le parti communiste... »

Film capital dans la vie politique française.

Nous sommes dans la nuit du 26 au 27 juin 1972, une nuit au reste très fraîche pour une saison d'habitude si clémente.

Paris est en train de vivre un événement que beaucoup de témoins qualifient d'historique : une délégation du parti socialiste et une délégation du parti communiste sont réunies depuis neuf heures du soir au cinquième étage de l'immeuble flambant neuf du parti communiste, place du Colonel-Fabien, pour mettre au point un « programme commun du gouvernement ».

Il est vrai que, depuis qu'ils firent scission le 30 décembre 1920, c'est la première fois que les deux partis négocient un accord en même temps si profond et si éclatant. En 1934, ils avaient bien conclu un « pacte d'unité d'action » inspiré par la volonté de lutter ensemble « contre le danger fasciste », pacte qui avait directement conduit à l'alliance du Front populaire, victorieuse en 1936, mais ils s'étaient alors accordés sur une simple « plate-forme d'action », comportant plusieurs objectifs strictement délimités et n'engageant à aucun moment un « programme commun de gouvernement ». Léon Blum avait observé de géniales prudences.

A la fin de la guerre mondiale, ministres socialistes et ministres communistes s'étaient trouvés côte à côte dans divers gouvernements, mais pour servir ensemble des accords sommaires conclus avec d'autres forces et d'autres partis. C'est bien la première fois que les deux formations vont aussi loin.

« Symbole — note Jean Poperen, l'un des dirigeants socialistes —, le lieu de la rencontre n'est guère loin des vieux quartiers de la légende socialiste, où tiraillèrent les derniers combattants de la

Commune, Belleville et le Père-Lachaise, le faubourg du Temple et la Grange-aux-Belles. »

Mais Jean Poperen défend depuis des années la notion de « front de classe ». Ce dialecticien qui se voudrait glacé se protège mal aussi de quelque romantisme du dernier siècle. Il est si émerveillé par l'événement qu'il lui donnerait même des couleurs de poésie et de légende. « Symbole — grognera par contre Max Lejeune —, Mitterrand s'en est allé signer ça dans cette forteresse écrasante et ironique : sans délai, il s'en fait le prisonnier. » Mais Max Lejeune, ancien élu du Front populaire, farouche jacobin de la Somme, intraitable adversaire du communisme, sera l'un des rares élus nationaux du parti socialiste à récuser le pacte.

Force est aussi de convenir que l'immeuble communiste fait impression, à certains égards rutilant comme un gratte-ciel industriel de New York, mais plus encore affichant, par sa masse et son modernisme, une extraordinaire certitude de vaincre. « Le château fort des nouveaux Templiers », a dit Guy Mollet.

C'est dire cependant comme d'emblée se pose la question des questions : pour les socialistes, que sera finalement un tel accord ? Une page glorieuse de la vaste épopée ouvrière ? Ou un piège ? Étrangement, tout le problème est déjà contenu dans ce regard ébloui de Jean Poperen et cette moue de Max Lejeune.

De toute manière, ça discute dur.

Nous voici vers trois heures du matin. On n'a pour ainsi dire pas cessé de s'accrocher depuis le début de la réunion, à 21 heures, ou, plus exactement, à 21 h 30, car, évidemment, selon son rituel, François Mitterrand est arrivé avec une bonne demi-heure de retard — tant pis pour Marchais qui, lui, a une exactitude de métronome.

Il n'y a eu que quelques interruptions de séance, consacrées pour chaque délégation à faire le point.

Instants tout de même intenses.

On ne manque pas d'observer que Mitterrand est encore plus pâle que d'habitude. De même, sa voix est encore plus hachée, avec ces étonnants reflets métalliques qu'elle ne peut dissimuler quand l'homme est au comble de l'énervement ou au sommet de la responsabilité. Ou n'est-il pas tout à fait sûr de lui-même ? Redoute-t-il de se faire jouer ? Ce félin, si familier des délices solitaires, serait-il soudain intimidé par les paris qu'il mise sur l'une des formations les plus collectivisées du monde ? Ou éprouve-t-il mieux que quiconque la caresse de l'histoire qui passe ?

En tout cas, cette nuit, il est nettement plus caustique que charmeur. Il en paraît même parfois agressif. Et sa fébrilité est d'autant plus notable que, près de lui, ses camarades sont on ne peut plus calmes :

— Pierre Mauroy, colosse pilier, socialiste de naissance, style instituteur-prêcheur, lente voix incantatoire, tête aussi carrée que ses convictions, que ses ennemis disent : « socialiste infantiliste. »

— Gaston Defferre, député-maire de Marseille, le plus ancien de la troupe, blanchi sous le harnais, quoiqu'il s'en défende anticommuniste de naissance, œil morne même s'il peut soudain flamber, voix monocorde même si elle peut parfois claquer comme un fouet, rude baroudeur socialo et sobre protestant cévenol dont on se demandera toujours comment il aura pu s'imposer de si longues années comme roi de droit divin sur la Canebière.

— Claude Estier, le « porte-parole », unitaire farouche avec le style le plus discret, mitterrandiste implacable malgré son assurance sincère de servir davantage des idées qu'un homme, si sauvagement partisan de l'alliance avec les communistes qu'il la professa même durant les grèves insurrectionnelles de 1947 et se fit exclure du coup de la SFIO de Guy Mollet et de Paul Ramadier.

— Pierre Joxe, faux bourru, lourd museau de paysan renfrogné, crinière en bataille, doctrinaire dogmatique, si déterminé sur les principes qu'il en ferait presque oublier qu'il compte parmi ses ancêtres maternels l'un des pères de l'opérette légère. (Son grand-père est l'historien Daniel Halévy, ami de Péguy, biographe de *Vauban*, de *Michelet* et de *Proudhon*; l'arrière-grand-père est Ludovic Halévy, coauteur avec Henri Meilhac de *la Belle Hélène* et de *Froufrou* : il est évident que Pierre Joxe est à l'opposé du style opérette-bouffe.)

— Jean-Pierre Chevènement, petit-fils d'agriculteur, fils d'instituteur, néo-lion de Belfort, mi-romantique, avec son œil noir, un certain goût pour la révolution câline, convive brillant des beaux dîners en ville, mi-Saint-Just, avec son mépris des saintes innocences, ses théories élégamment extrémistes, son gauchisme volontaire, sans doute une certaine crainte d'être à la traîne des temps, voire quelque délectation à se contempler dans l'avant-garde, spécimen hautement caractéristique de cette si insaisissable et paradoxale fin de siècle, en résumé jeune lyrique dialecticien, amant cérébral des efficacités.

Georges Marchais préside la délégation communiste. Il n'est encore en titre que secrétaire général adjoint du parti, suppléant

Waldeck Rochet malade, mais il affiche déjà totale autorité, avec sa voix qui peut être sépulcrale, ses mimiques populistes, ses colères programmées, et ses intransigeances dialectisées.

Autant Mitterrand peut être un personnage de Stendhal, avec son ironie volontiers condescendante, son goût du mystère subtil, ses menus coups de griffe de félin secret, autant lui est personnage de Balzac, avec ses brutalités qui font bondir même un Pierre Joxe, la hargne de ses couplets et de terribles éclats de rire qui peuvent eux-mêmes avoir rôle de massues.

« Mais vous voulez notre chemise, ma parole ! » hurle-t-il quand, avec une obstination glacée, Mitterrand refuse de faire figurer dans le programme commun la nationalisation de la métallurgie — et Chevènement ne trouve que péniblement, avec l'aide de l'habile Jacques Piette, conseiller économique du parti, une formule qui calme notre furieux et qui consiste à prévoir une participation majoritaire de l'État, sans que figure le nom même de nationalisation.

« Mais comment osez-vous vous dire socialiste ? Vous revenez sans cesse en arrière ! » s'indigne-t-il quand il voit face à lui s'allonger toutes les mines, tandis qu'il énumère pour la dixième fois la liste des nationalisations à réaliser dès la première phase du gouvernement d'« union populaire » et comprenant notamment Thomson, Brandt, Wendel-Sidelor, Peugeot, la CFP et Honeywell-Bull, sans surtout oublier le démantèlement du trust Hachette.

« Vous ne me roulerez pas ! » mugit-il.

Un puissant acteur de mélodrame, ce M. Marchais.

Quant à la délégation qui l'accompagne, autant contempler un bloc.

Certes, physiquement, chacun des membres est assez typé :

— Roland Leroy, militant normand, fils de cheminot, style intelligentsia, quasiment « nouveau philosophe » à la Lévy, avec son profil de poète tourmenté, sa crinière balancée en arrière et sa prédilection pour les analyses serrées.

— Paul Laurent, militant de la banlieue parisienne, carrure de prolo, cou court, tête massive, face impénétrable, voix encore plus lente que celle de ses camarades.

— Etienne Fajon, doyen du clan depuis la retraite de « Waldeck », directeur de *l'Humanité*, visage buriné du vieux lutteur, cheveux plaqués en casque, tempes d'un coriace, léniniste sans pardon ni répit, farouche orthodoxe qui ne douta certes pas un instant en août 1939 de la haute utilité du pacte germano-soviétique.

— Jean Kanapa, l'inévitable théoricien, déjà en poste sous Thorez, l'homme qui veille à la lettre comme à l'esprit des saintes doctrines, visage osseux, œil sévère, mains nerveuses.

Mais, si différents paraissent-ils entre eux, le témoin sait, d'entrée de jeu, qu'il ne découvrira aucune faille dans le ciment.

Chaque acteur aligne les arguments du parti comme s'il avait consigne de répéter par cœur des couplets qu'il a dû minutieusement apprendre. Aucun mot n'est perdu, et peu importe la bouche qui le prononce. Au demeurant, si vous fermez les yeux, vous croyez entendre la même voix. Tous ces hommes pratiquent le même ton de conversation comme la même éloquence. Même leur prononciation est collectivisée.

Tel est ainsi le spectacle général : ce bloc de ciment, face à une escouade de voltigeurs plus ou moins désordonnés, comptant davantage sur l'inspiration que sur une préparation de longue main. Le parti socialiste reste essentiellement un regroupement passionnel de bonnes volontés, très diverses et même parfois contradictoires, rassemble les talents les plus opposés. Un Rocard est aussi différent d'un Joxe que la Gironde de la Montagne. Un Poperen est aussi dissemblable de Defferre qu'un oiseau d'un poisson. Pour gagner en importance, le parti socialiste a sacrifié à l'unité. Il peine à établir ses propres lois, à déterminer ses propres pensées, à arrêter son propre programme. De là vient la sensation qu'il est plus *enflé* que *musclé*. La forteresse socialiste manque de l'essentiel : le ciment. Elle pourra un jour beaucoup en souffrir. En revanche, le parti communiste en impose immédiatement par sa masse, sa cohésion, la discipline sans faiblesse de ses cohortes, l'unité de sa propagande et le prodigieux enracinement de sa dialectique.

Si différents soient-ils, les deux partis n'en seront pas moins parvenus d'une manière relativement rapide à l'élaboration dudit programme commun.

A peine deux mois y auront suffi.

Le 27 avril, les deux délégations se rencontraient pour mettre sur pied des groupes de travail, chargés de préparer le texte d'accord chapitre par chapitre. Dès le jeudi 22 juin, une première conférence au sommet de trois heures suffisait pour adopter les chapitres traitant des problèmes sociaux et des institutions. Nous voici tout près de l'aube du 27 juin et, après règlement des litiges les plus épineux portant sur les nationalisations et la politique étrangère, il ne reste plus qu'à entendre les oui définitifs des deux consuls de l'union pour « lancer dans l'histoire » le résultat du travail, quelque 150 pages partagées entre quatre chapitres, *Vivre mieux, Changer la Vie, Démocratiser l'Économie, Démocratiser les Institutions* et un préambule aux termes duquel les deux formations soulignent solennellement leur capacité à gouverner ensemble, plus un chapitre particulier consacré à la politique étrangère.

Un dernier duel oppose les deux chefs quand Marchais demande que la destruction des stocks atomiques et le départ de la France de l'Alliance atlantique soient inscrits dans le texte. Mitterrand y va d'une botte sèche : « Je ne prendrai jamais la responsabilité historique de laisser la France désarmée dans un monde qui ne l'est pas... »

Le document est signé vers quatre heures.

Je suis content, prononce allègre Georges Marchais.

Mitterrand rentre ses papiers dans son petit porte-documents noir des grandes circonstances. On l'entend prononcer à mi-voix : « C'est ainsi... le programme commun doit passer avant le reste... Alea jacta est... »

Il n'y a plus qu'à partager le pain et le sel — un repas froid que Marchais a fait préparer.

C'est un peu avant cinq heures, aux premières lueurs de l'aube, que les deux consuls, côte à côte, les yeux rougis, les traits tirés, annoncent aux journalistes, qui auront passé la nuit parqués dans un sous-sol, que le programme commun est signé « entre les deux grands partis de la gauche française ». (Pour l'immédiat, aucun des deux ne fait référence à une éventuelle acceptation du texte par les radicaux.)

« Une grande espérance ressuscite », s'exclame Chevènement.

Il est certain que nombre d'esprits de gauche sont restés navrés par les guerres à mort ou, comme disait Jean Longuet, les « luttes au couteau » qui ont opposé les deux partis depuis 1920, plus particulièrement entre 1920 et 1934, quand le parti communiste tenait le parti socialiste pour « une volaille à plumer » et quand Léon Blum devait noter attristé, entre les deux partis, de toute sa délicatesse, « une note d'incompatibilité sentimentale et morale »; en 1936-1937, quand les communistes sabotaient carrément en profondeur le gouvernement du Front populaire et réanimaient un combat total contre la social-démocratie; en 1939, au moment du pacte Hitler-Staline, ardemment dénoncé comme « immoral, scandaleux et criminel » par une SFIO pour une fois unanime; en

1947, après que le socialiste Paul Ramadier eut exclu du gouvernement les ministres communistes et eut à faire front à des grèves communistes de caractère insurrectionnel; enfin, au vrai, sauf rares pauses, sur toutes les années de 1947 à 1958, quand Guy Mollet, homme clef de la Quatrième République, proclamait de toute sa détermination que « les communistes ne sont ni à droite ni à gauche, ils sont à l'est... »

Maurice Thorez n'aura quasiment prononcé aucun discours sans vouer au pilori tous ces sociaux-démocrates, « valets de l'Amérique capitaliste et monopoliste ».

Les thèses « frontistes » d'union n'auront été soutenues que par des groupuscules plus ou moins pris au sérieux, tels le MLP, Mouvement de libération du peuple, surtout constitué par des syndicalistes chrétiens idéalistes; l'ACO, l'Action catholique dans le monde ouvrier, de la même veine; l'UGS, le Parti d'union de la gauche française, animé par le journaliste Claude Bourdet, ou encore le PUMSUD, « Pour un mouvement syndical uni et démocratique », cher au syndicat CGT des personnels pénitentiaires.

De fait, l'Union de la Gauche sera née d'un constat de débâcle électorale.

Le problème de la recréer ne se pose réellement et sérieusement qu'à l'issue des élections législatives de novembre 1958, catastrophiques pour tous les partis que la tradition appelle de gauche.

Il est vrai que jamais ils n'auront connu un tel désastre.

Les communistes, qui comptaient 145 sièges en 1956, se retrouvent alors avec seulement 10 députés. Beaucoup de leurs leaders, dont Jacques Duclos, sont battus. Un seul est élu au premier tour, Fernand Grenier, à Saint-Denis. Maurice Thorez lui-même, ainsi que Waldeck Rochet à Aubervilliers et François Billoux à Marseille ne figurent que par miracle parmi les rescapés.

Les socialistes ne s'en tirent guère mieux. Ils ne sauvent que 40 sièges, moins que lors de la catastrophe de 1919, date de la Chambre bleu horizon. Seulement trois anciens ministres sur soixante sont réélus. Vaincus, Gaston Defferre, Paul Ramadier, Jules Moch, Robert Lacoste, tant d'autres gloires du parti. Si le général de Gaulle n'était pas intervenu personnellement en faveur de Guy Mollet, alors son ministre d'État, le secrétaire général de la SFIO lui-même aurait été laissé sur le carreau.

Les radicaux volent en éclats. Edgar Faure, Édouard Daladier, Maurice Bourgès-Maunoury sont éliminés. Félix Gaillard, Maurice Faure ne sont réélus que de justesse. Les députés du « plus grand parti de l'histoire républicaine » ne seront plus que treize. Porte-bonheur ou porte-malheur ? s'interroge Félix Gaillard, qui se demande déjà sous quel nom phare ressusciter les vieux grands morts.

Les personnalités « de gauche » ne sont pas mieux traitées. Pierre Mendès France est écrasé dans son fief de Louviers dès le premier tour. François Mitterrand perd son siège dans la Nièvre.

L'hécatombe est telle qu'il y aurait presque pour la gauche de quoi désespérer.

Les gaullistes eux-mêmes n'en croient pas leurs yeux. Jamais ils n'auraient osé envisager un tel triomphe. Ils en viennent même, imprudemment, aux excès du triomphalisme, tenant pour acquis qu'il trouveront toujours devant eux une gauche déchirée par sa guerre civile entre cocos et socialos. Le général de Gaulle peut contempler, de son œil le plus amusé, « la gauche la plus bête du monde... » (allusion à un mot de Guy Mollet qui parla naguère de « la droite la plus bête du monde »...)

Précisément, toute la longue aventure de l'union de la gauche sera venue de là : de ce désastre et de ces excès d'insolence.

L'évidence éclate que, si elle reste divisée, la gauche, dans le cadre du scrutin uninominal à deux tours, est condamnée chaque fois à être écrasée. Il est devenu aussi trop insupportable de voir triompher si impunément les « ennemis de classe ».

Il n'y a plus d'autre choix : ou s'unir, ou périr.

Alors, petit à petit, un grand mouvement va naître.

François Mitterrand, le premier, déclare tout net que « tôt ou tard, et le plus tôt sera le mieux, les communistes doivent entrer avec pleins droits dans l'union des républicains ».

Guy Mollet et les ministres socialistes quittent le gouvernement de Gaulle. Dès le 8 janvier 1959, date d'installation du gouvernement Debré, il n'y a plus un seul socialiste « au pouvoir des gaullistes ». Le très socialiste André Boulloche y figure bien à l'Éducation nationale, mais « en congé de parti » et démissionne d'ailleurs sous peu, spectaculairement, refusant de contresigner la loi Debré en faveur des écoles libres.

Même soutenant le général dans sa politique extérieure et sa politique algérienne, Guy Mollet se raidit depuis lors dans une opposition irréductible.

Dès les élections municipales de mars 1959, les accords locaux entre socialistes et communistes sont aussi nombreux qu'entre socialistes et MRP. A Château-Chinon, Mitterrand forme même au second tour avec les communistes une coalition qui bat le maire sortant « SFIO de droite ».

Maurice Thorez aime à citer les vers de Pouchkine : « Les coups brisent le verre, ils trempent l'acier. » Il ne saurait manquer la magnifique occasion qui s'offre à son parti de sortir du ghetto où il s'est enfermé depuis de trop longues années. A lui à son tour des discours en faveur du « mouvement unitaire » pour que « l'union fasse la force ».

Les élections législatives de novembre 1962 renversent totalement la tendance de novembre 1958. Finie, pour les socialistes, la croisade « anti-moscoutaire ». Par ailleurs, la fin de la guerre d'Algérie et l'avènement de l'Algérie algérienne, non seulement auront blessé l'unité des gaullistes, mais encore auront « libéré » bien des socialistes : du fait qu'ils n'ont plus à soutenir de Gaulle face aux ultras d'Alger, ils redeviennent entièrement disponibles pour une politique totalement autonome. Guy Mollet lui-même change du tout au tout. Traîne-t-il trop douloureusement le remords de n'avoir pu sauver la Quatrième République et d'avoir été en juin 1958 l'un des principaux artisans du retour du Général au pouvoir ? A avoir le sentiment d'avoir joué trop vite au « socialiste de droite » quand il préféra en appeler au Général plutôt que de laisser se déclencher la guerre civile, réalise-t-il soudain qu'il aura pu être berné ? Ou bien savoure-t-il l'ivresse de retrouver ses combats de jeune homme de la « gauche révolutionnaire » quand il voulait être « toujours le plus à gauche » ? Il va jusqu'à prononcer une phrase qui est un véritable coup de tonnerre. C'est devant les micros d'*Europe 1*, où il a à affronter Maurice Schumann. Il arrive, le visage plus revêche que jamais, bouche amère. Ses yeux embués de grand myope étincellent eux-mêmes de hargne. « Petit Chose en pion », aiment dire ses ennemis. Nous sommes à quelques jours du second tour. « Mais enfin — s'écrie Maurice Schumann — si, dans telle ou telle circonscription, vous avez à choisir entre un gaulliste et un communiste, quelle consigne donnerez-vous, monsieur Guy Mollet ? » La réponse est fulgurante : « Monsieur Schumann, dans l'hypothèse limitée où nous sommes placés, un communiste de plus à l'Assemblée nationale, cela ne changera rien. Je ferai battre l'UNR. Je ferai voter pour le communiste. »

Ce sont les communistes qui permettent à Guy Mollet de sauver son siège à Arras. Dans l'Hérault, à Sète, ils font même plus fort : le candidat communiste Calas se désiste en faveur du candidat socialiste Jules Moch, *pourtant arrivé derrière lui au premier tour*

— mais battant ainsi plus sûrement le gaulliste Cerf Lurie. « Le reflux gaulliste est engagé », peut annoncer Guy Mollet.

Nous voici en octobre 1963. La scène se transporte à Moscou. Sensation à travers toute la France : Guy Mollet, avec toute une délégation de la SFIO, est chaleureusement invité et accueilli au Kremlin par Nikita Khrouchtchev. Le tonitruant successeur de Staline accueille Guy Mollet comme le meilleur des amis. En son honneur, il ne se contente pas de rappeler sa propre œuvre de déstalinisation et de faire danser une danse cosaque par Mikoyan. A l'occasion de l'un des innombrables toasts qui sont portés, il ne manque pas de lever son verre de vodka « à l'amitié reconstituée des socialistes et des communistes français ».

Je vote Khrouchtchev, ainsi Guy Mollet intitule-t-il le premier article qu'il signe dès son retour à Paris.

Maurice Thorez n'en profite que mieux pour — le premier — appeler à la conclusion d'un programme commun de gouvernement.

En mars 1964, en réponse à des articles du *Populaire* où un universitaire socialiste d'Auvergne, Roger Quilliot, dresse un inventaire de tous les sujets de divergence ou de différence dont les communistes et socialistes débattent depuis quarante ans, *l'Humanité* fait preuve d'un esprit de compromis encore jamais vu, y compris sur le fond de la doctrine. Les socialistes demandent : « Resterez-vous toujours inconditionnellement liés à l'Union soviétique ? — Nous ne sommes plus en 1920, répond *l'Huma*, et le Komintern n'existe plus, même si "l'Union Soviétique représente un point d'appui essentiel, une base matérielle irremplaçable pour le mouvement ouvrier international". » Seconde question : Comment vous, communistes, envisagez-vous de conquérir le pouvoir dans un pays démocratique comme la France ? Entendez-vous toujours imiter le modèle russe de 1917 ? Réponse : « Nous préférons naturellement (exquis, ce naturellement) parvenir au socialisme par des voies pacifiques et utiliser les institutions parlementaires, sauf à ne pas oublier le mot d'ordre de Saint-Just "pas de liberté pour les ennemis de la liberté". » (*L'Huma* du 20 mars 1964.) La dictature du prolétariat ? « Le développement de l'expérience soviétique est venu démontrer concrètement comment la dictature du prolétariat laisse la place à l'État du peuple tout entier », sauf à ne pas oublier qu'il demeure nécessaire que « l'immense majorité exerce la contrainte sur les exploiteurs déchus ». Préconisez-vous toujours le système du parti unique ? Waldeck Rochet répond personnellement : « Vous auriez tort de vous alarmer sur ce sujet, camarades socialistes. La tactique du parti unique n'a jamais été une thèse propre au parti communiste français. Elle ne saurait constituer une condition indispensable du passage au socialisme. Elle est une création purement stalinienne. Nous pensons au contraire qu'à côté du parti unifié de la classe ouvrière pourraient exister d'autres partis démocratiques collaborant à la construction du socialisme. » Guy Mollet oublie même de demander ce qu'il adviendra des partis démocratiques refusant de collaborer à la construction du socialisme, ni ce qu'il est advenu des petits partis asservis et fantômes de l'Allemagne de l'Est, de la Hongrie, de la Roumanie ou de la Tchécoslovaquie.

Pour mieux encore obtenir négociation sur un programme commun de gouvernement, Maurice Thorez déclare avec netteté que « l'élaboration d'un programme commun est la condition préalable à l'accord sur un candidat unique pour le premier tour des élections présidentielles prévues pour 1965 ». Accentuant sa pression, il fait même peu après savoir qu'en cas de non-accord sur un programme commun de gouvernement, les communistes présenteraient eux-mêmes dès le premier tour leur propre candidat.

Le parti communiste largue de son bord tous les « faiseurs d'embarras », tels Marcel Servin, Laurent Casanova, Jean Prouteau, Maurice Kriegel-Valrimont — au diable même l'intellectuel Claude Roy ! — et met en place un état-major d'hommes neufs, serrés autour de Waldeck Rochet, jardinier bourguignon chauve et trapu qui affiche une sérénité de chanoine imperturbable, s'exprime avec un superbe accent du terroir, mi-roc mi-lavande, et se révèle avec autorité un fort efficace charretier-manœuvrier, au soutien d'un Maurice Thorez resté trop affaibli de son hémiplégie.

Les socialistes lâchent toutes les digues. On voit même Guy Mollet, début 1965, s'opposer férocement à la candidature de Gaston Defferre quand le maire de Marseille, armé et appuyé par *l'Express*, déclare vouloir briguer la présidence de la République et bâtir son entreprise sur la « Grande Fédération », c'est-à-dire sur une alliance entre le centre-gauche et le centre, Jean Lecanuet compris. Guy Mollet dit de sa voix la plus sèche qu'« une telle candidature est trop nuisible à l'unité des travailleurs ». Il n'aura plus d'autre obsession que de faire échouer Defferre avant le port. De fait, Defferre devra renoncer, dès le 25 juin, à sa candidature.

D'abord clandestins ou semi-clandestins, les contacts entre socialistes et communistes s'établissent même à ciel ouvert. On se rencontre à des dîners vite « officialisés », soit chez Jacques Piette, ami intime de Guy Mollet, boulevard Saint-Germain, soit chez Maurice Bouvier-Ajam, si unitariste que les communistes le croient communiste, et les socialistes socialiste, près de l'Étoile, ou chez maître Borker, avocat communiste, près du parc Monceau. Guy Mollet mène les pourparlers du côté socialiste; Waldeck Rochet, accompagné d'un jeune promu au bureau politique, Georges Marchais, du côté communiste.

Le décès de Maurice Thorez — mort du côté de Yalta dans la même saison et le même paysage que le leader communiste italien Palmiro Togliatti — ne ralentit en rien la montée du courant unitaire. Le limogeage de Nikita Khrouchtchev ne trouble pas davantage le cours du fleuve : Waldeck Rochet confie vite à Guy Mollet que, selon des informations sûres, « la politique des 20e, 21e et 22e Congrès reste la ligne de l'action du parti communiste soviétique ». C'est-à-dire que l'entreprise de déstalinisation ne sera pas remise en cause après l'abdication de son principal promoteur. De retour d'un voyage éclair à Moscou, Georges Marchais confirme. « L'esprit unitaire reste intact — peut affirmer Guy Mollet —, la gauche continue. »

Les socialistes se révèlent eux-mêmes moins hostiles à l'éventualité d'un programme unifié.

On peut envisager un candidat commun pour affronter fin 1965 le général de Gaulle. Jean Rostand est le nom le plus souvent prononcé. « Il faut à la République son Jean XXIII, commente Guy Mollet. Un savant ferait l'affaire puisque, dans notre esprit, le chef de l'État ne sera plus qu'un artiste. » Il dit aussi : « J'ai le choix entre cinq M : Mendès, Monnerville, Maurice Faure, Daniel Mayer et Mitterrand. » D'autres en comptent six, puisque Mollet aussi est un M. C'est en définitive Mitterrand, d'autant plus aisément que ses avocats, Mes Thorp et Dumas, contrent habilement la manœuvre gouvernementale en cours devant la Chambre des mises en accusation, qui prend la décision assez brusque de refermer définitivement le dossier de l'Observatoire.

Non seulement, en 1965, le général de Gaulle est mis en ballottage, mais en 1967, les gaullistes, à quelques sièges près, manquent perdre les élections législatives.

« Je vous le dis, un jour, la gauche finira par gagner », prédit Guy Mollet.

La France est fantasque. Bien souvent, elle a semblé préparer de longue main, ou attendre avec faveur, le triomphe d'un homme ou d'un parti. Mais, soudainement, elle fait volte-face et peut brûler vif sur la place de Grève le héros qu'elle adorait la veille et dont le monde entier pouvait croire qu'il serait roi à perpétuité. Il faut être un prodigieux géant géantissime, béni par tous les destins, pour n'avoir pas à affronter la disgrâce de ce grand peuple, incertain entre tous. Sans doute est-ce que le peuple français, au fond, n'est pas cartésien. Il est bien plutôt fétichiste. Ainsi d'ailleurs s'explique qu'il soit anarchiste quand tout va bien, bonapartiste quand tout va mal. Dans la prospérité, aucun peuple au monde n'est plus désordonné ou mécontent que celui-là. Au moment des périls, aucun n'est plus anxieux de trouver un sauveur. De plus, la démocratie est un système idéalement inventé par les Grecs pour les Anglo-Saxons. Les Français, impulsifs, improvisateurs, êtres d'instinct, la manient mal. Charles de Gaulle, à son tour, aura fait l'expérience et aura fait lui-même les frais des formidables et imprévisibles sautes d'humeur de son peuple.

La défaite aux élections législatives de juin 1968 n'est qu'une défaite que la gauche se construit elle-même. (De même en est-il pour l'élection présidentielle de 1969.)

Aussitôt après, le mouvement unitaire reprend son cours, de plus en plus puissant — jusqu'à précisément ce 27 juin 1972 où, à l'aube, François Mitterrand et Georges Marchais signent le programme commun.

Non encore que François Mitterrand en ait terminé avec sa succession d'abîmes et de victoires.

Même si, aux élections législatives de mars 1973, la gauche — qui se présente pour la première fois avec son programme commun de gouvernement — ne parvient pas au sommet de son espérance : mettre la majorité pompidolienne en échec, elle n'en remporte pas moins un résultat qu'elle peut juger satisfaisant. Le parti communiste, avec 21,34 % des voix, réalise sa performance de 1967 et le parti socialiste s'en assure 20,65 %. Comme le proclame Charles Hernu, « la gauche est à nouveau sur orbite ». L'horizon se remet pour elle au beau fixe. Surcroît de bonheur : les radicaux de gauche tiennent, le 1er décembre, leur Congrès constitutif, solennellement salué par Georges Marchais comme par François Mitterrand, et désignent à leur tête Robert Fabre, sympathique député-pharmacien de l'Aveyron, qui devient le « troisième triumvir » de la gauche. Si le nouveau parti ne peut être admis comme un parti de masse, il est précieux à bien des titres : il permet de se référer tout à fait au pacte légendaire du Front populaire; non marxiste, il assure le soutien de beaucoup d'électeurs des classes moyennes, déçus du pompidolisme; par le clair bon sens de son président, il va rassurer bien des attentistes du centre qu'un excès de collectivisme inquiète. S'il ne dispose pas d'impressionnantes cohortes, il aligne cependant 12 députés, 19 sénateurs et de très nombreux maires et conseillers généraux. Les adversaires cessent rapidement de rire de ce mini-parti, nain entre deux géants — de ce troisième homme, « si dérisoire entre deux mastodontes de l'activisme de gauche ».

La situation se sera si fortement renversée que Mitterrand est même tout près de penser qu'il peut l'emporter à l'élection présidentielle d'avril 1974. Il y va de bon cœur. Installant son quartier général à un super-étage de la tour Montparnasse (« qu'il ne déteste pas »), il s'entoure d'une solide équipe. Au noyau des quelques amis inévitables s'ajoutent Joseph Franceschi, député maire d'Alfortville, grand organisateur, Jean-Pierre Cot, fils du grand tribun crypto, lui-même orateur brillant, jeune député de la Savoie, Claude Manceron, l'historien poète, Jacques Attali, jeune prodige des écoles républicaines, dont Mitterrand fait la connaissance en janvier, qui a tous les diplômes, Sciences Po, Polytechnique, Ecole des Mines, ENA, et qui mijote le programme économique du candidat. Ni communistes ni socialistes ne marchandent leur appui. François Mitterrand racontera lui-même le formidable travail personnel qu'il assume. En quarante jours, il rédige, dicte ou corrige des centaines d'articles et d'interviews. Il reçoit plusieurs centaines de journalistes. Il subit matin et soir les flashes des photographes. Il donne sept conférences de presse. Il se produit dans douze émissions à la télé et douze à la radio d'État, livre cinq duels à Giscard et à Chaban, participe à neuf autres débats sur les postes périphériques, tourne six films dont deux longs métrages. Il tient une cinquantaine d'importants meetings publics. Il parle devant 50 000 personnes à Toulouse, 25 000 à Nantes, 20 000 à Grenoble. Il ne dort que quatre heures par nuit. Rentré très tard, il doit être à la peine dès l'aurore. Il écoute des centaines de délégués d'associations de toutes espèces, lit des masses de pétitions, de résolutions, de motions, de protestations. Il tient de multiples séances de travail avec son état-major et le comité directeur de son parti. Il garde une liaison régulière avec les responsables départementaux et les dirigeants des organisations et des partis alliés. Besogne indiciblement éreintante. Fort de l'appui aussi des plus puissants syndicats, il peut croire être porté par un courant qui ne peut être cassé.

Mais il échoue tout près du port. Il perd peut-être la partie dans un face-à-face télévisé dès lors voué à rester célèbre. Il se fait battre par Giscard à 300 000 voix près. Il ne dissimule pas son amertume devant Jean Daniel, l'éditorialiste du *Nouvel Observateur* : « Soyons lucide : je ne retrouverai jamais des circonstances semblables. J'étais en mesure de gouverner. J'en avais la pleine capacité physique : elle peut diminuer, maintenant... Et puis, franchement, ça ne m'excite plus beaucoup... Je me demande même parfois pourquoi je resterais enfermé jusqu'à la fin dans cet univers-là. Je ne dis pas ça par lassitude : simplement, dix-sept ans à ramer comme ça, cela commence à faire long... »

Et cette vie en ligne brisée de continuer de plus belle. L'Union de la Gauche triomphe aux élections cantonales de 1976 et aux élections municipales de 1977. A nouveau, la victoire finale semble à portée de la main. La coupe divine n'est plus loin des lèvres. Tout redevient possible, estime Mitterrand. Mais c'est aussi l'heure où le parti communiste, pour des raisons qui n'appartiennent qu'à lui, change de stratégie, du tout au tout.

Nous allons brusquement nous trouver dans une atmosphère totalement opposée au climat cordial de la fameuse scène du 20 mars 1972, 9 h 30, où, à la demande pressante de Marchais, Mitterrand et Marchais se rencontrent pour la première fois, dans un des beaux quartiers de Paris, 4, rue Saint-Louis-en-l'Isle, en la somptueuse maison de l'avocat communiste Charles Lederman, mais au cinquième étage, dans une chambre de bonne dont, dès que Mitterrand arrive, Marchais ferme la porte à clef. (Peu après, on frappe. C'est Mme Lederman qui apporte café et croissants. Marchais prend le plateau et boucle à nouveau la porte. On croirait assister à un confidentiel rendez-vous d'amour.)

C'est que, cinq ans plus tard, la progression du mitterrandisme commence à inquiéter fortement l'état-major communiste. Mitterrand, tout à son enthousiasme de socialiste novice, s'est promis tout haut de faire du parti socialiste le parti le plus important du pays. On a pu l'entendre déclarer devant l'Internationale socialiste, à Vienne : « Il faut que, dans un pays comme la France, le parti socialiste retrouve son authenticité auprès des masses... Notre objectif fondamental, c'est de refaire un grand parti socialiste sur le terrain occupé par le parti communiste lui-même, afin de faire la démonstration que, sur les cinq millions d'électeurs communistes, trois millions peuvent voter socialiste. » Mitterrand ne saurait mieux dire qu'il entend plumer la volaille communiste. Par ailleurs, n'oublions surtout pas que, au-delà des conjonctures, doctrinalement et stratégiquement, le premier ennemi du communisme est la social-démocratie. Le premier parti à affaiblir, pour les communistes, à miner, à abattre, par tous moyens, au besoin par une alliance qui le disqualifiera aux yeux de sa clientèle bourgeoise, est le parti socialiste. Les communistes ne supportent longtemps un parti socialiste qu'en appendice, s'il est faible et modeste, dès lors facilement satellisé ou prêt à fouette-cocher. Dès qu'il devient trop important, à plus forte raison quand il dépasse en importance le parti communiste et quand il dispute aux communistes le monopole de l'univers ouvrier, des communistes conséquents avec eux-mêmes doivent absolument revenir sur une tactique qui paraît uniquement bénéfique pour l'adversaire de toujours. Or, voici que Mitterrand se réjouit ouvertement d'avoir « rééquilibré la gauche », programme la création de sections ouvrières socialistes et ose même déclarer à Vienne que son intention est de ramener les communistes au niveau des 15 %. C'est beaucoup plus que n'en peut supporter la terrible machine.

Ajoutons que l'aventurisme de Mitterrand inquiète. Le premier consul socialiste brille de mille éclats, joue les étincelantes vedettes internationales, tiendrait presque Marchais pour un simple comparse, valet à la botte. Mitterrand ose proclamer tout crûment qu'il est le meneur de jeu et laisse sous-entendre qu'on va voir ce qu'on va voir quand il sera roi. Il est donc temps d'administrer une leçon à cet impudent et imprudent ambitieux.

Alors, se déroule un scénario fatal.

Non seulement les communistes décident de casser l'Union de la Gauche, mais ils mettent le drame en scène.

Le prétexte choisi pour orchestrer l'opération est l'« actualisation » du programme commun.

L'élection de Valéry Giscard d'Estaing est de mai 1974. Dès septembre, Marchais et Roland Leroy commencent à ouvrir le feu contre les socialistes, et on entend Paul Laurent dire de Michel Rocard (qui vient de quitter son PSU pour adhérer au nouveau parti socialiste) qu'il « débite trop de bêtises réactionnaires ». La route ne sera plus pour Mitterrand une route de roses. Ni la crise cardiaque qui frappe Georges Marchais en 1975, ni la subite disparition de Jacques Duclos, ni l'adhésion des communistes français à la thèse eurocommuniste de l'Italien Berlinguer et de l'Espagnol Carrillo ne feront frein à l'opération nouvelle. Dès décembre, Marchais mentionne que pour mieux harmoniser l'action des deux formations comme pour mieux *actualiser* un programme déjà dépassé dans plusieurs de ses chapitres, il conviendrait sans doute d'organiser au plus tôt un dialogue positif. On voit d'ailleurs là reprendre en même temps une vieille tactique chère à tous les partis communistes vis-à-vis de leurs alliés ou soi-disant tels : souffler à la fois le chaud et le froid; allumer soi-même des incendies pour mieux accuser les alliés d'être des incendiaires et appeler ces mêmes incendiaires à éteindre des incendies dont les flammes pourront les surprendre.

Durant deux ans, Marchais ne cesse de réclamer la négociation sur l'actualisation du programme, jusqu'à ce que François Mitterrand, qui aura en vain plus ou moins flairé le piège, doive accepter enfin.

Les modifications que nous proposerons seront toutes sérieuses et raisonnables, insiste Marchais. L'actualisation du programme commun, promet-il aussi, ne constituera « ni une négociation globale ni une refonte complète ».

Après plusieurs réunions préparatoires et des séances de divers comités spécialisés, un incident grave éclate toutefois dans une séance plénière des trois délégations, le 14 septembre 1977. Robert Fabre et les radicaux sortent en trombe de la salle où l'on discute. Ils expliquent : « Le parti communiste ne veut pas aller véritablement vers un accord... Ce qu'ils appellent actualisation n'est que prétexte à rompre l'Union... Nous disons oui à la démocratie avancée, nous disons non au capitalisme d'État et au collectivisme... »

Pour recoller les morceaux, on se réunit à nouveau, le 21 septembre.

Séance qui méritera de rester dans les annales.

Le hasard veut qu'elle se tienne elle aussi au siège du parti communiste, place du Colonel-Fabien, là même où fut signé le programme en question. Seul changement : la présence de la délégation radicale (elle a accepté de revenir siéger à cette ultime tentative de conciliation). Délégués socialistes et délégués communistes sont quasiment les mêmes que cinq ans auparavant. La même salle est prévue, celle du bureau politique du parti, au cinquième étage. On s'assied autour de la même table ovale, sous les mêmes portraits de Lénine, Thorez, Marx et Engels. « J'ai cru voir arriver aussi les mêmes sandwichs », racontera Pierre Mauroy.

La discussion s'engage à 14 heures, selon le même rythme, tandis que les journalistes, comme il y a cinq ans, restent parqués au sous-sol, avec micros et caméras.

Simplement, tout à coup, Georges Marchais cesse de s'en tenir à du détail. Œil en bataille, poitrail en avant, il emploie le ton le plus véhément pour exiger des modifications qui, en réalité, entraînent un bouleversement total de la politique commune si laborieusement élaborée et engagent tout un nouveau train de nationalisations que socialistes et radicaux de gauche ne sauraient accepter.

En clair, quelle que soit l'habileté de son argumentation, c'est une déclaration de rupture. La mise en scène est parfaite : les communistes cassent la gauche en conscience; pour autant ils pourront expliquer que ce sont les autres qui auront refusé des modifications d'une importance fondamentale.

Il est 1 h 35 du matin. Les trente dirigeants des trois partis sortent, les traits graves, le visage tendu par la fatigue et l'émotion. C'est l'échec. Aucun accord de conciliation n'a été possible. Les 150 journalistes du sous-sol, éberlués, puis la France, stupéfaite, apprennent que les trois consuls ne sont même plus d'accord sur l'interprétation du programme commun de 1972 et qu'ils ont donc fait, en vérité, campagne depuis cinq ans sur un faux programme commun, ou plutôt sur un fantôme de programme commun. C'est ahurissant, mais c'est ainsi.

Reverrons-nous jamais la fameuse troïka, avec, attelés aux mêmes rênes, le calme percheron socialiste, le minuscule poney radical, et le dangereux coursier de guerre ? L'attelage était-il même envisageable ?

Quoi qu'il en soit, l'aventure paraît à bout de souffle.

L'Union de la Gauche semble définitivement cassée.

L'idée même de programme commun cesse d'être crédible.

Première inévitable conséquence : la gauche perd les élections législatives des 12 et 19 mars 1978.

Elle est même nettement battue, encore que le parti communiste gagne 12 sièges (86 au lieu de 74), et le parti socialiste 9 (104 au lieu de 95).

Jacques Chirac et son RPR jouent à plein le jeu de la majorité, aux côtés de l'Union pour la Démocratie française, UDF, tout nouvellement créée en février aux besoins de la campagne et fédérant le Parti Républicain, PR, le Centre des Démocrates sociaux, CDS, les Clubs Perspectives et Réalités et le Parti social-démocrate de Max Lejeune.

Mitterrand paraît encore plus blessé après les élections de 1978 qu'après sa défaite de 1974.

Voilà : en 1973, il paraît promis au pinacle; en 1978, il paraît, une nouvelle fois, « fini ». Nouvel enterrement.

Il est vrai que voilà encore : en 1980, il court même le risque de n'être pas même candidat du parti socialiste; en 1981, enfin, ce guignard triomphe.

Car, en 1980, surgit — ou resurgit — Michel Rocard.

Il a cinquante ans, avec style de jeune homme.

Il irradie une intelligence qui évoque assez celle d'Edgar Faure, déliée et sûre d'elle-même.

Il joue facile, en consciencieux décontracté.

Encore comme Edgar, il se délecte dans la virtuosité. Lui aussi un tantinet funambule. Autant contempler un athlète de haute voltige qui ne trouve plénitude et volupté d'être que dans les exercices les plus difficiles. Beaucoup de téléspectateurs aiment ça.

Il a, selon la commande, le sourire lumineux que l'on attend, ou le regard d'épagneul nostalgique qui convient.

Même la cinquantaine dépassée, il exprime une extraordinaire jeunesse, quasiment on ne sait quelle fraîcheur d'adolescence. Est-ce dû à sa silhouette prompte de lutin furtif ? A un visage qui sait se garder des atteintes des années ? Est-ce parce qu'aucun fil d'argent ne s'est glissé dans la riche crinière sombre ? Qu'un maître coiffeur ou chimiste a l'art de lui conserver intacts et heureux ces cheveux noirs qui lui assurent à eux seuls un portrait de perpétuel jeune étudiant ? Le fait est que — par exemple vis-à-vis de François Mitterrand déplumé, et mal déplumé — Michel Rocard paraît d'une exceptionnelle jeunesse.

Il promet joliment de « restituer le socialisme à la France ».

Il n'est pas méchant. On l'imagine peu maniant la griffe ou la trique. Comme diraient les gars des nouvelles générations, il donne plutôt dans la manière « sympa » que dans le genre « vachelard ». S'il a du punch, c'est toujours avec des gants réglementaires.

Il n'est pas un arriviste forcené. S'il y a du Rastignac au fond de son cœur, il le cache bien. On ne l'a jamais vu jouer les plats courtisans. S'il avait été toutou auprès de Guy Mollet, il aurait eu droit à de beaux morceaux de sucre. Il préfère tout sacrifier plutôt que d'abdiquer ses convictions les plus profondes, en l'occurrence sa foi en une Algérie algérienne. S'il a pu servir diverses chapelles, il n'a jamais servi qu'une église, en l'espèce le socialisme. Tant pis si ce vocabulaire religieux heurte ce protestant rigoriste : il est trop exact qu'il a pu servir aux côtés de très différents saints patrons, Guy Mollet, Daniel Mayer, Édouard Depreux, Mendès ou Mitterrand, mais, dès ses seize ans, il militait dans un esprit socialiste hardi qu'il n'a plus quitté.

Il aura pu être un modèle d'inspecteur des finances. Il adore manier chiffres, pourcentages, statistiques. Il peut être classé comme un spécialiste ès économie. Il n'en est pas moins à sa manière assez romantique. Ce n'est d'ailleurs pas malvenu dans le nouveau parti socialiste. François Mitterrand lui-même, selon son propre aveu, ne tient-il pas davantage du rêveur proudhonien que du dialecticien marxiste ? Léon Blum, dans les combats les plus âpres, resta un poète. On n'imagine pas Jean Jaurès sans lyrisme. La chanson optimiste est inséparable de l'hymne socialiste. Même les camarades réputés les plus socratiques et les plus volontairement sobres, tels Jules Guesde et Guy Mollet, peuvent avoir leur lot d'attendrissement. C'est même l'une des faiblesses permanentes des socialistes démocrates tout au long de leur histoire : ils se laissent trop facilement manœuvrer par les démoniaques. Michel Rocard a sa place dans la lignée des révolutionnaires non cyniques.

Sauf à se marier deux fois — la première avec Geneviève Pujol, fille d'un pasteur nîmois (qui lui donne une fille, Sylvie, plus tard animatrice culturelle dans les Cévennes); la seconde avec Michèle Legendre, sociologue (deux fils, Olivier et Loïc) — il a une vie toute droite, qui s'harmonise assez à son portrait.

Il a un grand-père, Louis Rocard, qui est l'un des pionniers de l'aviation.

Il a un père, Yves Rocard, qui est normalien et physicien de solide renom, l'un des Vulcain de la bombe A française, professeur à la faculté des Sciences de Paris, directeur durant plus de trente ans du laboratoire de physique de l'École normale supérieure, un as de la science française, membre du comité de la recherche scientifique en France, durant la guerre « résistant scientifique », avant de rallier Londres en 1943, communiquant aux Alliés des éléments de première valeur sur un certain nombre de découvertes, par exemple un système antigivrage pour les avions.

Il a une mère, née Renée Favre, fille d'un instituteur savoyard, d'abord institutrice, puis directrice d'un foyer d'étudiantes, qui, convertie au protestantisme par des maîtres, ne manque pas d'élever ses deux enfants, Michel et Claudine, dans les rigueurs du calvinisme.

A l'École Alsacienne, puis au lycée Montaigne, il brille davantage en littérature qu'en physique.

Il est jugé par ses maîtres et ses condisciples comme un étudiant appliqué, discret et serviable.

Il sert selon le même cœur dans les rangs des scouts protestants.

Mais il sait tenir tête à son père qui veut à tout prix le consacrer aux sciences et qui, furieux, lui coupe les vivres quand l'enfant préfère Sciences Po à pipo. « Puisque tu as choisi, lui dit-il, de t'engager dans une voie où tu n'apprendras qu'à parler, discutailler, coordonner les autres et donc paralyser le monde, il faut au moins que tu te confrontes à ce qui résiste, que tu apprennes ce qu'est la matière. Et comme tu vas devoir gagner ta vie, je t'embauche dès demain comme apprenti tourneur-fraiseur dans les ateliers de l'École normale... » D'ac, fait le fils. Quelle meilleure occasion aussi de connaître de l'intérieur la classe ouvrière qu'il projette déjà de servir ?

Service militaire : E.O.R. dans l'aviation, grand-père oblige.

Diplômes : licence ès lettres; diplôme du Centre d'études des programmes économiques; E.N.A. (après deux échecs).

Métier : inspection des finances, après stage en Algérie pour contrôler l'Office d'H.L.M. d'Alger.

Taille : 1,70 m pour 65 kg, gabarit poids plume.

Coquetterie : jamais de négligé.

Livre de chevet : Stendhal.

Musiciens de cœur : Bach, Mozart.

Passions : la voile et les échecs.

Surnom : le Hamster érudit, du nom de son totem chez les éclaireurs unionistes.

Œuvres : *Le PSU et l'Avenir socialiste de la France — Questions à l'État socialiste — Un député, pour quoi faire* ?

Sa marque principale est une irrésistible volonté de « neuf ».

Il se présente à la présidence en 1969 par défi à la « vieille gauche ».

Il annonce être candidat en 1981 par défi à l'archaïsme — ce qui a du reste le don de communiquer aux mitterrandistes une allergie anti-Rocard qui sera tenace.

Maire de Conflans-Sainte-Honorine, il y est actif.

Député des Yvelines, il sait manier le patriotisme de circonscription.

Mais il n'a pas que des atouts.

Il peut être trop impétueux.

A trop jouer Tintin, il peut faire trop léger.

Sur le petit écran, il est trop volubile : il en paraît davantage bousculer les idées que les traiter.

Il est nerveux, sait peu tenir en place. On peut raconter qu'il ne saurait se passer de son psychanalyste. Il donne à penser qu'il n'a pas assez de maîtrise de soi, et qu'il pourrait être dépaysé, désorienté, dans les responsabilités.

Il peut être si bouillant que le 24 mai 1968 il est en tête de la manifestation révolutionnariste de la gare de Lyon à la Bastille avec Alain Krivine, Alain Geismar et Jacques Sauvageot — sauf à se désolidariser d'eux le lendemain quand ils veulent organiser une seconde manifestation en protestation contre le service d'ordre qui, en chargeant, a envoyé 50 gars à l'hôpital.

Malgré un style véloce et frétillant, qui le marque de quelque originalité, il reste davantage « homme de parti », « homme d'appareil », qu'homme libre. Il paraît l'un des hommes les moins armés pour animer la plus grande guerre de l'avenir, celle qui va devoir inéluctablement être livrée contre la dictature bureaucratique.

Enfin, son romantisme même peut être une faiblesse, dès lors qu'il laisse évoquer trop de candeurs. Candide fut avant tout un illusionné, un Pierrot trop enchanté en cet univers de loups et de fous. Michel Rocard, à certains égards, peut en effet apparaître comme trop porté aux illusions. Le « farfadet des Yvelines » peuvent le surnommer ses ennemis (au parti socialiste).

En tout cas, en la circonstance, il utilise mal ses atouts.

Il se révèle même fort maladroit.

Il se porte candidat comme sur un coup d'estomac, en paraissant vouloir mettre Mitterrand et les socialistes devant le fait accompli.

De surcroît, il y procède, en sa mairie de Conflans-Sainte-Honorine, au cours d'une conférence de presse où le moins que l'on puisse dire est qu'il ne paraît pas à son avantage.

De plus encore, il proclame avec un beau courage que la gauche a perdu la bataille de 1978 par excès de démagogie et il ne cache pas son opposition à la nationalisation, voulue par les socialistes, des entreprises les plus concurrentielles sur les marchés étrangers, comme Saint-Gobain ou Péchiney-Ugine-Kuhlmann.

C'est plus que des idéologues puissent entendre.

Il annonce sa candidature le 19 octobre 1980; dès le 8 novembre, il doit la retirer, Mitterrand proclamant la sienne.

Ainsi vient 1981 — la plus grande année de François Mitterrand. Enfin, enfin, « il y arrive ».

Une grande année, d'ailleurs, que cette année 1981.

Le président Ronald Reagan échappe par miracle à un attentat. Une balle le frappe en pleine poitrine à trois centimètres du cœur. Il n'en a pourtant rien perdu de sa célèbre gouaille quand, à l'hôpital, il se confie aux chirurgiens qui doivent l'opérer. « J'espère que vous êtes tous des Républicains », leur dit-il. Il dit aussi : « Un vrai film, les gars... »

Le pape Jean-Paul II, en pleine audience générale d'un mercredi de mai, place Saint-Pierre, à Rome, sous un soleil éclatant, face à 40 000 fidèles, debout dans sa jeep blanche japonaise qui roule au pas, est frappé à bout portant de trois balles de revolver. Le sang tache la soutane blanche. « Pourquoi m'ont-ils fait ça ? » demande-t-il après son opération, tout surpris d'apprendre que le meurtrier est un jeune Turc.

La Paix en deuil. Le président Sadate, au Caire, assiste à une grande revue militaire. Alors que la parade touche à sa fin, un camion simule une panne. Quatre hommes en jaillissent et attaquent la tribune présidentielle, à la grenade et au fusil mitrailleur. La fusillade dure 54 secondes. On relève cinq morts, dont le Raïs.

Putsch de junte dans un pays de l'Est. Le général Wojciech Jaruzelski se voit confier le pouvoir par Moscou à Varsovie, et, après avoir feint durant des mois de négocier avec le syndicat Solidarité, opère un revirement brutal, proclame l'état de guerre et jette en prison plusieurs milliers de syndicalistes, dont leur glorieux leader Lech Walesa.

On se demande si Leonid Brejnev passera l'année : malade, il semble au bord de l'écroulement.

Le savant Andreï Sakharov défie la dictature soviétique.

Décolonisation ratée : les pires cauchemars de jadis hantent la nouvelle Afrique, guerres tribales, persécutions, famines.

L'Iran en folie. Après l'explosion qui élimine 74 hauts dignitaires de l'Imam Khomeiny, un second attentat emporte le président de la République, Ali Radjaï, et Mohamed Bahonar, son Premier ministre. Un million de « fous de Dieu » assistent aux obsèques.

La guerre de l'Irak contre l'Iran continue de faire rage.

Eurocasseurs contre euromissiles. Toutes les semaines, à travers quasiment toute l'Europe de l'Ouest, des batailles rangées, parfois d'une certaine brutalité, opposent policiers et ultra-pacifistes, qui ne veulent pas de fusées Pershing sur le sol européen.

Émeute rasta. Trente villes mises à sac en Angleterre. *Skinheads* et Jamaïcains s'affrontent. Armés de leur seule matraque et protégés par un bouclier dérisoire, les policemen manquent être complètement débordés par des foules en furie.

Martyrs en Irlande. Pour obtenir droit au régime politique en faveur des nationalistes catholiques irlandais incarcérés dans les prisons de l'Irlande du Nord, le député Bobby Sands, 27 ans, entreprend une grève de la faim. Mme Thatcher, la Dame de Fer, refuse ce « chantage à la mort ». Bobby Sands meurt après un indicible martyre de 66 jours. Ses camarades sont neuf à le suivre dans sa lente mort volontaire.

Dix-sept heures font trembler l'Espagne. Pistolet au point, le lieutenant colonel Tejero surgit avec ses hommes en pleine séance des Cortès. Coup d'État ? Par bonheur, avec beaucoup de fermeté, le roi réussit à maintenir l'ordre constitutionnel.

La Grèce entre dans le Marché commun; les Neuf deviennent les Dix.

Asie : continent goulag. L'heureux et riche Japon est le seul pays du continent asiatique à connaître démocratie et libertés. Tous les autres peuples se partagent entre la servitude totale, l'anarchie chronique et la guerre civile.

Drame des boat-people : des milliers de boat-people vietnamiens ou cambodgiens, fuyant l'enfer du Viêt-nam communiste, continuent de dériver sur la mer de Chine, dans des conditions innommables. Trente pour cent des fugitifs disparaissent en mer, victimes des tempêtes, ou de l'inanition, ou des pirates qui écument les golfes.

Thermidor à Pékin : la veuve Mao est condamnée.

Le tennis mondial est dominé par de progidieux duels entre le champion gentleman suédois Bjorn Borg et le typhonesque Américain John McEnroe, dit *Superbras,* « Sale-Môme ».

Problème à la gloire de la France : nous avons peut-être avec Michel Platini le meilleur footballeur du monde, Pelé II.

Notre équipe nationale de rugby, commandée par Jean-Pierre Rives, *Casque-d'or,* au tournoi des Cinq Nations, s'adjuge le grand chelem.

Bernard Hinault, *le Blaireau,* domine le cyclisme mondial

Au plan scientifique, à nous le T.G.V., la bombe sélective, la navette céleste *Columbia,* des photographies de Saturne à bout portant, *Ariane* à la conquête du marché spatial.

Le Goncourt va au « mandarin » Lucien Bodard.

Romain Gary se donne la mort.

Après 661 « Immortels » au masculin, pour la première fois, une femme, Marguerite Yourcenar, devient « Immortelle » sous la Coupole.

Brassens s'en va. « La Camarde qui ne m'a jamais pardonné d'avoir semé des fleurs dans les trous de son nez », le poursuivant d'un « zèle imbécile », aura fait cette blague à ses copains. Adieu, poète du bois d'mon cœur !

Après quarante ans d'exil au musée d'Art moderne de New York, *Guernica* gagne l'Espagne, conformément au vœu de Picasso qui souhaitait l'offrir à son pays, une fois la démocratie rétablie à Madrid.

Alger publie les noms des villes algérianisées : Alger devient El Djezaïr; Oran, Wahran; Blida, El-Bouleida; Constantine, Qacentina.

Sur le parvis de la cathédrale Saint-Paul, à Londres, le prince de Galles, héritier du trône, épouse la toute jolie Lady Diana Spencer, qui s'accompagne d'une traîne de 7,60 m, la plus longue que l'on ait jamais vue dans les mariages princiers. *Love Story,* titrent les journaux.

Yves Montand prépare son retour sur la scène de l'Olympia, en fête de son soixantième printemps.

La vidéo fait un boom.

« Ici, Radio Pommes; écoutez Radio Cocktail; Radio Diva, ne quittez pas... » Les radios libres entrent dans notre vie, se bousculant sur la ligne modulation de fréquence comme au départ du marathon de Saõ Paulo.

25 000 roses pour 25 ans de bonheur. Le prince Rainier et Grace Kelly, au cours d'un bal au Sporting, célèbrent dans la joie 25 ans de mariage. Un couple qui aura réussi sa vie, commente *Paris-Match*...

Et la France élit son premier président socialiste de la Cinquième République, François-Marie-Adrien-Marie Mit terrand, 65 ans.

Le 10 mai, à 19 h 59 mn, la France, rivée à ses téléviseurs, attend fébrilement. Fin d'un long suspense. TF1, A2 et FR3 l'annoncent sans périphrase : « François Mitterrand est le nouveau président de la République. » Les premières estimations lui attribuent près d'un million de voix d'avance.

On ne reconnaît pas le Giscard 1974 dans le Giscard 1981.

Il se sera comme trop raidi, sclérosé — ou solennisé — à l'Élysée. Il n'aura jamais exprimé cette fois le naturel, la simplicité, la spontanéité qui firent beaucoup pour son succès il y a sept ans. On note chez lui plus d'affectation de simplicité que de simplicité pure.

La campagne des diamants aura fixé un plus lourd handicap que ne l'auront prévu ses amis. Elle aura même fait déclic en octobre 1980. Non seulement les gens voient le pouvoir, comme mal assuré, patauger dans les demi-vérités et de vaines protestations outragées, mais encore Giscard sent qu'il n'arrive pas à les convaincre de sa bonne foi. Alors, l'on voit quelque peu s'affoler une machine prétendue indéréglable. Il y perd l'un de ses meilleurs atouts : sa totale confiance dans ses moyens et sa mécanique.

Il se présente sans vraie majorité. La défaillance du camp chiraquien constitue un handicap insurmontable. Durant trois ans, une certaine fiction se sera certes maintenue : les députés RPR auront voté tous les budgets de Raymond Barre et n'auront pas voté de motion de censure. Il n'en reste pas moins que « la guerre civile » à l'intérieur de la majorité, en profondeur, aura été mortelle. Les chiraquiens réussissent même à persuader une certaine opinion que Giscard est le principal obstacle à toute union de la majorité.

La campagne du Président sortant ne trouve pas son rythme. La machine tourne à vide. Elle ne procède que par sursauts, ou à-coups. L'âme vaste n'y est pas. Les meetings sont trop froids. Il y manque quelques tribuns populaires, qui pourraient seuls dégeler l'ambiance.

Giscard s'empêtre dans une contradiction dont il ne peut pas se libérer : ou être « président », à fond, ou être simple « citoyen candidat ».

Surtout, il aura perdu la baraka. Tous les vents du hasard se mettent à souffler contre lui. Même tout ce qu'il pourrait imaginer de génial en aboutirait à le desservir. Les hommes de combat et plus particulièrement les hommes politiques connaissent bien ce genre de situation, où, soudainement, vous vous retrouvez dans une tornade où tout vous blesse, même des mains qui veulent être amies. Justement, Giscard connaît l'une de ces heures fatales. Les fées de la chance s'éloignent. Des forces indéfinissables interviennent. Tout se passe comme si les dieux de la guigne s'étaient tous ligués pour l'abattre.

En revanche, Mitterrand n'aura jamais paru aussi décontracté, aussi sûr de lui.

Il sait ressembler tout à fait à son portrait qu'il fait afficher sur fond de petit village à vieux clocher, et où il est désigné comme symbole de *la Force tranquille.*

Il a écouté son maître ès publicité, le Perpignanais Jacques Seguela, qui lui a fait abandonner son tailleur de la rue de Longchamp pour Marcel Lassance, l'inventeur des vestes « déstructurées ». Jusqu'ici, il a toujours été assez mal fagoté. Il s'habillait trop flou, trop ample. Sans aller jusqu'à dire, comme Hérault de Séchelles le proclame dans sa *Théorie de l'Ambition*, que « le génie est plus libre dans un habit flottant », il flottait littéralement dans un costume aussi lâche que les tenues de Giscard peuvent être strictes, serrées, « analytiques ». A présent, il atteindrait presque à une élégance précieuse de Directoire.

Il troque ses vieux manteaux pour un poil de chameau couleur miel.

Tout est étudié. Chapeau marron foncé, écharpe moutarde, manteau beige, cela vous sent le bel automne de la France éternelle, haute Bourgogne ou Morvan profond. Chapeau vert, écharpe beige marbrée de marron clair, loden vert, cela respire son gentleman-farmer au pied solide. On abandonne la grosse cravate en tricot uni, trop programme commun, et on se met aux cravates à rayures « club », avec nœud « cosy ». Une longue et belle écharpe, cela vous rappelle l'émouvant Chateaubriand rêvant aux vents du large. Il aime les chapeaux ? Soit. On lui laisse les chapeaux à large bord, sur déclinaison Léon Blum, dont raffolèrent les socialos d'avant-guerre. (Cela les distinguait des radicaux, qui affectionnaient plutôt les bords courts.) Mais on va les prendre en velours, et non en feutre, et, surtout, on va les acheter chez Arnys ou chez Lanvin.

Il s'applique à être moins en retard.

Il muse moins entre les meetings.

Plus encore, il adapte à la perfection ses tactiques.

Il rétablit à son seul profit l'Union de la Gauche. Ce n'est plus lui qui quémande le soutien communiste. Ce sont les communistes qui ne peuvent faire autrement que de le soutenir.

Loin d'avoir à se battre sur un programme commun dont trop d'articles auraient pu lui être détestables, il bâtit toute son action sur la base de 110 propositions qui lui sont strictement personnelles. Il peut moins apparaître comme l'homme des communistes.

Au premier tour, il polémique peu. Il laisse attaquer Giscard par les autres candidats, qui, inévitablement, y compris contre leur gré, travaillent pour l'outsider. Assuré du soutien de toute la gauche, il peut mieux se donner un air d'arbitre, d'homme au-dessus de la mêlée, imposer son image de personnage de sang-froid sur qui on pourra compter.

Au second tour, il rentre aussi ses hargnes. Il s'applique essentiellement à jouer les pacificateurs. Il réduit au minimum le nombre de ses meetings. Il freine le rythme de ses apparitions.

Impossible dès lors de le dénoncer comme un homme-au-marxisme-entre-les-dents.

Là où les Français attendaient un Mitterrand agressif comme de tradition, ironique, caustique, révolutionnaire, ils découvrent un tout autre personnage, désarmé, désarmant, d'une sérénité imperturbable, paternel, indulgent...

Il fait parler de sa femme, de ses enfants, de sa petite-fille Pascale qui a quatre ans, de sa petite-fille Justine, qui vient de naître à Bayonne...

Il se prête à un film, *l'Ami François,* où il fait très bon sous-préfet aux champs.

Tonton, le surnomme-t-on dans le parti. Va pour Tonton ! Quel surnom serait plus pacifique ? Tonton-gâteau... Tonton-bonbon — Tonton Tontaine Tonton... Ce n'est pas demain, avec Tonton, que nous aurons les Staliniens au pouvoir...

Grand jeu.

« Il aurait été élu sans lever le petit doigt — commente Mendès. — Tous les autres, en cortège, lui ont porté l'élection sur plateaux... »

Nous n'en avons pourtant pas fini avec la ligne brisée.

A preuve le soir même de la victoire : l'allégresse soulève le « peuple de gauche »; à Paris, la foule converge en chantant vers la Bastille; plus de cent mille personnes se ruent vers le haut lieu de la France révolutionnaire; des maréchaux des milices victorieuses surviennent; Pierre Juquin, œil flamboyant, mèche fière, l'« intellectuel à Marchais », au nom du P.C., explique la joie des communistes qui, insiste-t-il, ont tellement « œuvré pour la victoire commune »; Michel Rocard, lui-même, pourtant autre grand vaincu de la soirée, jaillit de sa boîte pour afficher un bonheur opportun et resplendissant; des concerts de klaxons accompagnent des fleuves de drapeaux; mais, soudain, après quelques averses, la pluie tombe en rafales; les manifestants s'éparpillent à tire-d'aile; tout se passe comme si le ciel voulait rappeler sans tarder que le réel continue d'exister, avec ses exigences, ses défis, ses douches...

Le nouvel élu débute en fanfare mais, dès les premiers mois, grondent bien des orages.

Fanfares ? On ne se satisfait pas de l'étiquette républicaine classique, le 21 mai, jour qui ouvre l'ère Mitterrand : remise du collier en or massif de grand-maître de la Légion d'honneur; proclamation officielle des résultats par le président du Conseil constitutionnel, discours du nouveau Président, réception des corps constitués. On veut un Te Deum de gauche. On opte pour une cérémonie au Panthéon, le monument dédié à ses grands hommes « par la patrie reconnaissante ». Jack Lang est le metteur en scène, avec Serge Moati comme réalisateur pour la télé. C'est du Hollywood socialo. Face à une énorme foule massée rue Soufflot, sur l'esplanade néo-classique, Mitterrand, une rose haut levée, salue, puis entre seul dans la nef. Suivi par les caméras qui ne le quittent pas une seconde, il s'enfonce dans le temple, gagne la crypte, puis, air religieux, regard concentré sur sa prière ou sur son numéro de théâtre, le pas glissant sur les dalles, prenant longuement son temps, dépose successivement trois roses, l'une sur la tombe de Victor Schoelcher, l'émancipateur des esclaves antillais, l'autre sur le monument de Jean Jaurès, le leader socialiste historique, la dernière sur la pierre de Jean Moulin, qui va sans doute désormais disputer à de Gaulle dans les discours socialistes le titre de « premier résistant de France ». Les caméras ne perdent pas un mètre de tout l'itinéraire. « L'état de grâce » socialiste s'installe... sauf que la mise en scène engage une sérieuse faute psychologique : le pèlerinage du Président de tombe en tombe est trop long; le spectacle en vient à prendre comme un air de fausseté; la « composition » est trop visible; du coup, l'émotion manque; « l'on a même l'impression qu'il cherche les toilettes » ira jusqu'à dire un téléspectateur plus irrespectueux.

Mitterrand confie Matignon à Pierre Mauroy, député-maire de Lille, petit-fils de bûcheron, fils d'enseignant, enseignant lui-même, colosse à abdomen, dos rond, large visage rougeaud sous cheveux gris qui ondulent, regard porté à être heureux, qui n'a pas son égal, sympathique et chaleureux, pour faire vibrer le patriotisme jauressien et chanter l'unité des socialistes.

Conformément à ses engagements, il dissout l'Assemblée nationale, et les événements lui en donnent raison. Ils auront été très naïfs, ceux qui auront cru que la droite maintiendrait ses positions et que le Parlement pourrait constituer un solide contre-pouvoir. La coalition UDF-RPR reste trop déchirée. Elle traîne un trop lourd remords de ses fautes. De plus, trop technocratiques, ses leaders ne savent qu'aligner chiffres, statistiques, pourcentages. Le tonus n'y est pas. Jacques Chirac a beau sillonner le pays. La gauche a repris le monopole du cœur. Elle chante la fin du chômage, la justice pour tous, le bonheur pour les pauvres. Dès le 14 juin, soir du premier tour, les jeux sont faits. La victoire des socialistes sera écrasante. Elle l'est. Il n'y a pas simple transfert des voix. Il y a raz de marée. Les socialistes dépassent la majorité absolue à eux seuls. *Paris-Match* peut titrer que le Palais-Bourbon devient le Palais Rose.

Mitterrand est à même de penser que sa victoire est si totale qu'elle lui permet de faire entrer dans le gouvernement des ministres communistes. Il en prend quatre, qu'il tient à féliciter personnellement : Charles Fiterman, le numéro deux communiste (pourtant battu aux élections), promu ministre d'État aux Transports; Marcel Rigout, du Limousin, à la Formation professionnelle; Jack Ralite, expert du parti pour les affaires culturelles, à la Santé; et Anicet Le Pors, important sénateur, l'un des conseillers personnels de Marchais, ancien ingénieur des travaux météorologiques à Marrakech, expert de l'Organisation météorologique mondiale au Congo-Kinshasa, auteur d'un *Traité marxiste d'économie politique* et d'un ouvrage sur *les Béquilles du capital*, à la Fonction publique.

Même si le projet de centrale nucléaire à Plogoff, tout au bout de la Bretagne, monument d'horreur pour tous pacifistes et écologistes, est abandonné dès les premiers jours du septennat, très vite, en ce qui concerne le programme thermonucléaire mis en route par Valéry Giscard d'Estaing, le langage des socialistes au pouvoir se met à différer de celui des socialistes dans l'opposition, à preuve qu'un certain sens de la continuité de l'État existe. Peu importe si, aussitôt, Brice Lalonde et ses ouailles écologistes protestent : premier « couac » dans la symphonie rose. Le nucléaire reste la clef de voûte de l'effort industriel français. Jean-Pierre Chevènement, ministre de la Recherche, déclare tout net que « la gauche ne doit pas succomber au péché de l'angélisme ». Même pour les plus dogmatiques des doctrinaires du parti, l'atome cesse d'être mauvais, et dangereux. Encore Chevènement : « Nous ne saurions oublier que notre premier devoir est le service de l'État. » A nous d'autres vérités historiques.

On ne commet pas la faute de Salvador Allende qui, une fois au pouvoir au Chili, oublia de s'assurer le contrôle total de l'audiovisuel et l'abandonna à ses ennemis. Mitterrand se le sera rappelé. L'une des toutes premières entreprises mitterrandistes est de prendre d'assaut les trois chaînes de télévision. La colonisation de l'audiovisuel va même être plus rigoureuse que jamais. Car la radio subit le même traitement de choc. Des « charrettes » sans pardon emportent en quelques semaines les P-D.G. de TF1, d'Antenne 2, de FR3, de *Radio-France* et de *Radio Monte-Carlo,* tandis que le camarade Ivan Levaï joue les grands nouveaux maîtres sur *Europe 1*.Bien des hommes de talent — pas tous antisocialistes — sont mis au placard, remplacés par des militants qu'on dit sûrs. « Taisez-vous, Elkabbach ! » lançait il n'y a pas si longtemps Georges Marchais à Jean-Pierre Elkabbach, directeur de l'Information sur A2. Il n'y a point qu'Elkabbach à être congédié. C'est le grand nettoyage. Aux seuls socialistes tous les micros.

Robert Badinter, garde des Sceaux, promet une « nouvelle justice ». Il déclare vouloir au plus tôt tordre le cou à la loi « scélérate » dite « loi Sécurité et Liberté » de son prédécesseur Alain Peyrefitte. Mitterrand proclame, au prix d'un refroidissement, au passage, de ses relations diplomatiques avec l'Espagne, que la France demeurera terre d'asile, même pour les terroristes basques. Le nouveau ministre de la Justice demande sur-le-champ au parquet de moins requérir de peines d'emprisonnement et de restituer à la détention provisoire son caractère exceptionnel. (D'autant plus chaleureusement qu'il y a à lutter contre l'« inflation carcérale ».) A nous le grand soleil de la justice socialiste.)

La guillotine est condamnée. Dès le 18 septembre, l'Assemblée nationale supprime la peine de mort par 369 voix contre 113. Le dernier bourreau, Marcel Chevalier, prend sa retraite. On aura compté en un siècle 450 têtes tombées. C'est à la prison de Fresnes, près du chemin de ronde, dans un petit local désaffecté, que la « Veuve » est remisée. A nous des aurores sans méchants loups, ni méchants châtiments.

Une toute nouvelle équipe s'installe à l'Élysée. Si deux fidèles ont les premiers postes en titre, Pierre Bérégovoy au secrétariat général et André Rousselet directeur de cabinet, c'est tout de même Jacques Attali, accompagné de tout son team, qui prend la première place réelle : penseur permanent, « la tête et la plume » du président. La propagande officielle peut vite le présenter comme l'une des plus grosses têtes d'Europe. Il a trente-huit ans. Il est fils d'un parfumeur d'Alger. Il provient d'une famille juive : il figure même dans l'organisme directeur du Fonds social juif unifié. Non seulement il est titulaire des plus brillants diplômes obtenus avec des notes record, mais il connaît le piano, il sait skier et il joue au tennis. Vous rencontrez un grand gaillard à grosses lunettes, style héron, petite tête pour longues ailes, œil rond, cheveux noirs en huppe peu disciplinés. Signe particulier : les lunettes tombent souvent sur le nez. Vous découvrez rapidement l'un de ses principaux défauts : la pensée va si vite que les mots ne peuvent la suivre à la course; elle est toujours à un kilomètre en avant des phrases. Autre défaut : il n'écrit que des livres extrêmement difficiles à déchiffrer. Il reste que voilà une forte mécanique intellectuelle, et que voilà déjà un auteur qui compte, avec des ouvrages dont aucun ne peut être indifférent, *Analyse économique de la vie politique*, le premier, en 1973; *les Modèles politiques*, de la même année; *l'Anti-Économique*, en collaboration avec Marc Guillaume, procès inattendu contre notre enseignement universitaire, proprement traité de roi fainéant; *la Parole et l'Outil*, où il invoque jusqu'à la biologie et l'ethnologie pour mieux prôner une certaine autogestion et mieux appréhender ce socialisme originalisé qu'il appelle « socialisme relationnel », « point d'aboutissement du capitalisme et non une façon de freiner son évolution »; *Bruits*, où, là, il invoque la musique pour mieux nous saisir de notre passé et de notre avenir politiques et économiques; *l'Ordre cannibale*, qui traite de l'univers médical, et *les Trois Mondes*, où il explique la crise mondiale par la montée abusive du coût de l'organisation, laquelle réduit à l'excès le surplus disponible. A noter que Jacques Attali est aussi cofondateur de l'Association internationale de la lutte contre la faim. A nous la France des nouveaux intellectuels.

Des journaux peuvent s'étonner que Mitterrand confie les problèmes africains à son dentiste. Guy Penne, ancien doyen de la faculté de chirurgie dentaire de la rue Garancière (Paris VII), ancien président de l'UNEF, cofondateur de la convention des institutions républicaines, franc-maçon vénérable du Grand Orient, n'en demeure pas moins un homme réaliste et de bon sens, qui sait se garder de tous emballements et peut être un collaborateur précieux entre tous. Au reste, il prend vite la manière des autres « éminences noires » de l'Élysée que furent Martin Kirsch, René Journiac et Jacques Foccart : action dans l'ombre; éviter tous éclats personnels; discrets et prompts déplacements en Afrique d'un coup d'aile de *Mystère 50*; incessants coups de téléphone avec ministres et chefs d'État, pour mieux tenir la température. Mais même le choix de Guy Penne se passe dans une sorte d'allégresse.

On apprend à mieux connaître Pierre Bérégovoy — dont on murmure déjà le nom comme éventuel successeur de Pierre Mauroy (les chansonniers peuvent chanter les noms en — oy) —, 56 ans, originaire d'une famille juive ukrainienne, acclimaté normand, ancien ajusteur-fraiseur, ancien cheminot, autodidacte, l'un des fondateurs du P.S.A. en 1958 (Parti Socialiste autonome), au nouveau parti socialiste secrétaire national aux affaires sociales, puis secrétaire national aux relations extérieures, puis responsable du parti au Comité de liaison de la gauche, interlocuteur privilégié des lieutenants de Georges Marchais, personnage tout de discrétion et de pénombre, mal à son aise dans les campagnes électorales, d'où un certain nombre d'échecs aux législatives, corps râblé, membres courts, graves yeux de chien de garde, tête carrée, style bon enfant, simplement porté à trop d'onction, à des phrases prononcées d'un ton trop sirupeux.

Incontestablement, des hommes de qualité remplacent au palais les hommes de qualité qui le quittent. Georges Beauchamp est là, d'autant plus précieux depuis la mort de l'irremplaçable Georges Dayan, consulté sur toutes tactiques et toutes stratégies. Un autre aussi intime, François de Grossouvre, médecin reconverti dans l'industrie puis dans l'élevage, fils de banquier, peu importe qu'il soit de formation maurrassienne, ancien combattant dans les maquis du Vercors, 61 ans, père de six enfants, typique avec son visage encadré d'une fine barbe blanche, propriétaire d'un beau domaine à Lusigny dans le Bourbonnais, où Mitterrand aura passé bien des séjours, occupe l'ancien bureau de Pierre Juillet et a tutelle sur tous les dossiers d'espionnage et de contre-espionnage. Michel Charasse, 38 ans, élu du Puy-de-Dôme, se charge des dossiers électoraux. Paul Legatte, 62 ans, Charentais venu du radicalisme mendésiste, ancien chef de cabinet de Mendès, conseiller d'État, l'« ombudsman » de l'Élysée, est chargé deux fois par semaine, le mardi et le jeudi, de recevoir à sa table les invités que le président ne peut pas honorer lui-même. Christian Sautter, la quarantaine, polytechnicien, se voit confier l'économie internationale. Les sondages, l'audiovisuel et l'Andorre sont à Gilles, adjoint de Rousselet. On ne tardera pas à voir arriver le dynamique Jean-Claude Colliard, 33 ans, barbu typique de l'écurie socialiste, promis à remplacer Rousselet quand celui-ci prendra Havas, agrégé de droit public, doyen de la faculté de droit de Nantes, animateur de la campagne de 1974, non moins fumeur de pipe qu'Edgar Faure et si fana des deux roues qu'il se rend à moto à l'Elysée, gardant son casque au pied de son bureau.

Le gouvernement sait équilibrer en son sein les diverses « tendances » du parti, toujours difficiles à harmoniser. Michel Rocard n'y manque pas : tu as le Plan, sois sage. Gaston Defferre, premier ministre d'État, chargé de l'Intérieur, y joue au Grand Mentor, œil bleu, poil blanc, ton rude, toujours aussi capable de mettre à l'occasion les pieds dans le plat, « l'homme-qui-dit-ce-que-les-autres-n'osent-pas-dire » (même à Mitterrand), un battant, maître-organisateur, même si les chansonniers, Thierry le

Luron en tête, caricaturent à satiété sa parole bredouillante. Avec la Recherche, Chevènement s'y est fait confier « l'Avenir » : c'est le théoricien, le Debré de l'équipe, d'ailleurs le plus gaulliste des penseurs socialistes, tout à fait convaincu d'indépendance nationale, sauf à ne pas la séparer de l'indépendance technologique, et l'un des premiers socialistes à défendre l'arme nucléaire française, du moins désormais idéalement placé pour réaliser l'idéal cérézien, exprimé dans plusieurs livres, *Clefs pour le Socialisme; Socialisme ou Social médiocratie; le Vieux, la Crise, le Neuf; les Socialistes, les Communistes et les autres.* D'entrée de jeu, à la Défense, Charles Hernu sait gagner la confiance de l'Armée.

La nomination de Jacques Delors aux Finances évite toute panique à la Bourse. Il ne saurait passer pour un excité. Il joue même les prêcheurs suaves. Il a 56 ans. Fils d'un employé de banque, il est lui-même ancien employé de banque, chef de service à la Banque de France. Il a accédé aux premiers rôles par le syndicalisme (il a beaucoup milité dans les rangs de la C.F.D.T. et le syndicalisme chrétien en général), les clubs (d'abord *Citoyen 60*, puis l'association *Échange et Projets*) et les cabinets ministériels (il a été le plus influent des conseillers de Jacques Chaban-Delmas à Matignon). Grand partisan de la décentralisation des pouvoirs, de la vie associative et de la politique contractuelle, il se déclare pour un socialisme libéralisateur. Ainsi pour lui le centralisme bureaucratique et technocratique est-il « le pire ennemi de tout progrès ». Il proclame volontiers que l'État souffre d'« anémie graisseuse », c'est-à-dire « qu'il est omniprésent, qu'il empêche les citoyens de créer et qu'en même temps il fait mal ce qu'il devrait faire, parce qu'il est investi par les forces de l'argent et qu'il est mal organisé ». Il précise qu'« il ne suffit pas de donner de nouvelles prérogatives pour aller vers la société socialiste; il est tout aussi important de débarrasser l'État de sa graisse inutile et de lui donner du muscle... » Il présente un plein visage mélancolique et songeur, peut-être parce qu'il est un fervent prieur devant l'Éternel, qui s'en va, même ministre, souvent méditer dans les églises, peut-être parce qu'il éprouve dans son cœur le long calvaire d'un enfant atteint de leucémie. On sait peu qu'il est un fan de jazz. On sait davantage qu'il aime les longues marches solitaires. Il a une éloquence précise et sûre, voix légèrement ecclésiastique, comme voilée. Œil bleu davantage à songes qu'à comptes. Silhouette robuste. Profil de jeune premier sage. Un goût un peu excessif pour les métaphores, les images (forcément souvent inexactes) et les pseudo-paradoxes de style bouddhique.

(Par exemple quand il nous dit : ce n'est pas le chemin qui est difficile, c'est le difficile qui est le chemin.) Effectivement, face aux chœurs des idéologues, il s'emploie en premier lieu à persuader les partenaires sociaux d'accepter une politique de revenus fondée sur une décélération lente, mais continue, de la hausse des prix et des salaires. De la sorte peut-il du moins éviter un emballement de l'inflation : elle reste en fin d'année au 14 % de Barre; elle est loin du 20 % que prédit Chirac durant la campagne des législatives.

Mitterrand est superbement reçu, en octobre, à Washington, puis à Yorktown, où les États-Unis commémorent avec faste le bicentenaire de la victoire décisive des troupes franco-américaines sur les soldats anglais. La Fayette, me voilà ! Donc même l'Amérique peut pavoiser pour le nouveau Président, sans lui garder rancune d'avoir embarqué quatre ministres communistes dans son gouvernement.

Enfin, il y a quelque chose de sympathique dans la décision que prend Mitterrand de continuer à « dormir chez lui » et de ne pas passer ses nuits à l'Élysée. Il est vrai que son chez-soi n'est pas désagréable. Après avoir quitté la rue Guynemer, il est depuis huit ans 22, rue de Bièvre, dans le Ve Arrondissement. C'est d'ailleurs une vraie maison. On y entre par une courette où pousse un magnolia, « sans jamais aucune fleur », précise-t-il. Dans un cadre ancien, l'ensemble donne un subtil mélange de design, de souvenirs et d'Histoire. Des tableaux naïfs illustrés de scènes villageoises, cadeaux du président mexicain, ornent la grande salle à manger, à longue table en marbre. Le Président travaille et vit le plus souvent dans un « pigeonnier » sous les toits, une pièce à deux niveaux, murs blancs, moquette marron, beaucoup de livres dont, à portée de la main, Valéry, Verlaine, Zola, une *Histoire de Toscane,* sans doute prévue dans l'éventualité d'un livre sur *Laurent le Magnifique.* Il écrit à une table en verre et acier, face à un portrait de son père et à une photo de Georges Dayan (dont la femme devient l'une de ses plus proches secrétaires). Il utilise un stylo à plume, avec cartouches à encre bleue. Il lit les journaux — que lui apporte sa secrétaire, Marie-Claire Papegay — à son petit déjeuner, vers neuf heures. Menu, dit-il, « thé Earl Grey, pain grillé, miel de Latche, revue de presse à la radio ».

En tout cas, faut-il que l'ivresse du pouvoir puisse être possessive, à l'Élysée. A l'évidence, François Mitterrand y est encore plus grisé que Valéry Giscard d'Estaing à ses débuts. Il en frétillerait d'aise. « Je suis là, là ! » s'exclame-t-il dans son bureau devant Jean Lecanuet, la première fois qu'il le reçoit après son élection. Dans les premiers jours, il semble même ne pas encore y croire. Il est porté comme dans un rêve, à nuages d'or. Même par la suite, il en reste plusieurs mois aux délices.

Mais son ciel est vite plus noir que rose.

Les coups durs ne manquent pas.

Ni les fautes, elles-mêmes porteuses d'âpres épreuves.

Il commet péché d'orgueil, ainsi que tous ses amis. Pour lui, tout se passe comme si les prédécesseurs n'étaient que des imbéciles, ou des incapables, ne méritant que huées ou crachats. A présent, vous allez voir ce que vous allez voir ! Les nouveaux magiciens sont arrivés. Un coup de baguette, et hop ! les problèmes se dissiperont comme à plaisir. Faute énorme. Dans ce temps de brouillards, sur un terrain empoisonné de tant de sables mouvants, rien ne saurait être plus utile à l'homme d'État que l'humilité. Il faudrait presque raser les murs. Voici un chœur de flambarts. Ils doivent promptement déchanter.

Le discours d'investiture du Président, le 21 mai, est une véritable déclaration de guerre. Au nom du « peuple de gauche » il ouvre carrément les hostilités contre l'autre moitié de la France. Il s'en exprime même avec hargne, appuyant lourdement sur les mots les plus menaçants. Il parle de « cassure », de « fracture », de « majorité sociologique ». Il devrait au contraire s'affirmer d'emblée en rassembleur, en grand conciliateur ou réconciliateur, s'exprimer au nom de toute la France, qu'il a à incarner. Il choisit le ton du défi et du sectarisme. Il déclenche une guerre des esprits qui peut tourner à la guerre de religions. Fatalement, aussitôt le coup porté, vient le contrecoup.

Violant toutes les traditions, à peine élu président de l'Assemblée nationale, Louis Mermaz, Normand d'Isère, yeux plissés, visage fermé, bouche amère, se met, d'entrée de jeu, à conduire les débats en partisan, et non en arbitre. Il interpelle directement, et au besoin invective les députés qui l'irritent. Il prononce — à presque toutes les phrases — le mot « droite » avec un indicible mépris, comme s'il le crachait. Il en vient à fixer le portrait d'une haine systématique. Cela ne peut aller sans retour de flammes.

Les procureurs de Valence se déchaînent. Du 23 au 25 octobre, à Valence, le parti socialiste tient son Congrès qui est annoncé comme le Congrès de la Victoire. Des avalanches de fleurs tapissent les estrades, les tribunes et les salles de réunion. Rose et lavande sont partout. Ce sont pourtant les cactus qui vont entrer dans l'histoire. Le sectarisme le plus agressif s'empare du micro et ne le quitte plus. L'opposition est accusée de « trahison », de « sabotage », d'une « conduite d'émigrés ». Guy Brèche, député du Doubs, lâche : « Les bourgeois, je m'assieds dessus. » André Laignel, député de l'Indre, le plus petit député de l'Assemblée, lance que les députés de l'opposition ont « juridiquement tort » du seul fait qu'ils soient « politiquement minoritaires ». Les réquisitoires se succèdent à un rythme insensé. Les intrigues de coulisses, si chères aux Congrès socialistes, cèdent toute la place à des imprécations d'ayatollahs. Paul Quilès, le numéro trois du parti, raide et sec comme une trique, œil d'acier, ton d'accusateur public, donne le la. « Il ne faut pas dire : *des têtes vont tomber* comme à la Convention, mais *dire lesquelles et le dire rapidement.* » C'est tellement hallucinant que, le lendemain, François Mitterrand le surnommera « Robespaul »... Certains discours ne sont qu'injures. Le sommet des excès est atteint par Louis Mermaz en personne, promettant qu'« il n'y aura jamais de retour au passé ». Toute la presse en conclut que la force tranquille aura bien vite perdu son calme. Pour le parti socialiste, on pourrait presque parler d'un tort irréparable.

L'opposition a beau jeu de s'en prendre aux ministres communistes — « la bande des quatre ». Elle affirme que les communistes sont comme le gaz, qu'ils occupent tout l'espace disponible. Elle les soupçonne de phagocyter l'administration avec d'autant plus de réussite que « le PC est toujours concret tandis que le PS est souvent fumeux ». Jacques Chirac les en accuse sans ambages. André Bergeron, secrétaire général des syndicats Force Ouvrière, apporte d'ailleurs de l'eau à son moulin, dès le 15 novembre, en accusant ouvertement les communistes de noyauter l'administration.

Pour autant, les communistes ne jouent pas jeu loyal avec le pouvoir socialiste. Dès le premier jour, ils se mettent à se lamenter de n'être pas assez écoutés. Ils ne cesseront plus de déplorer de n'être que « quatre ministres sur quarante », donc de n'avoir aucune vraie responsabilité dans les malheurs de la gestion générale. Ils ne manquent aucune occasion de critiquer le gouvernement dans tout ce qu'il entreprend, sauf en ce qui concerne les domaines relevant de l'autorité des quatre ministres communistes. De fait, ils opèrent un constant travail de sape. Résultat : ou bien le parti socialiste se résigne à l'inévitable, fait le gros dos, ne proteste pas, refuse de prendre le risque d'une polémique ouverte ou d'une rupture, mais avec conséquence de passer pour cocu, battu et content; ou bien il se décide à riposter coup pour coup, à administrer une leçon aux impudents, à entrer en longue dispute publique avec son allié, mais au risque de divorce ou tout au moins avec danger de compromettre devant l'opinion la crédibilité de l'union de la gauche.

Les socialistes avaient tant promis une télévision libre que bien des humanistes sont en droit de leur reprocher de garder une télévision prisonnière. Ils perdent droit au beau titre de « soldats de la liberté ».

Mitterrand et Badinter projettent d'établir une justice libérale à l'extrême dans l'instant même où l'aggravation de la délinquance fait exiger dans l'opinion une sévérité redoublée : jamais le banditisme ne se sera révélé aussi provocant, ni aussi assuré d'impunité. C'est assez pour retourner bien des opinions contre le pouvoir.

Mitterrand mène une curieuse politique de froidure avec l'Union soviétique : on remarque qu'il ne fait aucun geste, aucun signe d'amabilité ou d'intelligence en direction de l'Est. Il rappelle tout net que la France restera fidèle à ses alliances atlantiques. Il proclame très fort que l'Amérique a raison d'installer des euromissiles sur le sol ouest-européen, face à une Union soviétique dont les fusées, sur sol est-européen, constituent une menace directe pour toute l'Europe de l'Ouest. Comme quoi, par là, il s'aliène des amis de Moscou.

Dans le même temps, il ne manque aucune occasion d'exprimer sa sympathie à tous les révolutionnaires d'Amérique latine, même castristes, fût-ce le sinistre Fidel Castro lui-même hors de toute raison. Comme quoi, par là, il s'aliène des amis de Washington.

Il embauche deux cent mille fonctionnaires inutiles qui vont constituer un jour une charge insupportable. C'est faire crier à l'incompétence.

Faut-il acquérir 100 % du capital des entreprises à nationaliser ? Ou bien se contenter des 51 % qui en assurent le contrôle ? Mitterrand choisit la première solution, infiniment plus coûteuse, et les libéraux ne manquent pas d'expliquer tout haut qu'un seul motif a pu le guider en la matière : complaire aux ministres communistes. C'est faire crier au sectarisme.

Jacques Delors est débordé par le flot des idéologues du parti. Ils exigent une relance de la consommation intérieure. Les communistes y vont eux-mêmes de toute la force de leur propagande. Delors cède. Or l'argent qu'on jette dans le circuit sert essentiellement à acheter des voitures japonaises et des appareils ménagers allemands. L'investissement n'y gagne pas un sou.

A l'évidence, le « socialisme à la française » n'excite pas l'imagination des chefs d'entreprise.

La bureaucratisation outrancière de l'industrie affole trop de gens.

Les classes moyennes — celles-là même qui, les premières de toutes, grâce à leur vitalité, ont fait la richesse de la France — se retrouvent écrasées d'impôts comme elles ne l'ont jamais été.

Le budget accuse un déficit record.

Loin de s'améliorer, la courbe du chômage — malgré toutes sortes d'artifices — ne cesse de s'aggraver : l'on se met vite à sourire de l'optimisme naïf du Premier ministre, qui continue à promettre des « miracles de Lourdes » et qui jure ses plus grands dieux laïques que nous n'atteindrons jamais le plafond de 2 millions de chômeurs. (Fin 1981, nous y sommes.)

La monnaie est menacée dès la fin de l'été.

Dès le 4 octobre, il faut dévaluer le franc (de 3 %, avec réajustement complice des monnaies européennes, mark, florin et livre, et avec en particulier écart de 8,1/2 % entre le mark et le franc français).

Dès le 12 juin 1982, il faut procéder à une seconde dévaluation (5,75 % de dévaluation du franc et 4,25 % de réévaluation du mark, ce qui se traduit donc par un nouveau décrochage du franc de 10 % par rapport au mark).

L'établissement de l'impôt sur la fortune, l'alourdissement fou de l'impôt sur les hauts revenus, la fin de l'anonymat sur les transactions de l'or, la loi Auroux sur l'expression des salariés dans l'entreprise, comme les nationalisations, entraînent deux critiques contradictoires — c'est trop, s'indigne-t-on chez les libéraux; c'est insuffisant, vous n'êtes pas de vrais socialistes, protestent les députés communistes — mais qui se conjuguent pour mettre ensemble le gouvernement en difficulté — puis en malaise.

Soudain, la machine industrielle révèle les plus graves défaillances. En effet, le plan de relance mis en place dès l'été et durant l'automne 1981 repose sur le postulat de la priorité à l'emploi et sur le pari d'une reprise internationale venant relayer les efforts entrepris au niveau national pour assurer un minimum de croissance par la relance de la consommation. Soucieux de remplir les engagements électoraux du Président, le gouvernement décide, d'entrée de jeu, d'asseoir cette relance de la consommation sur une certaine redistribution sociale via le budget, les comptes sociaux (minimum vieillesse, allocations familiales) et la politique salariale. Le S.M.I.C. est augmenté de 3,9 % le 19 septembre, de 2,4 % le 1er novembre. Il y va d'un peu plus que l'indexation sur les prix. Le déficit budgétaire initialement prévu à 57 milliards de francs dans la loi de finance rectificative du 3 août est porté à plus de 73 par la deuxième loi de finance du mois d'octobre... La spéculation monétaire conduisant à un réaménagement des parités européennes, avec dévaluation de fait de 8 % du franc par rapport au mark, est déjà ressentie le 1er octobre comme signe d'un dérèglement de la politique économique. Il s'y ajoute une certaine humiliation quand la chute à 88,6 % du taux de couverture du commerce extérieur, la progression rapide du taux de salaire horaire (4 % le 3e trimestre) et le dérapage accéléré des prix (14 % au rythme annuel contre moins de 10 % aux États-Unis et 6,5 % en Allemagne) inclinent les partenaires économiques de la France à exiger de Paris la mise en place d'une politique économique plus rigoureuse. Or, tout semble rater. La situation de l'emploi continue à se dégrader : on atteint les deux millions de chômeurs fin octobre. Le volume d'investissements est en réduction constante. La production industrielle se met à donner les signes les plus alarmants.

Imprévoyance infiniment grave : il y a à la fois surestimation de l'effet d'entraînement des mesures de relance de la consommation; sous-estimation de l'ampleur et de la durée de la crise économique mondiale et notamment de la récession aux États-Unis; et sous-estimation du découragement des chefs d'entreprise traumatisés par l'inattendu vocabulaire révolutionnaire et extrémiste des dirigeants socialistes, le renforcement de la fiscalité et les réformes de structure envisagées — nationalisations, réduction de la durée du travail à 39 heures par semaine, retraite à 60 ans, nouveaux droits des travailleurs, réduction de l'autorité des patrons — alors que les déficits sociaux laissent apercevoir des abîmes. Surtout, la reprise ne sera pas au rendez-vous en Europe avant le printemps 83. Le gouvernement se sera trompé de printemps. On peut dénoncer le « régime des aveugles ».

Les conséquences sont accablantes : inflation entêtée; alourdissement du déficit commercial; dérive du budget, de plus déçu par l'insuffisance des recettes d'épargne. Non seulement il faut dévaluer obligatoirement le 11 juin 1982, mais encore le gouvernement doit complètement renverser sa politique des premiers mois, avec plan de redressement (euphémisme), blocage des prix et « pause » sociale, même si le mot n'est pas prononcé.

Évidemment, l'opposition a beau jeu — d'autant plus que le pouvoir, avec une témérité inouïe, a réclamé des responsabilités excessives. (Il faut par exemple réaliser que sur 230 banques, 35 sont nationalisées en bonne et due forme et 125 le sont de fait, en tant que filiales d'établissements nationalisés; restent environ 70 banques vraiment privées, mais dont pour chacune le total des dépôts ne dépasse pas la limite exigée de 1 milliard de francs, ce qui est très peu, sous menace d'être nationalisée à son tour si elle dépasse ce niveau, ce qui signifie que le système bancaire privé représente en vérité à peine 1 % du système bancaire public !) Si ça dérape, du coup, la responsabilité du gouvernement paraît entière.

Précisément, ça dérape dans quasiment tous les plus importants domaines de l'économie : sidérurgie, avec production et effectifs en baisse; mécanique, avec trop d'espoirs déçus et une année singulièrement médiocre du fait d'une redoutable concurrence internationale; électronique, qui révèle elle-même les marques d'une certaine détérioration; automobile, laquelle aura vécu l'une de ses années les plus noires du siècle, et voit mettre en danger même Renault; bâtiment, avec un marasme qui ne cesse de s'étendre; textile, sans le moindre coin de ciel bleu; distribution, laquelle trahit une sérieuse baisse du niveau de vie; chimie, où la restructuration ne fait pas encore connaître ses effets; construction navale, déjà à une certaine alarme; agriculture, avec manifestations paysannes qui prennent vite de l'ampleur. Il n'y a guère que l'agro-alimentaire (un peu), l'aérospatiale et les ventes d'armes (beaucoup) à donner satisfaction.

Où en est donc la fameuse scène de l'été où, en visite officielle au Salon de l'Aviation au Bourget, le président de la République fait cacher toutes armes sous bâches et n'entend contempler qu'une aviation désarmée ? Otez de ma vue ce péché que je ne saurais voir... Le pouvoir en est bien revenu. Dès novembre, toutes dispositions sont prises au niveau le plus élevé pour assurer même une relance. Dès mars 1982 un gros contrat peut être conclu avec l'Inde, qui nous achète quarante *Mirage 2000*. On n'aura pas longtemps pensé à casser une industrie qui doit employer un demi-million de travailleurs. On continue de vendre des armes, comme au plus beau temps des damnés présidents capitalistes, même à des pays comme l'Afrique du Sud et les dictatures de l'Amérique latine. Une propagande nationale active s'orchestre pour servir au rayonnement de nos plus beaux fleurons : le

Mirage 2000 (avion de combat signé Dassault, tout neuf successeur des *Mirage III* et *Mirage F1*); le « char du futur » (engin blindé lourd qui doit prendre la relève du « magnifique » *AMX 30*); les hélicoptères (l'Aérospatiale est n° 3 mondial après les Américains Bell et Sikorskyu); et les missiles (aussi bien le *Milan,* le *Hot, le Roland* et l'*Exocet* à l'Aérospatiale que le *Majic* et le *M 350* chez Matra). Il y a dès lors toutes chances que le pouvoir mitterrandiste garde la France comme troisième exportateur mondial de matériel de guerre — sauf à beaucoup mécontenter, inévitablement, les électeurs les plus pacifistes du Président.

Nous n'aurons même pas dû au « pouvoir de gauche » une grande paix sociale. En février 1982, la France ne connaît pas moins de 660 conflits du travail, soit un nombre de journées perdues multiplié par 3,6 par rapport à janvier 1982 et par 4 par rapport à février 1981 ! Même s'il n'y a pour l'immédiat aucun danger d'explosion sociale, ni même aucune vaste grève nationale interprofessionnelle, le secteur est infiniment nerveux. Les journaux peuvent aller jusqu'à commenter que, de toutes les classes sociales, après six mois de pouvoir mitterrandiste, c'est la classe ouvrière qui paraît de loin la plus désenchantée. Sans oublier que la C.G.T., dès les premiers jours, dans le but doctrinaire de compromettre tout éventuel grand succès socialiste, pratique des actions de harcèlement qui, sous prétexte de répondre à un appel naturel d'une base trop inquiète, contribuent à créer dans le monde du travail une détestable atmosphère de poison. Au reste, la situation sociale devient vite si préoccupante qu'Edmond Maire, secrétaire général de la CFDT, grand électeur de Mitterrand, le nouveau Jouhaux du nouveau Blum, pousse dès octobre un vibrant cri de colère, trouvant que « les points de désaccord commencent à devenir sérieux », et, dès février 1982 peut aller jusqu'à parler « des faux pas du chef de l'État ».

Qui plus est : très rapidement, le Président est encore plus attaqué sur le plan personnel que sur le plan politique.

En juin 1982, il nomme son fils aîné, Jean-Christophe, à un poste important de l'Élysée, adjoint de Guy Penne à la direction des affaires africaines. Certes, le jeune homme, 36 ans, a quelques titres à africaniser. La dynamique revue *Jeune Afrique* nous assure qu'il aime la musique congolaise style Franco, la cuisine baoulé et le charme tapageur des guingettes populaires du *Kilomètre Cinq* ou de Poto-Poto. Il y a quelques années, il enseigna les mathématiques comme coopérant en rupture de licence d'histoire à El Oued, bourgade saharienne d'Algérie dans le département des

Oasis. Il fut journaliste ès Afriques, correspondant de l'A.F.P. à Nouakchott, à couvrir les guerres du Polisario, puis à Lomé, au Togo, avec compétence sur les événements du Bénin et du Ghana, notamment premier à rencontrer le Flight leutnant Jerry John Rawlings après la réussite de son coup d'État à Accra. Il est astucieux. Il ne manque pas de compétences. Mais — outre qu'il entre en conflit direct ou incompatibilité d'humeur avec Jean-Pierre Cot, secrétaire d'État à la Coopération — sa nomination fait inévitablement d'autant plus jaser que le nouveau pouvoir — candeur ? cynisme ? — fait preuve du népotisme le plus éclatant. A nous toutes les places.

Le second fils, Gilbert, est élu en juin 81 député de Libourne — non sans deux précédents échecs, l'un dans le Rhône, l'autre à Libourne même. Si sympathique puisse-t-il être ensuite à nombre de députés au Palais-Bourbon, et pas seulement socialistes, *le Quotidien de Paris* peut trop aisément l'appeler « le député de l'État de Grâce ».

C'est une sorte de tour de passe-passe qui permet à Lydie Dupuy, belle-mère de Jean-Christophe Mitterrand, de devenir député du Gers.

Il suffit que Marie-Josèphe Wegmann, 70 ans, expose sous son nom de jeune fille, Marie-Josèphe Mitterrand, aussitôt reconnue comme l'une des sœurs du Président et d'ailleurs d'une ressemblance frappante avec lui, des toiles qu'elle tenait confidentielles depuis des décennies, chez Brigitte Schéhadé, directrice de la galerie des Tournelles, pour que les chansonniers s'en donnent comme jamais à cœur joie, et pas seulement les chansonniers, peu leur importe si la personne a le cœur et le poignet d'une véritable artiste-peintre, qu'inspire la haute Provence. Ahurissant : le jour de l'inauguration ou les jours suivants, on voit défiler 44, rue de Tournelles, une dizaine de ministres avec leurs épouses et le Président en personne, qu'accompagne Attali et qui achète un pastel. Aussitôt, c'est la ruée : tous les pastels sont vendus en un tour de main. On entend Michel Jobert grincer : « La France possédait Rembrandt et elle ne le savait pas... »

Ah ! quel bonheur d'avoir Tonton à l'Élysée, titre *Minute* qui en engage toute une campagne contre la tribu. Sous-titre : *Treize à table pour se partager le pouvoir* — avec pour cible de prédilection le beau-frère, mari de « la reine Christine », Christine Gouze-Renal, l'acteur de cinéma et de théâtre Roger Hanin, le pourtant si sympathique et cordial Roger Hanin, l'inoubliable Gorille du film *Le Tigre aime la chair fraîche*, le crémier de *Au Bon Beurre*, le mafioso pied noir du *Grand Pardon*, le héros du *Bourricot*, mais aussi l'interprète du *Pain dur* de Claudel, infortuné beau-frère qui, du coup, devient le « beauf-mode ». Allez donc savoir si le mot que l'on prête à Michel Jobert est exact : « La France avait Talma, et elle ne le savait pas. »

Plusieurs ministres casent épouse ou fille dans les cabinets des autres ministres.

Tout Paris raconte à satiété les faveurs exigées par les nouvelles princesses dans la haute couture.

On voit nos camarades Excellences tenir table ouverte dans les restaurants les plus dispendieux de la capitale.

L'ensemble de l'équipe — à quelques exceptions près, dont du reste Pierre Mauroy lui-même — donne une impression de « style nouveau riche » ou de manière « je-peux t'offrir-ce-je-veux » qui amuse d'abord, puis ne tarde pas à irriter.

Le Président lui-même tombe dans la frénésie de voyager. Il en arrive même à donner l'impression de fuir ses dossiers. Dans ses seuls six premiers mois, il aura parcouru plus de kilomètres que Valéry Giscard d'Estaing en sept ans. Entre juillet et décembre, il n'effectue pas moins de dix voyages à l'étranger. Et de s'en aller assister au sommet des pays industrialisés au château Montebello, près d'Ottawa, et de s'y faire organiser des visites qui n'ont pas toutes rapport avec le souci d'un nouvel ordre monétaire international. Et de se transporter en Arabie Saoudite chez les Princes des Mille et Une Nuits. Et de filer fêter La Fayette à Yorktown. Et de choisir le Mexique pour condamner la politique nord-américaine dans les pays sud-américains : le discours de Cancún. Et de rendre visite à Chadli Benjedid à El Djezaïr, ex-Alger. Sans doute certains de ces voyages sont-ils hautement utiles ou inévitables. Mais jamais Président ne se sera déplacé avec d'aussi abondantes escortes, n'aura comblé autant d'invités. Toutes les rumeurs qui en résultent tendent du coup à ternir les courages que le Président manifeste par ailleurs, par exemple en maintenant la France dans le camp atlantique, en la gardant de tout neutralisme, en l'engageant plus résolument dans la construction européenne et en prenant spectaculairement le parti des États-Unis en matière de défense de l'Ouest-Europ.

En bref, dès les débuts de 1982, les sondages indiquent une chute très nette de la popularité du Président.

Les élections partielles confirment : le 17 janvier, les candidats de l'opposition, dont Alain Peyrefitte, sont brillamment élus contre tous pronostics, dès le premier tour, dans quatre élections législatives partielles organisées aux suites d'invalidations.

Puis, cela ne fait qu'aller en s'aggravant.

En 1968, François Mauriac écrivait : « Un jour, il n'y aura plus de Gaulle, il y aura un président Mitterrand que nous regarderons s'épuiser... »

Le spectacle en est donné.

Mitterrand aime dire : « La survie n'existe que si l'on est conquérant. Toute situation défensive est perdue. C'est un principe que j'applique chaque matin. »

Le voilà justement acculé à la défensive.

Point étonnant que les élections municipales de mars 1983 tournent au désastre pour le pouvoir mitterrandiste, malgré une loi électorale inventée *in extremis* pour éviter la catastrophe totale : la Gauche ne rassemble plus que 46,74 % des voix (soit 6,24 % de moins par rapport au premier tour de 1977, et près de 8 % de moins par rapport au deuxième tour de l'élection présidentielle de 1981). Elle abandonne à l'opposition seize villes de plus de trente mille habitants, dont Roubaix, Tourcoing, Nantes, Grenoble, Épinal, Avignon, Brest, Carcassonne qui étaient aux socialistes, et Nîmes, Arles, Béziers, Reims et Saint-Étienne, qui étaient aux communistes. Jacques Chirac obtient un triomphe à Paris : dès le 6 mars, il remporte dix-huit des vingt arrondissements de la capitale; une semaine plus tard, il s'adjuge les deux autres; les phalanges des Jospin, des Lang et des Quilès subissent une déroute. La victoire de l'opposition n'est pas moins écrasante à Lyon. La Gauche est même tout près de l'emporter à Marseille, où Gaston Defferre, minoritaire en voix, ne sauve son fauteuil de maire que grâce aux subtilités de la loi électorale.

Dès le 21 mars, intervient la troisième dévaluation du franc en deux ans.

Dès le 22, Pierre Mauroy doit remettre la démission de son gouvernement, pour constituer ce qu'il dénomme un « gouvernement de combat », Jacques Delors devenant le numéro deux de l'équipe et ajoutant le portefeuille du Budget à l'Économie et aux Finances, Pierre Bérégovoy, ministre des Affaires sociales et de la Solidarité nationale passant en troisième position dans l'ordre protocolaire.

Dès le 25, Pierre Mauroy doit mettre en œuvre un nouveau plan de rigueur, baptisé d'« austérité » y compris dans les rangs de la majorité, tandis que le parti communiste, même maintenant ses ministres au sein du cabinet, et même continuant à soutenir formellement le gouvernement, redouble de virulence dans sa propagande contre la politique gouvernementale et que l'Union de la Gauche se lézarde à vue d'œil.

Les socialistes en sont réduits à la défensive même sur le front de la liberté. On assiste à une extraordinaire inversion des valeurs au profit de l'opposition, qui peut se présenter comme seule gardienne des libertés dans le débat sur l'école privée (face aux partisans trop sectaires de la nationalisation de l'enseignement) et dans l'affaire de la loi sur la presse. (Surtout du fait d'une maladresse psychologique de Pierre Mauroy qui choisit la tribune du Congrès du parti socialiste pour annoncer le dépôt du projet de loi visant à restreindre gravement l'exercice de la liberté d'écrire ou d'éditer : il y va quasiment d'une provocation.)

Par ailleurs, les attentats se succèdent : attentat arménien à Orly (8 morts et 60 blessés); 58 soldats français tués à Beyrouth; attentat à Marseille (1 mort et 26 blessés); une bombe qui explose dans le T.G.V. près de Tain-l'Ermitage (2 morts et 16 blessés); une bombe à la gare de Marseille (2 morts et 34 blessés), ces deux derniers attentats étant revendiqués par une organisation des Arabes intégristes.

On ne se rappelle que mieux les attentats de 1982 : assassinat de l'attaché militaire américain à Paris; explosion dans le train *Le Capitole* (5 morts et 27 blessés); une automobile piégée qui explose rue Marbeuf (1 mort et 63 blessés); Salaheddin Bitar, ancien Premier ministre syrien, assassiné à Paris; attentat arménien contre le consulat de Turquie à Lyon (4 blessés); attentat contre une imprimerie de Marseille (1 mort); trois attentats à l'explosif à Paris, contre la compagnie aérienne chilienne Lan Chile, une société française d'importation de viande de boucherie et un magasin d'appareils électroménagers, tous les trois revendiqués par le groupe Bakounine; assassinat du jeune juge Pierre Michel à Marseille.

La crise économique aidant, le problème des immigrés se pose soudain d'une manière plus aiguë. Il est trop vrai qu'ils sont trop nombreux. Le ministère de l'Intérieur en recense, le 1er janvier 1983, 4 459 068 en métropole (4 millions, dit *le Monde;* 6 dit *Minute*). On peut entendre Maurice Arreckx, maire UDF de Toulon, s'exclamer : « Il faut réduire d'un million le nombre des travailleurs immigrés en France... Il faut refuser d'être la poubelle de l'Europe. » Jean-Marie Le Pen s'écrie : « Dans les rues où les étrangers représentent plus de 40 % de la population, les Français ont l'impression d'être submergés, exclus... » Non que la France profonde ne sache pas faire la part des choses. Elle est à même de savoir ce qu'elle doit à des travailleurs étrangers, souvent indispensables. Sa propre population, à travers les siècles, a su remarquablement assimiler d'innombrables apports étrangers, Italiens, Espagnols, Polonais. Des idoles du peuple français sont d'origine étrangère directe : Henri Troyat et Joseph Kessel, Lino Ventura et Yves Montand, Kopa et Michel Platini. Elle ne rechigne pas quand la morale commande d'accorder à des travailleurs étrangers pleins droits humains. Mais, d'une part, elle ne supporte pas que des travailleurs étrangers, même membres de syndicats français, occupent des usines françaises, empêchent des travailleurs français de travailler, à l'occasion les brutalisent, et se conduisent comme en terre conquise. D'autre part, ici et là, les racines s'en mêlent. Il en résulte toute une atmosphère lourde et pénible — qui, à la longue, engage bien des dangers et peut annoncer les plus dangereux affrontements. Par ailleurs, la situation ne cesse de s'aggraver au Pays basque et en Corse.

Cette année 1983 offre pourtant de quoi beaucoup se distraire et se détendre, ou s'évader d'une ambiance trop médiocre. A Helsinki, l'Italien Primo Nebiolo, président de la Fédération internationale d'athlétisme, ouvre tout sourire un Mondial qui connaît une participation record (pas de boycott comme aux Jeux de Montréal et de Moscou) et offre des spectacles somptueux. Le monde entier ovationne un champion noir, une star du calibre d'un McEnroe, Carl Lewis, qui, dans les épreuves de sprint et au saut en longueur, ressuscite Jesse Owens. Un Français, Yannick Noah, remporte le tournoi de Roland-Garros. Le championnat mondial des pilotes de Formule 1 donne lieu à un duel épique entre notre Alain Prost et le Brésilien Nelson Piquet, fils d'ancien ministre, qui finit par l'emporter. Le Tour de France cycliste fête gaiement ses 80 ans, avec tunique d'or pour Laurent Fignon. « *Aussies are magic* », les Australiens sont magiques; au terme d'une inoubliable bataille navale, le 26 septembre, ce sont les bannières vert et jaune de l'Australie qui claquent au vent dans la baie de Newport, dans le Rhode Island : *Australia II* vient de battre *Liberty*, honneur de la navigation à voile des USA, mettant fin à 132 ans de domination totale des Américains. Expérience historique : le 14 mai, pour la première fois depuis 1669, les hommes tentent de dévier une coulée de lave descendant de l'Etna. L'UNESCO sauve des atteintes des temps le temple de Borobodur. Les prouesses dans la stratosphère se succèdent : nous en sommes ici-bas à nos perpétuels pauvres soucis et, là-bas, tout là-bas, *Pioneer 10*, une petite sonde spatiale de quelque 260 kilogrammes, envoyée de terre le 3 mars 1972 à destination de Jupiter en est à quitter le système solaire, franchit allégrement l'orbite de Pluton, la planète la plus éloignée du soleil, et, tournoyant sur elle-même à raison de quelques tours par minute, s'enfonce à près de 50 000 kilomètres à l'heure dans le noir de l'espace en direction de l'étoile *Ross 248* qu'elle croisera dans plus de 30 000 ans, après avoir parcouru des milliards de kilomètres. Les plus grands médecins s'interrogent à qui mieux mieux sur le SIDA, l'épidémie du syndrome immunodéficitaire acquis, maladie, identifiée depuis 1981, essentiellement gourmande d'homosexuels. Au Grand Palais de Paris, près d'un million de personnes auront voulu voir la rétrospective consacrée à Manet, du *Buveur d'absinthe* à *Olympia* et à *la Femme au Perroquet.* La France célèbre magnifiquement le tricentenaire de Rameau. Le cinéma français renoue avec le succès : à nous *l'Été meurtrier* de Jean Becker; *l'Homme blessé* de Patrice Chéreau; *la Crime* de Philippe Labro; *Vivement dimanche,* de François Truffaut; *le Marginal* de Jacques Deray. Maurice Béjart crée à Bruxelles un chef-d'œuvre d'anticipation, *Messe pour le temps futur.* Le talent de Gérard Depardieu éclate dans tous les genres. Nous voyons disparaître Georges Rémi, père de Tintin; l'hallucinant Luis Buñuel; le grand comique Louis de Funès; le prodigieux historien Benoist-Méchin; Tennessee Williams; Arthur Koestler qui se suicide ainsi que sa femme Cynthia; le champion cycliste Louison Bobet; Louise Weiss, princesse du féminisme; le grand musicien Georges Auric; l'acteur britannique David Niven; le glorieux boxeur américain Jack Dempsey; Antonin Magne, George Cukor; le futurologue américain Hermann Kahn; Tino Rossi; Raymond Aron, professeur des professeurs; Gloria Swanson, « forever young »; Joan Miró, le semeur d'étincelles, mort à Palma de Majorque le jour de Noël, et c'est autant d'occasions de retrouver en images et en pages les plus étincelantes heures du XXe siècle. Le couturier tunisien Azzedine Alaïa coule le corps des femmes dans du cuir. Le couturier japonais Kenzo, en couleurs rutilantes, lance les « haillons chic ». Le rock renaît : ni le hard, ni le punk, ni le new-wave, ni le reggae n'auront eu raison de lui. A nous le retour fracassant de David Jones, dit Bowie. A nous Michael Jackson. Le laser devient roi du monde, en musique comme en chirurgie. Toute cette année éclate de vie. Ronald Reagan illustre la joie de vivre; Mrs. Thatcher la joie de lutter.

En termes politiques, la France mitterrandiste n'en paraît que plus essoufflée, épuisée, inactuelle.

Aucun Premier ministre n'aura jamais « fait » plus vieux que Pierre Mauroy, cru 1983, dans ses incantations pour un socialisme d'un autre âge.

Il en devient de moins en moins crédible, voire audible.

Même quand il en vient au raisonnable inévitable — assainir les comptes, juguler l'inflation, faire du commerce extérieur, assurer une gestion sage, équilibrer les budgets de la Sécurité sociale et des entreprises publiques — il persévère tout de même à déployer ses vieux drapeaux et à débiter ses vieux hymnes. Il se gargarise perpétuellement du mot « gauche », alors même que la gauche perd toute signification et que l'Union de la Gauche — en tant que machine électorale — est en train de s'effondrer.

Plus grave encore, l'insécurité se généralise. Ici, en plein jour, une quarantaine de voyous mettent à sac les rayons cravates et parfumerie de la Samaritaine, raid dans le plus pur style *équipée sauvage* : armés de manches de pioches et de chaînes de vélo, ils sont venus plutôt pour casser que pour voler; personne n'ose intervenir pour les mater. Là, sévissent les *rodéos* : des cités comme la Grappinière à Vaux-en-Velin, les Beurs à Villeurbanne, les Minguettes à Vénissieux en sont les arènes; la recette est élémentaire; on vole en ville une voiture puissante, *BMW* ou *Golf GTI* et on va faire du gymkhana sur le parking de la cité pour épater les copains et épouvanter les voisins; quand le réservoir est presque vide, on met le feu; si les pompiers veulent intervenir, on les mitraille à coups de pierre. Des bandes de jeunes gangsters écument le métro de Paris : dans la seule année 1982, les vols à la tire y augmentent de 50 %. La plaie du gangstérisme ne cesse de s'étendre. Près de Foix, au camp militaire Clauzel, on voit même une escouade de crapules, comme en s'amusant, désarmer, ligoter et bâillonner les soldats de garde, au petit matin d'un dimanche de novembre 1981, et s'emparer, à l'armurerie, de 113 pistolets mitrailleurs et de quatre mitrailleuses de calibre 12,7 : ils poussent l'esprit macabre jusqu'à charger leur lot sur un camion de l'armée, qu'ils raflent lui aussi et à bord duquel ils repartent tout tranquillement.

Plus de 4 000 agressions sont signalées dans le métro parisien pour la seule année 1984, pour seulement 133 en 1970 et à raison de 18,5 % de plus par rapport à 1983. (Décomptées en vols avec violences, voies de fait et blessures volontaires.) La police parisienne est saisie de plus de 16 000 plaintes pour vol à la tire.

Force est à Pierre Mauroy de céder la place : il a trop accumulé de confusions, de contradictions et d'échecs; il ne passe plus à l'image; après avoir joué l'homme-à-la-baguette-magique, il est trop mal à l'aise dans le rôle de chef d'orchestre de la rigueur; le même homme ne saurait figurer Papa Noël et Père Fouettard; ses incantations lyriques finissent par ne plus provoquer que rires ou ricanements.

Il est remplacé, au plus beau de l'année 1984, par Laurent Fabius. Opération jeunesse : le nouveau Premier ministre n'a que 38 ans. Opération prestige : il a les plus brillants diplômes qui se puissent rêver. Opération « in » : lasse des refrains du doctrinaire incantateur, chantre d'une Union de la Gauche passée de mode, l'opinion publique semble réclamer un bon comptable qui, tout en étant ouvert sur l'avenir, sache gérer, du véritable Barre *bis*.

Il est vrai qu'à première vue, Laurent Fabius n'apparaît pas moins enfant chéri des fées que Valéry Giscard d'Estaing à ses débuts. Il naît — le 20 août 1946, à Paris — descendant de diamantaires, fils d'un antiquaire qui tient belle galerie d'art boulevard Haussmann, dans une très cossue famille juive convertie au catholicisme. Il est élevé dans l'ouate d'un magnifique appartement de la villa Scheffer, une oasis résidentielle pour tribus comblées du XVIe arrondissement. Il prend ses repas, enfant, sous la célèbre *Madeleine* de Georges de La Tour, que le père a débusquée dans une vente en province, et dont la vente, à des Américains, permettra plus tard au jeune heureux d'acheter son luxueux appartement de la place du Panthéon. Sa première passion — que lui communique sa mère américaine — est pour l'équitation. Ses études, il les effectue comme en se jouant. Des lycées Janson-de-Sailly et Louis-le-Grand à l'École Normale Supérieure, du diplôme de l'Institut d'études politiques de Paris à l'agrégation de lettres, il joue savoureusement au paresseux qui travaille beaucoup. Il se régale à entendre vanter sa façon de « réussir par inadvertance ». Tout à ses succès, il peut ignorer toutes tempêtes des alentours, guerre du Viêt-nam, gaullisme vieillissant, craquements de la société d'abondance. Il n'a qu'ignorance pour tous maos althussériens de l'Union des jeunes communistes lénino-marxistes comme pour tous autres engagés. Mai 1968 passe sans paraître l'émouvoir. A l'ENA, il continue de faire très bûcheur distingué. Il peut venir aux cours en culotte de cheval. Il prend rituellement son thé au Twickenham, le pub très huppé de la rue des Saints-Pères. On le croise un soir en smoking de velours bleu au bras d'une Elisabeth Huppert à croquer, en un long manteau de fourrure sur minijupe. Il roule en Facel Vega ou en Aston Martin — verte. Beaucoup de témoins doivent parier que cet énarque raffiné, élevé parmi les antiquités rares, finira par se découvrir collaborateur du giscardisme : à l'issue d'un jeu télévisé face à Pierre Bellemare, il est même sollicité par les pompidoliens qui cherchent à leur tour un agrégé sachant écrire. Égoïste aimable, peut noter pour lui *Astroflash*, « d'une politesse élégante qui, dans l'intimité, se retire comme une paire de gants ». Sensible aux pressions de la mode, capable de tomber amoureux d'une 2 CV Charleston, « particulièrement soucieux de l'opinion qu'il a de lui-même et que les autres ont de lui », cela n'affaiblit d'ailleurs en rien le réalisme âpre du « technicien qui a le sens le plus vif de formules sèches, et de jugements abrupts ou hermétiques ». De fait, durant ses années d'étudiant, il passe son meilleur temps à plaire et à se plaire, de l'avis général éblouissant d'esprit et de gaieté.

Il adhère au socialisme — et non au giscardisme — comme par pari. Tel 19 mai 1974, il est devant la télévision, avec quelques camarades de l'ENA, chez l'un d'eux, Daniel Bouton, futur sous-directeur du Budget rue de Rivoli. Il écoute le communiqué annonçant que Giscard le haut fonctionnaire a battu Mitterrand l'avocat. Il dit, sarcastique : « Si un inspecteur des finances gagne l'Élysée, devenir président de la République n'est qu'une ambition de concierge. » Quand le vaincu apparaît à l'écran, Fabius n'hésite pas : « C'est avec lui qu'il faut être. » Le groupe se récrie : « Tu es fou, il a déjà perdu deux fois; pour lui, c'est cuit. » Il réplique : « Erreur, c'est avec lui qu'on ira le plus vite... » Dès la fin de l'année, il milite à la 6e section de Paris, où il découvre Didier Motchane, Michel Rocard, Nicole Questiaux et Yvette Roudy.

Il milite comme il travaille, avec une sorte de moue aristocrate, un parfum de condescendance — simplement très typé avec son crâne tôt dénudé en rond d'œuf, son visage en mappemonde, toute sa finesse concentrée dans la lame d'un nez très aiguisé et l'humour du regard, une silhouette souple, une démarche assez désinvolte, un strict costume de fil-à-fil gris, une chemise attentivement choisie à rayures roses, des mocassins Weston, et un style général très *Will-you-buy* de jeune P.-D.G. qui a su positivement organiser ses arrières.

Il est présenté à François Mitterrand par Georges Dayan, grand découvreur de jeunes talents. Quasiment aussitôt, il en est sacré chef de cabinet. Il approfondit les analyses, brosse les synthèses, tient la plume pour les discours.

C'est même le seul moment où on le découvre affichant du zèle. Non content d'être mitterrandiste, il est ultra-mitterrandiste — au Congrès de Metz, en 1980, exécutant Michel Rocard avec une très inattendue joie sauvage. Les jaloux peuvent murmurer que « Laurent avale des couleuvres comme des spaghettis dès qu'il entend la voix de son maître » — celle de Mitterrand, bien sûr, dont il a pris du coup l'élocution et l'onction.

Il reçoit comme en cadeau — par le vétéran de la SFIO Tony Larue — la circonscription de la Grande-Couronne, en Seine-Maritime.

Il est si accaparé par les réunions électorales qu'il épouse au galop Françoise Castro, naturellement socialiste activiste, rencontrée à un dîner, revue dans les couloirs de l'Assemblée nationale. Ils se marient le Vendredi saint de Pâques de 1981. « C'était le seul moment où il n'avait pas de meetings », explique-t-elle.

A bien des égards, il fait assez vieux jeu : il doit affectionner l'élégance grand siècle; il lit rarement des bandes dessinées; il fait peu la cuisine; il aime peu la télé; il n'est sportif qu'à cheval; il ne tape pas à la machine; et il est plutôt cool, pour cogner il doit se forcer. De ce point de vue, ses réponses au questionnaire de Proust sont éloquentes. *Quel est pour vous le comble de la misère* ? Perdre espoir. *Votre personnage historique favori* ? Jaurès (hum !). *Vos héroïnes favorites dans la vie* ? Toute femme qui ose. *Vos peintres favoris* ? Turner, Géricault. (Le cheval) *Vos auteurs favoris en prose* ? Balzac, Dostoïevski, Gracq. *Votre qualité préférée chez l'homme* ? La loyauté. *Chez la femme* ? La tendresse. *Ce que vous détestez le plus* ? Le mépris, l'aigreur. *Votre occupation préférée* ? Construire. *Le principal trait de votre caractère* ? Passer du coq à l'âne. *Ce que vous appréciez le plus chez vos amis* ? La fidélité. *Votre principal défaut* ? Une certaine réserve, une dose d'égoïsme aussi. *Quel serait votre grand malheur* ? Trahir. *La réforme que vous admirez le plus* ? L'abolition des privilèges. *Qui auriez-vous aimé être* ? L'hypothèse me paraît compromise... (juillet 1984). Il n'en est pas moins considéré, dès son entrée en politique, comme un personnage du plus sûr avenir. Il est vrai aussi, ainsi que le souffle l'un de ses collaborateurs, que « Laurent Fabius n'a jamais raison trop tôt, mais toujours à temps ».

Sa carrière ministérielle ne paraît pas moins facile que le reste. « *Lolo* », comme on l'appelle en famille, « *Fafa* », comme l'appelle sa femme, est dès 1981 ministre délégué auprès du ministre de l'Économie et des Finances, chargé du budget, dès

1983 ministre de l'Industrie et de la Recherche, dès 1984 Premier ministre.

« Je supporte quatorze heures de boulot par jour sans bobo », aime-t-il dire. Il continue de travailler avec la même aisance et selon le même style, vite et en solitaire. A Matignon, il n'aura été en dialogue permanent qu'avec un seul homme, Louis Schweitzer, son directeur de cabinet. Il se donne le temps de prendre des petits déjeuners « normaux », entre sa femme et ses deux fils, Thomas, dit *Tomate,* et Victor, dit *Biboune* : c'est même lui qui descend acheter croissants et journal.

Au vrai, l'Élysée veut l'afficher comme un Premier ministre phénomène.

Encore cette manie de *vous-allez-voir-ce-que-vous-allez-voir.* Mais il n'y a pas de quoi pour les témoins être immanquablement impressionnés. Le phénomène a des failles. Il prête à trop d'équivoques. Il parcourt une telle carrière de carte de visite qu'on en vient à vite à se demander s'il aura été socialiste par conviction ou par ambition, par détermination ou par hasard. On peut se dire que sa sensibilité manque de polarisation précise. Il fait davantage mou, dolent ou émerveillé de soi qu'homme de caractère ou de création. A l'évidence, il est plus démonstrateur que mâle. Il préfère opérer par circonvolutions que sur lignes directes. A force de vouloir être simple, il en vient à annoncer des choses trop simples. Il se feutre à l'excès. Il en devient monotone et monocorde. L'anesthésiste, dit-on de lui, pour sa manière d'endormir les problèmes. Encore faut-il préciser qu'en anesthésiant les problèmes, il s'anesthésie aussi lui-même, et peut anesthésier son parti.

Est-il un bon fusible entre l'Élysée et l'opinion ? Beaucoup d'observateurs en doutent vite. Ce n'est plus à Valéry Giscard d'Estaing que Laurent Fabius est comparé, pour ses titres multiples, son savoir tous azimuts, sa calvitie précoce et beaucoup de retenue dans son attitude, mais à Maurice Couve de Murville, pour son effacement volontaire, sa parole sans éclats, son éloquence à mi-voix et une certaine incapacité à être bouclier.

Quoi qu'il en soit, Fabius ou pas, fin 1984, les pays ouest-européens en sont à accuser la France d'être devenue le foyer le plus important d'aide au terrorisme. En février 1985, le président du Conseil italien en personne, Bettino Craxi, et le chef de la police ouest-allemande, Heinrich Boge, l'en accusent formellement en tant que « terre d'asile privilégiée pour les pires ennemis des sociétés libres ». L'année 1985 a-t-elle à peine commencé qu'un commando d'Action Directe abat sans difficultés le général Audran, directeur de l'Armement au ministère de la Défense nationale, dont la sécurité, à l'évidence, n'a pas été suffisamment assurée. (Sans compter que l'un des premiers gestes de François Mitterrand, à peine élu, fut d'amnistier et de faire libérer de prison les deux chefs les plus redoutables d'Action Directe.)

Jacques Faizant peut publier dans *le Figaro* l'un de ses dessins quotidiens qui restera à son tour mémorable. On voit la jeune Marianne s'enfuir à toutes jambes devant quatre terroristes qui la poursuivent, tout habillés de noir et armés jusqu'aux dents. « Pourquoi moi ? » s'étonne Marianne. « Parce que, curieusement, répond l'un des poursuivants, nos commanditaires étrangers n'aiment pas qu'on fasse ça chez eux. » Un autre ajoute : « ... et que les autres se défendent ! » Le dernier du redoutable peloton soupire : « Qu'elle est bête, celle-là, faut tout lui expliquer !... »

Comme c'est étrange ! La génération d'hommes comme moi-même, nés après la Grande Guerre, follement précipités dans la guerre mondiale, aura connu le temps des géants, Churchill, Staline, Hitler, Roosevelt, de Gaulle, Tito. Nous aurons été les témoins d'une histoire en uniforme de grandiose. Même si les populations devaient se terrer, au risque de se faire piéger, dans les abris souterrains qui étaient autant de pauvres trous à lapins, et si l'existence consistait aussi à se disputer des tickets de rationnement pour cinquante grammes de pain noir ou d'ersatz de matières dites grasses, l'univers revivait les heures épiques de Bonaparte. L'actualité appartenait à des Rommel, des MacArthur, des Cunningham. A nous le spectacle des plus vastes batailles de tous les temps : Stalingrad, Leningrad, Koursk, Varsovie, le jour le plus long sur les côtes normandes. L'humanité se brassait dans le sublime ou l'atroce. De Gaulle, de son style inimitable, parvenait à maintenir sur le ton de l'épopée une certaine idée de la France — au point de lui faire oublier comment elle se fit foudroyer en mai-juin 1940. Tout avait haute manière.

Voici qu'il nous faut maintenant connaître l'apothéose de la médiocrité. Soudain, fin 1984, début 1985, nous aurons découvert une France livrée quotidiennement au mesquin. La politique, au sens le plus athénien du mot, « science de la cité », n'est plus qu'astuce et pauvre jeu. Nous nous retrouvons avec un Président qui, en 1971, à cinquante-cinq ans, put trouver exaltant d'adhérer à un socialisme récusé par les défis et les découvertes du nouveau siècle : on le vit entrer en chantant, au nom de la jeunesse, dans une maison naguère illuminée de vérités et de songes, mais sans plus de murs assez solides ni adaptés pour affronter les nouveaux temps. Voici que les témoins en sont à se demander si le monarque, pour se maintenir le plus longtemps possible dans les délices de son palais, n'en est pas à ne savoir plus inventer que de pauvres petits trucs. Mitterrand s'abîme dans les manœuvres les plus pénibles pour lui-même et sa fonction. Comme nous sommes loin du sublime !...

Des campagnes d'ordre plus personnel continuent d'intervenir, contre le Président et ses amis, notamment relancées par *Minute*, qui n'y va pas de main morte, quant aux dépenses somptueuses, nonobstant la politique d'austérité, dont sont prodigues, en style très « nouveau riche », les princes du mitterrandisme. Le Président lui-même s'entête à effectuer des déplacements à l'étranger supercoûteux, avec des cargaisons d'invités. *Minute* en tient précisément, minutieusement, le compte. De juin 1981 à décembre 1982, François Mitterrand aura passé 56 jours hors de France en 23 voyages; en 1983, 42 jours pour 18 voyages; en 1984, 39 jours pour 27 voyages. Cela donne un total effarant de 137 jours, près de 5 mois, pour 68 déplacements officiels. Or, il faut savoir que chaque voyage déplace 120 personnes environ et que l'Élysée retient à chaque séjour, quoi qu'il arrive, 90 chambres dans les plus grands hôtels du pays visité. Autant dire que, depuis son arrivée au pouvoir jusqu'à fin 1984, François Mitterrand aura lancé 8000 invitations, toutes acceptées. Invités les plus comblés : Jean Daniel, éditorialiste-directeur du *Nouvel Observateur*, cinq fois invité (Mexique, Japon, Maroc, États-Unis et Moscou); Christine Forsne, collaboratrice parisienne du *Göteborg Pastel*, quatre fois (Niger, Sénégal, Inde, Scandinavie); Jean-Jacques Servan-Schreiber, trois fois (Japon, Grèce, États-Unis); Roger Gouze, frère de Danielle Mitterrand, trois fois (Mexique, Inde, Yougoslavie); Jean-Marie Burguburu, voisin de la rue de Bièvre, accompagne le Président au Burundi, au Rwanda, au Zaïre et au Congo, puis au Togo, au Bénin, et au Gabon, puis au Cameroun. Sans doute le Président peut-il expliquer qu'il a besoin d'amis de confiance, pour mieux fixer ses idées, à l'étape. Le témoin n'en demeure pas moins tout ahuri. Évidemment, tout cela donne lieu à trop de polémiques trop faciles contre les « folies du Palais ». François Mitterrand saura-t-il jamais le crédit moral qu'il aura pu y perdre ?

La propagande mitterrandiste à la radio et à la télé est trop lourde et provocante. Trop de maladroits sont installés sur les circuits, pour à peine quelques virtuoses du savoir-faire et quelques efficaces sorciers de la désinformation. Résultat : l'effort massif destiné à servir le Président se retourne en définitive contre lui. Le plus triste est que la faute est commise par des hommes qui jurèrent d'installer la religion de l'Information libre et honnête. Mais on ne sait que trop que, dans un pays de grande culture, de forte tradition et d'esprit critique très aigu, une telle propagande, loin de réussir, finit par provoquer un effet de ras le bol, extrêmement dommageable non seulement pour le roi, mais pour tous ses princes et baronnets.

Il y a maladresse du pouvoir jusque dans la polémique politicienne, champ sur lequel il est pourtant réputé maître. Ainsi dans les campagnes contre le président du Front National, Jean-Marie Le Pen. C'est traditionnellement de bonne guerre de mettre en difficulté un adversaire politique et de rechercher tous moyens de l'isoler comme un pestiféré. Les exemples d'un tel calcul abondent dans les annales. Encore faut-il que le pouvoir y procède en finesse, que son plan ne soit ni trop visible, ni trop grossier. Or, en moins d'un mois de 1985, ce sont trois journaux socialistes ou socialisants qui mènent lesdites campagnes. La première flèche part du *Matin*, pour faire discuter la qualification nationale d'un colistier de Le Pen sur sa liste « européenne », Portea, Roumain naturalisé Français, plus ou moins accusé d'être un agent des services secrets roumains. La seconde jaillit du *Canard enchaîné*, qui enquête en Algérie avec la collaboration du metteur en scène René Vautier, sur les activités de Le Pen durant la guerre de l'Algérie française. La troisième, la plus directe et plus ou moins annoncée la veille par le dirigeant socialiste Jean Poperen dans une grande émission télévisée, est propulsée par *Libération* qui, témoignage de musulmans du F.L.N (Front de Libération Nationale des Algériens contre la France) à l'appui, accuse Jean-Marie Le Pen, alors lieutenant, d'avoir présidé en 1956 à des séances de torture et même d'avoir tué de sa main l'un des suppliciés. But évident : couvrir Le Pen d'une telle honte que plus personne dans l'opposition n'osera s'allier avec lui. Or rarement attaque est plus maladroite, même si elle peut correspondre à une accusation fondée sur des faits réels. D'une part, Le Pen se défend comme un beau diable, avec en particulier pour lui son ancien chef direct, le capitaine Martin, commandeur de la Légion d'honneur, qui assure qu'il n'est jamais entré dans les fonctions du lieutenant Le Pen de procéder à des interrogatoires.

Il y a de plus de quoi fortement suspecter des déclarations, réunies en faisceau après trente ans de silence, signées par des musulmans qui ont toutes raisons d'illustrer leur propre héroïsme et de ternir le souvenir de l'Algérie française. D'autre part, non seulement une telle attaque remet en cause l'honneur de toute l'armée, qui ne peut que se sentir dans sa quasi-totalité solidaire de l'accusé, mais encore elle remet en question les hommes qui, au pouvoir en 1956, Guy Mollet, socialiste, président du Conseil, et son garde des Sceaux, François Mitterrand en personne, signaient un décret (décret du 17 mars) lequel, dérogeant à la tradition de notre justice civile autant que militaire, spécifiait qu'en Algérie les autorités pourraient « ordonner la traduction directe, sans instruction préalable, devant un tribunal permanent des forces armées, des individus pris en flagrant délit de participation à une action contre les personnes et les biens, *même si les infractions en cause étaient susceptibles d'entraîner la peine capitale* ». (Ce décret, terriblement expéditif, permit de conduire à la guillotine la plupart des condamnés à mort, dont Fernand Yveton, secrétaire général du parti communiste algérien, exécuté le 6 février 1957; son pouvoir en cassation fut rejeté; son recours en grâce également, François Mitterrand étant toujours ministre de la Justice.) Autrement dit, la campagne du pouvoir à travers ses journaux amis, loin d'aboutir à mettre Le Pen en quarantaine, réveille des fantômes qui gênent principalement le chef de l'État. *Le Figaro* peut même préciser qu'en ce temps-là « la guillotine servait si souvent qu'elle fonctionnait de plus en plus mal » et que « le ministère de la Justice ayant peu d'argent, François Mitterrand dut demander à son collègue de la Défense, Maurice Bourgès-Maunoury, d'en fabriquer une autre — ce qui fut fait à l'arsenal de Toulon — et de la lui livrer gratuitement ». Ou alors, il y va d'une opération de machiavélisme : il s'agit de faire de Jean-Marie Le Pen une vedette de l'actualité. Du même coup, le pouvoir fait apparaître comment, près d'un tel tortionnaire, les Jacques Chirac et les Raymond Barre sont pâles et sans défense. On ne se contente pas de pratiquer la politique de l'amalgame : Jean-Marie Le Pen est tortionnaire; donc l'extrême droite est tortionnaire; donc la droite, si elle s'allie avec l'extrême droite, est complice des tortionnaires; donc les vrais démocrates quitteront cette droite tortionnaire pour rallier le camp des socialistes seuls libérateurs. En appuyant le côté « vitriol » de Le Pen, on essaie de mieux faire apparaître aussi le côté « tisane » de ces pauvres leaders bourgeois, comme « toujours timorés et pusillanimes », aussi incapables de sauver la démocratie que le furent du temps de la République de Weimar les Centristes et les Catholiques de von Papen face aux persécuteurs hitlériens. De fait, c'est assez maladroit : il suffit aux orateurs de l'UDF et du RPR de démontrer un surcroît de vigueur, ou d'agressivité, de laisser mieux éclater leur indignation face aux fautes commises par le pouvoir mitterrandiste, pour que la comparaison vitriol-tisane cesse d'être pratiquée. Quoi qu'il en soit, le procès contre Le Pen s'essouffle vite.

Le pouvoir en tombe à une politique d'expédients, d'astuces, de manœuvrettes.

Faut-il s'en étonner ?

Certainement pas.

Car, à force de scruter le tissu au microscope, c'est à l'amibe que tout cela fait penser.

Mitterrand, amibe. Union de la Gauche, amibe. Parti mitterrandiste, amibe.

On y pense irrésistiblement.

Définition du dictionnaire Larousse : « *Amibe,* animal unicellulaire des eaux salées, des eaux douces et de la terre humide se déplaçant par pseudopodes. *Pseudopode,* expansion du protoplasme servant d'appareil locomoteur ou préhenseur aux protozoaires et aux leucocytes. »

L'amibe se déplace et s'alimente par ondulations, sans membres, sans aspérités, sans dessins précis ni définitifs.

Force est d'y penser. Mitterrand aura toujours été indiscernable et insaisissable. Il n'aura jamais réussi à s'exprimer sur un relief net, une colonne vertébrale catégorique, des os sûrs. Toute sa vie, il n'aura jamais fait que glisser de tentation en tentation, de faim en faim, sans jamais s'exprimer ou s'engager sur une vocation clairement ressentie, à certaines saisons près de l'extrême droite, à d'autres au plus près de l'extrême gauche, à d'autres à la recherche désespérée de l'extrême centre, à d'autres n'importe où ailleurs. Il aura même été probablement sans cesse accablé, en son secret, de ne point réussir à se fixer dans une silhouette évidente, ni à s'agripper à un sort clair. A peine peut-on distinguer une forme vague, nébuleuse, aux contours mouvants, aux ondulations savantes, qui se déplace selon une loi intérieure mystérieuse ou bien selon les seules impulsions des vents chauds ou froids qui soufflent. Elle ignore toute géométrie. Même quand on la croit tout près de se déterminer enfin, elle dérape vers une nouvelle formule. Même quand on apprend que cet être si étrange est animé de deux passions profondes dont il est inséparable — la passion du jeu politique et la passion de régner pour régner —, c'est pour vite découvrir que, quant à la première, elle ne se complaît que dans les jeux les plus enchevêtrés, les plus obscurcis, les plus byzantins, et que, quant à la seconde, elle est davantage friande des atours que de la substance du pouvoir. Même au pouvoir, l'amibe reste amibe.

Quelle meilleure définition que l'amibe pour cette Union de la Gauche, constituée dans l'équivoque en 1972, jamais nette, même victorieuse en 1981 prêtant à quiproquos, ne gagnant la grande bataille électorale de mai 1981 que par suicide de ses adversaires, et se traînant jusqu'à ce février 1985 — treize ans — où, devant le Congrès du parti communiste, Georges Marchais y met fin sans la moindre pitié, d'un coup de talon ? Sur les problèmes essentiels de la nation — défense; affaires étrangères; Europe; euromissiles; politique énergétique; programme de collectivisation — les choix des deux plus importants partis de ce qu'il est convenu d'appeler la Gauche n'auront pas cessé d'être fondamentalement contradictoires. L'attelage n'aura jamais cessé de tirer à hue et à dia. L'hymne exaltant l'union des forces populaires — idéal étincelant — n'aura été que romance pour naïfs. Au pouvoir, le parti communiste, plus ou moins souterrainement, n'aura d'ailleurs jamais cessé de miner le terrain sous les pieds de son partenaire, et celui-ci, pour sa part, n'aura jamais cessé de travailler à affaiblir le parti communiste. L'Union de la Gauche aura été le prototype du faux colosse (un colosse à tête d'argile, dit même cruellement un communiste qui a du talent, André Stil). Il ne peut exister haine politique plus intense que celle qui oppose un socialiste et un communiste. La participation de ministres communistes au gouvernement socialiste, loin de dissiper le vieux drame, ne fait elle-même qu'aider à l'approfondir : dès le lendemain du 10 mai 1981, le parti communiste se considère et se conduit de fait comme un parti d'opposition. Incontestablement, ladite Union n'aura eu d'autre sens qu'un calcul électoral : faire échec au gaullisme, puis au pompidolisme, puis au giscardisme. Elle n'aura existé que dans un travail de destruction, « negatif ». Elle n'aura à aucun moment su être positive. Elle aussi aura été vaine, indéfinissable, fuyante, mouvante, comme l'amibe.

Le parti mitterrandiste lui-même donne l'image d'une fausse unité, se refuse à tous contours nets, se compose des substances les plus disparates, n'est pas moins incertain, en définitive, que l'ensemble de l'Union. C'est véritablement un faux ensemble, le parti qui prétend faire respirer dans le même oxygène des doctrinaires aussi contradictoires que Michel Rocard et Jean Poperen, Arthur Notebart et Louis Mermaz, un instituteur ex-SFIO et un syndicaliste chrétien, un mitterrandiste qui sert une politique de clan (au sens corse) et un socialiste convaincu de vérité marxiste. Non seulement un tel parti, épuisé par ses contradictions, doit finir fatalement par se révéler incapable de tout dynamisme créateur et de toute stratégie constructive, et aboutit à se terrer dans des fortins de ligne Maginot, de plus en plus jaloux les uns des autres, mais donne un aspect général, fluide et trouble, qui échappe à tout catalogue.

Point étonnant si François Mitterrand en mai 1981 est élu sur la base de 110 propositions pour la plupart impossibles à réaliser — et dont un Français sur dix mille aura pris connaissance.

Victoire de l'insaisissable.

Au demeurant, une fois au pouvoir, l'amibe reste plus amibe que jamais.

A toute la nation elle-même, à son tour, d'être vouée au sort de l'indéfinissable et de l'insaisissable.

Non seulement le pays, aux yeux de l'univers, se découvre sans vraie politique générale, ni intérieure ni extérieure ni économique, et se révèle impuissant, paralysé, amorphe, comme anesthésié, face aux plus graves défis de notre temps, celui du terrorisme comme celui de l'immigration par exemple, mais l'amibe, selon sa propre loi d'amibe, s'emploie à rendre impossible toute politique nette et franche de salut public. La loi est simplement de rendre toute majorité nette impossible, *y compris une fois fini le règne de Mitterrand.*

Et de multiplier les raisons de confusion et les brouillards de camouflage.

Et d'aller juqu'à aider par tous moyens à la progression du Front National pour empêcher l'Alliance RPR-UDF de s'affirmer dans une pleine souveraineté

Et, sous prétexte de régionalisation, de nous préparer une « France des seigneurs », avec prédominance des plus puissantes métropoles régionales, au lieu d'une véritable « France des provinces » qui retrouverait seule les fidélités les plus profondes — autrement dit, de nous préparer une gigantesque opération d'anarchisation médiévale. Le propre de la France médiévale, il y a sept ou huit siècles, était aussi d'être un vague agglomérat, fluide et sans cesse remis en question, d'amibes. Nous y retournons, avec les mêmes seigneurs locaux tout-puissants, les mêmes malheureuses provinces profondes menacées des dîmes les plus écrasantes, les mêmes populations livrées aux servages, le développement libre des mêmes banditismes, les mêmes désordres dans les services, les mêmes guéguerres de mini-forteresses.

Et de prévoir pour mars 1986 une double élection, avec deux urnes, deux séries de bulletins de vote, dans une folle mêlée de multiples ambitions à plusieurs degrés — pour le seul dessein de tout mieux embrouiller encore.

Et de tout préparer pour obtenir des régions ingouvernables dans une France ingouvernable.

Et d'imposer, au nom d'un seul parti, une loi électorale — la proportionnelle départementale à un seul tour et à la plus forte moyenne — dont il est extrêmement difficile d'expliquer le mécanisme (dans certains cas, le calcul va relever de la plus ténébreuse mathématique), mais dont l'essentielle vertu doit être d'embrouiller toutes les cartes politiques et de conduire à une Assemblée sans majorité, à des gouvernements impossibles, à un Président retrouvant enfin son jeu préféré, si savouré durant sa jeunesse : jongler avec groupes et groupuscules.

Selon sa propre incoercible logique, l'amibe aura finalement tout amibisé — même la France.

Bien sûr, quand il impose le scrutin proportionnel, François Mitterrand a des arguments à faire valoir :

— qu'il ne fait que ressusciter le scrutin choisi par le général de Gaulle en 1945, après la guerre, pour l'élection de l'Assemblée constituante;

— que voilà le moyen le plus efficace de mettre fin à la division de la France en deux blocs irréductiblement ennemis;

— que le danger de guerre civile pourrait venir d'une telle division, car, dans un tel climat, la pression des extrémistes des deux camps peut finir par être plus forte que le sage conseil des raisonnables, et que tout pousse dès lors à pratiquer des politiques de défi, donc de haine;

— que la France est trop portée, naturellement et historiquement, aux guerres de religion et que la raison commande d'élaborer pour elle des systèmes politiques peut-être compliqués, mais permettant, mieux qu'un système trop catégorique, des coalitions à base de compromis;

— que le peuple français est trop porté aux tentations du bonapartisme, que la solution « gaulliste » porte trop au culte du héros — héros d'un camp contre héros de l'autre — et que mieux vaut mettre en œuvre des formules qui donnent au contraire prime aux hommes et aux partis de conciliation;

— qu'il faut libérer le centre-gauche de toute alliance obligatoire avec le parti communiste, comme il faut libérer le centre-droit de toute coalition obligatoire avec le Front National;

— que seul le scrutin à la proportionnelle permet de préparer un rapprochement entre un bloc centre-gauche et un bloc centre-droit;

— et qu'en tout état de cause, le rétablissement de la proportionnelle figure dans les 110 propositions du candidat Mitterrand.

Les conditions politiques de 1985 l'aident à se confirmer dans une telle analyse.

D'une part, en février, le parti communiste déclare une guerre totale au parti socialiste. Autant dire que toute coalition électorale cesse d'être crédible entre les deux plus grandes armées de gauche et que, dans toute élection majoritaire à deux tours, tout désistement entre candidats communistes et candidats socialistes tourne à la farce. Mieux vaut donc envisager un scrutin législatif qui ne prête pas à une telle comédie.

D'autre part, entre 1982 et 1985, le Front National n'aura pas cessé de se fortifier. C'est qu'il profite de quatre apports longtemps inespérés. Le premier se constitue de tous déçus du communisme ou du socialisme qui, plutôt que de voter « centriste » ou « extrême gauche », rallient directement le plus violent empêcheur de tourner en rond. Le second est de déçus du chiraquisme : pour mieux lui donner une image d'homme d'État et mieux casser sa réputation d'agité, certains conseillers de Jacques Chirac lui ont fait adopter l'image d'un personnage patient, tempéré, on ne peut plus calme; dans certaines émissions, il peut en devenir méconnaissable; ces dits conseillers transforment ce magnifique combattant en trop paisible débatteur académiste; il laisse à Le Pen le titre de Combattant Suprême; trop de R.P.R., par voie de conséquence, désertent le RPR et rallient le Front National. Le troisième se forme de tous les citoyens qui voient en Le Pen le plus sûr protecteur contre l'insécurité qui se généralise et contre une « invasion maghrébine » que les autres partis ne savent pas ou ne veulent pas dénoncer. Le quatrième, pas forcément le plus important, est le plus classique : il s'agit des tenants d'une extrême droite fascisante qui fut très vigoureuse avant-guerre, qui n'a pas meilleur parti où s'exprimer et qui voit enfin avec le Front National une occasion de faire valoir ses analyses, ses convictions et ses traditions. Aux élections européennes de 1984, le Front National, avec 11 % des suffrages, en est ainsi à obtenir un score égal à celui du parti communiste.

Par ailleurs, les élections cantonales de 1985 tournent à une sévère défaite des candidats socialistes. Le RPR et l'UDF obtiennent ensemble 50 % des voix au premier tour. La victoire de l'opposition dite parlementaire est indiscutable. La Gauche perd 250 cantons, dix départements et trois présidences de région. L'Alliance RPR-UDF se retrouve maîtresse de 69 départements. Louis Mermaz, président de l'Assemblée nationale, l'un des plus proches amis de l'Élysée, subit une grave défaite, hautement symbolique, dans l'Isère. Le parti socialiste n'obtient, à grand peine, que 25 % des voix. Cela signifie que, si le scrutin majoritaire d'arrondissement à deux tours était conservé pour les législatives, le parti socialiste serait écrasé. Il y aurait triomphe de l'Alliance UDF-RPR. Le raz de marée serait irrésistible. En particulier, tous les principaux leaders mitterrandistes, Lionel Jospin, Jack Lang, Claude Estier, Louis Mermaz, Roland Dumas, Laurent Fabius lui-même ne retrouveraient pas leur siège. (Curieusement, les « mitterrandistes » seraient les principales victimes, alors que les « socialistes » classiques, ayant laborieusement travaillé leur circonscription, style socialistes de l'Aude ou du Pas-de-Calais, qui sauveraient leur siège dans le cadre du scrutin majoritaire, seront les principales victimes du scrutin proportionnel.) Quoi qu'il en soit, pour Mitterrand et les mitterrandistes, il ne saurait y avoir pire que le scrutin qui consacra leur triomphe en juin 1981.

Ainsi, en avril 1985, Mitterrand se prononce-t-il pour le scrutin proportionnel. Il sait que, quelle que soit la forme de scrutin choisie, il ne gagnera pas. Du moins, par la proportionnelle, peut-il limiter les dégâts et peut-il même espérer présider à des élections qui ne donneront aucun vainqueur — c'est-à-dire une Assemblée la plus manœuvrable possible.

Certes, les leaders de l'opposition parlementaire ne manquent pas de réfuter point par point l'analyse de Mitterrand.

Il est vrai que le général de Gaulle, pour la première fois en France, en 1945, institua le scrutin proportionnel : il y procéda d'ailleurs sur les instances du parti socialiste SFIO. Il est aussi vrai que le général y renonça en 1958, à son retour aux affaires, et sur les instances de ce même parti socialiste qui, dans l'intervalle, avait pu mesurer tous les inconvénients de la proportionnelle. (Rappelons donc que de juin à fin décembre 1958, le général de Gaulle, comme président du Conseil, compta des socialistes dans son gouvernement, dont Guy Mollet en personne, secrétaire général de la SFIO.)

L'argument « en finir avec la division du pays en deux blocs » ne tient pas. Car, alors que Mitterrand institue la proportionnelle pour les élections législatives et les élections régionales, le scrutin majoritaire reste la règle pour les élections municipales, les élections cantonales et surtout l'élection présidentielle, laquelle prévoit de surcroît que, seuls deux candidats, symboles vivants de deux blocs, peuvent rester face à face au second tour.

L'argument « empêcher la guerre civile en empêchant l'affrontement des extrêmes » ne tient pas davantage. Car, si le scrutin majoritaire oblige aux alliances, la proportionnelle conduit à la multiplicité des listes et à un plus grand égoïsme des partis, donc à un émiettement des forces. Cela peut ne pas se vérifier en mars 1986. On ne le constatera que mieux dès les élections législatives suffisantes. Supposons que nous assistions alors à une explosion du parti socialiste qui se partage entre trois tendances, chacune patronnant sa propre liste, l'une acharnée à se maintenir au plus près des thèses communistes, une autre carrément anticommuniste, une autre livrée à toutes les tentations. Supposons que la « guerre des chefs » dégénère au centre-droit, et que l'Alliance UDF-RPR vole en éclats. Résultat : nombre d'électeurs socialistes rejoignent le parti communiste plutôt que de se retrouver dans l'un des trois trop faibles camps socialistes; nombre d'électeurs du centre-droit, écœurés de trop de disputes entre leurs leaders naturels, rejoignent le Front National; nous pouvons tout à fait envisager alors une situation où le parti communiste et le Front National, ayant grimpé chacun de son côté, jusqu'à la barre des 20 %, deviennent les deux forces dominantes du pays; les comptes des élections législatives peuvent du coup se retrouver dans ceux de l'élection présidentielle; logiquement, compte tenu de l'émiettement des Centres, cela donne un affrontement direct du genre Marchais contre Le Pen. On imagine d'ici l'atmosphère. L'hypothèse est très pensable, si irréelle paraisse-t-elle aujourd'hui.

Mitterrand, ce faisant, croit du moins sauver les mitterrandistes. Le calcul peut être tout à fait valable pour mars 1986. Il sera pourtant tout à fait irréel si, par la suite, comme fort possible, les socialistes larguent les mitterrandistes. En effet, l'unité du parti socialiste ne va plus de soi : on ne le sent que trop en avril 1985 quand Michel Rocard démissionne spectaculairement du gouvernement Fabius et s'en explique dans un texte pour *le Monde* qui est un procès implacable de la gestion mitterrandiste. Michel Rocard ne va pas jusqu'à démissionner du parti, ou pas encore. Il n'y en a pas moins déjà grave séparation dans l'esprit.

Le culte du héros est dans l'air du temps, et non dans la fatalité d'un mode de scrutin.

Mitterrand, pour son confort personnel, met deux fers au feu. D'un côté, sur la base de la politique de rigueur (certains socialistes, profitant de la crise de la Régie Renault, auront même envisagé une politique de dénationalisation et les radicaux de gauche la recommandent ouvertement), il envisage pour 1986, après les élections, toute une savante politique de « recentrage », sous la houlette d'un Jacques Chaban-Delmas, d'un René Monory, ou d'un « expert » : la formule pourrait être idéale pour lui permettre de rester à l'Élysée jusqu'au terme légal du septennat. D'un autre, pour le cas où la défaite des mitterrandistes serait trop sévère et où, contrairement à l'attente du « Château », l'Alliance RPR-UDF obtiendrait un vote massif, entraînant implacablement et imparablement une démission du grand vaincu, il multiplie les initiatives et les déclarations de « gauche » (voie de l'indépendance ouverte à la Nouvelle-Calédonie; promesse de vote aux immigrés dans les élections municipales; serments et sermons tiers-mondistes tous horizons) comme s'il voulait se préparer un prix Nobel qui le consolerait de tous les dépits. Mais tout cela n'est qu'astuce. Qu'y devient l'intérêt supérieur du pays ? Car tout le monde le sait, et Mitterrand le premier : pour réparer le mal provoqué par trop d'énormes erreurs commises, deux conditions s'imposeront : un gouvernement d'hommes forts, ayant du temps devant eux, et une immense confiance du pays, vrai ressort d'une vraie politique de salut public. Précisément, ces deux conditions ne seront pas remplies si les élections ne dégagent pas une majorité catégorique et indiscutable. Mitterrand, tout à son égocentrisme, aura dédaigné son principal devoir. « Après moi le déluge ! », on tremble qu'il s'agisse de sa plus réelle conviction.

Il joue à fond la carte Le Pen pour affaiblir la grande Alliance UDR-RPR. Mais il ne saurait tenir pour acquis des progrès perpétuels du Front National. Le mouvement peut aussi plafonner ou faiblir ou même s'effondrer. En particulier, dans les élections de mars 1986, les électeurs peuvent réagir avec un esprit majoritaire dans le cadre du scrutin proportionnel, retenir pour principal le duel opposant les socialistes à l'Alliance et négliger Le Pen pour mieux assurer le triomphe de l'Alliance. Ce n'est pas une hypothèse en l'air à plus forte raison encore si de graves scissions déchirent le Front National.

Mitterrand a nettement demandé à ses propagandistes d'exploiter à fond les rivalités qui peuvent opposer Raymond Barre, Jacques Chirac et Valéry Giscard d'Estaing. Le jeu en est aussi tentant que facile. Mais la manœuvre peut avoir effet de boomerang, si l'un de ces trois hommes, de toute son autorité, finit par s'imposer aux deux autres, et si, en revanche, comme fort possible, le parti socialiste n'arrive pas à s'accorder sur le nom de son propre candidat, entre Rocard, Chevènement, Fabius, Mauroy et Delors.

Il pensa aussi lancer une manœuvre de virtuose en envisageant un référendum sur la réduction de la durée du mandat présidentiel. De la sorte, il pensait pouvoir exploiter à fond, sur ce sujet, des désaccords patents entre les trois leaders de l'opposition parlementaire. En effet, Raymond Barre est de toute sa rigueur pour le maintien du septennat. Jacques Chirac penche plutôt pour la thèse pompidolienne des cinq ans. Valéry Giscard d'Estaing, dans son livre *Deux Français sur Trois,* a fait connaître sa préférence pour un mandat de six ans. Il est exact que le désaccord est flagrant. Mais, en février 1985, du haut de la tribune du Congrès communiste, dans une intervention surprise, Georges Marchais se prononce en faveur du maintien des sept ans (sauf à prononcer le septennat non renouvelable et ne pas limiter à seulement deux candidats l'élection présidentielle du second tour). Cette déclaration suffit à tuer dans l'œuf l'intention du Président. La discorde n'est point que d'un bord et Mitterrand, à son propre détriment, peut avoir grand tort de ne compter que sur ses talents de manœuvrier.

Il peut se dire que l'Alliance pèche par excès de confiance. Nous devons reconnaître qu'après la phénoménale manifestation de plus de deux millions de personnes, à Paris, en juin 1984, pour la défense de l'école libre et la défense de toutes les libertés, la victoire aura pu paraître trop belle et trop aisée aux vainqueurs, surtout dès lors que Mitterrand dut renoncer à nationaliser l'école libre, puis aussitôt congédia Mauroy. L'Alliance se sera même abandonnée durant quelque temps à sous-estimer l'adversaire, et aura sommeillé bien au-delà de l'été suivant. Sieste trop longue du vainqueur trop confiant en lui-même. Mais les élections cantonales, dès mars 1985, révèlent une Alliance à nouveau dans la pleine expression de ses énergies.

Le problème de la cohabitation ? Car le problème se pose

évidemment de savoir si un Président de gauche peut coexister et collaborer avec une majorité parlementaire de droite. Là encore, les propagandistes officiels ont consigne d'exploiter puissamment les divisions des opposants, les uns partisans d'une certaine cohabitation, les autres, Raymond Barre en tête, dénonçant toute cohabitation comme impensable. Mais le problème ne se pose pas dans les termes choisis par la propagande du pouvoir. Il ne s'agit pas du tout de savoir si un Président de gauche peut collaborer avec un Parlement de droite. Il s'agit plus simplement de savoir si un Président vaincu peut coopérer avec une opposition victorieuse. C'est en termes de vaincu à vainqueurs que la question doit se poser. Par ailleurs, la réponse n'appartient pas à l'opposition. C'est le Président seul qui est mis en question. A lui seul de répondre. N'est-ce qu'un problème constitutionnel, qu'on peut résoudre à force d'habiletés ou d'arguties ? N'est-ce pas plutôt un problème d'honneur, pour un homme à qui, d'une manière plus ou moins éclatante, le pays aura fait connaître son désaveu ? En tout état de cause, sûrement, au jugement de tous les observateurs, Mitterrand ne peut obtenir en mars 1986, au mieux, que la confiance d'un Français sur quatre. Ce sera vrai dans tous les cas de figure, soit que l'Alliance connaisse un triomphe massif, soit que l'Alliance l'emporte de justesse, soit même qu'aucune majorité nette ne puisse se dégager. Dans les trois cas, les candidats mitterrando-socialistes n'obtiendront qu'entre 20 % et 25 % des voix. Dans les trois cas, Mitterrand sera un vaincu, un désapprouvé. A lui seul de répondre en conscience si, après une telle défaite, il peut conserver la moindre autorité morale.

Il n'en reste pas moins qu'en pariant sur une situation de cafouillage après mars 1986, il garde encore espoir d'utiliser au mieux, à son profit personnel, toutes circonstances.

Qui sait ? Peut-être même, au plus profond de son secret, en mettant en cause le scrutin majoritaire, qui est l'une des clefs de voûte de la Cinquième République, a-t-il pensé à défier l'héritage constitutionnel du général de Gaulle, à renverser la mécanique en la rendant inopérante, puis en la discréditant, à être le dernier président de la Cinquième République...

Le témoin est en droit de se le demander.

Tout le problème historique est là. La Cinquième République survivra-t-elle à François Mitterrand ? Calcule-t-il ou aura-t-il le temps et les moyens de laisser en héritage une Sixième République ?

Quant à découvrir le moindre dessein lumineux, c'est absolument impossible.

Brouillards, brouillards, brouillards, on ne s'en dégage pas.

Voyez donc les nouveaux appartements privés de l'Élysée, tels qu'ils sont aménagés et décorés sous l'œil du Président. L'enseignement en est frappant.

Pas moins de cinq designers auront participé à la décoration, Tribel, Starck, Held, Wilmotte et Cecil-Sportes.

Le maître n'a pas su choisir entre eux.

Du coup, on va d'inattendu en inattendu.

L'univers du contradictoire.

Le grand salon, signé Marc Held, se particularise par des murs en blanc, des consoles polyvalentes, un secrétaire de 39 tiroirs, une table dessinée par un ordinateur, des chaises taillées par une scie-robot, un « tapis cosmique » et des matériaux surprises, comme le contre-plaqué multiplis. Univers de siècle bouleversé, mystico-scientifique.

Le petit salon, confié à Ronald Cecil-Sportes, et qui s'organise autour du fameux « tabernacle de l'information », de petits écrans permettant de visionner les émissions sur les trois chaînes à la fois et une antenne captant par satellite les émissions du monde entier, est une symphonie de noirs profonds et de jaunes durs. Univers assez sophistiqué, qui veut parler d'austérité.

Annie Tribel a décoré la chambre d'amis. Le frêne se mêle à l'ébène. La décoratrice dit elle-même avoir voulu créer une chambre d'hôtel de grand standing. Univers de l'anonyme.

Philippe Starck, décorateur de la Main Bleue et de l'aéroport de Singapour, « le Baader-Meinhof de la déco », comme il s'intitule lui-même, fut le premier choisi pour dessiner la chambre du Président et fonda tout son projet sur une « décoration sémantique avec des sacs de plomb couverts de hiéroglyphes magiques ». Mais il fit peur. Très vite, on confia l'affaire à Jean-Michel Wilmotte, auteur de la décoration de plusieurs grands hôtels américains et du Palais royal d'Abu Dhabi. Il a composé une vaste pièce d'esprit monacal, à base de bois blanchi rythmé par des verticales de granit blanc. La journaliste Anne Georget, qui a pu visiter les lieux avec les photographes de *Paris-Match*, assure que le Président aime si profondément l'endroit qu'il l'a peuplé de toutes sortes d'objets personnels, d'une sculpture de Lalanne à une carte d'école d'Afrique. Univers de méditation.

Pour autant, Philippe Starck n'a pas été extradé. On lui a confié la chambre de la Présidente (murs couleur de ligne Maginot; porte en aluminium hérissée de pointes; murs à l'oblique; plafond glauque peint par Gérard Garrouste; tapis décoré de messages en morse souhaitant la bienvenue à d'éventuels extra-terrestres; symbole à la limite de la provocation, dans un puissant éclat de rire) et le bureau du Président (décoré d'œuvres de jeunes peintres et d'une icône, envahi de 1400 livres et aussi baptisé par le décorateur « musée des voyous », avec un autre vaste ricanement). Univers de l'Imaginaire biscornu.

Chaque pièce a son envoûtement.

Chacune relève de vouloirs discernables.

Mais l'ensemble en est tout incohérent.

Il n'y a pas la moindre unité de composition, ni de sensibilité, ni d'intelligence.

Le témoin en reste tout pantois.

Précisément, c'est un peu ce qui se passe avec François Mitterrand lui-même et sa politique.

Il y a du puzzle en lui.

Plusieurs designers d'au-delà les étoiles, fabricants de destins, auront composé, chacun isolément, les éléments de son âme.

Il n'y a pas eu d'architecte en chef.

François Mitterrand lui-même, s'interrogeant, chercherait en vain sans doute son vrai personnage.

Il emportera son mystère avec lui.

Non qu'il n'aura pas essayé de communiquer une image moins jalouse de lui-même, plus cordiale, plus chaleureuse.

Ainsi, fin avril 1985, sur TF1, avec la complicité du présentateur-amuseur Yves Mourousi, se laisse-t-il livrer à une drôle d'exhibition. Le jeu consiste entre les deux acteurs, à bâtons rompus, sur style rapide et décontracté, à deviser de tout et de rien, pêle-mêle, avec appoint de courtes séquences filmées. On traite sur le même plan l'armement thermonucléaire et la haute couture, Reagan et Trenet, la Nouvelle-Calédonie et les Schtroumpfs, le chômage et le rock. « Les meubles, monsieur le Président, vous savez combien on en exporte ? Et que pensez-vous du tout nouveau costume de Thierry Mugler arboré l'autre jour à l'Assemblée nationale par votre ministre de la Culture ? Et la crise chez Renault ? Et la cohabitation ? Et, à propos, êtes-vous un Président "Chébran" ? "Chébran" vous savez ce que ça veut dire ? Et "beur" ? Et "smurf" ? » On découvre le questionné, en costume gris clair, tout au fond de l'écran, assis un peu tassé et très raidi à une grande table moderne, étonnamment dominé par le présentateur-vedette qui, lui, se tient debout, fort à l'aise.

Mitterrand a même l'air intimidé. « Dame, comme l'écrit Christine Clerc pour *le Figaro,* ce n'est pas tous les jours qu'un simple président de la République a la chance d'être invité à un grand jeu regardé par des millions de téléspectateurs et l'espoir, qui sait, d'y gagner mille francs... » Par bonheur, Mourousi, bon prince, commence par poser des questions faciles, dont il va jusqu'à souffler la réponse. En vérité, le but principal de l'émission, dans un climat de spontanéité, est de révéler l'homme sous le Président, un homme capable d'être chaud, distrayant, profondément communicatif. On évoque même les romans de Régine Desforges. Les témoins peuvent imaginer que, la prochaine fois, dans l'émission intitulée *Ça nous intéresse, Monsieur le Président*, le Président apparaîtra entre Michel Platini, Mylène Demongeot et Caroline de Monaco. En un mot, le programme se veut du genre « sympa ». C'est tout à fait le mot qui convient : ce Président, qui tire trop la langue à trop ramer dans les sondages, on va, en un tour de main, le rendre « sympa »... Mais, à l'évidence, Mitterrand est trop raide, trop figé, pour ce que veut obtenir une telle émission. Il apparaît vite trop emprunté, trop mal à l'aise. Là où il devrait être chaleureux, il est patelin. À propos des questions sur lesquelles il devrait être carré, il indique chaque fois deux solutions opposées : autant nous le montrer le séant entre deux chaises. Le ton en devient si faux, si raté, qu'en définitive, c'est François Mitterrand qui sert de faire-valoir à Yves Mourousi, et non l'inverse. Surtout, les témoins passent deux heures devant le petit écran sans rien apprendre. Pas la moindre révélation. Pas le plus modeste « scoop ». Pas le moindre nouveau commentaire. Ça devait faire « crack ». Ça fait « flop ». Les témoins les plus affligés en viendraient à prendre en pitié le Président qui se prête à un si « petit théâtre ». Faut-il que, dans le fond de sa pensée, il se découvre en grave difficulté, tout au bord d'une terrible défaite, manière Carter, pour s'abandonner ainsi à une prestation où il finit d'ailleurs par abîmer les attributs qui lui restent d'un « chef ». Imaginez donc un instant le général de Gaulle nous revenant de là-haut et assistant au spectacle. Imaginez l'énorme éclat de rire, le long barrissement qui s'ensuivrait...

Décidément, Mitterrand n'a pas de chance avec les « trucs » de la télé.

Le Premier Janvier 1983, c'était la grue de Latche, qui manquait au rendez-vous et ridiculisait l'affiche. Là, c'est le Professeur Yves Mourousi, bien malgré lui, faisant apparaître une sorte de candidat au bac, qui n'a que péniblement potassé ses aide-mémoire.

Reste pourtant pour nous le principal : François Mitterrand sera-t-il, comme il semble par éclairs le vouloir, le dernier président d'une République qu'il accabla de sarcasmes dès sa naissance et voua aux gémonies durant des années ? Ou ne sera-t-il qu'un maillon, vite terni par les temps, peu mémorable, d'une longue chaîne de Présidents ?

François Mitterrand aura-t-il raison de la Cinquième République ?

Ou bien, dès avril 1986, la Cinquième République aura-t-elle raison de François Mitterrand ?

Tous les signes de la logique et du bon sens laissent entendre que le second terme de l'interrogation devrait être plus pensable et réalisable que le premier...

Sauf à se rappeler que la politique ne répond pas toujours à la logique.

Et les dés du hasard de continuer de rouler, de rouler...

Quoi qu'il en soit, force est de constater que *Libération*, pourtant journal de gauche, publie en juillet 1985 un sondage absolument calamiteux pour François Mitterrand. Il obtient 9,7 sur 29, là où ses prédécesseurs obtiennent, respectivement Valéry Giscard d'Estaing 10,2, Pompidou 13,1, et le général de Gaulle 15. Selon cette même enquête, un quart de ses électeurs regrettent d'avoir voté pour lui en mai 1981. A la question : « Qu'est-ce qui explique le mieux l'impopularité de François Mitterrand ? », 39 % des Français répondent : « Il n'est pas fidèle à ce qu'il avait promis » et 28 % : « Il n'est pas sincère; il n'a pas dit la vérité aux Français et il a changé de politique sans le dire. »

Commentant ces résultats, le directeur du journal, Serge July, doit convenir que « l'opinion n'arrive pas à suivre cet homme décidément trop complexe ». Dans son commentaire, il n'aligne que des phrases sévères : « Il y a rarement chez François Mitterrand cette rapidité dans la rupture, cette inspiration quasi immédiate de la décision à laquelle on se tient coûte que coûte... Mitterrand intellectualise les situations à tel point que les décisions perdent de leur limpidité et se diluent dans un parcours labyrinthique dont lui seul finalement connaît la clef... Tout cela fait de lui le président de la contradiction, soucieux en permanence de gérer la thèse et l'antithèse... » Michel Jobert l'aura mieux dit encore : « C'est une force qui va, mais dont il est difficile de cerner les contours... » Et Serge July à nouveau : « Un chef d'État insaisissable... un inconnu pour les Français... qui semble cultiver l'ambiguïté comme un masque derrière lequel son immense pudeur et sa non moins intense timidité peuvent trouver refuge. » Répétons bien que Serge July est un homme de gauche.

Ajoutons que François Mitterrand n'aura jamais su, au pouvoir, dégager son rôle : il aura été tout à la fois président de la République, ministre des Relations extérieures, ministre de la Culture, Premier ministre de fait, secrétaire d'État à l'Industrie (voir une fameuse conférence de presse sur la sidérurgie), tout en restant le capitaine du parti socialiste (aussi longtemps que cela lui aura été utile). Sous de Gaulle, c'était le chef du gouvernement qui était chef de la majorité : il y avait séparation nette du rôle des deux consuls. Dans le cas de Mitterrand, il y a confusion permanente de tous les grands rôles. (Quand il décide de n'avoir plus la direction de la majorité à pleine responsabilité, il ne sait même plus à qui l'abandonner, au Premier ministre, Laurent Fabius, ou au Premier secrétaire du parti, Lionel Jospin, d'où en juin/juillet 1985 un conflit aigu entre les deux hommes.)

Mieux encore, à l'été 1985, après avoir été roi pendant quatre ans et après avoir exercé des pouvoirs littéralement dictatoriaux, le voici soudain à s'offrir comme une sorte de Gaston Doumergue. A nous Mitterrand Gastounet. Comme il a pleine conscience que la défaite des socialistes en 1986 est inéluctable, il se prépare pour le seul rôle dans lequel il ait une suprême chance de se perpétuer dans la présidence jusqu'en 1988 : le rôle d'arbitre, le plus effacé possible. La propagande officielle n'affiche plus que du Mitterrand doux, doux... Elle rabote systématiquement, méthodiquement, tous les aspects les plus agressifs et les plus durs du personnage. Oubliée, la rose au Panthéon. A faire oublier, tous les discours révolutionnaires du candidat Mitterrand. L'image d'un Mitterrand conciliant au possible, tilleul, style chanoine inoffensif, voilà ce que l'Élysée entreprend désormais de distribuer.

Les historiographes peuvent d'ailleurs faire valoir que c'est Gaston Doumergue, le si pacifique Gastounet, qui, avec une suprême habileté, sans sourire, sans paraître y toucher, fit tomber le rideau en 1925 sur la catastrophique expérience du Cartel des gauches, rappela au pouvoir Raymond Poincaré (le Barre de l'époque), fit rompre les radicaux avec les marxistes, convertit Édouard Herriot, pape du Cartel et du radicalisme, aux bienfaits de l'alliance de la Gauche humaniste avec la Droite la plus honnie (en quelque sorte le Jospin de l'époque s'alliant avec le Chirac de l'époque), fit renier toutes les idéologies révolutionnaires et y gagna l'affection de tous les Français bien-pensants.

Pourquoi pas François Mitterrand, Père de la Patrie à son tour ? Pourquoi pas un Mitterrand Doumergue, président de la Ve République sur modèle d'un président de la Troisième ?

On entend même cet été-là Mitterrand nous dire : « Je reconnais que je fus socialiste naguère, mais... » Ce « naguère » est savoureux. C'est que seul compte désormais le nouvel objectif principal : accréditer l'image d'un Président voué au rôle d'arbitre incontestable. De fait, une ambiguïté de plus. L'homme aura prêté par le passé à tant et tant de confusions qu'il lui est devenu quasiment impossible d'obtenir les confiances indispensables à tout rôle d'arbitrage.

Ainsi, au total, que penser donc de lui ? Telle est sans doute l'impression qu'il devrait laisser aux analystes : celle d'un homme brouillard, si brouillard qu'il ne doit même pas parfois se connaître lui-même; un velléitaire profond, qu'épouvantent toutes les simplifications; plus doué pour la polémique que pour la conduite d'un État; en son profond, rêvant sincèrement de bien faire, mais incapable de se fixer sur un long rêve, d'où constamment empêtré, enlisé, dans ses propres contradictions ou ses propres équivoques, en quelque sorte embarrassé de son propre personnage; par-dessus tout un manœuvrier très subtil, adorant la manœuvre pour la manœuvre, avec toutes les virtuosités, toutes les tentations et toutes les limites d'un grand joueur professionnel trop connu comme tel.

IV

FUTURS PRÉSIDENTS ?

A quels signes reconnaître un futur président de la République, non seulement pour 1988 (ou 1986), mais aussi pour les années 90 ?

Nos présidents de la République proviennent de toutes les classes sociales. Le maréchal de Mac-Mahon est de haute noblesse. Le prince Napoléon est de l'une des familles ayant régné sur le pays. Deux proviennent de familles qui ont failli être anoblies, Sadi Carnot, dont le grand-père, Lazare Carnot, créé comte de l'Empire sous les Cent-Jours, n'aura pas eu le temps de faire régulariser son titre par la délivrance de lettres patentes, et Jean Casimir-Perier, dont l'arrière-grand-père acheta en 1778 la charge anoblissante de conseiller séculaire du Roi, mais fut empêché par la Révolution d'accomplir les vingt années requises. Trois sont des branches de vieille bourgeoisie, Charles de Gaulle, Valéry Giscard d'Estaing et François Mitterrand. Sept se classent dans la bourgeoisie moyenne, Adolphe Thiers, Jules Grévy, Raymond Poincaré, Paul Deschanel, Gaston Doumergue, Albert Lebrun et René Coty. Quatre relèvent de la petite bourgeoisie, Emile Loubet, Armand Fallières, Alexandre Millerand et Georges Pompidou. Vincent Auriol est fils d'un modeste artisan boulanger. Deux sont issus du monde ouvrier, Félix Faure et Paul Doumer.

Sur 21 présidents, 4 possèdent une hérédité politique : Louis-Napoléon, Sadi Carnot, Casimir-Perier, Deschanel (fils d'un sénateur inamovible); 2 comptent des ascendants politiciens par la lignée féminine, Mitterrand et Giscard (par les Bardoux, les Picot et les Bachasson de Montalivet); les 15 autres, politiquement, sont fils de leurs propres œuvres.

La plupart des provinces sont représentées : la Corse de Louis-Napoléon; la Provence de Thiers; la Bourgogne de Mac-Mahon et de Carnot; la Franche-Comté de Grévy et de Millerand; le Dauphiné de Casimir-Perier et de Loubet; la Guyenne de Fallières; la Lorraine de Poincaré et de Lebrun; le Lyonnais de Félix Faure; Paris de Deschanel; l'Artois de De Gaulle; le Languedoc de Doumergue et d'Auriol; le Quercy de Doumer; l'Auvergne de Pompidou et de Giscard; la Normandie de Coty; le Berry de Mitterrand. (Grandes provinces non représentées : la Flandre, la Picardie, la Bretagne, l'Anjou, le Poitou, le Béarn, le Pays Basque, le Roussillon, Nice, la Savoie, le Bourbonnais et l'Alsace.)

Il n'y a point que des catholiques. Un est protestant : Doumergue. Un est agnostique : Vincent Auriol. Au moins sept sont francs-maçons : Grévy, Carnot, Félix Faure, Loubet, Millerand, Doumergue et Doumer.

On n'y retrouve ni ouvriers ni artisans. A l'âge adulte, ils auront tous accédé à une situation confortable. Même si les avocats dominent (ils sont neuf, Thiers, Grévy, Loubet, Fallières, Poincaré, Millerand, Auriol, Coty, Mitterrand), les activités sont des plus diverses. Deux sont professeurs : Doumer et Pompidou. Deux sont militaires, Mac-Mahon et de Gaulle.

Thiers est élu à 74 ans; Coty, à 72; de Gaulle, à 68 — et Louis-Napoléon à 40, Giscard à 48.

Sauf accident, le métier est bon : Loubet meurt à 91 ans, Fallières à 90; Mac-Mahon à 85; Grévy et Millerand à 84, Thiers, Coty et de Gaulle à 80.

Plusieurs reviennent dans la vie politique après leur temps à l'Élysée. Thiers est réélu député de la Seine après sa démission. Poincaré devient sénateur le jour même où cessent ses fonctions de président de la République, le restant quatorze ans et promu président du Conseil à quatre reprises. Deschanel entre au Sénat quelques mois après sa démission à l'Élysée. Millerand est sénateur de l'Orne jusqu'à son décès en 1943. Giscard est réélu en 1983 député du Puy-de-Dôme.

Il faut croire que la fonction porte au plaisir de la plume. Mac-Mahon, Félix Faure, Albert Lebrun, Poincaré, Deschanel, Vincent Auriol, de Gaulle et Pompidou auront laissé des Mémoires. Nous devons à Pompidou une *Anthologie*. Mitterrand et Giscard signent des ouvrages politiques très engagés. Poincaré et Deschanel auront beaucoup produit, notamment en livres historiques. Louis-Napoléon, jeune, a la plume généreuse. Si aucun n'aura enfanté d'œuvre de pure création — poésie, roman ou théâtre —, trois auront été académiciens, Thiers, Poincaré et Deschanel, et Valéry Giscard d'Estaing aura tenu à assister à deux grandes séances de l'Académie, la réception d'Alain Peyrefitte et celle de Marguerite Yourcenar.

Tout au plus pouvons-nous penser que, du fait de l'invasion des énarques dans la jungle politique, les prochains Présidents ont de fortes probabilités à relever de l'énarquie...

Au demeurant, en l'an 2000, Pierre Méhaignerie n'aura que 61 ans, Jacques Toubon 59, François Léotard 58, Jean-Louis Bianco 57, Alain Juppé 55, Dominique Baudis 53, Michel Barnier 49.

La toute prochaine élection présidentielle devrait se disputer entre hommes qui ont déjà fait longuement leurs preuves dans le service public.

Favoris : Jacques Chirac, Raymond Barre, Michel Rocard, Jean-Pierre Chevènement, Jacques Delors, lequel n'est pas le moins ambitieux.

Pierre Mauroy croit pouvoir nourrir quelques espérances.

Laurent Fabius commence à choyer les siennes.

Alain Peyrefitte, esprit clair, phrases précises, n'a pas dit son dernier mot.

René Monory, 62 ans en 1985, sénateur-maire de Loudun, homme de terrain plus qu'homme d'écoles, ancien commerçant en automobiles et machines agricoles, leader centriste modéré, successivement rapporteur général de la commission des finances du Sénat, ministre de l'Industrie, du Commerce et de l'Artisanat dans le deuxième gouvernement Barre et ministre de l'Économie dans le troisième gouvernement Barre, style colosse tranquille, esprit pondéré et sûr, bon visage aux traits lourds, fins sourires, fines analyses, aura su se mettre attentivement en réserve de la République.

Une fois battu, Valéry Giscard d'Estaing ne désarme pas. Il refuse d'écouter les amis qui lui conseillent, du moins durant plusieurs années, d'observer un silence total. Il répond : « Je n'ai que 55 ans. J'ai peu de vocation pour la maladie du sommeil. Je puis être utile. » Il décide de ne pas siéger au Conseil constitutionnel dont il est membre de droit et dont il se fait mettre en congé. Il se fait élire conseiller général de Chamalières, puis, brillamment, avec 63 % des voix, député du Puy-de-Dôme. Il ne cesse de paraître sur scène. En février 1984, il publie un ouvrage important, en forme d'appel à la réconciliation de *Deux Français sur trois.* Un journal peut titrer que « le Giscard nouveau est arrivé ». On le rencontre en particulier partout en Auvergne. Il inaugure tous azimuts. Il laboure canton après canton. Il danse avec sa femme au bal de Chanonat. Sur le petit écran, on découvre un Giscard plus décontracté, moins boutonné, plus humain, riant volontiers. Face aux adversaires, il sait trouver les mots qui font mouche : *les déçus du socialisme — La Nouvelle Calédonie ne doit pas être le Cuba du Pacifique — Messieurs du gouvernement, rendez-nous notre héritage.* Manifestement, même s'il ne tient pas à jouer le premier rôle, il peut tenir à nouveau l'un des tout premiers.

Les jeunes — les « petits jeunes » comme les appelle sur un ton grand-paternel le truculent Charles Pasqua ?

Ils sont au moins une vingtaine à se presser au portillon. Essayons de citer les plus types.

Pierre Méhaignerie, né le 4 mai 1939 à Balazé en Ille-et-Vilaine, est le Breton solide comme menhir. « Le fiston à Alexis », l'appellent ses gars. C'est qu'il a de qui tenir. Il est le septième et avant-dernier enfant d'Alexis Méhaignerie, agriculteur, syndicaliste agricole et militant démocrate-chrétien, membre des deux Assemblées constituantes, député M.R.P. d'Ille-et-Vilaine durant plus de vingt ans, avant de trouver en 1968 une mort anonyme dans une triste chambre d'hôtel de Strasbourg où il est venu participer à un congrès C.D.S. pour l'Europe. Lui-même, ingénieur agronome et du génie rural des eaux et forêts, puis conseiller technique au cabinet de Jacques Duhamel (ministre de l'Agriculture dans le gouvernement de Jacques Chaban-Delmas), maire de Vitré, président du Conseil général d'Ille-et-Vilaine, l'un des douze plus jeunes députés en 1973, secrétaire d'État à l'Agriculture avec Chaban, est promu dès ses trente-huit ans, en mars 1977, ministre de l'Agriculture dans un gouvernement Barre, certes pas un ministre dirigé par son ministère, et s'imposant aussitôt à Bruxelles comme un négociateur tenace, habile, sérieux et compétent. Exploit rare : aux élections législatives de juin 1981, face au raz de marée rose, il est le seul député de l'opposition à Mitterrand à améliorer son score de député, élu dès le premier tour avec 72,3 % des voix contre 72,1 % en 1978 ! On comprend qu'il puisse lancer plus tard à François Mitterrand qu'on ne peut gouverner avec 35 % des suffrages !... On rencontre un grand gaillard à l'œil rond, le plus souvent vêtu de bleu marine, avec un regard clair, un sourire tout naturel, des bonnes joues rondes, une silhouette qui reste de jeune homme malgré le blanchissement prématuré des cheveux. Signe distinctif : la sobriété. Inutile d'attendre de lui ni d'étincelantes déclarations bien calculées, ni la moindre gesticulation, ni le moindre style « grande tape dans le dos ». Non qu'il soit vieux jeu, manière vieux chouan. Cette froidure n'est que forme de timidité. Il peut à l'occasion jouer des cheveux et de la fossette. Il vit de la façon la plus moderne, avec sa femme, une Américaine, Julie Harding, et leurs deux enfants, Laurence et Daniel. Simplement, il est de caractère profondément réservé. Ni excès dans la vie (il ne fume pas; il repousse discrètement les verres qu'on lui propose dans les comices agricoles; il fait son footing sans photographes), ni excès dans l'expression. Pour autant, c'est un robuste : ministre, il résiste sans difficultés apparentes aux épuisantes conférences marathoniennes de Bruxelles comme aux innombrables tournées qu'il effectue « pour mieux connaître les problèmes à la base ». Il peut être un fin manœuvrier, tout en restant jaloux de son indépendance. « Je refuse d'être catalogué — proclame-t-il. Je n'appartiens à personne. Je suis totalement libre de mes mouvements... Je n'ai jamais fait partie de la politique du baisemain. » Il est dans ses domaines de la plus sûre compétence : ainsi connaît-il aussi bien que les dirigeants agricoles les plus experts le prix du maïs à Chicago ou le mécanisme de réversion à la veuve de l'indemnité viagère de départ. S'il est par tradition homme d'ordre et sait au besoin négocier les plus difficiles arbitrages, c'est avec beaucoup d'imagination qu'il se prépare aux « mille et une épreuves » que nous réserve l'« après-socialisme », ainsi revendiquant « une agriculture de conquête, à la hollandaise », appelant à une « société plus juste », prévenant qu'il aura le courage de « remettre en question les rentes de situation », décidé à « aller vers ceux qui n'appartiennent pas aux secteurs protégés et qui cumulent insécurité, faibles salaires et manque de considération ». Sans éclat ni provocation, il sait fixer sur le petit écran l'image d'un jeune sage qui, toutefois, peut ne pas manquer d'audace. Le peuple peut l'honorer de la confiance suprême le jour où les circonstances imposeront davantage un homme qui calme les événements qu'un homme qui les emballe.

François Léotard, dit « le beau Léo », 43 ans en 1985, le plus brillant et le plus décidé de tous, est un feu vif de Provence. Il ressemble d'ailleurs davantage à Claude Rich qu'à son frère, le grand acteur Philippe Léotard. Celui-ci est le bohème-né, vagabond des scènes, noctambule sans cesse en nomadisme, poète délirant en bagnole américaine Chevrolet-Blazer, gueule de chien battu, valises sous des yeux de Pierrot, air de fêtard accablé, inégalable dans l'art de pleurer *les Chants de Maldoror* de Lautréamont, continuant de ricaner sur la vie même au sommet de l'art ou de la gloire, même quand il obtient un superbe César du cinéma pour son rôle hallucinant dans *la Balance* ou quand la foule l'ovationne au théâtre des Amandiers de Nanterre où il joue *Combat de nègre et de chiens.* C'est plutôt François qui pourrait interpréter le rôle de jeune premier, sauf à l'éclairer de cet humour supérieur qui est si typique de Claude Rich. Le portrait donne une stature mannequin de 1,80 m pour 71 kilos, un fin visage aigu sous coiffure à la fois sage et libre, des yeux bleu ciel volontiers assortis à une veste d'été, des mains d'artiste ou de moine, quelque ressemblance aussi avec *l'Hermès à double face* du musée de Fréjus, un plaisir naturel à être décontracté, libre de ses gestes. Vous ne vous étonnez pas s'il vous dit qu'il passerait sa vie « en jeans et en baskets ». Simplement, le spectacle nous situe bien loin de Casimir-Périer ou d'Armand Fallières. Il naît le 26 mars 1942, en pleine guerre mondiale, fils d'une Corse licenciée d'italien qui lui chante *l'Ajaccienne*, « Lannes, Murat, l'état-major... » (lui entend : l'âne Murat), et d'un conseiller de la Cour des comptes, monarchiste maurrassien de formation, éducateur austère et pudique (il n'entre jamais dans la chambre de ses enfants), maire de Fréjus quand le barrage de Malpasset craquera, quand des millions de mètres cubes d'eaux folles déferleront dans la vallée, quand les victimes se compteront à plusieurs centaines et quand il aura à affronter des polémiques dont toute la famille, blessée, souffrira longtemps. Il est quatrième de sept enfants. Des enfants peu ordinaires : l'un est l'acteur; un autre, militant syndicaliste de la CFTC, idéaliste à tous crins, sera « le saint » voué au service des immigrés de Nanterre; une sœur, durant dix ans, par pastoralité, élèvera des chèvres dans la Drôme. Lui-même, adolescent, crâne rasé, effectue quinze mois de noviciat chez les bénédictins de La Pierre-qui-Vire, sous le nom de frère Honorat, y suivant strictement la règle de la « primitive observance », prières de nuit, travail manuel, psaumes, méditations sur la mort, plain-chant grégorien. Il ne s'interrompt que parce qu'il y a tout de même, hors les murs du monastère, de quoi savourer les splendeurs de Dieu, l'amour d'une femme ou une aurore sur l'Esterel. Il intègre à l'ENA comme par hasard, même s'il est deuxième de sa promotion, derrière Bertrand Eveno, futur patron des chaussures André. Il entre en politique parce qu'il faut bien qu'un fils honore l'exemple du père, du reste tout heureux, un an avant d'être élu député giscardien du Var, de se retrouver dès ses 35 ans à la tête de la mairie de Fréjus, qu'il prend au « sang triste molletisant » qui en avait chassé papa. « Je ne me laisserai jamais bouffer par la politique », assure-t-il d'ailleurs tout aussitôt. Effectivement, il sait s'en distraire. Il pratique assidûment la gymnastique avec sa femme Denise et les trois enfants du premier mariage de celle-ci, Pierre, Laetitia et David. Il se consacre comme un spécialiste du marathon. Il dit avoir connu la joie rare de galoper ou de jogginger autour du Kremlin comme dans les parcs du Kenya. Il court les 20 kilomètres de Paris en 1 h 28 mn. Sur pari conclu avec ses copains fréjussiens, il participe au marathon de New York, démarrant avec la cohue du pont Verrazano, où le maire Ed Koch donne le départ de la course, pour, via Brooklyn, Queensboro Bridge, Manhattan et Harlem, atteindre le finish à Central Park, où il est classé 5 691e sur 14 213 concurrents, parcourant les 42,195 km en 4 h 4 mn 4 sec. Il dit penser à se risquer dans un triathlon : un kilomètre de natation, quarante kilomètres de vélo et vingt kilomètres de course à pied. Pas du tout style en-mettre-plein-la-vue : pur plaisir. Il lui arrive d'assister à des inaugurations officielles en survêtement. « Pourquoi voulez-vous que je m'habille comme les ancêtres, en noir et blanc, pingouin d'un autre monde ? » Système jockey : pas d'alcool, peu de vin, jamais de sucre, et la joie des performances. Il est aussi décontracté pour ses lectures : cela va de Péguy à Kafka, de Stendhal à Céline — sauf à lire obligatoirement un roman par semaine. « Je m'enrichis plus en lisant un roman ou un poème qu'en lisant un article du *Monde* sur les montants compensatoires. » Les réunions, avec lui, ça ne traîne pas : on ne s'endort par sur les dossiers; il parvient à y faire sprinter même des octogénaires. Sans doute, même une fois sacré grand sorcier du parti républicain aux autels duquel il prend la relève des Michel Poniatowski, des Michel d'Ornano et autres Jacques Blanc, garde-t-il toute la fraîcheur d'âme de ses temps de scout où il était totémisé « Zèbre idéaliste » : il la lui faut pour réunir tous les mois à Fréjus un conseil municipal des moins de quinze ans. Par-dessus tout, cependant, il fixe le modèle d'un homme politique du troisième type, chaleureux sans être affecté, pas sectaire, souvent amusé, indépendant dans son langage comme dans son comportement, sachant d'autant plus reconnaître ses sottises qu'il peut être prompt à en commettre, moins cheval fou que d'apparence et pas godillot pour un sou. « Qu'on le sache bien, je ne suis pas un mouton qu'on mène de pâturage en pâturage. » Le gars facile. Il est énarque, mais il réussit à ne parler ni du PIB ni des « problèmes au niveau des structures ». Il se proclame libéral-libertaire, mais peut avoir des tendresses pour le « socialisme du cassoulet » qu'il a connu en Dordogne, comme sous-préfet. Il a en horreur le « socialisme venu du froid » à la Paul Quilès, mais aussi le libéralisme sauvage. « Je ne me sens pas chez moi aux États-Unis, messieurs... » Il est tout naturellement ultramoderne — installant un journal électronique pour le conseil national du P.R., un appareil sophistiqué pour ses exercices de musculation, un terminal d'ordinateur et le câblage pour la ville de Fréjus. Il a le plus haut sens de l'Etat et du devoir. Peu importe si, dans la même saison, tout à coup, il s'en va faire retraite dix jours comme gardien de phare, seul avec la mer : le moine qui ressuscite. Au total, il réunit bien des atouts pour l'avant-scène. Il lui suffira de s'autodiscipliner un peu plus dans quelques incartades, d'apprendre à éviter des sottises du genre : « Si François Mitterrand m'offre d'être Premier ministre, j'accepterai... » et de se persuader que la politique n'impose pas en permanence l'esprit de compétition. Une fois ces trois conditions remplies, alors, sûrement, comme Philippe Léotard peut un jour marcher de toute sa densité sur les traces de Jean Gabin ou de Pierre Brasseur, François Léotard peut se retrouver sur les traces de Valéry Giscard d'Estaing, son magicien en chef.

On aura longtemps appelé Jacques Toubon « le bulldozer de Chirac » comme on appela Jacques Chirac « le bulldozer de Pompidou ». Il est trop vrai que voilà un beau battant. Certes, malgré une calvitie précoce, il a par exemple un côté bon poupon, gentil, mignon, presque tendre, quand il prend les vieilles dames de ses circonscriptions par le bras et se penche sur elles pour mieux écouter leurs menus soucis. La journaliste du *Figaro* Christine Clerc peut lui trouver « une bonne bouille ronde au sourire retroussé... aux yeux d'enfant rieur ». Marie Guichoux, de *Libération*, peut le juger « réactionnaire enjôleur ». Toute son enfance semble elle-même annoncer la vie d'un pacifique. Il naît le 29 juin 1941, sous le signe du Cancer, celui de Pompidou. Paysage : Nice. Famille : un père croupier au Palm Beach, qui rêva en vain d'être instituteur; une mère corse qui le choie d'une manière « coconneuse »; une grand-mère qui mitonne un incomparable gratin de courgettes; des jeux sans tempêtes. A l'école : enfant sage. A l'ENA : un type plutôt peinard. « Mon mari ? Un peu plouc », dit affectueusement sa seconde épouse, Lise, laquelle, née dynamique et impertinente, n'hésite d'ailleurs pas à dauber tous les hommes politiques, y compris les plus chers à ce « ce bon Jacquot » — du reste également style grand-papa gâteau avec les petits-enfants de sa première femme. Mais, un beau jour, par hasard, à la Fondation de Claude Pompidou, il rencontre Jacques Chirac. C'est le coup de foudre. Il vient de trouver l'idole. Jacques Chirac en fait son chef de cabinet dans tous ses ministères, le conseiller technique chargé des dossiers électoraux à Matignon. Jacques Toubon devient le fidèle des fidèles. En plein Congrès R.P.R. de Toulouse, il peut citer son dieu comme « la lumière qui guide nos pas ». Toubon, juge Chirac, est le seul de mes amis qui me suivrait jusqu'en enfer. Simplement, par voie de conséquence, Toubon en devient le va-t'en-guerre du chiraquisme. En avant toute ! Le mouton devient lion. A nous les mousquetaires du roi, toujours l'épée à la main. Tout devient occasion à assauts. Il peut avoir des ardeurs au vitriol. « Il a toujours le doigt sur la gâchette », racontent ses amis. A l'Assemblée nationale, on le voit piquer des colères homériques. Les traits se crispent, les mots se bousculent, il postillonne quand il crie à Defferre... « Marseille, c'est Prague ! » « Allons bon ! » grommelle Defferre... Un après-midi, blanc de rage, yeux révulsés, bouche qui montre tous ses crocs, il s'en prend au groupe parlementaire socialiste tout entier : « Bande d'imbéciles, bande de maniaques, bande de scandaleurs, mon père, mon père, vous ne savez donc pas qu'il était l'ami de Roger Salengro ! » Les camarades députés n'en sont pas encore revenus : Roger Salengro, ministre de l'Intérieur dans le gouvernement de Front populaire de Léon Blum, se suicida aux suites d'une longue et violente campagne du journal d'extrême droite *Gringoire*, qui l'accusait de désertion devant l'ennemi durant la Grande Guerre. (Accusation dont Salengro avait pourtant pu se laver.) Jacques Chirac lui-même trouve que « ce brave Toubon devrait mettre du plomb dans ses semelles ». Il n'en reste pas moins que, alors qu'il est député du XVe arrondissement de Paris, quand il faut un costaud, aux municipales de mars 1983, pour mettre en échec dans le XIIIe arrondissement Paul Quilès, leader des listes socialistes, c'est à lui que Chirac fait appel. Mission accomplie, dit-il tout sourire une fois vainqueur. Il n'en reste pas moins aussi que ce battant sait tout autant être un bûcheur et un manœuvrier. Il connaît à fond tous ses dossiers. Il garde de l'ENA le plus sûr talent pour rédiger des amendements en série et pour éplucher des projets de loi. Il se révèle à l'Assemblée un débatteur de première qualité, que les meilleurs duellistes socialistes redoutent. S'il a un côté apparatchik inébranlable — à qui Chirac ne manque pas de confier les principaux dossiers pour les élections législatives de 1978, les européennes de 79, les législatives de 81 et les municipales de 83 —, il a également un grand sens stratégique et psychologique : avec ses complices de l'UDF, François d'Aubert, aussi tenace et rusé qu'un officier britannique dont il a le style, et Alain Madelin, dialecticien meurtrier, c'est lui qui organise de magistrale façon le blocus sur le projet de loi sur la presse. Il n'est pas qu'un teigneux. Il sait y faire, à la manœuvre. « Le marketing personnel, il connaît... », peut même dire Catherine Nay. Puis il écrit sur les problèmes d'insécurité un ouvrage sérieux, solidement charpenté, sans sectarisme, *Pour en finir avec la peur*, où il révèle qu'il peut au besoin être capable du sang-froid le plus maîtrisé. Ainsi peut-il être promu au poste hautement stratégique de secrétaire général du R.P.R., où il se montre tout de suite parfaitement à l'aise. Ainsi le mousquetaire du roi entre-t-il dans des heures où il ne sera plus jamais simple mousquetaire.

On raconte d'Alain Juppé qu'il est l'Attali de Chirac. En vérité, il n'a de commun avec Attali qu'une prodigieuse disposition à accumuler les diplômes les plus brillants. Il est primé en français et en grec au Concours général des meilleurs lycéens. Il intègre Normale Supérieure. Il est agrégé de lettres. Il intègre l'E.N.A. — en sortant cinquième de la promotion Charles de Gaulle. A la phosphorescence un peu floue d'Attali, « économiste littéraire » qui, à l'Élysée, persuade son « patron » que l'on va résoudre les problèmes du chômage en instituant l'année sabbatique pour certains salariés, Juppé oppose une rigueur technocratique qui s'appuie sur les chiffres, même s'il sait tempérer ses comptes des réflexions du lettré. Attali provient de commerçants d'Algérie, sans doute plus ou moins issus de prêteurs pour caravaniers; lui descend de solides agriculteurs des Landes. Attali est tout marqué de messianisme juif; lui est fils d'un paysan, catholique raisonnable, et d'une mère née Marie Darroze, dont le rêve est de le voir se vouer à la médecine. Attali est né un 1er novembre (1943), Scorpion comme Mitterrand, lui est né un 15 août (1945) comme Napoléon et, comme tous les Lions, assume son ambition à plein. Attali se marie très tard à la quarantaine, lui épouse dès ses 19 ans, avec dispense de ses parents, sa Christine, professeur dans un lycée pour handicapés. Alain Juppé est tout à fait le provincial à la Balzac, qui programme une ambition comme allant de soi, et s'y tient : nul besoin de mages, ni d'images. L'œil de Pierre Juillet ne s'y trompe pas. Il le voit arriver à ses 30 ans à Matignon, présenté à Jacques Chirac par son principal collaborateur du moment, Jérôme Monod. « Tiens — observe Juillet — voilà le normalien qui sait écrire... » Et Juppé d'entreprendre aux côtés de Chirac un beau chemin, directeur des affaires économiques à la mairie de Paris, maire adjoint chargé des finances, conseiller économique au R.P.R., ne quittant pas Chirac de toute la campagne présidentielle de 1981, enfin promu secrétaire général du *Club 89*, que seuls les persifleurs baptisent « le dernier salon du prêt-à-penser ». Un seul échec : battu aux législatives, dans sa circonscription natale de Mont-de-Marsan mais de justesse, et il s'empresse de qualifier la mésaventure de « très fructueuse expérience ». Il est si accouplé à son patron qu'il en apparaît comme la décalcomanie du maire de Paris; même cheveu léger, même calvitie menaçante, même menton qui existe, mêmes mouvements secs de bras, mêmes tournures de langage, même emportement dans l'action, même passion dans l'ambition. Lui aussi peut avoir un croc à curare. Le Pen ? « Ne vaut pas un kopeck. » Barre ? « Mais lui aussi fait des zigzags. » Fabius ? « L'incolore inodore. » Le mitterrandisme ? « Du socialisme à la petite semaine. » Lui aussi est un phénoménal bosseur, avec un seul regret, ne plus avoir assez de temps pour feuilleter ses chères *Pensées* de Pascal, réciter du Péguy, ou relire l'*Odyssée* (« Le vocabulaire s'enfuit... »). Il en rate même le cycle Verdi au théâtre musical du Châtelet... Pour autant, il sait prendre ses vacances, à Saint-Sauveur-en-Puisaye, au pays de Colette. Il sait pratiquer le ski (sans folie), fait de la planche à voile (sans risques), fait de la gymnastique (sans excès), effectue volontiers un jogging, tout près de chez lui à Vaucresson dans le parc de Saint-Cucufa (au trot), peut fumer un cigare après le repas (pas plus), savourer un foie gras des Landes (un par trimestre). Il sait aimer la vie. Par-dessus tout, cependant, il reste un coriace, accrocheur en diable, toujours maître de ses pensées et de ses phrases, probablement fauve caché sous ses dehors de méridional froid, et d'une inexorable volonté. Lion à suivre du plus près

Impossible d'être élu maire de Toulouse si votre nom ne commence pas par Ba. Depuis la Libération, les maires qui se sont succédé ont nom Badiou, Bazerque, Pierre Baudis. En mars 1983, la mairie se dispute entre Gérard Bapt, 37 ans, député socialiste de Toulouse-Centre, médecin, dit le « cardiologue rose », et Dominique Baudis, 36 ans, vedette de la télévision, fils du maire sortant. Affiche de Bapt : mitterrandiste total. Affiche de Baudis : sans étiquette. C'est Dominique Baudis qui est élu, avec une avance inattendue et près de 57 % des voix La cité rose ne va pas au candidat rose. Les vieux Toulousains disent que c'est un drrreaule d'exploit que d'arriver à se faire élire avec l'accent parisien dans la capitale des Cathares. Voilà cependant qui est fait, et non seulement le jeune heureux se retrouve après papa maire de la ville des violettes, quatrième ville de France, mais le voilà sans plus tarder parmi les plus grands *coming men* présidentiables. C'est le beau gosse type. Haute silhouette au pas élégant. Costume bleu d'excellente coupe. Chemise finement rayée. Cravate impeccable. Imper à la Bogart. Regard hollywoodien, bleu et maîtrisé. Rond visage affable au sourire discret. Un air timide et un peu penché, à peine étudié. Une voix posée, lente, à phrases nettes, qui est à l'opposé du débit torrentiel du sénateur socialiste de la Haute-Garonne, André Méric, vieux lutteur des tréteaux du Comminges. Par-dessus tout : une sérénité à toute épreuve. Peu lui chaut que Gérard Bapt lui lance, vertement : « Vous n'êtes pas une vierge politique comme vous voulez le faire croire », et rappelle que ce sans-parti fut tout de même conseiller municipal de Boulogne-Billancourt sur la liste du gaulliste Georges Gorse, fut adolescent président des Jeunes Démocrates centristes, fit en 1965 la campagne du centriste Jean Lecanuet et fut de l'escorte d'Alain Poher en 1969. Il se contente de hausser les épaules. Peu lui importent les quolibets qui pleuvent : « Tel maire, tel fils — le Reagan de Toulouse — ce pâle don Juan ne sait faire qu'une chose : la cour à la ville. » Il réplique par un sourire. A propos de l'héritage, il dit simplement : « Ne plaisantons pas. C'est face aux électeurs et non devant notaire que se déroule une telle succession. Ce que j'ai fait dans ma vie, je l'ai toujours réalisé seul, sans appui, sans recommandation. » Une enfance sans histoire. Des classes sans tempêtes, chez les jésuites du Caousou. Des études sans vertigineuses escalades. Une adolescence où la volupté la plus profonde est d'assister à longueur d'heure aux séances de l'Assemblée nationale, « même à celles du budget, avec cinq députés dans l'hémicycle ». Distractions : ski et cinéma. Lectures : pas de casse-tête. Mais il fait son service au Liban, comme coopérant. Tout change. On l'embauche pour la radio et la télé. Il se découvre. Il se fait découvrir. Il démontre le plus sûr talent de présentateur et d'analyste. Il a une « présence » indéniable. De plus, il a du courage, jusqu'à se faire blesser, par balle, dans un attentat. Il devient vite vedette à part entière. L'ORTF l'engageant comme grand reporter, il sillonne le monde entier, toujours avec autant de lucidité que de sûreté. Il parcourt le Mexique, l'Iran, Cuba, où il voyage dans une jeep pilotée par

Fidel Castro en personne, les émirats du golfe Persique, l'Egypte, où il interviewe plusieurs fois Sadate, Israël, où il suit pas à pas Begin dans son ascension au pouvoir, l'Arabie Saoudite, d'où il rapporte un beau document sur les travailleurs français qui y sont employés. Il en écrit deux livres, *la Passion des chrétiens du Liban* et *les Morts en Kheffieh*, celui-ci sur l'épineux problème des Palestiniens. Dans le métier, il connaît vite la grande consécration : présentateur sur TF1, aux côtés de Roger Gicquel et de Jean-Claude Bourret, puis présentateur numéro un sur FR3. Il a un autre courage : il quitte spectaculairement le journal de FR3 quand le nouveau régime veut lui imposer des partis pris qu'il récuse. En quelque sorte, il passe comme tout naturellement du vedettariat télé au vedettariat politique. Il démontre d'ailleurs aussitôt au service de sa ville, entouré par une solide équipe, une exceptionnelle puissance de travail. Que viennent les élections européennes de 1984 — occasion pour lui de se faire élire député européen sur la liste de Simone Veil — et toute la voie se dégage déjà pour un éventuel destin national. Pourquoi pas ? « Il a le look, confirme Catherine Pégard dans *le Point*, ce mélange indéfinissable clean, cool et branché, mi-aseptisé mi-responsable. » Avec un tremplin comme la mairie de Toulouse ça peut un jour aller très haut.

Jean-Louis Bianco pourrait être le président-surprise, celui que personne n'attend. Modèle de non-carriériste, il semble béni de toutes les fées de la chance. Il est fils unique d'un humble mais courageux et entreprenant maçon immigré italien venu du petit village de Mora, dans les montagnes de l'Italie du Nord, qui, après avoir connu les prisons mussoliniennes, travailla d'abord à Nice, puis se retrouva plongeur dans un restaurant de Paris, puis, à force de cours du soir, et de persévérance, réussit à acquérir un diplôme d'expert-comptable, à équiper une belle organisation, et, renonçant aux convictions communistes de sa jeunesse pour des opinions modérées, à assurer à sa famille un beau confort bourgeois. Il naît — le 12 janvier 1943, Capricorne, signe des hommes qui savent commander — à Neuilly-sur-Seine. Il peut effectuer de belles études à Janson-de-Sailly, où il a pour camarade un certain Attali. S'il se fait par accident coller à Polytechnique, il est major de l'École des Mines. Il se retrouve plus tard avec aisance énarque de la promotion Thomas More, encore avec ce vieux copain d'Attali. Il pratique beaucoup de sports, le volley-ball, le saut en hauteur, le saut en longueur, le triple saut. Il n'y a qu'à ski qu'il n'aura pas sauté : il se satisfait de slalomer. Quels héros ? Nul besoin d'en avoir. Modèles ? Non plus. Passe-temps favori ? Écouter du jazz. Livres de chevet ? Des ouvrages de science-fiction avec une préférence, qui ne le quittera pas de sitôt, pour les grands maîtres anglo-saxons, Ray Bradbury, Clifford Simak, Isaac Asimov. De fait, voici surtout un homme ordonné et organisé, qui aime peu se laisser bousculer et programme aussi calmement son travail que ses temps libres. Il présente une longue silhouette sportive de 1,89 m pour 80 kg. (Tous les nouveaux présidentiables sont d'un identique format; il n'y a plus aucun Michel Jobert.) Nous devrions même dire qu'il présente une image double. De même que la silhouette est svelte et forte, le visage est à la fois volontaire et doux, et, sous une chevelure noire mal disciplinée et tissée de quelques fils d'argent, les traits sont à la fois rudes et délicats. Les lunettes cachent un regard aussi distrait qu'éveillé. Le style général est mi- d'un rugbyman, mi- d'un clergyman. Il reste que l'impression générale est toute de solidité et de maîtrise de soi. C'est solidement qu'il s'occupe comme haut fonctionnaire au ministère de la Santé entre 1976 et 1979. C'est en toute lucidité qu'il démissionne de ses fonctions et du Conseil d'État pour aller vivre au pays de Giono, en Haute-Provence, dans un petit village de la vallée de la Durance entre Sisteron et Manosque, à administrer un Syndicat intercommunal qui englobe Manosque et Digne. Il explique : « Je trouvais désespérant de me sentir sur les rails. Avec ma femme (née Martine Letoublon, peintre et professeur de C.E.S., qui lui donne deux enfants, Matthieu et François), j'ai voulu faire un pas de côté... vivre sur le terrain... apprendre le concret... » C'est là que Jacques Attali, en mai 1982, vient du reste le quérir, pour travailler dans le cabinet présidentiel, très exactement chargé de préparer les grands sommets de pays industrialisés. Deux ans plus tard, la quarantaine à peine atteinte, il remplace Pierre Bérégovoy au poste primordial de secrétaire général de l'Elysée. Pour autant, il ne prend pas la carte du parti : il reste « sympathisant socialiste », de fait quasiment plus attaliste que mitterrandiste, du moins au départ. Pour autant aussi, il garde un mode de vie simple; il a élu domicile dans un quartier populaire; il habite rue de Charonne dans le XIe arrondissement un duplex au dernier étage d'un immeuble sans ascenseur ni confort, parmi un environnement d'artisans, d'ouvriers, de cadres et de petits commerçants, « un immeuble encore capable d'une vie associative »; il fuit les mondanités; il se rend à l'Élysée par le métro. Mais le voilà à un poste fondamental du pays. Le voilà plus encore y réussissant. Bien fini, le temps des bisbilles entre Rousselet et Bérégovoy où le char tirait à hue et à dia. Avec lui, l'ordre et l'unité règnent. La mécanique tourne. Le « Château » a peu de ratés. Les liaisons avec ministres, ambassadeurs et missi dominici vont comme de soi. Un super-réglo, le gars, dit-on dans l'entourage. Bianco parvient même à maintenir une « harmonie de Castor et Pollux » avec Attali, qui continue d'occuper le bureau tout voisin du Président : tout simplement, à Attali, la prospective; à Bianco, la quotidienneté. Il en arrive à communiquer son propre calme à toute la machine. On dit qu'il énerve Claude Cheysson, il est vrai super-nerveux et super-énervable, ministre des Affaires étrangères, mais que même Cheysson, par ses brusqueries, ne l'énerve pas. Quant aux rapports avec le Président : « simples ». « Justement, une de mes fonctions consiste à lui simplifier la vie. Donc à lui faire parvenir des notes *courtes* et non pas des notes de technocrate. Je filtre tout ce qui arrive sur son bureau. L'information doit arriver jusqu'à lui; c'est très important; j'essaie de lui servir de relais ou d'intermédiaire et d'établir entre lui et des gens très variés des contacts. Je lui organise certains déjeuners informels avec des éducateurs, des maires, des dirigeants d'associations, des patrons de base, ou des syndicalistes, ou des scientifiques comme Bertrand Schwartz... » Il ajoute : « Pour faire mon métier il faut aimer les gens. J'aime les gens. J'aime les sentir... J'ai quitté la Haute-Provence, c'est-à-dire la base de l'organisation sociale, pour l'Élysée, c'est-à-dire le haut de l'organisation sociale... Cette parenthèse de deux ans en Haute-Provence m'a fait du bien. Quand je prends une décision maintenant je sais ce qu'en pensent mes voisins ou mes amis de Haute-Provence. Toute décision générale est tellement abstraite ! Aujourd'hui, je sais comment elle se traduira pour eux... Mon poste nécessite essentiellement du coup d'œil et du sang-froid. Il n'y faut pas de doute ni surtout d'états d'âme... Ce qui me caractérise, c'est que je n'ai pas d'idéologie. Seul, le concret m'intéresse... » (Entretien de mars 1983 avec Laurence Masurel, de *Paris-Match*.) A l'évidence, à partir du tremplin qu'il occupe, les hasards, s'ils continuent de le bénir, pourront préparer ce jeune homme à bien des ascensions ou bien des tentations, si profond que soit jusque-là son non-arrivisme.

Lionel Jospin, « le disciple favori », comme l'appelle Alain Duhamel, le chouchou du président, pourrait être pour les socialistes un idéal candidat d'union. Louis Mermaz, à la présidence de l'Assemblée nationale, a volontairement pris une manière trop aigre et trop sectaire. Pierre Mauroy n'a jamais réussi à imposer dans le pays la marque d'une valeur sûre. Jacques Delors est trop excentré par rapport au noyau dur du parti qui demandera à soutenir « un socialiste, un vrai ». Charles Hernu ne paraît pas intéressé. Pierre Bérégovoy a un nom bien difficile à prononcer dans les Pyrénées... Michel Rocard lui-même risque de rester accusé de parricide. Jean-Pierre Chevènement fait davantage franc-tireur que militant exemplaire. Jean-Pierre Cot semble d'un idéologisme trop échevelé. Fabius risque d'être victime de la défaite de mars 1986. A heure dite, en 1988, ou en cas d'élection présidentielle précipitée, le choix des socialistes pourra se porter sur ce personnage à la fois sobre et rigoureux, qui, comme successeur immédiat de François Mitterrand à la tête du parti en mai 1981, aura pu essentiellement s'affirmer comme un homme de devoir. Il naît le 12 juillet 1937, Cancer, ascendant Poissons. « Tendance aux jugements objectifs et aux raisonnements artificieux — note l'Astroflash à son sujet. Cet homme peut faire preuve d'un acharnement farouche dans la poursuite d'une certitude. » De fait, son horoscope lui laisse un choix dur : soit apparatchik socialiste, soit juge au tribunal d'une Inquisition. « Il sera sensible aux thèmes qui invitent à l'amour universel ou placent les êtres et les choses dans le même climat de magie envoûtant. Si ces tendances ne se subliment pas en religiosité, il lui arrivera de verser dans de superstitieuses croyances. » Astroflash lui trouve même « un certain fonds de crédulité qui peut aller jusqu'à la naïveté et qui l'amène à accepter un peu trop facilement le merveilleux et l'irrationnel. » En tout cas, voilà manifestement un homme de foi — d'ailleurs, il est inséparable d'une certaine tristesse qui est toujours marque de sincérité. Il souffre sans cesse de se voir discuter son évidente raison. Il en est même trop sensible : en mars 1983, sur le petit écran, le soir d'élections municipales particulièrement catastrophiques pour le pouvoir, quand il apprend qu'à son tour il est archi-battu face à Alain Juppé dans son propre arrondissement, il ne sait même pas faire contre mauvaise fortune bon cœur; il en paraît tout désemparé, affolé; il tangue. « Avec lui, nous sommes toujours aux Vêpres », dit un militant. C'est la gauche triste, la gauche sans fantaisie, la gauche pédago. Pas étonnant qu'il choisisse de chanter sur scène *Feuilles mortes* quand il est l'invité surprise de l'émission télévisée de Patrick Sébastien. Georges Beauchamp dit : « Ce qui plaît à Mitterrand en Jospin ? Simple. Il est séduisant, ouvert. Il a un côté ange de Botticelli. Il respire la santé et l'équilibre. Et surtout,

surtout, il possède une facette *honnête homme* au sens du XVIIIe siècle. Il n'est pas cloisonné... On peut parler de tout avec lui, politique bien entendu, mais aussi peinture, sport ou littérature. Enfin, il a eu le bon comportement. Il n'a jamais porté ombrage à Mitterrand. Il a toujours été déférent, jamais plat. Et, en toute circonstance, il a su rester digne. » On peut en croire Georges Beauchamp. Mais entre Mitterrand et Jospin, il y a sans doute par-dessus tout en commun ce regard morose sur la vie, et cette recherche anxieuse de vérités toujours fuyantes. Au reste, tous ses goûts indiquent que ça rigole peu chez Jospin. Lectures de chevet : Eluard, Proust, Martin du Gard. Auteurs de cinéma préférés : Hawks, Walsh, Ford, ou alors Fellini et Visconti. Peintre de prédilection : Goya — plus particulièrement avec sa *Doña Isabel.* Épouse : une psychosociologue, Elisabeth, dieu merci plus gaie que son métier et qui lui donne un fils, Hugo, tout à fait son sosie, et une fille, Eva, poupée bouclée. Il ne vous en assure d'ailleurs pas moins : « Croyez-le ou pas, je suis bien dans ma peau. La raideur ? Le côté gardé ? Je sais. On le dit. Il reste que je ne me sens pas avoir de graves névroses. » Il naît à Meudon, cadet de quatre enfants. Le père, Robert Jospin, est un modeste professeur de lettres, protestant, belle conscience, militant actif de la SFIO et qui aura même été candidat de la SFIO aux élections législatives de 1936. La mère est sage-femme, pacifiste convaincue. C'est le grand-père maternel, ouvrier ferronnier d'art et amateur d'opéra, qui l'initie au chant et lui apprend, au poulailler du palais Garnier, à aimer Verdi et Monteverdi. Enfance sans orages en Seine-et-Marne. Éducation religieuse à Meaux. Adolescence à La Ferté-sous-Jouarre, où le père est devenu éducateur de jeunes caractériels. Simplement, au passage, il est louveteau protestant, comme l'a été Rocard, avec pour totem « Langue agile » et il se détache de la religion dès ses seize ans, disant : « Je n'aime ni la bigoterie ni le puritanisme. » Sports : troisième ligne au rugby, goal au foot, ailier au basket. A peine le temps de caresser le rêve d'être vétérinaire, et il se retrouve en hypokhâgne, à Janson-de-Sailly, puis à Sciences Po, puis à l'ENA, puis au Quai d'Orsay, lequel ne l'enchante d'ailleurs pas outre mesure. Il effectue son service militaire à l'école des E.O.R. de cavalerie de Saumur, d'où il sort sous-lieutenant, et à Trèves, dans les blindés, outre-Rhin. Il attend assez longtemps avant de s'engager politiquement. Il n'est tenté ni par la SFIO (à cause de Suez), ni par le parti communiste (à cause de Budapest). Il n'adhère qu'en 1971, à 34 ans, au parti socialiste, où il est entraîné par Pierre Joxe et par Maurice Benassaya, secrétaire de la section du XVe arrondissement, à laquelle il s'inscrit. Mais alors, sa progression est rapide. Remarqué pour ses excellents rapports au groupe des experts du parti, il remplace au bout de quelques années Joxe au secrétariat à la Formation, puis Motchane au secrétariat au Tiers Monde. Au congrès de Metz, il est promu adjoint direct du Premier secrétaire. Après l'élection de Mitterrand à l'Élysée, il est élu Premier secrétaire lui-même. Il devient un personnage familier du paysage politique français. Le portrait est du reste à l'opposé d'un bateleur ou d'une star. Il pourrait mériter le surnom de Léotard : « Curé en veste de Tintin. » Vous découvrez une longue silhouette solide de 1,91 m pour 85 kg. La chevelure est bouclée, manière perruque Louis XV, poudrée de gris. Sous de solides lunettes, le regard clair a quelque chose de toujours étonné. Le visage est sur triangle, aiguisé sur le menton. La voix est ferme, polie, veloutée. L'éloquence est explicative et insistante. Elle évite tous éclats. « Tête de sociologue sportif », juge Alain Duhamel. L'on est cependant davantage frappé par le mélange, qui se trahit vite, de vigueur et de vivacité, de rigueur et de camaraderie, le tout dans un éclairage de candeur attristée et de sobriété volontaire. On se dit : « A manqué sa vocation de pasteur. » Son sourire lui-même, pâle, fort porté aux commisérations, n'a-t-il pas quelque marque évangéliste ? Certes, lui aussi peut avoir la dent dure. Chirac ? « Un danseur de tango. » Bernard Pons ? « Le petit souffleur. » Edmond Maire ? « Adepte du tournevis comme outil de politique économique. » Georges Marchais ? « Allons, monsieur Marchais, ça fait trente ans que vous n'avez pas mis les pieds à l'usine. » (Un soir de 1981 aux *Dossiers de l'Écran.)* Raymond Barre ? « Un élément de désordre. » Le Sénat ? « Une chambre de passion. » Le centre ? « Le parti communiste existe, le centre n'existe pas. » Mais une certaine religiosité de prêcheur mélancolique marquera toujours ses rôles. Quoi qu'il en soit, voici Lionel Jospin à une place de la plus haute signification stratégique. Il voit souvent le Président, qu'il peut rencontrer aussitôt à sa propre demande. Il prend tous les mardis matin à l'Élysée en compagnie du Président, du Premier ministre et du secrétaire général de l'Élysée un petit déjeuner qui fait beaucoup jaser. Il est du déjeuner qui suit le Conseil des ministres du mercredi. Il lui arrive fréquemment de partager le breakfast intermittent du jeudi matin avec les hiérarchiques mitterrandistes. Évidemment, il est dès lors désigné pour les plus hautes destinées. On le voit bien dès 1984 quand, dans les conditions politiques les plus difficiles, parmi un mécontentement généralisé, il est investi de la redoutable et glorieuse charge de conduire la liste socialiste aux élections européennes. (On ne saurait que mieux le constater encore dans les prochains grands rendez-vous de la République.)

Et, parmi jeunes et moins jeunes, bien d'autres noms de venir à l'esprit.

Un tel s'appelle Michel Barnier et il est duc de Savoie. Il naît le 9 janvier 1951 à La Tronche, dans l'Isère, mais est élevé à Albertville, chez des Savoyards qu'il ne quittera plus, dans une de ces maisons à crépi gris et à toit de tuiles rouges typiques de la vallée de la Tarentaise. Il est fils d'un artisan gainier — fabricant de coffrets — et d'une « militante du bien », très engagée dans la vie sociale, qui aura été la première à lui communiquer la passion du dévouement civique. Successivement élève de l'école de la Plaine, de l'école du Val-des-Roses, du lycée Jean-Moulin à Albertville et du lycée du Parc à Lyon, il termine ses études comme diplômé de l'École supérieure de commerce de Paris. Il est membre des mouvements gaullistes dès ses 15 ans. Dès ses 22 ans, il est conseiller général du canton de Bourg-Saint-Maurice. Dès ses 27 ans, il est député de la circonscription d'Albertville-Ugine. Dès ses 32 ans, il est président du Conseil général de Savoie, avec résidence au palais des ducs. Un virtuose de la jeunesse — avec peu de rivaux pour vous rappeler aussi exactement le mot de Joseph Caillaux selon lequel : « La jeunesse est un vilain défaut dont on se corrige chaque jour davantage. » Athlétique silhouette de 1,88 m. Abondante chevelure châtain crantée. Front haut à la Gary Hart. Regard bleu, calme comme un lac. Profil de jeune premier. Élocution sans aspérité ni rhétorique roublarde. Plus de vocation à être homme de dossiers qu'à rechercher des effets de tribune. Lectures : éclectiques. Sports : ski, bien sûr, mais aussi tennis et planche à voile. Tout le portrait est à l'opposé d'un matador ou d'un mousquetaire. Notre jeune duc préfère le créneau de la solidité provinciale. Les grands duels du Palais-Bourbon, pas pour lui. La culture attentive de son duché, voilà qui lui va mais avec une finesse dans le jugement, une rigueur dans le travail et une efficacité dans les résultats qui lui donnent bientôt une certaine stature nationale. On le regarde... Il n'interrompt son travail que pour deux grands voyages par an : « Un voyage tous les six mois, c'est le contrat que j'ai signé avec Isabelle. » Isabelle, de cinq ans plus jeune que lui, est sa femme, une avocate parisienne, silhouette de mannequin, fleur blonde cueillie sur les pistes de neige.

Tel autre s'appelle Michel Noir et il a tous les atouts d'un champion de tournois. Il mesure 1,97 m (vraiment fini le temps des petits rois...). Il pèse 98 kg. Vous rencontrez une large tête de parieur joyeux au sommet d'un corps d'hercule. Front de bagarreur. Regards directs. Menton à chocs. Mains massues. Vous n'éprouvez que trois étonnements, en apprenant qu'il est né dans une famille de joailliers sertisseurs, qu'il a le violoncelle pour violon d'Ingres et qu'aux côtés d'une charmante Danielle il peut être un modèle de chef de famille de la plus calme et solide vertu bourgeoise, père de six enfants (trois fils et trois filles). Passionné d'aviron, il aura été international junior. Après des études — plutôt joyeuses — au lycée Ampère et en faculté de droit de Paris, il n'aura jamais été tenté par une tranquille carrière de fonctionnaire. Durant huit ans dans « le privé » avant de s'engager dans « la politique », ou bien consultant d'entreprise, ou bien directeur commercial d'une filiale aluminium du groupe Brossette-Péchiney, il n'aura été passionné que de marketing et de conquêtes commerciales. Il dit aimer jouer aux échecs « comme les généraux de Bonaparte ». Il dit aussi : « Je suis gaulliste depuis... Mauthausen », car il naît le 19 mai 1944, en plein signe du Taureau, jour de la bataille du Monte-Cassino, alors que son père est interné depuis six mois dans le trop célèbre camp d'extermination. Élu à 33 ans conseiller municipal de Lyon, sans délai, comme il l'annonce lui-même, « il secoue gaillardement les colonnes du temple ». A 37 ans député de la Croix-Rousse, la colline des canuts de Lyon, il est du commando de quelques députés qui dressent barricades sur barricades contre les projets de nationalisations, et changent « l'hémicycle en Camerone ». Au risque de trop d'imprudences, il entreprend en mars 83 de détrôner l'indétrônable successeur d'Edouard Herriot et de Louis Pradel à la mairie de Lyon, Francisque Colomb, il s'y casse quelques dents et l'on entend l'un des caciques de la ville, Charles Béraudier, surnommé Bébé, dire : « Vous verrez, rien ne l'arrêtera, Noir. Comme je l'ai dit à Chirac, personne ne lui fait peur, même pas saint Pierre. Quand il arrivera là-haut, il lui demandera son trousseau de clefs. » Il signe de puissants livres de combat : *Marketing politique, 1988 le grand rendez-vous*. Il se proclame « croisé » au nom de la société contre l'État — même s'il s'inscrit avec autant de résolution contre le « super-libéralisme ». Il mène contre tous marxistes une croisade intraitable. Même s'il peut être combattant total, il ne manque pas de bon sens. Il est aussi de la race des gros boulonneurs. S'il a une permanence, place des Terreaux, à Lyon, à quelques enjambées de l'hôtel de ville, qui évoque la ruche la plus fébrile, il aura su démontrer rapidement des qualités d'organisateur. Un jour, une fois quelques excessives aspérités rognées par les temps, il peut tout à fait faire valoir une ambition qui le porte à être réellement primat des Gaules.

Tel autre — Bernard Stasi — est comte de Champagne. Né à Rennes. Député de la Marne. Maire d'Epernay. Président du Conseil régional de Champagne-Ardennes. « Je suis l'homme qui boit le plus de champagne au monde, explique-t-il par allusion à toutes les coupes qu'il doit lever au cours de ses tournées électorales à travers les quelque 250 communes de sa circonscription. Cheveu brun et court. Front net. Regard clair sous grosses lunettes de technocrate consciencieux. Menton carré, sourire facile. Pétillance naturelle. Parole limpide, légèrement chantante, qui découpe très bien les syllabes. Style de personnage direct. Silhouette de sportif qui ne retient de la gastronomie que ce qu'il faut. Longtemps classé comme « célibataire endurci », n'épousant que près de la cinquantaine Mlle Danielle Beaugier. Famille : un père, Mario Stasi, directeur commercial italien d'origine espagnole, et une mère née Mercédès Camps à Cuba, ruinée par Fidel Castro. Études : primaires et secondaires à Reims, supérieures à Paris ; licence en droit ; diplôme de l'Institut d'études politiques de Paris ; École Nationale d'Administration. Premier poste : à 25 ans, en 1955, au cabinet de Pierre Schneiter, alors président de l'Assemblée nationale. Livres de chevet : Baudelaire, Verlaine, Hugo. Sports de prédilection : la marche, le ski, la voile et le ballon rond, au poste d'inter-gauche, au point de monter une équipe de football de l'Assemblée nationale, qui bat héroïquement le onze du Bundestag. Amis à noter : le père Jaouen, sauveteur de drogués ; Patrick Ségal, apôtre des handicapés courageux, lui-même handicapé courageux ; Dominique Pipa, le réalisateur-navigateur ; Jean-Philippe Collard, le pianiste surdoué chez qui on va gaiement sabler le champagne.

Stasi est député de la Marne dès 1968, battant dès le premier tour le député communiste sortant, à chaque élection brillamment réélu, bientôt vice-président de l'Assemblée nationale, inscrit au groupe parlementaire U.D.F. Il est vice-président du mouvement Centre, Démocratie et Progrès, puis du Centre des Démocrates Sociaux. Il est ministre à 43 ans, dans un cabinet Messmer, aux Départements et Territoire d'outre-mer. Sa marque la plus évidente est la décontraction, voilà un homme qui sait vivre et travailler dans le bonheur. Quand il reçoit des délégations d'outre-mer à son ministère rue Oudinot, les audiences peuvent se terminer, et fort souvent, par un tamouré familial ou une biguine endiablée. Quand il débarque en Polynésie, il se laisse photographier en paréo et couvert de fleurs, au milieu d'une ronde de piquantes vahinés. A son cabinet, tout le monde le tutoie. Il skie en chantant. Le samedi soir, il lui arrive fréquemment de danser le jerk dans les bals de village. Il aime préciser qu'il s'est initié à la passion politique en lisant... *le Canard enchaîné*. Il pratique joyeusement la plongée sous-marine. Il aura même été le seul maire de France à avoir célébré un mariage au fond d'une piscine. (Monsieur le maire, un tel mariage est-il valable ? Bien sûr, écrit à l'encre indélébile.) Mais il est aussi d'une exceptionnelle indépendance d'esprit, avec un rare franc-parler. En particulier, enfant terrible du gouvernement Messmer, il refuse de se plier aux règles de silence et d'obéissance qui figurent en majuscules dans le petit manuel du ministre qui désire faire une longue carrière gouvernementale. Cet heureux ambitieux est allergique à toutes les courtisaneries d'un arriviste. Il se désolidarise publiquement de son collègue de la Culture, Maurice Druon, quand celui-ci laisse aux intellectuels le choix entre le bâton et la « sébile ». Il perd son ministère plutôt que de céder aux injonctions des conseillers de Pompidou qui veulent lui imposer une politique et un style qu'il n'admet pas. Aux élections présidentielles de 1974, on voit ce centriste soutenir Chaban contre Giscard. Si vous lui demandez, à l'apogée de Giscard et du giscardisme, son opinion sur l'étiquette « giscardien », il vous répond tout de go : « Ce terme exprime un lien de nature féodale que je refuse. » Il est énarque, comme ils le sont tous, Fabius, Giscard, Chirac, Toubon, Juppé, Léotard, Jospin, mais autant découvrir le canard noir de la couvée : la droite ne le prend pas totalement pour l'un des siens ; la gauche lui fait les yeux doux quand il est au pouvoir ; il en devient quasiment un inclassable. Par ailleurs, il a autant de punch que d'originalité. Il sait se battre. La France le découvre dès 1972 quand dans la célèbre émission télévisée « A Armes égales », tout jeune député, il affronte sans se laisser intimider un Alain Krivine hargneux en diable et qui, à son arrivée sur le plateau, refuse de lui serrer la main. Il a la dent dure dans toutes les batailles qu'il livre aux mitterrandistes : « Je ne me suis jamais fait d'illusions sur la majorité socialo-communiste issue des urnes de 1981 et élue sur un programme marxiste que pas un Français sur cent n'avait lu

Seulement je ne pensais pas qu'elle serait aussi incompétente et sectaire. Aux premières déclarations de François Mitterrand sur la fracture du pays, au comportement triomphaliste des instituteurs barbus, j'ai rapidement ressenti que le camp de la liberté, c'était contre eux. »

En mars 1985, c'est à pleine témérité qu'il publie un livre intitulé *L'Immigration, une chance pour la France*, accompagné d'un commentaire sans fard : « Tout le monde sait bien que la grande majorité des immigrés restera en France. Ils ne seront que cent mille, deux cent mille au maximum à partir. Faire croire le contraire est idéaliste. Il faut donc vivre avec eux... Je maintiens que l'immigration est pour la France une chance, une ouverture, une façon de s'ouvrir au monde. Dans la crise, il y a deux solutions : s'enfermer ou s'ouvrir. Il faut inventer des clés qui pour le moment n'existent pas... Je retiens simplement que, à l'évidence, les musulmans ne seront pas assimilés comme peuvent l'être les Portugais, les Espagnols, les Italiens et les Polonais... Mais je dénonce tous individus qui exploitent délibérément, pour conforter leur influence politique, les difficultés vraies et les inquiétudes plus ou moins justifiées, ceux qui exacerbent les passions, ceux qui n'hésitent pas à réveiller les instincts les moins nobles dans les profondeurs de l'âme française... »

Il ne cède pas d'un pouce dans un face-à-face avec Jean-Marie Le Pen, qui le qualifie sans ménagements de « Français de fraîche date » pour ses origines cubano-hispano-italiennes. Il réplique : « Considérer qu'il faut être français depuis les Croisades pour avoir le droit de faire de la politique, cela nous ramène à la législation de Vichy. » Il ne se contente pas de passer à l'attaque. Il tire ses propres balles : « Le discours de Le Pen, fondé sur la haine, est un scandale ; car force est de le dire : il réveille bel et bien des sentiments racistes. Le combattre est un devoir moral... Ne pas prendre ses distances avec Le Pen est, en même temps, salir notre image. A force de ménager le parti communiste, le parti socialiste a subi sa contamination. Pour nous, centristes, le risque existe maintenant avec Le Pen. Or, le discours de Le Pen, celui d'une France rétro, repliée sur elle-même, qui refuse la moindre solidarité avec les autres, n'est pas le nôtre. »

Pour autant, Bernard Stasi désapprouve absolument l'idée de François Mitterrand, « démagogique à l'excès », de donner un jour le droit de vote aux immigrés : « Une telle idée est contraire à la Constitution... » mais, sur le sujet Le Pen, il aura toujours tenu à s'exprimer sans ambages : « J'affirme que la complaisance — et même la lâcheté — d'une partie des opposants à l'égard de Le Pen a été au moins autant responsable de sa montée que les efforts du pouvoir pour se servir de lui afin de nous diviser... » Enfin, l'homme sait être efficace. Il se révèle être un grand maire bâtisseur, un député diligent, un théoricien libéral avec plein de sens du réel. Ce n'est pas par hasard s'il préside la Fédération française de « course d'orientation », activité d'origine scandinave, apportée en France par Nill Stalbrant, directeur technique national, qui consiste principalement à effectuer un parcours pédestre en forêt en repérant l'itinéraire à suivre sur une carte à l'aide de balises et d'une boussole, en franchissant certains obstacles naturels et dans un temps le plus court possible. Même avec un certain penchant coquet pour le défi ou pour le paradoxe, il sait traiter les embûches et manœuvrer les pièges qui lui sont tendus. Il est à l'opposé d'un candide. Il aura su devoir beaucoup d'atouts à une province justement renommée pour sa finesse comme pour son réalisme. Ainsi, lui aussi, un jour, a-t-il quelque chance de s'affirmer aux plus hauts niveaux. Et pourquoi pas un sacre à Reims ?

On ne saurait sous-estimer le rôle possible de Jean-Claude Gaudin, 46 ans, archiduc de Marseille, élu de Marseille-Centre, professeur d'histoire et de géographie, maître de l'enseignement libre, homme résolu sous ses apparences placides, type même du Méridional chaleureux et sans excès qui sait dans les tempêtes conserver tout son sang-froid, familier du jeu d'échecs et du ski de fond (écoles de la patience), géant de style rondelet, cheveux sages, bon visage aux sourires larges, éloquence sûre et lente, artiste tacticien et riche de bien des compétences. (Sauf pour nous à savoir que la plupart des pronostiqueurs le prédestinent plutôt au rôle que les Anglais appellent *the best second*, « le meilleur second », par exemple solide Premier ministre du genre bouclier.)

Un François d'Aubert, 42 ans, auditeur à la Cour des comptes, duc de la Mayenne, né à Laval, député de Laval, ancien élève du lycée de Laval, lui aussi ancien élève de l'École Nationale d'Administration, deux ans chargé de mission au cabinet de Raymond Barre, brillant défenseur des écoles libres et adversaire de toutes nationalisations, éminent spécialiste de problèmes financiers et administratifs, très maître de lui-même, doué du plus haut sens de l'État en même temps que défenseur passionné de toutes libertés individuelles, allure d'étudiant perpétuel, œil direct, plein visage franc, parole facile (peut-être même trop facile mais il apprendra à la discipliner), silhouette athlétique de vif et fin joueur de tennis, pourra un jour avoir son mot à dire dans les plus hautes compétitions de la vie nationale (même si, pour l'immédiat, il est plutôt classé comme un animateur d'un centre qui a grand besoin d'animation).

Pas seulement des gaullistes voudraient mettre en avant les titres de Robert Poujade, qui aura 60 ans en 1988. Universitaire, fils d'une famille de professeurs, né occitan, naturalisé bourguignon, l'un des plus brillants élèves jamais connus à l'École Normale Supérieure, le maire de Dijon, à plusieurs reprises député de la Côte-d'Or, révélé au gaullisme par André Malraux, administrateur, organisateur et animateur de premier ordre, est à l'évidence digne des plus hautes charges. Vues amples. Analyses précises. Foi solide. Dons de commandement et de persuasion. Sens profond des communautés. Pouvant être romantique, tout en étant capable de se protéger du mélo à force d'humour. Sait serrer des mains sans rien abdiquer de sa dignité. Mais l'on sait trop que ce duc de Bourgogne, trop heureux de l'être, ne voudra jamais briguer le royaume de France — ou il faudrait, comme il dit, des circonstances « super-exceptionnelles ».

Pas seulement des hommes du centre-gauche voudraient pousser au sommet un Jean François-Poncet, lui aussi 60 ans en 1988. Certes, dans la première apparence, on peut difficilement l'imaginer pour une vaste et cahotique bataille populaire. Il fait diplomate comme nul autre. Toujours tiré à quatre épingles, fine silhouette serrée dans des complets du chic le plus strict, yeux rieurs, pommettes roses, sages cheveux blonds, nez court (refait en 1947 après un accident de voiture), il présente tous les signes d'un personnage pour palais à dorures. Il est fils de l'un des plus célèbres ambassadeurs de la République, académicien par surcroît, André François-Poncet, qui eut la lourde charge de représenter la France auprès d'Hitler, puis de Mussolini, puis d'Adenauer. Élève du collège Rondeau-Mont-Fleury à La Tronche et de l'Institut d'études politiques de Paris, reçu major de l'E.N.A., il débute essentiellement comme bûcheur distingué. A l'École, comme disent ses condisciples, il est « plus porté sur les heures de bureau que sur les cinq à sept » et « plus sur les eaux minérales que sur les excès de table ». Élève des universités américaines de Wesleyan et de Harvard, il est *master of arts*. Il se marie avec Marie-Thérèse de Mitry, de la famille Wendel. Nommé tout jeune dans la direction des affaires politiques du Quai d'Orsay, il est conseiller des plus grands Européens, tels Jean Monnet et Maurice Faure, qu'il seconde dans les négociations du traité de Rome. Quand les gaullistes, pour antigaullisme, refusent en 1971 de le nommer ambassadeur à Madrid (entraîné à militer comme « européen » et sympathisant radical par Maurice Faure, marquis radical du Lot tout voisin, dans le Lot-et-Garonne, conseiller général de Laplume, il se présente deux fois sans succès aux élections législatives, en 1967, soutenu par Maurice Faure et, en 1968, sous patronage de la F.D.G.S. de Mitterrand), il s'en va « pantoufler » dans le privé. Comme P.D.G. de Carnaud S.A. (une entreprise de fer-blanc qu'il rétablit dans la prospérité), administrateur de Marine-Wendel et de la Compagnie navale Worms. Il ne quitte le privé qu'à la demande de Valéry Giscard d'Estaing, par la grâce de qui il se retrouve successivement secrétaire d'État aux Affaires étrangères, secrétaire général de l'Élysée et ministre des Affaires étrangères. Il n'aura jamais adhéré à un parti. « Je me méfie des obédiences », explique-t-il. Cependant, il parvient à s'acclimater remarquablement dans ce Lot-et-Garonne qui fut si cher à Armand Fallières et qui, fief du radicalisme gascon, est un paradis du bon-garçonnisme, du bien-vivre et de la cordialité la plus franchement paysanne. Comme s'en étonne l'un de ses rivaux, Henri Caillavet, « il ne parle pas le patois, il n'aime pas le rugby, il n'est pas chasseur ni noceur » et, avec les années, il y est pourtant même populaire. C'est sans doute qu'il y travaille avec le méthodisme le plus rigoureux : il n'est pas là pour cultiver le folklore; il connaît à fond les dossiers des 326 communes du département; il gagne à l'estime et au respect. En bref, il sait y faire. Il est brillamment élu sénateur en mars 1983, candidat de l'opposition, dans un département qui a donné à Mitterrand deux ans auparavant 57 % des suffrages et dont les trois députés sont socialistes. Il est même président du Conseil général. Il aura réussi jusqu'à cette gageure : lui, fils raffiné de Paris, s'affirmer comme un vrai fils du Lot-et-Garonne — jusqu'à voir exister un « poncétisme ». Par conséquent, dès lors qu'il connaît de tels succès dans un département à l'origine pour lui aussi difficile, pourquoi pas dans une circonscription beaucoup plus large ? Mais, de fait, les ambitions gigantesques n'habitent pas cet esprit sûr et robuste qui doit aimer s'imposer des limites.

Nous aurons même eu une présidentiable, avec Simone Veil, la « madone de l'opposition ».

Où s'arrêtera-t-elle ? peut demander *Le Point* en janvier 1984.

Les raisons de la popularité et de l'autorité de Simone Veil sont évidentes.

Le plus simple bon sens nous les donne.

Elle porte l'auréole des martyrs du camp d'Auschwitz. Matricule 78 651. Elle a 17 ans fin mars 1944 quand elle est arrêtée et déportée avec toute sa famille (elle est née à Nice le 13 juillet 1927, fille d'André Jacob, architecte). L'horreur au quotidien. Elle ne reverra plus jamais son père, ni son frère Jean. Elle voit mourir sa mère du typhus, dans ses bras, en mars 1945, au camp de Bergen-Belsen. La seule rescapée de la famille sera sa sœur Denise, engagée dans les mouvements de Résistance. L'autre sœur, Madeleine, dite Milou, déportée avec Simone, se tue dans un accident d'automobile en 1952.

Elle mène une vie familiale exemplaire, sans complications, entre son appartement parisien, sans faste, de la place Vauban et sa ferme de Normandie, auprès de son mari, Antoine Veil, dit Tony, juif d'origine lorraine, énarque, collaborateur de plusieurs ministres et qui a lui-même la classe d'un grand ministre. Elle a trois fils. Elle est plusieurs fois grand-mère.

Le pays la sait ou la sent intraitable sur le plan moral. A peine revenue de déportation, via la Suisse, elle se met à l'étude. Sciences Po. Droit. Cinquième au concours de la magistrature. Elle travaille sept ans dans l'administration pénitentiaire, avant de rejoindre les Affaires civiles, de travailler avec Marie-France Garaud au cabinet du Garde des Sceaux gaulliste Jean Foyer, de devenir l'une des collaboratrices du ministre de la Justice René Pleven et d'être nommée par Pompidou secrétaire général du Conseil supérieur de la magistrature. Quand elle siège au Conseil d'administration de l'ORTF, on la charge des dossiers de moralité les plus délicats. Même si son action de ministre de la Santé, inévitablement, prête de-ci de-là à affrontements ou controverses, jamais le moindre soupçon, à plus forte raison la moindre accusation ne met en cause la qualité de sa conscience.

Alors que, près de parents libéraux, elle n'a jamais reçu d'éducation religieuse et que, agnostique, elle n'en donne pas à ses fils, elle ne récuse pas sa judaïté, et n'aura pas cessé d'affirmer une sensibilité très portée à soutenir les destins d'Israël.

On ne saurait l'accuser de carriérisme. Le couple n'aura jamais été gaulliste, même après 1958 — votant pour Jean Lecanuet en 1965, pour Alain Poher en 1969, ne votant pour Jacques Chaban-Delmas en 1974 que parce qu'Antoine est peu enclin à sympathiser avec Valéry Giscard d'Estaing.

Son nom n'aura été mêlé à aucun scandale.

On la connaît comme universellement respectée.

Elle a ce style sobre, retenu et serein qui, à la télé, passe cent fois mieux que la manière agressive, dominatrice, sentencieuse ou amère, trop appuyée, de trop de candidats à la renommée.

Certes, assez souvent, le regard, pourtant volontiers marqué de velours, laisse soudain briller une lueur de dureté. On sait aussitôt que le paisible visage en ovale vénitien, si aimablement dessiné sous le casque austère des cheveux très étirés sur le chignon, peut dissimuler un tempérament difficile. Ses colères sont fréquentes et connues. Rares sont ses collaborateurs qui n'en ont jamais fait les frais. Elle peut trépigner de rage sur un trottoir si une voiture officielle se fait trop attendre. Mme Veil n'est pas toujours commode, même si Jacques Chirac, en grand copain, aime l'appeler « Poussinnette ». Il y a alors du Zurbaran le plus âpre dans ce portrait à la Raphaël. A la question du questionnaire de Proust : *Quelle est votre vertu préférée ?*, elle répond « l'indépendance d'esprit ». Elle avoue elle-même « de fortes tentations d'insolence ». Toutefois, l'opinion publique préfère retenir le côté aimable, *super-mamma* du personnage.

Sa compétence ne fait aucun doute.

Ni sa puissance de travail.

Ni sa rigueur dans la discipline. Dès lors que Giscard la considère, trois fois mère de famille, juive, déportée, juriste, comme seule capable de faire passer, sur l'interruption volontaire de grossesse, une loi combattue par une très large fraction des députés de la majorité, elle accepte la rude besogne sans rechigner. Elle défend son projet avec acharnement, presque avec stoïcisme — au point que l'un des leaders socialistes, Pierre Mauroy, la salue comme « le seul homme de ce gouvernement ».

Manifestement, on ne saurait la tenir de la lignée des grands orateurs. Elle peut patauger dans ses phrases. Elle n'est pas un as de la syntaxe. Elle manque d'un lyrisme minimum. Cependant, le temps d'un débat parlementaire, par une journée grise de novembre 1974, elle arrive à séduire le pays presque tout entier. Le hasard veut, ce soir-là, que l'ORTF soit en grève. Les trois chaînes donnent comme programme unique le débat sur l'avortement à l'Assemblée nationale. Dans ce théâtre sans suspense, les Français découvrent une femme qui lève des yeux verts sur les caméras et qui, avec des mots simples et graves, défend le projet extrêmement délicat qu'elle a à faire voter. Non seulement face à toutes sortes d'attaques, elle reste digne, mais elle révèle une connaissance approfondie, aussi juridique qu'humaine, du projet Elle sait en parler avec une autorité irrésistible.

Les enquêteurs du *Point* entendent un « téléspectateur de

comptoir » dire : « Elle nous empêche de fumer; elle veut nous apprendre à manger diététique; elle nous serre la vis sur les "dépenses de santé", comme ils disent. Elle se met à dos la droite avec l'avortement, qu'elle a légalisé; la gauche, parce qu'elle cautionne Giscard... pourtant, on l'aime bien, Simone... » C'est tout à fait le refrain le plus entendu.

Elle sait rester fidèle — par exemple à Jacques Chirac après sa disgrâce en 1976, puis à Giscard après sa défaite en 1981, alors que tant d'autres tournent le dos ou plantent le poignard.

Elle sait rester simple — même en tailleur Chanel. « Un équilibre remarquable de l'être et du paraître », peut noter la graphologue Rosine Lapresle-Tavera.

Elle n'est pas comédienne. Elle aime du reste beaucoup citer cette définition de Malraux, même s'il ne l'a pas toujours appliquée à lui-même : « Être intelligent ? C'est réduire au minimum sa part de comédie. »

Elle demeure féminine. Elle le proclame elle-même : « Je ne raisonnerai jamais comme un homme. » Peintres préférés : Vermeer, Monet. Musique du cœur : Mozart, Verdi. Parmi tant de tempêtes politiques, elle continue d'apprécier un fin dîner, le cinéma, les bijoux, le bridge, un bon fauteuil, une escapade en Italie ou sur une plage du Sénégal.

Elle assume avec pleine autorité son rôle de premier président du Parlement européen élu au suffrage universel. D'ailleurs l'Europe en devient la « grande affaire » de Simone Veil. Plus européenne que Simone Veil, ça n'existe pas, reconnaît Jean Lecanuet lui-même. Elle sert, avec une exceptionnelle ténacité, et la foi européenne et la réconciliation « sacrée » entre le peuple français et le peuple allemand.

En conséquence, elle pourrait elle aussi briguer un jour la présidence de la République, affronter le match des matches. Le métal pour un tel rôle, elle l'a à coup sûr. Elle peut en nourrir aussi l'ambition profonde; on peut du moins la soupçonner d'en nourrir le rêve, même si le rêve la terrorise. Elle aime la responsabilité : à l'Élysée, elle serait comblée; l'un de ses fils la désigne comme « une social-démocrate paumée »; elle aurait, au château, de quoi amplement éprouver et prouver son humanisme avancé. Mais, après avoir longuement pesé le pour et le contre et indiqué sa préférence pour une carrière strictement européenne, elle a tenu à faire savoir, dès février 1985, qu'elle ne serait pas candidate à l'Élysée. Elle ne s'exprime jamais au hasard — à plus forte raison sur un tel sujet. Nous verrons bien...

La compétition est donc très ouverte pour 1988... et déjà pour après 1988.

Au demeurant, elle l'est même, éventuellement, pour avant 1988.

Car il reste à la Cinquième République de faire un jour l'expérience d'un Président en place à l'Élysée face à un Palais-Bourbon qui ne lui serait plus acquis.

Jusqu'en 1986, nous n'avons eu qu'un cas où le problème faillit se poser. Les élections des 5 et 12 mars 1967 donnèrent, pour 487 sièges, donc pour une majorité absolue de 244, exactement 244 députés soutenant le général de Gaulle (200 UDR et 44 républicains indépendants face à 235 opposants, soit 73 communistes, 121 « mitterrandistes » et 41 élus du groupe Progrès et Démocratie moderne). Les 8 députés non inscrits faisaient la balance. Les gaullistes eurent à chercher parmi eux les quelques sièges qui leur permettraient de n'avoir pas la majorité « à un fil ». Encore faut-il se rappeler que l'élection fut si courte que le général de Gaulle ne put changer à Matignon Georges Pompidou pour Maurice Couve de Murville, comme il en avait l'intention.

Dans tous les autres cas, les élections législatives furent à l'avantage net du Président, qui fit chaque fois vigoureusement campagne pour les siens. Ainsi de Gaulle remporta-t-il les élections législatives de novembre 1962 et de juin 1968; Georges Pompidou celles de mars 1973; Valéry Giscard d'Estaing celles de mars 1978.

Or, en mars 1986, il est trop évident que nous allons avoir le problème que nous faillîmes connaître en 1967 : un Président sans majorité présidentielle au Palais-Bourbon.

Car il est exclu totalement que le parti socialiste puisse acquérir à lui seul la majorité absolue des sièges, qu'il obtint en juin 1981 avec 269 élus sur 491.

Comme toute formule de majorité socialo-communiste est à exclure du fait de la déclaration de guerre totale des communistes contre les socialistes en juin 1985, seuls restent trois cas de figure possibles.

Premier cas : la victoire de l'Alliance R.P.R.-U.D.F est massive.

Deuxième cas : elle est courte.

Troisième cas : les élections donnent une Assemblée à brouillard total, sans majorité définie ni définitive.

Premier cas : l'Alliance s'assure avec netteté la majorité absolue.

La défaite des candidats du Président est très lourde. On imagine mal que, sous le coup d'un tel affront infligé au Président par le seul vrai souverain, qui est le peuple, le vaincu puisse penser à se maintenir dans son palais. Il le peut « constitutionnellement ». L'honneur le plus élémentaire le lui interdit. Se maintenir à son poste serait de sa part une atteinte à la morale la plus évidente. Au demeurant, même si nous bloquons l'analyse dans ses seuls aspects juridiques, l'esprit constitutionnel de la Cinquième République est tel qu'il compense la longueur du septennat par l'obligation pour le Président de remettre en jugement son autorité au travers des élections législatives : il ne peut se prévaloir d'une autorité intangible sur tout le septennat; il doit rendre des comptes au peuple souverain; les élections législatives sont là pour que le peuple souverain lui confirme ou lui refuse sa confiance. Manifestement, dans la Cinquième République, les élections législatives sont une expression du dialogue peuple-Président. Il n'y a d'ailleurs qu'une explication au phénomène. Elle est donnée par le plus simple bon sens. Une telle Constitution ne fonctionne et n'a de raison d'être que si la même majorité détient l'Élysée, Matignon et le Palais-Bourbon. Par conséquent, il appartient au seul Président, mis en jugement et sévèrement blâmé, de tirer la seule leçon possible de sa disgrâce. Quant aux vainqueurs, une fois désignés pour les plus importantes responsabilités, ils ne sauraient oublier le fondement même de la Cinquième République, qui fixe l'autorité suprême à l'Élysée. Tolérant à l'Élysée un Président fantôme, ils trahiraient la Cinquième République dans son âme la plus sûre. Dans un tel cas, en vérité, Mitterrand ne se maintiendra jusqu'en 1988 à l'Elysée que s'il n'a face à lui que des eunuques.

Deuxième cas : contrairement aux pronostics, démentant tous les sondages, ou du fait des fautes et divisions de l'Alliance, les candidats mitterrandistes parviennent à obtenir un résultat non catastrophique, l'Alliance n'emporte que de justesse la majorité des sièges. De fait, pour l'Élysée, la leçon est la même que dans le premier cas, puisqu'il y a tout de même défaite des députés mitterrandistes, donc défaite du Président lui-même. Le problème d'honneur n'en est pas modifié. Certes le Président, pour se perpétuer dans son rôle et argumentant sur le côté précaire d'une aussi courte majorité, peut en suprême manœuvre tenter une expérience de coexistence. Par exemple il peut nommer comme Premier ministre, à la place de Fabius discrédité par la défaite, l'un de ses plus proches collaborateurs, si possible politiquement l'un des moins marqués du sceau du parti vaincu, tel Bianco, ou bien l'un de ses amis personnels, ou bien une personnalité « de rapprochement » ou « de recentrage » style Simone Veil ou Jacques Chaban-Delmas, René Monory ou Claude Pierre-Brossolette. Mais cela ne saurait aller de soi. Mitterrand ne saurait être sûr d'entraîner au recentrage tout le parti socialiste, loin de là (on le voit bien dès juin 1985, lorsque des désaccords graves opposent deux socialistes, Laurent Fabius, favorable à une stratégie tous horizons, et Lionel Jospin, partisan de beaucoup gauchiser la campagne, de l'axer sur la fidélité au socialisme. On ne le voit que mieux encore, à la même date, quand Michel Rocard annonce qu'il sera candidat à la présidence de la République et, interrogé par Michel Gonod, de *Paris-Match*, sur ce que va en penser le parti socialiste, répond par un superbe et significatif : « Je m'en fous ! »). Par ailleurs, Raymond Barre et ses amis, lesquels sont nombreux, auront dès l'hiver 1984-1985 solennellement fait connaître qu'ils ne soutiendraient jamais un gouvernement de compromis, à plus forte raison de compromission. Très rapidement, par voie de conséquence, la situation tournerait, même constitutionnellement, à la confusion du Président, qui, mal appuyé par les siens, resté suspect à une majorité des députés de l'Alliance, aurait de surcroît, du seul fait d'avoir été vaincu, perdu toute autorité morale. Tout le spectacle se réduirait à d'irritants jeux byzantins, compliqués, enchevêtrés, de plus en plus médiocres et dérisoires. Bien vite, le peuple se rendrait compte lui, pleinement conscient de la situation désastreuse et dramatique où le mitterrandisme aura laissé la France et pleinement conscient de la nécessité urgente d'en appeler à des « remèdes de cheval », que la seule manière d'en finir avec « tout ça » serait de procéder au plus tôt à une élection présidentielle. Table rase ! C'est le peuple et non le Parlement, le peuple de droite comme de gauche qui l'exigerait.

Troisième cas : le noir total. Le résultat est tel qu'aucune majorité permanente ne peut se dégager. Par exemple, supposons qu'il y ait 600 députés à élire (disons 600 pour que notre démonstration soit plus claire) et que la majorité s'établisse donc à 301 sièges. Supposons qu'à gauche, les socialistes soient 180, les communistes 70 et les radicaux 20 : cela donne à peine 270 sièges à l'ensemble de la gauche, loin de la majorité absolue. (Encore comptons-nous large en sa faveur et faut-il ne pas oublier que les communistes ont cassé toute idée de coalition avec les socialistes.) Supposons qu'en face, les élus du Front National se comptent 70 et ceux de la grande Alliance UDF-RPR, 250, cela donne bien un total de 320 députés antimarxistes, dépassant de loin la majorité absolue — sauf que, parmi les 250 élus de la grande Alliance, beaucoup récusent toute idée de collaboration avec les élus de Jean-Marie Le Pen. Conséquence finale : toute majorité est impossible. Évidemment à priori, c'est la situation qui semble devoir convenir le mieux à Mitterrand. C'est même la situation qu'il aura escomptée en imposant le scrutin à la proportionnelle départementale. Après moi, le déluge ! Tant pis pour la France ! Peu importe si elle est avide de cohérence et si elle est impatiente de se voir sérieusement gouvernée ! Le Président nomme une sorte de Premier ministre passe-partout, qui s'entoure d'experts, et vogue la gondole ! A nous plus que jamais bel canto et discours à roucoulades. A nous la recherche enivrante « de majorités d'idées », peu importe là encore si elles doivent être aussi éphémères que contradictoires et si les jeux, dans des mêlées indescriptibles offrent les scènes les plus affligeantes. De mars 1986 à mai 1988, il n'y a que 26 mois : Sa Majesté n'aura plus qu'à manœuvrer en artiste, de gondole en gondole, de gondolier en gondolier, de crise ministérielle en crise ministérielle; ce sera bien le diable qui aura jeté le mauvais sort, si Sa Majesté ne parvient pas, vaille que vaille, à se maintenir à l'Élysée dans les délices et enchantements si savourés depuis 1981... A première vue, on ne voit même pas comment la grande Alliance pourrait protéger le pays du chaos absolu. Voilà pourquoi, d'ailleurs, Valéry Giscard d'Estaing est sage quand il adjure l'U.D.F. et le R.P.R. de sauvegarder à tout prix et en toute priorité leur alliance, quand il répète sans se lasser que toute la passion de l'opposition libérale doit se consacrer à gagner le plus nettement possible la bataille des élections législatives et quand il proclame que, pour la France rien ne saurait être pire, demain, qu'une Assemblée nationale sans majorité assurée.

Pour l'essentiel, aux yeux de l'historien, il n'en demeure pas moins qu'en tout cas François Mitterrand, quant à lui personnellement, en mars 1986, aura mangé tout son pain blanc.

Ou bien la grande Alliance sera largement victorieuse et François Mitterrand, imparablement, ne pourra que quitter la place. C'est fatal. (Nous pourrions dès lors avoir une élection présidentielle dès le printemps 1986, au plus tard à l'automne 1986, et François Mitterrand, dans cette éventualité, n'aura à prendre qu'une précaution suprême : faire en sorte qu'un Premier ministre mitterrandiste occupe Matignon durant toute la campagne. Notons du reste que si ce Premier ministre est en même temps le candidat du parti socialiste, ce sera la toute première fois que le Premier ministre *en exercice* sera candidat à l'Élysée. Cela n'ira pas sans poser au président du Sénat, à nouveau président de la République par intérim, un certain nombre de problèmes délicats.)

Ou bien les élections législatives réserveront un résultat plus ou moins confus, et François Mitterrand décidera de tout faire pour se maintenir à l'Élysée jusqu'à la fin du septennat, mais il ne s'y emploiera qu'au prix d'immenses peines. Il est même témérairement optimiste, quand il se déclare assuré de le pouvoir. Bien sûr, il utilisera toutes les astuces et toutes les manœuvres possibles. Il pourra se révéler encore plus madré que sous la Quatrième. Toutefois, même dans cette hypothèse-là, il aura en vérité perdu toute assurance. N'en restons donc pas à un examen de première vue.

Imaginons comment le tableau va se présenter, après les élections. Précisément, elles auront constitué un sensationnel événement. Tout le paysage politique du pays en sera changé. Pour une simple raison : c'est que, *même si personne ne gagne, Mitterrand lui, en tout état de cause, aura perdu.* Tout au plus aura-t-il été soutenu par un Français sur quatre. Autant dire qu'il se retrouvera vite formidablement isolé. Il ne sera point discuté uniquement sur sa droite, il le sera encore plus violemment par les communistes. Il ne pourra sans doute même pas s'appuyer sur un parti socialiste uni, tant les ambitions personnelles pourront s'y déchaîner et tant chaque clan voudra attribuer à tous les autres clans — ou même à l'Élysée — toutes les culpabilités de la défaite.

Ce sera un monarque entièrement affaibli et vulnérable qui voudra se maintenir sur le trône. A la moindre faute de tactique, au moindre incident malencontreux, il pourra même s'exposer au ridicule. Roi sans vrai pouvoir. Fin des délices. Même les dauphins les plus chéris pourront oublier le service du vieux Roi, trop gravement disgracié. Un Tallemant des Réaux dirait qu'« ils ne voudront surtout pas attraper la royale vérole ».

Dans l'un comme dans l'autre cas, François Mitterrand peut se préparer à bien des humiliations.

Évidemment, il pourra aussi calculer de forger une nouvelle coalition, celle-ci entre centre-droit et centre-gauche, en nommant par exemple à Matignon un grand rassembleur, de la dimension d'un Giscard ou d'un Chaban, qui, au nom du salut public et de l'Union Sacrée, aura mission de former un gouvernement avec des chiraquiens, des giscardiens, des radicaux et des socialistes. O rêve sans cesse récusé et sans cesse renaissant ! Il appellera alors une telle opération une manœuvre par le haut. Mais les obstacles à un tel plan paraissent eux-mêmes insurmontables. Il sera impensable d'y rallier tous les socialistes dont trop ne veulent à aucun prix d'une cohabitation avec la droite. Raymond Barre menacera de toutes ses foudres. Jacques Chirac au seuil de l'élection présidentielle ne voudra pas abandonner à Raymond Barre le monopole de l'antimitterrandisme total. Le risque sera trop grand en ressuscitant la « troisième force », elle aussi synonyme d'échec, de recréer une extrême droite et une extrême gauche trop puissantes. On s'abîmera vite dans l'immobilisme puis dans l'anarchie. Le dit grand rassembleur lui-même, une fois à Matignon, n'aura pas de plus vive hâte que de s'ouvrir une route rapide vers l'Élysée, sans le moindre ménagement pour un roi désarmé. Adieu roses !

Les mitterrandistes protesteront que, dans le passé, François Mitterrand a su surmonter des sorts non moins contraires, gagner des parties qui semblaient au départ irrémédiablement perdues. Il est trop vrai qu'à plusieurs reprises il sut survivre aux pires chutes. Une nouvelle fois, objecteront-ils, il confondra les annonciateurs de sa fin. Exact : l'Histoire est un metteur en scène capable de préparer toutes les surprises, de se jouer des prédictions les mieux pensées, et les chefs de l'opposition eux-mêmes, par trop de fautes, ou trop farouchement dressés l'un contre l'autre, peuvent offrir à François Mitterrand occasion de narguer une nouvelle fois les défis du sort.

Mais, cette fois, en supplément de tout le fardeau, il y a l'âge — soixante-dix ans en 1986 — l'âge implacable, qui ralentit les réflexes, alourdit les muscles, peut ternir les regards. Tout le monde ne joue pas aisément les Reagan, ni les de Gaulle (le Général revint en 1958 aux affaires au plus beau de ses soixante-neuf ans). Encore faut-il remarquer que Reagan se vit plébisciter en 1984 en plein triomphe, après un premier mandat très brillant, et que de Gaulle fut appelé comme un sauveur. Mitterrand, lui, en avril 1986, se retrouvera dans la situation d'un vieux roi désapprouvé par son peuple, au lendemain d'un Waterloo électoral, et comptable d'un vaste échec comme chef d'État, au point presque d'avoir compromis l'avenir de son peuple. Il ne sera pas seulement en position de vaincu, mais aussi d'accusé, et même de condamné, et, face à lui, c'est le réquisitoire du « peuple de gauche » qui pourra être le plus sévère.

Ainsi est-il difficile de lui prêter beaucoup de chances de

pouvoir honorer l'espoir de ses admirateurs de lui voir normalement terminer son mandat.

Très probablement, déjà, dans son secret, tout près de l'échéance fatale, doit-il même se demander comment organiser son départ sur du moins l'image la plus digne possible.

Comment éviter trop de honte ? Comment ne pas finir en caricature ? Comment sauver l'honneur ?

Il sait trop, ce grand contemplateur de scènes d'histoire à la Plutarque, fervent de théâtre, qu'un chef d'État, dans la postérité, est le plus souvent jugé sur la dernière image qu'il donne. Elle est plus importante que toutes les autres. Il ne voudra pas la rater.

Oui, certes, en politique, un prodige de sorcellerie ou un inattendu coup de pouce du destin est toujours possible. Un cadeau des adversaires, ça existe. L'hypothèse reste selon laquelle François Mitterrand, même péniblement, puisse redresser le cours de ce qu'il doit appeler la fatalité. Nous ne pouvons pas ne pas retenir le cas où il parvienne à se maintenir à l'Élysée jusqu'en 1988, au prix de toutes sortes de roueries et des plus savantes contorsions, au détriment du pays, lui dès lors à l'abandon, avec une Assemblée sans point fixe, une avalanche de gouvernements sans programme, l'incohérence reine, une Présidence elle aussi désarmée et souvent affolée. L'impensable ou l'illogique demeure toujours réalisable. A travers les siècles, l'aventure française a déjà hélas ! connu bien d'autres tristes époques où le vide était au pouvoir. En fin d'analyse, selon la logique la plus stricte, selon le plus clair bon sens et selon les plus simples et évidentes lois de la vie comme de la justice, c'est néanmoins l'hypothèse opposée qui devrait se vérifier : le vaincu sachant tirer pleine leçon de sa défaite et s'inclinant devant le verdict du seul souverain, le peuple.

Serions-nous donc encore en démocratie, si le peuple, notre seul vrai roi, n'avait pas le dernier mot ?

Cet ouvrage a été composé par Eurocomposition
et imprimé par la SEPC (Saint-Amand-Montrond/Cher)
pour le compte des éditions Pré aux Clercs

Achevé d'imprimer en janvier 1986.

N° d'édition : 829.2. — N° d'impression : 045.
Dépôt légal : septembre 1985.

Imprimé en France